中国旅行指南系列

广 东

本书作者

何苗苗 何望若 钱晓艳 张世秋

粤北 262页

客家地区 221页

广州及周边 66页

潮汕地区 184页

珠三角 119页

粤西 241页

中国地图出版社

计划你的行程

欢迎来广东 4
广东亮点 6
广东 Top15 8
行前参考 18
新线报 20
如果你喜欢 21
当地人推荐 24
省钱妙计 27
每月热门 28
旅行线路 32
负责任的旅行 42
和当地人吃喝 44
自驾游 54
寻找岭南 60

在路上

广州及周边 **66**
广州 69
广州市周边 **112**
番禺 113
南沙 116
从化 117
增城 117

珠三角 **119**
佛山 **121**
禅城 121
顺德 128
西樵山 133
中山 **134**
江门 **139**
江门市 139

江门周边 **144**
开平碉楼及村落 144
川岛 151
肇庆 **153**
肇庆市 153
德庆 159
珠海 **160**
珠海市 160
唐家湾 167
深圳 **168**
东莞 **179**

潮汕地区 **184**
潮州 **188**
潮州市 188
汕头 **202**
汕头市 202

和当地人吃喝（见44页）

韶关，南雄（见270页）

目录

了解广东

南澳岛 214	阳江 255	今日广东 284
汕尾 **216**	阳江市 255	历史 287
汕尾市 216	海陵岛 256	广东人 299
客家地区 **221**	**粤北** **262**	广东的语言 304
梅州 **224**	**韶关** **263**	文化和艺术 308
梅州市 224	韶关市 263	饮食 315
大埔 231	**韶关周边** **267**	环境 324
惠州 **233**	丹霞山 267	
惠州市 233	南雄 270	## 生存指南
惠东 237	始兴 272	
粤西 **241**	乳源瑶族自治县 273	
雷州半岛 **243**	**清远周边** **275**	出行指南 332
湛江市 243	英德 275	交通指南 338
徐闻 249	英西峰林走廊 276	健康指南 342
雷州 251	连州、连南和连山 278	幕后 346
		索引 348
		地图图例 357
		我们的作者 358

丝绸制作,顺德(见128页)

欢迎来广东

五岭以南,百越之地,开放包容,孕育了非一般的岭南:工夫茶守护着慢生活,广州塔拔高着天际线。动与静,快与慢,融合精妙,时时让你发现不为人知的精彩,仿佛粤菜的滋味,总有爱好者喜上眉梢。

开放VS.保守

潮汕儿女坐着红头船下南洋闯世界,客家人随着潮水走天下,孙中山四处行走揭开了民主革命的大幕……海洋激发了广东人勇敢和拼搏之心。今日,广东依然是时代先锋,始终奋进不已。

那些务实打拼的广东仔,依然在宗祠和城隍庙诚心拜谒,供奉妈祖和龙母,舞狮舞龙划龙舟,乐此不疲。代代传承的规矩从未被颠覆:从"一盅两件"的点法到老火靓汤的秘方,从凡事讨彩头到派"利是"的独特方式。正如一壶工夫茶,从几千年前泡至今日,单丛那份流转喉间的回甘,是不能割舍的南粤情怀。

古老VS.现代

从古越国的起源,到南粤古道、珠玑古巷,再到各地的古村落和老街巷,甚至粤语音调之中,都透着深深的岭南古韵。四大园林清爽雅致,客家围屋如同建筑的活化石,开平碉楼威势凛凛,名人老宅里沉淀着家族兴衰,墙头屋顶的"三雕二塑"堪称金碧辉煌。

你也可以把全身感官张开,一头扎进广州大大小小的商铺;到众多创意文化园接受前卫视觉的挑战;在深圳越来越多的艺术中心找寻当代之美;站在珠海航展现场感受速度与激情。摩天大楼顶出了天际线,音乐节和艺术节轮番登场,只怕不够摩登,只怕错过精彩。

赤山VS.绿水

离城市不远处,总有山水相伴——除了绵长的海岸线,广东也有好山好水。这里没有崇山峻岭,不适合挑战极限,但可以在山丘和峡谷轻松徒步,满眼都是赏心悦目的绿意。

六百多座红色砂砾岩展示着丹霞山的壮阔雄浑,赤红云彩化入山石土壤中,令人称奇。被一片碧色星湖围着的七星岩和绿道,如造物主精心栽培的盆景,仿佛将漓江山水和西湖美景融在了一起。红与绿的邂逅尽是岭南之美。

河鲜VS.海味

河鲜和海鲜谁更鲜?这个美食界的难题估计可以在广东得到解决。多样的水体成就了珠三角的脉脉柔情,不仅为你带来闻所未闻的渔产,也让顺德、中山和肇庆都练成了将河鱼做到极致的本事。

在浩瀚的南中国海上,肥沃的渔场和发达的水产养殖,将整个广东沿海变成了巨大的海鲜市场。你的问题只在于是去潮汕试试生腌,还是到湛江尝尝烤蚝。虾蟹蚌贝一路不缺,终极奥秘也不难发现:河海交接之鲜,才能俘获你的舌尖。

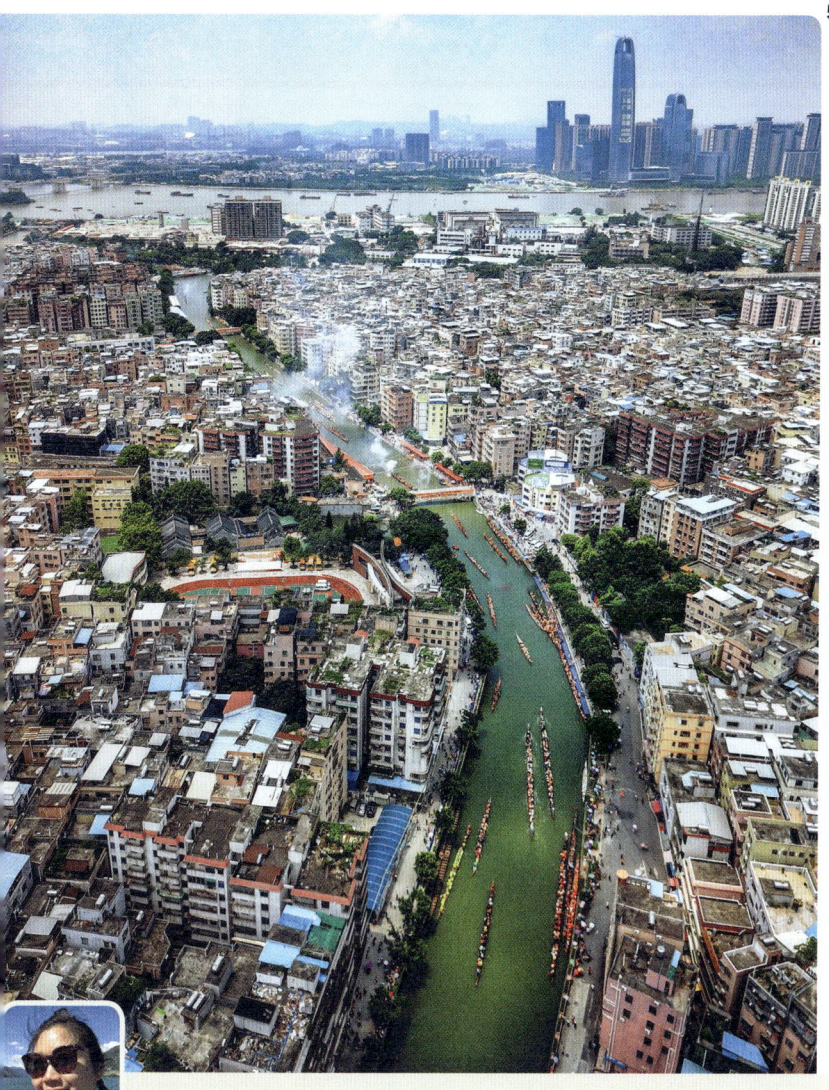

我为什么喜欢广东
本书作者 钱晓艳

　　二次深入广东真是幸事,慢行之间,我再次刷新了对岭南之地的认知。广东人对传统的守护令我感动,无论在古村还是在繁华都市,人们都一样诚恳认真。于是,从深夜小馆的靓汤中可以喝出很多温暖,从祖庙和祠堂中可以读到很多虔诚,从醒狮表演里可以体会出岭南的精气神,哪怕是在最动感先锋的城市里,也有打动人心的彩色玻璃窗户和趟栊门。这些都让我告诉自己,再慢点,再多发现一点岭南的美好。

关于作者的更多信息,见358页。

上图: 赛龙舟, 广州

广东亮点

广东
Top 15

在吃的名义下

1 粤菜早已走出粤地。来到广东,打卡美食是必然。在广州(见66页),跟着本地人叹早茶,布拉肠、生滚粥、云吞面也要轮着吃一遍,从吱吱作响的啫啫煲和大排档师傅现场演绎中体验镬气冲天。在"厨出凤城"的顺德(见128页)尝尝食材搭配后的"清鲜爽嫩滑",也别忘了在低调的中山(见134页)试试传奇的石岐乳鸽和脆肉鲩。用"粿"来开启你的潮汕美食之旅,多多向本地食客打听各种粿品的名字和味道。在王牌牛肉火锅之外,蚝烙、卤鹅、生腌和甘草水果也欢迎你做回头客。"酿天酿地"的客家菜和客家娘酒可以作为朴实无华的收官美味。图为广式早茶,点心。

深圳新一面

2 只属于年轻人的城市仿佛进入了不惑之年:你会惊讶地发现依然活力四射的深圳,竟然也露出了沉稳成熟的一面。人们印象中的"主题乐园之都"开始在文化艺术上发力,充满商业气息的都市忽然走起底蕴路线,这些都让旅行者觉得耳目一新。先到市中心的深圳当代艺术与城市规划馆(见169页)看看奇妙的不规则设计,再去海上世界文化艺术中心(见169页)探访年度大展,在面向山、海、城的三重开阔视野中思考人生再合适不过,更别错过深圳雅昌艺术中心(见169页)高达30米的书墙和可以翻阅的精美印刷制品。另一个深圳等着你去发现。图为当代艺术与城市规划馆,深圳。

开平碉楼

3 从开平开阔的乡野耸立起来的1833座碉楼（见144页）是少有的建筑奇观，也是珍贵的世界遗产。它标志着广东特殊的侨民文化，高耸的身影说明了盗匪横行、水患频仍的往昔，凝聚全球建筑元素的异国风情则是广东人开放心态的最佳体现。骑上单车在乡野中穿行，马降龙古村落中整齐的村屋和藏在林间的十几座碉楼值得打卡，在自力村找到《让子弹飞》中的经典场景，在立园别墅群里发现昔日大家族的过往。最美是夕阳西下，随意在一处小村停留，水塘边的倒影和稻田里飞旋的燕子会让你舍不得离开。图为锦江里碉楼群，开平。

丹霞山

4 如果广东有自然风光排行榜，丹霞山（见267页）定能位列榜首。作为世界"丹霞地貌"命名的发源地，绵延近300平方公里的丹霞山几乎囊括了丹霞发育过程中的所有形态，能让你对这种地质奇观有一个非常完整的了解。景区内阳元山和长老峰有险峻的峭壁、惊悚的栈道和视野无际的观景台，在你艰辛征服它的同时，又向你奉上视觉盛宴。景区外更广阔的丹霞大地上，锦江在竹林的簇拥下蜿蜒流过，星星点点的村庄点缀其间。如果有时间，驾车沿着"阅丹公路"慢慢游览，更能感受它作为世界自然遗产的魅力所在。

潮州古城慢时光

5 从牌坊街上层层排列的23座牌坊就能体会,温文尔雅是潮州古城引以为傲的气质,广济桥(见191页)上30座不重样的桥亭和己略黄公祠(见188页)里精致繁复的木雕再次重申这里深藏不露的古典之美,而城南的甲第巷(见191页)和韩江东侧的韩文公祠(见192页)又为这里的文韵增加了几分历史的沉稳。城内的居民们也享受着家传的文雅慢生活,坐在骑楼下与厝边邻里品茶闲聊时,手中总爱把玩着一把秀气的工夫茶壶。不妨和他们搭个话讨杯茶,加入保留着不少雅意古词的潮州话闲聊。图为广济桥,潮州。

肇庆绿意山水

6 岭南何曾缺过山水?但来到真正被湖光山色围绕的肇庆,大约也会生出"多待一天如何?"的心思。七星岩(见153页)是人们口中的老招牌,畅游其中不会令人失望,尤其是在星湖周边散步时,它就像镶嵌在水中的巨大盆景,日夜各有令人心旷神怡的景致。鼎湖山(见155页)的宁静和茂盛更能让人感受到什么是"立体的绿",坐船渡过碧绿鼎湖的另一边,踏上森林探险小径,一路与飞瀑、溪涧、山崖相伴,深吸一口气,感受充裕的负离子迎面而来,双目与双肺都得到无限滋润之后,方能领会岭南四大名山之首的含义。图为飞水潭,肇庆。

在佛山看岭南

7 如果你想在一个地看遍鲜活的岭南文化那么非佛山祖庙(见121页)属。无论是墙头屋脊密密麻的"三雕二塑"(木雕、石雕砖雕、陶塑、灰塑),还是华地区最古老、保存最完整的台万佛台,甚至连祖庙里的镜、铜鼎和铜钟都是冶金业达的代表。从叶问到黄飞鸿传奇的功夫高手似乎都出自山,除了了解他们的生平外,天3场的武术和醒狮表演更众人追捧的重点。进入祖庙面的岭南天地(见124页),片旧日佛山的商业中心既延了传统画风又融入了诸多现因素,迷宫般的街道等着你寻宝。图为岭南天地,佛山。

计划你的行程 广东 Top 15

东山洋楼新文艺

8 广州东山口(见109页),百年前的权贵之地,西方传教士、归国华侨、地方政要们曾在此兴建了几百栋洋房别墅,今天因保存完好而斩获国际大奖,老房子迎来了新的发展契机。在新河浦、龟岗大马路、启明大马路、恤孤院路一带,随处可见清水红砖的小别墅和欧式柱廊装饰的花园洋房,漂亮的老建筑内,有艺廊和美学生活空间,有买手店和精品成衣定制,也有精致的咖啡馆和西餐吧,这里可能是目前广州最独特、最颠覆传统印象的区域,你的文艺之心是否已经难耐?

客家古村

9 想寻找村庄与人之间的联系,客家地[ ]的众多古村都不会让你失望。不管是在梅江畔的山水间,还是在大亚湾旁的农田里,众多围龙屋里仍是同姓同族后人在居住,他[ ]为自己的祖先骄傲,也欢迎远道而来的你。[ ]州南口镇侨乡村(见226页)中三十余座明清[ ]龙屋背山面溪排开,惠东范和村(见238页)[ ]罗岗围里居民和乐融融,惠阳铁门扇南阳世阳(见239页方框)的森严墙面之外,是农人劳作的田园场景。图为花萼楼。

计划你的行程 广东 Top 15

羊城夜景

10 珠江新城（见91页）的崛起为广州打造了高大上的CBD，白天摩登却冷酷，夜后大放异彩：扭动着身姿的"小蛮腰"（见91页）婀娜妖娆，海心沙（见93页）如正欲扬帆远航的船舰，广东省博物馆（见91页）红得热烈，广州图书馆（见93页）像装饰华丽的书本，广州大剧院（见93页）水中的倒影美轮美奂。你可以登上广州塔一览珠江夜景，也不妨去东塔或西塔顶端的星级酒店大堂或酒吧，与"小蛮腰"对望。最省又舒心的夜景欣赏方式是来一趟珠江夜游（见95页），看遍珠江两岸的璀璨夜色。

粤西海岸

11 绵长曲折的海岸线是粤西最大的财富——徐闻的灯楼角（见249页）是中国大陆最南端的地标，雷州的乌石镇（见254页）有国内少有的西向海滩，湛江的硇洲岛（见245页）适合感受热带田园风光和朴实的百姓生活，广东人的度假胜地海陵岛（见256页）包罗万象，成为珠三角前往粤西的首选，更深受孩子和老人的喜爱。南海大陆架上的天然渔港和发达的海产养殖也是大海对粤西的馈赠，白天领略海岛风情，晚上找个海鲜大排档大叹"又平又靓"的海鲜，就是惬意美好的粤西海岸。图为硇洲岛，湛江。

从城市骑到乡村

12 岭南满眼的绿意令人舒适惬意，用环保低碳的方式探索自然，也许会带来意外之喜。一条条绿道以珠三角为中心向外辐射，支线纵横，联结各主要城镇、景点。沿途都设有自行车出租点，无论是单身上路还是拖家带口，都能体验骑行的快乐。在广州的二沙岛（见88页）感受昔日达官贵人的后花园，在珠海情侣路（见161页）遇见海誓山盟的男女，在下川岛潮人径（见151页）寻找美丽的沙滩。深入乡间，开平碉楼和无数的古村落都等待你慢慢去发现。图为情侣路，珠海。

汕头的"小公园"

13 风云诡谲的近代波浪把汕头这座城市推上了历史舞台，即使如今浪潮已退去，华丽精致的旧舞台也仍然矗立在汕头港旁：以小公园为中心向四周辐射开的扇形街区中，保留了汕头开埠时修造的老建筑，它们共同见证了汕头华丽登场的时代。"四永一升平，四安一镇邦"这个充满民国韵味的句子里隐含着那些街道的名字，老房子的巴洛克山花与彩色玻璃窗上藏着创业史。穿梭在街道中欣赏那些或翻修一新或颓败迷人的骑楼建筑，你会发现汕头不只美食能够勾住你的魂。

慵懒汕尾

14 汕尾的生活节奏狂野中带点懒散，完全是本地味道。到这里度过一个轻松的周末再好不过，你可以住在保利金町湾（见216页），享受开窗见海的公寓美景。在海边游泳玩沙之后，再到城区的二马路，不管是新鲜实惠的海鲜排档还是本地特色的菜茶和薄饼，这片美食聚集地会用原乡风味来招待你。也可以花一天时间去遮浪红海湾（见218页），除了不时出现的集训帆船队白帆，海面的狂风劲浪也吸引了越来越多的冲浪爱好者——这是夏天和青春的味道。

17

14

计划你的行程 广东 Top 15

菠萝的海

15 全国的菠萝约有四成来自湛江徐闻,你能想象"菠萝的海"(见250)到底有多壮观。站在曲界周的马路旁,便能看到随地势起伏的菠萝田一望无际,红土和白色风车与其相互映衬,成唯美的田园风景,难怪有把这里比作北海道和普罗旺的田野。清明节前后才是这最美的季节,金黄色的果实密密麻麻地浮在低矮的绿丛,连空气中都弥漫着菠萝的甜,直叫人沉醉。如果能偶遇年4月底的"菠萝文化节",除无数菠萝制成的艺术品令你开眼界,还有各式菠萝美食你大快朵颐。

15

©图虫创意

行前参考

更多信息,请参考"生存指南"章节(331页)。

简称
粤

少数民族
55个

语言
广州和珠三角地区说粤语(也叫广府话、白话),潮汕地区讲潮汕话,客家人聚居的韶关和梅州等地讲客家话,粤西讲雷州话,深圳以普通话为主。普通话普及率最低的是粤西,可能会遇到沟通障碍。

现金
24小时ATM分布广泛,手机二维码支付越来越普及,95%以上的景点、交通、吃、住、购都可以"扫一扫"解决。基本上,身上常备500元现金便可应对不时之需。

通信
手机信号覆盖不错,除了别山野地区和离岛,4G很普遍。Wi-Fi在大城市覆盖率高,所有消费场所基本都免费提供。

出境
深圳有14个口岸可通关香港,珠海有3个口岸可通关澳门,如果计划前往,请带上港澳通行证,并提前在签发地办理有效签注。

何时去

- 粤北 3月至12月前往
- 客家地区 3月至5月、10月至12月前往
- 广州 全年前往
- 潮汕地区 9月至次年4月前往
- 珠三角 全年前往
- 粤西 全年前往

图例:
- 无明显冬季,夏季炎热
- 冬季如春,夏季炎热
- 冬季温和,夏季炎热

旺季(1月至2月,7月至8月)

➡ 寒暑假是两个相对旺季,主题乐园和海滩最热闹。沿海城市与景区的住宿价格较高,需要预订。

➡ 7月和8月南部地区非常炎热,雨水多,做好防暑防蚊准备,关注天气预报,留意台风和汛期。

➡ 农历年期间,广东各地年味很浓,民俗活动丰富,但不少餐馆会关门放假。

平季(3月至5月,10月至12月)

➡ 几个小长假会推起一波旅游高峰。春秋两季的广交会期间,广州的住宿相当紧张,须尽早预订。

➡ 10月底的佛山秋祭由于华侨返乡,佛山、顺德的住宿一床难求,提前2个月预订都不算早。

➡ 秋季的周末,清远、从化的温泉酒店很受省内家庭的欢迎,建议避开周末。

淡季(6月、9月)

➡ 6月荔枝正当时,端午各地有龙舟赛。强降雨和台风是这个月旅行的一大风险。

➡ 这两个月游人相对较少的月份,比较适合一心寻觅美食的食客前来。

每日预算
经济
300元以下
➡ 青年旅馆床位50~70元/天
➡ 以粥粉面或简餐为主,不会超过100元/天
➡ 全部使用公共交通
➡ 避开旺季前来

中档
300~600元
➡ 快捷酒店的住宿标准,150~300元
➡ 在一日三餐上不必亏待自己
➡ 依然尽量使用公共交通
➡ 可以购买手信

高档
600元以上
➡ 可以住得有特色、高档一些,400元起
➡ 可以包车或租车自驾游
➡ 到高档餐馆或娱乐场所消费
➡ 尽情购物

重要号码

报警求助	☏110
医疗救护	☏120
广东省旅游投诉	☏12301

主要城市区号

广州	020
深圳	0755
珠海	0756
汕头	0754
韶关	0751
佛山	0757

网络资源
➡ 微信公众号"微广州":关于广州的人文、风俗、餐饮、节日信息及地方文化。
➡ 微信公众号"韶关旅游":内容全面,更新及时,有很大参考价值。
➡ 微信公众号"生活艺术地图":广州、珠三角地区的展讯等文艺活动发布平台。
➡ 微信公众号"开平碉楼与村落":有关于开平旅行的线路、景点以及活动发布。
➡ 磨房(www.doyouhike.net):各地的户外徒步都有相应的板块,也适合约伴。

抵达广东
➡ **广州白云国际机场**(见338页)机场大巴至市区:20~30元,车程约1小时,24小时运营;地铁至市区:8元,车程40分钟;出租车至市区:白天约100元,午夜后约200元。

➡ **深圳宝安国际机场**(见338页)机场快线至市区:25元,车程40分钟;地铁至罗湖口岸:9元,车程1小时12分钟;出租车至市区:约110元。

➡ **揭阳潮汕国际机场**(见338页)机场快线至潮州:20元,车程1小时;机场快线至汕头:28元;车程1.5小时;出租车至潮州或汕头:约120元。

➡ **珠海金湾国际机场**(见338页)机场快线至拱北、九洲港和港珠澳大桥珠海口岸:25元,车程45~60分钟。

当地交通
广东省内所有地级市都已开通高铁,高速公路贯通全省67个县,地铁也在快速向城市近郊各县推进。城市交通除了公交,珠三角发达地区出租车完善,粤北、粤西、潮汕地区摩的依旧普遍,大城市里共享单车分布广泛。99%以上的景区可利用公共交通前往,不过少数景点可能下车后还需要步行几公里。

旅行安全
城市的治安普遍都不错,不过,在火车站、公共交通等人流量大的地方依然要注意看管好随身财物。在没有禁摩的的市县,横冲直撞的摩托车会是一大安全隐患。野外徒步或进行户外运动的话,要小心被蛇虫鼠蚁或野狗等动物攻击,长袖长裤、登山杖等都能保护自己。

计划你的行程 行前参考

更多交通信息,见**交通指南**(338页)。

新线报

在顶层酒吧享受微醺
登高俯瞰已不够时髦？那就到广深地标高楼的顶层酒吧去享受在高空微醺的快乐。广州东塔顶层的瑰丽酒店星空酒吧位于107层，西塔顶层的四季酒店天吧位于99层，在这两处都可以俯瞰珠江夜景、"小蛮腰"灯光和海心沙。深圳平安国际中心的深圳柏悦酒店顶层酒吧的高度接近290米，在城市上空享受各国金酒的感觉非常美妙。

珠三角城际交通大串联
2019年底穗深城际通车，连接起广州、东莞、虎门、深圳和深圳机场。从广州出发，1小时11分可达深圳机场。此外，惠州城轨线也已接入东莞地铁网络，未来从珠三角诸城至惠州西湖赏景会更为便捷。

潮汕高铁便利度提升
高铁潮汕站逐渐成为大潮汕地区的中心车站。此外随着2019年底梅汕铁路的通车，潮汕机场站也为揭阳机场带来高铁交通配套设施。

沿阅丹公路阅尽丹霞百态
2019年底，全长55公里的阅丹公路全面开通。这条旅游公路穿越了韶关丹霞山的核心区域，适合自驾游览。道路沿途设有观景台、公园、绿道等，多个村庄配备了停车场、洗手间等基础设施，提供食宿的农家乐也正在兴起。

空中步道看广州
2020年初，一条8公里长的空中步道在广州落成并免费开放。步道连接了白云山、麓湖公园、越秀山和中山纪念堂，这条线路也是城市北部山湖花海的风光带。在你前来旅行时，即可在这条空中步道用步行和跑步的方式来慢游广州。

东山口，广州文艺新地标
广州东山口的几百座洋房别墅再次迎来生机，买手店、艺廊、餐吧、咖啡馆等纷纷进驻。其中东边的新河浦历史文化街区荣获"2019年亚洲都市景观奖"，西边的启明社区老别墅里有不少风格各异的美学空间。

深圳木星美术馆开幕
2019年末，深圳又增添了一个看展好去处。位于福田保税区的深圳木星美术馆以打造"大湾区国际化艺术展"为主轴，建筑面积巨大，风格摩登，除了常规绘画展之外，还能举办大型装置艺术、雕塑、摄影、录像、新媒体艺术、行为艺术等当代艺术多媒介展览。

古镇老城活化风潮
随着旅游业的升温，广东省内不少古镇老城都开始了修复和活化。其中汕头小公园历史街区、开平赤坎古镇和梅州江北骑楼老街的历史底蕴十足，修复完成后的新面貌也值得期待。

如果你喜欢

古村落

马降龙古村落 背靠百足山,面向潭江水,碉楼林立的马降龙村无愧"最美村落"之名。(见146页)

黎槎村 层层叠叠的镬耳屋围绕着村子中心的鸿运台发散开来,这座依八卦形状而建的古村犹如迷魂阵。(见156页)

沙湾古镇 街巷之间藏着古老的城墙断面,精心修复的镬耳大屋连成一片,加上广东传统音乐、美食和广州市郊便利的位置,都是无法拒绝的理由。(见114页)

连南南岗千年瑶寨 连绵的山峦包围着海拔800多米的老寨,青墙黑瓦的瑶族老屋沿山势铺排,其中有近400座为明清古建。(见280页)

南口镇侨乡村 梅州市郊丘陵地带的一处典型客家村落,三十余座始建于明清时期的围龙屋背山面田,春季油菜花盛开,十分美丽。(见226页)

如果你喜欢文创园

OCT-LOFT华侨城创意文化园是个由绿荫红砖构筑的优美小镇,除了艺术展场,还聚集了咖啡馆、酒吧、茶馆、时尚餐厅、建筑主题书店等,令人惊喜连连。(见169页)

龙湖古寨 韩江边的千年古寨,如今保留着不少明清家宅和宗祠顺"龙脊"形的大街排开,值得慢慢游逛。(见194页)

前美村 除了有泰侨富商陈慈黉修建的精美家宅,还有不少老宅与乡村风光值得探寻。(见208页)

海滩与海岛

巽寮湾 稔平半岛上的巽寮湾号称"中国的马尔代夫",先不管有几分真假,比起马尔代夫的舟车劳顿,至少无须费时费力(或许下次麦太可以考虑带麦兜来这里)即可到此享受金色沙滩和碧蓝海水。(见238页)

中国大陆南极村 在这个中国大陆的最南端,一条沙洲形成的岬角向海中延伸,东边来自南海与西边来自北部湾的海浪在此交汇,形成"十"字形的合水线,层层叠叠地蔓延开来。(见249页)

万山群岛 珠海有一百多座岛屿,"水清沙白"的东澳岛、荷包岛与庙湾岛是度假好去处。(见166页)

海陵岛 曾连续三年被《中国国家地理》评为中国最美海岛之一,丰富的景观和活动玩三天都不会腻。(见256页)

保利金町湾 海滩绵长,海景开阔,公寓酒店配套超值,交通十分便利,离汕尾高铁站和美食街二马路都不远。(见216页)

上下川岛 上川岛以山石奇峻、波涛澎拜著称,下川岛则以美丽的海湾为胜。(见151页)

硇洲岛 是国内最大的火山岛,岛内遍布香蕉林和火龙果园,当地人却为高品质的海鲜而来。(见245页)

历史街区

沙面 这片第二次鸦片战争后的英法租界区融汇了中西合璧的百余栋建筑,古树、教堂、博物馆、展览馆中讲述着历史。(见86页)

唐家古镇 许多近代中国名人都出身于此,严谨的风水设计、精致的灰塑与砖雕,满眼尽是东西合璧的趣味,值得闲散地住上几日。(见167页)

岭南天地 是老佛山的商业中心,红双喜、保济丸、玉冰烧都与这里渊源深厚,迷宫般的街道藏着无数珍宝。(见124页)

计划你的行程

如果你喜欢

潮州古城 不管是市井繁华的牌坊街、古意儒雅的甲第巷,还是奇妙古老的湘子桥,或者精雕细琢的己略黄公祠,潮州古城里处处都是生气盎然的古典美。(见188页)

小公园开埠区 不论建筑已经历翻新或保有迷人颓色,汕头老城"四永一升平,四安一镇邦"字头的老街纵横交错,值得你花点时间迷失其中。(见207页)

湛江赤坎老街区 斑驳的百年楼宇保存着原始的风貌,讲述着法国殖民时期"广州湾"的一段历史。(见243页)

宋长城和老街巷 始建于宋朝的城墙上集合了9种不同规格的砖石,城墙内的老街巷和骑楼街透着质朴的文艺气质和生活气息。(见155页)

珠玑古巷 这片集中了数十间祠堂的古街被视为广府文化的发源地,来了便知道它的历史渊源。(见271页)

购物

批发市场 即使不为淘货,也要去广州形形色色的批发市场看看什么叫作货物成山,从服装到海味,从玉器到药材,令人眼界大开。(见108页)

佛山陶瓷 佛山的石湾公仔是一绝,南风古灶旁的1506创意城和石湾陶瓷文化创意产业园里有丰富的选择。(见125页)

深圳跨境保税店 购买正品洋货好去处,种类丰富,价格与香港差不多,有些商品甚至比香港更便宜。(见176页)

潮州牌坊街 不管是凤凰山茶叶、真空包装的牛肉丸,还是"潮州三宝"或传统民俗物件,

(上图)巽寮湾,惠州
(下图)英西峰林,英德

热门的潮州伴手礼都可以在这里找到。（见200页）

湖光山色

丹霞山 这里几乎呈现了丹霞发育的全过程地貌景观，火红的丹霞山体与碧绿的锦江、茂密的竹林和座座村落一起构成了绝美的画卷。（见267页）

英西峰林 英德西边的九龙镇和黄花镇一带，密集分布着上千座喀斯特石灰岩，绿色田野遇上雨后云遮雾罩，峰林隐现，颇似甲天下的桂林山水。（见276页）

七星岩 由七峰五湖组成，"桂林的山，西湖的水"，一座座石灰岩山峰矗立于湖上，如同造物者心血来潮摆了个超级大盆景。（见153页）

凤凰山 轻松登上凤凰山顶，平时可眺望山间的茶园翠色，5月可赏杜鹃花海。户外爱好者还可在天池边扎个帐篷过夜，等待日出的第一道光。（见194页）

广东大峡谷 长15公里，最大纵深400米的峡谷犹如大地的巨大裂痕，但若想从陡峭的崖壁下到谷底，一探瀑布、溪流和清潭，还需要一定的体力。（见274页）

户外活动

徒步影古线 这条串联起从化几个乡村的徒步路线全长约22公里，一路尽是清新的田园风光，3月和4月梨花盛开时尤为美丽。（见112页）

下川岛潮人径 细白清净的沙滩一片接一片，小渔村的黑瓦白墙在碧海蓝天之间闪闪发光。（见151页）

从化碧水湾温泉 顶级的温泉度假村，豪华套房、私家温泉、园林美景尽享，还有皮划艇和流溪河上钓鱼、竹排观光活动。（见117页）

老虎谷漂流 这条穿过喀斯特溶洞的一条暗河水流急、弯道多、落差大，惊险又刺激。（见277页）

漫步情侣路 这条能够你"从日出走到日落"的滨海大道就是珠海的海岸线，串联奇石、绿道、公园和沙滩，碧海蓝天夹着青翠山峦，散步骑行皆宜，夏季的海水浴场热闹非凡。（见161页）

梅关古道 纵贯广东与江西交界处的大庾岭，全长约2公里。不仅能看到立于省界上的古关楼，还能让你1小时就完成一次"省际穿越之旅"。（见270页）

清远温泉 英德、佛冈、清新等地都有优质的泡汤去处，从树上温泉到岩洞温泉，再到满是游乐设施的温泉水上游乐园，处处都是新奇的泡汤体验。（见276页）

红花湖骑行 公园内18公里环湖道全程禁止机动车通行，不妨用3小时环湖骑一圈，游览惠州不一样的山湖景色。（见235页）

当地人推荐

冯亦慧

聚英武馆馆长，广东省武术协会洪拳专业委员会龙狮部部长，广州市非物质文化遗产洪拳代表传承人。

南狮和北狮的主要差别在哪里？

北狮更注重形似，浑身是毛，更像狮子，表演起来的动作更接近杂技。南狮的来历众说纷纭，有一说是古代人们为了吓唬怪兽便制造出古灵精怪的神兽，因此它头上有个角，浓眉大眼、血盆大口。南狮更注重神似，威猛霸气，眼睛和嘴巴都可以活动，舞狮的动作也更为复杂多样。

醒狮和洪拳有什么关系？

广东有一句俗话："只要有村就有祠堂，有祠堂就有狮子，有狮子就有洪拳。"醒狮跟岭南的祠堂姓氏文化和洪拳密不可分。一个村里的舞狮队就是这个村的灵魂所在，同时代表着村落的精神面貌、礼仪风俗。

马步、弓步、麒麟步……凡是学舞狮，必须先学洪拳。洪拳位列南拳之首，在岭南地区曾经非常流行，舞狮中的许多步伐都以洪拳为基础展开。

真正传统的舞狮是怎样的？

现在大家看到更多的是表演狮，这跟传统舞狮完全是两码事。

从前舞狮都是以武馆为单位进行，代表村落舞狮。出狮的标准队形是帅旗走前，然后左右各一支三角旗，武馆师傅、狮子、锣鼓场、队员依次在后，如同古代穆桂英挂帅出师。舞狮的套路非常复杂，更多强调的是"落地生根""腰马合一"，而现在则需要更多跳跃动作。传统舞狮并没有高桩，是叠罗汉、爬高竿，狮子从人堆中一路走高，爬上一根大毛竹去"采青"。以前训练没有保护措施，大家都是在河里练习爬高竿。

现在更多商业舞狮更注重表演，狮子甚至可以跟观众打闹嬉戏。在以前，人们是不可能随意触碰狮子的，无论是在舞狮时还是平时。

醒狮动作从何而来，大家真的会打斗吗？

在农村来说，醒狮的动作是模仿了猫，我们常叫作"猫形狮"。猫捉老鼠、逗猫玩球等动作加上洪拳的套路构成了基本动作，从明清至今变化不大。

当然，大家并不会像《黄飞鸿》里面一样公开打斗争霸，舞狮其实十分讲究礼仪。比如主家邀请兄弟村的舞狮队来，就会去接狮，不能频繁眨眼、不起高腿、不撑狮尾，需要尽量放低自己。客方也会在拜了祠堂后慢慢退出。但有时，一些人也会出现不太礼貌的小动作，我们会以自己的醒狮技艺和功夫让对方信服。舞狮就跟做人一样，需要明事理。

狮头有什么讲究？

狮头的颜色代表不同人物，他们都出自《三国演义》，分别是刘（备）、关（羽）、张（飞）、赵（云）、马（超）和黄（忠）。刘备狮以黄色位主带白毛，关羽狮红底黑纹，张飞狮是全黑或者黑白，赵云狮是白色等。这几年有些狮子头上带了两根翎子，这代表吕布，带有贬义，传统狮头里并没有这一类。过去的狮尾更长，会有更多武术动作，现在的略短，更多利于跳跃动作。

现在能手工制作南狮的手工艺人已经极少，一个人从一根竹子开始全手工做狮头至少需要一个礼拜。传统狮头在细节上做得更为完整，比如腮部的处理，牙齿和舌头的部分等，面部采用的是硬毛，现在更多是用软毛。

可以在什么时候欣赏和体验舞狮？

春节、元宵节时，村落之间的舞狮很热闹，也更传统。重阳节和清明节，以及每年征兵送兵时，村里也会舞狮。在一些商业活动上，比如剪彩、奠基、开张等，会有舞狮表演，但那只是皮毛。

佛山祖庙每天下午都有醒狮表演，对于旅行者来说值得一看。另外，一些外国友人会在暑假期间花一两天到一周时间，来我们武馆学习并体验洪拳和醒狮文化。

林江泉

作家、诗人、艺术家，著有《被抵押的日子》《经济学的闪电》等，多次在欧洲举办交叉信息艺术个展。

请从文化艺术的层面为我们介绍一下广州。

广州是中国流行文化和前沿艺术最早的试验地，比如现代舞、时装、流行音乐中的代表人物都是从广州发展起来的。在我的成长经验中，广东的自由和开放特质，在接通国际信息上，比北京和上海更为通透、轻快和直接，这和毗连港澳有很大关系，尤其是"两语三语"的同步交集铺就了生活的驳杂底色。20世纪八九十年代，我已经能通过"广式渠道"了解国际一手的信息，小学时，我生活的粤西乡镇已经可以接触到欧洲和亚洲的新浪潮电影，我可以同时阅读大陆版和香港版的时装杂志。

但进入21世纪后，广州的文化表现力看起来不如之前蓬勃，应该说，当代文化的发展有隐性和显性的存在，北京、上海和深圳的显性部分更具后发优势，而广州的后发劣势对各个领域都是一种提醒——但不可否认，它依然具有国际气质。另外，广州作为百年交易商都，它的务实和商业也是当代艺术的一种表达。这些年，我不断从广州出发到不同的地方，回来又发现了全新的广州。我想，广州的流动、多变、复杂、包容、自由、轻快等对我的创作方向都有指引作用。

你如何看待粤语与城市文化的联系？

语言是创造世界的开端，也是结果。粤语中保留了大量古汉语的底色，更曾因香港流行文化的推动和国际影响力，令其相对于其他方言更显特殊，也与地方文化衔接更紧密。比如现在很多老外在春节还会说"Kong heer fat choi"（恭喜发财）。

本地语言能拉近人与人的距离，也是了解广州这座城市的敲门砖。一直以来，广州人都很维护自己的语言传统，本地电视台还有几个全粤语的频道和一个全粤语的卫星台。不过，这座城市同样面临着方言的发展危机，现在从幼儿园开始就普及普通话，粤语里的一些歇后语很多"新新人类"已经不知道。我认识的很多香港作家会使用粤语写作，但广州的作家很少从事粤语写作。

可以推荐一些本地文化艺术活动吗？

2019年，广州举办了国际文学周、花城国际诗歌之夜、中秋诗朗诵会、广州新年诗会等不错的活动，虽然都很小众，不过"带来了大流量"，影响力很大。未来这一类的活动可能会越来越多。

长光伯

潮州文化类微信公众号"长光里"内容总监。

潮州文化里有哪些有意思的细节？

宗族文化，是潮州文化在中国文化中最具特色的一点。潮州人的团结精神、潮州独具特色的民俗活动"闹热"、潮州民间自发的慈善活动等，都源自宗族文化。它也是潮商立足于全世界的基础。

潮州民俗活动闹热（潮州人称为"劳热"），是潮州人拜"老爷"的日子。"老爷"就是保护神，每个乡村都有自己的"老爷"，但全潮州府（从前的潮州府包括现在的汕头、揭阳及梅州的部分地区）的大老爷就是青龙古庙中的王伉将军，他是三国时期的蜀国将军。每年正月下旬，就是祭拜大老爷的青龙古庙的庙会。以前潮州人到东南亚、香港等地谋生前会先祭拜大老爷后再上红头船出海，所以青龙庙会是全球潮州人共同的庙会，也是联结海内外潮州人的一个重要纽带。

能不能推荐一些隐藏的潮州看点？

土楼围楼和古寨（见195页方框）。土楼围楼主要集中在饶平县北部山区，但湘桥区的铁铺镇和官塘、磷溪等地也有不少土楼围楼，潮安区的古巷、凤塘等地还有不少古寨。

以我自己这几年走访的经验，这些老建筑再不去看可能就看不到了。因为原来的土楼围楼和古寨主要就是保护居民不受野兽和强盗的攻击而设计建造的，居住的舒适性不如现在的新型建筑。现在，有经济能力的原住民大多已经重建新房搬离了，没了人气的土楼、围楼和古寨正在快速倒塌中。经济相对较落后的饶北山区的土楼，目前还有较多原住民住在其中，预计数年之后，这些土楼的原住民也会搬离。到时候的土楼就算不倒，也只会剩下一个"壳"，没了现在这种充满人文气息的感觉。

对于外地来的旅行者，长光里的哪些功能会给他们带来探索潮州的灵感？

长光里有关潮州文化的文章，希望能让每个外地来潮的旅行者，在游玩的同时更深入地了解潮州的人情世事、潮俗文化。而且我们也正在构建VR实景的超链接功能，希望同时能让旅行者更方便直观地搜索到想要的内容。

可以教我们几句实用的潮州话吗？

潮州话有8个音调，这也是潮州话最难学的原因。

"家己人（胶己人）"读作"噶gi囊"，是潮州人对自己人的称呼。在全世界任何角落，都能找到"家己人"，潮州人听到"家己人"就会倍感亲切。

"食茶"，读作"戛嗲"，潮州人每家每户都饮工夫茶，喝工夫茶是潮州人最好的交流方式。

潮州人现在还用古汉语把厕所称为"东司"，读作"耽西"。想问不懂普通话的老人厕所在哪里，说"耽西"，老人就会给你指路。

李成忠

韶关人，热爱家乡文化，著有《三江夜话，韶关八大金饭碗》。

当地人也喜欢去丹霞山吗？你们一般怎么玩？

旅行者主要去收费景区，但丹霞山整个区域南北跨度很大，它的南门距离市区只有6公里，在韶关老百姓的眼中，丹霞山就是一处没有大门，没有门票，适合休闲养生的大型氧吧。实际上，丹霞山数百座山峰基本都有它自己的名字，而同一座山峰从不同的角度、在不同的时辰和季节都有不同的景色，让大家百看不厌。比如从牛鼻村看到的"童子拜观音"，从更南边的村庄往北看，它则像一艘起航的帆船，被称为"一帆风顺"。除了风景，这里还有饱含负离子的空气和洁净的水源，我们周末过去肯定要去农家乐吃吃绿色食品，山坑螺、豆腐、土鸡都是必点的，那里的沙田柚和土法做的红薯干也很有名。

还有什么私藏的地方？

2019年10月刚刚建成的阅丹公路非常不错，它穿过丹霞山的核心区，沿途的村庄也经过了打造，有车的话，可以沿着一路上的观景台、村庄慢慢玩。我最喜欢的是夏富村，它是个始建于南宋时期的古村，连村口的榕树都有300年的树龄了。村中保留着大量青砖的老房子，除了明清时期的古建筑，还有几处西洋风格建筑。此外，距离夏富村不远的牛鼻村也很有特色，那里视野开阔，不但三面环水而且群峰环绕，可以360°欣赏丹霞美景，吸引了不少摄影爱好者在此驻扎。这几年不少年轻人在村里做了些改造，把老房子弄成了书屋、摄影会馆，还有一些农家乐和住宿，都很有调性，也值得去看看。

省钱妙计

如何少花钱也玩得好？网络资源一定要充分利用，多听听其他旅行者或本地人的建议也是必不可少的。不妨先来看看我们的作者精心总结的各路省钱妙计吧。

住宿

➡ 品牌连锁酒店在官网或者官方App的预订价格往往比订房网站更实在；对于许多大型度假村、品牌酒店，直接致电前台或许能订到更好的房间。

➡ 海边的旅游目的地淡旺季价差明显，尽量避免在法定节假日或暑假周末前往海陵岛、川岛等广东本地人的度假胜地。黄金周前往务必尽早预订，其他时间可以看房后再砍价。家庭出行住公寓型酒店更方便，长期住也可以直接找村民租房。

➡ 每年春、秋举办的广交会期间，广州住宿紧张且价格上浮。深圳会展中心周边的酒店受展会影响较大。CBD区域的酒店在周末反而会比较便宜。

餐饮

➡ 全天候营业的茶楼越来越多，其中不少都有优惠时段，错峰吃饭也可能获得折扣。

➡ 在大城市用餐，可以先把各大团购网站刷一遍，或者临时抱佛脚加入会员，办理会员卡，都有机会获得折扣。

➡ 海鲜市场里容易出现猫腻，多走几个档口，听听别人如何砍价，可以少缴"学费"。

➡ 有些酒店公寓提供自炊厨房设施，自己动手丰俭由人。

交通

➡ 尽量选用公共交通，或骑自行车出行。

➡ 长时间在城市旅行,可购买公交卡享受折扣,如羊城通、深圳通、广佛通，以及省内及港澳地区通用的岭南通等，其中羊城通在使用15次后（公交+地铁）可以享受6折优惠，深圳通首次乘坐就有折扣。在手机应用商店下载"羊城通"或"深圳通"等App申请虚拟卡用手机支付也可享受同样优惠。

➡ 从省内其他城市去往广州、深圳等地的长途大巴，其早班车或晚班车通常有不同程度的折扣，购买往返票也更实惠。可通过微信公众号"粤运交通"查询。

➡ 自驾出行可通过"粤通卡"手机App，或"粤通卡应用"微信小程序申请办理一张粤通卡，使用粤通卡在高速缴费可享受95折优惠，不仅省钱，还省时间。

门票

➡ 广州每年1月至4月和7月至12月的第3个周三，以及5月18日（国际博物馆日）和6月8日（中国文化遗产日）是博物馆免费开放日。另外，5月12日、9月10日、10月26日分别对护士、教师和环卫工人免费。

➡ 在携程、美团、飞猪等网站，或景区官方的微信公众号购买门票常有折扣，但要留意使用时限。

➡ 在国家法定节假日，丹霞山、连州地下河等大型景区都会实行8折或更低的优惠票价。广州市的广州塔、陈家祠、珠江夜游等主要游览项目也有不同程度的折扣，可提前关注。

购物

➡ 广州各类批发市场很多，单买价格也比私人零售店实惠。

➡ 远离景区购物点，直接向村民购买土特产或工艺品更便宜。

旅游淡季

➡ 淡季出行是不变的省钱真理。但在旺季快要到来或即将结束时出行性价比更高，在黄金周后价格一般也会暴跌，此时正适合"抄底"。

每月热门

最佳节庆

广州迎春花市，农历腊月二十八至除夕

妈祖诞，农历三月二十三

端午节，农历五月初五

南海神诞，农历二月十一至十三

年例，春节至农历三月

1月至2月

正月里，各地春节节会、庆典异彩纷呈，也是泡温泉的好时机。

桃花开，开灿烂

春节前后西樵山上桃花园里800亩盛开的桃花漫山遍野，每个山坡都是不同品种，跟红火的茶花一起营造出节日的喜庆。（见133页）

广州迎春花市和广府庙会

广州过年，花城看花。广州春节期间在各区闹市都会举办迎春花市和元宵庙会。花市从腊月二十八开始，一连3天，直到年三十晚上结束。从正月十五至二十一，在越秀区的城隍庙、北京路、五仙观等地举办热闹的庙会。（见96页）

营老爷

营老爷是潮州最隆重的游神大典，正月里，各个村寨的舞龙舞狮队和潮乐锣鼓队都会护送老爷在大街上出巡。潮州古城正月二十四至二十六迎大老爷安济圣王的活动最为盛大。（见196页）

泮村舞灯

每年正月十三在开平水口镇泮村举行，各村的青壮年聚集到一起抬起3个巨型花灯，敲锣打鼓巡游各村，人们燃起爆竹，龙狮共舞，保佑子孙平安。（见149页）

粤西年例

从春节起，粤西各地就开始了盛大的"年例"节庆，舞狮舞龙、唱戏听戏、抬神轿游街，还会沿街大摆宴席，每个村落的时间各不相同，以正月期间最为集中。（见247页）

西湖灯会

每年春节期间，惠州西湖会点亮缤纷的彩灯，迎接游人夜游赏景，这时的公园免费开放。（见236页）

3月至4月

春暖花开，各项民俗活动仍在延续，南粤大地也进入赏花佳期。

开平油菜花

从2月底开始，开平的自力村就淹没在金黄色的油菜花海之中，此时是欣赏碉楼的最佳时机，还有各种主题摄影活动同期举行。（见147页）

南海神诞

农历二月十一至十三，广州黄埔的南海神庙会举办盛大的南海神诞，俗称波罗诞，是珠三角地区最盛大的民间庙会，可以看到醒狮、貔貅舞、麒麟舞等"非遗"表演，以及波罗鸡、波罗粽等特色工艺品和食物。（见96页）

南昆山杜鹃花

3月正是惠州南昆山森林公园杜鹃花怒放的时期，爬到山顶天台便是色彩最绚烂的杜鹃花海。（见235页）

沙湾飘色

每年农历三月三北帝诞时，举办的沙湾飘色是沙湾古镇最有意思和最盛大的节日，也是欣赏岭南民间传统艺术"飘色"的好机会。（见115页）

徐闻"菠萝的海"收成季

徐闻承包了全国40%的菠萝产量,清明前后的丰收时节,密密麻麻的金黄色果实形成壮观无比的"菠萝的海",连空气中都弥漫着菠萝的香气。4月底还会举办菠萝文化节。(见250页)

妈祖诞

农历三月二十三是妈祖诞,汕尾天后宫会举办大型祭祀活动,凤山祖庙也会举行场面宏大的仪式。(见209页)

珠海北山世界音乐节

收集世界各地的民俗腔调、推广中国民间音乐是音乐节的理想,4月中下旬,为期2天的各种演出会让你见识到不同面貌的音乐。(见161页)

5月至6月

端午节是广东地区重要的节庆,赛龙舟是此时最热闹的民俗大事。

广州端午节赛龙舟

端午节,广州珠江和各大河涌便成为龙舟竞技和村落之间互相交流的场地,珠江、猎德涌、海珠湖和荔枝湾都可以看到精彩纷呈的龙舟赛事。(见96页)

东莞龙舟文化节

别处端午划一天龙舟,东莞却要划一个月。从五月初一开始,沿着水路的各村镇就定出自己的赛龙舟时间,参与者众多。(见181页)

(上图)花市,广州
(下图)赛龙舟,东莞

计划你的行程　每月热门

7月至8月

广东最闷热的季节,偶尔还需提防台风侵袭,但仍有热闹的活动让人们在酷暑时节得以消遣。

七月香戏水节

农历七月初七开始,清远连山会举办壮家戏水节,男女老少都会穿上民族服饰,在河道中央你来我往泼水狂欢,同时还有民族艺术巡游、文艺表演和特色食品展销等活动举办。(见281页)

南海开海

8月下旬南海休渔期结束,大批肥美生猛的海鲜纷纷上市。开海的头几天还能在汕头、珠海、阳江、湛江等大型渔港看到祭海仪式,以及千艘渔船竞相出港的壮观场面。

9月至10月

此时是各地寺庙欢庆丰收、举办秋祭的重要季节,还能见识到华南地区最热闹的交易会。

广州秋交会

中国进出口商品交易会即广州交易会,简称广交会,是全国规模最大的面向国际的交易会,秋交会在10月15日至11月4日举行,4月15日至5月5日还有春交会。(见96页)

佛山秋色

佛山最盛大的祭典,每年10月底、秋季丰收之时,佛山人会在祖庙举办庆祝丰收的游行赛会,尽显民艺精粹,街上熙熙攘攘。(见121页)

(上图)佛山秋色活动期间的舞龙表演
(下图)广州国际灯光节

阳江风筝节

每年重阳节之际,阳江都会举办风筝节,各种风筝齐飞,场面热闹非凡。其中蜈蚣、灵芝等十几种造型的阳江传统风筝已有1400多年历史。(见255页)

11月

天气凉爽下来,节会、展览逐渐升温,秋色在粤北山区开始晕染。

广州国际灯光节

灯光节在每年秋天(约11月)拉开帷幕,为期10天左右。主会场设在海心沙和花城大道,届时,绚丽的灯光秀将珠江两岸渲染得如梦似幻。(见96页)

瑶族盘王节

农历十月十六,是瑶族祭祀祖先——盘王的日子,连山和连南都会举办大型开放式庆典,除了民族歌舞,还有瑶族服装秀、瑶族刺绣等手工艺品展示,更少不了瑶族长桌宴的美食环节。(见280页)

中国国际航空航天博览会

逢双数年的11月,中国航展都会在珠海金湾国际机场旁边的航展会场举行,尖端的科技产品与振奋人心的飞行表演吸引了无数飞航迷前来朝圣。(见162页)

连州国际摄影年展

虽然位于偏居山区的连州,却有公认的高专业水准。已连续举办了十余年的摄影年展每年都有不同的主题,除了展示国内外一流的摄影作品,还有摄影相关的主题论坛、创意市集、讲座、音乐会等活动同时举办。(见279页)

南雄银杏

11月至12月,南雄的银杏进入最佳观赏期,高大古老的银杏掩映着座座村落,颇有诗意。(见271页)

12月

气温较低的北部山区迎来了梅花绽放,民间纪念活动如火如荼地进行。

丹霞山体育赛事

丹霞山每年在12月前后都会举办环丹霞山自行车赛、徒步穿越丹霞山和丹霞山国际山地马拉松赛三项赛事,路线南北纵穿丹霞山核心景区。(见269页)

姑太探外家

农历十一月二十四的洗夫人诞辰,是当地最热闹的节庆。高州城区到各个村落都有隆重的祝寿游行。在洗夫人的故里高州雷峒村,村民会专门迎接这位"姑太"回娘家(外家)庆生。(见246页)

梅关古道赏梅

从12月底开始,梅关古道两旁的梅花逐渐开放。以粤赣两省的关楼为界,元旦前后南边广东段的梅花开得最旺,而北边江西段的梅花要到春节前后才会盛放。(见270页)

计划你的行程
旅行线路

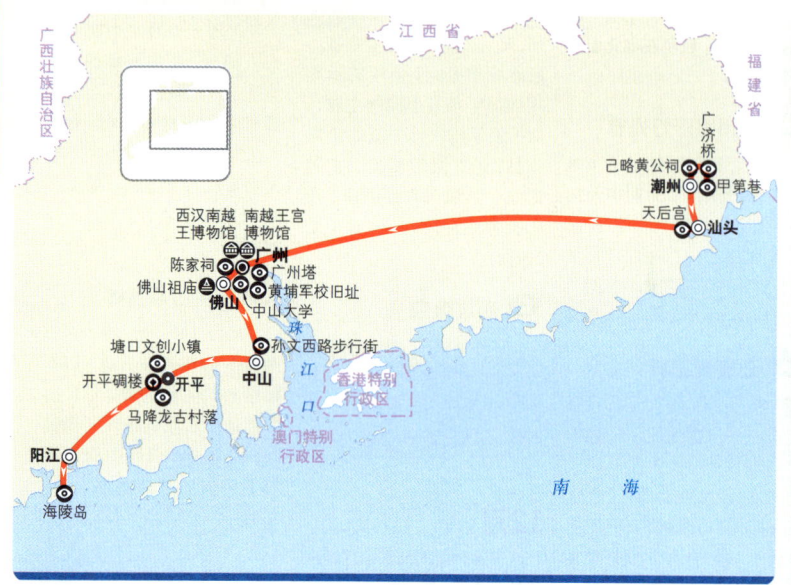

10天 横贯线

潮汕和广府一东一西交相辉映,各有魅力,让人吃不停游不够。只花10天也可由东往西横贯广东省,浮光掠影地欣赏两处的精华所在。

揭阳潮汕机场的超低票价会吸引许多旅行者从这里落地广东。第1天先到**潮州**古城内入住雅致的古民居客栈,去**甲第巷**(见191页)和**己略黄公祠**(见188页)欣赏潮州大厝的精雕细琢。下午登上**广济桥**(见191页),别错过闭园时间解开梭船收起浮桥的过程,晚上找一家餐馆品尝牛肉火锅后,出东门外沿韩江散步,走到广济桥附近去看斑斓的广济桥灯光秀(见197页)。

第2天乘班车去**汕头**,先到小公园附近的老城区来一场城市徒步(见207页方框)探索,再到福平路上去找一家本地人喜欢的小餐馆品尝小吃,之后去大马路欣赏**天后宫**(见204页)和大峰庙(见204页)内金碧辉煌的潮式寺庙装饰细节,以及以开埠邮局(见205页)为代表的西洋建筑。晚上的主题是美食,从牛肉火锅吃到白粥夜糜,补充白天游逛时花掉的体力。

计划你的行程 旅行线路

（上图）己略黄公祠，潮州
（下图）岐江夜景，中山

计划你的行程 旅行线路

第3天乘高铁迅速抵达**广州**,不必遗憾在潮汕吃得意犹未尽,还有许多广府美食在等着你。到达后先去老城区"叹一叹"早茶把节奏缓下来,之后步行至**陈家祠**(见79页)欣赏广府传统建筑艺术之集成。再步行至沙面,沿途一路欣赏老西关的别样风情,之后顺沿江路往东步行,从中西合璧的历史建筑旁穿回百年前的广州港。晚上可登上"小蛮腰"**广州塔**(见91页)欣赏夜景,或者选一家时髦的摩天大楼天台吧喝一杯。

第4天的主题是民国风情。早起前往**黄埔军校旧址**(见94页)感受百年前的风起云涌,中午找家街坊小店品尝白切鸡或猪脚姜。下午去**中山大学**(见88页)逛逛文气十足的校园,再到东山口欣赏民国别墅群(见90页方框),找家摩登咖啡馆品尝广州的文艺味道。如果意犹未尽,傍晚可租一辆共享单车骑行二沙岛(见88页)欣赏落日。

第5天早起去**西汉南越王博物馆**和**南越王宫博物馆**,这两处遗址博物馆可以解答你"广州从何而来"的疑问。下午搭上便捷的跨城地铁去**佛山祖庙**逛一逛,千万别错过武术和醒师的表演时间,之后就去隔壁的岭南天地走走。晚上不如就住在**中山**这座低调的城市,欣赏一下岐江夜景。第6天,在**孙文西路步行街**走一走,再去尝尝当地的乳鸽和脆肉鲩,晚上就可以到达**开平**,入住**塘口文创小镇**。

租一辆自行车,就可以在绿油油的田野间自由徜徉。这里有广东省内最著名的"世界文化遗产"**开平碉楼**,有被称为"中国最美村落"的**马降龙古村落**,这里的一切都值得你静静度过第7天和第8天。

第9天前往粤西的**阳江**,登上**海陵岛**,看看十里银滩,听听潮涨潮落,饱餐生猛海鲜,享受海滩休闲时光。第10天返回广州,依依不舍离开之前别忘了再来一份双皮奶。

(上图)海陵岛沙滩
(下图)黄埔军校,广州
(右图)中山大学,广州

35

计划你的行程 旅行线路

儒林第
福壽康寧
户納千祥景色新
如意
吉祥
門迎百福

江西省
江西省
茶阳古镇
松口古镇
中国客家博物馆
梅州
南口镇侨乡村
百侯古镇
福建省
广济桥
己略黄公祠
潮州
饶平
甲第巷
陈慈黉故居
汕头开埠文化陈列馆
从熙公祠
大峰庙
龙湖古寨
天后宫
汕头
惠州
惠州西湖
保利金町湾
汕尾
凤山祖庙
沙舌岛
巽寮湾
双月湾
南 海

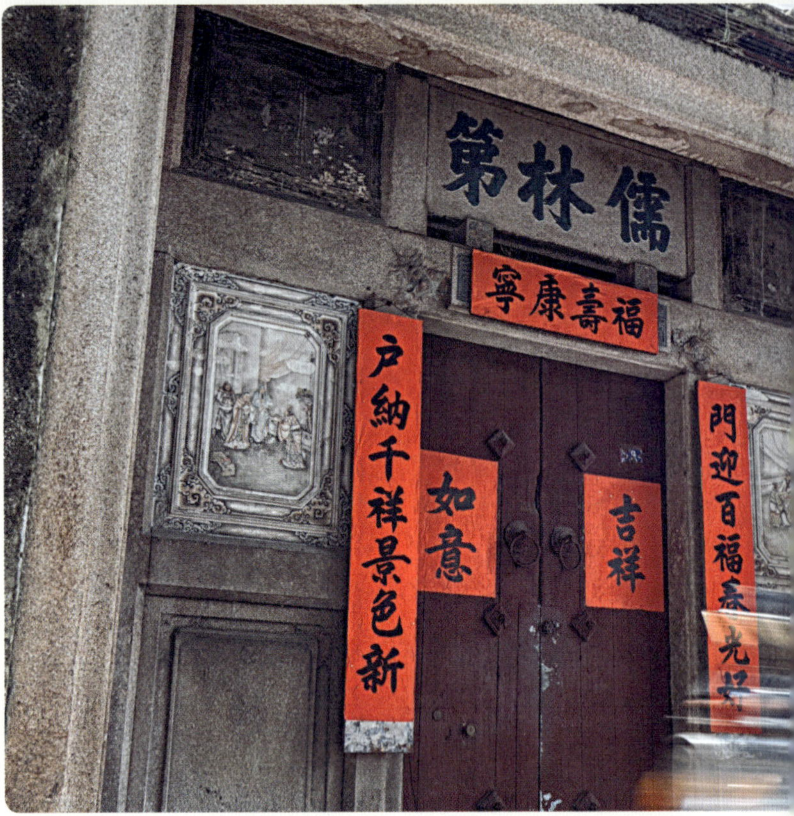

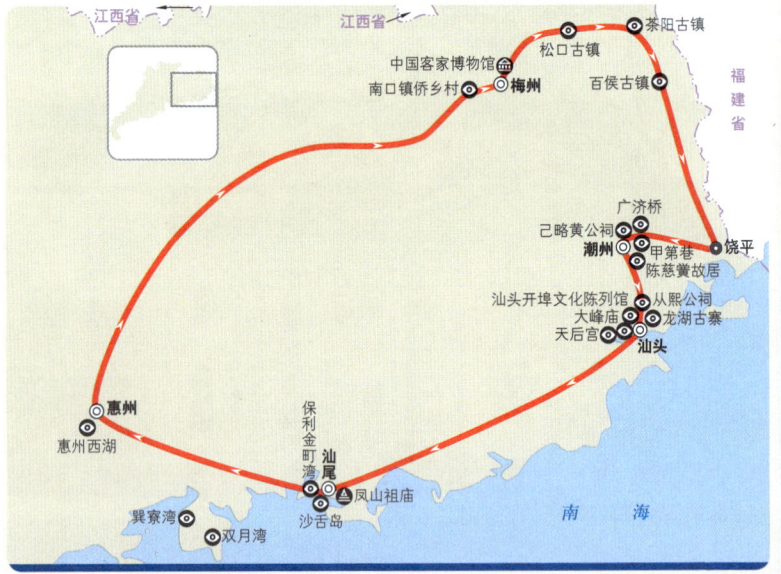

5天 潮汕客家环线

> 除了语言和风俗中的细节差异，潮汕地区与客家地区其实也有着千丝万缕的联系，花5天时间走环线即可体会其中的妙处。

不管是乘飞机还是坐高铁到达潮汕地区，第1天都可以先到**潮州**古城落脚。入住古意盎然的客栈，到**甲第巷**（见191页）周边的街区寻找潮州大厝，再去**己略黄公祠**（见188页）欣赏金光灿灿的木雕。下午穿过**广济桥**（见191页）去拜谒韩江东岸的韩文公祠，再打个车去官塘吃牛肉（见199页方框），食毕回到古城，正好能赶上广济门城楼边的广济桥灯光秀（见197页）。

第2天乘班车去**汕头**，自驾则可走潮汕公路顺道去看**龙湖古寨**（见194页）和**从熙公祠**（见196页），或者走S231，沿途游览澄海**陈慈黉故居**（见208页）。到达汕头后从**汕头开埠文化陈列馆**（见205页）开始，来一场寻找开埠区老建筑（见207页步行游览）的城市探索，继而到**大峰庙**（见204页）欣赏精美的嵌瓷装饰，去**天后宫**（见204页）拜拜，别忘了溜进对面的巷子里去吃个粽球。晚上找一家口碑好的牛肉店吃牛肉火锅，别吃太饱，因为夜粥店还在等你去吃消夜。

第3天乘高铁或自驾到**汕尾**，住在**保利金町湾**（见216页）附近看海玩水都方便。到**凤山祖庙**（见216页）拜见妈祖后，登上山顶俯瞰汕尾港口风光，再到城中的二马路上去吃海鲜和汕尾特色菜茶。傍晚在海滨大道散步，有精力还可到离二马路不远处的码头乘船登上海中的**沙舌岛**（见217页）。

第4天前往**惠州**，在这座惬意的山水半城里逛**惠州西湖**（见233页）品老城美食，享受轻松的一天，自驾旅行者也可把这一天替换为**巽寮湾**（见238页）或**双月湾**（见238页）海滨假日。

第5天至客都**梅州**，可选择到周边的**南口镇侨乡村**（见226页）去看围龙屋村落，或者就待在梅州城内，去江北的**中国客家博物馆**（见224页）了解客家人千年的迁徙故事，再到街巷中寻找好吃的腌面配及第汤。

如果还有时间，自驾旅行者（见54页）可以把这条环线走得更圆满。到**松口古镇**（见227页）后继续东行至大埔游览**百侯古镇**（见231页）和**茶阳古镇**（见231页），最后走S211和G355穿过有土楼和围楼（见195页方框）惊喜的**饶平**，最后回到潮州城。

计划你的行程 | 旅行线路

（上图）甲地巷，潮州
（下图）西湖，惠州

10天 粤西之旅

计划你的行程
旅行线路

这条线路先带你进入森林和峡谷,然后走过古村和古建筑,再沿海岸线一路往南,一边大啖海鲜,一边享受粤西海岸慵懒的度假生活。

第1天到**肇庆**(见153页)。有"北回归线上的绿宝石"之称的**七星湖**和**鼎湖山**是肇庆的老招牌,可享受绿水青山之美,城市中的古建筑也耐人寻味,可以花1天半时间游览。第2天晚上去往**德庆**(见159页)。位于南江和西江的交汇处,德庆数百年间都是沟通中原和岭南的枢纽,可以游览水道周边的古建筑。第3天上午,先游览城内的**德庆学宫**和**龙母祖庙**,接着坐车到**南江口**,南江沿岸28公里的兰寨、西坝、**大湾**等村镇保存着深厚的科举文化、侨乡文化、大量的古建筑和传统的生活方式,乘班车便可一一探访(见260页方框),晚上住**罗定**。

第4天,坐车到**阳江**(见255页),中午在阳江老城看看骑楼街,品尝传统小吃,下午坐车去往**海陵岛**,住闸坡镇。接着用2天时间好好感受这座度假海岛的魅力,白天可以爬山、看古村或博物馆、玩水上运动,或者无所事事地在沙滩上躺着,晚上就扎进海鲜大排档吧。不妨有所收敛一点,接下来要前往的地方吃海鲜的性价比更高。

第7天前往**湛江**(见243页),留半天给赤坎的老街区,百年的楼宇保存着原始的风貌,重现了百余年前法租界时代"广州湾"的一段历史。想见识湛江繁华的一面,可以乘游船环游海湾。湛江海鲜在省内是出了名的"又平又靓",霞山海鲜批发市场可让你既饱眼福,又饱口福,现买海鲜上楼加工就好。市区还有多个美食城料理各类食材,营业到凌晨。次日,不妨在湛江周边的几座淳朴小岛择一出行。面积较大、路程较远的**硇洲岛**(见245页)还以海鲜出名,但往返一趟需要一整天的时间。若时间有限,可以选择**特呈岛**(见244页),在岛上租电瓶车游览非常惬意。

第9天继续往南,如果对雷州半岛的传统文化感兴趣,可以在**雷州**(见251页)停留半天,下午看看城中的古迹,晚上到茂德公鼓城看免费的雷剧演出。第10天来到中国大陆最南端的**徐闻**(见249页)。"**菠萝的海**"和"**中国大陆南极村**"不能错过。

行程结束,你可以乘渡轮继续前往海南岛,乘大巴去往广西北海,或乘火车返回广州。

(上图)水上活动,海陵岛
(下图)三元塔公园,雷州

计划你的行程 旅行线路

6天 从韶关到广州

大部分乘火车南下的旅行者，进入广东的第一站都是韶关。这片常被忽略的粤北地区不仅有清新、大气的自然之美，也一直是多种文化的交会点和客家人的聚居区。不妨就从韶关开始你的广东之旅。

第1天抵达**韶关**，参观南禅祖庭**南华寺**（见264页）后，晚上在江边的百年东街吃消夜散步。第2天，先到**仁化**游览古村，自助游去**石塘村**（见270页）比较方便，自驾可以走阅丹公路到**夏富村**（见59页方框）。下午到丹霞山景区，住断石村附近，四五点爬上阳元山赏丹霞日落。

第3天上午去**长老峰景区**，如果体力充足，建议选择最长的路线欣赏丹霞山之美；也可以乘缆车上下游览精华部分，再坐游船或竹筏，在水上看丹霞。素有"围楼之乡"的**始兴**现存大大小小的围楼200多座，第4天，就去号称"岭南第一围"的**客家满堂大围**（见272页）开开眼界，坐班车前往时可留意路边的小围楼。此外，距始兴县城3公里的东湖坪古建筑群（见273页）的围楼也颇具规模，晚上返回韶关。

第5天，前往**英德**，清远地区有丰富的地热资源和喀斯特地貌，英德的**奇洞温泉小镇**（见276页方框）将两者合二为一，你可以在此体验一下溶洞里的温泉，暑假至国庆期间，露天的水上乐园也会开放。晚上可以住在温泉酒店，也可以回到市区，尝尝鲜美的北江河鲜。第6天到达**广州**。

(左图)英西峰林,英德
(右图)客家满堂大围

计划你的行程 旅行线路

计划你的行程
负责任的旅行

自从Lonely Planet诞生以后,"负责任和可持续的旅行"(Responsible & Sustainable Travel)一直是我们秉持的理念。如果在旅行途中能对当地文化、环境和居民有所裨益,你走的每一步都会更有意义。下面的一些小贴士可以帮助你保护和支持广东的环境与社区。

网络资源

➔ **i志愿**(www.gdvolunteer.cn)微信公众号"i志愿"。这是广东省志愿者联合会下属的志愿者组织平台,每天按地区和志愿服务类型发布志愿者活动,包括青少年服务、敬老助残、扶贫帮困、文明礼仪、环境保护等,以短期活动为主。注册后即可报名参加。

➔ **鸟兽虫木** 微信公众号"鸟兽虫木",立足华南地区,通过为亲子家庭提供自然教育课程、开展生态旅行和自然解说员培训项目,开展自然教育和生态保育,促进人与自然的共生共荣。

➔ **潜爱大鹏**(www.dive4love.org)微信公众号"潜爱大鹏",是深圳最早的民间珊瑚保育组织,组织各种珊瑚保育和科普活动,致力于改善海洋生态环境。每月都有海洋清洁的志愿活动。

➔ **广东公益恤孤助学促进会**(www.oesgd.org.cn)微信公众号"广东公益恤孤助学促进会",专注于孤贫学生助学性资助的公益组织。

对环境负责

➔ **低碳环保出行** 带上自己的牙刷、毛巾、水壶、环保袋等,尽量减少使用一次性产品。广东大部分城市公共交通都很发达,也有共享单车和共享电动车,尽可能地利用公共交通工具,减少乘坐摩托车。

➔ **保护野生动植物** 在自然保护区规定的范围内活动,不破坏和惊扰野生动植物的生存环境。不猎奇吃野味,不购买野生动物制品,避免让自己成为偷猎者的帮凶。

➔ **带走自己的垃圾** 不管是徒步、露营还是野餐,建议随身带上垃圾袋,收集自己的垃圾,或顺手带走沿途的垃圾。粤西有许多无人管理的沙滩,卫生都需要自觉维护。

➔ **节约能源** 广东淡水资源丰富,但在使用能源时仍需要注意节约。尤其在海岛和山区,纯净水、电和燃料仍是非常紧缺的资源。

对文化负责

➔ **尊重当地习俗** 广府、潮汕、客家和雷州半岛各有各的风俗和禁忌,出发前可以先做些功课,加深对当地文化传统和社会情况的了解。另外,需要拍摄当地人时,请征得对方同意。

➔ **多关照老城区** 广东许多城市都保留着骑楼老

园,英德

街,如广州荔湾区、湛江赤坎区、梅州江北骑楼等,不少本地人仍在古旧的房子里经营着传统营生,如手工艺品、文化产品或小吃等,不妨关照一下他们,还可深入了解当地生活。

对当地人和自己负责

➡ **支持当地产业** 粤北、粤西的生态农业发展良好,一年四季都能吃到物美价廉的热带水果和蔬菜,英德红茶和潮州凤凰单丛也都是中国国家地理标志性产品。品尝和购买当地农产品,可以支持当地人的生计和可持续农业项目的发展。

➡ **坐摩的时戴上安全帽** 广东许多城市,摩的依

为海洋请命

广东的海岸线很长,海边旅游是热门选项,但海洋会因各种产业的开发而受到危害。从自身做起,除了留住美丽的风景,还要保护海洋生态。

为寄居蟹留个家 很多人喜欢到海边捡贝壳,但贝壳是寄居蟹赖以生存的保护壳,当贝壳数量锐减,寄居蟹就必须栖居于人类制造的垃圾中,增加了寄居蟹的死亡率。

让小生命活下去 沙滩上的小洞常有螃蟹出没,退潮的浅滩会有小鱼小虾,礁石上可能还能找到贝类和鲍鱼。小朋友们对小动物有天生的好奇和兴趣,但把它们抓回家很快会造成这些贝类的死亡,不妨跟小朋友说,大家需要在自己的家里才能快乐地生活下去。

保护珊瑚也保护自己 大部分防晒用品都含有对珊瑚有害的化学成分,十亿分之几的浓度就能杀死一整片珊瑚。雷州半岛有中国大陆最大、保护最完好的珊瑚礁群,已呈连年退化状态。建议多使用物理防晒用品,减少购买珊瑚制品和工艺品,也不要乘私人船只出海看珊瑚。

吃海鲜要分辨 不要购买和食用鱼翅,也不要食用受保护的海洋生物,如部分品种的鲎、海蛇等,除了会触犯法律,还可能危害健康。

计划你的行程 负责任的旅行

然是主要的载客工具。乘坐时务必向摩的师傅索取安全帽。这样不仅能保护自身安全,也能让摩的师傅免于罚款。

广式早茶，点心

计划你的行程
和当地人吃喝

　　吃，当然是本地头等大事。广东人如此，你亦如此。粤地美食常常让你的五感真正明白什么叫作"意外"：你会被从早到晚几乎无间歇的美食时钟震撼，也会为深夜仍能吃到一份炖品和甜品而惊喜，你会被"桌子和飞机"之外究竟还有多少能吃的东西吓到，也会为不明真相时吃到的极鲜极美而赞叹。岭南味道非一朝一夕可完整体验，但此地美食值得你用只争朝夕的态度去努力尝试和挑战，准备好了吗？

四季最佳

春季饮靓汤

广东的厨房一年四季都煲着靓汤，春季湿气重、雨水多，一盅靓汤是帮助身体适应气候的温润之选。淮山茨实薏米汤或者陈皮莲肉水鸭汤是头牌，滋补脾胃又祛湿，给你满满元气。

夏季恋甜味

广式甜品的种类多到你数不过来、各类糖水包括冰沙类、糊类和最正宗的窝蛋奶、姜撞奶、双皮奶……当然也缺不了热带水果，连行道树都是果树的地方，还有什么吃不到？

秋季食腊味

广东有俗语说："秋风起，食腊味。"广式腊味咸中带甜，微带酒香，来一份腊味煲仔饭搭配时令蔬菜，简单又享受。

冬季打边炉

寒风乍起，打个边炉正是时候。花样可不少，潮汕牛肉锅持续当红，与之媲美的是囊括河海鲜和猪内脏的清汤锅，滋补羊肉锅不甘示弱，椰子鸡、毋米粥、海鲜火锅也是潮流。

美食体验

关于食在广州，蔡澜曾这样解释："因为广东是鱼米之乡，美味的东西实在太多。好吃的太多，就促使这里的人不断地追求美味。"即便在广州之外，依然有太多令你味蕾惊喜的美食。

广府菜 原汁原味

广府菜看重突出食材的本味，烹调时只会用很少的香料，所以粤菜在一般人的印象中比较清淡，却令很多美食家惊叹连连，清淡中自能品出食材原汁原味的香气。食材新鲜生猛是广府菜的特色之一。很多酒楼在装修前，最先考虑的不是房屋的布局，而是如何设计好正对门口的海鲜池。在广州饕餮，享受传统粤菜的同时不妨试试酒楼推出的新菜品。广州厨师爱创新，比较讲究的饭店每隔一段时间便会采用新食材或新的做法来推出新菜品。国内不少时尚的饮食潮流，都是由广州的饭店推出的，难得到访，切记抓住尝新的机会。

南番顺 工艺讲究

去"南番顺"（古代南海、番禺和顺德三县，现在的广州和佛山）吃——广州人常这么说。水网丛生的珠三角平原自古富裕，人们注重饮食烹调，形成了以清、鲜、爽、嫩、滑为特色的菜系，尤其以注重原材料的鲜度和讲究时令而著称。农家出品的"走地派"新鲜食材和秉承传统的做法（比如烧鹅依然用荔枝木来烤）令大都市广州都无法匹敌，"食不厌精，妙在家常"的料理态度，令每一种食材都被研究到极致。无论是以"厨出凤城"闻名的顺德，还是背后的佛山和番禺，甚至是中山，都将这些特色发扬光大，架构出性价比超高的珠三角美食基地。

潮汕菜 食不厌精

潮汕美食普遍有一种"本港情结"，即食材以取自潮汕地区港口为最佳，潮州人会很骄傲地介绍说自家的是赤背生蚝，而不会推崇湛江蚝。广东其他城市一些较高档的潮州菜馆，几乎都有专人常驻潮汕地区采购，确保每天将本港海鲜及其他食材托运出去。

用酱碟作料是潮州菜特有的饮食方式。不同的菜肴有不同的酱碟来配，或者一个菜肴搭配多种酱碟，以便能调和出不同的口味。鱼饭常搭配普宁豆酱，虾蟹配橘油和芥末酱油，薄壳米配酱油或梅汁，香煎蚝烙配鱼露……这种烹制后调味的方式也是为了保留食材的本味。

客家菜 大碗重口味

相比广府菜的清淡，客家菜就显得重口味，从一盘盐焗鸡就能看出这一点，大碗装菜的气势也更接近于北方。客家菜源于中原，很少有海产品的菜肴，烹饪方法有北方菜系的影子，不过因岭南地区食材的不同也发生了很多变化,比如鲁菜的布袋鸡与客家的糯米酥鸡就很像,不过将搭配布袋鸡的海参、鲍鱼换成岭南地区的食材腊肠、香菇。客家菜可以说是粤菜中的独行侠,有自己独特的味道,酿豆腐、酿茄子、酿苦瓜,什么都被包起来的做法十分精巧,而这巧妙的背后,是客家先辈对北方饺子味道的想念和模仿。

米其林 水土有些不服

自从2016年国际餐饮风向标米其林在上海发布了第一版中国内地指南后,就备受质疑。到了被大家公认的美食之都广州,米其林指南居然空出了三星和二星,只评了8家一星餐厅,不禁让老饕们大跌眼镜、大失所望。据说理由是因为米其林看重的不仅是菜品的口味,还有餐厅的环境、服务等众多综合因素,恐怕他们不曾在服务实进取的广州人几乎只看重食材和烹饪本身。广州的餐饮业包括众多食客并没有因此改变习惯,也不认为源自外埠的米其林懂得粤菜精髓。不过依然有好消息传来:2020年第3版米其林广州指南中,广州终于有了两家二星餐厅,也有平民级餐厅登上榜单。

海鲜 馈赠连连

广东坐拥中国最长的海岸线,守着南海,渔场和渔港众多,沿着3000多公里的海岸线,海鲜足以让人吃到蛋白质喷涌。不仅如此,据说广东人还能吃到来自20个国家和地区的海产品。得天独厚的地理优势,让你可以从南澳岛、巽寮湾一直吃到川岛、硇洲岛,肥美海鲜一浪接一浪,不由叫人赞叹什么叫"靠海吃海"。最有趣的体验,莫过于穿梭在各大海鲜市场,不但能找到当天最新鲜的鱼获,还能顺便学到大海深处的知识。蒸海鲜,是广东人最尊重本味的做法,蟹、虾、贝、蛏,或清蒸或蒜蓉炒,不过近年来频频发生的水质问题,令只吃鲜活生猛的传统概念也发生了转变,来自更好水域的冰鲜产品也开始走上了舞台。

当地特色

虽然广府、潮汕、客家是三大分支,但你

广式早茶

会发现从城市到乡村,从山间到海边,每个角落都能发现有趣的食物。

广州

早茶 "一盅两件"是广州人喝早茶的缩影,一壶好茶几件美点,虾饺、干蒸烧卖、肠粉、排骨、凤爪、萝卜糕……充分展现了广州人的混搭能力和创造精神。

烧腊 外焦里嫩的叉烧,酥皮配五花的烧肉,配上酸梅酱的烧鹅,这是必点的"烧腊三人组"。

布拉肠 在蒸肠粉的铁盘里放上一块布,肠粉就从布上刮下,用这种传统方式做出来的肠粉真可谓晶莹剔透。

炖品 再小的炖品铺子,也会挂满一墙的价目牌,经典的是椰子炖竹丝鸡,想挑战也可以试炖牛脑和炖牛鞭。

萝卜牛杂 这是广州最接地气的街边小吃,让老板剪碎牛杂放在小碗里,淋上蒜蓉辣椒酱,拿根牙签就能吃起来了。

生滚粥 粥底用的是猪大骨、大地鱼等先煲好的汤,熬煮时还要不时搅拌,水米真正交融,没有

产养殖，南澳岛

米粒，喝起来很有暖意。

姜撞奶 在番禺的沙湾古镇，人们用水牛奶做甜品，姜汁与牛奶在刹那间的激情碰撞，造就了这一碗热腾腾的甜与辣完美融合的奶。

珠三角

顺德鱼料理 顺德人总能将鱼做得出人意料，无论是大盘清蒸鱼，颇费功夫的酿鲮鱼，还是风生水起的捞鱼生，都能让你念念不忘。

陈村粉 看起来比一般的粉更加白透滑软，清拌粉最能吃出粉的好坏，加入腩汁。

双皮奶 驰名甜品就出自顺德大良，品尝时可以感受到水牛奶两层奶皮的质感，冷热都相宜。

石岐乳鸽 中山很早就培养了特别的乳鸽品种，从妙龄鸽到红烧、卤制，每家餐厅都有独门秘籍。

脆肉鲩 据说养在水库，吃着蚕豆，才能让鱼肉脆化，令普通草鱼一跃变成弹牙美味。

崖口云吞 跟广式云吞有些不同，更像是江浙出品的小馄饨，皮薄肉嫩，汤头鲜美。

古井烧鹅 精选3个月左右的鹅，腌制后用荔枝树枝熏制而成，皮脆肉嫩，喷香扑鼻。

陈皮鸭 看看江门人有多热爱陈皮，陈皮鸭、陈皮骨，甚至陈皮月饼，陈皮成了五味调和后的第六味。

外海竹升面 江门经典面食，以鸭蛋和面，毛竹压制，颜色略深，吃口脆爽，它也是云吞面的主角，深受广府人喜爱。

黄鳝饭 黄鳝和饭都论斤来点，到底有多好吃，不妨到台山元祖店里去打卡，跟别处真不同。

裹蒸粽 以糯米、脱皮绿豆和猪肉为馅料，用冬叶、水草裹成，外形像个金字塔，到肇庆就别错过。

茶果 原来是祭祀用品，但渐渐也变成了民间小吃，甜咸各领风骚，任君随意选择。

潮汕地区

牛肉火锅 怎么会这么好吃？因为潮州和汕头的牛肉都是当天屠宰后马上送往各家牛肉店。试试"脖任"或"牛峰"，指的是牛颈肉，绝对是牛肉中的极品。

卤水 潮汕特产，禽畜、豆制品都可以拿来卤，其中澄海狮头鹅成为卤水鹅头的钻石版。

蚝烙 跟闽南的蚵仔煎异曲同工,下足猪油煎出来的才脆嫩鲜香,汕头西天巷出品很地道。

鱼饭 其实鱼饭里面没有饭,满满都是鱼,把鱼当饭吃,海边人士就是这么有底气。

生腌 新鲜地道的生海味浸入豉油、辣椒、蒜头、芫荽等腌料之后,变得异常鲜美,当然你也需要一点勇气。

潮汕粥 砂锅粥通常用生米加海鲜熬成,香粥是米饭加肉汤滚成,看到米粒的才是潮汕粥。

牛肉丸 大汉们挥汗捶打出来的牛肉丸,真的可以在地面上弹起来,就是电影里演的那样。

粿 没吃过"粿"不算来过潮汕,这种米面制品花样之多、味道之复杂,超乎你的想象。

工夫茶 坐下来看潮汕人推杯换盏冲泡茶叶,在品茶和闲谈中享受市井生活。

客家地区

盐焗鸡 用盐裹住鸡来焗,这样特殊的方式打造了这道客家招牌菜。地道的吃法是用手撕来吃,连着骨头都是酥的。

梅菜扣肉 五花肉里沁入了梅菜的清香,梅菜吸收了肉中的脂质,互为渗透交融。

酿三宝 客家人喜欢做酿菜,最有名的便是客家三宝:酿豆腐、酿苦瓜、酿茄子,即便是菜市场周边的小餐馆也会有丰富的酿菜。

及第汤 一碗猪杂汤都能叫这么吉利的名字,至于"三及第"还是"五及第"就考验你是不是内脏派了。

客家娘酒 先制成乳白的米酒,再加上红枣、党参等药材,封坛后半埋在麦秸里暗火炙烤,家家户户都会端出琥珀色的佳酿。

粤西

湛江鸡 位列广东三大名鸡,肉嫩皮滑的口感绝对满足你的口腹之欲,先从沙姜鸡点起。

湛江生蚝 是"中国海鲜美食之都"湛江的拳头产品,爽、滑、甜、脆,均出自全天然养殖。

猪肠碌 以整张的河粉作皮,包裹豆芽、炒河粉而成,这样的卷粉味道咸中带香,清爽可口。

玛仔 阳江人称河粉为"玛仔",将它与海贝、鱿鱼等同煮,就是早餐必不可少的美味。

制作竹升面

徐闻烤全羊 等着落日余晖和炭火一起将黑山羊的香味逼出,然后便可大碗喝酒,大口吃肉。

化州糖水 盛产甘蔗的小城,是广东糖水的真正源头,不妨前去追根溯源一番。

粤北

清远鸡 当地的清远麻鸡,也是广东名鸡之一,常常荣获白切鸡的最佳主角荣誉。

酸笋焖鸭 受邻省江西影响,辣椒的辣和酸笋的酸一齐霸道来袭,令人胃口大开。

连州菜心 昼夜温差之大令连州的菜心更为清甜多汁,珠三角的酒楼都钟情于它。

东陂水角 米浆捣成的糍皮,包裹着马蹄和肉馅,为岭南味锦上添花的就是那一盘香辣味碟。

英德红茶 出自粤北山区,位列"中国三大红茶"之一,香气浓厚,汤色红亮。

去哪吃
茶楼

广东人爱喝早茶,一壶茶、一碗粥,加

计划你的行程 和当地人吃喝

（上图）潮汕牛肉火锅
（下图）广式烧味

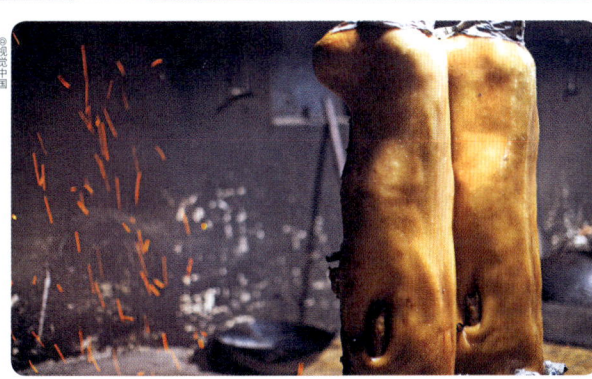

©视觉中国

大排档

大排档并非源自广东,不过在广东的火爆程度并不逊于它的源起地香港。1921年香港政府为小贩颁发牌照,有固定摊位的小贩颁发大牌,推车贩卖的移动摊位颁发小牌,大牌和"固定的档口"合起来便是大牌档,这个名字由此被叫开。几个大牌档并列在一起,被叫作"排档"。不过这个名字传入内地后,很多地方都写作"大排档"了。广东人爱大排档绝对胜过大酒楼,一个人吃饭可以去档口来份简单的炒牛河、云吞面或鱼蛋粉面,吃得舒服价钱也便宜,朋友多时则聚在大排档吃各类小炒和烧烤。

茶餐厅

茶餐厅是广东最具特色的餐馆类型之一,它并非土生土长,也是香港货。其最大的特点是极具包容度,不同阶层和行业的人在茶餐厅吃饭都会觉得舒服。不过这些过去在TVB电视剧里常见的小铺子到了内地后基本都走"中高端"路线。茶餐厅的菜单融汇中西,你可以要上中式煲仔饭、鱼蛋面、炒面炒粉、咖喱饭类,也可以来份西式的焗饭、焗意粉、三明治、西式扒类……来一杯丝袜奶茶或鸳鸯奶茶,让你瞬间融入当地。只是近几年,茶餐厅已经不如过去火爆,有人说这与TVB式微有关,但许多"80后"们依然对茶餐厅留有情意。

私房菜馆

如果在北京和上海听到这四个字,你会下意识摸摸荷包或者看看手机支付,加了"私房"的前缀,普遍意味着价高,至于值不值得,见仁见智。在广东,你就不必担心。这里的私房菜馆未必就是装修得金碧辉煌的酒楼,大多看起来就是普通餐厅的样子,但所用食材必然精挑细选,大厨本身也是既能脑洞大开又能细致钻研,不仅常备看家招牌,也时常推陈出新,敢于打破食材的固有搭配,让你的味蕾总有期待。冰激凌口感的鹅肝、吸到满满一包汁水的乳鸽、让食客直接打包生抽的豉油鸡……惊喜之外,你会发现珠三角的私房菜馆价格很是亲民,你要做的就是提前订位。

计划你的行程 和当地人吃喝

如何体验粤菜的"镬气"?

"镬气"是粤菜的精髓,"镬"是粤语里炒锅的意思。"镬气"是一种很玄的东西,对食客而言,只可意会不可言传。通常来说,爆炒是镬气的来源,它令菜肴在高温快速的烹调过程中,最大限度地散发出食材的香味和原味。火力不够,菜不够香不够味,火力太过,食材又会瞬间变老,大厨必须了解食材的特性,熟能生巧地掌控火力,才能将"镬气"完美呈现。

想要体验"镬气",不妨先点一道干炒牛河。别看这是"粥粉面饭"餐厅的简单一菜,从牛肉的用量和刀功到油的比例、火候的掌控都非常重要。一道合格的炒牛河,每根豆芽都要受热均匀,牛肉要够嫩,河粉要香而不焦,颜色均匀,最重要的是盘底不能有多余的油,所有油分都只是包围着食材。这样的牛河吃到嘴里烫口,却香得让人停不下来。

另一道,可以试试"啫啫煲"。将生鲜的食材直接放进烧得极热的砂煲里炒制,瞬间将食材表面烹熟并快速锁住水分,再用葱姜蒜和酱汁爆香,及时端到食客面前,"嗞嗞"声连连。点一份黄鳝煲,上桌时候直接夹一块尝尝再拍照,什么叫"多一分太熟,少一分太生",只有体会过了,才知镬气可贵。

几笼小点心,闲吃闲谈一个上午也是常见的。喝早茶不仅是广东人的一种饮食方式,也是一种生活状态。茶楼在广州兴起有100多年,清咸丰年间,广州出现了一种名叫"一厘馆"的小茶馆,小茶馆内摆着几张木制桌椅,为客人提供茶水和小点心,功能和现在的茶楼相似。这些小茶馆很快赢得当地人的喜爱,前来光顾的人越来越多,茶馆消费休闲的内容也逐渐多起来,形成了广东的早茶习俗。在广东的茶楼来一壶热茶,上两份小点心,最容易体会到当地人的生活状态。

凉茶铺

广东人生活中离不开"苦",而且常常"找苦吃",这也是他们的另一种生活态度。由于南方气候热毒潮湿,岭南人的养生之道就是将药性寒凉和能消解内热的中草药煎水,当作日常饮料喝,这种药就叫"凉茶",如菊花茶、罗汉果、五花茶、祛湿茶等。尤其是广府地区,没有一个广东人不是喝着凉茶长大的,所以街头处处可见凉茶档,身体稍有不适便买杯苦涩的凉茶降火生津,怕苦却爱喝,估计只有广东人才做得到。

吃得像个当地人
用餐时间

在广东,你根本不用担心吃不到东西。广东人早已习惯去茶楼饮茶,尤其是周末会寻找适合"饮茶直落"的茶楼。他们爱在茶楼边饮茶边聊天,聊着聊着常常觉得朋友之间言犹未尽,便接着吃午餐继续聊,"直落"便是"继续"的一种表达。除了早茶,大多广东酒楼和餐馆都会有下午茶时段,通常是下午2点到5点,下午茶供应的多是西点,而非早茶常供应的虾饺、烧卖等。在别的城市,凌晨一两点可能只有为数不多的餐馆继续营业,广东的大排档通常是下午5点开始出摊,一直营业到凌晨两三点,许多茶餐厅也营业到凌晨1点,因为广东人爱吃夜宵,点一份砂锅粥,加几盘凉菜、海鲜小炒,边吃边聊好不畅快。深夜的街头,粥粉面铺子依然开着,炖品店和甜品店门前还排着长队,对每个人都充满了友好。

用餐礼仪

在广东吃饭,有先用茶水烫食具的习惯,店家会给你一壶茶和一个小盆,烫完的水和食具的包装都丢在小盆里即可。在广东茶楼,当有人为你倒茶时,你可以用食指敲两下桌子,以叩手礼表示谢意。如果你是夏季去广东游玩,去大酒楼吃饭最好带件薄外套,因为空调会开得很凉。去广东知名的茶楼和酒楼吃饭最好打电话预订座位,有些老字号茶楼通常9:00之后就需要排位了,有些餐厅(特别是私房菜馆)还接受菜品预订,

一个人怎么吃?

广东绝对是对独自旅行者友好的美食之地,"一人食"也能吃到很多良心之选。

➡ **粥粉面饭** 在广东各城市的街头巷尾都能看到写着"粥粉面饭"的小店,粉和面里放足香喷喷的牛肉丸、云吞或牛杂牛腩,粥和饭也可以另外选择,价廉物美,绝对让你吃到爽。

➡ **大型综合市场** 美食家到一个城市,最爱逛的就是当地的大型综合市场,这里有卤味摊铺、盐焗鸡摊铺、凉菜摊铺、点心摊铺等,能让你吃到最全的当地美味,还能顺便买些当地水果带走。

➡ **菜市场附近的小饭馆** 菜市场附近常常有当地人开的小饭馆,因为紧邻菜市场,食材很有保障,一个荤菜搭配一个素菜或一份汤,一般20元,通常味道都相当不错。

➡ **炖盅店** 一份炖盅可以搭配一份腌面,或一份干炒牛河,或一份干面。在广东不同城市的炖盅店可以搭配当地的特色美食。

➡ **一路小食吃到饱** 城市的老城区,小食店通常都集中在某片区域,有些小食店常常只卖一种类型的食品,比如虾饺、春卷、油饼、芝麻糊、甘草水果、蚝烙,不妨每家尝一点儿。也别错过街头的萝卜牛杂。

➡ **甜品铺** 古老的广式糖水和新潮的港式糖水各有拥趸,在广东地界吃得都比别处选择更多,也有你完全没尝试过的产品,双皮奶、凤凰奶糊、三宝糖水……下午茶和夜宵都是它们的舞台。

广东美食线路

可以为客人预留自家销路很好的菜,这些细节都可以在预订座位时问一下。广东的餐厅一般都会收茶位费,从几块到几十块不等。另外,普通餐厅大多不提供免费纸巾,但都有纸巾出售。

用餐忌讳

据说广东一些以航海为生的人忌讳在吃鱼时翻鱼(有翻船的不祥之感),有些做生意的人不喜欢把吃完的盘子在桌面上摞叠在一起(意为积压,周转不灵)。

另外要注意的是,广东俚语里面有一些粗口是用食物来影射替代的,比如"食蕉""柚子""粉肠""蛋散""咸鱼"等,特定场合不能轻易说出口。

一网打尽的美食之旅

借助着便捷的交通,在广东来一场关于美食的自驾旅行,这种体验,怎一个"爽"字了得!

从东北角进入广东,第一站便是客家地界:到**梅州**吃**客家菜**,必点的是盐焗鸡、梅菜扣肉、酿豆腐,丰盛的一顿饭怎少了客家娘酒?

继续往南,一入**汕头和潮州**,就跌入了美食大缸。潮汕菜是广东的美食巨头,近年来潮菜在全国更是成为一门显学,**潮汕牛肉火锅**之风刮遍全国,有空可以去潮州东郊**官塘镇**大吃一顿,或者在汕头的热闹生活区内找一家有本地口碑的牛肉店来尝鲜。当地菜精致细腻,体现"食不厌精"和"宁静淡泊"这两种古典的饮食内涵,汕头市不乏价高质优的**潮菜餐厅**可一品其中精妙。大街小巷到处是各种小吃,蚝烙、鱼饭、香粥、生腌……走累了就跟当地人一起喝一盏工夫茶,细作美食也需要慢慢品味。想吃海鲜的话,跑一趟**汕尾**也很值得。

一路前往省会，顺道在**惠州**老城区的大排档和早餐店里，跟当地人一起吃个美味的便餐，从横沥米粉、肠粉、油饼和油条里，尝出简单而感动的本土味道。

下一站，就是广东饮食大本营——**广州**，"食在广州"不用多说，饮食街区和餐饮名店数之不尽。到**西关老字号茶楼**或是**园林酒家**叹个"一盅两件"唤醒你的胃，也可以尝尝**全天候茶楼**的新花样。去**上下九步行街**周边尝遍传统小吃，猪脚姜、拌鱼皮、布拉肠、萝卜牛杂……怕你吃不过来。正餐可以选择粤菜馆子，是选择**幸运楼**、**惠食佳**，还是新派的**炳胜品味**，悉听尊便，记得饭后沿着北京路附近的老街巷走走，保证能留一点肚子给**文明路**的炖品和甜品。这样的顺序每天可以换着地方来，三天不重样是必须的。

稍微往北一些，来到**清远**。首屈一指的是**清远鸡**，香、滑、爽兼具，广州的"清平鸡"正是以清远鸡为原料而名扬粤港。清远的牛杂也是不容错过的，顺道当然也要一尝。

折回广州后，继续向南到顺德，**顺德菜**可是粤菜中的王牌，菜式以清、鲜、爽、嫩、滑为特色，主食和甜点一样让你难以忘怀！看看顺德大厨对于一尾鱼的态度，在街头找一碗最香甜滑润的**双皮奶**。再往南，不要错过低调的美食小城**中山**，除了**乳鸽**和**脆肉鲩**，各个镇上都有拿得出手的特色菜。尝尝私房餐厅，性价比之高会让你流连忘返。继续行进，**江门陈皮鸭**和**外海竹升面**都别漏了，到古井镇去找正宗的**古井烧鹅**也是美事。

驱车往南，进入粤西的**阳江**，这里的很多小吃都有着奇怪的名字，到**龙津路**一带吃个够吧！必须要到化州去一探**化州糖水**的秘密——它们是怎么走向广东大地的？

到了**湛江**，又进入一个美食阵地。与清远鸡并驾齐驱的是**湛江鸡**，白切鸡和鸡油饭得尝一尝。除此之外**海鲜**是你不能错过的另一个主题，**湛江蚝**完全自然生长在天然海域，远近闻名，而这个天然良港的海鲜品种之多、烹调手法之有创意肯定会令你食指大动。硇洲岛的海产是湛江海鲜中的精品，**盐焗鹰嘴蟹**样子奇特味道鲜美。

继续往南到达雷州半岛的最南端**徐闻**，这里当然有好吃的海鲜，但更著名的是**黑山羊**，可以从由羊粥、羊骨髓、羊羹（内脏）组成的当地小吃"羊三味"开始品尝。清明前后到了"菠萝的海"，自然也要尝尝美味菠萝，还有以火龙果和木瓜为代表的热带水果养眼也好味。

借助着车渡，就能来到海南，那是文昌鸡、嘉积鸭、和乐蟹、东山羊的天下，更多海岛馈赠正等着你呢！

计划你的行程 和当地人吃喝

港珠澳大桥，珠海

计划你的行程
自驾游

　　广东优秀的公路网络一直处在全国前列，而且始终在不断升级扩建之中，加上平坦的地形、沿线充足的服务站和食宿配套设施，让自驾游广东省时又省力。托交通的福，你大可以上午在广州喝个早茶，下午寄身于青山绿水，傍晚则在沙滩躺椅上欣赏日落。至于探访山头上的千年瑶寨，走进古道边的庙宇祠堂，乃至追寻古早的舌尖滋味，更是不在话下。

主要省际干道

广东公路网络系统发达，通常路况都相当不错。连接省外的主要干道包括：

南北向

G4 京港澳高速

北京—湖南—广东—澳门/香港。由北自韶关进入广东。

G45 大广高速

大庆—北京—江西—广州。由北自河源进入广东。

东西向

G78 汕昆高速

昆明—广西—汕头。由西自肇庆进入广东，经河源、梅州到汕头。

G15 沈海高速

沈阳—福建—广东—海口。由东北自潮州进入广东，沿海岸线行进直到湛江海安。

G25 长深高速

长春—福建—深圳。由东北自梅州进入广东，经河源、惠州抵达深圳。

G80 广昆高速

昆明—广西—广州。由西自云浮进入广东，经肇庆、佛山到广州。

为何去

广东拥有全国里程最长的高速公路网络，国道、省道和普通公路可以带你行至每一个角落。自珠三角紧锣密鼓的都市节奏驶出数十公里，就能走进优哉游哉的乡村生活——从粤西北的千年瑶寨，粤东北的客家围屋，潮汕地区的"三雕二塑"，到开平的碉楼，以及无数散落在村庄中的祖庙和宗祠，传统的民俗、信仰和生活方式散发着质朴和纯粹。围绕着它们的是数不尽的湖光山色：森林覆盖率极高的粤北，山林掩映着壮阔的丹霞和喀斯特群峰；漫长的海岸线不仅造就了一个个度假胜地，还有鲜美的海产满足你的胃口。尽管广东的公共交通十分发达，但自驾的舒适和自由却是无可替代的，根据自己的心情和喜好且行且驻，才不辜负一路上的物华天宝。

除了自身魅力和优越的条件，广东西有山水清秀的广西，北邻热辣的湖南和江西，东接土楼大本营福建，沿着东南海岸来到中国大陆的最南端，搭乘汽车轮渡还可轻松抵达海南。广东自驾给你提供了无限的"未完待续"。

何时去

这个温暖的省份一年四季都适合自驾。夏季的台风当属影响出行的最大因素，提前了解天气状况，做好准备是不变的原则。

3月至5月，春风和煦，气温适宜。粤北的油菜花、桃花，潮汕的杜鹃相继绽放。连绵起伏的金色菠萝在微风轻拂下摇曳生姿，构成一片独特的"菠萝的海"。

6月至9月是广东最热的季节，也是降水最多的季节。南海休渔会对海鲜爱好者小有影响，但大量成熟的岭南佳果弥补了遗憾。尽管如此，终究夏季才是海边度假的季节。提前关注天气预报，避开台风出行，同样能够玩得痛快。

10月入秋之后空气渐渐干爽起来，天高云淡，各地的秋色也陆续铺开，中意山林景色可以到韶关南雄看银杏，欢喜民俗风味不妨走进珠三角看秋祭。

1月至2月是体验民俗的最佳时段，行花街、看舞狮、做年例……一地有一地的味道，2月时开平碉楼的油菜花已经开成了一片金黄。粤北、珠三角和客家地区都不乏地热资源，10来度的天气里泡泡温泉更是一大享受。冬季粤北气温较低，可能出现霜冻影响出行，留意天气预报。

自驾路线

珠三角小环线

时间有限？我们安排了两条从广州出发，3~5天就可以完成的小环线。但大城市停车不方便且收费较高，在城市不妨用便利发达的公共交通出行。

广东自驾线路

0 100 km
图 例
珠江口东线
珠江口西线
粤西线
粤东北小环线
粤北线
贵州省
湖南省
江西省
福建省
广西壮族自治区
南海
东沙群岛
琼州海峡
海南省
越南
澳门特别行政区
香港特别行政区
G207
G106
G105
G205
G209
G72
G65
G4511
G35
G55
G321
G322
G80
乐昌
仁化
南雄
丹霞山
始兴
韶关
乳源
连南
连州
阳山
英德
九龙
怀集
清远
翁源
和平
下洋
大埔
南靖
梅州
兴宁
潮州
汕头
河源
龙门
从化区
陆河
广州
惠州
惠东
汕尾
巽寮湾
佛山
东莞
顺德区
深圳
中山
珠海
澳门
香港
肇庆
罗定
新兴
开平
阳春
阳江
海陵岛
高州
廉江
湛江
雷州
徐闻
柳州
贺州
梧州
贵港
容县
玉林
南宁
防城港
漓江
黔江
浔江
郁江
西江
北江
东江

珠江口东线：广州—东莞—深圳—惠州—广州

从广州出发，先去深圳，途中经过东莞时可参观一下广东四大名园之一的可园。来到深圳，除了感受繁华都市的魅力，文艺爱好者可去油画村或华侨城文创园淘宝、摆拍；家庭出行可带孩子到主题公园撒欢儿；市郊还有多条景色不俗的徒步道值得一探，不妨多玩一两天。从深圳一路往东去惠东范和村，看看始建于明代的古村和围屋。建议选择东部沿海高速转S30惠深沿海高速，后者可欣赏一侧山脉，一侧大海的风景。出范和村往南，可在稔平半岛上的巽寮湾或双月湾中二选一，享受海滩度假生活。最后来到惠州，看看惠州西湖，再到老城区品尝美味。回广州的路上，还可到罗浮山森林公园顺路一游。

珠江口西线：广州—中山—珠海—佛山—广州

这条线路也堪称美食线。先到中山的石岐佬吃一顿乳鸽再去珠海。进入珠海前可先经淇澳大桥去往淇澳岛，看看国内连片面积最大的红树林湿地保护区。从淇澳出来后到唐家湾，走107乡道到会同村，这里有清代的村庄布局和一些老建筑，接着到达珠海市。珠海常年在国内宜居城市榜单上名列前茅，你可以在市区停留1天，沿情侣路散散步，找家海鲜大排档大吃特吃，好好感受城市魅力，也可以花大半天时间到斗门镇看看古老的骑楼街，在御温泉度假村泡个温泉。返程先经顺德区，在这个以美食著称的地方填饱胃口后，来到佛山市。佛山有岭南文化发源地之称，可以看到舞狮、粤剧、剪纸等岭南艺术精华，禅城区的祖庙也不能错过。

粤西线

广州—顺德—开平—阳江—湛江—徐闻

从广州直下粤西，前往中国大陆的最南端徐闻。第一天上午出发，先到顺德填饱肚子，看看清晖园，下午去往开平，这里的碉楼群和古村落值得你细品两天。第3天前往堪称广东省旅游设施开发最好的岛屿——阳江海陵岛，除了长长的海滩和多种多样的海上游乐项目，还可以在内陆探寻古村和山峰。第5天动身到湛江，花大半天时间到周边的特呈岛或硇洲岛一游，欣赏热带海岛的田园风光和淳朴生活。市里可以看看岁月斑驳的赤坎老街，晚上吃完海鲜后，在观海长廊散散步。第七天前往徐闻，见识完浩瀚的"菠萝的海"，再去中国大陆最南端打个卡。之后你可以返回广州，或前往广西或海南，继续你的自驾之旅。

粤东北小环线

广州—河源—兴宁—梅州—潮州—汕头—惠州—广州

从客家围屋到潮州木雕，从客家菜到潮汕美食，一路既饱口福，又饱眼福。第1天上午出发，中午到河源万绿湖边赏湖景，吃湖鱼，前往兴宁的路上可以先参观一下林寨古村落，晚上到兴宁。兴宁有超过4000座客家古民居，不妨在第2天选几个慢慢游览，其中磐安围、围龙屋、罗岗善述围都值得一看。第3天前往"客都"梅州，对客家人的历史、文化和饮食来一次全方位的了解，市区周边也有不少客家古建筑值得探寻，第4天下午到潮州。不管是建筑、美食还是慢生活，潮州都值得你花上两个整天慢慢体味。第7天去汕头，可以继续看老城和古建筑，也可以去南澳岛转一圈。第8天沿海岸线往南，在汕尾或惠东抓住吃海鲜的最后机会，第9天回到广州。

粤北线

广州—肇庆—怀集—连州—英德—乳源—韶关—丹霞山—南雄

第1天，经过有"北回归线上绿宝石"之称的鼎湖山抵达肇庆，可看看城区的梅庵、阅江楼等古建筑。第2天早上游览七星湖后，经怀集前往连南。快到连南时，可在太保镇出口下高速，去欧家梯田看日落。连南和连山分别是广东的瑶族和壮族聚居区，第3天，在连南周边的3个瑶寨中选一个游览，然后去连州地下河欣赏喀斯特溶洞和暗河，晚上住连州。第4天，经阳山后走G107前往英德九龙镇。九龙、黄花和明迳3个镇子周边集中了2000多座喀斯特山峰，颇有桂林山水的风范。建议当天晚上游览九龙镇周边，第5天走366县道转408县道，游览黄花镇周边。无须去收费景点，县道两旁的风景就足

计划你的行程 自驾游

够美。接着去往50公里外的英德九州驿站，可以先去旁边的天门山景区爬爬山，晚上回来泡个树上温泉好好放松一下。第6天，从九州驿站往北30公里就是广东大峡谷景区，游完后往乳源方向，参拜云门寺后到达韶关。第7天，别走高速——用大半天的时间，从碧桂园凤凰酒店的路口转入796县道，在"阅丹公路"沿途的黄思宁村、牛鼻村、夏富村等村落边走边玩，一路玩到丹霞山景区，住在阳元山旁的断石村，傍晚上阳元山看日落。第8天，上午游览长老峰景区，下午前往南雄，路过始兴时别错过路边的东湖坪古建筑群。第9天，南雄周边有珠玑古巷、梅岭古道，若在11月到来，还有银杏可看。游览完南雄后可以北上江西，如果想返回广州且时间富余，可以参照"粤东北小环线"继续前往潮汕沿海地区。

广东自驾贴士
租车

➡ 珠三角的租车网点都很成熟，你可以先通过电话、官网或App下单，也可在携程、飞猪等第三方平台预订，或试着直接去门店租车。但提前预订往往会找到特价或便宜的套餐。

➡ 尽量选择大公司，如神舟租车（☏400 616 6666）、一嗨租车（☏400 888 6608）等，它们提供的车辆通常车况较好，道路救援、车辆保险等相关服务也更完备。

➡ 取车时务必带上身份证、驾驶证和足够额度的信用卡，除车辆押金外，通常还会预授权一笔2000元左右的违章押金。

➡ 广东有全国里程最长的高速公路，加上地势较为平坦，租用普通排量的小轿车就足够了。

加油

广东大部分高速公路和省道上加油都很方便。节假日出行，最好还是在出发前先加满油，以免途中排队耗时。

收费

广东全省高速公路基本实现无感支付全覆盖，高速公路出入口收费站以ETC车道为主，仅有1~2条ETC/人工混合收费车道。

南雄银杏，韶

想节省过闸时间，有以下几种方式。

➡ 广东的ETC系统使用粤通卡，可下载"粤通卡"手机App，或"粤通卡应用"微信小程序，申请领卡、绑定、充值和查询。使用粤通卡缴费可享受95折优惠，除了高速收费，粤通卡还部分适用于停车场缴费和加油消费。

➡ 大部分收费站也支持手机扫码付款和识别车牌扣款两种方式，车主可使用粤通宝、支付宝、微信、银联等手机App，绑定车牌后自动扫描过闸。

此外，在广州、深圳和珠海3座城市的市区范围内，有11条全年免费通行的高速公路，包括广州环城高速、珠海机场高速、广澳高速珠海段等。

停车

➡ 在广州、深圳等大城市，除五星级酒店外，大多数酒店都不提供免费停车；一些小型酒店、民宿车位有限，通常先到先得，可以试试提前致电预约。

➡ 停车费：广东各地停车场收费根据时段、地域、停车场类型等标准各异。出行前不妨先在

阅尽丹霞百态

大名鼎鼎的"世界自然遗产"岂止收费景区中的两座山峰这么简单？2019年10月，统称为"阅丹公路"的数段柏油公路在这片广阔的丹霞区域铺开，让你有了千回百转阅尽丹霞的机会。公路全长约55公里，其中最经典的是贯穿南北的路线，如果自驾前来，千万别错过来此"潇洒走一回"的机会。

公路始于距韶关市区以北6公里的丹霞山南门（网络地图可搜索"韶关碧桂园凤凰酒店"），前半段沿县道X796行进，从萝卜岭、赤岸、新桥，到牛栏前村，远处的丹霞群峰渐渐逼近。过社前村1公里的丁字路口右转，便进入丹霞山的核心区域，经黄竹、矮寨、父子坝、瑶山村到叶屋村丹霞山体逐渐密集起来。途中的村庄换上了统一的装束，大多都配备了停车场、观景台、卫生间等公用设施，农家乐也随之兴起，你可以随时停下游览和休息。

叶屋村之后的景色最为精华：在1公里后的丁字路口停车，东边去往牛鼻村的小桥是著名景观"童子拜观音"的最佳拍摄点，桥头正对着的小山包上不仅能拍摄到锦江环绕的U形半岛，也有许多人来这里拍摄日出。半岛上的牛鼻村是竹筏漂流（见269页）的终点，村中有不少时髦、文艺的建筑和一些可提供食宿的农家乐，很值得进来逛逛。继续启程，从丁字路口往东3公里后到达始建于南宋的夏富村。这里春天油菜花簇拥公路，夏天池塘荷花盛开，大量青砖灰瓦的古建筑错落其中。回到公路继续前行到达车湾村，车湾电站旁边的小山可俯瞰夏富村和丹霞山远景。从车湾再往前一段路右转，就到景区内的阳元山（见268页）了。

我们调研时，这条风光公路对自助旅行者还不太友好，既没有公共交通，也没有自行车等代步工具可租。不过你还是可以去夏富村看看，从丹霞山正门坐班车到仁化（见270页），去往夏富村的公交车（5元；6:50~17:45，约1小时1班）在仁化县电视台门口始发，班车经过仁化老汽车站和新汽车站，但由于人多车少，基本在总站就上满客了。

网上做点功课，或许能找到精打细算的网友总结的城市停车贴士。通常来说，购物商场、剧院会有消费抵停车费的政策，公共设施如博物馆、图书馆等停车费会比写字楼低。

危险与麻烦

➡ 粤北山区部分区域有机会发生地质灾害，如夏季山体滑坡、冬季大雾或霜冻，上路之前应先了解天气预报和最新路况。

➡ 进入村、镇和城市居民区、学校附近应减速慢行，留意过往摩托车、儿童甚至家禽、牲畜。

道路救援

➡ 高速公路收费卡上标有当前路段的救援电话号码。

➡ 在手机或随身记录本上记下租车公司的联系/救援电话。

➡ 常规电话：
　急救 120
　报警 110
　火警 119
　交通事故 122
　天气咨询 121

制作丝绸，顺德

计划你的行程
寻找岭南

何处是岭南？地理意义上的岭南，是从五岭之南延伸向海的陆地。然而在这片名为广东的陆地上，这个动听的词语也延伸出了更多的传统文化内涵：中西合璧的园林、内秀藏富的屋厝和固若金汤的围屋，屋脚处都写有岭南密码；还有更多岭南的独特滋味，盛在粉彩盘或鸡公碗里，融入骑楼下的一杯茶中；年节时，龙狮队伍锣鼓喧天，榕树下戏曲声腔丝丝悠长，千百年前的岭南之音至今仍在回响。

不要错过这些海岛

台山**上川岛**和**下川岛**（见151页）

汕头**南澳岛**（见214页）

珠海**万山群岛**（见166页方框）

湛江**特呈岛**（见244页）

阳江**海陵岛**（见256页）

岭南骑楼

民国时，南洋侨商把"商住两用房"骑楼带到广东，这种带有时代特色的建筑出现在岭南各地：

广州恩宁路和**永庆坊**（见82页）

中山**孙文路**（见134页）

汕头**小公园历史城区**（见207页步行游览）

梅州**松口古镇**（见227页）

潮州太平路"牌坊街"

雷州**骑楼老街**（见253页）

岭南山水

山河与江海共同造就了广东的形状。五岭横亘在粤北成为省界，五岭以南便是岭南，在你探访粤北山岭时不要错过韶关南雄的**梅关古道**（见270页），这条跨越梅岭的石板小道也是先民迁徒入广东时所走过的道路。越过梅岭之后，韶关东北部面积近300平方公里的**丹霞山**（见267页）将艳丽的色调呈现在你眼前。

在广东，数条河流从山间奔流而出，至陆地尽头汇入南海，人们在河流冲积成的平原上繁衍生息，又顺流出海到更广阔的世界去闯荡。珠江是府人的母亲河，登上**广州塔**（见91页）即可俯瞰珠江两岸的繁荣城景，而珠江入海口的**南沙**（见116页）则有着悠闲的渔港节奏，以及湿地公园鹭鸟成群的自然风光。悠悠韩江滋养了潮汕平原，站在潮州**广济桥**（见191页）上遥想当年红头船下南洋的场面，或者到**龙湖古寨**（见194页）这个因航运而兴衰的村落中去寻找当年的富庶。梅江汇入韩江，也带着无数客家人从内陆漂洋过海走向世界，江边的丘陵间散落着众多古村镇，时间充裕的自驾旅行者完全可以顺江从**梅州到松口**（见228页方框）和**大埔**（见231页），去慢慢寻访那些浓郁的客家韵味。

南海为广东勾勒出漫长的海岸线，也带来了众多沙滩与渔村，旅行者在享受海滨阳光时更可大啖海鲜。汕尾**遮浪红海湾**（见218页），以及惠东**巽寮湾**（见238页）和**双月湾**（见238页）等海滩目的地，眼福与口福兼可喂饱。

岭南建筑

岭南地区的建筑丰富多样，兼容并包，吸收各地元素又融合出独特的自我风格。在旅途中不容错过的建筑亮点分别是广府园、潮州厝和客家围。

广府园林将苏州园林的亭台水榭与广式家宅的祠堂宅院糅为一体，代表性的广府园林为广东四大名园：精巧雅致又深藏不露的番禺**余荫山房**（见114页）、以刻花彩色玻璃窗扇闻名的顺德**清晖园**（见129页）、巧妙使用奇石造景的佛山**梁园**（见125页）和启发了岭南画派创作灵感的东莞**可园**（见179页）。此外，镬耳屋也是一种典型的广府民居样式，番禺**沙湾古镇**（见114页）内的众多老民居都有这种官帽形状的山墙。还有广州陈家祠（见79页）的精美砖雕，堪称岭南砖雕之最。

"潮州厝，皇宫起"，欣赏潮州大厝不可错过汕头澄海的**陈慈黉故居**（见208页），村中同族的众多家宅灵活套用"三壁连"和"四点金"等格局相连成片，叠加出恢宏的气势。进入屋厝内部更能仔细欣赏到精美的嵌瓷、金漆木雕和灰塑装饰，潮州古城内的**己略黄公祠**（见188页）便是欣赏金漆木雕的

计划你的行程　寻找岭南

岭南画派

20世纪初,几位有留学背景的广东籍画家创立了岭南画派。该画派提倡在改良国画的基础上融合东瀛及西洋的绘画技巧,给当时的艺术界带来了新风潮。在这些美术馆可以欣赏到岭南画派的大师手笔:

广州**广东美术馆**(见88页)

深圳**何香凝美术馆**(见171页)、关山月美术馆

东莞**岭南美术馆**(见180页)

好去处,彩塘镇**从熙公祠**(见196页)的水磨石雕也堪称一绝。比起屋脊的内秀,潮汕寺庙则从内到外都五光十色,金碧辉煌,汕头**大峰庙**(见204页)门前的嵌瓷照壁是潮汕嵌瓷装饰的经典代表作之一。

高大的墙围是客家村落最显著的特点之一,因为客家人的传统居住地多是丘陵山区,同族聚居在一座高墙保护的围屋中,更能团结互助保障安全。粤东地区的客家围以半圆形的围龙屋居多,在梅州**南口镇侨乡村**(见226页)仍保留有三十余座始建于明清的漂亮围龙屋。韶关隘子镇**客家满堂大围**(见272页)号称"岭南第一围",弧形围龙与矩形墙围组合成一座宏大而富于变化的围村。深圳的**鹤湖新居**则是一处矩形围村,细节处设有不少安防设施,在战火中保证了罗氏族人的安全。

民间技艺

广东的对外商业贸易自唐宋便开始繁荣,商贸交流与本土的手工制造行业互相促进,积累下众多精湛的传统民间技艺。

顺德是传统丝绸产地,如今可到访**南国丝都丝绸博物馆**(见130页)了解从养蚕、取丝到纺织这一丝绸生产工艺流程,馆内仍保留小量生产,参观者也可亲自体验其中几道工序。潮州姿娘精于绣工,将金线彩丝制作成立体多变的潮绣作品,除了在潮州古城甲第巷内的**民居文化展览馆和民间艺术陈列馆**

粤剧表

(见191页)欣赏到李淑芬大师的作品,还可至潮州市**潮商老字号文化馆**(见191页)欣赏另一位当代潮绣大师康慧芳之作,而新城区**潮州市博物馆**(见193页)内则珍藏有晚清刺绣精品绿缎蟒纹神袍。

佛山南海和潮州枫溪都是全国闻名的陶瓷产地,而广东省内的制瓷技术也是传承千年的手艺。**南风古灶**(见125页)的窑火依然旺盛,周边的石湾陶瓷产业园则有现代的陶瓷相关展览馆。想要欣赏明清时备受欧洲欢迎的外销粉彩瓷,到**广东省博物馆**(见191页)即可一饱眼福。

岭南人爱喝茶,一把好茶壶保留了茶本来的味道,也在喝茶时增添了雅趣。潮州手拉朱泥壶顾名思义就是将朱砂泥坯在转盘上凭手拉出形状,制作技艺精细而费时,有时间和兴趣可到**吴氏陶坊**(见196页)跟随技艺传承人学艺。

民俗节庆

广东在发展经济的道路上走得很快,但

（上图）陈氏大宗祠，佛山
（下图）广济桥，潮州

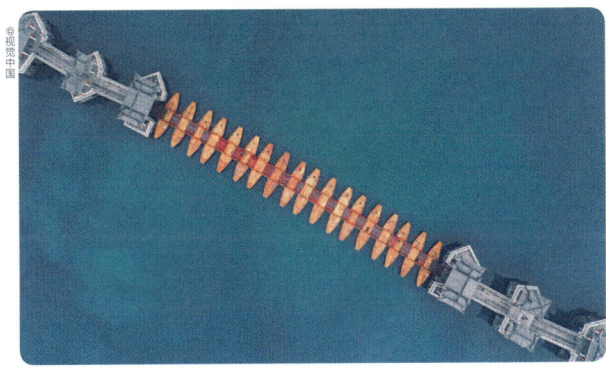

计划你的行程　寻找岭南

民俗文化

即使时间不凑巧，也可到这些展览馆去了解各种热闹的节庆仪式：

广州**西关民俗馆**(见82页)
佛山**黄飞鸿狮艺武术馆**(见134页)
汕头市文化馆(见184页)
梅州**人境庐**(见224页)恩元第
韶关乳源**世界过山瑶博物馆**(见273页)

难能可贵的是这里的城乡还保留着许多传统民俗，千百年前的岭南生活图景传承至今依然生动鲜明。

春节前后是民俗节庆最集中的季节。无论是广府人、潮汕人还是客家人，他们都会尽量赶回家，阖家齐聚享用丰盛的年节大餐，很多人还会到宗祠参加盛大的祭祖仪式。开平水口镇泮村每年正月十三举行**泮村舞灯**(见149页)庆典，主角是3个巨型花灯，需要数十位青壮年齐心协力才能抬高舞起。

潮汕地区有**营老爷**(见196页)的习俗，即将地方保护神"老爷"的神位请到街市，敲锣打鼓一路护送风光出巡。每个村镇营老爷的时间和仪典都不尽相同，最热闹的当属潮州古城正月二十四至二十六连续三天"营大老爷"，而正月十六龙湖古寨营老爷时则有腾云驾雾的**龙湖舞龙**(见196页)庆典。类似的游神庆典在粤西地区通称**做年例**(见247页方框)，除了摆宴席吃喝和唱戏舞狮庆祝，在吴川梅菉镇还有神奇的"飘色"游行。在粤北的乳源瑶族自治县，每年正月十六**瑶族盘王节**(见280页)纪念的主角则是瑶族先祖，这时也少不了热闹的长桌宴。

农历五月，珠江流域还有丰富的节庆活动来庆祝端午节。广州的珠江、猎德涌、海珠湖和荔枝湾涌等地都会举办热闹的**端午节赛龙舟**(见96页)。而**东莞龙舟文化节**(见181页)则让东莞各个沿江村镇在整个农历五月里都龙船摇不停。到了农历七月初七，连山的壮族会举办**七月香戏水节**(见281页)来互相泼水祝愿。

岭南戏曲

在广东旅行时，从老街深巷的宅院里传出的戏曲，就是把旅行者立刻拉入本地生活的魔力背景音。不管粤剧、潮剧、汉剧还是雷剧，即使它们都用方言演唱而有些难懂，也丝毫不妨碍欣赏那些由丝竹管弦编织出的悠扬乐声。

粤剧的旋律铿锵有力，唱词抑扬顿挫，很容易将观众带入故事情节中。在广州逛荔湾湖公园时，很容易遇到粤剧票友在凉亭里自娱自乐唱上一段，如果想了解欣赏粤剧的精美行头，还可到园林院落中的**粤剧艺术博物馆**(见93页方框)仔细逛逛。而在游览佛山这个粤剧发源地时，不要错过去**广东粤剧博物馆**(见121页)了解更多粤剧发展史，当地票友也喜欢在这里唱戏会友。

潮汕地区流行的潮剧，最大的特色是用通俗生动的潮汕话来演唱才子佳人和帝王将相的故事。潮州老城西侧的西湖公园里常有曲友和乐团切磋，城内老宅中的**载阳茶馆**(见200页)也有潮剧演出，并且非常用心地为唱词配上了字幕。**汕头老妈宫戏台**(见204页)每周六都会免费为市民奉上一台经典潮剧，在古色古香的戏院内看戏非常有味。

广东汉剧是客家地区的特色地方戏，最初兴起于梅州兴宁县，并流传到了潮州和闽西一带。当你在客都梅州旅行时，不妨踏着梅江上的浮桥来到**广东汉剧院**(见229页)，欣赏一场客家韵味的汉剧。雷州半岛方言独特，这里流行的传统戏剧雷剧也独具一格，使用雷州话来演唱，游览湛江茂德公鼓城时，别错过**雷文化剧场**(见253页方框)的免费雷剧演出。

在路上

粤北
262页

客家地区
221页

广州及周边
66页

潮汕地区
184页

珠三角 119页

粤西
241页

广州及周边

包括➡

广州	69
番禺	113
南沙	116
从化	117
增城	117

最佳住宿
- ➡ 东亚大酒店（见97页）
- ➡ 琥珀东方酒店（见99页）
- ➡ 希诺酒店（见96页）
- ➡ 觉园1984（见98页）
- ➡ 登巴客栈（见99页）

最佳餐饮
- ➡ 炳胜品味（见103页）
- ➡ 达杨原味炖品（见100页）
- ➡ 文记壹心鸡（见102页）
- ➡ 大哥餐厅（见115页）
- ➡ 百花甜品店（见101页）

为何去

如果美食不是旅行的一部分，广州的魅力会大打折扣。它不是没景点，集岭南建筑装饰艺术之大成的陈家祠，全石结构哥特式教堂，以及周边村落里的镬耳大屋、蚝壳墙。它的历史也并非不值一提，它是海上丝绸之路的门户，在清朝担负起一口通商的重任，又为辛亥革命吹响了号角。行走在广州各街区，呈现在眼前的便是一条广州2000多年的发展脉络，从蕃坊到十三行、十八甫，从骑楼下的西关大屋到东山口的花园洋房，从沙面和沿江路的欧式建筑，到珠江新城窜天高的新建筑，新老城区也为你展示着城市的一体两面。不过，美食当前，玩与赏都变得次要。"民以食为天"在这里得以贯彻，一日有五餐，社交去茶楼。想要消食？可以出城看个森林公园，泡个温泉，打望候鸟，或去游乐场嗨翻天——不过，你更可能被城外的美食吸引。

历史造就了它包容、务实，也敢为天下先的态度。标志性的"背心短裤人字拖"不分靓仔与阿伯、富豪与"负豪"，它允许城中村的存在，也欣然接受不断刷新的城市天际线。广州，有点颠覆，但这也正是它的魅力所在！

何时去

3月至5月，红彤彤的木棉花拉开了"花城"赏花的序幕，两个民俗节日南海神庙波罗诞和沙湾飘色也在此季。唯一需要避开的是4月春交会期间，住宿非常紧张。

6月至9月，天气炎热，雨水很多，要做好防暑准备。水上活动丰富，包括热热闹闹的端午节龙舟赛和万人横渡珠江。大啖荔枝的同时你可能需要一杯凉茶去去火。

11月，秋交会一结束就可以计划来广州了，这是一年中天气最好的月份，气候舒适，雨水少。

12月至次年2月，南方的冬天总要比其他地方来得更晚，也更暖。从年前的花市到年后的庙会，感受浓浓的年味。

24小时吃游广州

你是冲着美食来广州的吧？不妨参考下我们为你设计的"24小时n次方"吃游路线：

24小时*1：7:00~10:00，幸运楼或广州酒家吃早茶；12:00，恩宁刘福记吃碗云吞面；15:00，南信甜品店来份双皮奶；18:00，炳胜品尝正宗的粤菜；22:00，以达杨的椰子炖竹丝鸡做消夜。

24小时*2：7:00，银记肠粉店一粥一肠粉；12:00，九爷鸡吃份烧腊双拼饭；15:00，街边吃碗牛杂或牛三星；18:00，惠食佳品尝各种啫啫煲；23:00，睡前喝碗百花甜品店的糖水。

24小时*3：7:00，早餐吃碗稠稠的凌记濑粉；12:00，奔赴南沙十四涌大啖海鲜；18:00，转投番禺寻觅最棒的茶餐厅；21:00，吃完沙湾姜撞奶赶回广州。

"你讲乜话？"

不会听、不会说粤语，并不会让你在广州寸步难行，不过学几句简单的常用语，能迅速拉近你与这座城市的距离。

➡ **日常用语：**
早晨——早上好。
唔该——谢谢/麻烦、请（例如需要借过时）；唔该晒——多谢！
边度——哪里？
几钱？——多少钱？
10蚊——10元。"蚊"发音为"men"。
靓仔靓女——帅哥美女，与年龄美丑无关，男女老少皆适用；注意，发音应为降声，平声则带贬义。

➡ **关于吃：**
走青——不加香菜、葱花走青，主要是吃粥时；**走冰**——饮料里不加冰；**打边炉**——火锅，围炉而食，人在炉边坐，非常形象。

西关在哪里

无论是行前做攻略，还是来了广州咨询当地人，你一定不止一次听到"西关"这个名词。西关美食、西关小姐、西关大屋……但地图上却没有一个叫西关的地方。广州老城区的格局在明清时就基本定型，但其核心西关的位置并不固定。西关自明繁华，清朝担负起"一口通商"的重任，"十三行"商人的活动核心和再后来十八条以"甫"为名的街巷决定了西关的范围。繁华落幕后的西关，与其说是明确的地名，不如说它是活在广州人心中的文化概念。在人民中路以西、中山八路/中山七路以南、珠江以北的区域内处处都有"西关"的影子。

快速参考

➡ 人口：1530.59万
➡ 区号：020

如果你有

➡ **1天** 吃过早茶后去陈家祠（见79页）赏古建；午后步行游览西关（见79页）；傍晚去石室圣心大教堂（见85页），欣赏珠江新城的夜景。

➡ **2天** 去西汉南越王博物馆（见73页）和南越王宫博物馆（见76页）了解广州的历史，参观中山纪念堂（见73页），其余时间留给北京路。

➡ **3天** 参观黄埔军校旧址（见94页），走走东山口的别墅群（见90页）。

获得灵感

➡ 《**寻城记·广州**》田飞、李果著。图文并茂地介绍了广州的旧建筑和古城往事。

➡ 《**广州沉香笔记**》王美怡著。以花香草木、老屋故人为媒介，诉说广州城的往事和风物。

广州及周边亮点

① 找家老字号**叹早茶**（见100页方框），感受广州的饮食文化。

② 跟着我们的步行**游览路线**（见83页）解开**西关**的秘密。

③ 在**珠江新城**和海心沙欣赏"新广州"撩人的夜色，再去西塔或东塔上的"云端"酒吧喝一杯，俯瞰**"小蛮腰"**（见91页）。

④ 游走在**东山口**的**百栋花园洋房**（见90页），看建筑、赏艺术、淘宝贝。

⑤ 傍晚坐在**石室圣心大教堂**（见85页）里，欣赏夕阳与玫瑰花窗的光影协奏曲。

⑥ 玩转**长隆旅游度假区**（见113页），体验肾上腺素的飙升，和异国来的野生动物打个招呼。

广州

在"北上广深"的梯队中,它"三朝古都"的历史远不如北平城底蕴深厚,高大上的珠江新城也比不得魔都骨子里的洋气劲,虽满大街的"靓仔靓女",始终不是座"靠脸吃饭"的城市。但论起务实精神和对岭南本土文化的执着,广州当仁不让,百年来,吃饭少不了喝碗汤、过年少不了逛花市的老传统从不曾变。城市建设的"面子工程"不如一日三餐的民生问题来得重要,广州人更关心的是家门口的老店变味了没。向来包容的广州人也不排斥时下流行的"网红店",不过跟风归跟风,心里有个位置始终留给骑楼下的老味道。

趿着人字拖的老广们,普通话依然说得很普通,依然习惯性地将广东以外统称北方。若是你待得久一点,会愿意谅解他这种表面上的疏离,而为更多生活细节所感动。

历史

考古显示,新石器晚期广州已存在稻作农业,早在公元前9世纪的周代,这片地区已有"楚庭"存在,不过有文字记载的广州始于秦。公元前214年,秦统一岭南,设南海郡,郡治番禺(广州城的古称)。但秦汉时的广州城远比现在更靠近内陆,那时的珠江还是个大海湾,广州在很长一段时间内都濒临着南海。

"羊城""穗城"的别称来源于汉晋时的神话故事——2000多年前,广州连年灾荒,五位仙人骑着五色仙羊飞临广州,将稻穗赠予广州人,祝福此地永无饥荒,然后腾空而去,五羊化为石头,从此广州成了富饶之地。"五羊"也自此成为"城市icon",越秀山上有五羊石像,有城区命名为"五羊新城",亚运会的会徽和吉祥物也为五羊。

公元前203年,赵佗趁着中原楚汉之争,自立为南越武王,建立南越国,定都番禺(辖今广东、广西)。南越国留下的遗址包括一个宫苑和一个木构水闸,都在北京路附近。南越国仅传了5任国君,建国不足百年,于公元前111年被汉武帝所灭。西汉将原南越国土分为9郡,南海郡仍设在番禺。

东汉建安十六年(211年),交州刺史步骘将州治迁至番禺,扩建城郭。三国时期(226年),孙权为了便于统治,将交州划为交、广二州分治,广州下辖南海、苍梧、郁林、合浦四郡,"广州"始作地名。唐末,北方陆上丝绸之路因战乱受阻,南方海上丝绸之路取而代之,作为始发港的广州商船来往频繁,并设立了中国最早管理对外贸易的"市舶使",城市极度繁盛。伊斯兰教也在此时传入,清真寺和供外国商人居住的"蕃坊"在今荔湾区光塔路一带建起。

南越国灭亡1000多年后,在五代十国混战期间,公元917年(后梁),原唐清海军节度使刘岩在广州称帝,建立南汉国,疆域包括广东、香港、澳门、海南、广西等地。南汉治下的兴王府(即广州),广筑离宫别苑,其为抵御四面宿敌而打造的南汉象阵,比你在电影《指环王》中看到的装备更为精良。然而,南汉国四代君王均荒淫暴虐,仅存在了55年便亡国(971年)。

宋代,广州掀起了大规模筑城运动,在子城两头扩建东城和西城,坚固的砖块代替了夯土。南宋皇帝南下,更是为岭南带来了兴盛,广州成为岭南地区的政治、经济中心。此后,广州还有过一个非常短命(41天)的王朝——1646年南明时期的"邵武政权"。

元末至清初,时兴时废的海禁无疑是对海上贸易的致命打击,然而广州这扇对外开放的大门从来没有关上。乾隆至道光年间,清廷关闭了江、浙、闽三大海关,唯留粤海关为全国唯一的对外通商口岸,实行"一口通商"政策,广州独揽天朝的对外贸易。为方便管理,朝廷规定外国商船抵达广州后必须找一家行商保保,所有货物由保商包销。十三家拥有对外贸易特权的行商集中在西关一带。鸦片战争的爆发打翻了广州商人与洋人的友谊小船,1841年广州郊外发生三元里抗英事件,十三行也由盛而衰,终随《南京条约》的签署落幕。

充满战火的近代史中,广州是风云际会之地,中国民主革命和第一次国内革命战争的策源地都在此。1911年,黄兴率领的黄花岗起义为辛亥革命吹响了号角,牺牲的七十二烈士合葬于 黄花岗公园 (见70页地图;先烈中路79

广州城区

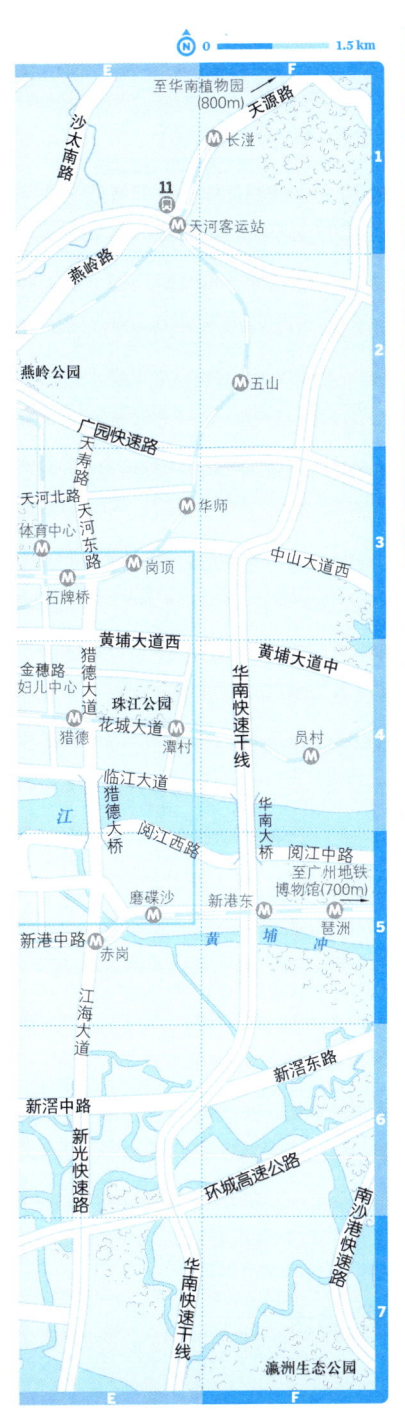

广州城区

◎ 景点
1 广州起义烈士陵园.................................C3
2 黄花岗公园..C3
3 中山大学...C5

❌ 餐饮
4 太古仓码头..B5

🛍 购物
5 站西服饰批发市场................................B2

ℹ 交通
6 芳村客运站..A6
7 广州东站...D2
8 广州火车站..B2
9 海珠客运站..D7
10 省汽车客运站......................................B2
11 天河客运站..E1
12 中大码头...C5

号;免费;⊙6:00~22:00)。孙中山先生在广州誓师北伐、就任非常大总统、三次建立革命政权。1925年,中华民国第一届国民政府在广州成立。1927年,共产党举行广州起义,建立广州苏维埃政府,安葬起义中牺牲烈士的红花岗位于广州起义烈士陵园(见70页地图;中山二路92号;免费;⊙6:00~22:00;M1号线烈士陵园站)。

拆城修路的城市建设始于清末,结果是昔日18座城门如今无一幸存,仅余两处明代残垣,一处是越秀山上的明城墙遗址,一处是中山六路与人民中路交界处的西门瓮城遗址。明代人工开凿的3条护城河也仅留东濠涌一条——它虽未被填平,但20世纪后半段水道上建起高架桥,河涌逐渐被废,而成一条臭水沟。

1933年,珠江上建起第一座桥梁——海珠桥,如今珠江在广州城内共有18座桥。1957年,广州举办第一届中国进出口商品交易会,简称广交会,2008年,琶洲国际会展中心建成,规模为亚洲最大、世界第三,成为广交会的新址,直到今天,一年两度广交会仍是城中大事。1984年建成的天河体育中心,于2011年成为广州恒大足球俱乐部的主场。

2010年的亚运会为广州的城市面貌带来

城中村——广州特色的"村落"

城中村，顾名思义便是位于城市里的村落。这样的结构听起来很不符合"农村包围城市"的常理，但它确如广交会、"小蛮腰"一样，是专属于这座城市的符号之一。

城中村的村民大多是移民的后代，他们的祖先在古代为躲避战祸举家南迁而来，在广州郊外聚族而居，建祠堂、屋舍等，守着一分三亩地自成一方天地。然而，随着城市的扩张，村落纳入城市版图，被高楼和马路包围成"城中"。再往后，改革开放带来了大量"广漂"的打工仔，有人的地方就有居住需求，城中村的村民们便盖起楼房，将房子租给这些比他们晚来的新移民。

如果你读到这里对城中村还没有形成概念，我们不妨来看楼说细。村民们盖房纯粹是利益导向，地盘大小是固定的，村民也不可能盖出摩天大楼，不过是加高版的釉面砖房，唯一的办法就是挤压空间，楼盖得密一点，房间隔小一点，才能租给更多人，获得更多租金。握手楼是城中村的典型标志，握手形容的是楼与楼之间的密度，此楼与彼楼的距离不过是一条手臂的长度，甚至更短，站在楼宇下抬头只见"一线天"。里面的住户终日难见阳光，忍受着阴暗潮湿。城中村因缺少规划，加上租客多是外来的流动人口，一度成了脏乱差的代名词，而成一块块"城市疮疤"。2019年上映的电影《风中有朵雨做的云》以城中村为背景，里面有不少关于握手楼的镜头，非常直观。

时代在前进，昔日的农村被围成了城中村，今日的城中村也要为新发展所取代。如今代表广州新形象的珠江新城，它的旧名是猎德村，有800多年历史，2007年10月整体拆迁完毕，是广州城中村改造的第一例。它从一片荒地，变成城中村，再转身为广州最繁华的CBD，用了20多年。而其他的城中村，杨箕村快拆完了，三元里已结束一轮整治，车陂也进入了拆改计划。所有拆迁都会面临问题，没有永恒的钉子户，也没有一栋楼拆得轻而易举。

如果你对城中村感兴趣，搭乘地铁时，听到站名的尾字为"村"的，十之八九就是城中村，下车去看看吧，说不定将来你只能靠翻阅过往资料才能了解它们。几个典型的城中村包括小洲村、海珠湖对面的大塘、挨着天河商圈的员村和棠下、植物园附近的长湴村。

了新气象，最突出的贡献莫过于高端、气派的珠江新城的落成，不但刷新了城市的天际线，并自此形成北起燕岭公园、南至海心沙、以广州塔为界的城市新中轴线。同样受益的还有东濠涌，在大手笔治理下，不但水清了，还成了一道漂亮的城市景观。或许可以套用一句流行语为这座城市总结：这是最好的时代！

方位

偌大一座城市，分清几个地理概念，对游览会很有帮助。珠江横穿主城区，广州人把珠江南北两岸称为"河南"和"河北"，区别与昔日上海人对浦东浦西的定义相当：宁要河北一张床，不要河南一间房。新老城区为东西布局：西边由荔湾、越秀组成的老城区固守着传统，老骑楼老建筑老味道老声音凝固了时光；东边是以天河、珠江新城为核心的新城区，摩天大厦主导着城市天际线，CBD里的年轻人说着普通话、吃着"无国界"美食。狭义的广州市区由新、老城区并加上河南的海珠区组成。

东部的黄埔区，北部的白云区、花都区，南部的番禺区、南沙区，东北部的增城区和从化区，都离市区比较远。广州白云机场坐落于北部，离市区约30公里。3个火车站所处的位置与城市扩建的顺序一致，最老的火车站位于越秀区，20世纪末建成的火车东站在天河区，全新的高铁站在番禺区。

◉ 景点

广州的景点有明显的街区特色，每个区

都刻上了某个时代的印痕。北京路就如一段古代编年史，西关、上下九和沿江路串成一条明末清初至近代的对外贸易史，东山口浓缩了广州半部民国史，珠江新城则是近10年的新广州。

市区少有收费的景点，即便收费也很便宜，每月第三个周三所有博物馆免费开放，不过没必要刻意凑时间，总共也就省下几十块。岭南特色的骑楼老城区随处可见，以恩宁路、人民南路、海珠南路、大新路和"河南"的同福路分布最为集中。

◎ 北京路和越秀公园一带

★ 西汉南越王博物馆　　　　　　博物馆

（见74页地图；www.gznywmuseum.org；解放北路867号；门票10元；⊙周一至周四 9:00~17:30, 16:45停止售票, 周五至周日 9:00~21:00, 20:00停止售票；Ⓜ2号线越秀公园站）西汉王朝你不会陌生，但同时代偏居南疆的小国南越国就没几个人能说得清了。在广州"三朝古都"的三个篇章中，南汉暴虐，南明短命，唯南越国称得上有贡献。这里是西汉初年南越第二代王赵眜的陵墓，它深埋在象岗山下20米的地下近2000年，1983年因基建工程而被发现。出土时，墓主赵眜一人一棺身穿丝缕玉衣，贴身随葬龙钮"文帝行玺"金印、"赵眜"玉印等9枚印玺——两枚印是证实墓主身份和墓葬年代的主要根据，还有大量珍贵的随葬物品，以及包括赵眜4位夫人在内的15位殉葬者。

进馆后直接上3楼，先去参观左手边的赵眜墓。这是一座彩绘石室墓，一条墓道通往7间狭小的墓室，每间墙上都有对所葬人物和出土文物的介绍。然后去右侧的出土文物陈列楼详细了解南越国的历史。南越国虽小，文物出土颇丰："文帝行玺"金印是迄今考古发现最大的一枚汉代金印；用于调集车马的错金铭文铜虎节是国内已出土的4件同类品中保存最好且唯一一个错金的，犀牛角玉杯为国宝级文物；其他汉玉精品包括金、银、铜、玉、木5种材质制成的高足玉杯和用作馆徽的透雕龙凤纹重环玉佩。一些农具、乐器则反映了古代岭南地区的文化、艺术生活。听一下讲解非常有必要，你才会发现这个历史课本

上一笔带过的王国也非常有趣。博物馆每天有固定时间的免费讲解（⊙周一至周四 10:00、15:00、15:30, 周五至周日 10:00、15:00、15:30、18:30）。3楼还有一座清代的拱极炮台掩藏在绿荫中，曾经负责守卫广州北城。

了解完南越国的历史回到2楼，这里的陶瓷枕专题展陈列了民间收藏家捐赠的200余件唐朝至清代的瓷枕。对面的临展也常有不错主题的展览，本书调研期间正在举办曾国（周代封国）青铜器展。

越秀公园　　　　　　　　　　　　公园

（见74页地图；解放北路988号；Ⓜ2号线越秀公园站）越秀山作为广州的标志由来已久，南越王赵佗曾在山上建"朝汉台"，在历史长河中它不断被增添了很多景观和人文记号，镌刻着广州的每一段历史岁月。如今的越秀公园承载着更多的生活休憩功能，园内体育场、游泳场、游乐场都有，旅行者应该直奔古建而去，从西门（靠近2号线越秀公园站）或南门（离中山纪念堂较近）进入最方便。

若是从西门进，在左手边山岗上就是广州的城市形象——**五羊石像**；顺右手上山，会经过一段建于明洪武年间的**古城墙**，并到达为纪念孙中山而建的**中山纪念碑**；沿主步道前行，则会到达建于明洪武十三年（1380年）的**镇海楼**（门票10元；⊙周二至周四 9:00~17:30, 周五至周日 9:00~21:00, 提前半小时停止进场，周一闭馆）。镇海楼是广州现存年代最早的一座楼阁式建筑，内部被辟为广州博物馆，楼高5层，逐层而上追溯了广州自石器时代至近代的历史。

若从南门进，躬身踏上百步梯即可直接到达中山纪念碑。

中山纪念堂　　　　　　　　　　　纪念馆

（见74页地图；☎8356 7966；微信公众号：gzszsjnt；越秀区东风中路259号；花园免费，中山纪念堂10元，讲解60元；⊙花园 6:00~22:00, 中山纪念堂 8:30~17:30, 免费讲解 10:00、15:00; Ⓜ2号线纪念堂站）中山纪念堂坐落于城市的老中轴线上，是为纪念国父孙中山而建，建成于1931年。这座宫殿式建筑由4边4个重檐歇山顶建筑和中间的八角攒尖亭组成。从屋宇式三孔大门楼进入，穿过一片植被规整的花

北京路和越秀公园

解放北路

越秀公园

流花路

流花湖

人民北路

流花湖公园

西汉南越王博物馆 1

⊙13

盘福大街

28

盘福路

解放北路

应元路

东风西路

纪念堂 ⊙14

东风中路

吉祥路

人民北路

六榕路

7

10

解放北路

连新路

人民公园

29

吉祥路

11

27

中山五路

中山六路

公园前

西门口

朝天路

2

北京路

纸行路

26

15

光塔路 9

广州起义路

西湖路 18

3

30 16

海珠中路

教育路

17

31 32

解放中路

米市路

24

惠福东路

20

诗书路

惠福西路

12⊙

22

大南路

北京路

大德路

北京路

75

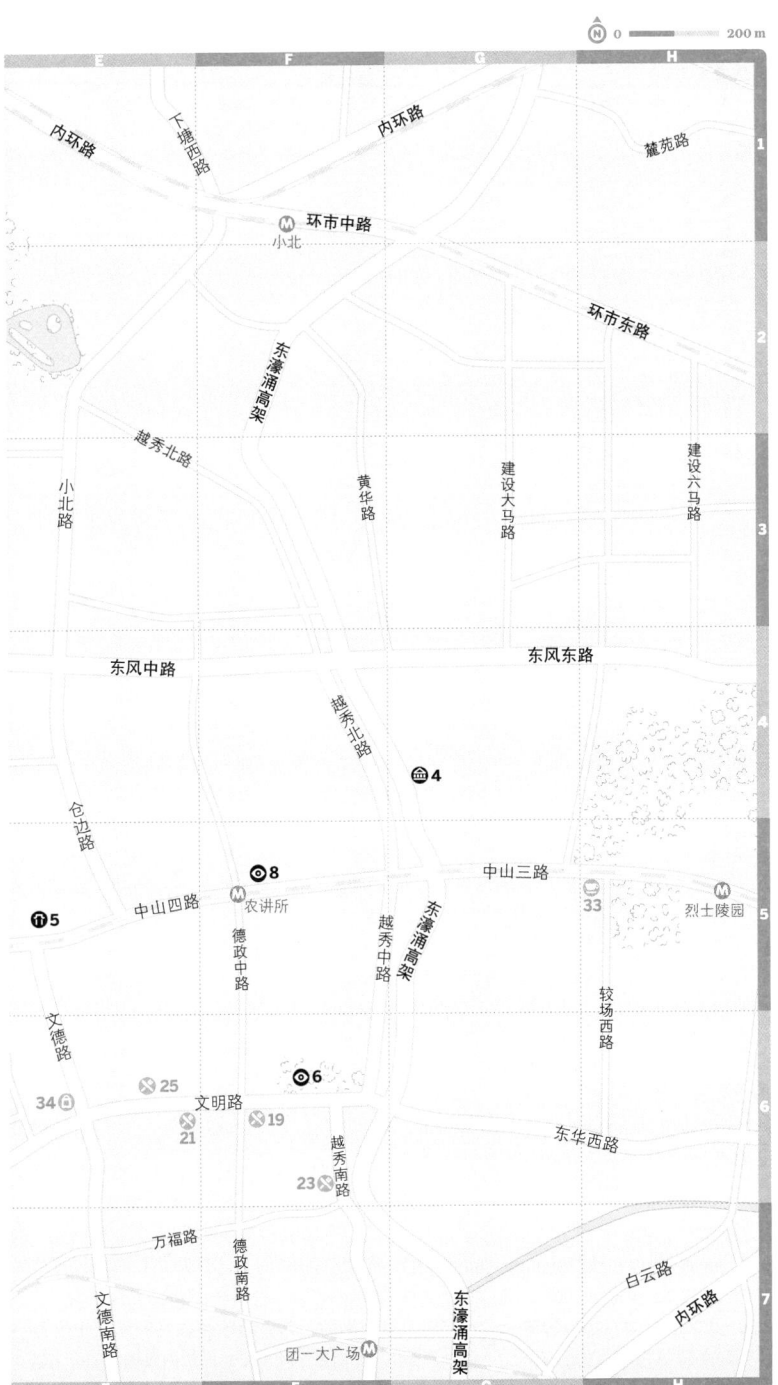

广州及周边 广州

地图标注

- 内环路
- 下塘西路
- 内环路
- 麓苑路
- 环市中路
- 小北
- 环市东路
- 东濠涌高架
- 越秀北路
- 小北路
- 黄华路
- 建设大马路
- 建设六马路
- 东风中路
- 东风东路
- 越秀北路
- 仓边路
- 4
- 中山三路
- 8
- 中山四路
- 农讲所
- 越秀中路
- 烈士陵园
- 33
- 5
- 德政中路
- 东濠涌高架
- 较场西路
- 文德路
- 34
- 25
- 文明路
- 6
- 19
- 东华西路
- 21
- 越秀南路
- 23
- 万福路
- 德政南路
- 白云路
- 内环路
- 文德南路
- 东濠涌高架
- 团一大广场

北京路和越秀公园

◉ 重要景点
1 西汉南越王博物馆................................B2

◉ 景点
2 北京路... D5
3 大佛寺... D6
4 东濠涌博物馆...................................... G4
5 都城隍庙... E5
6 广东省立中山图书馆........................... F6
7 光孝寺... A4
8 广州农民运动讲习所旧址...................F5
9 怀圣寺... B6
10 六榕寺花塔.. B5
11 南越王宫博物馆................................ D5
12 五仙观..B7
13 越秀公园..C2
14 中山纪念堂..C3

🛏 住宿
15 春田家家青年旅舍............................ A6
16 广州南大纵横国际公寓.................... D6
17 建方·梵宿.. D6
18 希诺酒店... D6

🍴 就餐
19 百花甜品店.. F6
20 大头虾越式风味餐厅........................ D6
21 达杨原味炖品.................................... E6
22 点都德...C7
23 风味馆.. F6
24 富临食府... D6
25 九爷鸡... E6
26 林师傅... A6
27 顺得来... D5
28 新泰乐..B2
29 信行丰炖品皇.................................... A5
30 幸运楼... D6
31 银记肠粉店....................................... D6
32 周生记太爷鸡................................... D6

🥤 饮品
33 Park 10 .... H5

🛍 购物
34 文德路字画街.................................... E6

园,孙中山铜像背后便是蓝色琉璃瓦覆盖的纪念堂主建筑,"天下为公"的牌匾为孙中山手书。

别看纪念堂外表古朴,内部可不输任何一座现代建筑。纪念堂内是一个跨度达71米的剧场,偌大的空间内看不到一根柱子——起支撑作用的8根柱子隐藏在墙壁里。仔细看看剧场外围一圈的图文介绍,你会惊叹于设计师吕彦直的奇思妙想,他把西方现代建筑技术运用于中国传统式屋顶,以钢桁架结构获得大跨度的屋面,用混凝土建构中国风斗拱、飞檐,并融入了法国的马赛克、意大利的云石、德国的玻璃等元素,巨大的彩色玻璃圆顶棚看起来富丽堂皇。如今,广州人赋予这座旧建筑新的活力,常举办音乐、话剧等文艺演出,庄重的外表下装着一颗雅俗共赏的内心。

南越王宫博物馆
博物馆

(见74页地图;♪8339 6543;中山四路316号;免费;⊙周二至周四 9:00~17:30,周五至周日 9:00~21:00,提前半小时入场,周一闭馆)别跟西汉南越王博物馆(见73页)搞混了,那一边是南越国帝王的陵墓,这里是南越国宫殿的遗址。整座博物馆占地规模很大,分遗址保护主楼、陈列展示楼、古代水井陈列展示楼、户外区域等,细细参观约需2小时。

换票后首先进入南越国宫苑遗址区,这片区域主要由一座大型的石构水池和曲流石渠(即园林水景)组成。沿着步道一路进去会经过14处考古遗迹点,包括竖着两道大石板"屏障"的弯月形水池,以及不同朝代的水井和排水暗渠,跟着长长的曲流石渠走到底,可以看到非常完整的出水闸口和排水木暗槽。宫苑遗址保存得非常完整,甚至还留有一段与现代园林无异的步石,漫步遗址区,详看指示牌上的解说,你应能大致描摹出一幅2000年前南越王闲庭信步的场景。

2楼有关于广州城市建设史的小型图文展,看完后从遗址上方的廊道穿过,到达一片户外露台。花坛下是南越、南汉国宫殿的遗址,旁边还有一片已回填保护的秦代造船场遗址,以及一处秦汉-明清砖瓦陶瓷陈列墙。北端的水井展示厅和陈列展示厅也值得一看,后者是关于南越国和南汉国的历史主题,

步行游览
北京路周边访古

起点：忠佑广场
终点：农讲所
距离：约3公里
需时：2小时（不含游览时间）

从忠佑广场开始，穿过中山四路，进入文德路。留意右手边的 **1 孙中山文献馆**，这是1933年落成的市立中山图书馆旧址，再往前追溯200多年，它是广府学宫的一部分。回到忠佑广场上，看完金碧辉煌的 **2 都城隍庙**，去隔壁的 **3 南越王宫博物馆**，参观完从西门出去，便是北京路。你的左手边是1919年建成的 **4 广东财政厅**，是由德、法两国建筑师设计的仿文艺复兴风格建筑。向南走，会路过创于光绪十一年的 **5 太平馆**，它是广州的第一家西餐馆，周恩来和邓颖超在广州举办婚礼时，便在此设宴。隔壁是皇上皇。再隔壁是商务印书馆广州分馆旧址，如今依然是书店。

穿过中山四路，便能见到北京路的"镇街之宝" **6 千年古道遗址**。左手边狭长的 **7 联合书店**前身是1912年的中华书局。继续往前，从西湖路转向西，过了大、小马站两条街后，看到岭南金融博物馆的门楼转入流水井街区，这一带是清代中后期的书院群，何家祠即 **8 庐江书院旧址**，始建于清嘉庆年间，如今为岭南金融博物馆（流水井29号；免费；

9:00~17:00，周一闭馆）。继续往前，左右两侧的考亭书院（朱熹后人创办）和冠英家塾旧址已成民居。接着从南朝街穿到教育路，左转没几步就会看到 **9 药洲遗址**，它曾是南汉国皇帝炼丹的园囿。

回到西湖路，去光明广场负一层看看 **10 南越国水闸遗址**。过了惠新西街便是 **11 大佛寺**，穿过寺庙，从惠福东路出。接着从北京路转入文明路，路口橙红色的 **12 歌莉娅225概念会所**是与共和国同龄的建筑。一路向东，经过广州最早的 **13 消防局旧址**，过了文德路后，你可以在达杨炖品店或百花甜品店吃点东西歇歇脚。马路对面的黄颜色大院是百年前的广东贡院旧址，也是中山大学最早的校址，里面高耸的 **14 钟楼**是1924年国民党第一次全国代表大会的召开地，如今是鲁迅纪念馆（免费；9:00~17:00，周一闭馆），旁边的建筑是 **15 广东省立中山图书馆**，而西边的 **16 龙虎墙旧址**是昔日乡试结果放榜处。

沿着龙虎墙旁的小路穿到德政中路上，一路向北，过中山路，去 **17 广州农民运动讲习所旧址**（中山四路42号；免费；周二至周四9:00~17:00，周五至周日 9:00~20:30，周一闭馆）看看广州三大学宫中唯一保存下来的番禺学宫。参观完你可以从这里坐地铁离开。

值得一游

穿越千年逛蕃坊

将时间拉回到1000多年前，隋末唐初盛世将至，当时世界上最长的远洋航线，从广州直达波斯湾，将阿拉伯和波斯商人带到了最神秘的东方，也让珠江边的广州成为举世瞩目的焦点。唐高祖武德年间，四位大食使者来到中国，其中一位就是先知穆罕穆德的母舅艾卜·宛葛素。他在穆斯林聚集的大食街建起了中国第一座清真寺——**怀圣寺**（见74页地图）。后来信徒们又在寺内建造了36.3米高的圆柱形邦克塔，用土夯筑的实心建筑，外部砌砖，既作宣礼塔用，也是珠江边的导航灯塔——外形看起来也更像灯塔。

身穿宽大长袍的阿拉伯人和波斯人渐渐扎根于这东方强盛之地，繁衍生息。唐开元二十九年（公元741年），朝廷以怀圣寺为中心，将方圆1平方公里设为专供外国人侨居的社区，名为"蕃坊"，同时设立"蕃坊司"和蕃长，由蕃人自主管理。蕃坊内还设有"蕃市"和"蕃学"，提供商业和教育的机会。蕃坊内居住着来自大食国（阿拉伯帝国）、波斯国（今伊朗）、狮子国（今斯里兰卡）等国的商人，大多数人都是虔诚的穆斯林。

时过境迁，怀圣寺和雪白的光塔依然静静矗立在光塔路（古时大食街）上，珠江却早已南移了800多米。这座中国最古老亦是世界最古老的伊斯兰圣迹之一，每到周五中午的主麻日，广州各界穆斯林就会聚集而来，依然是来自世界各地的脸孔，仿佛千年岁月不曾流转。非穆斯林也可以进入怀圣寺参观，但不能进大殿，寺内的"教崇西域"牌匾是清光绪帝御赐的，西域与新疆无关，而是指伊斯兰教从西方传播而来。

如果觉得意犹未尽，可以继续在周围的街巷中探寻，北至中山六路、南至惠福西路、东至朝天路、西至人民路，即是当年"蕃坊"所在。留意一些街巷的名字，甜水巷、玛瑙巷、仙邻巷、大纸巷等都是由阿拉伯语的粤语音译而来。进步里有一些反应蕃坊民俗、风土人情的铜像和红砂岩浮雕。

以及遗址挖掘的介绍和文物陈列。

博物馆旁边是重修过的**都城隍庙**（见74页地图；免费；⊙8:00~21:00），明清时它是岭南地区最大的城隍庙，现在仅存大殿与拜亭，最大的看点是大殿内近250平方米的金底壁漆画，为道教主题的《开天辟地·神仙卷》。

北京路
街区

（见74页地图；M1、2号线公园前站，6号线北京路站）虽然古往今来，广州的城廓变大了很多，但北京路作为政治文化中心的地位几乎从没变过。广州古称番禺，"番禺"并非指广州的番禺区（见113页），而是以昔日的番山（今文德路一带）和禺山（今禺山路一带）命名，这两座山的位置都在北京路附近。南越国时的城廓就在以北京路为核心、向东南西北辐射的一两条街范围内。民国时它名为永汉路，20世纪60年代改名为北京路，2002年改为步行街，此后一直都是受广州人喜欢的购物街。

也是在2002年，在北京路考古挖掘中发现了唐代至民国的层层叠压的路面，以及宋代的门楼遗址。如今，这条承载了"五朝十一层"的**千年古道遗址**，安静地躺在北京路中心的钢化玻璃罩下，展示着唐代的铺砖路、宋朝的青灰砖、明清两朝的黄砂岩石板，以及民国时红、黄砂岩和麻石板路面。

遗址不止一处，比千年古道更早发掘的是**南越国水闸遗址**（光明广场负一层；免费；⊙周一至周五14:00~18:00，周末和节假日12:00~18:00），这是目前世界上发现年代最早、规模最大、保存最好的木构水闸遗址。路北段还有规模宏大的南越国宫署和南汉国宫城遗址（见76页南越王宫博物馆）。而在本书调研期间，南汉始建、清代重建的**大佛寺**（见74页地图；惠福东路惠新中街21号；免费；⊙6:00~19:00）又发现了晚唐时期的遗址，正在挖掘中。

别看北京路两边骑楼下的商铺一年

365天都保持着亢奋的商战状态,清末民初这一带却是书声朗朗。北京路西侧的流水井、大马站、小马站街区有着数百家书院、家塾,并以合族祠书院居多,如今还尚存庐江书院、考亭书院、冠英家塾、濂溪书院等旧址。

北京路南端是珠江边的**天字码头**,它是广州年头最久的码头,"天字"代表其在清朝雍正年间建成之初只供官员使用,林则徐来广东禁烟就是从天字码头登岸的,直到清朝同治年间,码头才逐渐改为民用。

时间再拉近一点,民国时广州人开始有过年"行花街"的习俗,此后,花市举办地虽几经迁移,但从未离开过北京路这个商圈。

光孝寺 寺庙

(见74页地图;光孝路109号;门票5元,含香; 7:00~17:00,讲解10:00、14:00; M1号线西门口站)"未有羊城,先有光孝"这句话奠定了光孝寺在岭南古刹中的地位。寺庙最初是南越末代国王的私苑,三国后改为寺,直到明宪宗敕赐"光孝禅寺"匾额,此名一直沿用至今。

历史上有多位高僧前来光孝寺传扬弘法,影响最大的莫过于唐代慧能的"风幡论辩"。慧能,便是那位说出"菩提本无树,明镜亦非台。本来无一物,何处惹尘埃"的高僧。当时印宗法师在此讲经,慧能以一句"不是风动,不是幡动,仁者心动"得印宗法师为其剃度,成为禅宗六祖。寺内七层八角的**瘗(yì)发塔**下,就瘗藏着六祖的头发。而相传早在慧能剃度前的170多年,智药三藏从印度带来菩提苗在此栽下,并预言了这一切,不过,见证历史的那棵菩提树在清嘉庆年间毁于台风,后又从南华寺移植了一棵而来(南华寺的那棵也是最初光孝寺菩提的种子)。

光孝寺有一双建于南汉(距今超过1000年)的铁塔,被认为是中国目前发现最大、最古老、最完整的铁塔。两塔造型相似,东铁塔不开放,但你可以去大殿后的西侧看看西铁塔,铁塔本为七层,曾因台风坍塌而仅剩三层。

出光孝寺向东走到六榕路上,有一座建于南朝的**六榕寺花塔**(见74页地图;六榕路85-87号;免费),57.6米高的八角形砖塔铸有1023尊小佛像,是广州著名的古迹,同样值得前往一看。

五仙观 道观

(见74页地图;惠福西路233号;免费; 9:00~16:30,周一闭馆)五仙观是人们为了祭祀携五羊而来的五位仙人(见69页历史)而建的,其历史可追溯至西汉,曾多次迁址,如今这座建于明洪武年间。

五仙观内留有不少明清时的古迹,包括广州现存最完整的明代宫殿式木构建筑(后殿)、红砂岩石砌的明代城楼式建筑(钟楼)和最大的明代青铜古钟等。东侧古泉里的"仙人拇迹"传说是五位仙人升天后留下的脚印,其实是古老的珠江冲蚀而成,今天我们脚下的陆地千年前还是珠江水道呢。

五仙观内现在是越秀区博物馆,有关于广州城的历史演变、文化艺术和越秀区历史建筑的展览介绍。

◎ 西关和上下九
★ 陈家祠 古建筑

(见80页地图; 8181 4559;www.gzchenjiaci.com;中山七路恩龙里34号;门票10元; 9:00~17:30,17:00停止售票; M1号线陈家祠站)陈家祠被称作岭南民间建筑装饰艺术的集大成者,是你了解广东民间建筑的不二之选。

陈家祠建于清光绪年间(1888~1893年),大门匾额上书"陈氏书院",但其实它既不同于常规概念里的祠堂,也不是传道授业的书院。它是清末由广东各地48位陈氏乡绅共同捐资修建的"合族祠",是供各陈氏宗族的子弟赴广州准备科考时落脚之地。而当时清政府出于稳定政权的考虑,禁止民间聚众结社,对日益壮大的合族祠采取打压政策,上有政策下有对策的结果是,岭南的乡人们以"书院"为祠堂打掩护。

陈家祠是传统的"三进三路九堂两厢杪"院落布局,结构非常工整。建筑内部也是广东民间工艺博物馆,在两边的侧屋内有关于玉雕、广绣、端砚、象牙雕、彩瓷和建筑装饰等的介绍和展品,几块电子显示屏介绍了陈氏书院的修复状况。

陈家祠最令人叹为观止的是"三雕、二

西关和上下九

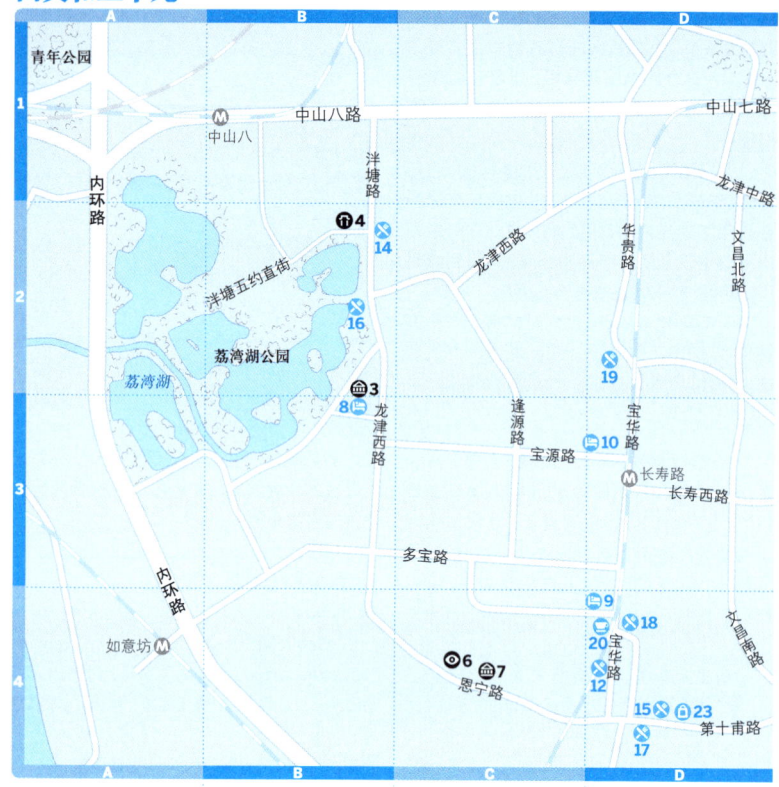

◎ 重要景点
1 陈家祠..................................E1

◎ 景点
2 华林寺..................................E3
3 荔湾博物馆..............................B2
4 仁威祖庙................................B2
5 上下九步行街............................E4
6 永庆坊..................................C4
7 粤剧艺术博物馆..........................C4

🛏 住宿
8 归觅....................................B3
9 蓝莲花艺术民宿..........................D4
10 同古舍.................................D3
　 五藏源.............................（见6）
11 宜尚酒店...............................F1

✕ 就餐
12 陈添记.................................D4
13 广州酒家...............................E4
14 凌记濑粉...............................B2
15 南信牛奶甜品专家.......................D4
16 泮溪酒家...............................B2
17 陶陶居.................................D4
18 文记壹心鸡.............................D4
19 醉贤居.................................D2

🍹 饮品
20 顺记冰室...............................D4

🛍 购物
21 华林寺玉器街...........................E3
22 皇上皇.................................E4
23 莲香楼.................................D4

少见。

陈家祠实行扫码购票。只要凑满5人,博物馆便可提供约1小时的免费讲解,不过讲解员不多,常常需要排队等很久。

仁威祖庙 道观

(见80页地图;荔湾区龙津西路仁威庙前街;免费;◎8:10~17:00)位于荔湾湖北岸的仁威祖庙是供奉真武帝(北帝)的道教宫观,始建于宋仁宗时期(1052年),迄今已有近千年历史。

别急着进门参观,先站在门外好好端详一番,大门屋檐上的16块贴金木雕被称为广州最精美的木雕文物,为1701年所制,内容包括"英雄夺锦""水漫金山""八仙过海"和"荔湾街市"的故事。建筑深四进,分左、中、右三路,精致的木雕有浮雕、通雕、圆雕、双面雕和贴金箔等形式。其硬山顶五花封火山墙、碌灰筒瓦、蓝色琉璃瓦当、滴水剪边、青砖石墙脚和陶塑、灰塑也都极具岭南特色。横匾上"海不扬波"四字道出仁威祖庙的悠远历史和主要功能,据说以前远航中广州做生意的洋人船队也要入乡随俗来拜祀一下真武帝,祈求风平浪静。这里也是春节广州人拜太岁的旺地,连石狮子的口中也会被塞满钱。

仁威祖庙所处之地是荔湾湖畔的古村落泮塘村口,泮塘村是昔日西关富商的后花园,如今正处于改造中,多栋民居挂上了历史建筑的牌子,不过风貌依旧。从仁威祖庙门口沿荔湾湖向西走,就会进入泮塘五约直街,青砖石板小巷中的老屋宇保留着脚门、横格趟栊门、麻石门套、蚀花玻璃满洲窗等。上午,沿街摊贩的叫卖声和支起四方桌打牌的街坊邻里,呈现出浓浓的市井气。除了美好的一面,你也可能会在这里看到满地跑的"小强"。

荔湾博物馆 博物馆

(见80页地图;☏8193 9917;龙津西路逢源北街84号;门票5元;◎9:00~16:30,16:00之后停止售票,周一闭馆)博物馆实际上由三栋建筑组成:荔湾博物馆、西关民俗馆和蒋光鼐故居博物馆。以博物馆为名的建筑原是民国初期英商广州汇丰银行买办陈廉仲先生的

塑、一铸"的建筑装饰艺术。三雕即木雕、石雕、砖雕。大气磅礴的**木雕**都在中路三进的大厅里:首进的四扇木雕屏门、中进的二十扇镂雕屏风和后进的木雕神龛罩;**石雕**主要饰在花岗岩打造的柱础、檐柱、雀替、石弓梁等,最精美的是聚贤堂前的月台;六座巨大的**砖雕**位于陈家祠外墙正面,直接在青砖上雕刻,图案繁复细腻。二塑是指灰塑和陶塑,皆为彩色,分布在屋脊位置,站在院落内外的任何角度,只要抬头便可见。**陶塑**脊饰在广东、台湾,以及东南亚一带的庙宇、祠堂中很常见,是以陶泥施釉后煅烧而成;**灰塑**属岭南特有,它以石灰和纤维为主要材质,色泽艳丽,粗看如一个个方块连环画。一铸为**铜铁铸**,饰在连廊下的廊柱和月台围栏的通花栏板上,特别是后者吸收了西方庭院的装饰艺术特点,在岭南同类建筑中非常

西关小姐和东山少爷

广州人常挂在嘴边的"西关小姐、东山少爷",意指西关多富商巨贾,东山出达官贵人,与之对应的另一句老话更直白:有钱住西关,有权住东山。你是不是已经联想到了今天的"富二代"和"官二代"?

西关是明清时十三行、十八甫的所在地,自是富商扎堆之地。商人家底殷实后免不了要购置家业,他们在荔枝湾、恩宁路、宝华路一带盖起一栋栋青砖趟栊的深宅大屋,在今天被称作西关大屋。西关商人不同于暴发户,得益于中国唯一对外开放的"窗口",商人们在与洋人打交道的过程中也打开了眼界,大宅门内没有因循守旧。同样,有着锦绣人生的富家千金受洋人和舶来品的影响,一个个打扮时髦、生活精致,有些甚至打破了"女子无才便是德"的旧观念,留洋接受西方教育,当时广州的300多家私塾中有三分之一是女子专读。西关小姐可都是见过世面的大家闺秀。

属于东山少爷的时代要晚一些。当西关已经呈现东方大港的繁荣,东山还是水田万顷、茅舍稀疏的城市郊野,直到清朝末年,它才迎来发展契机。先是美国基督教南方浸信会的传教士来此传教,兴建学校、医院、教堂等教会设施。广九铁路通车后,华侨和地方政要也加入了置地盖房的大军,东山在他们手中得以开发。不同于西关的传统岭南建筑,东山住宅区以公馆洋房为主,集中在新河浦、龟岗大马路、启明大马路、恤孤院路一带,20世纪20年代是国民党要员的居住地,再往后,军区政委入驻东山。因此,东山少爷可理解为高干子弟,专指有钱有势的公子哥儿。长久以来,东山都拥有高质量的文化教育,这里传承百年的学校是广州甚至全省最好的——学区房的身份倒也对得起其昔日的盛名。2005年,东山区并入越秀区,东山文化从此被封存进了广州人的记忆里。

"小姐"与"少爷"都早已是过去时,不过你可以通过当年小姐少爷们居住的豪宅,一窥他们的生活。青砖石脚、趟栊门是属于西关大屋的,东山则是清水红砖、欧式柱廊的花园别墅。

故居,为白色三层西洋别墅,馆内皆为临时展,会定期更换主题。**西关民俗馆**是一栋典型的西关大屋,选取了"三边过"(三开间)中最精华的部分,一条中轴线为主厅堂,左右对称设有书房、卧室等,整个建筑看起来不大,却布局巧妙,容纳的房间不少,还有天井、小巷、敞口厅等。大屋中的满洲窗、蝴蝶窗、趟栊门的构造、木雕屏风的暗格、彩色玻璃等,都是属于岭南建筑的特色元素。相对于西关民俗馆的袖珍,**蒋光鼐故居**则宏大得多,这栋民国时的三层建筑为凹字形内庭式住宅,在岭南建筑风格的基础上融入了西洋元素,你可以在故居内了解这位抗日名将的生平。

博物馆所在的位置是以荔湾湖为中心的荔枝湾,也就是昔日西关富商的聚集区。博物馆对面的风水基有不少荔湾小吃,荔湾湖公园里永远有粤剧票友在自娱自乐,公园东门外有集中的老字号手信店,你也能在博物馆周边的三连直街、逢源大街、逢源北街、沙地一巷找到更多的西关大屋,不过多为私人民居。

永庆坊 街区

(见80页地图)永庆坊身处"广州最美的骑楼街"——恩宁路,最早建于1931年,如今是有着文创、餐饮、艺术展演的创意街区。你或许会觉得它与上海田子坊有几分相像,这是2015年改造的结果。20世纪时,永庆坊是广州粤剧戏班组织的中心,住着昔日粤剧行业赫赫有名的人物,包括李小龙的父亲李海泉——20世纪40年代粤剧四大名丑之一。

永庆坊不大,左手第一条巷子走到底是**李小龙祖居**(永庆一巷13号;免费;◉9:00~12:00,13:30~17:00,周一闭馆),这栋飞派的西关大屋内有关于李小龙家庭和电影的介绍。第二条巷子里不开放参观的銮兴堂,是八和会馆下的粤剧武打行,隔壁的西瓜剧场也曾

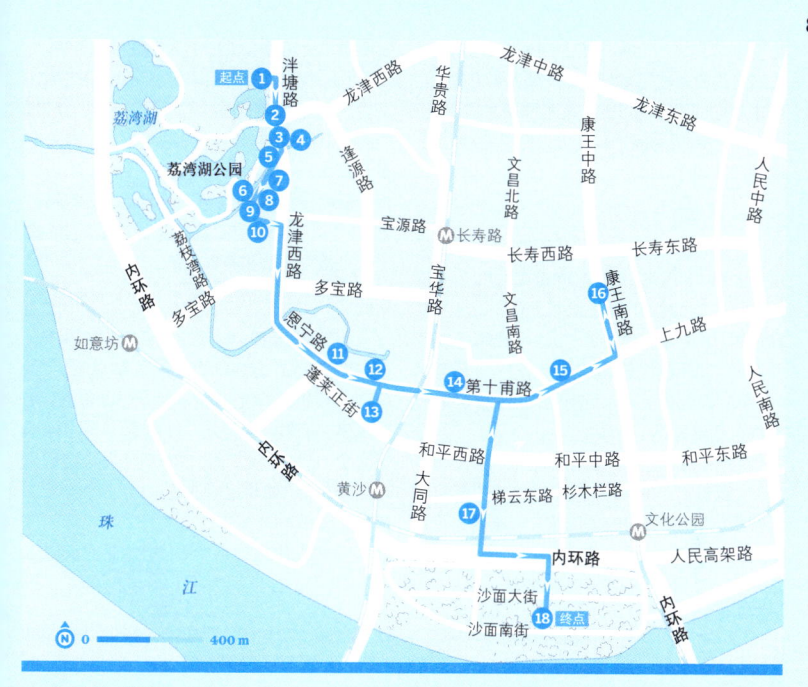

步行游览
从西关到沙面

起点：仁威祖庙
终点：华林寺/沙面
距离：约3.5公里
需时：2.5小时（不含游览时间）

从 ❶ **仁威祖庙**开始，参观完沿着泮塘路一路向南，会经过几家老字号手信店，过了 ❷ **荔湾湖公园**的正门后，是中国最大的园林式酒家 ❸ **泮溪酒家**，它与白天鹅宾馆出自同一设计师之手，高墙瀑布式的风格也很异曲同工。向前到龙津桥，对面有一座明清时的 ❹ **文塔**。转入桥下的 ❺ **风水基特色街**，沿街都是本地小吃摊，你可以买几个钵仔糕、鸡仔饼吃吃。走到底是荔湾湖畔，大榕树下的 ❻ **大戏台**每天下午（14:00~17:00）有粤剧演出。

过桥是 ❼ **荔湾博物馆**，参观完这里的三栋建筑后，往西走几步，再看看民国建筑 ❽ **小红楼**和清光绪年间的 ❾ **小画舫斋**。在下一座石拱桥处左转入 ❿ **三连直街**，这条安静的民居巷内有不少保留着趟栊门的西关大屋。

到龙津西路右转，一路向南进入恩宁路，这是广州最完整和最长的骑楼街，也是昔日著名的商贸大街。转入 ⓫ **永庆坊**，去看看銮兴堂、李小龙祖居和粤剧艺术博物馆，并从后者绕回恩宁路。继续往前走不远，经过20世纪著名的粤剧行会 ⓬ **八和会馆**，建筑是抗战胜利后重建，不过大门可是1889年黄沙旧址的遗留物。到马路对面去，从十二甫西街门头进去，参观下 ⓭ **詹天佑故居纪念馆**（免费；⊙周二至周五 10:00~17:30，周一闭馆）。回到恩宁路，接近宝华路时，留意马路北侧的金声电影院招牌，未来这里会是永庆坊二期。继续往前，你可以去老字号 ⓮ **南信牛奶甜品专家**吃碗双皮奶，或在北面的巷子里寻一碗地道的**娟姨猪脚姜**（⊙11:00~21:00）。

接下来你有两个选择，一是继续前行进入 ⓯ **上下九步行街**逛逛，从荔湾广场向北转入华林寺玉器街，在 ⓰ **华林寺**结束本次步行游览。二是转入珠玑路，穿过热闹的 ⓱ **清平中药材专业市场**，到六二三路，向东走几步，过天桥，便是 ⓲ **沙面**，在广州"近代建筑博物馆"中结束行程。

是粤剧名伶之家。永庆坊走到底是设在园林式建筑内的粤剧艺术博物馆（见93页方框），可在此详细了解这门表演艺术及其发展史。

本书调研期间，永庆坊二期工程也已在建设和招租中。

上下九步行街 街区

（见80页地图；M1号线长寿路站）上下九是由上九路、下九路、第十甫路连成的1.2公里长的步行街。在时下广州人眼里，这条街代表两样东西：老字号美食和年轻人的购物街。大名鼎鼎的广州酒家、陶陶居和莲香楼三大老字号，总店都在上下九步行街上，自然与这条街的悠久历史脱不了干系。

自明洪武至永乐年间在城西开凿大观河后，大观河沿岸的买卖日盛，西关成了新的对外贸易集散地，商号云集的这片区域名为十八甫——18条以"甫"为名的街肆。其中，第九甫至第十一甫即今天的上下九路和恩宁路，十二、十三甫在恩宁路南边。鸦片战争之后，富商们建起大量西关大屋，这一带成为广州的商贸中心。1995年秋天，这里建成中国第一条步行街——"上下九商业步行街"，成为广州的靓女学生妹的购物首选之地。就购物而言，上下九买不到什么高质量的产品，它的撒手锏是西关情结和美食。

华林寺 寺庙

（见80页地图；下九路北侧西来正街；免费；8:00~17:00）南朝梁武帝年间（524年），印度高僧菩提达摩走海路东渡至中国传教，在广州建立了第一个道场"西来庵"，开中国禅宗之始。清朝顺治年间，古庵增建大雄宝殿，改名华林寺，最鼎盛时占地近5万多平方米，僧侣超过千人。

华林寺的文物不少：七层六面的汉白玉

沿江路

舍利塔中存有佛陀真身舍利；寺南侧的五眼古井见证了达摩在此弘传佛法的历史；玉器街上有"西来初地"的牌坊；西来正街口竖着一块刻有"西来古岸"四个字的石碑。不过，寺内主要的寺殿都是修复、重建或新建的。呈"田"字形布局的五百罗汉堂内，金身罗汉各个姿态不同，有些还在屋梁悬建，布置很是特别。祖师殿内的达摩铜像高6.88米、重10吨，为世界最大。

华林寺隔壁的锦纶会馆（康王南路289号；免费；⊙7:00~18:00）是广州现存唯一的清代行业会馆，它曾经见证了广州纺织产业的兴盛，里面有相关展览，可顺道一游。

◎ 沿江路和珠江南岸
★ 石室圣心大教堂　　　　　　　　教堂
（见84页地图；一德路旧部前56号；免费；

⊙周二至周五 8:30~11:30和14:30~17:00，周末 8:30~17:00；Ⓜ6号线—德站站）当你走在车水马龙的一德路批发市场，忽然看到这座高大的哥特式建筑，一定会眼前一亮。它是东南亚最大的石结构天主教建筑，也是全球四座全石结构哥特式教堂之一（另外三座是巴黎圣母院、威斯敏斯特和科隆大教堂）。

教堂始建于1863年，它得以立址奠基正是由于丧权辱国的《北京条约》，建造时不断遭到本地人的抵制和阻挠，历时25年才建成。教堂在"文革"期间被破坏得面目全非，玻璃花窗被打碎（如今所见为21世纪重制），所有经书、油画等被火烧尽，幸好坚硬的花岗岩主体建筑抵住了大火。

教堂平面为拉丁十字形，门楣上饰以圆形石雕，中嵌镂空雕刻的玫瑰花窗，顶部为两

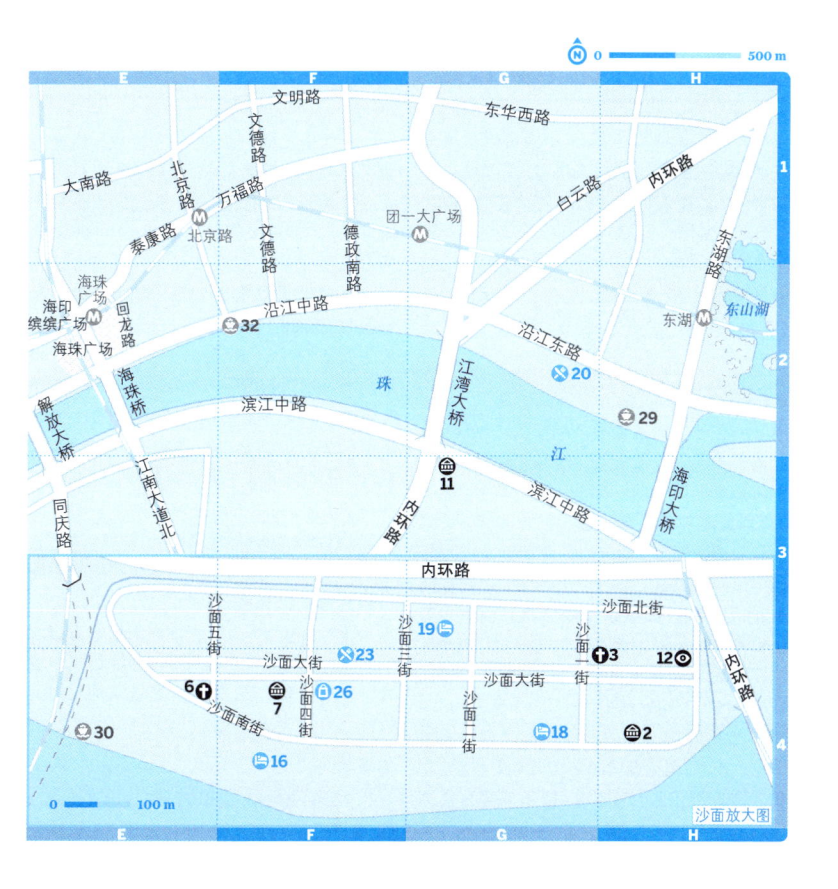

沿江路

◎ 景点
- **1** 爱群大厦 D3
- **2** 广东外事博物馆 H4
- **3** 露德圣母堂 H4
- **4** 南方大厦 C3
- **5** 沙面 B3
- **6** 沙面基督堂 E4
- **7** 沙面展览馆 F4
- **8** 十三行博物馆 C3
- **9** 石室圣心大教堂 D2
- **10** 孙逸仙纪念医院 C3
- **11** 孙中山大元帅府纪念馆 G3
- **12** 小红楼 H4
- **13** 邮政大楼 C3
- **14** 粤海关 C3
- **15** 少年儿童图书馆 D2

🛏 住宿
- **16** 白天鹅宾馆 F4
- **17** 东亚大酒店 D2
- **18** 风尚优居青年公寓 G4
- **19** 广东胜利宾馆 G3

✕ 餐饮
- **20** 海门鱼仔店 G2
- **21** 惠食佳 D3
- **22** 容意发牛杂店 C1
- **23** 星巴克 F4

🛍 购物
- **24** 清平中药材专业市场 B3
- **25** 万菱广场 D2
- **26** 西关人家 F4
- **27** 一德路海味干果市场 D2

ⓘ 实用信息
- **28** 广州医科大学附属第一医院 D2

ⓘ 交通
- **29** 大沙头游船码头 H2
- **30** 黄沙码头 E4
- **31** 省总码头 D2
- **32** 天字码头 F2

座高耸的八角尖顶石塔,其中西塔镶机械大时钟。教堂内部的尖拱、飞扶臂、交叉肋拱极为华丽。最让人赞叹不已的是精美的、描述《圣经》故事的彩绘玻璃花窗,最好挑一个有阳光的日子前来,当阳光穿透彩窗,把教堂渲染得梦幻而不失神圣感。

沙面　　　　　　　　　　　　街区

(见84页地图;白鹅潭珠江北岸;免费;Ⓜ1、6号线黄沙站)南面是开阔的珠江,北面隔开一条沙基涌就是嘈杂拥挤的老城区,沙面画风突变,一派宁静、优雅、洋气,简直不像是老城区里的一部分。但了解过它的历史,你便能理解这种表面上的违和感。第二次鸦片战争爆发后,广州民众焚毁十三行外国商馆,英法两国以"十三行被毁,须恢复商馆洋行"为借口,强迫清政府将沙面划为英法租界区——英占西面4/5,法占东面1/5,并在沙面北端开挖河涌(即沙基涌),沙面本是沙洲,自此成为四面环水的小岛。此后,面积仅0.3平方公里的沙面逐渐建起12国领事馆、9家外国银行、40多家洋行、2座教堂和外国人居住区、巡捕房、俱乐部等百余栋建筑。

沙面由三横五纵的街道组成,林立着新巴洛克式、仿哥特式、新古典式和维多利亚式建筑,岛上还有102株超过百岁的古树。宽阔的沙面大街绿树成荫,街心花园散落着充满童趣的雕塑作品,东端清水红砖的**小红楼**曾是粤海关的员工宿舍,**露德圣母堂**(沙面大街14号;免费;⊙6:00~17:00)是天主教堂,中间一栋薄荷绿色的洋楼是广州最美的**星巴克**(沙面大街50-52号;⊙周日至周四 7:30~22:30,周五和周六 7:30~23:00),天气晴朗的午后最适合坐在拱廊下打望沙面街景。沙面五街上有一座基督教堂。想要了解沙面的历史,可以去前身为天祥洋行的**沙面展览馆**(沙面大街61号;免费;⊙9:00~11:00,15:00~17:00)和设在原法国领事馆内的**广东外事博物馆**(沙面南街20号;免费;⊙周二、四、六 9:00~11:30)。别忘了去沙面南街看看白天鹅宾馆,1983年开业时是中国内地首家中港合资的五星级宾馆,由岭南建筑大师莫伯治设计。

粤海关　　　　　　　　历史建筑、博物馆

(见84页地图;📞8101 3617;沿江西路29号;免费;⊙周一至周五 9:30~16:00)人民桥北

的这座白色钟楼是沿江路民国建筑群中最显眼的地标。粤海关的历史比建筑本身久远,康熙年间清政府解除海禁,粤海关为当时全国4个海关之一,到了乾隆年间,粤海关成了全国唯一的海关,地位之重不言而喻,而中国第一部海关税则也诞生于粤海关。

今天的这栋建筑落成于1916年,为欧洲新古典主义风格,入口处有高耸的山花(建筑檐部上的三角形山墙)和4根爱奥尼式圆柱,顶部巴洛克风格的穹隆式钟楼四面各砌双柱。步入建筑内部,留意脚下的地毯图案,它仿照了大楼原来的马赛克大理石图案,一楼右侧的大厅里保留了一小截马赛克地面。大楼内每间办公室的百叶窗木门都是可以内外双开的(以一种弹簧铰链来实现),你可以在2楼的一间展厅找到最原始的弹簧铰链。

楼内的电梯是广州最早的电梯。粤海关现在作为博物馆开放参观,1楼到3楼的各个展厅内有关于粤海关历史和建筑细节的详尽介绍。

粤海关对面的珠江边有一座沙基惨案纪念碑——1925年6月23日,广州各界举行声援五卅运动的示威游行,当队伍经过沙基时,遭到对岸沙面的英法军队的开枪扫射,造成52人死亡、117人重伤。沙面北岸的六二三马路也是为纪念这次惨案命名的。

孙中山大元帅府纪念馆　　　　　　博物馆

(见84页地图;www.dyshf.com;纺织路东沙街18号;免费;⊙周二至周四9:00~17:30,闭馆前半小时停止入场,周一闭馆,法定节假日除外)纪念馆的前身是建于清光绪三十二年(1906年)

不要错过

沿着江边赏古建

有江河穿过的城市,城市建设总会在沿岸大做文章。晚清名臣张之洞上任两广总督后,命人沿天字码头修筑广州城的第一条马路"长堤马路"。1918年大兴城建,"西堤大马路"(现沿江西路)和"长堤大马路"得以扩建,沿江路成了继十八甫十三行后新的投资热土,接下来的20多年间,百货公司、大酒店相继矗立起来。

既已到了粤海关,不妨再向东走一点,江边还有多栋百年老建筑值得一赏。为了更好地欣赏建筑,最好沿路南侧走。走几步就会看到邮政大楼(见84页地图;沿江西路43号),这里曾是大清邮政局,为1916年英国工程师设计的新古典主义风格,如今依然是邮局,也是邮政博览馆,不过仅有一些集邮展品可观赏。相对于邮政大楼的宽,前面的南方大厦(见84页地图;沿江西路49号)体现的则是高,12层的高度虽然放在今天与摩天大楼挨不着边,但在1922年建成时它可是中国最高的楼。中国百货业巨子蔡昌在城中成功开设了大新公司之后,又在西堤建造了这家分号,集百货、旅游、酒店为一体,是当时华南最华丽的百货公司。1937年,爱群大厦(见84页地图;沿江西路113号)以15层楼高赶超了它,直到30年后第一高的宝座才再次易主。爱群大厦地处沿江路和长堤大马路的三角地段,一楼是岭南特色的骑楼,二楼以上有着极具拉伸感的长条窗。

接下来稍稍偏离一下珠江,转入长堤大马路,路口的孙逸仙纪念医院(见84页地图;沿江西路107号)前身是中国第一所西医医院——博济医院,1886~1887年孙中山曾在此学医,院内立有"孙逸仙博士开始学医及革命运动策源地"的纪念碑。继续向前,是建于1914年的东亚大酒店(见97页),广州解放前夕,就是在这里升起了广州第一面五星红旗。往前走不远处是海珠大戏院旧址。靠近解放南路的越秀区少年儿童图书馆(见84页地图;沿江西路149号)所在的楼名为"永安堂",建于20世纪30年代,楼高5层,上设钟楼,大门上所书"纪念胡文虎先生",也表明了它的主人是虎标万金油之父、星系报业大王胡文虎,晚上外墙上会有3D投影。海珠广场西北侧的海印缤缤广场,1959年建成时是广交会的举办地。回到沿江路继续向东,体量敦实的中国工商银行大楼,是1924年孙中山亲自创办的中央银行旧址。

的广东水泥厂，1917年孙中山先生当选为中华民国大元帅后，选择此地为大元帅府。他曾经三次在广州建立革命政权，其中的两次都从这里开始。

南北两座黄颜色的大楼是纪念馆的主体建筑，由澳大利亚建筑师亚瑟·威廉·帕内（沙面包括红楼在内的9座建筑和中山大学马丁堂也出自他手）设计，为典型的"殖民地外廊式"建筑，既有浓郁的欧式建筑风情，又融合了岭南建筑风格，如竹节式排水管、百叶门窗、花瓶式护栏等。北楼的背面有孙中山亲笔题名的"求是"二字。北楼内是关于孙中山的生平介绍和三次在广东建立政权的展览；南楼复原了1923~1925年孙中山在此办公居住的各个房间布置。

可乘坐8、24、121路等公交在大元帅府站下车。

中山大学
大学

（见70页地图；新港西路135号；**M**8号线中大站）1924年孙中山先生亲自创立这所名校时，名为"国立广东大学"，最初的校址在文明路（今广东省立中山图书馆院内）；1926年学校为纪念孙中山先生而改名为"国立中山大学"；1935年，学校迁至石牌校区；1952年，与岭南大学合并，正式迁入现海珠区康乐村的校址。如今这里是广州市区的清幽之地，校园里绿树成荫，哪怕炎炎夏日也是一片阴凉清静，校内20世纪初岭南大学留下的众多古建，更是为其浓浓的学术气息平添了几分历史感。

校园的中轴线是一片漂亮的绿化地。若从北门进入，穿过"国立中山大学"牌坊——依石牌校区的原牌坊（如今依然屹立在华南理工大学校门外）仿制，是一片棕榈树环绕的长方形水池，紧接着是延伸至南门的长方形草坪，你会看到孙中山先生的纪念铜像和他亲题的"博学、审问、慎思、明辨、笃行"十字校训。红墙碧瓦的老建筑分布在中轴线两边，包括爪哇堂、马丁堂、荣光堂、哲生堂、黑石屋和**陈寅恪故居**（☉周一至周五 9:00~16:00）等，每栋楼都很好看，值得细细走走。

北门在中大码头对面，南门靠近8号线中大站。

◉ 东山口和二沙岛

逵园
历史建筑

（见89页地图；恤孤院路9号；免费；☉11:00-20:00）这栋红砖外墙、砖混结构的小洋楼，是1922年由美国华侨马灼文所建，一楼有罗马柱，二楼有仿希腊式柱。被炸毁的中共三大原址得以确认位置，还靠与会代表回忆见到的逵园门楼上嵌刻的"1922"字样。在这栋楼90岁高龄之际，四位年轻人着手为它赋予新生，如今，一楼是画廊，二楼是买手店，三楼是装饰简洁清雅的咖啡馆，带个小露台。

这一带是广州最大的民国花园洋房集中区，逵园与附近的隅园、春园、简园、明园并列东山五大名园。**简园**（恤孤院路24号）曾用作德国领事馆，**春园**（新河浦22、24、26号；☉9:00~17:30，周一闭馆）是三栋相同的小洋楼，**明园**（培正路12号）有罗马柱式门廊，**隅园**（寺贝通津路42号）是"西曲中词"小洋楼（英国新古典主义与中国元素的融合）的代表作。除了简园不对外开放，其他都可以参观。

二沙岛
街区

（见89页地图）仿佛是对东山洋楼的现代版延续，位于广州大桥和海印大桥之间的江心绿岛，也曾是广州有钱人居住的豪宅区，小小的岛屿上遍布高档别墅，没有一栋高楼。岛上居民不多，绿化很好，也非常安静，清晨与黄昏常见环岛跑步的本地人，而在几乎全城大堵车的早晚高峰时段，这里依然不急不缓，一派安逸，彷如一个小小的世外桃源。

广州两大艺术地标：广州三年展的举办地**广东美术馆**（见89页地图；www.gdmoa.org；烟雨路38号；免费；☉9:00~17:00，16:30停止入场，周一闭馆）和夜景极美的**星海音乐厅**（见89页地图；✆订票400 108 8808；www.concerthall.com.cn；晴波路33号；☉售票中心8:30~21:30）坐落在岛上，艺术界的盛事展览、音乐界的殿堂级演奏都会在此上演，星海音乐厅每年元旦会举办新年音乐会。广东美术馆对面是**广东华侨博物馆**，星海音乐厅对面是**金逸电影会所**，附近还有**岭南会展览馆**（☉9:30~17:00）。新开的**文立方**（晴波路9号）

东山口及周边

东山口及周边

◎ 景点
- **1** 春园...A2
- **2** 二沙岛...C4
- **3** 扉美术馆...A1
- **4** 广东美术馆.......................................C4
- **5** 逵园...A2
- **6** 星海音乐厅.......................................C4
- **7** 隅园...B2
- **8** 中共三大会址纪念馆.......................A2

🛏 住宿
- **9** 登巴客栈...C2
- **10** 觉园1984...A2
- **11** 缦宁酒店...A2

🍴 就餐
- **12** 恩宁刘福记.....................................A2
- **13** 姐弟手磨黑芝麻糊.........................A2

☕ 饮品
- **14** Charlie's Cafe.................................A2
- **15** Evening Standard...........................D1
- **16** Rozz-Tox..D3
- **17** Ten Cafe 十號咖啡店....................B2
- **18** 庙前冰室...A2
- **19** 源園...A2

ⓘ 实用信息
- **20** 广之旅...A2

综合性建筑内也偶有艺术展,白色旋转楼梯是文艺青年喜欢的打卡地。

二沙岛没有地铁,骑行绕岛一圈是最好的游览方式,或坐B21、89、131A、194路公交前来,在星海音乐厅下,几个主要的建筑都在附近。

步行游览
漫步东山赏民国别墅

起点: 东山口地铁站
终点: 中共三大会址纪念馆
距离: 约2.5公里
需时: 2.5小时

从❶**东山口地铁站F口**出,沿署前路走到庙前西街右转,自❷**毛泽东旧居遗址**斜对面进入❸**启明社区**,里面的启明横马路1号和17号、启明三马路2号和10号、启明二马路10号及均益路上都有一些特色老洋房,可以去启明三马路上的❹**ART23**看个展或喝个下午茶。

转入东华东路,跨过龟岗大马路就进入新河浦区域了。经过清水红砖的❺**馨园**,前面是❻**中共三大会址纪念馆**(恤孤院路31号;免费;⊙周二至周四 9:00~17:30,周五至周日 9:00~21:00),不过建筑早已不是原来开会的建筑了。对面是❼**逵园艺术馆**。从恤孤院路向南走到新河浦路,右边是"三大"会议期间陈独秀、李大钊等代表住的❽**春园**。沿河边向东走,拐入新河浦三横路,窄窄的街道绿树成荫,两边都是别墅,路口的❾**灯塔**和❿**橄榄山**是两家创意空间,可以进去看看。从山河东街向北走,左手边有一栋盖着中式绿瓦屋顶的⓫**浅黄色西洋建筑**。到新庆路左转,留意左手边夹在居民楼里的⓬**天主堂**,斜对面是⓭**新河浦历史文化博物馆**。

转入培正路,街角黄色的洋楼⓮**简园**是曾任国民政府主席的谭延闿的故居。右手边是⓯**明园**的门头。斜对面带有螺旋纹样柱子的是⓰**慎园**。继续往前,右手边是百年老校⓱**培正中学**,在门口也可以窥到些古老建筑。走到烟墩路左转,⓲**培正小学**和⓳**广州市第七中学**隔街相望,后者前身是创于1888年的培道女校。

从烟墩路走回恤孤院路,一路向南,会经过两个艺术展览空间:⓴**白鳥之歌**和㉑**NISISS PUBLIC SPACE**。再往前走便又回到了逵园和中共三大会址纪念馆的街口。

珠江新城周边

广州塔　　　　　　　　　　　　地标

（见92页地图；☏8933 8222；门票150~398元，春节、劳动节、国庆节有相应优惠；www.cantontower.com；阅江西路222号；◎9:30~22:30，提前30分钟停止入场；Ⓜ3号线、APM广州塔站）相比之下，"小蛮腰"这个名字更广为人知。作为迎接2010年亚运会的新地标工程，它对广州的意义相当于双子塔之于吉隆坡、东方明珠之于上海。甚至不用刻意走到塔前（身在老城区例外）——你的广州之行总会有不止一次机会抬头望见它纤细的身段。广州塔高600米，是中国第一高塔，在"世界高塔盟军"中它位列第三（第一、第二分别是迪拜塔和东京晴空塔），它还创下了多项吉尼斯世界纪录。

广州塔不只是被用来观赏的，塔身不同高度有不同的观光、娱乐和玩法，你购买哪种套票决定了你能玩什么，所以购票前做下功课是有必要的。4个等级的门票中，简单而言，花费更多就可以去往更高的楼层，更高一级票价可游览的项目在低一级票价的基础上递增。最便宜的一档为150元（需至少提前一天在官网预约），可到达428米和433米的两个观光大厅，你的双脚将踩在全透明的悬空玻璃走廊上；228元的套票又增加了450米的户外观景平台，喜欢玩跳楼机的人可以体验从485米降到455米的急速云霄，可是被列入吉尼斯世界纪录的哟；298元套票的亮点在460米的摩天轮，16个全透明球舱设计打破常规——不是竖立在空中，而是沿着顶层倾斜的轨道横向运转一周；398元的套票可带你来到创下吉尼斯世界纪录"最高观景平台"的488米，真正站上广州塔之巅！

需要提醒的是，广州塔将开放时间切分为6个观光时段，也就是说购票时若选择了某个时段，就必须在相应时段前往，而不能在其他时段进入。

除了玩，也有很高、奢的饮食享受，106层的旋转餐厅同样被列入吉尼斯世界纪录，也有其他法餐或粤菜餐厅。你还可以在107层、428米高的世界最高"空中邮局"寄出一张明信片。本书调研期间，东登塔口又新增了一家**蜡像馆**（门票120元；◎9:30~22:00），门票相对高昂，内容并不比其他城市同类展馆更有新意。

广东省博物馆　　　　　　　　博物馆

[见92页地图；www.gdmuseum.com；珠江东路2号；免费，凭身份证领票，语音导览20元，讲解100元/小时（需预约）；◎周二至周四、周六和周日9:00~17:00，周五9:00~20:30，提前1小时结束领票，周一闭馆；Ⓜ3、5号线珠江新城站、APM大剧院站]在珠江新城的核心地标中，这栋方方正正的"黑盒子"相对低调，如泛火光的夜景模式也很特立独行。博物馆内部采用"宝盒"设计理念，挑高的空间内没有一根结构立柱，完全用巨型钢桁架悬吊而成。

常设展览分历史、自然、艺术三部分。建议你直接上四楼，先参观**广东历史文化陈列馆**，尽管馆藏无法与那些对中国历史有重要影响的文物大省相提并论，但西周时的信宜铜盉、元代的白玉镂雕龙穿牡丹盖钮、民国的金漆木雕大神龛等几件珍宝也会令你大开眼界。然后进入同楼层的**广东自然资源展览**，占据了四楼、三楼两个楼面的展厅内分地质地貌、玉石、古生物、海洋生物、中草药等7个主题展，巨大的恐龙化石会令小朋友兴奋不已。在三楼的**潮州木雕、肇庆端砚**两个展厅中你可以了解岭南的生活艺术，甚至还可以自己动手，像搭积木一样玩一下榫卯。

三楼的特展厅常比固定展览更聚人气。本书调研期间正在举办精美的广珐琅展。

博物馆每天发放8000张（周五11,000张）参观券。周末和节假日前来参观的本地家庭非常多，西门外的广场上常常排着长队领票入馆，建议在网上预约。

珠江新城　　　　　　　　　　街区

地理概念的珠江新城是东起华南快速干线、西至广州大道、南临珠江、北至黄埔大道的包括商务和住宅两部分的区域。狭义上的珠江新城则东部以冼村路为界，是以花城广场为中心、两边摩天大楼林立的CBD，它与南边的海心沙、广州塔和北边的天河体育中心等组成新的城市中轴线。

对本地人而言，珠江新城意味着高端和写字楼，对旅行者来说，珠江新城是白天赏建筑、晚上看夜景的好地方。中轴线花城广场

珠江新城和天河

◉ 景点
1 T.I.T创意园 B4
2 广东省博物馆 B3
3 广州大剧院 B3
4 广州塔 B3
5 广州图书馆 B2
6 海心沙 B3

🛏 住宿
7 柏高酒店 C1
8 广州瑰丽酒店 B2
9 广州四季酒店 B2
10 琥珀东方酒店 A2
11 天美酒店 C1

🍴 就餐
12 八合里海记 A2
13 炳胜品味 B3
14 禄鼎记（兴盛汇店） C2
15 陶陶居雅园 B2
16 吴系茶餐厅 C1

🥤 饮品
17 Old House威士忌吧 A1
   天吧 ....（见10）
18 臻音堂 B1

⭐ 娱乐
19 191Space A2
20 珠江·琶醍啤酒文化创意艺术区 C3

🛍 购物
21 1200bookshop B1
22 方所 C1
23 花城汇 B2
   太古汇 ....（见22）
24 天环广场 B1
25 万菱广场 C1
   言几又 ....（见8）

ℹ 交通
26 广州塔码头 B3
27 海心沙码头 B3

另辟蹊径
广州博物馆拾遗

粤剧艺术博物馆(见80页地图;☏8182 0016;恩宁路永庆坊;免费;⊙9:00~17:00,16:30停止入场,周一闭馆,讲解10:00、15:00)是一座岭南园林式风格的建筑,里面详细介绍了粤剧的发展、名伶、扮相、戏服、道具等,除了图文展,还有相关视频可观看。

十三行博物馆(见84页地图;☏8126 5300;西堤二马路37号文化公园内;免费;⊙9:00~17:00,16:00停止入场,周一闭馆;Ⓜ6号线文化公园站)建于清朝广州十三行商馆区遗址上。十三行是1757~1842年清廷特许的对欧美海上贸易特区,也是当时从事对外贸易的商人群体的代称。一楼展厅全面介绍了这段历史,二楼是私人捐赠的文物展,以十三行的外销工艺品为主。

东濠涌博物馆(见74页地图;越秀北路78号;免费;⊙9:00~17:00,周一闭馆;Ⓜ1号线农讲所站)你可以来这里看看东濠涌治理前的老照片,了解政府斥巨资而有如今清澈光景的改造工程。

广州地铁博物馆(☏8944 9140;新港东路1238号万胜广场C塔裙楼;免费;⊙周二至周五10:00~16:00,周末9:00~17:00,提前1小时停止入场,周一闭馆;Ⓜ4、8号线万胜围站)干巴巴的知识点被布展得酷炫又有趣味,各种实景模型叫人称赞,还能深入地铁"内部"了解其施工过程。

珠江-英博国际啤酒博物馆(新港东路磨碟沙大街118号;票价50元;⊙8:30~12:00,13:00~16:45,提前1小时停止入场,周一闭馆)是广州最贵的收费博物馆,可考虑凑着每月第三个周三的免费日前来。博物馆对啤酒和珠江啤酒厂的介绍略无趣,倒是一个"醉酒长廊"很神奇,看似不过是地面倾斜的设计,却让人产生醉酒的眩晕感。

的地下部分是长长的地下商城,地表部分则矗立着撑起广州天际线的高楼和几座颇有设计感的建筑。

与广东省博物馆(见91页)隔花城大道相对应的是**广州大剧院**(见92页地图),它由第一位获得"普利兹克建筑奖"的女性、英籍伊拉克设计师扎哈·哈迪德(1950~2016年)设计,外形如"圆润双砾",遗憾的是施工颇显粗糙,不过,夜景下水中倒影的镜面效应很美妙。白天黑夜同样漂亮的**广州图书馆**(见92页地图;珠江东路4号;www.gzlib.org.cn;⊙9:00~21:00,法定节假日到16:00;周三闭馆)在省博北边,透明的玻璃钢架连接起南北两翼,以层叠交错的建筑肌理体现"书籍"设计理念。东、西二塔是广州市最高的建筑,**西塔**即广州国际金融中心(IFC),高432米,**东塔**即广州周大福金融中心,比西塔还要高出100米。瑰丽酒店和四季酒店分别占据两栋楼的"云端",是俯瞰"小蛮腰"、海心沙和珠江新城的绝佳位置。

海心沙 公园

(见92页地图;ⓂAPM线海心沙站)珠江上的一片小小沙洲,是2010年亚运会开幕式的举办地,也是每年秋天广州国际灯光节的举办地。从珠江新城向南走去,遥看海心沙的第一眼印象是一个运动场,但待你走近才会发现,这不是一个完整的球场,它仅有四分之一的看台,三艘高高的帆船正对看台。除了周三,每晚8点半有喷泉表演。

T.I.T创意园 创意园区

(见92页地图;新港中路397号;Ⓜ3号线客村站)自2019年红专厂关闭后,T.I.T便成了广州旧厂房改造的创意园的一枝独秀。T.I.T的前身是20世纪50年代的广州纺织机械厂,改造后的它依然切题——纺织服装创意中心。一间间红砖厂房内是服饰工厂、设计工作室、门店等,园区内有T台,是真正实现了创意与时尚的前沿阵地。散落在园区里的旧机器、20世纪的宣传画以及咖啡馆也都是此类创意园区的标配。

其他区域

黄埔军校旧址
历史建筑

（☎8220 1082; www.hpma.cn; 长洲岛军校路170号; 免费; ⏰9:00~18:30, 提前半小时停止领票, 周一闭馆）1924年国共首度合作, 孙中山先生在广州亲自创办一文一武两所学堂——国立广东大学（今中山大学）和黄埔军校。1930年迁往南京之前, 黄埔军校在此办了7期, 为国共两党培养了大量陆军将帅, 对北伐战争、抗日战争、甚至对整个中国近代史都影响深远。1938年军校校本部在日军的袭炸中夷为平地, 1996年按"原方位、原面貌、原尺度"复建了现在的这座建筑。

军校旧址范围包括校本部、孙总理纪念室、纪念碑。领票后先去校本部参观——黄埔建校后在南宁、潮州、武汉、长沙等地开设分校后, 将这里称为校本部。学校建筑为"走马楼"形式, 一楼有黄埔军校史迹展厅, 可以了解军校的创立、发展, 还有一间从各地收集的黄埔老军人的口述影像展厅。二楼的各个房间包括学生宿舍、自习室、食堂、阅览室和孙中山的总理室、蒋介石任校长的办公室等, 注意看, 蒋介石的办公桌像一架钢琴。

校本部旁边的广场上有一排矮矮的石碑, 上面刻着黄埔一期到七期的教职员工和同学名单, 你可以找到许多20世纪赫赫有名的人物名字。孙总理纪念室原为清末粤海关黄埔分关旧址, 孙中山曾在此休息和办公, 内设孙中山故居专题展览。朝着码头方向的八卦山上有一座孙中山纪念碑。

从地铁5号线鱼珠站步行到鱼珠码头, 搭乘"鱼珠—黄埔军校"渡轮（2元; 7:15~19:15每小时1班; 船程10分钟）, 下船就是黄埔军校旧址。如果时间不凑巧, 也可以乘坐班次更频繁的"鱼珠—长洲"渡轮（15分钟1班）, 下船后走20分钟到军校。黄埔军校码头返回鱼珠的渡轮从7:52~19:52每小时1班, 也可以先坐到新洲码头（7:22~19:22每小时1班）再转公交, 新洲码头往黄埔军校方向的渡轮在每小时40分开船。

黄埔古港
古村落

（新港东路琶洲街黄埔村; 免费）北宋建的黄埔村, 到南宋时已经是"海舶所集之地", 明清逐步发展成为广州对外贸易的外港, 曾停泊在此的商船包括瑞典"哥德堡号"和美国"中国皇后号", 后者开启了中美贸易的先河。

这里分古港和古村两部分。古港部分有黄埔古港遗址、粤海第一关纪念馆（⏰9:00~17:00, 周一闭馆）、"海傍东约"牌坊等。古港遗址对面有块"不准勒索运载外商货物的西瓜扁船告示"碑, 不过碑上所刻内容已经不清晰。

从凤浦牌坊进入古村, 游览路线基本为绕河环线, 村口有详细的地图可参考。村内有14座宗祠、公祠, 但只有梁氏宗祠、冯氏大宗祠开放参观。相对正统大气和几乎如出一辙的宗祠式建筑, 旅日华侨楼、姑婆屋等民居更生动有趣。

不要错过这里实惠的好味道, 古港旁边

不 要 错 过

白鹤岗炮台

大清的国门被西方列强的坚船利炮轰开后, 广州作为海上丝绸之路的港口, 顺理成章地成为海防的南大门, 珠江两岸筑起多个炮台, 只不过防御工事建成后, 珠江航道却再无战事, 炮台大多进了熔炉用于炼钢, 炮池隐没在荒烟蔓草中, 直至废弃。

长洲岛是昔日重要的一处炮台群, 岛上共分布有七大炮台, 白鹤岗炮台（长洲岛下庄村; 免费; ⏰9:00~17:00, 提前半小时停止进入, 周一闭馆）是其中规模最大、也是唯一开放参观的一处。炮台位于白鹤岗岗上, 一条40多米长的甬道将要塞两边的3个炮位和弹药库等相连, 炮池为水泥凹槽, 内置扇形轨道——用于调整射击方位。3个炮位中仅存一门大炮, 且也非德国克虏伯原装, 而是20世纪末的仿品。

白鹤岗炮台距黄埔军校旧址有十来分钟步行距离, 它离长洲码头更近, 如果你是坐"鱼珠—长洲"渡轮前来, 可以先到炮台参观, 再去军校。

不要错过

小洲村

这个历史悠久的古村落曾是颇受艺术家青睐的岭南水乡,然而随着附近大学城的建立和政策原因,村落周围建起了密集的握手楼,也逐渐成了典型的城中村。不过你依然可以来看看,小桥流水没有变,原生态的生活气息也是有的,还可以借此一睹城中村的风貌。可坐252路公交在小洲站下,或多坐过一两站在小洲村或小洲村口下,分别是从北门和西面、南面进村,从哪个方向进村——这决定了小洲村给你的第一眼印象会是什么——水乡或城中村。

从小洲村北门进入,村口的小广场就是一片公共社区,村民们自得其乐地聊天、打牌,生活气息浓郁。村子规模不大,风格俱混搭,既有传统的祠堂、天后宫、玉虚宫、蚝壳屋,也有半个多世纪前的红色标语、人民礼堂、公社大队牌楼,一些文艺的咖啡馆、陶艺馆和艺术家工作室开在百年老屋内。

若从西面或南面而至,你得穿过握手楼到达村落,细细看看吧,你或许会觉得"握手"都是对这些楼间距的客气形容了。从挤得透不进光线的群楼下走到有着漂亮屋宇彩塑的村子,仿佛一场穿越之旅。

的**奶婆姜撞奶**是我们认为广州最好吃的姜撞奶(8.5元),服务员会当着你的面,将煮沸的水牛奶冲入盛有姜汁的碗中,等上一分钟待奶凝固后即可食用。隔壁的**猫记艇仔粥**无论粥(8元)还是各种小菜均很美味,不过环境破陋了一点。

最接近黄埔古港的地铁站是8号线万胜围站,不过下车后还要再转坐公交229路。也可以直接坐旅游观光1线和旅游观光3线前来,前者停在黄埔古村口,后者停得离古港更近。

华南植物园 植物园

(**8523 2037**;www.scib.cas.cn;天源路1190号;套票50元,园区20元,温室50元,温室讲解200元;7:30~17:30;**M** 6号线植物园站)全称是中国科学院华南植物园,创建于1929年,是世界上最大的南亚热带植物园,拥有活植物14000余种。植物园范围很大,细细游览观赏可花去大半天,主路线基本上为一条环线,园区内有详细的指示牌,每一处都写明了距下一个景点的距离,也可以坐随上随下的电瓶车(10元)游览。

进入植物园后,向左进入棕榈林荫大道,一路会经过多片植物观赏区。你可以去**凤梨园**找找仅作观赏用的凤梨;去**药用植物园**里看看板蓝根、两面针长什么样,了解王老吉凉茶的中药成分;去**苏铁园**看看被誉为"活化石"的植物。

温室群是植物园的最大看点,分热带雨林、沙漠植物、高山植物、奇异植物四部分内容,分布在四朵木棉花般的建筑中。热带雨林室占据了最大的一朵"木棉花",在此了解完热带雨林中奇妙的板根、支柱根、绞杀现象后,再看看一棵由细叶榕长成的如一堵墙的"两面树"。奇异植物室也能令你大开眼界,如不能吃、只能制作容器的铁西瓜,和确实能吃的面包树。沙漠植物室中以仙人掌为主,而多肉类植物则明显"水土不服",呈现一片"菜色"——广东的气候并不适宜种植多肉。

🚶 活动

珠江两岸有修得很好的步行道和部分骑行道,从琶洲大桥至人民桥的30公里环线是本地跑友的训练路线。本书调研期间,广州正在建一条8公里长的空中步道,本书出版时预计能完工5公里,它将白云山、麓湖公园、越秀山、中山纪念堂相连,正是城市北部山、湖、花海的风光带,会是一个散步和跑步的好地方。

珠江夜游 游船

白天广州的看点分散在城市各处,而城市的夜景无疑是由灯火造就的,珠江新城林立的摩天大厦、直冲云霄的广州塔、珠江上熠熠发光的桥梁，共同构成了珠江的璀璨夜色。
夜游航线（☎8333 2222；www.83332222.com；⏰18:40~22:00约15~30分钟1班）为天字码头—黄沙—中大—广州塔—会展中心—海心沙的环线，你可以在天字码头（见84页地图；沿江中路200号，北京路南端）、大沙头游船码头（见84页地图）、省总码头（见84页地图）、广州塔码头（见92页地图）、海心沙码头（见92页地图）、黄沙码头（见84页地图）、中大码头（见70页地图）等购买游船票。由于游船由多个公司经营，航程（60~90分钟）、发船时间与价格（60~180元）也不等，票价通常都会包含或部分包含水果、咖啡、小吃。

✿节日

春节花市 新年

广州人过年最紧要的事莫过于"行花街"，这一传统起自民国。据说，抗日战争时，广州城头顶上是飞机大炮轰鸣，花市照开，不影响广州人悠哉买年花。新年花市从腊月二十八开始，到除夕夜结束，一连举办3天，花街上张灯结彩相当喜庆。西湖花市（西湖路、教育路）最大，海珠花市（人民桥至解放桥的滨江路）也很热闹，荔湾湖公园、永庆坊还有举办时间更长的水上花市（腊月二十八到正月初六）。

广府庙会 庙会

每年从元宵节往后的7天，都城隍庙、北京路、五仙观等地会举办庙会，内容涵盖民俗文化、传统美食、民间工艺等精彩节目。

波罗诞 庙会

农历二月十一至十三，位于黄埔区的**南海神庙**（庙头村旭日街22号）会举办盛大的南海神诞，俗称波罗诞。南海神庙建于隋朝，因位处海上丝绸之路进入广州黄埔港的必经之地，外来商人抵达前总会在神庙停留祭拜，祈求海神保佑出入平安。波罗诞起始于何时已无从考证，但如今已经发展成了珠三角地区最盛大的民间庙会。庙会持续一周，广大信众ران来礼拜烧香祈求平安，并有隆重的开闭幕仪式、戏剧表演、传统巡游，可以看到醒狮、貔貅舞、麒麟舞等"非遗"表演，以及波罗鸡、波罗粽等独具特色的工艺品和食物，相当热闹壮观。

端午节赛龙舟 节日

每年端午节，珠江和各大河涌便成为龙舟竞技和村落之间互相交流的场地，各村的龙舟被装饰一新，放鞭炮、赛龙舟是农历五月最热闹的民俗大事。珠江、猎德涌、海珠湖和荔枝湾涌都可以看到精彩纷呈的赛事。

广州国际灯光节 灯光秀

自2011年举办首届国际灯光节，至今已走过10个年头。灯光节在每年秋天（约11月）拉开帷幕，为期10天左右。主会场设在海心沙和花城大道，届时，绚丽的灯光秀将珠江两岸渲染成一座不夜城。

广交会 商务活动

每年春秋两季的广交会（中国进出口商品交易会，即广州交易会）是全城最大的贸易盛事，举办地在海珠区阅江中路的琶洲国际会展中心。旅行者若不想在住宿费用上花更多的钱，最好避开这两个时间段前来：春交会在4月15日至5月5日，秋交会在10月15日至11月4日。

🛏住宿

广州的住宿类型很丰富，从经济型到豪华酒店，从被赋予新活力的百年老酒店到民国古建改造的民宿，应有尽有。不过，在这座商业大都市中100~200元的住宿选择非常少。最多的是商务酒店、快捷连锁酒店、星级酒店，它们广泛分布于新老城区。青年旅舍主要位于老城区，大多为老房改建，硬件方面不太能令人满意。设计很有特色的民宿可在西关、东山口和城郊找到，地段决定价格。四季、瑰丽、柏悦、W酒店、丽思卡尔顿等国际奢侈品牌酒店集中在珠江新城。

春秋两次广交会期间所有酒店都很抢手，做好价格上涨的准备，且一定要提前很久预订，我们建议你避开这两个时间前来。

🛏北京路周边

希诺酒店 酒店 ¥¥

（见74页地图；☎8359 8788；西湖路81号；标单/双438/498元；❄🛜；Ⓜ1号线公园前站）酒店位置很好，紧邻北京路步行街中段，旁边就是大佛寺，出门右转走百米是美食云集的惠福路。房间很精致，设计素雅，空间不算大，但书桌、沙发床配备齐全。房价含早餐。

建方·梵宿　　　　　　　　民宿 ¥¥

（见74页地图；☎186 2085 9359；惠福东路455号景腾商业大厦6楼；标间289元起，套房346元起；☎❉；Ⓜ1号线公园前站）既想挨着北京路，又想住得有特色，这家2019年开业的民宿是个好选择。它开在惠福东路和教育路口一栋有点破的商住两用楼里，房间比楼宇惊艳得多。房间设计各不相同，有北欧风、轻奢风、ins风、日式榻榻米等。这里只接受在线（携程等订房网站）预订。

春田家家青年旅舍　　　　　青年旅舍 ¥

（见74页地图；☎8192 3232；海珠中路215号；铺56~65元，标单/双/三166/166/226元；☎❉；Ⓜ1号线西门口站）这家青旅距西门口地铁站才几分钟脚程，离北京路和上下九都不算远。多人间提供柜子和锁，但没有桌椅，床铺宽度有1.3米，每张床都配有插座和阅读灯。公共卫浴间也听得上干净（部分卫生间有异味）。底楼彩色的公共空间很大，最棒的是大大的厨房。总的说来，青旅设施陈旧，但打理得尚可，如果你不介意常住客很多，可选这里。

广州南北纵横国际公寓　　　酒店式公寓 ¥¥

（见74页地图；☎6637 9988；北京路238号名盛广场一楼东大堂；复式公寓房 469元起；☎❉Ⓟ；Ⓜ6号线公园前站）广州大多数酒店的空间不太大，如果你的行李很多，我们推荐住复式的公寓房。文明路一带有不少这类公寓，这家不是最便宜的，但住宿体验相对更好些。楼下空间够大，足够你放行李。还配备滚筒洗衣机、微波炉和一套工夫茶具。酒店位置非常好，紧挨着北京路和文明路，不出大楼（只需换部电梯）就可以直达幸运楼吃早茶，脚步局限在方圆500米内也可以畅吃3天。不过，这家酒店在携程等订房网站上的价格比前台报价高，电梯慢、退房慢也是两大不可忽视的缺点。停车收费（一天最高80元）。

🏠 上下九一带

五藏源　　　　　　　　　　　民宿 ¥¥

（见80页地图；☎8156 4394；恩宁路99号永庆坊二巷12号；标单280~580元；☎）老房改造的民宿，一共10间房，每个房间设计风格不一，都很好看，也干净舒适，唯一的缺点是洗手间非常小。略贵的房间更漂亮也更有特色，例如LOFT北欧风复式房、私享露台房。所有房间都是大床房，复式房间可加床（80元），适合家庭入住。

同古舍　　　　　　　　　　　民宿 ¥¥

（见80页地图；☎188 1413 3265；宝源路117号；标单/双346/580元；☎❉；Ⓜ1号线长寿路站）民宿如一间生活博物馆，陈列着很多20世纪的电视机、录音机、时钟等。房间色调淡雅，没有繁复的设计，床非常大。特惠房（238元）和部分较便宜的大床房无窗。淋浴花洒很大，有多种模式可选。民宿还有洗衣房可供使用。

宜尚酒店　　　　　　　　　　酒店 ¥¥

（见80页地图；☎8153 6186；光复北路558号；标单/双421/458元；☎❉；Ⓜ1号线西门口站）上下九、人民路一带的酒店大多如老城区一样老，东呈国际旗下的这家连锁店在软硬方面都属上乘。房间素雅、漂亮，床垫很软，配备沙发床和书桌，整洁度无可挑剔。单人间的卫生间干湿分离，设计比较有巧思。

归觅　　　　　　　　　　　　民宿 ¥¥

（见80页地图；☎135 3321 6279；逢源北街80-1号；标单/双400/468元起；☎❉）这家民宿位于荔枝湾，有一方天井。共7间房，每间设计不一样，既有中式风格的雕花大木床，也有简约的现代风格。房间干净、舒适，卫生间很大，但不配备电视机。缺点是隔音很差。

蓝莲花艺术民宿　　　　　　　客栈 ¥

（见80页地图；☎8127 3542；宝华路十五甫正街16号；铺69元，标单/双168/229元起；☎❉）老房改建的客栈，房间装饰得文艺又复古，但设施偏陈旧，洗手间很简单，有些为敞开式的，没有门，部分房间有洗衣机。一楼是民谣吧，周四至周六晚上9点开始有民谣演出，酒水也不贵。

🏠 沿江路一带

★ 东亚大酒店　　　　　　　历史酒店 ¥¥

（见84页地图；☎8123 2888；长堤大马路320号；标单/双368元起；☎❉）此处自民国时

就是一家酒店，不过房间可是现代风格。房间面积不大，但干净、温馨、细节也令人满意，床厚实又舒服，卫生间干湿分离。最便宜的房间没有窗户，套房（468元起）带浴缸。酒店出门几步路开外就是珠江边，离北京路也不过两三站路，冲着如此地段和百年历史，性价比非常高。房价含早餐。

白天鹅宾馆　　　　　　　　　豪华酒店 ¥¥¥

（见84页地图；📞8188 6968；www.whiteswanhotels.com；沙面南街1号；标单/双1067元起；🛜❄️Ⓟ🅿️）它不只是一家五星级酒店，也是广州人的情怀寄托。在建筑大师莫伯治操刀的设计中，大堂中庭不是华丽的大吊灯配钢琴演奏区，而是亭台楼阁瀑布式的园林景观。酒店有一条专属通道——一条跨江公路从人民桥侧直通酒店。房间设施对得起五星级的身份。房价含早餐。白天鹅的早茶（点心60元起，加收15%服务费）也非常有名，值得一吃。

风尚优居青年公寓　　　　　　　　短租房 ¥

（见84页地图；📞180 5425 1698；微信公众号：fsyjguangzhou；沙面南街32号；公寓160元/天，7天起住；🛜❄️）如果你在广州计划待满一周，又不想住青旅，位于沙面的这个短租公寓不失为便宜之选。公寓房间皆为复式，楼上楼下分设两张床，房间陈设简单，卫生间不大但干净。至少7天起租。

广东胜利宾馆　　　　　　　　　酒店 ¥¥

（见84页地图；📞8121 6688；www.vhotel.com；沙面北街53号；标单/双420元起；🛜❄️Ⓟ）

沙面历史悠久的宾馆，前身是英国人建造的维多利亚大酒店，原本分东楼与西楼两栋，东楼即胜利宾馆，略显陈旧，商务房（460元）比普通标间稍好，不过抽水马桶一看就很有年头了，低矮的浴缸或许也会令人不习惯。本书调研期间西楼在重新装修中，未来将以**蓓利夫人酒店**（沙面四街10号）的新身份亮相，从效果图看是欧式豪华风，值得期待。

🏠 东山口一带

觉园1984　　　　　　　　　　民宿 ¥¥

（见89页地图；📞159 1577 7677；署前路署前二街7号；房间480～680元；🛜❄️Ⓟ；Ⓜ1、6号线东山口站）老别墅改造的民宿，建筑原名禄园，内部装饰也有浓浓的历史感，尤其是公共区域很像电影场景。总共5个房间，家具复古但不繁复。如果你不介意老房子难以避免的潮湿、蚊虫问题、卫浴是楼层住客共用，这里真是一个非常特别的住处。民宿离地铁站非常近，但位置有点难找，导航的话不妨搜索同一条巷子里的缦宁酒店。

除了提供住宿，这里也常举办艺术沙龙、跳蚤市场、美学课程、舞会等各种活动。

缦宁酒店　　　　　　　　　　酒店 ¥¥

（见89页地图；📞8767 6466；署前路署前一街3号之一；标单/双268/318元；❄️；Ⓜ1、6号线东山口站）酒店就位于东山百货后面的小区里，周围餐饮很丰富，出行非常方便。房间干净漂亮，床非常舒适。酒店没有中央空调，房间里都是挂壁式空调。单间的床是1.5米的，房间很小，如果两人入住，两个行李箱往地上

值得一游

觉园麻花墟

比起在觉园睡一晚，更令我们向往的是觉园举办的麻花墟，即交易二手物品的跳蚤市场。每两个月，各路收藏癖者带着他们的古着、古董家饰、旧书、旧杂志、黑胶唱片、手作孤品、旧物改造等前来，稀奇古怪、好看好玩的摊位填满了这栋百年老别墅的里里外外，此处俨然成了欧洲跳蚤市场。摊主们像横空现世的吉卜赛人，前来参与者也大多打扮精心或出位，复古、波希米亚、前卫等各种风格都有，毫不夸张地说，全广州最潮、最有趣的灵魂可能都聚集到了这里。在这场大派对上，人们彼此交换着审美和光阴的故事。

觉园麻花墟每两个月开墟一次，每次举办2天，门票不过是一份烧腊双拼饭的价钱，如果你凑巧在广州，强烈建议你来玩一玩。可关注"觉园1984"的微信公众号，了解麻花墟的举办时间。

一放就没什么活动空间了。

登巴客栈　　　　　　　　　　青年旅舍

（见89页地图；☎199 2423 2018；东泰路文化里11号之三；铺90元，标单/双285/295元；☎❄）市井气十足的五羊邨里的一片绿洲，这家青旅2018年重新装修过，虽然多人间和特价房（222元）都无窗，不过也干净整洁、无异味。多人间为4人床位，带卫生间，每个铺位都配有帘子。标间装饰简单素雅。公共空间和露台也都很惬意。缺点是房间隔音不好。

迎商酒店　　　　　　　　　　　　酒店 ¥¥

（☎3787 2588；中山二路40号；标单/双430/470元；☎❄；Ⓜ1、6号线东山口站）离东山口地铁站非常近，酒店2017年开业，维护得很好。房间大小适中，干净整洁，卫浴干湿分离。不要选择最便宜的单人间（360元），也就比一张1.5米的床稍大。酒店没有停车场，附近的收费停车15元/小时，不太适合自驾者入住。

🏨 天河和珠江新城一带

琥珀东方酒店　　　　　　　　　酒店 ¥¥¥

（见92页地图；☎8998 8998；广州大道中293号；标单/双728元，套房958元；☎❄Ｐ🐾）2019年新开业的五星级酒店，挨着289ART PARK创意园和南方报业集团，跨过广州大道便是珠江新城，往南走5分钟就是珠江和二沙岛。房间很漂亮，床很厚实，卫浴干湿分离，窗帘为电动，标准间内也配有太妃式沙发。与大多数五星级酒店不同的是，房间面积不大，也未铺地毯。酒店的餐厅设计得非常有格调，有个户外露台适合喝茶。本书调研期间，酒店游泳池还在装修中。

小情调青年旅舍　　　　　　　青年旅舍 ¥

（☎188 1890 9030；珠江新城华丽路21号远洋明珠；铺100元；☎❄Ｐ；Ⓜ3、5号线珠江新城站）地处珠江新城，价位自然也要比同城其他青旅高一等，不过青旅漂亮、温馨，卫生也做得很好，这点也略强于其他青旅。女生间带独立卫生间。青旅离美国领事馆非常近，住客中更多的是前来办签证者。

天美酒店　　　　　　　　　　　　酒店 ¥¥

（见92页地图；☎6232 2222；天河路371号；标单/双418/468元；☎❄；Ⓜ3号线石牌桥站）住在这里的最大优势就是方便逛街，天河三大购物中心都在周围。房间宽敞、简单、干净。便宜的房间窗户对着走廊，并无异味，临街的有窗房贵80元（标单/双498/558元）。房价含早餐。酒店没有停车位，马路边的停车位12元/小时。

对面的柏高酒店（见92页地图；☎3835 1888；天河路236号；标单/双448元；☎❄；Ⓜ3号线石牌桥站）价格相当，但设施略逊，优势是酒店有少量免费停车位。

广州四季酒店　　　　　　　　豪华酒店 ¥¥¥

[见92页地图；☎8883 3888；www.fourseasons.com/zh/guangzhou/；珠江西路5号国际金融中心（IFC）70层至100层；标单/双1865/1982元起；☎❄Ｐ🐾；ⓂAPM线大剧院站]这是我们在中国最喜欢的一家四季酒店，位于珠江新城西塔的高层。在位于70楼的大堂办理入住前，你的视线一定已经被玻璃窗外的"小蛮腰"吸引过去了，中空大堂的"万花筒"更是金碧辉煌，即便不打算去位于99楼的酒吧和餐厅消费，也一定要坐电梯上去换个角度看中空大堂。至于房间，无可挑剔！

广州瑰丽酒店　　　　　　　　豪华酒店 ¥¥¥

（见92页地图；☎8852 8888；珠江东路6号周大福金融中心95层；标单/双1959元起；☎❄Ｐ🐾；ⓂAPM线大剧院站）瑰丽酒店位于东塔，2019年开业，比对面西塔的四季酒店更高，想想看吧，你将睡在100层以上的高度，107层的星空酒吧和离地300米高的天际泳池也都是全城最高。房间很大，设施一流，床上用品和拖鞋很舒适，没有配备智能马桶颇受顾客们诟病。豪华江景房的浴缸就在窗边，但不是所有房间都能看到"小蛮腰"，有需要的话最好预订时提出。

🏨 其他地区

酒窝　　　　　　　　　　　　　　民宿 ¥¥

（☎185 6570 8070；新港东路塘南里1巷10号；标单/双188/228元，家庭房288元；☎❄）位于黄埔古村的这个民宿颇有特色，小小的庭院里布满绿植，装点在各个角落的物件有珠峰上的化石，也有来自太平洋的鲨鱼牙齿，充满故事。房间以不同主题装饰，有黑白色调、

"饮咗茶未?"

字面意思为"喝茶了吗?",相当于北方人问候"吃了吗您?"那么,对广州人而言茶比饭重要吗?可别简单地以为广州人喝茶就是泡杯普洱、铁观音或乌龙,这茶是要去茶楼饮的,在普通话里它所配的动词不是"喝",而是"吃",即吃早茶,广州人谓之"叹(享受)早茶"。

广州人吃早茶的传统可追溯到清朝末期。过去的茶楼里,服务员推着盛放点心的手推车在堂内穿梭,客人们想吃什么就自取,不过如今大多改为看菜单点菜的模式,点心也多able以三位数标号了。一壶热茶加两份点心,俗称"一盅两件",虾饺、烧卖、叉烧包、蛋挞是点心里的"四大天王",豉汁蒸排骨、鲍汁凤爪、生煎萝卜糕是经典配菜,蔬菜种类不多,通常为白灼。

在广州,早茶既是饮食文化,也是生活状态。早茶可以从天露微光吃到中午,甚至更晚,当下流行的Brunch概念广州人早已践行了一百多年。街坊邻里将茶楼视作社交场合,一大早坐在里面的总是白发苍苍者居多;别的城市谈生意不是在咖啡馆就是酒桌上,广州人坐在茶楼里,叹叹茶吹吹水,就搞定了几百万元的大生意;当然也不乏隐形富豪,他们穿着标志性的背心短裤人字拖,吃毕早茶收拾去。

广州酒家、陶陶居、幸运楼等老字号是吃早茶的首选地。岭南建筑大师莫伯治设计的**泮溪酒家**(见80页地图;龙津西路151号;人均80元;⏰7:00~21:00)是全国最大的园林酒家,点心供应到下午2:30。全天候茶楼**点都德**(见74页地图;📞8386 5076;惠福东路470号;人均约80元;⏰8:00~21:30)以创意点心为特色,很受年轻人喜欢。

地中海蓝、手绘主题等,总体都很简约。家庭房是复式结构,所有房间都不含独立卫浴。

其光民宿　　　　　　　　　　　民宿 ¥¥

(📞139 2620 3864;小洲村西园横街;标单/双258/288元;🅿❄)民宿位于小洲村中心位置,门前就是一片岭南水乡风光。总共6个房间,主题、色彩、风格不一,卫浴也很干净。一楼和二楼有两个很大的公共区域,还有一个公共厨房可以自己下厨。

🍴 就餐

"食在广州"简简单单4个字给了广府菜极高的评价,虽然近年来顺德菜、潮汕菜势头很猛,但要论博采众长和丰富性,还是在广州吃得爽。就算给100家店、100道菜的名额,也推荐不尽广州的美味。我们在这里给出几条索:老城区是老字号和传统小吃的根据地,味道最正宗,可以北京路、上下九为基地进行放射性搜寻;新版菜系和老字号"升级版"集中在天河与珠江新城,环境、价格皆高端;想吃大排档的可以去宝业路夜宵街;西华路以平民餐馆为主,烧腊快餐、粉面云吞品质都不俗。也有雷区:前身为1904年英商太古洋行所建的太古仓码头,是以西餐、东南亚菜为主的餐饮中心,没有一家能在竞争激烈的广州餐饮业独领风骚,倒是夕阳西下时渔人码头的风景更出彩。

至于具体吃什么——烧腊要吃,炖汤也得喝,点心里的"四大天王"不可不尝,粥粉面可利用早餐时段挨个吃一遍,大排档里的炒牛河最能感受粤菜里的"镬气"。别盯着荤腥两眼放光,蔬菜也不俗,白灼菜心、蒜蓉生菜、姜汁炒芥蓝、原汁原味西洋菜汤看似简单的烹饪,若非食材足够新鲜哪来的底气。

🍽 北京路周边
★ 达杨原味炖品　　　　　　　　炖品 ¥

(见74页地图;文明路160号-1;人均20元;⏰11:30~24:00)广州最有名的炖品店,还被米其林推荐了。店面又破又小,店外永远有人排队,如果你住在北京路附近,不如来打包。炖品种类很多,清热解毒就点炖老龟、炖水鱼,滋补就点炖鹧鸪和炖竹丝鸡,还有牛鞭、猪脑等重口味炖品。第一次喝一定要点椰子炖竹丝鸡(20元),竹丝鸡也就是乌鸡,放在原只椰子壳里炖,因吸了椰肉而鲜中带甜,虽是喝汤为主,鸡肉量也不少。

九爷鸡   烧腊 ¥

（见74页地图；☎8336 4003；文明路103号；人均17元起；⊙11:00～20:00）老字号烧腊店,本地人多是称了回去吃,堂食也提供各种烧味快餐（17元起）和10种炖品,包括原只椰子炖竹丝鸡（20元）。油鸡、切鸡（85元/只）是特色,可按只或按部位（例如鸡腿）卖,我们试了叉烧和烧鹅,也都非常好吃。

相隔不远的**周生记太爷鸡**（见74页地图；文明路39号；人均40元；⊙8:30～20:00）特色是烟熏做法,也可一尝。

银记肠粉店   小吃

（见74页地图；惠福东路519号；人均30元；⊙6:30至次日1:00）或许每位广州人心中都有一家最佳肠粉店,但初来乍到的你,不妨从这家传统布拉肠连锁店开始：出品水准稳定,店内有蔡澜的题词"以肠为王"。布拉肠看着剔透,吃着顺滑,鲜虾肠（15元）和牛肉肠（15元）最经典。这家的艇仔粥（13元）和牛三星（13元）也都很好吃。如果住在北京路附近,是极好的早餐选择,每天点一碗不同的粥和肠粉,可以至少吃上大半个月不重样。如果还没尝过肠粉裹油条（油炸鬼）的话,一定记得试试。

幸运楼   粤菜 ¥¥

（见74页地图；☎8333 2188；北京路一街238号天河广场8楼；人均早茶60元,点菜100元；⊙7:30～22:00；Ⓜ6号线公园前站）老字号幸运楼占据了天河广场的一整层楼,大厅相当气派,想想看桌号是以纵向字母和横向数字组合而成,而且工作日早上也能有七成上座率。吃早茶的多是上了年纪的本地人,点心很丰富,分量也不小。吃正餐点菜的话,别错过至尊烧鹅皇、迷你佛跳墙和芥末油焗九节虾。早茶可以吃到下午3点,但你若在上午10点半前结账,茶位费半价、点心8.8折。周末和节假日会加收10%服务费。

大头虾越式风味餐厅   东南亚风味 ¥¥

（见74页地图；惠福东路548号；人均70元；⊙11:00～23:00）比广州更国际化的中国大都市不乏,但就越南风味来讲,你可能很难找到比这家更地道的,而且价格还便宜。香烧蔗虾檬（48元）里虾肉的鲜与甘蔗的甜彼此相融,吃完虾肉别忘了再啃两口甘蔗。海鲜叻沙（48元）、冬阴功汤（45元）也都很好吃。放空肚子再来,好吃的实在太多,量又都挺大。错开就餐高峰再去,别因等位而错失美味。

顺得来   顺德菜 ¥¥

（见74页地图；☎8331 5976；广大路广大一巷31号；人均80元；⊙11:00～14:00,17:00～21:00；Ⓜ1号线公园前站）如果你没有时间去顺德吃,就来这家位于五月花广场后面的馆子过把瘾吧。招牌菜一鱼五食（38元/斤,6斤起售,加收20元加工费）包括泉水灼鱼片、豉汁蒸鱼腩、煎焗头尾骨、鱼茸粥、鱼肠煎蛋。其他菜也都不错,尤其是鱼类,强烈推荐白灼鲜吊桶（即鱿鱼,46元）,鱿鱼非常新鲜、厚实。唯一要提醒的是,服务员力荐的煎焗污糟鸡并不出彩。即使是工作日前来,也最好预约。

新泰乐   粤菜 ¥¥

（见74页地图；盘福路65号华茂大厦首层；人均约90元；⊙11:00～15:00,17:00至次日3:00；Ⓜ2号线越秀公园站）这家专门吃黄鳝,连续两年上了米其林必比登推荐,环境一般,价格实惠,等位是常事。黄鳝有各种吃法,包括冰镇、啫啫煲、黄鳝饭、煎焗、炒、羹等。金奖黄鳝饭（48元）性价比非常高,黄鳝的分量毫不吝啬,饭带着煲仔饭的焦香。另外,招牌老娘叉烧（52元）做法独特,看着很肥,吃起来肉质绵软,完全不腻。

富临食府   粤菜 ¥

（见74页地图；☎8330 2789；惠福东路417号；人均50～70元；⊙11:10～14:10,17:10～22:10）就在点都德对面。如果不是大胃王就不要一个人来了,菜的分量很大,而就餐环境一样更像是邻里街坊请客的地方。皇牌脆皮猪手（68元）和驰名白灼牛肉（39元）几乎每桌必点。除了上菜慢了点,其他都无可挑剔。饭点等位很正常,最好早点去。

百花甜品店   甜品 ¥

（见74页地图；文明路210号；人均约15元起；⊙8:00～0:00）尽量避开周末来,如果你不想排长队的话。开在文明路、德政路街角的这家老字号,墙上写了几百种甜品,真的会挑花了眼。如果是广式糖水初尝,就从红豆沙、凤凰奶糊等基础款吃起。春夏秋冬的"三宝"糖水是店家自创,十分应季。注意,这里只收现金!

信行丰炖品皇 炖品 ¥

(见74页地图;☎8108 7675;光孝路65号;炖品10元起;⊙10:30~22:30;M1号线西门口站)超过35年的老字号,供应的炖品(超过60种)以竹筒罗列在墙上,售完就翻身,炖从旁边巨大的金属蒸屉里取出。赶早去,否则墙上尽是竹筒背面,选择有限。椰子炖竹丝鸡(20元)料多得让你感动,如果已售罄,不如直接让老板给你推荐。原盅炖饭价廉物美,最受欢迎的咸蛋肉饼饭和豉油鸡饭(13元)同样得赶早才有。

上下九和西关一带

南信牛奶甜品专家 小吃 ¥

(见80页地图;☎8138 9904;第十甫路47号;双皮奶15元;⊙9:30~23:00)如果在广州只选一家双皮奶品尝,几乎所有本地人都会向你推荐南信,创始于1934年就是它的金字招牌。双皮奶比别家店都要厚实些(热款尤其明显)。姜汁撞奶(15元)、凤凰奶糊(18元)、椰汁莲子红豆沙(13元)、椰汁香芋西米露(18元)也都是特色。除了甜品、糖水,所有广州特色小吃都能在这里找到,牛三星(18元)和各种粉面等咸品也相当不错。你可能得来上好几趟才能尝遍美味。

★ 文记壹心鸡 粤菜

(见80页地图;☎8172 8887;宝华路旋源桥10号,顺记冰室斜对面小巷内;白切鸡138元/只,69元/半只;⊙11:00~14:00,17:00~21:00)广州为数不多能吃到清平鸡的店,隐匿在一条不起眼的小巷深处,白切鸡价格比别处贵,但也确实比别处好吃,鸡肉鸡皮都爽滑,连通常会偏柴的鸡胸肉都很嫩。既然人家"一心做鸡",你也一心来吃鸡,至于服务、环境方面的不足就不要太计较了。尽量赶早,很容易卖完。

广州酒家 粤菜

(见80页地图;☎8138 0388;www.gzr.

平民小吃挨个尝

➡ 布拉肠: 先放一块布在加热的铁皮上,随后倒入米浆,放入不同的馅料,蒸熟后倒放于桌面,拉去布,将肠粉刮几折平铺,上碟,淋上酱汁。除了味道,评判布拉肠好不好,就要看其是否"白如玉,薄如纸"。布拉肠通常与粥搭配为早餐,街巷间总能找到一家肠粉店。

➡ 牛三星: 这碗汤很牛,牛心、牛肝、牛腰俱全,汤色清澈,一粒粒酸萝卜丁酸甜爽口略带微辣。你可以在南信吃双皮奶,或在银记吃肠粉时顺带一尝,也可以去专做牛三星的**风味馆**(见74页地图;越秀南路161号;牛三星汤12元起;⊙6:30至次日1:00)或**容意发牛杂店**(见84页地图;诗书路56号;牛三星汤15元;⊙8:00~20:00)。

➡ 萝卜牛杂: 牛肠、牛肚、牛膀、牛肺等浸在浓汤里,周围一圈是萝卜、面筋、牛丸、鱼蛋等配料,配料常抢去主角的风头,很多人买一碗牛杂却是冲面里的萝卜。昔日在芳村靠一辆手推车打下江山的阿婆牛杂,如今开得满大街都是,不过那些红色门面与阿婆的原版手艺相去甚远,只有文明路靠近北京路、绿色门面上写着"非遗"的才是阿婆亲徒所开。**苏记牛杂**(人民中路603号;人均20元;⊙7:30~20:30)也是品质保证。

➡ 濑粉: 粗短的粉条用黏米粉拌入热水做成,汤头是黏稠的米浆,再撒上肉末、虾米、冬菇碎等。濑粉店不多,**凌记濑粉**(见80页地图;泮塘路13号仁威祖庙对面;人均15元;⊙6:30~22:00)和**林师傅**(见74页地图;海珠中路251号;人均10元起;⊙6:30~0:00;M1号线西门站)都是较有年头的老店了。

➡ 艇仔粥和及第粥: 生滚粥品种多,唯这两样难以顾名思义。前者出自旧时西关水上人家,加了油条、鱼片、花生、葱花等在粥里;后者传说出自明代广东才子伦文叙,因贫困时邻居用猪肝、猪肉、猪粉肠做粥相送,高中状元后为此粥取了个好名字。

老火靓汤，你今天喝了没？

中国人吃饭，得荤素搭配，也少不了一碗汤，广州人更是不可一餐无汤，甚至不限于餐桌、饭点，原盅炖品店内不分时段总有人在埋头喝汤。广州城内，不会做饭的主妇有，不懂煲汤的极少。

广州人炖汤，主食材并不特殊，以肉类为主，但成就"靓"字靠的是淮山、枸杞、红枣、川贝、陈皮、当归等药材，可补阴阳二气，有些外地人一开始喝不惯广州的汤，就源于汤里淡淡的药材味。"老火"二字代表文火慢炖，少则2小时，多则4~5小时。广东人喝汤就是字面意思——喝！至于鸡肉、猪骨等食料，在几个小时的慢炖过程中，精华早已融入汤里，药材也浸于汤中"润物细无声"，肉本身索然无味，吃不吃皆可。

汤有上百种，炖竹丝鸡滋补、炖水鱼清热、西洋菜陈肾清爽、红枣炖瘦肉驱寒、淮山乳鸽健脾……不同季节不同时令，搭配不同汤料，既美味又养生，广州人真是会吃也懂吃。

---

com.cn；文昌南路2号；人均70~120元；⊙7:00~15:00, 17:30~22:00）广州年龄最老的酒楼，分店遍地开花，环境也越发豪华，位于上下九的这家是总店。早茶（11:00结束）的点心也加入了一些与时俱进的创意款，文昌鸡（108元）是粤菜中的招牌，一块鸡，一片鸡肝和一片火腿排列成序，前面一个翘首的鸡头，边上码上菜心，摆盘就够弹眼落睛。

陈添记　　　　　　　　　　　　　　　小吃 ¥

（见80页地图；☎8182 8774；宝华路十五甫三巷2-2号；人均25元起；⊙9:00~22:00；Ⓜ1号线长寿路站）如果没有机会去顺德吃鱼生，就来这家老字号尝一下吧。店铺委身在宝华路西侧的一条巷子里，不过招牌很惹眼，你不太可能错过。这里只卖三样东西：用泡沫饭盒装的凉拌鲮鱼皮（25元）爽滑脆口，传统艇仔粥（11元）和豉油王蒸猪肠粉（3元）也很好吃。

🍴 珠江沿岸

惠食佳　　　　　　　　　　　　　　粤菜 ¥¥

（见84页地图；☎3438 1188；滨江西路172号；人均100元起；⊙11:30~23:00）惠食佳用了近30年，从大排档起家做到了大馆子，将啫啫煲这类街头美食带进了高档粤菜餐厅的殿堂，前被《舌尖上的中国2》推荐，后上榜米其林一星。从鱼生到各种"炒爆煲"，厚厚一本菜单光是翻一遍都挺花时间。无论怎么点，招牌黄鳝啫啫煲（89元）不能错过，热气腾腾的煲刚端上桌，煲中还滋滋作响着，别拍照了，用筷子稍加搅拌，就赶紧吃吧，趁热体会粤菜中讲究的"镬气"。这里的黄鳝饭（79元）和芥蓝啫啫煲（49元）也是一绝。

海门鱼仔店　　　　　　　　　　　潮汕菜 ¥¥

（见84页地图；☎3438 1188；沿江东路418号海港城2楼；人均100元；⊙11:00~14:30, 17:00~22:00）地道、实惠（如果你不点海鲜的话）的潮汕菜馆子。没有菜单，看菜点菜，总的来说，生腌、打冷、卤水都做得不错。海草双丸汤（38元）、椒盐九肚鱼（48元）、炒薄壳（32元）、糕烧双色（22元）必点，香煎耗仔烙（38元）味道很好，但吃多了略腻。

🍴 东山口

恩宁刘福记　　　　　　　　　　　　　小吃 ¥

（见89页地图；东华东路547号；人均30元；⊙8:00~21:00）在这家创始于20世纪40年代的西关面食世家，你几乎看不到游客（除非他同你一样是跟着本书的指引而至），只有常年光顾的老街坊四邻。土猪油捞全蛋面（13元）如今在广州已经很少见了，竹升面劲道爽滑，猪油非常香。云吞分净肉、鲜虾、蟹子三种馅，净云吞也是最传统的云吞，肉采用手工切，肥瘦比例得当，面皮薄而滑。无论是猪油捞面还是云吞面的汤头都非常清爽、鲜甜。

🍴 珠江新城和天河

★ 炳胜品味（珠江新城旗舰店）　　粤菜 ¥¥

（见92页地图；☎3803 5888；www.bingsheng.com；冼村路2号博雅首府大厦1-4楼；人均100~150元；⊙11:00~15:00, 17:00~24:00；ⓂAPM线大剧院站）历史比不过广州酒家、陶陶居，但在广州人心中的地位可一点不输老字号，重要的是，20多年来出品稳定，美味并未被名气带偏了跑道。无论是比较贵的烧腊，还是很家常的小炒，几乎没有雷区。第一次来就挑招牌菜点吧，秘制脆皮叉烧（98元）、红烧乳鸽（45元）、豉油皇鹅肠（68元）都不会失望，回头客不妨试试创新版的秘制黑叉烧（108元）。此店还颠覆了菠萝包（58元）里没有菠萝的传统，只不过人少就餐的话，6个菠萝包端上桌，可能看一眼就饱了。一定要留点肚子尝一下糯米糍版的流沙包——金沙汤圆（38元）。别走错厅了，隔壁的炳胜公馆是高端版，环境、创意和价格都更高一筹。

吴系茶餐厅　　　　　　　　　　　　茶餐厅 ¥¥

（见92页地图；☎8757 0062；天河东路75号汇坊B1层103-107号；人均70~100元；⊙9:00至次日3:00）如果你在太古汇、万菱汇一带逛着，不妨来这家茶餐厅吃饭。店内装饰充满浓郁的港片味道。菜很多，粥超过25种、粉面类有30种。定价在广州的茶餐厅中属上乘，烧腊类碟头饭和煲仔饭都在50元以上，点心22元起，不过味道也对得起价格。深井烧鹅（180元）、白灼猪肝（48元）、干炒牛河（59元）等口碑很好。隔壁还有吴系糖水铺和吴系打边炉。

陶陶居雅园　　　　　　　　　　　　粤菜 ¥¥¥

（见92页地图；冼村路5号凯华国际中心6楼；人均200元起；⊙9:00~22:00）在一个对美食不做半点妥协的城市，老字号无疑比其他城市的同行更有危机感，因此，近几年老牌酒家也纷纷与时俱进地进行转型。珠江新城的这家陶陶居分店便是"升级版"，依然是岭南风情的装修特色，环境、服务更上档次。菜也更精致、更有创意，除了20%的招牌菜与其他分店一样，80%是仅此一家。价格方面，除了白切葵花鸡（578元，可买半只）确实很贵，其他都还挺合理。瑶柱沙煲豉油皇鸡镬气满满，鱼翅灌汤饺非常鲜，会爆浆的紫菜肉松鲅翁是老菜新做。这里收10%的服务费。

八合里海记　　　　　　　　　　　　潮汕火锅

（见92页地图；广州大道中289艺术园区108A；人均70元；⊙11:00至次日2:00；Ⓜ5号线五羊邨站）这家汕头牛肉火锅连锁店比汕头总店环境漂亮得多，也比广州市内的其他分店更小清新一些。价格与汕头总店一样，甚至牛牛筋双拼丸还更便宜，不一样的是汤底选择更丰富。新鲜生牛肉按牛身上的部位分为10类，最受欢迎的是五花趾、三花趾、吊龙伴、胸口捞，点单时留意下不同部位的肉需要涮多久。

八合里海记所在的 289ART PARK，前身是南方报业印刷车间，如今这里餐馆云集，但真正的广府特色不多。

禄鼎记（兴盛汇店）　　　　　　　　川菜 ¥¥

（见92页地图；兴盛路兴盛汇3楼；人均100元；⊙11:30~15:00，17:00~24:00；Ⓜ5号线猎德站）粤菜都不够列举，我们本无意推荐其他菜系，但这家实在太出众。酸菜鱼是主打，用的是鲈鱼，且活鱼现杀，鱼肉非常嫩滑。酸菜鱼有5种口味，招牌原味最经典，摇滚麻椒味以大量藤椒提升麻度，金汤黄椒味则更偏重辣，黄金蒜香味和爆炸葱香味显然是广东特色，香甚于辣。香辣田鸡和发财肥肠辣子鸡也都广受好评。甜品招牌红白非常解辣，飞鱼糍粑是雪糕与糍粑的新颖组合。

当 地 知 识

餐桌礼仪

广州人吃饭有其不讲究的一面，一双人字拖自由进出大酒店、大排档，但吃这件事本身却充满仪式感，而且几乎都与一壶茶有关。

无论什么环境，一入座，与茶壶、餐具一同奉上的还有一个透明钵。就如喝茶的第一泡水是用来洗茶，饭桌上的第一壶茶水是用来洗餐具的，将杯碗筷都挨个烫一遍，最后把水倒入这个透明的钵里。餐具未见得不干净，不过是习惯成自然。无论是服务员，还是同桌食客为你斟茶，都得回以叩首茶礼。很简单的一个动作：用食指和中指轻敲桌面，以示感谢。过去，敲法很多，代表不同意思，但这套老规矩早就失传于江湖，广州城内能说得清的人也不多了。

一壶茶喝完后，不用大声呼唤服务员，把壶盖揭开放在壶耳上，服务员便心领神会了。

get holiday夹脚鞋与鱼子酱　　　西餐 ¥¥¥

（天河北街1号宏楼1楼；人均250元起；◎11:00~23:00；M3号线、APM线林和西站）想吃品质上乘的牛排，就来这里吧。黑安格斯牛排分量大，干式熟成的口感非常好。贻贝、海虾基本都不会出错。黄油煎成的超级虾个头如其名，肉质很新鲜。留点肚子给主食，意面尤其好吃。

🍷 饮品

常年无冬的地方，饮品肯定丰富，糖水铺、冰室是年轻人的最爱。茶也是每日必备，不但去茶楼饮茶，马路上随处可见凉茶铺。广州近年来兴起了不少酒吧，精酿酒吧集中在五羊邨，东山口以speakeasy风格（20世纪20年代美国禁酒令期间出现的"地下"酒吧）为主，高大上的酒吧被珠江新城的四季、瑰丽、柏悦等奢华酒店垄断了。本书调研期间，广州不少酒吧逐渐取消了吸烟区。

顺记冰室　　　甜品 ¥

（见80页地图；☏8181 4287；宝华路83号；人均15元起；◎9:00至次日1:00；M1号线长寿路站）"冰室"这个词你可能更多是从港片里接触到的，最早的冰室藏匿于街巷角落，只卖冷饮和小吃，后来又加入了粉面饭类的快餐，开始越来越接近茶餐厅。顺记是老广时代的冰室代表，要说它比其他冰室和茶餐厅胜出的地方，那就是雪糕。椰子、香芒、榴莲是三大招牌口味，牛奶、菠萝、香橙、朱古力是四个传统口味，你可以简单点个雪球，也可以搭配个红豆冰，后者与你常在茶餐厅里吃的红豆冰不太一样，没有牛奶，就是很清爽的红豆冰水。

Rozz-Tox　　　精酿啤酒吧 ¥

（见89页地图；五羊新城寺右南二街六巷19号-3号；人均50元起；◎18:00至次日1:00；M5号线五羊邨站）非常不错的精酿啤酒吧，不像如今很多精酿啤酒吧打造成了啤酒超市，琳琅满目却往往在不知从何挑选，这里常规供应24款精酿，24个龙头排列在墙上，各有风格。酒吧空间不大，装修得很有艺术感，店内还有一个半室外区专供烟瘾患者。

Rozz-Tox左右两边的两家酒吧也都品质不俗，一家主打威士忌，另一家是日式主题。

Old House威士忌吧　　　威士忌吧 ¥¥

（见92页地图；广州大道中293号中晟琥珀广场店二层209；人均200元；◎19:30至次日2:00）拥有威士忌吧标配的英式复古风和皮质沙发，以及Old School的爵士乐，也有专门的雪茄室。店里有400多款威士忌，你可以点含3杯的套餐（328/428元），如果不喜欢纯威士忌，可以选鸡尾酒。比较独特的是，店家将LOGO印到了威士忌酒杯里的冰块上。

源园　　　茶室 ¥¥

（见89页地图；均益路10号；人均100元起；◎9:30~18:00,周一休息）很难想象，在东山口的老别墅里竟藏着一个雅致的园林茶空间。老房子的一楼庭院被改造成了一个大盆景，在竹篱环绕中，有绿树掩映、翠竹假山、潺潺流水、鲤鱼悠游，对着如此美景品茶，美学艺术和禅意生活具足，也令人不禁联想起古代江南的归隐文人通过造园实现的归去来兮，源园同样满足了足不出户尽享闲云野鹤式生活。环境已足够唯美，专业、有品位的茶具和茶本身更是锦上添花。这是一处秘境，多花点时间寻找是值得的——留意有圆形LOGO的门帘。

臻音堂　　　咖啡馆 ¥

（见92页地图；体育西横街188号-102；人均30元起；◎周二至周日12:00~22:00；M1、3号线体育西路站）黑胶唱片主题的咖啡馆，背景音乐自然很好听。几百张主人从世界各地收来的黑胶唱片抢尽了咖啡的风头，你可以挑选感兴趣的唱片试听，也可以购买（30~150元）。蛋糕更惊喜，我们为你试了草莓奶油蛋糕和Jerry的奶酪蛋糕，都非常棒，奶油浓郁不甜腻，口感柔滑，甚至比有些专作蛋糕的甜品店更出色。

庙前冰室　　　鸡尾酒吧 ¥

（见89页地图；庙前西街58号；人均100元起；◎19:00至次日2:00）目前广州最火爆的鸡尾酒吧，也是speakeasy式酒吧中最擅"隐"的一家，它甚至没有门头，乍看是家士多（小商店），玄机藏在大冰柜后。酒吧分吧台区和有爵士乐表演的里间，两个区域都不大，满座时尤显摩肩接踵。这里分晚上7点和晚上10点上下两场，下半场周末一定要预订，否则就赶

凉茶与糖水，苦甜两重奏

广州的各条街上几乎都至少会有一家凉茶铺，黄振龙、廿四味、邓老等都是常见的老字号，还有走向全国的王老吉。凉茶并不是"放凉了的茶"的缩写，它是用药性寒凉、能消解人体内热的中草药煎水而成。

岭南气候湿热极易上火，以前多瘴气，古时候是发配之地（苏东坡就曾被发配至罗浮山，才有了那句"日啖荔枝三百颗，不辞长作岭南人"）。但广东人的好吃本性并不会因气候而收敛，由一杯苦苦的凉茶来善后。吃得不健康，饭后来杯凉茶"解毒"，体内上火，喝杯凉茶给身体"灭火"，甚至，发现身体不适，第一反应不是吃药去医院，而是去附近的凉茶铺买杯凉茶先压一压，金银花、菊花、金钱草、淡竹叶、罗汉果、山芝麻等不同组合调配出的各种凉茶仿佛能包治百病。当你在广州大吃特吃时，不妨也学一学当地人"自找苦吃"一回。常喝的有五花茶、夏桑菊，最苦的是黄振龙的斑砂，店家一般会附送一小包陈皮，嘴里先含一片陈皮，顶着舌尖将斑砂灌下肚。

同样，糖水也不是"加了糖的水"的缩写。糖水有点类似甜品，但在一切以养生为大前提的广州，别把它与热量等同起来，红豆沙、绿豆沙、芝麻糊、杏仁糊等是广式糖水的代表，虽看着黏糊糊为稠状，吃起来却有清润感。糖水也如炖品、凉茶，不同配方不同功效，海带绿豆、马蹄爽清热，椰奶炖雪蛤适合冬天滋补。除了包罗万象的百花甜品（见101页），你还可以去**姐弟手磨黑芝麻糊**（见89页地图；龟岗大马路16号；人均5元；⏱7:30~20:00；Ⓜ1、6号线东山口站），这里主打三种"糊"——芝麻糊、杏仁糊、花生糊。

上半场，不然晚上10点后你就得让位了。如果你泡吧纯粹是冲着酒，而不是环境等噱头，可能会有点失望。

同一老板经营的 **Charlie's Cafe**（见89页地图；启明一马路1号；人均100元起；⏱11:00~24:00，周一休息）则以拼花地砖、黑白棋盘格吧台、身穿白色西服的侍应，改走欧式复古风，1楼供应意大利特调饮品，2楼有仅在晚餐供应的全手工意面。

Evening Standard   金酒吧 ¥

（见89页地图；杨箕大街1号；人均100元起；⏱19:00至次日2:00）英伦主题的酒吧，灰色工业风的外墙，内部是挑高的空间和华丽的金色背景墙，环境已经让人很乐意坐下喝一杯了。这里主打金酒（杜松子酒），初尝金酒，Gin Tasting很适合入门，White Lady可能更受女性青睐，也可以让调酒师直接推荐。鸡尾酒也颇受好评。

Ten Cafe 十號咖啡店   酒吧、咖啡馆 ¥¥

（见89页地图；☎8766 9918；烟墩路10号；人均100元；⏱周二至周日 15:00至次日2:00，周一20:00至次日2:00）虽然叫咖啡店，也确实供应咖啡，但鸡尾酒（108~138元）才是主打，品种

也比咖啡多，且鸡尾酒供应不分时段，只要开门营业就能点。咖啡等饮品仅在晚上8点前供应，蛋糕（38元）只有两款，饮品（48元）选择也很少。相对于吃喝本身，我们更爱这里的环境，装饰华丽的复古欧式风，连洗手间都很好玩，缸做的废纸筒，洗手盆的感应不是靠伸手，人走近就出水了。

天吧   酒吧

（见92页地图；珠江西路5号广州国际金融中心四季酒店99楼；人均175元起；⏱17:00至次日1:00；ⓂAPM线大剧院站）欣赏"小蛮腰"最好的酒吧之一，99层的高度已经远在广州塔之上。而在你走出电梯的一瞬间，会被眼前的酒店中空大堂"万花筒"惊艳到。鸡尾酒中规中矩，也有无酒精的Mojito等。靠窗的位置设最低消费（人均400元），最好预约。收取15%的服务费。别太计较酒的性价比，无敌景观已消抵一切不足了。

Park 10   酒吧 ¥¥

（见74页地图；中山三路33号中华广场10楼；人均100元；⏱17:30至次日2:00）搭中华广场的观光梯直达10楼，便是这个有点像T台秀场的露天酒吧。超大的屏幕播放着电影，九宫格的

下嵌式卡座很有设计感，在皎洁的月光下，吹着微风，非常惬意。冬天可以转场进室内，里面还有威士忌吧、西餐厅、咖啡厅和热闹的蹦迪吧。

☆ 娱乐

广州大剧院
剧院

（见92页地图；📞订票：400 880 8922；www.gzdjy.org；珠江新城珠江西路1号；Ⓜ3、5号线珠江新城站、APM大剧院站）广州高水准艺术演出的场所，来自各个国家的音乐、舞团都会在此表演。可以在官网首页了解近期演出安排，大剧院前也有当前演出的宣传海报。

中央车站展演中心
现场音乐

（📞3873 0109；黄埔大道中315号羊城创意产业园内2号）位于20世纪中的老厂房内，由滚石唱片公司创办，音响方面的投入自是没得说，滚石旗下的诸多台湾歌手也曾来这里开唱过。不同于很多live house站着看演出，这里设有剧院般的座位。

191Space
现场音乐

（见92页地图；www.douban.com/group/gz191space；广州大道中路191号；⏲20:00至次日2:00；Ⓜ5号线五羊邨站）小小的独立音乐演出酒吧，每天都有民谣、爵士、蓝调等不同主题的现场音乐演出，也是独立音乐人和乐队在广州的巡演场所。

珠江·琶醍啤酒文化创意艺术区
酒吧街

（见92页地图；📞8406 0333；阅江西路江畔；⏲17:00至次日2:00）这个位于"河南"江畔、由珠江啤酒厂旧址改造的酒吧街区，从其英文名"Party Pier"就可知晚上一定是嗨翻天的地方。酒吧街的东端是珠江-英博国际啤酒博物馆（见93页方框），酒吧街上的几乎所有餐馆在白天经营各式料理，晚上就转身为音乐餐吧，听音乐赏江景是夜晚的主题。

Mao Livehouse
现场音乐

（新港东路1088号六元素体验天地一楼；⏲15:00~24:00；Ⓜ8号线琶洲站）常看小众乐队现场演出的人对Mao的名字不会陌生，在广州它同样代表高质量的演出场地。2019年，盘尼西林、丢火车、海龟先生等乐队和独立音乐人在此演出过。演出不是每天都有，可以关注其微信公众号了解具体演出信息，可通过大麦网等售票平台购买演出门票。

🔒 购物

如果想买特产，就认准皇上皇（腊肠品牌）、莲香楼（月饼、糕酥）、陶陶居（月饼有名）三家超过百年的老字号，总店在上下九、北京路、荔枝湾也都有皇上皇和莲香楼的分店。广州还有多个主题集中的批发市场（见108页方框）。

如果喜欢逛商场就直奔天河，体育中心

一人食，也能吃遍广府美味

在数不尽的美食面前，身为独行侠的你免不了要犯愁，如何在有限的餐数中多吃几道美食是个大问题。不必太担心，不是只有大馆子才有大美味，广州人对吃的严谨态度不会放过任何一处"边角料"。一人食简餐，也能让你将广府美味八九不离十吃个遍。

广式烧腊至少包括叉烧、烧鹅、白切鸡、豉油鸡等，与其饭馆里点个拼盘，又贵又吃不完，不如找街头的烧腊店，买份双拼饭，一次便能尝两种。九爷鸡（见101页）是很棒的"一站式"烧腊店，文记壹心鸡（见102页）的白切鸡和醉贤居（见80页地图；华贵路12号；人均50元；⏲11:00~14:00, 17:00~20:30；Ⓜ1号线长寿路站）的盐焗手撕鸡是各自招牌。另一个不可错过的快餐当属煲仔饭，怕上火就改吃荷叶饭，料是一样的料，只不过一个焦香、一个清香。生滚粥、肠粉、云吞面等必尝小吃，本身就是一人一份的配额，任何时段路过顺便吃一顿就好，不至于撑爆肚子。不吃一顿早茶你肯定会觉得遗憾，怕早餐吃太撑不敢点太多，那就"直落"午餐。茶餐厅将所有粤菜齐集一堂，煲仔饭、腊味饭、干炒牛河、生滚粥和各种点心都适合一人食，吴系茶餐厅（见104页）贵一点，味道也更好。很多糖水铺里也几乎将各种咸款小吃一网打尽，分量不会很大，适合遍尝。想喝汤，既有炖品店，快餐店里也有每日不同款的例汤。

不要错过

一街一市场

广州有着全中国品类最齐全、规模最大的各种批发市场,在这里购物很方便,按区划分,主题明确,也很少有漫天要价的业主,只要找对地方,不怕淘不到好东西。

一德路海味干果市场(见84页地图)100多年前,这里就是珠江边"三栏"(果栏、菜栏、鱼栏)所在,当时的武术总教头还是黄飞鸿呢。现在这里仍是海产干货的天下,也是著名的年货街。

清平中药材专业市场(见84页地图)位于清平路和大同路之间的这个药材市场有上千家店铺,这里是全国最早的药材专业市场之一,行走在四周街巷当中,就有中药的香气扑鼻而来。

华林寺玉器街(见80页地图)短短500米,街中有巷,巷连着巷,自古就是贩卖玉器的墟市。无论是上等的翡翠玉石、以假乱真的石头,还是各式珠宝项链金器银器,这里都能买到。广州也是全国珠宝镶嵌最好的地方,你可以去附近的名汇大厦珠宝城找到这些作坊。

文德路字画街(见74页地图)传承着附近北京路自宋以来的翰墨书香气,这条路上(文明路街口的南北两侧)是各种装裱、字画店铺,你可以为自己定做一个画框。

站西服饰批发市场(见70页地图)中国最大的服装批发市场,确切地说,不止一条街,也不止一个市场。占据了火车站周边多栋楼和庞大的地下商城,白马是最早的一栋楼,其他还有金马、天马、壹马、地一大道等。即使零售,也很便宜,质量参差不齐,你最好有会挑款式和识别面料的慧眼。

一带有三家风格各异的购物中心:**太古汇**高端、**天环**漂亮、**万菱汇**中档。珠江新城的**天汇广场igc**和**K11购物艺术中心**也都是吃购一体的商圈。贯穿珠江新城轴心线的**花城汇**是一个巨大的集零售、餐饮、娱乐于一体的地下商城。不满足于商场里各地皆有的品牌,你可以在天河南社区里找到一些个性服饰店、买手店、古着店,沿着我们为你规划的东山口步行路线(见90页)行走吧,但不必拘泥于线路,会有更多收获。

皇上皇 特产

(见80页地图;下九路3号;9:00~21:00)在几家特产类老字号中,属皇上皇店内的本地客人最多,这既归功于广东人餐桌上少不了的腊肠,也足见皇上皇腊肠品质之好。腊肠有各种口味,本地人多选散装装。皇上皇旗下也分数个子品牌,例如添福、金福、如一等,还有适合烫火锅的迷你腊肠,几乎永远都有30元/500克左右的特价款。

莲香楼 点心 ¥¥

(见80页地图;www.lianxianglou.com;第十甫路67号;7:00~22:00)中华老字号饼铺,始创于1889年,莲蓉月饼是招牌。步入店内,玻璃橱柜内陈列着各种咸甜馅料的饼、酥(6~10元/个)。我们的建议是,如果你打算作为手信,无论是品牌还是包装,莲香楼都很体面,如果纯为自己吃,不如先买两个尝尝再决定。楼上是餐厅,提供早茶直落(7:00~16:30)。斜对面是另一家老字号陶陶居。

方所 书店

(见92页地图;3868 2327;天河路383号太古汇商场负一层35号铺;10:00~22:00;3号线石牌桥站)"第一夫人"彭丽媛穿的"例外"服饰,正是方所的母公司品牌。它的定位正如台湾的诚品书店,涵盖书店、美学生活馆、咖啡店、艺廊与服饰店等,非常综合,也非常大。这里能买到繁体书、英文书、艺术类书籍、国外期刊等。即使不是冲着买书而来,各种文创用品和外国设计师作品,也能让你逛得不亦乐乎。

1200bookshop 书店

(见92页地图;体育东路27号;24小时;1号线体育中心站)这家24小时不打烊的独立书店,藏在体育东路一个狭小的门面里(隔壁是水饺店),入口就是阶梯,有点像香港的阁楼书店。二楼的书店同样不大,不过也区分出了购书、阅读、饮品、文创产品区,甚至在书架上还有一张可供过夜的床(49元)和一间免费的沙发客房(需要提前3天在微信公众号预约)。书店选书不错,还引入了时下流行的盲盒——一段引人入胜的文字下是一本未知的书。

言几又 书店

(见92页地图;珠江东路6号K11购物艺术中心B2层;⊙10:00~22:00)位于弥漫着甜甜香薰味的K11中,是类似方所的综合性书店,视觉上不太像书店——尤其是七彩的中庭书架。但书确实是主角,文创、家居品牌、儿童绘本区、咖啡店、理发店等配角也很出彩,也是广州所有书店中最适合带孩子来逛的一个。

万菱广场 市场

(见92页地图;www.onelinkplaza.com;解放南路39号;⊙9:00~19:00)华南地区最大的玩具批发市场,你能想到的几乎所有类型的玩具、公仔、动漫产品这里都能找到。商场一共9层,除了玩具,也有家具家饰、文体用具、礼品等,所售产品比较杂。

泮塘老铺 特产

(泮塘路2-3号;⊙8:30~21:30)这家店创于1798年(清朝),乍看与对面的各家老字号手信店所卖特产没什么两样,实际上他家的特色是马蹄粉(50元/600克)——10斤马蹄才出1斤粉,另外还有马蹄糕(50元)和易拉罐装的马蹄爽(5元)。

❶ 实用信息

网络资源

微信公众号"微广州""吃喝玩乐IN广州""贪吃广州"有关于广州最新的城市资讯、交通信息、吃喝玩购、打折信息和文化风俗等信息发布。不过,美食方面的推荐,老字号不常有,毕竟赶时髦的年轻人是主流阅读群体,所以还需要对网红店、广告宣传等有一定的甄别能力。

医疗服务

中山大学附属第一医院(见84页地图;☏8775 5766;www.gzsums.net;中山二路58号;M1、6号线东山口站)始建于1910年,是中山大学附属医院中实力最强的一家。

广州医科大学附属第一医院(见84页地图;☏8333 7750;微信公众号:gyfyy1903;沿江西路151号)始建

不要错过

东山口,广州的文艺新地标

民国时,西方传教士、归国华侨和地方政要们在东山口兴建了几百栋清水红砖、券廊式的洋房别墅,这些漂亮的建筑沉寂了半个多世纪后,如今也迎来了新的发展契机,买手店、艺廊、餐吧、咖啡馆等纷纷进驻,东山口正变得越来越洋气,也更艺术。

这片民国住宅群以龟岗大马路为界,分为东、西两部分,东边的新河浦历史文化街区较早开发,还荣获了"2019年亚洲都市景观奖",近两年西边的启明社区也紧随其上,老别墅里开了不少风格各异的美学空间。如果你喜欢看艺术展,西区的ART23(启明三马路23号;⊙14:00~18:30)常有小众艺术展;东区有5处艺术空间——PROVERBS作者(保安前街16号)、橄榄山(见90页地图;新河浦三横路3号)、白鸟之歌(恤孤院路三横路2号)、FACTOR COFFEE(培正新横路19号)和NISISS PUBLIC SPACE(恤孤院路11号),都属于在地文化旗下,常作联动展。脚步再稍稍迈大一点,离开别墅区,农林下路设于地下的扉美术馆(见89页地图;☏3768 8830;农林下路5号亿达大厦G层;⊙10:30~18:30,周二闭馆;M1、6号线东山口站)常有高质量的展出。

在地旗下的5家店同时也是设计师店、咖啡店等。在东山口逛街同样有趣,庆园(烟墩路3号;⊙11:00~19:30)是一家古着店,成衣定制TRUNK(培正路21号)很有老上海裁缝铺的感觉,逵园(见88页)、A BRICK by LABELHOOD(江岭北1号;⊙11:00~20:00)是不错的买手店,后者所在的建筑是一座颇具代表性的民国洋房。

需要提醒的是,周一是东山口各商铺(吃、购、赏皆是)的店休日,注意避开!

于1903年，对呼吸系统疾病特别有研究。

邮局

在邮政大楼（见87页方框）参观时不妨也在此寄出一张明信片，这里也是**西堤邮政支局**（☉周一至周六9:30~17:30，周日10:00~16:00）的所在地。

旅游信息

广州市旅游局（☏8666 6666）在荔枝湾、珠江琶醍等设游客中心，不过大多只对本区域内的信息较了解。

本地旅行社**广之旅**（☏400 863 8888；www.gzl.com.cn）已成立40年，是广东省内口碑最好的旅行社。省内路线对旅行者很有用，包括潮汕、珠海、惠州、清远、肇庆等常规路线和赏花、美食等季节性路线，温泉线路尤其多，你可以上网了解当季所推的路线，或直接去门店咨询，它在广州市内和周边有47家门店，你会在东山口、公园前和五羊邨3个地铁站口找到它们。大沙头客运港内的**鹅潭国际**（☏8305 0053；微信公众号：etan2676723952）经营的省内路线也非常多。

❶ 到达和离开

飞机

广州白云国际机场（www.gbiac.net；Ⓜ3号线机场南、机场北站）位于广州市区北部，航线连接国内100多个城市，是中国南方航空集团公司和深圳航空公司的基地机场，也是亚洲各大航空公司通航频繁的起降机场。机场有两个航站楼，有免费穿梭巴士相连。

长途汽车

广州有多个长途客运站，分布在各个区。可通过微信公众号"粤港巴士"查询、购买车票，每个车站也都有自己的购票公众号。如今，各个车站逐渐减少了人工窗口，有些（例如天河客运站）人工窗口仅作退改签专用窗口。除了芳村客运站的售票窗口可以接受手机支付，其余客运站窗口只接受现金支付。自动售票机区分支付宝和微信支付两种机器。

省汽车客运站（见70页地图；☏8666 1297；www.sqcz.com.cn；环市西路147-149号；☉5:00~24:00；Ⓜ2号线广州火车站）有开往省内、外各地的班车。很多长途班车已取消卧铺车，10小时左右皆为坐席。前往邻省的桂林、南宁、厦门、长沙等城市的话，高铁、动车的速度比大巴快一倍不止，票价也更便宜，不建议坐长途汽车。可通过微信公众号"广东省汽车客运站"购票。

天河客运站（见70页地图；☏3708 5070；www.tianhebus.com；燕岭路633号；Ⓜ3号线天河客运站）有发往惠州、从化、河源、肇庆、海丰、东莞、清远等省内和福建、江西、湖南、江苏、云南等省外的班车。可通过微信公众号"广东天河客运站"购票。

芳村客运站（见70页地图；☏8140 5555；微信公众号：gzfangcun；花地大道中51号；Ⓜ地铁1号线坑口站）有发往四会、肇庆、开平、江门、阳江、鹤山等地的班车。客运站门口就有公交车来往佛山。可通过微信公众号"芳村客运站"购票。

海珠客运站（见70页地图；☏8401 3301；微信公

车次时刻表

广东省汽车客运站

站点	发车时间/班次	票价（元/人）	行程（小时）
东莞	6:35~19:55每20~30分钟1班	40	1.5
顺德（大良站）	6:10~19:55每25分钟1班	30	1
顺德（容桂站）	6:10~19:55每25分钟1班	32	1
清远	6:30~19:50约20分钟1班	38	1.5
中山	6:30~21:30约20分钟1班	45~50	1.5
江门	6:40~18:15每15~20分钟1班，20:00	50	2
韶关	9:00，11:00，14:00，16:00	70	4
汕头	7:50，8:50，10:20，11:50，13:20，14:10，14:50，16:20，18:20，19:20	150	5
梅州	8:30，20:00	140	5

众号：kyhaizhu；南洲路182号；M2号线南洲站）路线遍及粤东、粤西、珠三角地区，还有邻近的广西、湖南等省区。

大沙头客运港（见84页地图；☎8305 0029；沿江东路466号）有发往香港屯门、尖沙咀、旺角、香港机场等的长途班车（95元；7:00、7:45、8:30、9:15、10:45、14:30；3小时）。

火车

广州现有广州火车站、广州东站和广州南站3座火车站。

广州火车站（见70页地图；环市西路159号；M2、5号线广州火车站）是主要枢纽，京广线、广茂线、广珠线和部分广深线的普通列车在此停靠。

广州东站（见70页地图；☎6134 6610；东站路1号；M1、3号线广州东站）主要运营广九直通车、穗深城际列车。开往潮汕、厦门的动车也在此乘坐。

广州南站（☎9602 0088；南站北路；M2号线广州南站）是高铁站，是京广高速、武广高速、贵广高速、南广高速、广珠城际、广深港高铁、粤西沿海高速铁路的停靠站，有开往省内的顺德、中山、珠海、深圳、潮汕、韶关和省外的南宁、桂林、厦门、福州、贵阳、上海、长沙、成都、杭州等城市的高铁或动车。南站位于番禺，距市中心约40分钟地铁车程。

船

位于南沙的**南沙客运港**（☎8468 8963；www.nskyg.com；兴沙路2号；M4号线南沙客运港站）有发往香港中港城（9:20、10:30、13:00、15:00、16:50、18:15；90分钟）和香港国际机场（9:00、13:50、17:00；70分钟）的高速客轮。番禺莲花山港（☎8465 9906；www.lhsgp.com）也有发往香港中港城（8:40、14:20）的客轮。

❶ 当地交通

抵离机场

白云机场两个航站楼皆有地铁和机场大巴可乘坐。

机场大巴由机场快线（☎400 830 8688）和空港快线（☎8612 2102、8612 2605）两家公司运营，总共12条线路，对旅行者最有用的线路是发往火车站民航售票处的1号线，发往花园酒店、天河城的2号线和发往海珠广场的5号线，也有开往深圳、珠海、东莞、佛山、番禺、中山等地的长途班车。机场大巴全天运营，每20~30分钟1班，午夜后根据客流量减少班次，车程约1小时。2号航站楼有统一的机场大巴售票柜台和乘车点，旁边也有自助购票机；1号航站楼的售票柜台和乘车点在A区3号、5号、11号门和B区3号、5号、12号门。

乘坐地铁3号线从市区体育西路前往机场全程仅40分钟，市区发车的首末班车时间是6:00和23:30，机场北（2号航站楼）发往市区的首末班车时间是6:00和23:15。

从市区打车到机场，白天约100元，午夜后可能高达200元。

公交车

广州的公交分普通公交车、电车和BRT快速公交三种，全部是空调车，票价2元。无轨电车主要在老城区运营。BRT从体育中心开往岗顶、车陂、黄埔客运站、南海神庙等地。旅游观光1号线（3元）途经中山大学、广州塔、琶醍酒吧街、万胜围、黄埔古村等有用目的地。海珠区还有一条有轨电车沿珠江边行驶，经过广州塔、琶醍酒吧街、会展中心、万胜围，是赏夜景的代步工具之选。

如果你在广州待的时间比较长，买张**羊城通**（☎400 844 0001）充值卡是方便和便宜之选，每个自然月乘坐公交或地铁累计满15次后，便可享受6折优惠。羊城通可在地铁站购买。周边的从化、增城、番禺、沙湾、南沙也可以使用羊城通。

地铁

截至2020年初，广州已建成13条地铁线，市区几乎四通八达，周边可通达番禺、从化、南沙、佛山、增城等。各条线路的首班车都在6:00左右，末班车从22:30~23:30不等。自动售票机上可以使用支付宝或微信支付，更方便的是下载"广州地铁"App直接刷码过闸，也可以使用银联手机闪付功能。

对旅行者比较有用的路线包括：最短的APM线连接广州塔、海心沙、珠江新城（大剧院站）、天河商圈（天河南站、体育中心站）和林和西；1号线连接广州东站、天河和老城区大部分景点；2号线连接广州火车站、中山纪念堂、公园前、海珠广场和广州南站；连接番禺广场和天河客运站的3号线，还有一条北延段通往白云机场，在体育西换乘点标明了这3个方向，要看仔细了；4号线开往南沙；14号线开往从化。

体育西、珠江新城、公园前、东山口、嘉禾望岗是重要的换乘站，上下班高峰时段的这几个换乘站和1号线、3号线、5号线客流量非常大，旅行者最好就别跟上班族凑热闹了。

出租车

广州出租车起步价为12元,超过3公里后每公里2.6元。上下班高峰时段招手拦车很困难,尽量使用网约车。

水上巴士

过江的方式可以从桥上走,还可以坐船从江上走,后者高峰时段不但能避开拥堵的交通,也不失为有意思的体验。广州有14条水上巴士线路往返于珠江两岸,船票相当便宜(1~3元)。比较值得一坐的航线包括:西堤码头—鳌洲码头(6:45~20:15)、省总码头—垦口(7:08~18:40)、黄沙码头—芳村码头(6:00~22:00)、芳村—西堤—天字码头—中大—广州塔—海心沙(7:00~18:00)。

自行车

多家共享单车遍布城市的各条街上,但老城区很多路段没有专用的自行车道或自行车道不完整,往往只能在砖块路面的人行道上骑车。最惬意的骑行路段是二沙岛、临江大道。

广州市周边

光是待在广州市内吃吃喝喝,就已经安

跟着户外人玩广州

你是不是觉得既无高山、也无森林的广州与户外不沾边,出了名爱旅游的广州人可不这么认为,他们不但一有空就钻进祖国其他地区的大山里,也热衷于探索家门口的大小山脉。本地人吴秋碧是马拉松和徒步爱好者,十多年来她行遍广州周边的各条徒步路线,她为我们推荐了几条不错的线路:

➡ 火龙线:这条线路串起城市东北部的火炉山、凤凰山、龙眼洞等森林公园,全程24公里,需9~10小时能走完,路线成熟,适合新手,装备方面带上防滑的徒步鞋即可。具体路线:火炉山脚(公交总站旁的小卖铺出发)—柯木朗—广汕二路—猪仔山脚—凤凰山顶—公渔岭—华南第一坡顶—采石场—7号界碑—龙眼洞森林公园(福利院下)。这条线路也可以压缩为"火凤线",即从凤凰山下来走到筲箕窝水库,全程11公里,4~5小时可以完成。火炉山脚有几家农庄,徒步后吃烧鸡、烧排骨、水库鱼是驴友们徒步后的指定项目。

➡ 火帽线:连接火炉山和帽峰山,全程约32公里,要走12~14小时,建议在早上7点到达徒步起点。比较适合有一定户外经验的驴友,除了徒步鞋,还要带上登山杖和头灯。具体路线前半段同火龙线,从凤凰山顶后分道扬镳:绝望坡—涌泉山庄—第一机耕路—古剑岭—白山村—阿波罗公路—羊火燎—帽峰山阶梯—半山亭—帽峰山丛林—单刀松顶—沙田车站。

➡ 牛木线:从牛头山穿越到木强水库的路线,相对"火系"路线比较轻松休闲,全程约18公里,需要走5~6小时,除了牛头山的斜坡稍多一些,其他大部分都是可以磕着瓜子走完的土路或机耕路。具体路线:联和总站—牛头山微波站—蕉林—溪流—乱石坡—八哥村—八哥山—北斗山—涵洞—木强水库—G324候车点。

➡ 影古线:这是广州户外圈里最喜欢的徒步路线,串联起从化几座美丽的乡村,一路尽是田园乡野风光,特别适合三四月梨花盛开时走。全程约22公里,8~9小时可以走完,以平地和乡间小路为主,不需要专业的户外装备。具体路线:影村—桥头—茅坪—锦村—瑶老社—阿婆六—溪头村—下溪村—古田村。

➡ 九桥:"九桥"是广州跑者钟情的长距离拉练路线,也是广州马拉松的主要赛道,全程30公里,东至鳌洲大桥、西至人民桥,途经沿面、沿江路、二沙岛、广州塔等珠江沿岸景点,串联起广州的"古"与"今"。这条路线以欣赏城市风光为主,除了费点体力,谈不上难度。

火龙线、火帽线、牛木线都以山路、土路为主,山上有不少电线塔,最好避开雨天和台风天,一般来说,10月至次年2月气候干爽,最适合徒步。千万不要偏离固定路线,驴友常会在分岔路口系上红丝带,跟着走基本不会错。火炉山有过好几次驴友失踪坠崖事件,都是因为偏离了路线。

排得满满当当，但恐怕一坐上回程飞机你就不得不启动减肥计划了，不妨在行程中将步子迈大一点，在吃喝间穿插一些赏景游乐项目，看看广州的多面性，也有助于消食再战。

感谢高效的基建，如今前往广州周边的你，比3年前翻看本书的读者便利多了，地铁几乎已经覆盖周边各区。但方便不代表快捷，除了番禺较近，前往南沙、从化都需要1.5小时，工作日早高峰和周末的地铁极有可能让你"一站到底"，再算上前往景点的交通，光是坐车就要花去4个多小时。所以，自驾依然是探索周边的最好方式。

番禺

如果广州周边只选一个地方去，就去番禺吧，这个保留着广州旧名的区域，不但历史悠久、民间艺术丰富，美食也不输于市区，设于此的大学城更是为其增加了几分当代学术气息。无论是名气很大的长隆和热闹的沙湾，还是低调的园林和创意园区，都能让你玩嗨。

只给番禺一天时间的话，就根据兴趣遴选。游乐园控当然直奔长隆；喜欢看古建、古村，就去余荫山房和沙湾古镇，如果早出晚归，可以将紫泥堂也顺带看了；纯粹冲着美食，沙湾和市桥一带就能让你吃到扶墙走。值得注意的是，广州南站就位于番禺，如果你坐高铁在南站下车，或需要从南站前往省内其他目的地，顺带游玩番禺将更省时间。

◉ 景点

长隆旅游度假区 游乐园

(☎400 883 0083；www.chimelong.com；番禺大道；Ⓜ3、7号线汉溪长隆站) 长隆无疑是中国最好玩、最适合亲子游的主题游乐园之一，专业细致的服务和完善的配套设施令它成为游乐园界标杆。这里共有五大主题乐园：长隆欢乐世界、长隆水上乐园、长隆野生动物世界、长隆国际马戏大剧院、长隆飞鸟乐园。前4个主题乐园彼此挨得很近，地铁汉溪长隆站E出口的停车场有开往4个主题乐园和长隆酒店、熊猫酒店的免费穿梭巴士（8:40～22:30白天10分钟1班、晚上15分钟1班），走过去也都在10分钟步程内。游乐园服务中心有行李

当地知识

镬耳墙和蚝壳墙

镬耳墙和蚝壳墙在岭南古村落中很常见，前者象征功名地位，后者则是岭南民间就地取材、因地制宜的智慧结晶。镬耳墙很容易辨认，高耸的山墙形如官帽，也因此，山墙下的住户往往是有功名的望族。镬耳墙的功能大体与徽派建筑的马头墙一样，主要为防火之用，并且相对于湿热的岭南，镬耳墙还有挡风入巷、引风入屋的作用。蚝壳墙是将蚝壳拌上泥浆、石灰和红糖、蒸熟的糯米后，堆砌成墙，一只只蚝壳码放得整整齐齐。蚝壳墙冬暖夏凉、防火、防蛀虫，雨季时，蚝壳上的雨水会迅速流走，保持室内干燥，且非常坚固。

存储柜(小柜/大柜20/30元)，还可以租借轮椅车(50元)、婴儿车(100元起)。

想体验肾上腺素急速飙升，就去**长隆欢乐世界**(门票250元，儿童票175元；⏰9:30～18:00)，垂直过山车、十环过山车不怕你不尖叫，其他项目如超级大摆锤、自由落体、U型滑板也都充满刺激。只在夏季开放的**长隆水上乐园**(门票250元，儿童票175元)娱乐、趣味、刺激性兼备。**长隆野生动物世界**(门票250元，儿童票175元)可以步行(⏰9:30～18:00)、自驾(⏰9:30～16:00)和坐小火车(⏰9:30～16:30)、空中缆车(⏰10:30～17:00)游览，你会看到国宝大熊猫、非洲长颈鹿、澳洲考拉等，还可以参加科研互动、野外体验等。**长隆国际大马戏**(门票350元，儿童票245元)每晚19:30开演，节假日会增演4场。园区内的餐厅消费很高，最好自带干粮（需要加热、有刺激性气味的食品不能带入）。想要玩得尽兴，最好住在长隆，核心主题乐园区有3个酒店（见96页住宿），都更适合钱包鼓鼓的人。

长隆飞鸟乐园(门票100元，儿童票70元；⏰9:15～18:00，16:00停止售票)距核心区较远，地铁2号线会江站和长隆野生动物世界南门有免费穿梭巴士前往。这里拥有300多种鸟类，也不只是飞鸟的世界，还有数万条鳄鱼和其他奇珍异兽。

不要错过

紫泥堂

这个旧厂房改造的创意园区是我们在番禺的惊喜发现。它的前身是建于1953年的蔗糖厂（广东国营紫坭糖厂），20世纪末工厂改制停产，它一度荒废，直到等来了21世纪由"798"刮起的一阵旧厂房改造之风。厂房在"转型"过程中并没有大肆修改，殖民地外廊式的黄色建筑、掉粉的砖墙、古旧的阳台，都很原汁原味。半废墟式的机床车间伴着几分阴森感，令人想起电影场景。如今园区内也有零星几家咖啡馆、餐馆，以及艺术中心、介绍糖厂的历史博物馆。或许是吃了位置偏远的亏，它非常冷清，甚至很多广州本地人都没听说过这里。紫泥堂离宝墨园就2站路（67路公交紫坭村委站）。

沙湾古镇　村落

（☎8473 0318；www.shawanguzhen.com；古镇免费，景点联票40元，语音导览5元，讲解100元；◉9:00~17:30）沙湾古镇在广州周边称得上奇货可居，无论是自身资源还是开发意识都不俗，"飘色之乡""广东音乐之乡"可不只是为宣传而生的口号。售票处提供两份地图：一份介绍古镇看点、一份推荐古镇美味，两份都很有用。

古镇始建于宋代，旧日的村落格局保存完好，一堵相叠的三层断代古墙清晰勾勒出了明、清、民国三代的历史，窄窄的青石板巷子很有味道，镬耳墙和蚝壳墙是典型的岭南特色，一些仿照马来西亚槟城风格的涂鸦墙倒也不违和。

五个收费景点为留耕堂、三稔厅、沙湾广东音乐馆、何炳林院士纪念馆和黄友镇崖柏艺术馆，前两个最值得看，但各景点不单独售票。**留耕堂**也叫何氏大宗祠，是岭南地区年代最久远的宗祠，始建于南宋，后经历代扩建和重修，而成如今五开五进的格局。宗祠外林立的旗杆夹（是古代科考功名的象征）、正门上所绘的门神、仪门上的龙脊，以及坊额上所题的"诗书世泽""三凤流芳"等，都透露了何氏家族昔日的繁盛。**三稔厅**是广东音乐的发源地，"何氏三杰"在这里创作了《雨打芭蕉》《醉翁捞月》等著名的作品，建筑屋檐上的灰塑和院内一棵硕果累累的三稔树（即杨桃树）很有看头。**沙湾广东音乐馆**内常有本地民乐演出，也可以在这里详细了解广东音乐的发展。古镇里免费的景点、看点也不少，例如文峰塔、古墙遗址、农耕生活馆、观音庙、玉虚宫等。

余荫山房　园林

（☎3482 2187；www.yuyinshanfang.com；南村镇北大街；门票18元，语音导览8元，讲解50元；◉8:00~18:00，17:00停止售票）余荫山房与顺德的清晖园、佛山的梁园、东莞的可园合称广东四大名园，在番禺的各个景点中，就建筑本身和游客量而言，我们认为它最被低估。

余荫山房始建于清代同治六年（1867年），是清朝举人邬彬的私家花园，建筑以四巧著称，更通俗地讲，它像是岭南建筑与苏州园林的兼容版，两种建筑元素完美融合到一起。例如，**八角亭**就与苏州园林里的四面厅异曲同工——建筑各面通透，可坐内观景，建筑外的花园有不同造景，且栽种不同花季的植物，一年四季都有不同的景致可赏。**深柳堂**里的两幅木雕结合大挂落也与苏州园林的地罩类似。另外，**卧瓢庐**中蓝白相间的玻璃窗很有特色，透过蓝色玻璃往外看，会产生冬天雪景的错觉。园内还有一幅咸丰帝的圣旨刻匾。

注意，余荫山房售票处只收现金。

宝墨园　园林

（☎8474 6666；沙湾镇紫坭村；门票54元，南粤苑50元，套票85元；◉8:30~17:30，17:00停止售票）宝墨园建于清末民初，以前是包相府，有人说它是番禺最早的公园，20世纪中期被毁，唯一留存下来的文物是一块宝墨园石匾。重建后的宝墨园引入活水循环系统，随处可见**直线型**的水道。总的来说，有北方园林的大气，但没有园林的灵气。建筑也太新，内部多为私人收藏家贡献的文物或古董收藏，公共厕所占用建筑面积非常大。仰廉桥旁小小的水池里有几百只乌龟，密恐者最好绕道。

附近的南粤苑规模较小，有假山、溶洞、

瀑布等人造景观，建筑屋檐上的瓷雕算是一大亮点。

🎊 节日

番禺最有意思和最盛大的节日是沙湾古镇每年农历三月三北帝诞时举办的沙湾飘色。乍看它与常见的街头巡游表演无异——各色彩车上"飘"着穿戏服的小"色仔""色女"，实际上它是极其讲究力学的流动舞台。舞台称作"色柜"，色柜上是扮演"色"的演员，坐在下面的叫"屏"，凌空的叫"飘"，分别由10岁左右和3岁左右的小演员担任，"屏"与"飘"之间由名为"色梗"的细钢枝撑起，巡游表演时配以八音锣鼓伴奏，每次出20～30板色。"飘色"是欣赏岭南民间传统艺术的好机会，如果时间凑巧可别错过了。

🛏 住宿

如果不去长隆的话，一般不需要住在番禺，贪恋番禺美食的话，中心城区也有不少中高档酒店可选。

长隆旅游度假区有3家酒店：长隆酒店（📞8478 6838；房间1500元起；🛜❄🅿🏊）是有着1500间客房的生态主题酒店，不出酒店就已能看到雪虎、仙鹤等野生动物；长隆熊猫酒店（📞8472 2888；房间1200元起；🛜❄🅿）是卡通主题的酒店，每一间客房都打造得多彩可爱，很适合带孩子入住；长隆香江酒店（📞8478 3366；房间620元起；🛜❄🅿）也是卡通主题，位置稍远，价格也便宜得多。前两个酒店在地铁汉溪长隆站有免费穿梭巴士前往，香江酒店有自己的免费巴士（9:50、13:30、15:00、17:30）。

如果不嫌周围太冷清的话，紫泥堂创意园区内的房车营地（📞3483 8103；房车300元，房间500元起；🛜❄🅿）也很不错，有房车和别墅两种住宿选择。

🍴 就餐

★ 大哥餐厅　　　　　　　　　　茶餐厅 ¥

（📞8460 7002；西丽南路90号；人均60元；🕒7:30～24:00）20世纪90年代港片的装修风格，本地人说这里能吃到小时候的味道。漏奶华（39元）是这家首创，西多士淋上浓浓的炼奶，再撒上厚厚的阿华田粉，"漏奶"的含义相当于爆浆流心。猪肠粉、奶茶、恐龙阿华田、炒牛河也都广受好评。

同一个老板经营的恩惠咖啡Grace Coffee（西丽南路34号西秀园北排59号；人均50元；🕒11:30～19:30）也在这条街上，咖啡很

不要错过

吃在番禺

在尚未建长隆、大学城、广州南站时，番禺已是广州人心中的美食后花园，周末自驾前来美餐一顿是惯例。你可以去沙湾一站式品尝小吃，在市桥附近寻找私房佳肴，或去村里对着农家菜、大排档大快朵颐，此地2000年鱼米重镇绝非浪得虚名。

➡ 鱼皮角：火锅里常吃的鱼皮角，以沙湾紫坭的最出名，鲮鱼去皮后，刀刮鱼肉与腊肉、澄面混合做成饺子皮，包入猪肉、虾仁、韭黄等馅料，吃起来口感爽滑、鲜香无比。

➡ 爬金山：依然是鲮鱼为料，与火锅里的虾滑原理类似。将鲮鱼肉加入盐、胡椒等调料，反复摔打成鱼滑，吃时放入鸡骨、猪脚等熬成的高汤里烫熟即可。

➡ 夜粥：资深吃货会半夜起床赶赴一碗猪杂粥，图的自然是一个新鲜，猪杂刚从屠宰场接手而来，新鲜、鲜甜感是市区生滚粥店比不上的。

➡ 禾虫蒸蛋：对什么都敢吃的广东人来说很家常，对外地人可能有点黑暗料理——想想看，表面看起来是撒了葱末的一碗蒸蛋，一勺挖下去，密密麻麻的禾虫现身了。不过，你若不怕吃虫，会很爱这道菜。

➡ 狗仔粥：放心，粥里没有狗肉。这是用粘米粉和面粉做成粉团，再加入腊味、虾米、蚬肉、香菜等煮成粥，吃起来很有嚼劲。

棒，三明治和你常吃的不太一样。

雅歌餐厅　　　　　　　　各国风味 ¥¥
（西丽广场4楼；人均140元；◎11:30~14:30, 17:30~21:00）当冬阴功汤和意大利比萨、西班牙海鲜饭、法国葡萄酒出现在同一张餐桌上时，是不是有种环游全球的感觉。炭火烤的比萨是特色，沙嗲牛肉串好评率很高。一个人就餐的话可以点份鸡腿椰浆糯米饭。

沙湾奶牛皇后　　　　　　　　　甜品 ¥
（☎8473 2686；安宁路3号；姜埋奶10元；◎9:00~23:00）姜埋奶也就是姜撞奶，是沙湾最有名的甜品，这家是首选品尝地。这里所有奶制品都是自家养的奶牛所产，保证新鲜。

❶ 到达和离开

地铁3号线从广州市区开往番禺：前往长隆旅游度假区在汉溪长隆站下；前往沙湾古镇，需要在市桥站下，然后换乘67路公交在沙湾古镇南门下，游览完可以继续坐67路前往紫泥堂和宝墨园；前往余荫山房，可在市桥站或汉溪长隆站（A出口）换30路公交。

如果你从顺德出发，可以在顺德客运总站坐314路前往宝墨园和紫泥堂。

南沙

南沙在广州的最南端，相对于广州它是远的，但放眼整个粤港澳大湾区，地处珠江出海口的它，与深圳隔海相望，衔接着香港与澳门，是有着重要枢纽作用的中心。南沙的旅游资源称得上丰富，看海、观鸟、赏花、拜妈祖、吃海鲜，甚至还有一个自贸区免税店。我们并不推荐你在南沙住宿，不过如果打算一天内悠闲地玩转以下所有景点，最好一大早（7点前）就从广州市区出发，因为单程交通就要花近3个小时，这里与虎门只隔一座桥。

◉ 景点

南沙天后宫　　　　　　　　　　寺庙
（门票20元；◎8:30~17:30）南沙天后宫始建于明代，1940年遭日军炸毁，后于1995年由霍英东先生捐资重建。天后宫背靠大角山东南麓，面朝伶仃洋，巨大的天后像高14.5米，由365块花岗石组成，寓意天后一年365天的庇佑。宫殿式建筑群倚山而建，层层往上，正殿中供奉香樟木雕、贴金的天后像，两边立有八尊文臣武将作为陪神，包括你熟悉的郑和与施琅。最顶部是南岭塔，是眺望伶仃洋海景和对岸虎门的好角度。每年农历三月廿三的妈祖诞辰日，天后宫非常热闹，会有妈祖巡游和大型祭拜歌舞表演。

天后宫旁边就是滨海游乐场和沙滩，不过毕竟是内海，海水不清澈，沙滩也难言干净。附近还有霍英东纪念馆和南沙博物馆，本书调研期间都未开放。

南沙湿地公园　　　　　　　　　　湿地
（☎8495 1083；www.nssd.com.cn；万顷沙镇新垦十八涌；门票40元，门票+游船票120元，电瓶车10元；◎6月至10月9:00~18:30，11月至次年5月9:00~17:00）珠三角的"候鸟天堂"，是候鸟东亚泛太平洋迁徙路线的重要一站，这里全年都有白鹭、小鸊鷉、黑翅长脚鹬等鸟类驻留，冬季更是有10多万只候鸟飞来过冬，有机会看到苍鹭、黑脸琵鹭、赤麻鸭、黄鹂鸰等，是观鸟的最佳季节。

真正为鸟而来，就不要省一张船票，因为只有坐船才能深入湿地，看到珍稀鸟类的概率高很多，而且也能欣赏红树林、芦苇荡、滴水观音的湿地植物风光。船次工作日固定（10:00、11:00、12:30、14:00、15:00、15:40），周末会相应加多班次，船上配备讲解员。望远镜或长焦镜头会让你观察得更仔细。如果不坐船，就是绕着湿地的外围3公里长的榕荫大道步行，沿途设有几个观景亭，通常而言你也能看到白鹭，但其他鸟类的身影就没那么容易捕捉了。树冠遮天的榕荫大道本身也很美，懒得走就在公园内租辆哈罗单车（10元/小时）骑行环游一圈。

距湿地公园300米的十七涌还有个水鸟世界（☎8495 3198；◎9:00~17:00），与湿地公园联票90元。

🍴 就餐

不必在南沙留宿一晚，倒是可以吃顿海鲜再走。从湿地公园南门出，走不远就是十九涌渔人码头，历史上繁忙不息的渔港，水上停泊着满载而归的渔船，岸上的海鲜交易运输车水马龙，这种景象一直延续至今。码头旁有海鲜市场和热带水果市场，海鲜市场上有公平秤，旁边的海鲜餐馆提供海鲜加工一条龙服务。海鲜很新鲜不假，不过可能是名气带来了贵气，十九涌的海鲜和水果都不便宜。

想要花更少的钱品尝更多的海鲜，不妨去**十四涌**（靠近百万葵园）吃，这里可能是广州吃海鲜性价比最高的地方，海鲜价格很实在，旁边的饭店只收每道菜10元的加工费，差不多人均100元以内就可以吃一顿很丰盛的海鲜了。

❶ 到达和离开

从广州市区前往南沙，需要先坐地铁4号线，或在天河公交场总站坐南沙K1路，在蕉门站下车（车程近1小时），楼下即是蕉门公交总站，乘坐G1路（约半小时1班）可前往百万葵园、南沙湿地公园和十九涌（分别是最后三站），车程约1小时，如果不去百万葵园，最好的方式是坐到南沙湿地公园下，从正门进入湿地公园游览，然后从南门出，走上约700米便是十九涌，回程末班车19:15。

你可以在蕉门公交站坐4路前往天后宫，终点站即是天后宫东门，也可以坐地铁4号线到终点站南沙客运港下车，从B出口出来后就能看到山腰上的南岭塔，不过走过去并不近，沿着港前大道走5分钟到蒲州花园，从这里可以坐电瓶车（10元）去天后宫，或者步行穿过蒲州花园前往，约需走20分钟。

从化

从化拥有68.8%的森林覆盖率，以及丰富的地热温泉资源，你可能不会有时间深入了解这座城市，不过当你坐上一趟前往景点的公交，感受着开阔的马路，呼吸着清新的空气，也能多多少少体会到它引以自傲的宜居二字。

从化最出名的是温泉，**碧水湾温泉度假村**（☎8784 2888；www.bishuiwan.com；御泉大道353号；温泉门票 工作日/周末189/219元；住宿1039元起，含早和无限次温泉；⏰9:00~24:00）是从化最老牌的温泉度假村。除了种类繁多的温泉池和园林美景，里面的消费设施也很全，住宿有各种豪华套房，而且可以无限次泡温泉。如果仅是购买温泉票，除了专供住客的几个池子不得使用，可以泡33个不同主题、功效

的温泉池。

流溪河国家森林公园（☎8784 3288；www.lxhpark.cn；门票40元；⏰8:00~17:00）是典型的亚热带森林，流溪湖的高峡平湖风光不可谓不美，每年深秋时的红叶节和入冬后的梅花节也很谋杀快门键，但就森林公园这个定义本身而言，这里对北方旅行者的吸引力不够大。

位于从化区良口镇东北部的**溪头村**被山林、峡谷环绕，得益于广州最美徒步路线——影古线（见112页方框），在广州的户外圈颇受赞誉，周末自驾前来的本地人也推高了它的人气。从"溪头石巷"牌匾进入，这条200米长的石板巷已有400多年历史，如今两边布满腊肉等土特产店铺。石巷尽头的金紫里广场是村子的中心，你可以随大流地在**阿娣豆腐花**吃碗清爽清甜的山水豆腐花（5元）。村子本身看点不大，不妨跟着指示牌走，去看看外围的自然风光，也可以绕着高山水库来个小小的徒步。

你可以从广州市汽车客运站坐从化快线（6:45~20:00约1小时1班；25元；约1小时），或坐14号地铁前来，两者用时差不多，但地铁票价便宜些。到了从化客运站后，向东走约5分钟到从化汽车站，11路、12路公交经过碧水湾，12路也到流溪河森林公园。在流溪河景区门口可以等溪头线公交前往溪头村，但一天只有5班车（去程8:00、10:00、13:30、15:30、16:30，回程8:30、10:30、14:00、16:00、17:15），需算好时间。

增城

增城在人们印象中差不多与荔枝画上了等号，每年荔枝上市时，周末很多本地人会组织去增城采荔枝。除了荔枝，它的山水风光也不错，还有低调古朴的村落值得探寻。

白水寨（☎3679 9580；微信公众号为"白水寨旅游区"；门票60元；⏰8:30~17:30，16:30停止售票）景区内的白水仙瀑布以428.5米的落差成为中国内地之最。坐车前来，未入景区，就已能看到大瀑布从山顶倾泻而下了。如果打算爬到山顶的话，就沿着广东最长登山步道——6.6公里、9999级石阶的"天南第一梯"而上，全程游览需6小时。你也可以

不要错过

坑贝村

坐车从广州前往增城的途中会经过坑贝村。村子已有400多年历史,村内民居均建于明末清初。与沙湾、溪头村不同的是,坑贝村完全没有被开发,村子虽至少一半已人去屋空,但古朴的原貌是别处比不上的,"留守"老人家们悠闲自得的生活也非常真实。

坑贝村挨着半月形风水塘而建,池塘前的旗杆夹透露着村子昔日的荣光。村内连片的镬耳屋非常惹眼,远看像齐刷刷的一顶顶官帽。走入一条条逼仄的石板路,仿佛进入了另一个时空里,建筑荒废了大半,倒是水井依然清澈,鸡鸣狗叫声提醒着人们生活进行时。村内有官厅、祠堂、炮楼等建筑,不过都不对外开放。

广州市汽车客运站发往增城的慢线客车经过坑贝村,下车后向前走2分钟,看到坑贝村的大石头,转进去就是。

玩得轻松一点,景区内有一条2公里长的亲水木栈道,一路贴着溪流、顺山谷而行。白水寨距增城50公里,景区内外都有简陋的农家乐,百元出头,不建议住在此,最好早早出发,游览完赶回广州。附近的花溪于舍(📞180 0227 0781;增城区310乡道西200米;房间 588元起;📶❄🅿🏊)坐落在稻田间,5间主题房很大很舒适,原木风格的设计与乡间民宿的格调很匹配,但因交通不便,更适合自驾者。

从广州出发,可以在广州市汽车客运站坐增城快线(6:20~20:30流水发车,20元,车程1小时)或慢线(8:00~19:30共16班,27元,车程1.5小时)前往,到达增城光明汽车客运站,然后在车站对面坐16路公交(5元,1.5小时),终点就是白水寨。不过其实白水寨离从化更近一些,可以在从化汽车站坐13路公交前往,比从增城前往车程约快一倍。2020年初,连接增城广场和员村的21号地铁线开通,票价11元,1小时左右到达。

珠三角

包括➡

佛山	121
中山	134
江门	139
江门周边	144
肇庆	153
德庆	159
珠海	160
深圳	168
东莞	179

最佳餐饮

- ➡ 岐香村（见138页）
- ➡ 松记餐厅（见131页）
- ➡ 恒益烧腊（见143页）
- ➡ 老强记湛江鸡饭店（见164页）
- ➡ 永发烧腊饭店（见181页）

最佳文创地

- ➡ 海上世界文化艺术中心（见169页）
- ➡ 雅昌艺术中心（见169页）
- ➡ OCT-LOFT华侨城创意文化园（见169页）
- ➡ 塘口文创小镇（见147页）

为何去

《一代宗师》里那句"广东佬，火气旺"，一语道出珠三角的个性。与清婉的长三角截然相反，珠江水是带着火的，这把火点燃了鸦片战争，点燃了清末革命，驱策着轮船将千千万万侨民送往海洋彼岸，迎来了海外的新知与思想。作为中西文化交会的最前锋，珠三角既开放又保守，你会看到各种异国风情的建筑元素组合在高耸的碉楼上，最新颖高端的科技在深圳与珠海百花争妍，人们吃的却仍是传统的粥粉面饭，喝的是大茶壶煲出来的二十四味凉茶。

"吃"在珠三角是头等要事，作为粤菜之源，珠江密如蛛网的支流提供了咸淡水的新鲜水产，亚热带气候与肥沃的土壤，培育出品种繁多的水果和蔬菜——值得你好好品尝一番。忘了瘦身计划，开怀大啖乳鸽、烧鹅、河海鲜和那些你根本不认识却好吃到爆的美食吧！

从广州出发，便捷的交通线能快速送你到珠三角的任何小城，吃美食、看碉楼、逛古村、买新货，体验一样不少，银两花费不多，还不赶紧出发？

何时去

2月至5月，湿润微雨，金色的油菜花满山遍野，为气势刚猛的碉楼做了一层柔和的铺垫，是造访珠三角最舒心的季节。

6月至8月，临海的暖空气与毒日头造就了珠三角的"湿热"，要是非得在酷热的夏季来访，别犹豫，就跳进水里吧，以水为主题的乐园太多了，在各大购物商城里吹冷气游逛也不错。

9月至11月，干爽凉快、空气清透，临水（河海湖都好）的晨昏色彩万千，也是许多音乐节、艺术季的热门时段。

12月至次年1月，珠三角的冬季偏暖，许多候鸟来此避寒，山间桃李争艳，正是登高的好时候。

珠三角的祠堂

你有很多机会深入古老村落一探,也会发现祠堂在珠三角是一种多么重要的存在。它们以祭祀先祖为主要功能,但在特别的历史时期,也肩负学堂、避难所等职能,更多时候它是宗族活动的中心:民俗节日、婚丧嫁娶、重要事宜的商定都在祠堂里举行。一个村落只要有一个姓氏就会有一个祠堂,它通常占据了背山面水、坐北朝南、左右对称的绝佳风水,屋檐上的三雕二塑也寓意着美好吉祥。在旅途中,不要错过进祠堂看看的机会,如果遇上一场民间风俗,就赚到了。

畅游珠三角

便捷交通: 从"广佛一体"到"广佛肇经济圈"到"粤港澳大湾区",珠三角的交通越来越便利。与省会对接的高铁和轻轨最方便快捷,发达的高速网络让自驾成为一种享受,港珠澳大桥如蛟龙出海,都市候机楼可以为"空中飞人"节省不少时间。城市之间班车络绎不断,乘船往来珠江口东西岸只要1小时。完善的绿道则能即刻带你深入绝美的乡间和秘境。

传统再现: 在岭南文化保留最完整之地,你可以有太多意外收获。从侨乡建筑到小城老街,从"三雕二塑"到醒狮阵仗,从"一盅两件"到"无鸡不成宴",总会在旅途中打动你的五感。不妨放慢脚步,多寻觅一些古老的味道,久违而美好。

水中靓味: 珠江入海带来馈赠无限,顺德人捞起了鱼生,中山人把普通草鱼炼成了脆肉鲩,台山人把黄鳝放进了煲仔饭,肇庆人把西江里的鱼做到了极致。无论是在上下川岛、万山群岛或大鹏半岛上,碧波万顷的南海送来虾蟹蚌贝无数,你有把握逃过它们的诱惑吗?

阅读珠三角

《侨乡三楼》司徒尚纪 著 简明扼要地介绍了珠三角骑楼、碉楼和客家围龙屋,从建筑类型入手,真正讲的是侨民迁徙的悲欢故事。

《中山客》刘廷玉、孙俊军 编 编辑精美、文字隽永的系列书,诉说有关中山与岭南生活的方方面面。《中山客·岭南草木知味录》介绍珠三角依时令而食的秘诀,特有意思。

快速参考

佛山
➡ 人口:790万 区号:0757

中山
➡ 人口:331万 区号:0760

江门
➡ 人口:460万 区号:0750

肇庆
➡ 人口:415万 区号:0758

珠海
➡ 人口:189万 区号:0756

深圳
➡ 人口:1303万 区号:0755

东莞
➡ 人口:839万 区号:0769

如果你有

➡ **2天**

去**开平碉楼**(见144页)探访世界遗产,或到**珠海**(见160页)的**唐家古镇**(见167页)转转,饱览历史名镇与海岸风光。

➡ **3天**

佛山祖庙(见121页)与**岭南天地**(见124页)荟萃了岭南文化精华,路过**仁信老铺**(见132页)时别忘了来碗双皮奶。或去东莞游**可园**(见179页),再到深圳参观最新的**海上世界文化艺术中心**(见169页),比较不同时代的文艺范儿。

➡ **5天**

从开平碉楼开始,往西到**肇庆**(见153页)享受好山好水,或往南吃过**黄鳝饭**(见152页)再奔赴川岛(见151页),然后去**中山**(见134页)或**顺德**(见128页)好好觅食。

佛山

到佛山，要看老货。佛山千年的历史积淀远比城市的规模更有看头。"无影脚"在这儿确实无影无踪，你会看到的是南狮灵活跳脱的腿功，心中瞬间激发起想学武功的渴望。佛山被誉为"岭南文化之乡"，是粤剧、粤菜的发源地，精彩的传统民艺与"南番顺"美食琳琅满目，空荡荡的行李箱和胃囊都是必备。

历史

佛山古称季华，"肇迹于晋，得名于唐"，因唐朝时当地人在塔坡岗上挖得三尊铜制佛像，取"佛家之山"改名佛山，又称"禅城"。珠江水系中的西江、北江与其密如蛛网的支流奠定了发达的交通与灌溉基础，鱼肥米丰，唐代已发展出繁盛的手工业与商业活动，明清时期更是兴旺，与北京、汉口、苏州并称天下"四大聚"。清末开放广州作为通商口岸，佛山因地利与物产皆宜，成为中国近代民族工业的发源地之一，中国的第一家新式缫丝厂和第一家火柴厂都诞生于此。今日佛山主要以家用电器、纺织服装、化工和医药等行业为支撑，"广佛都市圈"的落实，整合了二者的资源与产业布局，使当地的竞争力更加劲猛。

禅城

这片"岭南文化发源地"以祖庙为中心，岭南天地与地铁站带动着老城蓬勃发展，祖庙依然是佛山人的精神归依，岭南天地、石湾窑创意产业园洗去了残破杂乱的旧貌，留住原有的民居与老铺，新入驻的时尚潮店则复苏了此地的商业繁华。行走其间，浓厚的岭南风情让人目不暇接。

◎ 景点

★佛山市祖庙博物馆　　　　　古建筑

（见124页地图；☏8228 6913；www.fszumiao.com；祖庙路21号；门票20元，与南风古灶联票35元；◎8:30~17:30；Ⓜ祖庙）要参观建于北宋元丰年间的祖庙，先看看门票上的那张照片——你是否已经被屋脊上形态各异的陶俑和屋檐下密密麻麻的雕花震惊了呢？佛山祖庙集石雕、木雕、砖雕和陶塑、灰塑（三雕二塑）艺术之大成，宝物众多，望远镜和长焦镜头很有帮助。

穿过设计科学的灵应牌坊（可以避雷抗

值得一游

多看几个博物馆？

如果你对岭南文化有兴趣，可以到以下博物馆逛逛。前两家离南风古灶都不远，后者离佛山祖庙也不到1公里。

广东石湾陶瓷博物馆（见124页地图；石湾镇高庙路5-6号；免费；◎9:00~17:00，周一闭馆）就在南风古灶景区外面。虽然看起来老旧，但这里出人意料地系统介绍了很多关于陶瓷的知识，我们调研时还在展出庚子鼠年的陶瓷作品。"石湾陶业二十四行"对于多了解一些佛山的陶瓷制造业颇有帮助。别忘了到石湾公园拜访陶າ祖庙，这儿奉祀陶师（虞舜帝）的活动自宋代绵延至今，每年农历三月廿六和八月廿二都有盛大的祭祀活动。

岭南酒文化博物馆（见124页地图；☏8226 0130；石湾镇太平街106号；免费；◎9:00~17:00，周一闭馆）原址为陈太吉酒庄的所在地，这儿酿酒的历史长达165年，一进门就闻到醇厚沁鼻的米酒芬芳。作为广东最大的酒博物馆，介绍了名酒玉冰烧与陈太吉的故事，与酿酒有关的文物与知识也很丰富。还可顺道参观楼上的新石湾美术馆（◎9:00~18:00，周一闭馆），不但有陶冶性灵的艺术品，还有坐拥江景的咖啡厅。

广东粤剧博物馆（见124页地图；☏8328 4524；兆祥路兆祥公园内；免费；◎9:00~17:00，周一闭馆；Ⓜ普君北路站）博物馆坐落在黄公祠里，"琼花会馆"的牌匾下，常有票友在此切磋技艺。侧廊镶满了浮雕陶片，隽刻了11,360个粤剧剧目，非常壮观。博物馆离岭南天地不远，步行约10分钟。

珠三角亮点

① 浓缩全球建筑特色的世界文化遗产——**开平碉楼**（见144页）。

② 去**深圳**（见168页）各种新潮的博物馆和艺术中心连续打卡。

③ 于**佛山祖庙**（见121页）和**岭南天地**里（见124页）看见精彩纷呈的新旧佛山。

④ 行走**情侣路**（见161页），或许有人牵手同行会更好。

⑤ 欣赏**星湖**（见153页）巨大的"水上盆景"和夜里的流光溢彩。

⑥ 在著名的**顺德**（见128页）和低调的**中山**（见134页）全面打开胃口。

佛山禅城区中心

台风）就是设计装饰着贴金木雕的**万佛台**：这座华南地区最古老、保存最完整的戏台，6米多的高度其实是为祖庙里的神灵们所设计的。当地粤剧班子只有在这里通过了考验，才能到其他地方巡演。

灵应祠正门称为**三门**，由此进入祖庙主体。屋顶上的石湾花脊一直延续到前殿，加上下排灰塑的点缀，热闹的景象让祖庙里供奉的北帝从不寂寞。祖庙是佛山的传统工业展览馆，巨大的铜镜、精致的铜钟和铜鼎展现了佛山冶铸业的先进水平，安坐正殿的北帝铜像更是重达2吨。

佛山武术也是祖庙的要角，**叶问堂**里收集了咏春宗师叶问的珍贵照片和信件，**黄飞鸿纪念馆**复刻了宝芝林与故居，更展出了关于他的小说、电影、戏剧甚至漫画。这里每天10:00、14:15、15:30都有佛山武术和舞狮表演，强烈建议不要错过，早点抢座。

祖庙也是佛山各地文物的保存区，许多石碑、牌坊、石狮都拆迁到这儿来。**历史文化陈列馆**和**文庙**也别漏了。每个月万佛台上都会演出粤剧（曲目请查看网站），还有每年农历三月初三的北帝诞巡游，都是一窥佛山文化和民俗的好选择。

岭南天地 街区

（见124页地图；☏8255 2606；www.lingnantiandi.com；祖庙大街；免费；◎10:00~22:00；Ⓜ祖庙）从灵应祠旁的东门出祖庙，对面就是岭南天地，这一片被人民路、福贤路、建新路和天地路包围的区域，是老佛山的商业中心，红双喜、保济丸、玉冰烧都与这里渊源深厚。在"修旧如旧"的整顿之下，旧城区尽可能地保留了原貌，迷宫般的街道藏着无数珍宝，简氏别墅、龙塘诗社、酒行会馆、李众胜堂

佛山禅城区中心

◎ 重要景点
1 佛山市祖庙博物馆..................D2
2 南风古灶..............................B4

◎ 景点
3 广东石湾陶瓷博物馆..............B4
4 广东粤剧博物馆....................D2
5 梁园......................................D2
6 岭南酒文化博物馆.................B4
7 岭南天地..............................D2

🛏 住宿
8 佛山铂顿国际公寓.................D2
9 佛山陶花园艺宿馆.................B4
10 佛山中学时代青年旅舍..........C2
11 岭南天地马哥孛罗酒店..........D2

❌ 餐饮
12 北香园饺子馆........................A1
13 黄飞鸿龙狮茶楼....................B1
14 辉记甜品店...........................A2
15 君临餐厅..............................A2
16 闻记牛杂..............................B1
17 应记面家..............................B1
18 有记餐厅..............................D3
19 云香小食..............................B2
20 珍姨姜醋..............................B2

🔒 购物
21 得心斋..................................E2
22 公兴隆..................................D2

ⓘ 实用信息
23 佛山市第一人民医院..............E4

ⓘ 交通
24 佛山火车站...........................C1
25 佛山汽车站...........................C1
26 佛山粤运汽车站....................D1

祖铺、简照南佛堂、嫁娶屋、黄祥华如意油祖铺、元吉黄公祠等史迹都设立了博物馆,还经常在新年、元宵等传统节日举办民俗活动。以往破旧的民居商肆在修缮后气象一新,引进大量时尚潮铺,行走其间,一边品味佛山的传统之美,一边大啖人气爆棚的流行餐馆,还可体验咏春拳、剪纸、广绣。建议先至游客中心索取地图,并询问体验课程的相关资讯。

南风古灶   遗址

（见124页地图；☎8270 1118；石湾镇高庙路6号；门票25元,与祖庙联票35元；⏱8:30~17:30；🚇南风古灶、陶都）位于禅城区西边的石湾镇,自古即为制陶重镇,高高的烟囱是这里的地标。古窑依山而建,形似一条大龙,故称"龙窑",据说这里五百年没有断过窑火。明清时期的制陶村风韵古朴,喜欢摄影的话得多备一些存储卡。另一边的古老街巷里遍布

着文创和陶瓷小店,适合慢慢游逛。

以南风古灶为核心,整个陶瓷产业园大得惊人,以北有**茶文化街**、古玩街,以东有**公仔街**、**当代美术馆**、**广东石湾陶瓷博物馆**,以南还有好几间小型的私人美术馆,**1506创意城**则包围了整个园区。若对陶艺有兴趣,至少要留一整天的时间。

梁园   园林

（见124页地图；☎8225 8995；微信公众号:

fsccmuseum；松风路先锋古道93号；门票10元；⊙9:00~17:00，周六免费；🚇梁园）这座园林与广东粤剧博物馆、鸿胜纪念馆、陈铁军故居、李广海医馆共同组成禅城区博物馆。梁园建于清嘉庆至道光年间，原是梁蔼如叔侄的宅邸，以形态各异的奇石为主要的造景手段，而今虽然仅存群星草堂与汾江草庐的部分景观，仍可体会造园师将住宅、家庙、园林冶于一处的巧妙心思。沿着曲水迴廊穿行，不禁让人想象过去文人在此读书作赋的优雅情景。

🛌 住宿

禅城的酒店虽然数量不多，但硬件品质好、服务到位且价格合理的去处不难找。佛山祖庙一带是交通辐辏，出行最便利。

佛山中学时代青年旅舍　　民宿 ¥

（见124页地图；☎8232 6229；亲仁路29号；铺58元起，标单/双 78/148元起；🛜❄）只能说是个家庭旅店，如果你对房间要求不是很高，不介意要爬多层楼梯，而在意年轻人聚在一起的氛围，或是比较方便的地理位置——步行到佛山祖庙不远，那么这家旅店可以为预算不多的朋友提供一个落脚点。

佛山铂顿国际公寓　　酒店式公寓 ¥¥

（见124页地图；☎6688 0388；建新路111号铂顿城B座；标单/双 249元起；🛜❄🅿）位置就在祖庙地铁站B口旁，近百花美食广场，吃喝、交通都方便。房内整洁明亮，空调、热水稳定，有阳台、厨房、冰箱，可向柜台租用厨具。11楼设有自助洗衣房。接待柜台设于4楼，搭电梯至楼上住宿区需刷房卡，安全无虞，一间房只配一张房卡。

佛山陶花园艺宿馆　　精品酒店 ¥¥

（见124页地图；☎6688 1818；和平路12号1506创意城C区，近南风古灶；标单/双376元起；🛜❄🅿）由台湾四季酒店经营，设备与服务一流，创下了许多"佛山第一"。车库主题房为独立单元，可直接将车停在一楼，搭乘专用电梯到楼上的房间，隐私性高。房间颇大，装修富丽堂皇，有海洋、太空舱等主题，赠送的饮料和食品很慷慨，还有按摩浴缸与汗蒸，适合情侣夫妻入住。

岭南天地马哥孛罗酒店　　精品酒店 ¥¥¥

（见124页地图；☎8250 1888；人民路97号；标单/双 652元起；🛜❄🅿🍴）离佛山祖庙和岭南天地走路只需要5分钟，用餐、购物、公共交通便利。装修古典，所有房间都有私人露台，15楼和16楼为公寓式，设有简易厨房，厨具俱全。酒店配有干净的室内泳池以及丰富的自助餐，且吸烟楼层区隔完善，员工的服务有国际水平。

🍴 餐饮

祖庙周边食肆云集，新潮高端的时尚餐厅在岭南天地中鳞次栉比，东方广场与百花广场等购物中心附近则是当地人觅食的好去处。用柱侯酱料做的柱侯鸡是佛山传统菜肴，更多粤味也不要错过。

我们选择了几家老佛山味道餐厅，性价比优于广州，你唯一需要做的就是稍微错开饭点，否则都可能排队。

君临餐厅　　粤菜 ¥¥

（见124页地图；☎8228 8183；燎原路25号；人均50元；⊙11:00~14:30, 17:00~21:30）禅城老字号，内装朴素，菜品家常，却是扎扎实实的

不要错过

佛山秋色

即佛山秋祭，又名"秋宵""秋景"，每年秋季丰收之时，佛山人会在祖庙举办庆祝丰收的游行赛会，一连三日，是为"出秋色"。相传佛山秋色起于明代永乐年间，一群孩子用茭笋壳扎成龙，于龙身插满香火，在街巷之中舞动，大受欢迎。后来逐渐加入许多节目，灯色景色交相辉映，本地精湛的各类民艺精萃尽出，除了表演性质的锣鼓、舞龙、醒狮、花灯、上龙舟、戏剧、大头佛、高跷，也有工艺品的展示，其中以废旧材料制作的仿真艺品最受称道，真假难辨的鲜花瓜果、鱼肉蔬菜令人啧啧称奇。秋色期间万人空巷，不只是当地人，许多海外华侨也会回来参与祭祖仪式。

不要错过

佛山美食之旅的起点

隔壁的小伙伴顺德已经身价上涨，但禅城美食榜单上的小吃依然保持了不错的性价比，不妨以此为你觅食之路的起点。

应记面家（建设一街店）（见124页地图；☎8228 3040；建设一街9号；人均20元；⊙6:00~21:00）始创于30年代，拥有多家分店，广受当地人好评。用餐环境还算整洁，招牌鲜虾云吞面鲜甜滑口，煎饺的火候也掌握得不错。若你是竹升面的爱好者，找应记就对了。

闻记牛杂（见124页地图；☎137 2661 0183；禅文龙街6号首层12A号；人均17元；⊙10:30~23:00）名气响亮的佛山老店，人气极旺，远远就能闻到那馋死人的香气，加点辣椒酱更是无敌。各种食材基本都在两三元，十几块的分量已大得足够填饱肚子了。

北香园饺子馆（见124页地图；☎8228 7338；锦华路35号；人均20元；⊙6:00~21:30）老字号北香园的本店，虽然开设了新的分店，还是有许多人习惯来本店吃饺子。皮薄馅靓分量足，用料新鲜，煎饺很受欢迎，韭菜口味甚香，紫菜口味是你想象不到的好吃。

云香小食（见124页地图；☎8828 0164；燎原路47号1楼；人均15元；⊙6:00~14:00，17:00~20:30）也是街坊喜欢光顾的多年老店，不超过10块的各式肠粉和汤粉，味道好，分量足。外卖部品种也很丰富，从炸角到叉烧包到马拉糕足足十几样。

珍姨姜醋（见124页地图；☎8224 5287；燎原路55号华安市场旁；人均10元；⊙7:00~19:00）这里的猪脚姜酸甜比例很适口，很多当地人都拜托她家来熬制。尤其是里面的姜，已经煲到非常酥烂，吃起来竟有土豆口感。记得试试这里的酸萝卜。

佛山滋味。白切鸡足够广府标准，咕噜五柳蛋是传统五柳炸蛋（藠头、酸姜、红姜、瓜英、茶瓜制成五柳酱）和咕噜肉双拼，话梅猪手、香酥芋蓉卷都有铁杆支持者，但估计未来的你最怀念的会是这里的老火例汤。

有记餐厅　　　　　　　　　　粤菜 ¥¥

（见124页地图；☎8335 4817；金鱼街24号106；人均60元；⊙6:00~14:30，17:00~22:00）这间老字号从街边摊到大排档到餐厅，所有的经历都融入到出品的滋味当中，老吃客们真是有福了，性价比一如既往的高。白切猪手是每桌都点的招牌，摆盘会让你觉得豪放派的猪手忽然变成了婉约派小清新。这里的咸味薄撑有意外之美。

黄飞鸿龙狮茶楼（东方店）　　　早茶 ¥¥

（见124页地图；☎8225 0829；锦华路82号东方广德胜楼4楼东边；人均55元；⊙7:00~22:00）不少食客都被这家新晋茶楼的"黄师傅"吸引，连散桌的隔断都是趟栊门的样子，岭南风十足，是一家"全天候"茶楼。金沙鲜虾红米肠的红色很正，舍得放料，满口都是虾；点上一份豆浆，泡上招牌靓油条，就是小

时候的早餐味道。

辉记甜品店　　　　　　　　　甜品 ¥

（见124页地图；燎原路25号；人均9元；⊙10:00~22:00）辉记之于禅城，正如百花之于广州。就在君临餐厅隔壁，也是老字号，小小一间店面却门庭若市，价格亲民得不可思议。人手一碗的猪脚姜风味特殊，芝麻糊十分醇厚，绿豆沙也不错，看着满墙菜单和个位数的价格，你一定很想大喊一句"每样来一份"！

🛍 购物

要购买佛山富有特色的陶器，南风古灶旁的 **1506创意城** 和 **石湾陶瓷文化创意产业园** 里选择无数，祖庙旁的 **飞鸿天地仿古街** 有佛山特产和手工艺品出售。

得心斋（文华北路店）　　　　　腊味

（见124页地图；☎8228 7947；大围街16号；⊙8:00~21:00）真空包装的扎蹄是很受欢迎的佛山手信，因工序烦琐，已经被很多店放弃了，得心斋却坚持了300多年。这儿的腊味品种也很多，金银润和腊肠亦颇有声誉。

公兴隆
点心

（见124页地图；☎8228 5807；人民路104号；◎7:00~22:00）成立于清朝光绪年间的公兴隆曾以结婚礼饼和芝麻饼知名——在佛山的婚俗中，礼饼是绝不可少的，公兴隆的礼饼可是首选。不妨到店里欣赏一下那些传统古朴的包装，顺便尝一尝佛山传统的味道。

❶ 实用信息

网络资源
佛山旅游服务号 微信公众号详细介绍路线、景点与最新活动。

医疗服务
佛山市第一人民医院（见124页地图；☎8383 3633；岭南大道北81号）佛山最大的医院。

❶ 到达和离开

飞机
佛山沙堤机场（见124页地图；☎8180 6521；南海区罗村街道机场路）由中国联航运营北京、张家界、上海、石家庄、齐齐哈尔、榆林、杭州、宁波、鄂尔多斯等航线。

珠三角新干线机场预计于2021年建成，位于佛山高明与肇庆高要交界处，未来将为成为珠三角地区的重量级机场。

长途汽车
佛山的长途汽车站分布于各个区（镇），以火车站旁的粤运汽车站为新的省内公路转运枢纽，另外也有一些一般旅行者不太用得上的小型客运站。

佛山粤运汽车站（见124页地图；☎8283 8873；文昌西路）支持手机微信，关注**粤运交通**微信公众号，可查询班次、订票。

佛山汽车站（见124页地图；☎8225 2502；汾江中路6号）较靠近城区与城巴总站，省内车次频密，省外有到广西、海南、福建，支持微信购票。

火车
佛山火车站（见124页地图；☎020 9510 5105；文昌西路12号）位于禅城区北部，除了省内各城市，与北京、上海、厦门等一线城市，以及贵州、湖南、四川、云南等省份均有车次。火车站本身也是公交枢纽，多班市内线路和旅游城巴都可以在这乘坐。

调研时，广湛铁路（建设周期预计5年）线上佛山高铁站的规划正在进行，将在佛山火车站的基础上进行改造，届时佛山火车站可能会进入暂停运营阶段。这是除了火车和城轨之外，佛山市区的第一个高铁站。

广珠城轨在佛山境内经过的站点都在顺德（见本页），**广佛肇城轨**在佛山停靠佛山西站。

❶ 当地交通

抵离机场
公交180、116、219、桂31路等线路可到机场站下，市区出发约1小时到达。出租车从禅城到机场大约35元，约25分钟可达。

澜石、大沥、大良、北滘均有候机楼，通往广州白云机场的机场快线每30分钟一班，大约2小时可达。

地铁
广佛地铁网正在不断升级中，已开通的**广佛线**（即佛山地铁1号线；见124页地图；◎6:10~23:15），在西朗连接广州1号线，在沙园连接广州8号线，在沥滘连接广州3号线，在南洲连接广州2号线，30分钟内可完成城际移动。

公交车
佛山公交发达，多为无人售票，上车2元，使用羊城通或广佛通有7折优惠。公交线路编号用字头区别归属区域，1字头为禅城区。可关注**禅城公交**微信公众号，查询最新资讯。

出租车
禅城区的起步价均为8元/2公里，随后每公里2.8元。电召号码（☎8336 6998），"滴滴打车"普及且方便。

自行车
禅城的公共自行车租赁系统完善，与南海区的自行车可以通借通还。租车需凭本人身份证办理IC卡，并缴纳200元押金和10元租车费。可洽询**禅城区公共自行车管理中心**（☎8888 1200；◎8:30~11:40, 14:00~17:15；普君北路6号2楼）。

顺德

虽然只是佛山的一个行政区，但说起顺德，焦点就转移到了味蕾的体验。顺德古名大良，因凤凰山而得名"凤城"，桑基鱼塘，物产丰美。凤城被誉为广府菜之源，"食在广州，

"厨出凤城"的金字招牌丝毫不假。这儿的园林精巧绝伦，古镇质朴幽静，吃饱了去散散步正合适。

⊙ 景点

★ 清晖园　　　　园林

（见130页地图；☏2222 6196；www.qinghuiyuan.com；清晖路23号；门票15元；◯9:00～17:00；🚌清晖园）坐落在顺德大良镇中心，是岭南四大名园之一，"清晖"取自父母之恩如日光和煦寓意。造园主龙元任爱吃，园中亦遍植岭南嘉果，以龙眼为主，还有橘、梅、竹笋、芒果、菠萝。园中最独特的建筑是船厅，装饰性的细节亦值得品味。石湾陶、灰塑、木雕与进口的彩色玻璃各有功用与趣味，尤其是一套清代的"羊城八景"蚀雕玻璃更是绝技，这种制造技艺已经失传了。不妨到澄漪亭里看水色、园景与精心拼制的明代蚝壳窗，仔细瞧瞧碧溪草堂里"短斤少两"的"百寿图"，只有98个，剩下的2个"寿"则是曾居住于此的两位老者。门口的顺德旅游咨询服务中心有售相关书籍，周边有不少美食，此园正是很不错的消食之地。

顺德博物馆　　　　博物馆

（见130页地图；☏2982 9088；sdmuseum.shunde.gov.cn；碧水路北侧文化中心广场；免费；◯9:00～17:00，周一闭馆；🚌顺德喜来登酒店）2013年迁至新馆，就在区政府对面、顺德图书馆旁边。场馆很大，以实境展示顺德自古至今的文化、民俗与地貌演进的关系，还有李小龙、粤剧、明清家具、顺德美术等小展区。明清家具展区打造成大户人家格局，参观时可清楚体会这些精品家具的材料、工法与陈设使用情形。展品丰富、说明清晰，建议至少留2～3小时慢慢参观。书店的顺德相关书籍很齐全。

碧江金楼　　　　园林

（☏2663 2123；泰宁西路6号；门票15元；◯8:00～17:00；🚌德云市场）位于北滘碧江村的这片古宅院原是苏家所有，尤以金碧辉煌的书楼最负盛名，相传慈禧的干女儿嫁入苏家后就是被安置在金楼中，当地人称之为"金屋藏娇"。除了光闪闪的木雕装饰，还能看到宰相刘罗锅的墨宝，其他古建筑也极尽工艺之美。碧江村是人文荟萃的古村落，来到这儿别急着走，祠堂街、村心大街及泰兴大街都留有数百年前的古街风光，趁改建前赶紧来逛逛吧。

逢简水乡　　　　古镇

（杏坛镇逢简村；免费；🚌逢简市场）被誉为"岭南的周庄"，虽说是千年古村，但村落本身的老房子正迅速消失，宗祠也只剩下10座左右，替代老房子的是现代化小商品商铺——与全国古镇共命运。亮点是长逾10公里的水道，两岸绿荫扶疏，古桥一座接着一座，在河道上悠荡去，恍然如梦。金鳌桥一带聚集了当地人经营的小吃店。

另辟蹊径

顺德妈姐与冰玉堂

顺德一带曾有"自梳"的风俗，立誓不嫁的姑娘在金兰姐妹协助下"梳起"，将未嫁前的长辫子梳成妇人髻。珠三角认为女儿不嫁会"驮衰家（连累家道）"，因此自梳后的女子便必须离家至"姑婆屋"独立生活。顺德盛产丝绸，丝厂需要大量女工，自梳女便以缫丝为业。人造丝兴起后蚕丝厂没落，这些自梳女便随着下南洋的风潮至各国做"妈姐"（帮佣）。顺德妈姐细心负责、厨艺精湛，在市场上非常抢手。

顺德唯一受到国家指定保护的姑婆屋是冰玉堂（☏2550 8813；均安镇沙头村鹤岭大街29-2；免费；◯8:30～11:30，14:00～17:00），为新加坡顺德均安沙头同乡会筹建的华侨姐妹安老院。原本居住于此的妈姐都已返家，冰玉堂成为姐妹平日聚会交谊的会馆。建筑设计吸纳了南洋的欧洲风格，正厅如同凯旋门般的三个拱券气势雄伟。厨房的"分灶"是姑婆屋的特征，举办祭祀活动时，大家仍会在此煮食聚餐。冰玉堂藏身小巷，公交393路于均安职中公交站下车后，询问当地人即可找到。

顺德城区

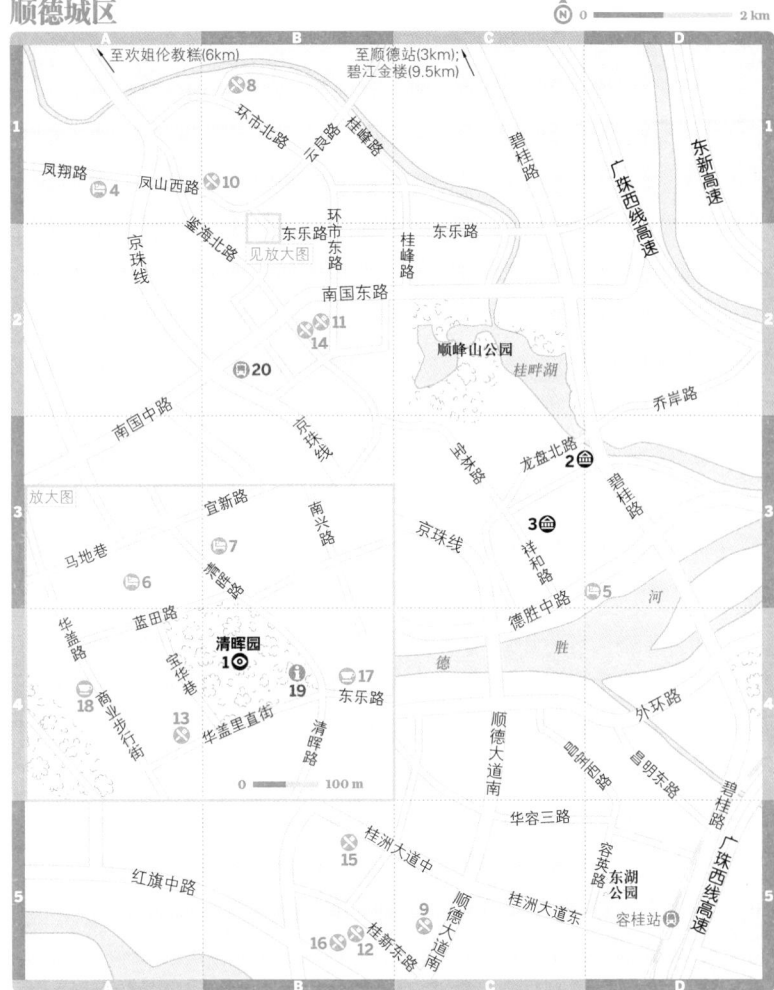

南国丝都丝绸博物馆　　　　　　　　　博物馆

（见本页地图；☏2282 6205；观绿路3号；免费；⊙8:00~17:30；☐华侨中学）"广东丝绸出自顺德"，这儿的老板为保存产业文化，展示了从养蚕、取丝、纺织、制被等自古至今的产制过程，现在仍保留小量生产，参观者可体验部分制作环节。

住宿

清晖园一带是顺德的交通枢纽，旅馆、手信店林立，还有华盖路步行街、商场、市场，在这儿落脚是最佳选择。华盖路步行街内比较嘈杂，旅馆条件较差但房价便宜；相较之下，步行街外档次较高的酒店如同天堂，许多星级酒店的价格可能只有广州的一半，服务并不会减，绝对值得尝试。

★佛山顺德香云纱园林酒店　　　　精品酒店 ¥¥

（见130页地图；☏2838 9999；清晖路25号；标单/双 513元起；❄※ P ≋）以顺德特产香云纱和岭南民居作为设计概念，室内以青砖贴面，搭配岭南特有的镂空格栅，实木家具与内装做工细腻。床铺柔软，还有"枕头菜单"，可

顺德城区

◎ **重要景点**
 1 清晖园...B4

◎ **景点**
 2 南国丝都丝绸博物馆..........................C3
 3 顺德博物馆..C3

🛏 **住宿**
 4 佛山瑞涛碧岚酒店..............................A1
 5 佛山顺德喜来登酒店..........................D3
 6 佛山顺德香云纱园林酒店..................A3
 7 佛山顺德新世界酒店..........................B3

🍴 **就餐**
 8 肥光鱼生..B1
 9 红星光发煲仔饭..................................C5
 10 黄均记陈村粉....................................B1
 11 了能私房菜..B2
 12 松记餐厅..B5
 13 细妹五香牛杂....................................A4
 14 有腥气酒家..B2
 15 鱼皮皮..B5
 16 猪肉婆私房菜....................................B5

🍵 **饮品**
 17 民信老铺..B4
 18 仁信老铺..A4

ⓘ **实用信息**
 19 顺德旅游咨询服务中心....................B4

ⓘ **交通**
 20 顺德汽车客运总站............................B2

选菊花、荞麦或决明子枕头伴你入眠。大堂设有香云纱商店,款式时尚,很值得逛逛。

佛山瑞涛碧岚酒店 精品酒店 ¥

（见130页地图；☎2220 0218；凤翔路22号涛汇广场3座；单双 269元起；🛜❄ P）我们调研时这家碧桂园旗下的酒店刚开不久,虽然离市中心还有3公里,但崭新的、带着一点工业风的装修,还是让人眼前一亮。这里的早餐不错,所在的综合大楼里也有不少美食,还有超市,停车免费,很适合自驾旅行者。

佛山顺德新世界酒店 酒店 ¥¥

（见130页地图；☎2221 8333；清晖路150号；单双 370元起；🛜❄ P）服务极佳,无愧于五星规格,而且床铺舒服得翻天,虽然内装陈旧,住起来还是挺愉悦的。城中心的位置很方便,订房网站上的优惠价格很亲民。

佛山顺德喜来登酒店 酒店 ¥¥

（见130页地图；☎2888 8888；大良新城区德胜中路11号；单双 688元起；🛜❄ P 🏊）如果你是个饕餮客,又想睡得满意,这间位于大良跟容桂之间的老牌酒店是不错的选择,性价比还是很高。站在阳台上看江景的感觉很不错,从这里步行就可以到达顺德博物馆（见129页）,公交车直达清晖园。只可惜,你可能会为了当地美食放弃这里丰富的早餐。

🍴 就餐

顺德菜以"清鲜爽嫩滑"五字透彻表现其口味特色,平凡的食材透过精湛的厨艺,练成名满天下的美食传奇。觅食是顺德人的生活重心,许多公交站点直接以餐厅来命名。美食城、龙的酒楼、凤城酒店、顺景湾美食街是老字号。除了大良,顺德的容桂、杏坛、陈村、伦教、均安都有美食出品,要不要深入,看你自己。

★ 松记餐厅 火锅 ¥¥

（见130页地图；☎2888 5203；容桂合祥路3号；人均105元；⏰11:30~14:00, 17:30~21:00）这里是内脏爱好者的福地,即便肉价飞涨,松记的出品仍不曾懈怠,每份保持40元左右的良心价。简直不敢相信会有人用猪杂、牛杂打清汤的边炉——松记就敢,可见对食材新鲜度有多自信。可以先来一份猪肉丸,再来一份猪牛杂拼盘,然后看有中意的再单点,竹肠很有嚼劲,一份活杀鲫鱼下锅也会有惊喜。记得让工作人员帮你涮,他们最懂火候。

了能私房菜 粤菜 ¥¥¥

（见130页地图；☎2261 0717；祥兴南路11号；人均135元；⏰11:00~14:00, 17:00~21:00）粤语里"了能"就是刁钻的意思,这个词既是说店家出品有趣,也是说可以应对任何挑剔味蕾。铺子很大,进门看菜下碟,有个屋子里煲

不要错过

小铺子，大味道

未必要一本正经下馆子才能体验顺德菜，街头就有好去处。如果你是一人食，这些铺子就更友好了。

鱼皮祥（见130页地图；180 4282 8988；海骏达城48号B1麦当劳隔壁；人均30元；10:00~22:00）一份"招牌七彩鱼皮"可能会令你不再想念广州的著名铺子，够彩又够弹，当然点初级版凉拌鱼皮也很够了，配一份艇仔粥刚好。

细妹五香牛杂（见130页地图；135 0996 3197；华盖里直街信发楼3号铺；人均25元；11:00~20:00）在清晖园附近找到细妹的店铺，大眼睛老板娘年轻时肯定是美人一个。单看她剪牛杂的动作，就很能挑动食欲了。留意那些肉边之素，绝对能激发味蕾小宇宙。

黄均记陈村粉（见130页地图；2327 7289；锦龙路24号；人均65元；8:00~21:00）在大广州鼎鼎有名的陈村粉其实出生在顺德陈村，清拌粉最能吃出粉的好坏，薄透Q弹的单纯样子，加入酱油就透出香气。这家出身陈村的老铺子受到过蔡澜先生的推荐。

红星光发煲仔饭（见130页地图；2327 7289；容桂文海西路7号丽枫酒店底铺；人均65元；11:30~14:00, 17:30~20:30）作为顺德煲仔饭的领军代表，一直保持"超好食"的美誉，腊肉、腊肠、叉烧、牛肉都很棒，要是来个白鳝（鳗鱼）黄鳝双拼，会刷新你的美食观。

欢姐伦教糕（2775 5454；伦教镇北海大道北50号；人均30元；9:00~19:00）伦教糕是顺德传统甜品，吃起来是有点Q的酒酿饼的感觉，如果你想追求正宗出品，就到伦教去吃吃看。在华盖路步行街也有分店。

着很多汤。蒜蓉粉丝蒸马贝很弹牙，豆豉蒸鲮鱼嘴适合下酒，盐焗奄子蟹蟹肉紧、蟹黄多，招牌烧鹅的外皮非常脆，再加一煲老火汤，一份青菜，很够了。

猪肉婆私房菜　　　　　　　粤菜 ¥¥¥

（见130页地图；2662 8128；细窖展业路31号；人均250元；11:00~14:00, 17:00~21:00）巨大的停车场让你以为到了游乐场，这是一家集看得到的美食和逛得到的园子为一体的超大私房菜馆。超级驱寒的招牌银杏猪肚汤需要预订，鲜花椒蒸桂鱼里的一簇花椒带出了香、麻、鲜，完全不会抢味，比清蒸又要多一点层次。菜品都不便宜，但不起眼的油盐饭意外好吃，在外廊看着大婶做煎堆也格外好看。

🍷 饮品

必须用水牛奶做的双皮奶是顺德甜品榜单头牌，本地两家老铺子就像肯德基VS麦当劳，到底哪家好吃，当地人说必须是仁信，但我们感觉是——外乡人觉得都很赞。

仁信老铺（华盖路店）　　　甜品 ¥

（见130页地图；2222 3311；华盖路93号；人均25元；10:30~23:00）仁信老铺是双皮奶的发源地，采用脂肪含量达到8%的水牛奶，奶皮厚到夸张，香滑得十分过瘾，不过对甜度的掌控就见仁见智了。嗜甜嗜奶者，赶紧进来。

民信老铺（东乐路店）　　　甜品 ¥

（见130页地图；2221 5444；东乐路1号；人均25元；8:00~24:00）这家铺子离清晖园很近，整个店铺的青砖和彩窗充满了岭南风味。双皮奶的口味很多，红豆双皮奶的豆子满得都要洒出来了，炸牛奶要趁热吃。传统糖水的口味比较清爽，咸点心也很不错。

🛍 购物

顺德名产有广绣、李禧记崩砂（蝴蝶状的面粉制品）、香云纱、伦教糕等，清晖园后面的华盖路步行街有很多间李禧记崩砂店。

香云纱又称"莨绸"，人们发现加入薯莨汁与当地特有的河泥可以让丝绸变得强韧耐穿，于是研发出独特的染晒制程，做出的黑褐色丝绸即香云纱。刚做好的香云纱触感硬挺，但会越穿越软，色泽也越来越光亮。顺德街上常有伪劣品鱼目混珠，南国丝都丝绸博物馆（见130页）、香云纱园林酒店（见130页）、禅城的飞鸿天地仿古街（见127页）所售的都是正品香云纱。

ℹ 实用信息

顺德旅游咨询服务中心[见130页地图；✆22213011；清晖路23号（清晖园旁）；⊙8:00~18:00]位于清晖园门口进去左手边，可索取顺德旅游地图，也可借阅当地编印的杂志。

ℹ 到达和离开

华中、华南各主要城市都有长途汽车至顺德汽车客运总站（✆2233 9614；南国中路客运总站），可在此转乘区内公交车。可以关注顺德汽运集团微信公众号购票。

广珠城轨在顺德境内有5站，分别是碧江、北滘、顺德、顺德学院和容桂，去清晖园可在顺德站下车。

ℹ 当地交通

公交线路为3字头，收费方式大致与禅城相同（见128页）。出租车的计费方式也与禅城相同，电召号码（✆2233 1888）。

西樵山

（✆400 111 9288；www.xiqiaoshantour.com；门票55元；⊙8:30~17:00）很多人游览的第一站就是去拜拜世界第一高的南海观音，这尊观音像高61.9米，取其生日农历六月十九。随后可以去宝峰寺继续拜佛，这里有斋菜可以品尝。白云洞藏在白云洞峡谷中，由天湖泻下的水流长年冲击与风化作用共同影响而形成，悬崖绝壁与流水飞瀑颇为武侠风的景致，是西樵山最为精华的景区。

奎光楼里供奉这魁星，而字祖庙里供奉的是文字的创造者仓颉，很多人带孩子来求考试好运。玉泉仙馆是一座古朴而精致的道观，里面的砖雕收藏更是美轮美奂。翠岩景区曾是清代画家黎简和何丹山常住地，因此这里也被尊为岭南画派的发源地。有几栋80年代的招待所已成废墟，美丽苍凉，摄影爱好者猎景之余请小心蛇出没。黄大仙圣境也是各路善男信女求平安许心意的香火茂盛之地。

除了佛儒道三教，西樵山的地质特色更令人眼界大开，作为古代采石场的石燕岩是一个十分酷的去处，扁平的洞洞内是一个徒手凿空的巨大洞穴，洞内寒气逼人，地下水汇聚成湖，可乘导览船深入洞穴。从石燕岩到四方竹这一段的山径可说是绕着这片采石场而筑的，是西樵山最美的一段路。盘旋登高可眺望银带般的江水与千亩鱼塘，途中会经过湛子讲学的九龙岩，它是由火山喷发时的气泡形成的洞和孔，岩石中间还可以穿行。西樵山

不要错过

捞得风生水起——顺德捞鱼生

顺德盛产淡水鱼，新鲜优势成就了一道鱼生名菜。捞鱼生原本是过年吃的，"捞"是搅拌的意思，以鲜甜爽口的生鱼片做底，放上姜丝、胡萝卜丝、洋葱、蒜头、糖蒜、陈皮丝、柠檬叶、腌辣椒、芝麻、糖、盐、香油、花生米，大家一边"捞"一边讲吉祥话："捞起、捞起、捞得风生水起！"鱼片的甜脆与各种作料的香气在嘴里爆炸，如同味觉的大型烟花秀。

现在平日也吃得到了，有腥气酒家（见130页地图；✆2225 0138；近良路美食城C座首层17-20号铺；人均85元；⊙7:00~14:00，17:00~21:00）值得推荐，将多刺的鱼肉处理得很仔细。如果想吃草根明星，肥光鱼生（见130页地图；✆2226 2190；连源二路五街3号；人均65元；⊙11:00~14:00，17:00~21:00）藏在小区里有点难找，要提前一天预订，面对150元"一鱼四吃"——菊花鱼生，凉拌鱼皮，椒盐鱼骨和鱼粥，真的要笑哭了，加个炸牛奶就够四个女生吃一顿了。

生食淡水鱼易有寄生虫的问题，"白酒大蒜可杀死寄生虫"并不可信。一些餐厅的货源与处理方式也因此有所调整，但仍不能完全杜绝寄生虫。是否要冒这个险，就看你的选择了。

还有珠三角最大的桃花园,过年时来到这里,会看到漫山遍野的各色花朵。

"佛山无影脚"几乎让佛山这个名字传遍大江南北,黄飞鸿狮艺武术馆会向你解释其中缘由。这里每天有4场狮艺表演,时间分别是9:30、10:30、14:30、15:30。

西樵山名产有西樵大饼、云雾茶、佛手瓜等,山上的西樵大饼售价与品质不成比例,建议在下山后再买。樵园饼屋(🕿8122 1249;西樵江浦西路73号;⏰6:00~22:00)更正宗而且价钱合理。

ℹ️ 实用信息

危险和麻烦

山中的厕所不设自来水,多自备一点饮水可洗手。山径陡峭阶梯多,登山杖是保护膝盖的法宝。最需要小心的是摩的司机,他们会在门口截住你,声称只要50元就可带你入山逛景点,切勿贪便宜而落入旅游陷阱。

ℹ️ 到达和离开

游览西樵山最好乘车,景点间的穿梭巴士每15分钟一班,通票20元。从白云洞可搭乘登山缆车至天湖,除了省腿力,俯瞰流泉飞瀑也很享受。佛山祖庙门前、南风古灶的陶都站都有到达西樵山的旅游城巴;自驾走广佛、佛开高速公路,在南庄、沙头均有出口。

中山

"我们的GDP是珠三角最低了。"中山人不好意思地跟我们说。然而,这不正是我们到这里寻宝的理由吗? 舒适悠哉的街巷藏着太多宝贝,随时可以让你发现旧时光。街头的人们对外乡人温和而体贴,不设防地聊上几句,也能感受到久违的、慢悠悠的生活节奏。如果你钟意粤菜,石岐乳鸽各家有秘诀,东升脆肉鲩脆爽弹牙,小榄菊花居然可以做成沙拉……一次次颠覆味蕾,比起大名鼎鼎的顺德,中山是被低估的美食之地,值得专门吃几天。

旧名"石岐"的古城区是中山的市中心,在宋代已是繁华地。远在上海的四大百货"先施""永安""新新""大新"的创办人都来自中山,这里也走出了孙中山这样中国革命的风云人物。中山人都很懂"好东西要留给自己"的道理,不明说不张扬,你得有心,才会收获一个不一般的中山。

◎ 景点

★ 孙文路 街区

当高耸的摩天轮与华丽的钟楼穿顶映入眼帘,你已来到中山的心脏"孙文步行街"。一条骑楼遍布的长街原名迎恩街,隋唐时已是石岐最热闹的街道之一。孙中山曾行医的石岐中西药局、海外同志社社址等,虽然建筑物都不在了,立着的纪念碑仍能让你遥想伟人行迹。

在小巷里钻探最是有趣,各色气派洋楼似乎都颇有来历,同时还可以进行一次博物馆巡游。

由民国时期华侨医院改装的中山市博物馆(见136页地图;🕿8884 0408;www.zsmuseum.cn;孙文中路197号;免费;⏰9:00~17:00)是了解中

另辟蹊径

自驾游三水

三水位于西江、北江、绥江汇流之处,环境优美,空气清新,被誉为"中国长寿之乡"。由于公共交通不发达,仍保持着相当舒适的原生态,宽阔平直的公路网让自驾游三水很是惬意。南丹山(🕿8721 9988;门票60元)保存了一片珍贵的原始热带雨林,自然生态丰富完整。始建于宋代的芦苞胥江祖庙(🕿8723 5561;三水芦苞镇北郊;10元;⏰6:30~22:30)香火鼎盛、工艺卓绝,可观之处不逊于禅城祖庙,背山面水的风水格局舒适安宁;再看看不远处的长岐古村(三水区芦苞镇东郊),这座已600余年的风水村规模宏大,雕梁画栋,环境舒适。别漏了位于三江汇流处的云东海(云东海大道大学路附近),人们正努力恢复曾经气势磅礴的古湖,这儿的夕照十分壮观。随着广佛肇城轨的开通,去三水看山水也变得更为便捷,但自驾仍是第一选择。

值得一游

全国最美中学

从孙中山故居纪念馆边上的林荫道往里走,就可以到达这间神奇的中山纪念中学(见136页地图;☎8550 1869;www.zsjz.com)。"祖国高于一切,才华奉献人类",很难想像这是一个中学的校训。它由孙科先生秉承其父孙中山先生"谋建设培人才为富强根本"的遗愿而创办,1934年建成时的名字是"总理故乡纪念中学校"。当时,它与浙江武岭学校(1927年由蒋介石创办)和福建集美学校(1913年由陈嘉庚创办)形成"三校鼎立"之势,纪中是其中公认的佼佼者。门口的校名由当时的国家名誉主席宋庆龄于1978年亲笔题写,这一年它成为广东省重点中学。

学校不仅自带背景光环,还有面积超大而美丽的校园。先在蓝色琉璃瓦下的逸仙堂了解一下校史,然后就可以自由参观。兰溪湖、逸仙湖、文昌阁、艺术馆、天文馆……每一处都像是景点,38个篮球场,6000多平米的图书馆,还有标准游泳池,让人不禁羡慕能在这里就读的学子。可以提前跟学校联系,如果得到机会参观,校工会用电瓶车带你走一圈,如果有时间,自己游逛就更惬意了。

珠三角 中山

山侨乡故事的好地方,副楼里的中山·中国收音机博物馆藏品齐全。

孙文西路步行街位于孙文路西段,粉红嫩黄的高大骑楼绵延不绝,是民国时期的商业中心,街中还留着20世纪30年代最豪奢的建筑——**思豪大酒店**与**中国银行**钟楼。孙中山返乡时被乡亲迎送的香山商会,其旧址改建成粉色大楼**香山商业文化博物馆**(见136页地图;☎8883 8581;孙文西路152号;免费;◎9:00~17:00),以场景重现的方式让参观者如临实境,依比例复刻的上海南京东路上的四大百货(居然在这里见到)精致模型总是围满了忙着拍照的手机。

岐江公园　　　　　　　　　　　公园

(见136页地图;西区岐江公园;免费)这里原是20世纪下半叶大名鼎鼎的中粤造船厂,当时沿着岐江河的每座桥都可以打开,以便船只出入。至90年代后这片占地11项的大废墟在俞孔坚等园林设计师的巧手改造下,保留区内老树、旧建筑、水道,成为一处绿意盎然、满载市民记忆的文化公园,厂房则改为**中山美术馆**(见136页地图;☎8862 5363;免费;◎9:00~17:00),展出现代美术创作。当视线顺着运送船只的铁道长长地向蔚蓝河岸延伸,仿佛人生也跟着海阔天空起来了呢,这里是跟当地人闲聊的好地方。从孙文步行街过岐江桥,沿着岐江畔的林荫街南走15分钟即达,这段路景致优美,适合饱餐后消化一下鼓胀的肚皮。

孙中山故居纪念馆　　　　　　纪念馆

(见136页地图;☎2815 8366;www.sunyat-sen.org;翠亨道93号;免费;◎9:00~17:00;◻孙中山故居)"博爱"和"天下为公"的大字体现了孙中山先生的精神核心。纪念馆保留了孙中山故居与一部分翠亨村旧屋(包括仿建的),还有孙中山少年时从事农作的农耕文化展示区,借由民俗风土的展示,有助于了解这位伟人的成长环境与当时的社会现状。孙中山故居为一栋西洋风格的两层建筑,1892年由他亲自设计和主持建造,7个拱门的西方古典主义设计十分别致。若有余暇,不妨到隔壁的**中山城-中山影视城**(☎8550 3618;门票65元;◎9:00~17:30)逛逛。这里曾是《孙中山》《走向共和》《宋庆龄》等影视作品的拍摄基地。

詹园　　　　　　　　　　　　　园林

(见136页地图;☎2333 6288;北台村105国道旁;门票60元;◎8:00~17:30;◻中山詹园)这座建于1998年的园林由其主人黄远新亲自设计,并从苏州请来了百名工匠耗时5年建成,初衷是为其双亲营造一处颐养天年的居所。占地百亩的詹园分为詹园祝寿、岐江廊桥、詹府种福3个区域,其中有主人精心挑选的古董、盆景、奇石等。虽强调了其身处岭南,但也吸取了苏州园林的特色。每天有变脸、杂耍等演出时间。森林学院设有自然体验、食育、传统工艺等课程,适合带孩子参加。

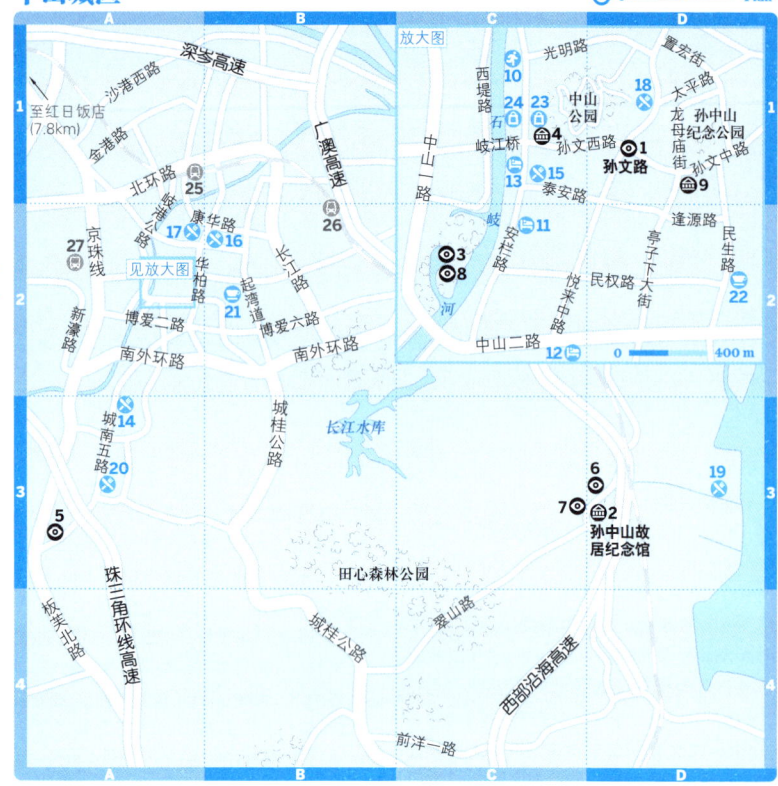

中山城区

✦ 活动

摩天轮
夜游

岭南气候炎热,乘着凉爽晚风才是游逛的好时机。岐江畔的"水岸千灯"造景艳丽非凡,兴中广场设有珠西最高的滨江幻彩摩天轮(见136页地图; ☏8880 8860; 凤鸣路9号兴中广场; 门票68元; ⏱10:00~22:30)转一圈约20分钟,中山夜景尽收眼底。

🛏 住宿

住在城中心是一个很好的选择,可以步行参观一些景点,而且住宿性价比要比广州高多了。

锦江之星(中山步行街酒店)
酒店 ¥

(见136页地图; ☏2816 1777; 安栏路7号, 中恳百货对面; 标单/双 149元起; 🅰❄🅿)位置绝佳, 紧邻孙文步行街, 就在中恳百货斜对面, 搭乘公交、吃饭都方便。房间很大,装修新颖,网络稳定,服务周全,性价比是最大的优点。酒店附近的早市是和当地人一起吃早餐、接地气的好选择。

中山圈子艺术酒店
精品酒店 ¥¥

(见136页地图; ☏8885 8588; 南基路2号兴中广场A座7-11楼; 标单/双 290元起; 🅰❄🅿)这家酒店的地理位置太好了,岐江之滨,步行街头上,江景房和观景电梯都很好。每一层都有带有艺术气息的空间,每间房门口都有一段有趣的古文,房内有一些当地年轻艺术家的作品,所有的家具都可以售卖。房间很大,尤其是带浴缸的大床房和三人间,最令人惊喜的就是浴室的超细密花洒。只是前台在11楼,容易让人忘了按向上的电梯。

★亚朵酒店(中山二路店)
商务酒店 ¥¥

(见136页地图; ☏8880 7222; 中山二路20

中山城区

◉ 重要景点
- **1** 孙文路...D1
- **2** 孙中山故居纪念馆...................D3

◉ 景点
- **3** 岐江公园.......................................C2
- **4** 香山商业文化博物馆...............C1
- **5** 詹园..A3
- **6** 中山城-中山影视城...................D3
- **7** 中山纪念中学..............................C3
- **8** 中山美术馆...................................C2
- **9** 中山市博物馆..............................D1

◉ 活动
- **10** 摩天轮...C1

◉ 住宿
- **11** 锦江之星.....................................C2
- **12** 亚朵酒店.....................................C2
- **13** 中山圈子艺术酒店...................C1

◉ 就餐
- **14** 爱群食店.....................................A3
- **15** 浩辉饮食店................................C1
- **16** 岐香村...B2
- **17** 石岐佬中山菜馆......................A2
- **18** 顺德记...D1
- **19** 棠记海鲜餐厅...........................D3
- **20** 洲哥美食私房菜.....................A3

◉ 饮品
- **21** CESAR茜萨尔面包咖啡店.......B2
- **22** 古乡居甜品店..........................D2

◉ 购物
- **23** 咀香园...C1
- **24** 兴中广场.....................................C1

◉ 交通
- **25** 中山北站.....................................A1
- **26** 中山火车站................................B2
- **27** 中山汽车总站..........................A2

号;标单/双330元起;🛜❄️🅿️🍴)作为以阅读和属地摄影为主题的人文酒店,亚朵被客人戏称为"酒店界的海底捞",从床垫到枕头到洗浴用品,都用了不错的品牌。不仅有书吧,也有洗熨烘干自助洗衣房,让旅途生活变得更安心舒适。耐心而热情的服务人员,免费饮用的mini bar和消夜粥,对不同年龄段的特别照顾,宾至如归,就是这个意思吧。

🍴 就餐

"吃在中山"可不是一句空泛的口号,这里有两大美食名片。**石岐乳鸽**是当地头牌,乳鸽品种就很特别,中山人吃了一个世纪,每家店都有心得,**石岐佬中山菜馆**(见136页地图;☎8870 7708;康华路36号;人均90元;⏰11:00~14:30,17:00~21:30)出品很好,也是游人的打卡地,但我们更推荐你尝尝私房味道。如果你没有亲口尝过**脆肉鲩**,绝不会相信草鱼的口感居然是爽脆。秘诀一说是极速流动的清新水质和用东北蚕豆作为饲料,如此脆化养殖,让草鱼富含更多蛋白质,成为了"脆肉鲩"。

中山的各个镇上都有特色小吃,东升脆肉鲩、沙溪扣肉、海洲鱼饼、崖口云吞……如果秋冬天来,当然不能错过小榄菊花人馔。当地人为了尝得一口正宗美食不惧山高水远,跟着中山人去吃,总没错的。

浩辉饮食店　　　　　　　小吃 ¥

(见136页地图;☎138 2277 3712;南基路步行街大笪;人均18元;周三和周四6:00~15:00,其他6:00~20:30)招牌上写着"肉丸大王",他家的肉丸手打足足5个小时,一个个拨进粥里,吃上去太有弹性,粥底几乎看不到米花,清透绵滑。一碗肉丸粥标配8个大肉丸绝对可以在朋友圈"炫富",只要15元!有时间就尝试一下鱼骨粥,都是除却鱼腩部分的边角,吃起来有滋有味。粥粉面饭,出品都美。离步行街很近,走路就能来吃。

顺德记　　　　　　　　　小吃 ¥

(见136页地图;☎8883 8871;太平路418号;人均20元;⏰6:00至次日3:30)藏在市中心的骑楼之下,顺德记是老一辈中山人情感之所系,粥粉面饭一整页菜单,量足价平,没有超过40元的菜码。除了人人都喜爱的粥,"镬气"十足的炒牛河、甜暖的猪脚姜、酥脆的煎饺,都是挑战你胃容量的利器。招牌虾子牛腩云吞面,浓厚的腩汁包裹着云吞,遇上虾子真是鲜上加鲜。

不要错过
勾出美食灵魂的私房菜

相对别处的私房菜，中山的私房菜可谓真材实料，功夫独特，性价比超高。你可以把它们放到后面几顿体验，否则起点太高，别的地方可能就不入眼了。

岐香村（见136页地图；8822 9810；莲兴路4号宝丽阁1号1-2号铺，近厚兴市场；人均125元；11:00~14:00, 17:30~21:00，周一休息）里的乳鸽是老板得了独门秘籍加上自己钻研制成。出生10几天的**妙龄鸽**用腌制加生炸，皮脆肉嫩；更让人惊艳的是**卤水鸽**，热腾腾地上来，顺着大腿扯开皮肉，一包汁水满溢而出，赶紧吸上一口！其他菜也令人印象深刻，卤鹅肝仿佛一块冰激凌，清甜的菊花鱼身让你感觉成了仙人，以一碗鸽蛋紫米露收官——肯定收不住，你会再来。

洲哥美食私房菜（见136页地图；135 9070 1780；长寿街14号；人均200元；11:00~14:00, 17:00~21:00）自家小楼里的餐厅，桌数不多，真的是洲哥亲自操刀主理，食材按需采购，所以一定要预订，最好提前几天！这里的沙溪扣肉是我们在中山吃到最美的一锅，果然是祖传三代的名菜，猪肉形美质优，荔浦芋头糯而不散，别处无法比拟，做法定有奥秘。煲足10个钟头的子姜排骨，重点在子姜而非排骨，颜色透亮，入口绵软，酸甜之间带着辛香。乳鸽和河海鲜等基础菜品也是精心烹制。只是你可能要花点时间，耐心等待美食一道道上桌，但绝对值得。

爱群食店　　　　　　　　　　　　　　早茶 ¥

（见136页地图；8889 2881；银潭二路25-27号；人均48元；6:00~14:00；南区医院）吃惯了酒楼的早茶？不如看看街坊们的心头好。老人家占大部分的早茶铺子，桌椅从店里一直摆到了外面的上街沿。蒸菜一档，蒸点一档，粥粉面饭又一档，品种太多，点单用的是古老的卡片，前台居然有三个店员在同时结账。黑椒牛仔骨比饭都出品都美，"四大天王"味道正，人多可点烧卖拼盘，店员推荐也很不错。周一和周四都有八折，别错过。

红日饭店　　　　　　　　　　　　粤菜 ¥¥

（2282 1000；裕隆三路70号；人均85元；11:00~14:00, 17:00~21:00；东升村）到这家东升最有名的"脆肉鲩"餐厅，就能明白"鱼天鱼地"是什么感受。用豆豉、蒜蓉和辣椒清蒸的豉汁蒸鱼腩最具代表，爽脆入味，欲罢不能。椒盐鱼骨很适合下酒，连炒饭都加了鱼肠。如果三五好友一起，可以点"一鱼四吃"打边炉，还可以尝到涮鲩鱼片和脆肉鲩鱼丸，比较一下哪一个更脆，更打动你的舌尖。

棠记海鲜餐厅　　　　　　　　　　粤菜 ¥¥¥

（见136页地图；8550 1899；崖口沙头冲海边，近集益庙；人均160元；10:00~14:00, 17:00~21:00）先去认认水箱里的各种海鲜，再从观赏餐厅底下湿地上的弹涂鱼开始你的就餐体验。因为地处珠江和南海的淡咸水交界之地，本地水产出众，值得来海边吃一次。点上一盅水蟹羹，蟹肉蟹汁一网打尽，鲜甜无比。蚝仔粉丝煲、小白虾、黄沙蚬都可以尝试，在这里也可以吃到钵仔禾虫和更接近江浙小馄饨形态的崖口云吞。

🍷 饮品

古乡居甜品店　　　　　　　　　　　　甜品

（见136页地图；8883 0890；白水井大街21号04卡；人均20元；13:00~23:00）这家小小的店铺做的是传统广式甜品，尤其以多种口味的自制手工汤圆（居然有朱古力味的！）和浓厚的栗子糊（季节限定）出名。双皮奶和椰汁西米露之类也都齐全，卤味鸭下巴和煎墨鱼肠作为咸品也得到了饕客们的赞赏。

CESAR茜萨尔面包咖啡店　　　　　　　西点

（见136页地图；8998 2232；竹苑路63-68号一层；人均30元；7:00~23:00）想吃一个有品质的下午茶，来这里就对了。这家在中山开了近10年的面包店，以松软喷香的牛角包作为主打，多年来保持品质不变，还推出了多种可口的面包和甜品，也有意面和比萨等简餐供应。老板本人也是美食和烹饪爱好者，开发出很多让人脑洞大开的味道，比如夹着两只大虾的大面包。

🛍 购物

中山**咀香园**（见136页地图；☎8883 2318；凤鸣路2号中天百货A8铺；⏱9:00~22:00）的杏仁饼用绿豆粉与菊花为原料，口味繁多，分店遍及各闹区的街头巷尾。小榄的菊花肉与茶薇花蛋卷、神湾菠萝、石硖龙眼、南朗腊味，都值得品尝。横跨岐江桥南北的**兴中广场**（见136页地图；☎8886 0500；⏱10:00~22:00）是购物新地标，里面的**百盛超市**展售的中山特产很齐。

如果想买些美食相关手信，一些私房菜馆和餐厅里也会有陈皮、自家特制的广式香肠等出售，遇上的话，就毫不犹豫地买吧！

ℹ 到达和离开

长途汽车

若在孙文步行街附近落脚，坐长途汽车到**中山汽车总站**（见136页地图；☎8863 7423；富华道48号）是首选，班次非常密集，连接的主要城市最多，同时也是市内公交转运的枢纽。

火车

广珠城轨（⏱6:30~23:13）在中山境内依次通过南头、小榄、东升、中山北、中山、南朗和古镇站，如果要去孙中山故居纪念馆（见135页）和中山城（见135页），应该在南朗站下车；而中山北站则可以带你到孙文西步行街（见134页）。城轨站距离市区和景区都很远，须转乘大约1个小时的公交车。除了中山北，其他站点班次都很少。城轨比较适合从广州出发的旅行者，珠三角区域内其他城市前往还是长途汽车更便捷。

ℹ 当地交通

公交车

中山的公交车（www.zsbus.cn）大部分为无人售票，市内上车2元，使用中山通则为半价，也可使用中山、珠海、澳门三地卡，部分线路支持岭南通。支持微信和支付宝扫码付款。

出租车

中山的出租车起步价8元/2公里，随后0.68元/0.4公里。透过手机App打车成功率较高。

江门

这片范围广大的地区又称五邑，是珠三角著名的侨乡。西江与蓬江在此汇流，水利之便让江门成了热闹的港口，大批侨民则从这里流向全球。中西合璧的建筑诉说着百年前的悲欢离合，又以开平乡间城堡般的碉楼最具代表性，因而被列入世界遗产。金山箱与土匪的故事可说上一千零一夜，没骗你，油菜花田里真的藏着全世界。

一锅煲仔饭，一碟烧鹅，一袋陈皮，一盘台山蚝，你的江门之旅里也必须为味蕾留一些空间，在故事和美食之间游走回味，该有多美。

历史

新会、台山、开平、恩平、鹤山，俗称"五邑"，如今演变成江门市和代管的台山、开平、鹤山和恩平四市。江门的商贸发展很早，在元代就已形成市集。清代在这儿设立了粤海关的正税口，让江门正式成为国际货物的吞吐港，邻近地区穷苦居民，则通过江门远赴异国，寻求翻身的机会。这股"卖猪仔""下南洋"的风潮不但形成了侨乡的最终风貌，发展至今更形成了"海内外两个江门"的说法，已有超过400万原籍江门的华侨散居各国，这几乎等同于江门现在的居住人口。

江门市

从这里走出了明代思想家陈白沙和戊戌变法的核心人物梁启超，曾经热闹非凡的集市一度沉潜，而今新开辟的城区正积极向前。虽然江门可能只是你旅行的中转站，稍微放慢脚步也会有不少有趣的体验。侨乡的点点滴滴令人唏嘘，藏在各地的传统美食则是支持你克服交通障碍前往的最强动力。

👁 景点

★ **五邑华侨华人博物馆**　　　　　　博物馆

（见140页地图；☎393 6219；www.jmbwg.com；院士路五邑华侨广场内；免费；⏱9:00~17:00，16:00停止入馆，周一闭馆）这座外观新颖

江门城区

◉ 重要景点
1 五邑华侨华人博物馆.............................C1

◉ 景点
2 长堤风貌街...B5
3 圭峰山国家森林公园.............................B3
4 江门市美术馆......................................C1
5 梁启超故居纪念馆................................C5

🛌 住宿
6 江门富力万达嘉华酒店..........................C1
7 如家酒店..A4
8 玉湖御景酒店......................................B3

🍴 就餐
9 河记肠粉店...B4
10 恒益烧腊..C5
11 美联美食..B5
12 外海园美食.......................................B4
13 玉湖小苑..B3

🛍 购物
陈皮村..（见10）

ℹ 交通
14 江门汽车站.......................................B1
15 新会汽车总站....................................B4

的大楼位于五邑华侨广场，同时也是江门市博物馆的所在。虽然看起来有些老旧，但博物馆的动线设计得十分合理，4万多件华侨实物和模拟实景的展出，让参观内容变得丰富。从"金山寻梦""海外创业""碧血丹心""侨乡崛起""五邑新篇"和"华人之光"这六个主题展馆，可以看到华侨历经数代拼搏、摆脱贫困的血泪历程，以实景和文物搭配，鲜明具体，是了解江门的捷径。特别值得留意世界遗产开平碉楼的部分，无论是否去过开平碉楼，都应当来此地好好了解一番。室外的蒸汽火车头、飞机和古船的模型会给你最后的惊喜。

江门市内的陈白沙纪念馆、陈少白纪念馆和新宁北街火车站旧址也都是博物馆的分馆。附近的星光公园里有许多祖籍江门的明星手印、雕塑以及明星墙等，你会发现刘德华、梁朝伟等熟悉的名字。

隔着五邑华侨广场的另一边是2019年3月完成升级后对外开放的江门市美术馆（见140页地图；☎393 6203；www.jmms.com.cn；免费；⏰9:00~17:00，周一闭馆），这里常常会有一些关于五邑文化和西江、珠三角艺术的展览，一些大型展览的品质会让你眼前一亮，比如以李铁夫为代表的五邑艺术家作品。美术馆后方是江门市规划展览馆（免费；⏰9:00~17:00，周一闭馆），不妨进去看看江门的过去和未来。

多条公交车线路均设华侨博物馆站，下车即可参观以上各展馆。

梁启超故居纪念馆　　故居

（见140页地图；☎639 0437；新会区会城镇茶坑村；免费；⏰9:00~17:00，周一闭馆）位于风水宝塔熊（读作"泥"，原字为"能"下三点）子塔下方，由故居和纪念馆两部分组成。梁家旧居建于清光绪年间，是梁启超出生成长的地方，为青砖土瓦的岭南民居风格，雕饰细腻典雅。由建筑大师莫伯治先生主持设计的梁启超纪念馆，借鉴梁先生天津住所饮冰室的建筑风格，岭南水乡风貌中结合了斗拱和回廊，建议你在水池边拍一张中西合璧的外观，再进入展馆参观关于梁启超与近代中国的展览。周边还有关于梁家后代的介绍，除了梁思成和林徽因夫妇之外，梁启超的其他子女也

卓有成就。有多班公交可达，至梁启超故居站下车后，须再往村内走800米，一路上有不少墙画。如果你在晒陈皮的时节（夏末到冬末）到来，一路场景会让你忍不住停下脚步"创作"一番。

长堤风貌街　　街区

（见140页地图）在这里你或许可以追忆一下旧日生活的时光片段。这片老街区曾是江门最繁华的地段，范围包括堤中路、莲平路、兴宁路、太平路、葵尾路等。江门水路发达，现在长堤上有"过大秤""书说下一回"等雕像，就是当时码头上生活的复原。沿着跃进路走向河边，再转到堤中路漫步，可以一直逛到常安步行街；也可以继续向前，看一看如今只供行人通过的江门铁桥；若在钓鱼台路口往里走，一幢红砖黑瓦的建筑是钓鱼台故址，也就是大儒陈白沙钓鱼的地方，现已成为文物展览馆。很多老房子保留着从前规制，仿佛是旧时的岭南新村，骑楼沿着江门河而建，依然很有古老味道。行走在这片区域，能窥见当年繁华胜景的片段。作为江门最早中心的"三十三墟街"（源于墟顶街水埠头33级青石板梯）也在其中，当地政府正在努力把它打造成城市新名片。

圭峰山国家森林公园　　森林公园

（见140页地图；☎618 0693；圭峰路；免费；⏰7:30~17:30）圭峰山位于五邑地区的腹地，连接起了江门市区和新会区。穿过永镇山门沿步行道往上约半小时路程可达玉台寺，这儿是广东的四大丛林古刹之一，农历初一、十五供应斋饭。寺前广场的镇山宝塔建于唐代，是广东省唯一留存的喇嘛塔。沿着"牵线过脉"，即圭峰山和云峰山之间的险要处前行，到达水库大坝之后，再向前就能到被圭峰、云峰和叱石峰环绕的"绿护桃源"了。这里有两座水库，周围种上了海南黄花梨、沉香等名贵树种，还有成片的玉堂春、桃花、樱花等花卉四季绽放。

自驾上山须从南入口进，永镇山门、葵博园、周恩来纪念馆、体育运动公园都有停车场。景区里有电瓶车可乘，线路是南入口—玉台寺—绿护桃源，全程往返60元，单程每段15元。公交103路等可到，但自驾更为便利。

崖门古炮台　　　　　　　　　　古迹

（☏629 0288；www.ym-battle.com；微信公众号：yamen6290288；古井镇官冲；门票30元；⊙8:30~17:30）如果你对战争史感兴趣，又恰好驾车旅行，那么可以来这里看看。广东沿海现存最大的单体古炮台，距今已有200余年历史，是**宋元崖门海战文化旅游区**中少数的真迹。因为电影《让子弹飞》在此拍摄，这座紧扼南海水道的雄伟要塞才广为人知。海岸苍凉，几尊道光年间的大炮毫无保护地搁在那儿，令人唏嘘。门票包括**崖门胜景**，这片建筑在宋行宫遗迹上的仿古旅游区介绍了当年宋元海战的情景。两个景点相距5公里，虽然公交210可以串接（炮台在南门桥站，崖门胜景在官冲市场站附近），但车无敌难等。专门来一次有点不值得，但这里离珠海的斗门御温泉度假村（见168页方框）却不到20公里了。

🛏 住宿

江门市的酒店选择不多，但总体价格便宜。建议住在市中心，常安路步行街交通方便，只是周边酒店有些老旧。如果自驾，圭峰山周边景色怡人，也可以去**古兜温泉综合度假村**（☏400 162 6388；www.gudouhotspring.com；崖门镇古兜山；☎❄Ｐ☕@）享受一次，这里有多个酒店可以选择，外围还有不少民宿。

如家酒店　　　　　　　　　连锁酒店 ¥

（见140页地图；☏823 8883；建设路27号；标单/双130元起；☎❄Ｐ）虽然是连锁快捷酒店，这家店占据了侨联大厦，位置不错，交通便利，离地王广场和长堤步行街都不远，吃喝玩乐都方便。2018年重新装修后，客房舒适度不错，前台人员服务也热情，性价比高。门口还有小型停车场。

当 地 知 识

陈皮故事知多少？

我们走访了当地的果农和陈皮卖家，收获不小，跟你分享。

到底哪里的陈皮最好？

大家要知道新会陈皮不是普通橘子皮，它是用新会柑的果皮制成的。即便是新会，陈皮也分为几个等级，三线指古井镇、司前镇和大泽镇，二线指三465镇、双水镇等，一线指荼坑、东甲、天马、天禄、西甲村、三江镇等地。新会有句老话，凡是能看到熊（读作"泥"，原字是能下三点）子塔的田地，种出的柑好，制成的陈皮也好，一线陈皮也正是在这个区域内。

小青柑、青皮、二红、大红是什么意思？

小青柑是在新会柑果实很小的时候摘下来，用专门工具开口，用勺子挖空果肉，清洗干净之后放入茶叶，然后放在阳光下晒干。如果只要外壳，则放入小麦等易取出之物一起晒。

青皮则是9月和10月的果皮；二红是青里带红的颜色，果实常产于11月上旬；到了12月就是大红，就是完全成熟的果皮。它们只是颜色有变化，功效并没有相差太多，但当地人认为青皮更适合消食，红皮更适合止咳。青皮容易存放，但煲汤时会有些涩，大红含糖分较高，存放容易受环境和虫蛀的影响。所有的果实都会在冬至前摘下，否则就会影响下一年挂果。

小柑胎有什么作用？

如果碰上新会柑长势丰盛的年份，果农一般会把枝头的小柑胎摘掉，这种小柑胎一般有小指头那么大。很多果农不会随便把这小柑胎扔了，而是把它收集、晒干，或当茶来泡（味比较涩），或串成小佛珠一样来佩戴，自带一股淡淡的香味。近年来有人把这小柑胎晒干装在小布袋里，放枕边促进睡眠。

陈皮的价格由什么决定？

因素很多。看当年新会柑的产量和天气的情况，这直接影响果实的价格；老树的果实小、皮薄，卖价高，新树反之；驳枝柑是嫁接而来，价格便宜，圈枝柑则是原生圈枝，价格要贵不少；陈皮品相越完整，没有发霉虫蛀的迹象，价格就越贵；陈皮越陈（存放年份越长）就越贵，

江门富力万达嘉华酒店　　　精品酒店 ¥¥

（见140页地图；☎387 7777；www.wandahotels.com；发展大道万达广场3栋；标单/双540元起；☎❋P）这间2014年开业的漂亮酒店位于新辟的万达商圈，离五邑华侨广场不远，从环境、治安和服务综合考虑都是不错的选择。配备健身房和游泳池，三楼的早茶也是不错的体验。周边万达商圈的美食街是最方便的觅食选择。

玉湖御景酒店　　　酒店 ¥¥

（见140页地图；☎617 6666；圭峰路，近玉湖公园；标单/双386元起；☎❋P）酒店就在圭峰路边，自驾或公共交通都很方便。因为正对着圭峰山，环境安静空气好，夜里还可以去玉湖公园散步看夜景，房里的霉斑也算瑕不掩瑜吧。周末房间较为抢手，建议提前预订。

✖ 就餐

新会陈皮声名远扬，是五邑人做菜必不可少的一份味道，蒸鱼要用陈皮去腥气，煲汤要用陈皮760甘甜。另一个被《舌尖上的中国》推荐过的美食是口感筋道的外海竹升面，作为地道的江门小吃，一般的面馆都能点到。著名的"喜茶"发源于江门的一条小巷，但创始店已不在，总部也已迁往深圳。

市内金蓝海小吃街、常安路步行街、羊桥路、潮兴华美食街、水南路都是寻觅小吃的好去处，五大食街潮江路食街、天沙河食街、白石食街、竹排街、远洋海鲜食街会让你患上选择困难症。去圭峰山则可在圭峰食街填饱肚子。

★ 恒益烧腊（陈皮村店）　　　粤菜 ¥¥

（见140页地图；☎667 6888；陈皮村内136

每一年陈皮的分量也会减少10%左右。同一年份的陈皮，大红颜色最深，二红皮次之，青皮最浅，内行人会从"看、闻、摸、吃"四个步骤综合分析陈皮的年份。

陈皮如何炼成又如何保管？

一般陈皮的制作过程并不复杂：采果—开皮—晾晒—反皮—晒干—存储—陈化—定期翻晒打理。当地保存陈皮的方法是将它们放入透气的麻袋或编织袋中，外面盖上棉布，最外面再用塑料薄膜罩一下，既要保持透气又要保持干燥。梅雨季节（广东称之为"回南天"）后，需要拿出来重新晾晒。

购买陈皮有什么"坑"？

首先，从产地来看，有些人用不是本地的柑来制作陈皮，还有可能是外省的，当地人可以通过闻味道就辨别得出来，非当地人可能不行；一般陈皮用阳光慢慢晒干，每一年梅雨季之后还要拿出来晒，但有些会采用烘干，这样陈皮的香味和品质都会受影响；保存三年以上的陈皮颜色会渐渐变深，年份越高越深，有些人作假把陈皮弄黑。一个辨别陈皮年份的办法是，将陈皮煲汤两三个小时，越老的陈皮越没有味道，而且不会软化溶开，新的会很快软化溶开。

陈皮怎么吃才好？

在广东，陈皮是很常用的调味品，煲汤、熬粥、蒸鱼、蒸肉等都可以放入陈皮，磨成粉也可以做陈皮骨，蘸水果吃等等。做甜品的话，跟绿豆沙一起煮比红豆沙更能吃得出陈皮的香味；新会的陈皮豆沙月饼也很受欢迎。当然，陈皮也可以用来应对胃胀积食、发炎咳嗽，泡水喝就好了。

果皮做了陈皮，果肉呢？

因为一百斤新会柑可能只能产3~5斤的陈皮，因此摘果都是几百斤、几千斤地起步，由于成熟的新会柑依然有酸味，多吃也容易倒牙，也不能拿去加工果酱之类，所以剥去果皮后的果肉只能当垃圾丢掉。有些厂家会收购一些做陈皮酵素，或是用籽入药，但都是很少的量。

号；人均65元；9:30~21:30）古井烧鹅的名声一点儿也不比新会陈皮小，这间古井最有名的烧鹅是镇中心的那一家，其最受推崇。如果你不想赶远路，可以到陈皮村吃这一间。从选鹅到调味都有自己一套秘方，再用风干两年的荔枝木烧制，如此制作的烧鹅皮脆肉嫩，色泽光亮。陈皮番茄则是在番茄上加上九制陈皮粉，也算本地特色。陈皮排骨和烧鹅肝也是推荐菜。陈皮村外还有一家恒益椰林农庄，更偏农家菜。

美联美食　　　　　　　　　　　小吃 ¥

（见140页地图；134 2828 8663；兴宁路11号；人均15元；6:30~14:00）这家江门人都爱的小店主打早餐的各式生滚粥，据说在老城区已经坚持了超过30年，始终保持品质不变。猪腰肠肠粥最受欢迎，很多街坊都是从10元一碗一直吃到现在的20元一碗，依然觉得粥底靓滑，粉肠爽口弹牙。一碗粥配油条最为正点，如果想吃肠粉，可以放弃这里，转投附近同样人气的河记肠粉店（太平路78号；人均15元；6:00~13:00，21:00至次日4:00）。

外海园美食　　　　　　　　　　面条 ¥

（见140页地图；319 1623；跃进路12号；人均20元；6:00~22:30）吃地道外海竹升面的地方，也是街坊四邻的用餐选择。招牌鲜虾云吞面分量很大，面条弹牙爽滑，虾也很大只。干炒牛河的火候刚刚好，入口依然带点湿润。另推荐猪手面。招牌蛋面有生面出售，是手信的好选择。

玉湖小苑　　　　　　　　　　粤菜 ¥¥

（见140页地图；133 5642 0928；圭峰路玉湖旁；人均80元；7:00~14:00，17:00~21:00；P）想一边欣赏玉湖美景一边吃饭，这里是不二选择，临湖有露天位置，也可以在室内隔着落地窗看景。早茶人气最旺，菜价属于中下，总体性价比仍然比较高。推荐蒜油鸡、陈皮粥亦佳。

🛍 购物

新会陈皮在江门的各个景点都有售，这种新会柑的果皮据说有理气健脾的功效，既可以入菜以去腥提鲜，也可以加入甜品滋养。塞满普洱茶叶的陈皮果称为"柑普茶"，梁启超故居一带的茶坑正是新会柑的核心产地，

空气中的香味清芬沁脾。

陈皮村　　　　　　　　　　　　土特产

（见140页地图；678 2222；银湖大道东9号；9:00~18:00）就在梁启超故居公交站对面，这个交易中心占地10.3万平方米，以新会传统的特色工艺如竹、葵为材，搭建成一座巨大的陈皮产业园，是了解陈皮、购买手信的好去处。被中央电视台推介过的新宝堂（613 7888；www.xh-chenpi.com；陈皮村六号馆C78-C79号铺）也有分店在此。村中还有集中的餐厅区域，恒益烧腊（见143页）也在其中。如果你喜欢摄影，从夏末到冬末的花式晒陈皮场景一定可以给你带来很多灵感。

ℹ 到达和离开

长途汽车

江门汽车站（见140页地图；388 1888；www.jmqyjt.com；建设三路139号）是一座通透的新式建筑，主要车次到达广东省内各市以及开平、台山等县级市，可通过网站查询订票，亦支持微信号查询与订票。

新会汽车总站（见140页地图；678 8600；www.jmstation.com；新会大道中3号）主要到达广东省内各市以及周边县市，也可网上查询订票。

火车

江门属于珠三角"一小时生活圈"，乘坐**广珠城轨**可以到达**江门东站**和**新会站**。

ℹ 当地交通

公交车

多是无人售票，2元起，有些车次分段计价。全市可刷岭南通，刷卡9折，也可以直接刷二维码乘车。**江门市公共汽车**官网可查线路（336 5250；jmbus.com.cn）。

出租车

出租车起步价7元/2公里，之后每公里2.7元。尽管明令禁止，但不打表的情况还是有的，尤其是去较偏远的市镇。叫车电话（316 8888）。

江门周边

开平碉楼及村落

在都市密集的珠三角，想要领略真正的

农村越来越不易。开平碉楼仿佛懂得旅人心思,在历史长河中悄悄屹立,只为给今天的人们铺陈一幅百年前的乡间画卷。清晨的白鹭和暮归的水牛,担着水桶、头戴斗笠的农妇,倒映着古老房屋的村前池塘……这幅丹青不仅充满了浓郁的岭南田园风格,还穿插着浓郁的欧陆情调,碉楼上的古罗马立柱和穹顶、哥特式尖拱甚至还有隐约的伊斯兰色彩,有一刻你会感觉穿越了时空,在光怪陆离间感叹今夕何夕。《让子弹飞》和《一代宗师》都曾在这里取景,恭喜你,找到宝藏了。

规划好的收费景点确有特色,散落乡间的明珠更令人惊喜。每一座碉楼都是一段奋斗史甚至血泪史,骑行穿梭于乡间,跟当地人聊一聊村中碉楼故事,仿佛听了小半部中国近代史。乡间美食并不密集,但在某个转角就能遇到让你舌尖一亮的那一味。

历史

开平地区自古处于周边各县交界的"四不管"地带,土匪横行,清初时"设县以开太平",开平由此得名。开平境内潭江、苍江贯穿,交通便利,水路可直达广州、香港,从16世纪中叶开始就不断有人下南洋"讨生活",而1848年美国旧金山一带发现的金矿吸引了大批五邑人涌向大洋彼岸。"衣锦还乡"是侨民共同的渴望,而19世纪末20世纪初,各国的"排华"政策更迫使侨民逐渐将财富向国内转移,在匪祸不断的开平建造一个舒适安全的家成了很多人的愿望,兼顾居住与安全的碉楼也就应运而生。鼎盛时期,开平曾经有3000多座碉楼,一个世纪后,依然剩下1833座,2007年开平碉楼被列入世界文化遗产。

◉ 景点

本地推出了两种套票,**五点套票**(180元;包括立园、自力村碉楼群、马降龙古村落、锦江里碉楼群和南楼)和**两点套票**(150元;包括立园和自力村碉楼群)都是两天有效。景点也有单独售票,只要购买任何景点门票,就能搭乘**免费接驳车**(周一至周五,10:00~16:30 5班;周末与节假日,9:30~16:00 七班),在自力村—立园—马降龙之间往来。节假日期间,景点的营业时间会相应延长。三四月油菜花开,秋天稻田金黄一片,这些都是开平碉楼最美的场景。

我们调研时,整个赤坎古镇包括赤坎影视城已经拆迁搬空,正在进行新一轮古镇改造,所有曾在其中的住宿和餐饮之地都已迁

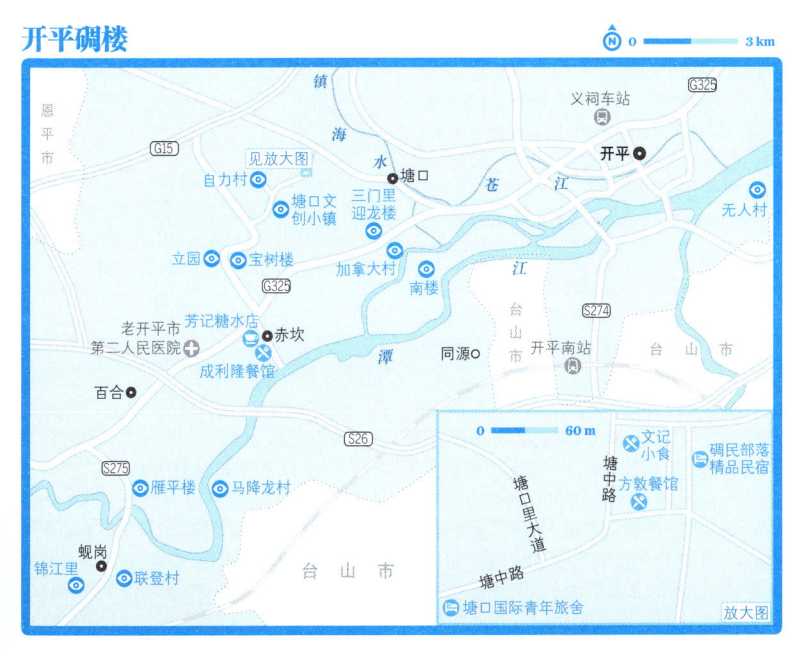

当地知识

看懂侨乡建筑关键词

骑楼 一楼为内凹的商铺,可使逛街购物的人免于日晒雨淋,二楼以上则是民居。临街的壁面缀满西洋与南洋风格的灰塑装饰,以顶楼凸出的女儿墙象征这户人家的身份地位。

碉楼 分为更楼、众人楼和居楼。更楼一般立于村口和闸口,便于村民站岗放哨,发现匪情,"灯楼"也属于此列;众人楼则是村中众人集资而成,封闭性很强,通常设在村后,一旦遇到洪涝或是土匪来袭,每家都能有一间屋子避难;居楼则是用于家庭居住的碉楼。

洋楼 一般是庐和别墅,形式像是较简单的碉楼,建得更低,也是中西合璧的建筑风格,开平有许多合庐也建造得美轮美奂,凸显了当时家族的显赫。

建筑设计 一部分来自国外或香港的建筑师事务所;另一部分由本地工匠设计,根据楼主人提供的国外明信片、照片规划施工,用广东传统建筑工法打造洋式外观。

建筑材料 20世纪之前以砖和土夯建造居多,而20世纪初大规模建造的楼房,多以从英国进口的、被当地人称为"红毛泥"的水泥为主。

内部结构 骑楼多为细窄的长方形,分为二进或三进,中间利用天井采光透气。碉楼内部为对称结构,与岭南传统民居"三间两廊式"类似,不同的是,碉楼是从正中间开门的。

村中民居 村子里的纵巷宽1.5米,每三排建一横隔巷,俗称青云巷,具有防火和通风的作用。前排通常是一层楼,后排才允许比前排建得高。民居在前,碉楼在后,村中必有池塘,在风水上有"背后有靠、水能聚财"之意。

珠三角 开平碉楼及村落

址。改造究竟要花多久(据说至少5年)没有定论,除了开平影视城酒店(见149页)仍在营业外,目前旅行者无法进入这座拥有300多年历史的古镇。

立园   园林

(见145页地图; ☎267 9788;塘口镇立园;门票100元; ⊙8:30~17:30)与其说碉楼群,不如说这里是大户人家的私家园林,无论从占地面积、碉楼的装修还是受重视程度,它都能立于当地之最。1999年政府托管后进行了外围扩建,让立园面貌一新。建议将这里排在碉楼之旅的第一站,游客中心规划了一系列展厅,提纲挈领地介绍华侨与碉楼的关系、碉楼的构造特色,讲解员(50元)的讲解十分丰富而且有问必答,非常推荐。

1926年,旅美华侨谢维立开始在家乡赓华村修建私家别墅,历时10载建成了6座别墅和1座碉楼,还有大花园、小花园和围绕四周的运河。你可以进入大多数别墅和碉楼参观,每一座都带有一个展览主题。对比其他几处碉楼群,立园的西洋元素更为突出,规模最大的**泮立楼**从大门进去就直见水磨石子打造的中央大楼梯,引国外的花色地板、供水系统、浴缸马桶和每层楼的壁画、家具款式都在告诉你主人家的地位和财力,别处碉楼的确无法比拟。相对于园中的别墅,不对外开放的**乐天楼**作为碉楼很简陋,但其中有密道直接通往运河边的出口。

别墅外,数座亭桥立于运河上,分明是"小桥流水人家"的江南气息。运河旁的**毓培别墅**是谢先生为了纪念他挚爱而早逝的二太太而建,在别墅内外你会发现它的层高变化。大花园里的通透的**花藤亭**和**鸟巢**是典型的西方园林元素,前者的光影尤其浪漫。

别错过村外的**微碉大观**,可以一下子领略到当地颇具特色的25座微缩的碉楼,为你的碉楼之旅打个小小的前哨战。

★马降龙古村落   世界遗产

(见145页地图; ☎267 9788;百合镇百合圩;门票60元; ⊙8:50~17:15)沿省道从百合大桥跨过潭江,驶向宽阔的百足山怀中,马降龙村就在山脚下。"降"(Jiang)字读音让我们费了一点脑筋,但这不妨碍它成为我们最喜爱的一处碉楼群,被联合国专家誉为"世界最美丽的村落之一",马降龙实在名归。

永安、南安、庆临、河东、龙江五条自然

村落层层递进，房屋如同严格规划的现代新村，一概面朝潭江方向，每一间的长宽和每一栋的间隔都完全一致，紧密整齐程度不免令人生出穿梭其间的念头。靠百足山的是13座造型别致、错落有序的碉楼和庐，虽然只有两座对外开放，但跟着"最佳游览路线"的标牌或是随意在竹林和杨桃林掩映的村后小路上寻找和打卡所有高楼，最后看一看庆临南门楼和北门楼两座更楼，可能比参观碉楼本身更有乐趣。

四层楼的骏庐是加拿大华侨关崇骏1936年建成，留意一下每层楼不同花色的地板和神龛下的狮子滚地球图案，这里每层楼都有镂空"天井"，不仅能通风还方便传递物品。同年建成的林庐则是墨西哥华侨关定林斥资1.2万银元而建，从精美的窗棂可见一斑。登上两房楼顶，是观赏村中碉楼的另一个绝佳角度。

在马降龙村到处乱走，你会有意外发现。"泥焗鸡"是村中本土产品，点上一只鸡（150元左右）后先去参观，回来就能吃上"先烧泥，后烧鸡"的纯粹美味——留下来观摩制作过程也很不错。也可到百合圩（距离景区600米的食街）尝一尝开平特色百合饺子和柴火煲仔饭。夏季拜访马降龙村记得穿长裤，否则当地的蚊虫必定让你印象深刻。

自力村碉楼群　　　　　　　　　　世界遗产

（见145页地图；☎267 9788；塘口镇自力村；门票78元；◷8:40~17:25）碉楼和乡村风光结合得最完美的场景就在自力村。它由安和里、合安里和永安里（里：即村落的意思）3个村子组成，村内居住的都是方氏后人。水塘、稻田与荷塘围绕在"九楼六庐"周边，这里也成为开平碉楼的标准拍摄地，三四月间油菜花盛开时堪称梦幻复古，夏天的接天莲叶也很宜人。

从水上的栈道进村，数座碉楼和居庐中有三座对外开放。《让子弹飞》的粉丝们第一眼就会认出铭石楼，也就是片中黄老爷的老巢。这座建于1925年的碉楼不仅外观精美，而且内部的家具、装饰甚至小摆设都保存得很完整，它们甚至来自世界各地。顺着慢悠悠的旧时唱片乐曲走上顶层的全景露台，一座绿琉璃瓦顶的凉亭与西式立柱拱券和谐共存，四角还有圆形的"燕子窝"用作防御，这里也是电影的取景处。

边上的叶生居庐和澜生居庐作为典型的乡间别墅代表对外开放，由主楼和附楼组成，也能在这里看到"三间两廊"岭南传统民居风格，后者的内部庭院也不多见。

周边还有云幻楼、龙胜楼等数座碉楼和居安楼、安庐等别墅可以外观，还可以出村去看看五层带穹顶的方氏灯楼，在祖宅村附近可以拍到灯楼和夕阳共存的绝美场景。

锦江里　　　　　　　　　　　　　古村落

（见145页地图；蚬岗镇；门票50元；◷9:00~17:00）作为碉楼景点里最远的一处，锦江里的性价比不算高，不过从村后拔地而起的三座碉楼确实可以瞬间抓住你的眼球。

中间的锦江楼是一座众楼，相较于左右邻居显得十分简朴。左边的升峰楼混合了印度风情与欧陆装饰，檐廊风景极佳，是最适合观看开平第一楼瑞石楼的地方，也能顺便观赏四下风景。瑞石楼号称开平碉楼之最，不仅因为它高达9层，更集中了多种建筑风格：1~5层每层用了不同的线脚，文艺复兴式的窗裙、窗楣和窗花的造型也各自有别；6层柱廊用的是爱奥尼克风格的石柱与拱券；7层平台有带穹顶的角亭是拜占庭风格；8层有一座西式凉亭；9层的小凉亭则与7层角亭的风格呼应，用的同样是伊斯兰风格的穹隆顶。内部的中式结构和木质楼梯在开平碉楼中少有。瑞石楼属于个人所有，一般在周末和节假日才会开放（门票20元），黄家后人会很热心地给你讲讲以前的故事。

如果你搭乘公交车，跟司机说到离锦江里最近的地方下（过蚬岗站之后），从丁字路口进去过了桥不久就能到达锦江里的西门，徒步欣赏这段田园风光也很不错。

塘口文创小镇　　　　　　　　　　创意园区

（见145页地图；免费）作为目前开平碉楼区域中为数不多具备接待能力的小镇，2019年开始正逐渐以"青年文创小镇"出道。脚步还不算快，但当地已经在20世纪80年代的服装厂旧址之上建起了青创基地，原来镇上的小礼堂改造成了旧礼堂咖啡与自助图书馆，大粮仓周边经常在节日举办活动……你可以在大幅的"塘口"主题壁画前留影，也能在塘口青年旅舍（见149页）附近玩玩艺术装置，在碉民部落（见149页）的民间展销馆里寻找属于乡村的

当地知识

当地人教你玩转开平碉楼

张小明 碉民部落民宿店主 从事当地旅游20年

游玩碉楼之前需要做什么准备?

游玩碉楼最好不要走马观花,与许多商业化景区不同,开平碉楼的旅游资源更多藏在村落之间。哪怕是一座废弃的碉楼,它的背后也可能凝聚着华侨家族拼搏的血泪史。所以多了解侨乡历史、尤其清末民初时期史很有必要。可到江门的五邑华侨华人博物馆(见139页)了解一下,在旅途中,也不要错过跟村民聊天的机会,他们会给你讲很多有意思的故事,这些才是碉楼的灵魂。

开平碉楼玩几天合适? 如何避免审美疲劳?

我推荐普通游3~4天,深度游5~7天,才能体验到开平碉楼的味道。无论你喜欢建筑、历史、人文还是摄影,都可以在十三镇两区里找到惊喜。这里没有形成系统的开发,因此获得信息的方式都是点对点,但当地人都挺纯朴,多跟他们交流会有意外收获,这也是避免审美疲劳的办法。作为青创基地的塘口,和藏在乡间的厕所,也会让旅行者眼前一亮。

有什么推荐的碉楼吗?

以下这些都不错,但大家也可以自己发掘1833座碉楼里自己心仪的那些,找寻每一座碉楼就像一次探险。

宝树楼:塘口镇潭溪小学内,亮点是拜占庭风格的顶层建筑。

雁平楼:位于百合镇齐塘村,因为是当地最高建筑,号称大雁飞过与其平齐而得名。

联登村:类似马降龙的美丽村落。

加拿大村:包括10座民居和1座碉楼,因为村民多移居加拿大而得名。

无人村:也叫邓边村,曾有甄、伍两家居住,但已荒废,巨大的榕树占据了人们曾经的家。

哪种游玩方式最适合?

自驾当然是最简单的方式,乡间的公交车和几大景点的接驳客车也可以利用,有些费时间。我觉得最好的方式就是骑行。除了收费景点之外,乡村里很多别的碉楼更有意思。自行车可以到达更小的村路,深入更远的村落。不过要注意带上饮用水、干粮、防晒霜等,还要留意村里的狗。

休闲路线:塘口—圣母庙—自力村—立园—宝树楼—塘口文创绿道—荣桂坊古村落—塘口。

中级路线:塘口—圣母庙—自力村—立园—宝树楼—南屏村落—马降龙—塔山铁桥—联登古村落—锦江里。

古老物件。小镇本身也有几条古老的街巷,充满着废墟美。周边也有石塘村落、荣桂坊村落等可逛,从这里步行到自力村大约1.2公里,是一段很不错的乡间徒步。每逢5、10日是塘口圩日,不妨算好时间来赶个集。请注意,这里是塘口镇下辖的一个圩(几个自然村中共同的商业中心),并不是镇政府所在地。

南楼   碉楼

(见145页地图;赤坎镇窖堤洲藤蚊村;免费;⊙8:30~17:30)南楼是当地人为了防御盗贼于1913年集资兴建的,也是一座守望潭江的灯塔。1944年,7名司徒氏抗日自卫队员在此坚守八天九夜阻击日军,消灭64名敌人后遭日军用大炮施放毒气弹而中毒被俘,最后英勇就义。现在南楼上仍然有累累炮孔弹痕,碉楼内仍然可见他们留下的遗书誓言。

三门里迎龙楼   碉楼

(见145页地图;塘口镇三门村;免费)建于

明朝的迎龙楼是开平地区最古老的碉楼,距今已有400多年的历史了,为当地的关氏家族所建。迎龙楼高3层,底下2层是明朝的红砖,第3层是光绪年间加盖的青砖,令人惊叹的是墙的厚度达93厘米,可惜内部不开放参观。

节日

泮村舞灯 　　　　　　　　　　　新年

每年正月十三在开平水口镇泮村举行,各村的青壮年聚集到一起抬起三个巨型花灯,敲锣打鼓巡游各村,人们燃起烟花爆竹,龙狮共舞,保佑子孙平安。整个过程包含了扎灯、送灯、起灯、舞灯、打灯,每年都吸引着数万珠三角和港澳人士以及摄影爱好者前来观赏。

住宿

赤坎古镇原本是最适合落脚之地,但鉴于它遥遥无期的封闭改造计划,目前最佳的住宿地便是塘口文创小镇(见147页)。小小的镇上有两间各有特色的旅店,周边就是乡野,适合随便乱走。赤坎镇目前只有**开平影视城酒店**(262 8333;中华西路173号;标单/双 236元;🛜❄️🅿️)仍然营业。

碉民部落精品民宿 　　　　　　　民宿

(见145页地图;261 6222;塘口文创小镇塘口街55号;铺50元,标单/双 163元起;🛜❄️🅿️)这间曾是开平最早的客栈从赤坎古镇搬到了塘口镇,面积特别大,初到容易迷路,房型竟然多达9种,包含从床铺到别墅。底层的民间展馆很吸引人,从基础农具到古老的生活用品,四下都是店主收藏的老物件,边上还有一间酒吧和一个后院,即使只是来参观也不错。14人间的下铺宽达150公分,还配备了电视机,充电线的细节很贴心。掌柜是当地最早从事旅游业的人,一不小心就能成为你旅途中的宝藏。

塘口国际青年旅舍 　　　　　　青年旅舍¥

(见145页地图;135 5563 2601;塘口文创小镇塘西路14号;铺120元,标单/双 240元起;🛜❄️🅿️)由设计师和文化交流机构共同打造的塘口空间让人眼前一亮,20世纪80年代的五金厂红砖房被改造成多功能的社区中心,90年代的钟表机械厂摇身一变成为青年旅舍,周边的艺术氛围也很足,他们的乡村改造还会进一步拓展成"塘口社区计划"(可关注此微信公众号)。旅舍房间简约整洁,床铺价格有些高,包含了免费早餐和自行车租赁——如果你不会骑车并不会减免房费。

餐饮

赤坎镇的改造让当地的餐饮店都搬到了外围更靠近省道之处,可以在奔波之中抽空来尝尝美食。塘口镇上的觅食之地不多,但出品比想象中更为价廉物美。柴火烧煲仔饭是本地特色,可以加上排骨、腊味、黄鳝等浇头,通常都是分量大味道足;各家出品不同做法的豆腐角也是当地特色。景区附近的觅食

不要错过

五谷轮回,乡间也美

在偏僻的乡村居然看到这两间充满设计感的厕所,令我们深感意外,或许在城里你都看不到这么美的如厕之地呢。

塘口文创小镇的公厕就位于改造的小礼堂后面,从设计风格来看,你会以为安藤忠雄在这里有了新作品——里面真的展览着他的一些经典设计理念。混凝土剪力墙结构跟碉楼的水泥外墙一脉相承,绿植相配显出生机,空间巨大又通风,在洗手时又能欣赏四下田野风景。

祖宅村的公厕连央视都报道过,外墙上直接写着"祖宅村AAA旅游厕所"。设计方运用了"三清三拆"后留下的大量旧青砖、红砖、麻石、青石板和瓦罐等具有村落历史痕迹的建筑材料,既美观环保又降低造价。外面还有台阶直通二楼,边上的水塘倒映着古老的宅子,又是一道风景。如果你有兴趣夜探,也会有惊喜。从塘口文创小镇往自力村方向走,到强亚村左拐进去很快就能找到这间有趣的厕所了。

点不多,餐厅一般以供应旅行团为主,一些农家菜馆可以尝试。

文记小食
快餐 ¥

(见145页地图;📞134 3172 3366;塘中路中段;人均15元;⏰7:00~20:00)塘口文创小镇上的小小店面,却是四下街坊的首选觅食地,由一家人经营。早餐是老妈妈做的肠粉,午餐和晚餐是店主和父亲一起忙活的柴火煲仔饭——你可以去隔壁看制作工程。各种用具都充满了古早味道,对于城市人,绝对是久违的气氛。建议你点一份黄鳝和腊味双拼的煲仔饭(20元),这里的锅大,足够两个女生吃一顿了。

方敦餐馆
早茶 ¥

(见145页地图;📞134 2738 4811;塘中路中段;早餐人均20元;⏰7:00~19:30)如果你想在乡村也吃到些粤地特色,就来塘口文创小镇上这家看起来体面一些的餐馆。虽然都是大圆台,但每天早上也有很多村民饮茶,适合体验"一盅两件"的"初版",品种不比茶楼,价格出人意料的亲民。如果想快一些,8元一碗的牛腩粉也很实在。

成利隆餐馆
粤菜 ¥¥

(见145页地图;📞2611307;赤坎镇得业路中段;人均50元;⏰9:00~14:30;17:00~21:00)这家原来在赤坎古镇的餐厅很受当地人喜欢,饭点时分连店外也是满座。煲仔饭就有十几种可以选(16元起),我们的确吃到了超大块的焦黄锅巴并且能吃到光盘。这里的烧鹅做法更接近江南的酱鸭,豆腐角是用青椒酿一起炒的,味道很好。

芳记糖水店
甜品 ¥

(见145页地图;赤坎镇得业路中段;人均4元;⏰10:00~24:00)这家小小的糖水铺子就在成利隆的边上,价格绝对让你不敢相信。"三扣"糖水是招牌,红豆沙加绿豆沙加椰汁西米,是当地特色,当然你也可以选择"N扣"。如果你是糖水控,多尝试几种也毫无压力。

❶ 实用信息

网络资源
微信公众号**开平碉楼与村落**上不时有活动发布,也有线路指南和景点导览,可以关注获得更多信息。

危险和麻烦
碉楼内部空间较狭窄,上下楼梯要注意安全。另外需要小心乡下的蚊虫、蛇和中华田园犬。

医疗服务
开平市第二人民医院(📞261 2534;G325广南线中段)崭新的医院已经在325国道上建成,也是周边最大的医疗机构。

❶ 到达和离开

乘坐省内各个县市都有通达**开平义祠车站**(见145页地图;📞221 3126;良园路30号)的长途车,这里与乡村公交站相连,是交通最便利的汽车站。**开平汽车总站**(📞233 3442;西郊路28号)也有发往珠三角各地的班车和省外班车,与前者距离约2.5公里。

从广州南站(见111页)出发可以乘坐高铁到达开平南站(见145页地图),搭乘621路(3元,约1小时)到义祠车站后再转乘当地公交。如果直接打车到塘口文创小镇,约60元大约30分钟可达。

❶ 当地交通

公交车
碉楼景区有免费接驳车(见145页)连接各个景点。开平也有公交车穿梭于各个村落之间,617路从义祠开往马功医院,经过三门里、立园和自力村。如果想到塘口文创小镇,可以让司机在立园路和自力村路口两站之间的塘口加油站下车,然后顺岔路步行1公里左右。613路从义祠开往金鸡,经过三门里、马降龙村和锦江里。公交车采取分段计费,3元起价,可以用微信或支付宝直接扫码支付。

自行车
碉民部落(见149页)有自行车出租(40元/

---

❶ 乡村公交 招手即停

往返于各村落之间的公交车,都有招手即停的功能,不要害羞,直接在路边扬手就好,当然要注意安全。如果你要在非车站下车,跟司机师傅提前确认一下就可以,这可以给你节省不少时间和精力。只要你看清楚方向,公路上的一些长途班车也具备此功能,只是需要准备好零钱。

天），也有部分双人自行车。店家特别设计了骑行路线和免费地图，可以根据自己的需要选择路线。

包车

碉民部落同时提供租车服务，小面包车（可坐7人）300元，包含了当天用车8小时的油费、司机的酬金和车费，超出的每1小时加30元。如果想要多看些碉楼，这是个省时省力的好选择，可以让老板帮忙联系。

川岛

上下川岛是川山群岛最大的两个岛，艳阳与沙滩是人们前赴后继的目标，也是台山最热门的旅游目的地。这里的海和沙滩比其他珠三角城市的近海小岛要纯净美丽，到达时间也要更长。上川岛以山石奇峻、波涛澎拜著称，下川岛则以美丽的海湾为胜。无论是上川岛还是下川岛，沙滩景致都是超级吸金区，除了景区门票，所有设施都需要额外收费而且所费不薄，来这里，口袋得深一点。避开5月至10月前来，会有惊喜。

◉ 景点

上川岛　　　　　　　　　　　　　　岛屿

上川岛上人口多，开发程度高，当然也和"清净原始"沾不上边，也容易发生宰客行为。近5公里的**飞沙滩**（☎539 9328；门票54元；⊙8:00~18:00）由于入海的坡度平缓，沙质细腻，有"南海第一滩"之称，沙滩车、摩托艇等娱乐设施都齐备。傍晚时分会有渔民拖网捕鱼，也可以去围观。**金沙滩**和**银沙滩**离飞沙滩不远，没什么设施但人还是很多，三者都不怎么干净。飞沙滩的日出是上川岛必看，景区有第二天日出时间的预告。**猕猴自然保护区**、**竹柏林**、**红树林**等原始森林也是海滨之外领略自然的好地方，记得不要投喂野生动物。

位列广东四大渔港的**沙堤渔港**离飞沙滩约20公里，开车需要25分钟，在这里可以租船出海。也可以登上上川岛西南的棋盘山俯瞰渔港美景，听一听关于过去海盗的传说。上川岛的**潮人径**长达78公里，包含从海边到森林和田园的风光，也能满足从休闲度假到科普教育的需求，沿途都会经过不少景点。

> ### ⓘ 上下川岛的套票
>
> 上下川岛各自推出了旅游套票，包含了上岛的来回船票、来回接驳车票和景区门票，价格为上川岛148元，下川岛168元，冬春季价格下调20元左右。通过网络平台可以获得更多折扣。

下川岛　　　　　　　　　　　　　　岛屿

比起开发早一些的上川岛，我们更喜欢略显质朴天然的下川岛。下船后，接驳车会将你直接载往**王府洲景区**（☎575 5188；门票54元），游乐设施一应俱全，**海滨浴场**只能在救生员的监管区域下水。沙滩旁的椰林大道很美，被称为"情人道"，据说这是川山群岛唯一的一片椰林。比起人头攒动的海滨，这里的**潮人径**开发得比较晚，更值得一走，沿海而行，细白清净的沙滩一个接着一个，小渔村用以抵抗烈日的白墙在碧海蓝天之间闪闪发光。最具挑战性的是**探险径**，长17公里，需翻过岛上的山岳，喜欢丛林登山的话会发现许多惊喜。如果租一辆电动车，就可以在沿海的路径上更为便捷地行走，深度环岛游会让你领略更多意想之外的景致。

王府洲的沙滩很美，但因为海湾两边的山势阻挡，需要去东湾看日落，到大湾看日出，可以找下榻的旅店安排，也可以租车前往。

🛏 住宿

景区内酒店云集，大约是运输成本问题，某些酒店没有电梯。上川岛上住宿集中在飞沙滩景区，沙堤渔港也有些民宿。下川岛的王府洲海滩集中了一些大酒店，在椰林大道背后形成了钢筋水泥丛林，但它们都离海滩有些距离，当地村民的民宿就在沙滩边，如果不怕爬楼，海景房性价比挺不错。在7月和8月的旺季，房价比平时贵出近一倍，而周末又会比工作日贵出100~200元，所以事先订房很有必要。两个岛上都有帐篷出租，约200元一顶帐篷，沙滩上提供淋浴设施，选择帐篷的话，记得带上必备用品。

云山别墅　　　　　　　　　　　民宿 ¥

（☎137 0258 8776；王府洲区岛南澳湾16

号；标单/双150元起；☎✱ℙ）五层楼的小楼也就十几个房间，但三楼以上的海景房真的可以躺在床上看无敌海景，任由阳光洒到身上。下楼一分钟就到了沙滩，四下也有几家食肆。房间里放置了当地的基本攻略，老板本人对当地情况非常了解，从租车到出海都可以帮你安排。

🏃 活动

既然是海岛，就有不少水上运动，比如香蕉船、拖曳伞、沙滩摩托等，当然都是自费。住宿地一般也可以安排越野车（300元/2小时）和摩托车（100元/天）出租，还有一些旅游项目，比如观看日出和日落、围网拉鱼、海钓和出海打渔等。

🍴 就餐

川岛的海鲜胜在新鲜，著名的台山蚝也可以尝到。5月至7月为休渔期，只能吃到养殖或海钓的，够不够新鲜得碰运气。上川岛飞沙滩景区里靠海的一条长街上都是餐厅，在旺季这里的海鲜价格其实比沙堤渔港贵不了多少。下川岛餐厅主要集中在王府洲景区中心沙滩处，民宿区域也有几家，如果去东湾看落日，在那里吃一顿也不错，通常可以安排接送。无论你在哪个岛，最好跟你住宿地的服务人员多多打听，请他们联系安排，尽量去当地人光顾之地。

这里的虾酱颇有"特色"，如果你可以接受咸味发酵后的味道，不妨点一份带虾酱的菜试试先。

🛍 购物

川岛上的特产主要是贝壳制作的工艺品和鲜干货海产品，飞沙滩和王府洲沙滩内都有露天市场，沙堤渔港也有丰富的海产品出售，需要注意新鲜的海鲜水分比较大，同时忘了施展砍价功力。山咀港公交站旁的摊子也有很多川岛特产，为吸引匆匆离去的旅客，价钱比岛上实在许多。

ℹ️ 实用信息

网络资源

微信公众号**川山群岛旅游网**建设得不错，除了丰富的资讯，还可以直接订套票、住宿。

危险和麻烦

注意避开台风天和大雾天。不少当地人会提供一些非常规游玩项目，最好事先问清楚收费讲好价格，同时注意安全防护。点海鲜时也要小心商家短斤少两、随意抬价。

ℹ️ 到达和离开

台山的山咀码头（📞538 1839）每天有客船（8:30~18:30，约1小时一班，30分钟到达）发往上川岛（42元）、下川岛（47元）。**台山汽车总站**（📞556 6355；台城镇桥湖路41号），则是通往**山咀码头**的交通枢纽（20元；⏰4月16日至9月10日7:00~17:00，9月16日至次年4月15日7:00~16:00；每30分钟一班，约75分钟到达）。

珠海拱北客运站（见165页）、广州的广东省客运站（见110页）、阳江汽车客运站（见256页）也都有到**山咀**码头的直达车。旺季时会有加班

不要错过

黄鳝饭的起点

如果早上从上下川岛返回台山，不妨去**台山第一家兴华黄鳝饭（彭沙坑总店）**（📞545 5438；台城镇彭沙坑管区沙坑卫生站北50米路西；人均70元；⏰8:30~21:30；ℙ）打一下卡。自驾更方便，但我们拖着行李搭公交也不难。在台山汽车总站右手边的公交车站坐811路到群厚，斜对面就是餐厅，大大小小的招牌就有四五个，你绝不会错过。虽然台山市内也有几家创新的黄鳝饭馆子，但这家鼻祖店依然令很多人驱车而来。一斤黄鳝48元，一斤米6元（半斤米起做），按需点。黄鳝饭以煲仔饭形式出现，与别处不同，这里的黄鳝饭是拌好上桌的，非常香，细细的鳝肉和小粒的当地米相配，口感很棒。除了它，其他菜式也备受推崇——陈皮骨也几乎每桌一份，还可以试试荷叶蒸藕丸和榄角蒸边鱼。

如果吃完你要继续坐长途班车离开台山，可以不必返回台山汽车总站，可以继续坐811路15分钟即到水步车站，等待班车。

船,但排在你前头的人龙可能就已经把船坐满。从两岛回山咀港都是整点开船(8:00~18:00),如果行程确定,建议购买套票(见151页)可省去多次排队的麻烦。

自驾者可将车停在**山咀港停车场**(📞538 1111;37元/天),周日是游人离开的高峰,尤其是下午,建议错峰出行。

❶ 当地交通

两岛之间的客船(船票42元)每天只有一班:从上川岛到下川岛是每天11:00,从下川岛到上川岛是每天13:00。

上川岛上从三洲码头到飞沙滩的大巴(5元;⏰9:00~19:00,每小时1班)高峰时坐满即走。中巴发往各个景点的,也是每小时1班,人数多可直接包车。下川岛独湾码头到王府洲景区大巴(10元;⏰9:10~19:10)每小时1班。两个岛都有自行车出租,收费单人车约20元/小时,也可以租电瓶车,100元/小时起。

肇庆
历史

肇庆作为岭南名郡已有2200多年的历史,这里是岭南文化和中原文化的交会之地。秦始皇开灵渠之后,西江成为了往来岭南与中原的必经之路,于是在这里设立岭南郡;南朝时梁武帝在此设立广州府都督府;朝代更迭,高要、信安、端州都曾是这片土地的名字。包公治端州的故事自宋代起就传唱不辍。公元1096年,年仅14岁的赵佶被封为端王统辖端州,4年后他登基成为宋徽宗。因为觉得端州带给了他好运,特地改端州为肇庆府,"肇庆"一名从此沿用。从明嘉靖到清乾隆年间,这里一直是两广总督府的所在地,岭南地区的行政中心,甚至还是利玛窦进入中国大陆的第一站。便利的水路交通也使这里成为了著名的贸易中心。现在的肇庆正积极融入"粤港澳大湾区"的规划之中。

肇庆市

依着西江,拥着星湖,靠着西岭山,生活在肇庆湖光山色中的人们有一种"幸福的人

❶ 走哪个门更好?

面积达8.23平方公里的七星岩景区,有东南西北四个大门和景区东北方的仙女湖入口,至少安排5小时游览才能看个大概。东门去仙女湖景区最近,南门比较靠近牌坊广场,但两个入口都离核心景区较远。从西门进入可直接游览七星岩中心景区,或者走迎宾大道的北门。乘19路公交车直达西门,1路到七星岩北门,沿着星湖徒步到景区也很宜人。

不远行"的安逸感。七星岩的美和鼎湖山的绿是这儿的老招牌,在粤地旅游榜单上长期占有一席之地,但古端州留下的丰富的文化遗产也不是等闲。逃开大都市来到这样的小城,时间会忽然慢下来,白天沿着老城墙下走街串巷,旧时生活气息也许比景点更容易消逝——"府城复兴"计划正在实施。夜里沿着星湖散步,一路流光溢彩,十分养眼。

⦿ 景点

整个**星湖旅游景区**(gw.xhglj.com.cn)包含了七星岩、鼎湖山、星湖湿地和星湖绿道,网站的介绍十分详尽,甚至有在线导览。七星岩(北门广场西侧停车场)和鼎湖山(生态停车场)之间有旅游穿梭巴士(8:00~18:00,节假日/工作日 30分钟/1小时一班;2元;约25分钟)直达。

七星岩 公园

(见154页地图;📞222 5165;门票70元,与鼎湖山套票120元;⏰7:30~17:30)位于肇庆市中心,由七峰五湖组成,"桂林的山,西湖的水",座座石灰岩小山伫立在湖上,像是造物者心血来潮摆了个超级大盆景,讨钱的关口不少,好奇心会让你荷包迅速见底。

七星岩的景观非常立体,爬上天柱岩或石室岩,视野可以拥抱整个湖面。**石室洞**里石乳、石柱、石幔或会给你一个扩展想象力的机会,不过最有名的还是**摩崖石刻**,拥有从唐朝以来的600多幅作品,各种字体俱全。其中李邕的《端州石室记》描述的就是在石室洞的经历,在石室洞中读唐人的游记,瞬间有穿越的感觉。

肇庆城区

◎ 重要景点
1 鼎湖山 B2
2 七星岩 B1

◎ 景点
3 崇禧塔 B2
4 将军山 A3
5 梅庵 A2
6 宋长城和老街巷 A2
7 砚州岛 D2
8 阅江楼 B2

✈ 活动
9 星湖日夜游 B2
10 音乐喷泉和水幕投影 B2

🛏 住宿
11 星湖大酒店 B2

12 肇庆鼎湖半岛明珠酒店 C2
13 肇庆如荷湖景民宿 B2
14 肇庆星湖揽月宋文化酒店 B1

✖ 就餐
15 利兴河鲜楼 A4
16 庆云寺斋堂 B2
17 寻村记 B4

🔒 购物
18 中国砚村 B4

ℹ 交通
19 城东粤运汽车站 B4
20 肇庆东站 D1
21 肇庆火车站 A1
22 肇庆粤运汽车总站 A1

乘船游仙女湖要另付45元，带上望远镜或长焦镜观鸟更妙。记得找去仙女湖上那恰似一座仰卧佛像的小岛，在中秋节前后日落时会有"卧佛含丹"的美妙景象。

鼎湖山　　　　　　　　　　　　　　山

（见154页地图；262 1332；门票70元；6月1日至11月30日5:30~18:30，12月1日至5月31日6:00~18:00）岭南四大名山之首，离市区最近的原始次生林，40年前这里已经成为世界级保护区，满眼的绿色让你身心舒畅。

景区的路线非常明晰，我们推荐你先到蝴蝶谷（35元），这里便是鼎湖所在。游船才几分钟，蝴蝶介绍也很快看完，但千万不要坐船返回，一定要走一走原始森林探险路线。一路的小溪和飞瀑以及后半段的山崖都会让你深感拥抱自然的乐趣。一路便可以到达宝鼎园。

为了鼎湖上素去庆云寺的人很多，吃饱了别忘了看看庆云寺的"镇山三宝"：千人镬、大铜钟以及300岁的白茶树。走飞水龙潭的方向下山，你不会错过孙中山先生曾游过泳的地方，清凉的溪流让人只想下水去嬉戏。

真正古朴苍劲的山林是老龙潭，鼎湖山的核心保护区，内有一座清净的白云寺，缕缕香烟历时千年。涅槃台的岩壁上留有唐代的石刻，据传是广东最古老的石刻。进入老鼎需额外支付资源管理费，由于一年中封山时间长，出发前务必先致电咨询。

鼎湖山的海拔并不高，想要偷懒可以乘坐电瓶车（8:00~18:00，20元），可多次上下。市区可乘21路到大门口。离鼎湖山4.5公里外的西江码头附近有一处紫云谷景区，包括羚羊峡游船（40元）和紫云谷（60元），如果你在码头附近吃饭，也许可以考虑一游。

宋长城和老街巷　　　　　　　　　街区

（见154页地图；宋城路；免费；北门）位于宋城路南侧，是文化名城端州的标志性建筑，始建于宋朝，城墙上的砖有9种不同的规格，是明清两代经历了二十多次修葺的证据，活像一座"砖的博物馆"。从红色的朝天门附近登上城墙，一边俯瞰老城，一路走到披云楼，它曾是古代城墙上的军事指挥中心，现在是城墙展示馆。"府城复兴"是肇庆旅游业的未来重点，各边的城墙也在修复当中，老城内也会有新景点出现。

你可以在宋城墙里的老街巷随意逛，古老的骑楼还在，狭窄的巷子里也许藏着惊喜。在老城东南的草鞋街长不过几百米，贴着城墙而建，红灯笼，满墙画，小店铺，这些和生活于斯的当地人构成了一条文艺而质朴的老街。

阅江楼　　　　　　　　　　　　古建筑

（见154页地图；228 2326；www.zqsbwg.com；江滨东路阅江楼；免费；9:00~17:00，周一闭馆；阅江楼）建筑始建于明代，面朝西江，现在是肇庆市博物馆，庭院里的米兰陪它经历了300多个春秋。我们调研时，这里的展览大部分跟叶挺独立团有关，边上还在继续拓展新的展览区域。

崇禧塔　　　　　　　　　　　　古建筑

（见154页地图；江滨三路；免费；9:00~17:00；崇禧塔）崇禧塔为西江两岸的肇庆四塔（其余三塔是元魁塔、文明塔和巽峰塔）之首，这座砖木结构的建筑是明朝时为了祈求上天改善西江水患而建，现在只开放底下的楼层。其除了是中国大陆第一座欧式教堂、第一座机械自鸣钟、第一座西文图书馆的诞生地，还是第一幅中文世界地图和第一部《葡汉辞

不要错过

肇庆夜景哪里看？

夜里沿着星湖游逛，一路有彩灯相伴，在"水月岩云"一带看夜里的七星岩五龙亭，或是隔着湖水看对面岩前村的灯红酒绿，都很漂亮。如果你有闲情逸致，又碰上天色晴好（必须必须），不如夜访将军山（20元，至21:00，可以开车上山）。这里不仅有全国最大的一座财神庙，还可以在观景平台上看到肇庆夜景。虽然不及大都市那样璀璨，但在高处俯瞰的感觉依然很好。自驾最好，也能打车让司机一同上山等你，当然你得多付一张门票钱。

另辟蹊径

包公掷砚成岛：砚州岛

"包公不持一砚归"。相传包公调离端州时，百姓不舍，但包公什么礼物都不收。船至江心时突然风云变色，细查之下才发现是书僮在混乱中收下了乡绅硬塞过来的黄布包，布包里是一方端砚。包公大怒，将端砚扔进江中，黄布随风扬起，天地随即恢复平静。过了一段时间，江中升起一座小岛，距离小岛不远处出现一片金色沙滩，"砚州岛"与"黄布沙"由此得名。

砚州岛（见154页地图；www.yzdcn.com）上很僻静，来这里的外人多是到包公祠祭祀。有300多年历史的彼岸寺是庆云寺的分院，被誉为肇庆第一庵。陈焕章故居（陈氏宗祠）建于清末，门口匾额是康有为的墨宝。旅游服务中心（268 9883）本身极具可看性，前造纸厂的厂房都结合了"文革"主题的壁画。如果想在岛上住几天，住宿环境也算干净舒适。码头附近有居民出租自行车，旅游服务中心可租电瓶车，也可包车环岛。公交15路可到砚州码头，坐轮渡（5:30~19:00；5元）即可到达。

珠三角 肇庆市

典》的诞生地，这里跟利玛窦神父密切相关。

梅庵　　　　　　　　　　寺庙

（见154页地图；梅庵路16号；免费；⊙8:30~16:00；□西江南路）这片禅宗圣地古雅清净，大雄宝殿檐下的斗拱会一下子抓住你的眼球，这种叫作"双秒三下昂七铺作"的木结构可是广东省内的孤品。梅庵因六祖慧能在此插梅而建，初春梅花开放的"梅庵香雪"是不下雪的肇庆独有的浪漫，有关梅花的书画展览和慧能事迹陈列馆折射出文人雅趣和禅学理念。

黎槎村　　　　　　　　　古村落

（回龙镇北面黎槎岗；门票20元；⊙8:15~17:30）以水为脉，以屋为墙，以石为基，这座距今已700多年的古村依八卦而筑，屋舍紧密相邻，外水圳，具有强大的防御力。在平地上看不出八卦形状，得从航拍图了解整体布局。错综复杂的小路让人一走进去就晕头转向，村中大量聚集各家宗祠、祖居还有"书舍"（即学堂），到处都是突起的"镬耳"，许多老屋都已被茂盛的植物入侵。村子中央是个八卦形的鸿运台，台上艳红的爆竹纸屑与荒凉的青砖黑瓦构成微妙的奸异感。居民多已迁到外围，住进了新式楼房，村落更显冷清孤寂。

在肇庆火车站可乘往回龙的315路村巴，若从肇庆市中心出发，则在桥西汽车站（东门）转往回龙的村巴，请司机在黎槎村口让你下车即可。

🏃 活动

白天最惬意的玩法莫过于骑自行车绕星湖一圈，北门票口附近可以租车。晚上可以看看**七星岩牌坊广场音乐喷泉**（见154页地图；免费；⊙20:00），从2020春节开始，这里又推出了**水幕投影秀**（免费；19:40~20:15，21:00~21:35）。

也可以乘坐**星湖日夜游**（见154页地图；222 2944；牌坊广场北方，面对星湖的右边；船票40元起；⊙定点船20:30，其他时段超过10人即可开船）的游船饱览星湖夜色，白天这里也有游览星湖各个区域的线路。

🛏 住宿

肇庆市市区主要的商业中心集中在牌坊广场一带，公共交通发达，是酒店云集的区域。沿着星湖的一些区域也有很多不错的湖景民宿。

游览鼎湖山可以住在山上或山脚下，山上的景区内选择不多但可省去第二天游览的门票。由于周末假日的价格大约是平日的两倍，若能平日来访性价比很高。

肇庆如荷湖景民宿　　　　　民宿 ¥¥

（见154页地图；662 7322；景山岗青莲村西五巷36号；标单/双 387元起；📶❄️🅿️）这家2019年开业的民宿就在星湖南边的星湖湾公园附近，晚上可以出去遛弯。离牌坊广场步行可达，也很快就能到达沃尔玛和大商场。14楼房间分布在两栋楼里，都是面湖的景观房，各房的落地大玻璃窗观景更美。配备了茶具的露台,适合观湖闲聊。隔壁不远的Papacook(☏223 1343;⏰8:00~24:00)是很棒的西餐厅,早餐值得一试。

肇庆星湖揽月宋文化酒店　　　精品酒店 ¥¥

(见154页地图;☏177 2568 8616;岩前村宝环大道联星二路7号;标单/双 588元起含早🛜❄️🅿️)坐拥了星湖的美景和号称"中国最美"的绿道,这间以"宋文化"为主打的精品酒店更像一间高端民宿,从三层楼的灯笼就能一眼看到它。公共空间古色古香的装饰,内院的小小水景,配备的琴棋书画茶带着满满国风。出门就是岩前村酒吧街,不远处就是七星岩东门,非常便利。

星湖大酒店　　　精品酒店 ¥¥

(见154页地图;☏221 1888;端州四路37号;标单/双 468元起;🛜❄️🅿️)位于粤运汽车总站和牌坊广场之间,对面就是星湖国际购物中心和凯德广场。如果在可承受范围内,建议选择湖景房(大约贵30%起),面对着美不胜收的星湖夜景泡澡,绝对值回房价。如果想放松一下,酒店里有SPA、恒温游泳池和一个不大的高尔夫练习场,当然也可以骑着酒店免费提供的自行车,去环绕星湖的绿道转一转。

肇庆鼎湖半岛明珠酒店　　　酒店 ¥

(☏见154页地图; 266 9188;鼎湖区万福路33号金盛豪苑综合楼;标单/双 258元起;🛜❄️🅿️)2019年重新装修的酒店,位于鼎湖山脚下的住宅区旁,与山脚的旅游密集区隔了一个街区,巧妙地避开了嘈杂与车潮,步行约15分钟即可达鼎湖山售票处。门口就有公交车站,往返星湖牌坊也很方便。房内设备齐全,高楼层可眺望鼎湖山。我们调研时,附近的工地有些噪声。

🍴就餐

肇庆的美食选择很丰富,随处可见的是裹蒸粽、神奇的麦溪鲤、鼎湖上素和应时应景的星湖莲藕,还有西江里让人嘴馋的河鲜,比如称为"岭南第一鲤"的文兴(当地读"庆")鲤。美食聚集地主要在星湖国际广场(4楼)、凯德广场(1楼)、七星岩东门、江滨堤美食街、星湖大道和环湖大道一带沿湖的酒家。产自周边四乡的高要水榄、塱鹤云吞更接地气。

岩前村是咖啡馆和酒吧的集中地,白天颇有小资味道,到了夜间非常热闹。星湖南边的商业区也藏了一些。不一定十分专业,但环境气氛还不错。

庆云寺斋堂　　　素食 ¥¥

(见154页地图;☏262 1585;鼎湖山庆云寺斋堂,人均80~100元;⏰8:00~14:30和17:00~19:00)肇庆的特色风味鼎湖上素,据说是用山泉水以及天然食材制作,高仿荤菜让人真假难辨。斋堂走高端路线,凉菜价格在40元左右,其他菜式大都80~90元,人气依然旺盛。推荐鼎湖上素、山水豆腐、四色拼盘。

寻村记　　　粤菜 ¥

(见154页地图;☏272 5512;黄岗中路西侧89区春晖实验学校第一幢首层第11卡商铺;人均85元;⏰11:00~14:30,17:00~21:00)这家私厨的出品性价比超高,食客们反映是越做越好。招牌虾贝鸡味道独特;支竹(腐竹)羊肉煲焖

当 地 知 识

哪里的裹蒸粽好吃?

肇庆的裹蒸粽特别有名,它是以糯米、脱皮绿豆和猪肉为馅料,用冬叶、水草裹成,外形跟普通粽子不同,形状像一个金字塔,差不多一个有半斤重。你可以在肇庆的很多地方吃到裹蒸粽,比如市内的皇上皇,鼎湖的华记裹蒸粽都受到了大家的认可。

当我们问当地人到底哪里的裹蒸粽最好吃时,他们都只给了三种答案:一、家里出品的,特别是老人家包的粽子;二、除了糯米、绿豆和猪肉之外不添加别的辅料的粽子,并不是食材越多越好吃;三、刚刚蒸煮出来的粽子最好吃,真空包装的都不怎么样。或者这可以作为你的购买和觅食参考。除了剥开粽子吃,餐厅也会把一个粽子摊成一张薄饼的样子,煎了以后摆盘,糍粑一样的口感,也很美味。

得十分入味，酥而不烂，里面的马蹄特别甜；萝卜牛腩吃到了私房味道，汁水拌饭能让人连吃几碗。总之，镬气满满，值得期待。

利兴河鲜楼
粤菜 ¥¥

（见154页地图；☎158 1399 0147；高要区江口大桥桥底南侧，近世纪大道交叉口；人均80元；⏰10:30~14:30；16:30~22:30）如果你不想跑更远去吃西江的河鲜，这间性价比不错的餐厅可以满足你的心愿，网络上推出了好几种价廉物美的套餐。在这里，你可以好好学习一下西江出品琳琅满目的鱼类，清蒸边鱼和河虾是必点。

🛍 购物

除了裹蒸粽与端砚，霸王花与芡实亦是不可错过的好物。裹蒸粽在大街小巷都有出售，牌坊广场的星湖国际购物中心和凯德广场，以及天宁北路步行街都是商城云集，可以看看星湖国际大润发超市出口处的特产店，品种较齐全且价位适中。

ℹ 到达和离开

长途汽车
肇庆粤运汽车总站（见154页地图；☎223 5173；庆大道）新建成的长途客运总站就在面对火车站的左手边50米，多是发往省外的长途汽车，也有少量车次去往周边县镇。

城东粤运汽车站（见154页地图；☎272 2251；端州三路13号）位于城市的东部，以省内长途汽车为主。微信公众号**肇庆粤运公司**可以购票。

火车
为省运会而兴建的**肇庆火车站**（见154页地图；☎616 1822；站北路2号）综合体于2018年8月启用。集铁路、城轨、长途汽车、公交枢纽站点于

当地知识

如何选购端砚

作为四大名砚之首的端砚，每一块砚石都有其独特的个性，加上设计师的因材设计，可以说没有任何两块端砚是一模一样的，要从茫茫砚海中寻找属于你的那一块，得从多个要素细细考量，并牢记多看慎买的原则。

石质：砚台的石质取决于出自哪个坑，老坑、麻子坑和坑仔岩三大名坑以老坑为最贵，不过也要考虑品相的差别。好的端砚石质一定要纯净无瑕，用手掌来拊摸然后停留几秒，好的端石会有一阵清凉的感觉，掌心按处则有小片水汽，显得细腻滋润。

大小：除了美观，砚堂要尽可能大砚池要深，这样更实用。而通常五六寸的大小足矣，更大一些的七八寸砚台当然用起来更顺手，九寸则是专业书画家所用了。

颜色：在阳光下或水中看色最为明显，其中紫中带蓝为最好，其次是紫中带青和紫中带赤，除此之外还有白、青、绿等颜色。

花纹：端砚的花纹有很多种，如石眼、鱼脑冻、蕉叶白、天青、青花、火捺、冰纹等，都是根据花纹的外观命名的，梅花坑的端砚就自带梅花点，有些独特的花纹能使端砚的身价上涨数倍。

工艺：就是端砚的设计、形制和雕刻等，工艺师会根据手中的石材做出不同的设计，来凸显石料的特性。

选择端砚是上述元素的综合，但要每一项指标都满分是很难的，例如石质不算最好，但没有特别的瑕疵而有某种难得的石品花纹，经名师设计和巧匠雕琢，依然能成为一块精品。

购买端砚最好去城东的**中国砚村**（又名端砚文化村，沙湖路西二巷与端州一路交叉口南100米），这个真名为白石村的地方几乎每家每户都是端砚作坊，不妨跟当地人多讨教。经过改造之后，从巨大的正门进去看到更多的是工艺美术大师的专卖店。购买时一番比较和讨价还价是不可少的，可能打4~6折。

一体，同时也是社会停车场、出租车停靠站，有多趟火车可以到达广州以及南宁、三亚、昆明、张家界等地。

肇庆东站（见154页地图；鼎湖区永安镇大朗村西旺自然村）是高铁站，正逐渐成为肇庆的交通辐辏，透过南广、贵广铁路大大缩短了与广西、贵州的往来时间，只是离市区很远。

广州站出发的列车到达肇庆火车站，广州南站出发则到达肇庆东站，可以继续转乘广佛肇城轨到达肇庆火车站。

ℹ 当地交通

公交车
市内公交车都是2元，大多无人售票，可使用广佛通、肇庆通，优惠九折。车辆都很干净，而去往周边县市的公交则车况相对较差。可以使用微信或支付宝扫码支付。

出租车
市内起步价6.5元，每公里2.1元，换班时间基本是18:00~18:30。如果想早起免票进入鼎湖山，可以与出租车约好时间，从牌坊广场出发车费大约60元。

自行车
肇庆大捷自行车服务有限公司（☏229 3286；⌚8:00~22:00）提供环星湖绿道的自行车连锁出租，自行车可以在东门广场分店（☏133 6025 1168）、蕉园岗广场驿站（☏290 1110）、波海湖驿站（☏153 6334 4813），牌坊广场驿站（☏189 4865 9519）归还，10~15元/小时。

德庆

德庆是具有2000多年文化历史的岭南古郡，自古人们取道湘江、漓江，从西江下到岭南，德庆成了沟通中原和岭南的重要交通枢纽。于是在这"岭西舟车之会"，德庆有了丰富的人文景观。这里也是小吃汇集之地。

⊙ 景点

盘龙峡 峡谷
（☏723 5038；www.gdplx.com；官圩镇；门票110元；⌚景区8:00~23:00；漂流10:00~16:30；温泉区9:00~23:00）坐落在原始森林里的盘龙峡是夏季消暑胜地，以惊险刺激著称的"中国勇士第一漂"吸引大量人潮。近山顶的瀑布区有大大小小的水车群，分为东西两部分的瀑布整体落差达到300米。峡谷里沿山分布着各种主题酒店，建议在这里停留一晚，体会峡谷的安静。从德庆县汽车站到盘龙峡每天有4班旅游车，时间为8:30、10:30、13:30和15:30。网上有各种盘龙峡门票及酒店的优惠套餐，出发前可以多比价。

德庆学宫 古建筑
（☏778 0333；德城镇朝阳西路26号；30元；⌚6:00~18:00）德庆学宫建于宋朝，又被称为德庆孔庙，是元朝政府为提倡儒学而重建的学校。学宫里的大成殿是岭南地区仅存的宋元代木结构建筑。这座高19.4米的大殿面积达300平方米，有着气势雄伟的重檐歇山顶，其内部全蓦卯榫结构支撑，而其中令人惊叹的是其"四柱不顶"设计，据说可有效避免雷击。

龙母祖庙 寺庙
（☏761 9339；悦城镇；门票50元，与德庆学宫和三元塔联票75元；⌚6:00~18:00）自古西江边的老百姓一直都信奉龙母，始建于秦代的祖庙现存部分建成于清朝，由牌坊、山门、香亭、大殿、梳妆楼等组成。花岗岩的牌坊上有均匀华美的灰塑，正殿山门前的木雕栩栩如生，盘龙石柱上龙嘴中的宝珠可以转动。留意香亭及两侧回廊上的灰塑和陶塑瓦脊，别忘了再抬头看看那些雕刻了普通人生活场景的木雕。走到最里面的龙母梳妆楼，有一面特别的镜子，据说无论多远或多近，你都能看到自己的脚。

节假日如春节和龙母诞（农历五月初八）都是人特别多的时候，那时寺庙会24小时开放，整个大殿的前坪都会被爆竹铺满，走进来简直有上战场的阵势，别忘了全副武装——戴上口罩穿上长袖衣服防"毒气"和烫伤。从肇庆乘到悦城的车即可到龙母祖庙，请司机提醒你下车。

🛏 食宿

如果你是美食爱好者，在接近粤西的小城德庆，会吃得很开心。**竹篙粉**不同于别处的肠粉，用的是香山泉水，又垂在竹篙上晾干，不仅吸收竹香，还特别爽口。作为早餐的**云吞**

更接近江浙派的薄皮肉馅小馄饨，汤头鲜美。至于菜式更接近粤西和广西的口感，会令你意外。

德庆龙珠大酒店
酒店 ¥

（☎777 6688；德庆县文兰北路，龙母大街与德庆大道交界处；标单/双 210元起；🛜❄🅿）酒店位于德庆县城中心，交通及购物便利，内部环境十分舒适，窗外的湿地公园景致怡人，但自助早餐品种很少。

回味粉店
小吃

（☎136 7239 8623；龙母大街新丽都大酒店南；人均20元；⏰6:00~13:00）来德庆不得不尝的就是竹篙粉了，装在不锈钢碗里的粉被豆芽菜和大块肉片覆盖，十分霸气。猪杂和牛腩两种浇头最受欢迎。作为被《羊城晚报》推荐过的粉店值得一试，有兴趣可以去厨房"偷窥"一下晾粉皮的竹篙。

峰味私房菜
粤菜 ¥¥

（☎757 3885；德庆大道德城镇合富明珠对面；人均70元；⏰9:00~14:00, 16:30~21:00）这家私房菜馆很对得起招牌，每道菜都透着认真和地道。沙姜鸡的鸡皮炸至金黄，吃上去口感跟白切不同；筒骨莲藕煲里的莲藕粉糯，连吃几块不在话下；本地用黑豆做的豆腐很特别，没有豆腥味又柔嫩。最好预订，跟老板确认食材和时间。

ℹ️ 到达和离开

德庆县粤运汽车客运站（☎272 2592；德城街道解放路155号）有到肇庆、佛山、中山等周边城市和城镇的车，也有跨省到广西的美食之地梧州的班车。微信公众号**肇庆粤运公司**可以购票。

珠海

珠海市

600多公里的海岸线蜿蜒无尽，近150个岛屿星罗棋布，这座珠三角人口最少、空气最好的城市，一定是受到上天特别的眷顾，才有这般得天独厚。珠海如它的名字，堪称海上明珠一般的存在，拿下包括"联合国改善人居环境最佳范例奖"在内的许多城市奖项，吸引了不少候鸟人来到这里。今天的珠海加快了建设的脚步，横琴金融岛异军突起，完全把对面的澳门比了下去，让人忽然想起它也是经济特区之一。

值得一游

港珠澳大桥怎么玩？

2018年10月开通的港珠澳大桥（见162页地图；☎882 1100；www.hzmb.org），全长55公里，连接香港大屿山、澳门半岛和广东省珠海市，这是中国目前里程最长、投资最多、施工难度最大的跨海桥梁项目。来珠海旅行，你可以通过多种方式体验这座犹如海上蛟龙的大桥。

远观眺望 如果你只是想看一看港珠澳大桥的模样，沿着情侣路行走的时候就可以看到它。

口岸观望 你可以打车或是乘坐L1路公交车到达位于人工岛上的**港珠澳大桥珠海公路口岸**，更近距离地看看这座大桥。

过境香港 如果你正打算去香港游玩，那么准备好港澳通行证出关后搭乘**港珠澳大桥穿梭巴士**（58元，儿童和老人半价）。隔着双层巴士的窗户可以让你饱览大桥和海上美景。

海上巡游 从珠海九洲港出发的**寻仙6号游船**（日/夜 238/268元；100分钟）和**高速船**（日/夜 168/188元；70分钟）都可以在海上穿梭港珠澳大桥两边，也能顺便从海上看珠海和澳门。

拍摄大桥 以上方式都可以拍摄到大桥，如果你想获得好的角度，又不想跟游人挤在一起，可以从九洲港出发去九洲岛，这是离大桥最近的岛屿之一。接下来，就看你自己发挥了。

> **不要错过**
> ### 北山村和北山音乐节
> 位于南屏的北山村（见162页地图）据说是宋代杨家将后人的定居之所，近年来享誉国际的"世界音乐节（4月）"与"北山爵士音乐节（10月）"打响了北山村的名号，高悬着红星的北山戏院（北山正街57号）从大会堂变身摇摆乐园，村内的老屋与货柜也成了充满实验性的创意演出场地。
> 平日的北山村宁静悠闲，北山戏院旁的杨氏大宗祠（⊙8:30~11:30, 14:30~17:30）与北山艺术中心所在的保遐杨公祠都是清代的建筑，梁柱与壁面青砖的雕刻极美，北山大院也是小资青年所爱。村里的街巷之间有很多有趣的墙画，也有些艺术工作室设立其中。几间颇具特色的咖啡馆可以让你逛累了歇个腿儿。我们调研时，北山戏院里的快闪店"旧物仓"集旧物展示、咖啡馆、服装店于一体，值得坐下来一歇。特别是他们跟隔壁花店共享的那个需要密码的洗手间令人难忘。

渴望度假的灵魂遮掩不住，如果看腻了水天一色的蓝，周边古镇的人文风光足够你转换心情。"懒得离开"会是珠海带给你最大的烦恼。

⊙ 景点

珠海环境宜人，沿着海岸线走走就很舒服。最热门的亲子游之地要数**长隆海洋王国**（📞400 883 0083; zh.chimelong.com；横琴岛东南部；门票395元起，与国际马戏城套票595元；⊙10:00~21:00, Ⓟ），这是长隆集团继广州长隆（见113页）之后在珠海打造的重磅游乐园。

★ 情侣路   街区

（见162页地图）1980年改革开放的炸山填海造就了这条"怎么走也走不完"的滨海大道，足足28公里长，地久天长的情侣漫步，从日出走到日落，从黑发走到白头。先到海滨公园边上的**灯塔**和著名的**爱情邮局**（⊙周一至周五11:00~21:00, 周末10:00~22:00）打个卡，继续绕过棱角咀，路旁的**珠海渔女**雕像是这座城市的名片，乘着**缆车**（单程/往返 30/55元）上对面的**石景山公园**，可以找到有关她的传说。沿着情侣路向北走，你会看到**珠海大剧院**那两枚巨大的"日月贝"在海上闪闪发光，夜里更是熠熠生辉。可以乘坐公交车到日月贝下车，近距离观赏。它所在的小岛是珠海离陆地最近的**野狸岛**，情侣路边有一条路可以通往岛上的名亭公园。租自行车，骑过海去享受岛屿天光吧。

梅溪牌坊旅游区   故居
（见162页地图；📞865 9577；上冲梅溪村3号；门票65元；⊙8:30~18:00; Ⓟ）华侨陈芳的故居，19世纪时陈芳随伯父到夏威夷经商，成功后不仅娶了夏威夷国王的义妹，而且成了国会议员。陈芳晚年十分热心家乡公益，光绪皇帝为了表彰他而赐建牌坊。梅溪牌坊由3座牌坊组成，全部是花岗岩材料，雕刻精致华美，"中国第一牌坊"的称号绝非浪得虚名。景区还有多个展览，仔细看看才能值回票价。珠海票务网（见165页）购票有优惠，公交26路、36路可到。

圆明新园   主题公园
（见162页地图；📞861 0388; www.zhymxy.com.cn；九洲大道三埔路与白石路交界处；免费；⊙10:00~21:00）建于1997年的圆明新园按原比例重建了圆明园40个景观中的18个，在温暖的南国还原了一个皇家园林之梦。大型歌舞剧《皇家盛典》（85元；⊙17:00, 周三停演）透过华丽特效带你回到清代，一睹繁华与覆灭的史诗震撼。多班公交可达，至圆明新园站下车。

珠海市博物馆   博物馆
（见162页地图；景山路191号九洲城；免费；⊙9:00~17:00, 16:00停止入馆，周一闭馆）坐落在古色古香的九洲城内，展出本土文物与珠海历史名人事迹。多班公交可达，至九洲城站下车。

珠海国际会展中心   展览馆
（见162页地图；📞688 6666; www.zhuhaicec.com; 湾仔银湾路1663号；门票随展览而定）如果

珠海城区

你在珠海恰好遇到一场展览，不妨到这片展览区域看看。超大的展览中心之外，珠海第一高楼珠海中心大厦、瑞吉和喜来登酒店、华发中演大剧院和都市商圈都在此落户，构建了一组充满设计感的建筑群。走到马路对面，一边吹风一边看着对面澳门的赌场和旁边横琴岛金融区的高楼，黄昏时分特别美。

🚶 活动

中国国际航空航天博览会 展览会

（www.airshow.com.cn）简称"珠海航展"，自1996年起逢双年循序进行，不仅有尖端科技产品展示给各地航空迷，还有令人振奋的飞行表演。如无意外的话，最近一届为2020年11月。

珠海国际设计周 展览会

虽然2018年才开办第一届，但这是京粤港澳四地携手打造的高规格国际级盛事，2019月12月在珠海国际会展中心举办了第二届，吸引了大量艺术爱好者。

活动时的声响较大。公共空间和卫浴空间都足够大，他们还在很大程度上使用了环保材质，并在各处做了展示和说明。服务人员热情地为你规划路线，还有行李管家服务帮你免费把行李送到交通枢纽地。离大商场、公交站和海边步行可达，最赞的是附近的几家餐厅，绝对会让你不想离开。

怡莱精品酒店
（珠海日月贝大剧院店） 酒店 ¥¥

（见162页地图；☎225 8999；海滨北路与凤凰南路交汇处；标单/双 239元起； ）这间外观看起来不怎么样的酒店，2018年经过重新装修后，虽然房间仍然不大，胜在服务周到，周边吃喝便利也算是性价比还不错的一间酒店。离海边比较近，最好的方式是租个自行车到附近的地标逛一逛。

丽舍酒店 酒店 ¥¥

（见162页地图；☎211 6333；康宁路70号；标单/双 366元起； ）位于香洲区的中心，与情侣路和海狸岛只隔一条街，步行10分钟范围内就有很多美食，周围除了商场还有牛津街可逛。房间温馨舒适，喜爱软床的人有福了。

珠海海湾大酒店 酒店 ¥¥¥

（见162页地图；☎887 7998；www.gbvh.com；水湾路245号；标单/双 898元起； ）背靠将军山，面朝南中国海，这间正牌五星酒店像一座帆船，占据了山海间的标准景致，拥有270度无敌海景和港珠澳大桥全貌的海景房值得你多花些银子，亲子房间也有很多给孩子们的惊喜。早餐的自助餐很受住客欢迎，免费前往长隆和九洲港的班车提供了很多方便。服务人员的笑脸会让你对珠海的好印象再加点分。

就餐

珠海因海洋之便，以海鲜为主的粤菜是当仁不让的亮点，要是在菜单上看到斗门重壳蟹、白藤莲藕、万山对虾，千万别错过。以"大、肥、白、嫩、脆"闻名的横琴蚝因为横琴岛的大兴土木而搬迁了养殖地，到底能不能吃到跟从前一样的品质不得而知，可以去试试**新佳濠横琴生蚝火锅**（☎133 2667 7612；

住宿

因地形的先天优势，要面山还是望海，在珠海都不是奢求。拱北的环境比较杂乱，如果不打算去澳门，其他区域会更舒适。

★ 珠海凤凰蛋青年旅舍 青年旅舍 ¥

（见162页地图；☎333 8676；景园路15号珠宝大厦7楼；铺62元，榻榻米房267元； ）这间旅舍的体验很独特，6人间所有的床铺都是1.5米宽的可锁太空舱，在空间不逼仄的情况下保证了私密性和安全性，只是舱房材质会让

珠海城区

◉ **重要景点**
- 1 情侣路 D3

◉ **景点**
- 2 北山村 A4
- 3 港珠澳大桥 D4
- 4 梅溪牌坊旅游区 A1
- 5 圆明新园 B3
- 6 珠海国际会展中心 E5
- 7 珠海市博物馆 D2

◉ **住宿**
- 8 丽舍酒店 C1
- 9 怡莱精品酒店 D2
- 10 珠海凤凰蛋青年旅舍 D2
- 11 珠海海湾大酒店 C3

◉ **就餐**
- 12 金悦轩 C4
- 13 老强记湛江鸡饭店 D2
- 14 七叔公面家 D2
- 15 新佳濠横琴生蚝火锅 B4

◉ **饮品**
- 16 伦敦廊London Lounge A3
  - 小米烘焙屋 .... （见2）
- 17 御芳园 B4

◉ **娱乐**
- 18 Miu Line谬籁酒吧 E4
- 19 水湾路 C3

◉ **购物**
- STOSTO整理生活 .... （见7）
- 20 拱北地下商场 C4
- 21 华发世纪城 E4
- 22 湾仔海味中心 E4
- 23 无界书店 F2

◉ **实用信息**
- 24 珠海市人民医院 C1

◉ **交通**
- 25 拱北口岸 C4
- 26 拱北汽车客运站 C4
- 27 横琴口岸 E5
- 28 九洲港 D3
- 29 湾仔口岸 E4
- 30 香洲长途汽车站 C1
- 31 香洲港 D1
- 32 信禾拱北通大汽车站 B4
- 33 珠海火车站 B4

花苑新村大排档；⏰11:00至次日2:00）。**湾仔海鲜食街**则是规模最大的海鲜聚集地。

七叔公面家（湾仔沙店） 小吃 ¥

（见162页地图；📞152 2055 2723；东风路45号豪园大厦41、43号铺；人均22元；⏰7:30~20:00）这就是家简单的面馆，供应爽脆的竹升面，选择不多，但认认真真把所有细节都做对了。吃过这家的鲜虾云吞面或牛腩面，大概心里就会盘算下次还要再来。这里离海狸岛不远，逛累了不妨来试试。

★ 老强记湛江鸡饭店 粤菜 ¥¥

（见162页地图；📞336 8123；园林路13号铺；人均70元；⏰11:30~14:30, 17:30至次日3:00）这家开了20多年的餐厅几乎没有什么不好吃的菜，挂起来的湛江鸡（55元/斤）和外面炭火上"烧"着的湛江蚝（6元/只）是绝对的主打。趁热即吃的沙姜爆猪俐（猪舌）可以让不爱内脏的人都爱上，蒜蓉粉丝蒸沙蚬堪称价廉物美第一菜。即便你是一人食，店员也会友好地推荐价廉物美的荤素搭配菜（28元），通常都是临时发挥，并不在菜单上的菜品。

金悦轩 粤菜 ¥¥¥

（见162页地图；📞813 3133；情侣南路265号日华商业广场B区1-3楼；人均180元；⏰9:00~15:00, 17:00~22:00；🅿）这家珠海老字号坐拥一大排面海的落地窗，早茶出品精致，服务也令人满意，始终保持高水准让它成了很多人来珠海必吃的店，流沙包、虾饺、凤爪和烤乳鸽都有着好口碑。粤菜走的高档路线，好吃但是要考验你的荷包。

🍷 饮品

御芳园 甜品 ¥

（见162页地图；围基路32号来魅力假日酒店B1层F067；人均30元；⏰10:00~23:00）原名沁芳园，由蔡澜亲笔题名"御芳园"三字作为招牌。甜品表现远胜咸点，标榜现磨现熬，芝麻糊、水牛奶姜埋奶滑口清润。如果你想点餐，那粥粉面饭也是样样俱全。

小米烘焙屋　　　　　　　　咖啡馆 ¥¥
（见162页地图；📞893 8089；南屏北山正街五巷11号；人均40元；⏱周三至周日10:30~20:30）北山戏院的斜对面，这座绿色集装箱和玻璃房拼合的建筑，被大榕树掩映，在这样的气氛里点一杯咖啡配一份芝士蛋糕，相当惬意。据说老板是法国人，经常会设计符合季节时令的菜品和甜点，很值得期待。

伦敦廊London Lounge　　　　啤酒馆 ¥¥¥
（见162页地图；📞899 6626；岱山路70号；⏱16:30至次日1:30；人均100元）以经典英式美食与啤酒为号召，一边吃喝一边观看体育赛事最是带劲。从比萨、汉堡、沙拉到各种套餐搭配，都很受欢迎。每周日19:00前有全场六折优惠。

☆ 娱乐

水湾路（见162页地图）是珠海的老牌酒吧街，平日里很清静，周末的癫狂总是让附近大塞车。华发世纪城是近年新崛起的夜生活重镇，Miu Line谬籁酒吧（见162页地图；📞867 6555；昌盛路酒吧街2112号；⏱20:00至次日6:00；人均200元）就是原来的Miu Miu，装修高端时髦，气氛火热，人气特旺。

🛍 购物

大型超市基本都有澳门特产，拱北关口的地下商场更是商品云集。珠海本地的海产干货以湾仔码头旁的湾仔海味中心（见162页地图）为集散地，购物商圈集中在景山路、凤凰路、莲花路，新开发的华发世纪城正迅速发展中。拱北地下商场（见162页地图；⏱10:30~23:00）在拱北关口前，地下两层楼的商场如迷宫般以惊人尺度向四方扩张，这里也是小吃重镇。短短的牛津街则是最早的网红打卡地。

STOSTO整理生活　　　　　　创意家居
（见162页地图；景山路177号万科环宾花园20号；⏱10:30~21:00）珠海起家的STOSTO是中国第一家高端系统收纳家饰品牌，你得努力克制想把整间店搬回家的冲动。

ℹ 实用信息

危险和麻烦
拱北靠近关口一带，人流密集鱼龙混杂，经常发生偷窃与拐抢案件。要注意保管好自己的随身物品，不要随便跟陌生人说话。

医疗服务
珠海市人民医院（见162页地图；📞222 2569；康宁路79号）是珠海品质最高、规模最大的医院。

旅游信息
珠海户外网（www.zhuhaihuwai.com）组团爬山、骑行、勇闯小岛的同好大本营。
珠海票务网（www.zh-piao.com）订购景点门票、住宿、交通票券都有优惠。
珠海本地宝 关注此微信公众号，可以获得很多近期信息，也可以购买船票，等等。

ℹ 到达和离开

珠海交通非常方便，机场、港口、城轨设施齐全，自行车道的建置可谓珠三角最完善。如果想过境去澳门，可以通过拱北口岸（⏱6:00至次日1:00）、横琴口岸（24小时）和湾仔口岸（8:00~11:30, 13:00~16:30，必须坐船）这三处通关。

飞机
金湾国际机场（见162页地图；📞777 1111；www.zhairport.com；金湾区587县道），离市区约35公里，有多家航空公司提供飞往国内各个城市的航线，没有国际航班。每年11月的中国航展都在旁边的航展会场举行。

长途汽车
珠海的每个区都有长途汽车站，到达省内各地市的班次十分频繁。大部分都已支持微信购票，珠海的主要客运站点如下：
拱北汽车客运站（见162页地图；📞888 5218；水湾路17号），主要转运枢纽，有近百条线路发往省内和邻省，珠海拱运巴士微信公众号可查询车次和订票。
信禾拱北通大汽车站（见162页地图；📞887 5363；围基路36号）和香洲长途汽车站（见162页地图；📞211 6222；紫荆路142号）均由信禾运营，主要以发往省内的班车为主，价格略便宜，信禾巴士微信公众号可查询车次和订票。

火车

珠海以城轨与广州连接，从**广州南站**开来的车依次经过**珠海北站**、**唐家湾站**、**明珠站**、**前山站**和**珠海站**，终点珠海站就在拱北关口外。另外也有多班高铁和动车往来两地。

船

九洲港（见162页地图；📞333 3359；www.zhjzg.com；情侣南路559号）是一个综合型的交通枢纽，有直达深圳蛇口、香港机场、香港以及九洲岛的船，还有到达珠海机场、深圳机场、广州东站及省站的大巴，持船票可免费搭乘往拱北的接驳车。具体班次可在其网站查询、购票。

香洲港（见162页地图；📞211 9915；www.2119915.com；情侣中路北堤码头）有到桂山岛、外伶仃岛、东澳岛和万山岛的快船。

ℹ️ 当地交通

抵离机场

机场设有直达珠海市区、澳门、中山和江门的快线巴士，另有机场快线到澳门皇朝广场、拱北和九洲港，具体时间和经停站可查询**机场快线**（📞811 1333；www.zhjcys.com），自拱北至机场约1小时。公交207路从珠海市区可直达机场候机楼。市内各区及周边城市如澳门、中山、江门等也设有城市候机楼。

公交车

珠海公交车1元起，少数线路分段收费，可以使用珠海通、中山通、岭南通，也可以用微信或支付宝扫码乘车。

出租车

市内出租车起步价10元/3公里，之后2.4元/

另辟蹊径

万山群岛串游

万山群岛是珠海一百多个岛屿的总称，开放登岛的岛屿不多，香洲港（见本页）是前往诸岛的主要港口。值得注意的是海上航班易受天气影响，坐船要带上身份证。岛上住宿品质普遍一般，且缺乏淡水和医疗设施，自备足够的饮用水与应急的药品是必要的。关注微信公众号"香洲港"或"珠海本地宝"可以购买船票和各种套票。

高栏岛 通过连岛大堤与南水镇相连，沙漠奇景与6幅新石器迄青铜时代的岩画让人叹为观止。可从珠海市区乘坐605路到珠海港，在珠海港换乘706路可到达。

荷包岛 著名的大南湾有着长达4公里的沙滩，是各岛屿中最大气的。乘坐605路到南水巴士站，再转乘710路到荷包岛码头坐船。

桂山岛 群岛中开发程度最高的岛屿，环境整洁，也是少有的开放的游艇垂钓区，文天祥雕像可让你体会"留取丹心照汗青"的风骨。除了酒店也有农家乐，可以和渔民同吃同住体验当地生活。可以从香洲港和深圳蛇口港坐船到达。

外伶仃岛 珠海唯一可以看到香港的海岛，只有听海楼酒店附近有人工沙滩，小心被礁石弄伤。绿道很棒，登石景公园看日出和日落都很难忘。适合住上一晚，夜生活是这儿的重点，购买海鲜要特别留意。香洲港和深圳蛇口港有班船。

东澳岛 Club Med曾经选择这里说明了它景色绝美，海水很蓝，沙很白，南沙湾更有"钻石沙滩"的美名。香洲港、横琴码头都有船可到，但香洲港船班最多。

万山岛 跑步2小时即可环岛完毕，海鲜的选择非常多也很便宜。岛上有哥特风的海蚀地貌，也有国内少有的第四纪冰川留下的痕迹。从香洲港乘船可达。

担杆岛 太平洋上的国际航道与它擦身而过，具有重要的战略地位。岛上生态环境良好，一些废弃的旧营房成为担杆岛特有的人文风景。香洲港和桂山岛都有船可达，班次不多。

庙湾岛 有人认为它是中国的"马尔代夫"，水清沙幼。从珠海出发至少4小时船程，没有公共交通船，只能参加旅行团包船过去，通常从香洲港和横琴前往。

公里，叫车电话（☎863 2023）。

自行车
　　珠海的自行车出租点遍布全城，只需要在任何银行的IC借记卡存上300元保证金，然后去网点开办服务即可。每天累计的前90分钟都是免费的，是游览珠海的惬意之选。详细信息可拨打电话或上网查询（☎361 6999；www.zhuhaicitybike.com；◐7:00~22:00）。

唐家湾

　　"先有唐家湾，才有珠海市。"这片市区北部的区域，曾是名人辈出之地，也藏着古老的村落和街巷，如果你想从"现代化海滨城市"里跳出来复古怀旧一下，来这里最合适。早上到会同村，下午游唐家古镇，在民宿住一晚后第二天去淇澳岛骑个车，是不错的二日游。

◉ 景点

会同村 古村落
　　（☎699 3901；www.huitongcun.cn；免费；◐24小时）会同街上碉楼与祠堂相依，古堡一般的南碉楼上书"风起"，钟楼一般的北碉楼上书"云飞"，嵌着英国制造的报时钟，每逢正点这座钟楼依然会有钟声敲响。莫氏大宗祠里介绍了会同村和莫氏家族，最为人熟知的便是经营香港太古洋行的莫仕扬祖孙三代。会同村里进驻了阅潮书店，图书、文旅产品和咖啡座给老屋带来了设计感。
　　会同澍梅祠里是会同电影小馆（◐10:00~18:00，周一闭馆）。如果观察仔细，还能在村南村北找到两座建于清代的闸楼。三街八巷之中能觅到老屋咖啡（☎363 1979；◐9:30~19:00）和小镇林居（☎136 3121 3125；小院188元）这样充满文艺味道的所在。会同村隔壁就是北京师范大学和香港浸会联合国际学院，学校也发起了很多社区扶助和交流项目。
　　一定要去村子西南面的栖霞仙馆（5元，可以在甜品店同价抵扣）看看，这座莫家后人为了原配夫人建造的园林将岭南与西洋风格融合在一起，在主楼一楼出品的双皮奶很令人惊喜。

唐家湾古镇 古镇
　　在共乐园（☎331 1154；唐家湾镇山房路234号；免费；◐8:30~17:30；🅿）里参观唐家名人展览馆，你会明白在民国初年推行现代化的人才为什么多是广东人。这座简朴的花园原是民国第一任总理唐绍仪府宅。从山房路北侧的小巷钻进唐家古镇，你会发现两侧都是青砖墙与红木窗，到处都是国家保护的文物。只在初一、十五和"土地诞"等民俗节日开放的唐家三庙一字排开，檐下的木雕与庙堂外缘的照壁都很有趣。
　　瑞芝唐公祠里有关于唐家古镇的图文展览，对面的望慈山房在我们调研时仍在整修，里面空空如也。镇上的唐绍仪故居依然在闭门维修中，但一路上的小资咖啡馆、小商店和大面积的墙画以及招牌都抓人眼球。你可以在山房柒拾捌號买一个祈福的小红牌挂在青砖墙上，也能近距离看看明代始建的唐家古围墙。古镇门口的山房驿站有发往山房路和大同路的免费电瓶车。

淇澳岛 岛屿
　　这儿是中华白海豚保护基地，岛的北部有代表珠海生态的红树林，这里是中国三大鸟类迁徙路径之一，每年冬季有超过10万只候鸟来此过冬。令淇澳人骄傲的白石街是1833年用英军赔偿的白银所建，里头的苏兆征故居有着壮观的蚝壳墙。岛上的绿道很不错，正适合骑车逛逛，不过并不值得留宿。

🛏 食宿

其华客栈咖啡馆 客栈 ¥
　　（☎186 8816 6380；山房路太平里4号10号；铺30，标/双128起；📶❄）躲在古镇深处的这家民宿兼咖啡馆大概是唐家最有个性的旅馆，老屋经过简单的整理，布置很文艺，躺在阁楼床上可以清楚看见岭南建筑特有的裸露屋瓦在眼前排排站，是体验古镇悠哉慢时光的好去处。床铺只接待女生。

和记菜馆 粤菜 ¥¥
　　（☎331 3046；唐家茶水井；人均70元；◐11:30~13:00，17:00~20:30；🅿）如果你重视味道胜过其他，和记那"酒香不怕巷子深"（可能得问好几次路）的架势一定满足你。一定要订位，对于他家的招牌菜焖鸭、陈皮骨、萝卜煲，毫不犹豫地预订吧，辛苦找去却吃不

唐家茶果店

小吃 ¥

(☏136 7266 2357；山房路87号；人均15元；⊙9:00~18:00或售完为止) 由芳姐独力支撑的这家店卖的是唐家独门小吃"茶果"。原本是唐家村过年的传统糕点，做工烦琐，得用米粉揉成薄皮，裹着饱满的馅料蒸成晶莹剔透的模样。陈醋鸡脚配萝卜糕，再点一份陈皮绿豆沙，非常舒服。

🛍 购物

古村和古镇上都会有些当地特产，也有一些文旅产品，可以作为手信。

无界书店

书店

(情侣北路格力海岸滨海商业城3楼；⊙10:00~22:00) 这是当地人给我们推荐的网红打卡地，2500多平方米的空间，10万多册图书，而与你相伴的是珠海引以为傲的蓝天碧海。一排舒适的座位面对窗外270度的海景，一杯咖啡，一本书，幸福来得很简单。对面的宽大阶梯对于热爱阅读的大小朋友都很友好。

ℹ 到达和离开

可以在市区乘坐10路、3路公交车到金鼎市场，再转67路去会同村，大约1小时。继续乘坐67路回到金鼎市场后，可换乘3路等多路公交到唐家市场下车，大约40分钟，步行约10分钟可以到达古镇。从唐家湾古镇坐85路可以到达淇澳岛。

深圳

40岁对于人生已入不惑，对于一个城市还太过年轻，的确，这里是只属于年轻人的"中国硅谷"。非户籍人口超过65%，几乎听不到粤语，在珠三角特立独行的深圳，有着"包容平等"的城市标签，同时也是一个急速飞转、竞争激烈的绝狠打拼场。造型奇特的闪亮大厦争妍斗艳，平安国际金融中心刷新了深圳的高度。飞步疾驰的人们唯恐落后于时代，准备一双适合跑步的鞋，在深圳街头，所有人都在小跑奔向世界舞台奔去。

深圳入选了2018年Lonely Planet世界十佳旅游城市，意料之外，情理之中。在积聚了底气之后，"主题乐园之都"开始在文化艺术上发力，对于旅行者来说也许是重大利好。

👁 景点

从未以旅游业著称的城市，旅游项目更适合生活在这里的人。主题公园包揽了惊险刺激和知识普及，海滨生活滋生了大量海上运动，由山到海的生态公园和徒步路线成为周末休闲去处，你可以随时加入其中，也可以

值 得 一 游

斗门温泉与古村落骑行

青色的山峦周边是随着四季改换颜色的田野，沿着绿道骑行，可走访散布其间的古村落：南门村的**菉猗堂**是明代留下的精美宗祠，以65厘米厚的蚝壳墙闻名，祠堂墙头也有不少建筑装饰值得欣赏。南门村西北方的围村**接霞庄**，房舍精致，街道工整，是电视剧《容闳》的取景地。

斗门古街 兴起于鸦片战争之后，因有商船来往广州、香港，商业繁荣，形成一条博采各国建筑精华、长约500米的骑楼街。珠海第一峰**黄杨山**上的千年古寺**金台寺**在2001年重建后十分壮观。沿着金台寺后方的隔火带向上爬，可以远眺西江入海口、金台寺的金色屋顶和碧绿的水库。

御温泉度假村（☏400 8822 333；www.00800.com.cn；斗门区斗门大道；标单/双 1333元起；☎✳🅿) 是畅游斗门的最佳落脚处，这里自称"中国温泉旅游业的黄埔军校"，日式装修，服务体贴，各色露天温泉池卫生严格，傍晚的封街庙会热闹非凡。斗门区虽属于珠海市，但已与中山和江门接壤，从拱北乘公交车至少需2小时，自驾的话从江门过去只要半小时。珠海公交609路可直达御温泉，也可预订旅馆往来拱北、九洲港的接驳车。

深圳

像我们一样，把重心放在探寻文化元素。

★ 海上世界文化艺术中心　　展览馆

（见172页地图；📞2667 1187；www.designsociety.cn；望海路1187号；场馆免费，展览收费：⏰场馆10:00~22:00；展馆 周一至周五 10:00~19:00，周末10:00~21:00；Ⓜ海上世界）纯白的三个巨大"盒子"打造成的艺术空间，由日本著名建筑师槇文彦领衔的槇综合计画事务所设计，历时7年方才建成。一楼的V&A展馆是与英国国立维多利亚与艾伯特博物馆（V&A）合作的展馆，2020年度大展是"设计的价值在中国"（门票68元；1月19日至12月20日）。四层的空间也推出各种展览、活动、演出和艺术品商店，别忘了去顶层花园，可以尽览面向山、海、城的三重开阔视野。出门即是海，这里还可以跟周边的海上世界、女娲滨海公园一起串联游逛。

深圳当代艺术与城市规划馆　　展览馆

（见170页地图；📞8276 0159；福中路184号；免费；⏰10:00~17:00，周一闭馆；Ⓜ少年宫、市民中心）这里可能是深圳市中心CBD商圈最后一块空地，用它来打造"深圳两馆"，可见深圳对于打造文化地标的决心。建筑本身更值得一看，由大量倾斜、扭曲旋转曲面构成，呈不规则流动曲线，外立面由混凝土和天然石材百叶窗与绝缘玻璃组成，环境友好。两座功能不同的博物馆在中间的"银云"连通，这里是咖啡馆、书店和博物馆商店的汇聚之地。

OCT-LOFT华侨城创意文化园　　创意园区

（见172页地图；www.octloft.cn；华侨城恩平路；免费；Ⓜ侨城东）藏在绿荫深处的华侨城创意文化园原本是工业区，而今红砖铺成的笔直巷弄构筑出梦一般的优美小镇。以OCT当代艺术中心（华侨城恩平路康佳北300米；免费；⏰10:00~17:30，周一闭馆）为核心，除了旧厂房改装的各类展场，还聚集了设计公司、咖啡馆、酒吧、茶馆、时尚餐厅、旅馆，以及一间建筑主题书店，量多质精的陶艺铺、民族服饰、居家杂货令人惊喜连连。这儿也是艺文沙龙的基地，从日到夜，让你每个细胞都沉浸在"美"的追求中。周末假日千万记得公交出行。

深圳雅昌艺术中心　　展览馆

（见172页地图；📞8336 6138；www.artron.com.cn/about/gallery/index/shenzhen；深云路19号；门票200元，可以抵扣消费；⏰10:00~19:00；

福田区和罗湖区

珠三角

深圳

福田区和罗湖区

◎ 景点
- 1 木星美术馆 A3
- 2 深圳当代艺术与城市规划馆 A1
- 3 深圳市博物馆新馆 A1

🛏 住宿
- 4 深圳柏悦酒店 A2
- 5 深圳卡罗精品酒店 D2

🍴 就餐
- 6 巴蜀风 C1

🥤 饮品
- 7 24小时书吧 A1

🛍 购物
- 8 福田国际保税跨境商品展示中心 A3
- 9 华强北商圈 B1
  中心书城 .... (见7)

ℹ 实用信息
- 10 北京大学深圳医院 A1

ℹ 交通
- 11 福田口岸 B3
- 12 福田站 A2
- 13 皇岗口岸 B3
- 14 皇岗汽车站 B2
- 15 罗湖火车站 D2
- 16 罗湖口岸 D2
- 17 罗湖汽车站 D2

(侨城一号广场)这座靛蓝色的大楼在四下灰白的包围中脱颖而出,如同雅昌从一个印刷公司一步步变成"世界顶级的综合艺术服务中心"那样令人赞叹。高30米、宽50米的艺术书墙是绝对亮点,无论你身处书墙哪一处都会被震撼。中心底层有很多雅昌印刷的书籍展出,你可以触摸观赏,其他楼层也会不定期推出展览,绘本书店一定会受小朋友欢迎。别被票价吓坏,你可以在艺术中心的书店和星空咖啡馆消费时用它抵扣(不找零)。

观澜版画村
古村落

(见169页地图; www.guanlanprints.com; 牛湖大水田村; 免费; ⏰8:00~20:00; 🚇版画村)被誉为"深圳最美的村落",原是一处传统客家古村,许多版画家在此设立工作室,作品水平高、质量精。版画家到此工作的时间并不固定,有时会提供体验课程,若有幸碰上不妨试试。村前种植四季花卉,蒙蒙细雨中特别美,村落本身也够醉人。从市中心搭公交车前往需3小时,下车后沿街都是红木家具店,沿着指标走一小段路即可抵达。

深圳市博物馆新馆　　　博物馆

(见170页地图;shenzhenmuseum.com;福中路市民中心A区;免费;◉10:00~18:00,周一闭馆;Ⓜ市民中心)常设的深圳改革开放史、深圳民俗文化等展厅,是了解深圳的最佳窗口,世界野生动物标本展非常受孩子们欢迎。逛完后若对深圳的工业实力有兴趣,可以顺道去旁边的深圳工业展览馆(市民中心B区;免费;◉9:30~17:30,周日闭馆)瞧瞧,露台还可以眺望莲花山。

鹤湖新居　　　古村落

(见169页地图;罗瑞合北街1号;免费;◉9:00~17:30,周一闭馆;Ⓜ南联)深圳现存最大的客家围村,也是客家民俗博物馆,曾有上千名罗家人聚居于此。建筑的防御、水路设计精良,当年日军放火烧被围困的居民时,居民从屋顶巧妙设置的走道顺利逃生,是罗家的传奇佳话。文物陈列丰富,蚝壳窗保存完好,搭配感应式语音导览,可深入了解深圳客家文化的各种样态。

何香凝美术馆　　　美术馆

(见172页地图;☏2660 4540;www.hxnart.com;深南大道南侧;免费;◉9:30~17:00,周一闭馆;Ⓜ华侨城)由香港龚书楷建筑事务所设计的优美白色建筑,曾获美国建筑师协会香港分会、深圳市优秀建筑设计最高奖。这是中国第一个以个人名字命名的国家级美术馆,收藏陈列了何香凝的艺术作品及相关文献,并且推动创立了何香凝艺术陈列、深圳国际当代雕塑展等品牌。

大芬油画村　　　街区

(见169页地图;www.cndafen.com;布沙路与深惠路;免费;Ⓜ大芬)从30年前香港画家黄江在此地做起名画临摹和批发生意开始,到如今油画、水墨、雷雕、干燥花、刺绣画等应有尽有,大芬已成为全球油画的重要交易地。如今的大芬街头也出现秘密组织般的小型艺文空间,除了艺品展售,也兼营咖啡、餐饮,你可以请他们帮忙介绍作品质量好的画师。大芬美术馆(老围东3巷;◉10:00~18:30)是大芬村转型的火车头,时常举办当代艺术品的展览、拍卖。

大梅沙和小梅沙　　　海滩

离城市最近的海滩(见169页地图)就是这儿了,这两个相比邻的度假区在节假日总是人山人海。曾经的大梅沙有着1800米长的美丽沙滩,巨大的雕塑让人感觉度假气氛颇浓。小梅沙就在大梅沙东边约1公里,两者间的沿海栈道是看海的好去处。到达大梅沙的公交车基本也经过小梅沙,如观光巴士1路、J1路、103路等。大梅沙经历改建后,于2020年5月1日开放。小梅沙则因为深圳地铁8号线的建设而清拆并进行滨海度假区的改造,预计2025年完工。

🛏 住宿

深圳的住宿地非常多,价格普遍不太亲切。想住稍微舒服的酒店,你的预算可能要在600~800元/间,更多在千元左右。在网上可

不要错过

多看些艺术品?

如果你是艺术爱好者,不妨去福田保税区的木星美术馆(见170页地图;蓝花道6号;◉9:00~17:00,周一闭馆)看看。这家2019年12月13日开幕的美术馆,开馆大戏就是"历史的凝视——再访当代中国艺术",云集了60位当代中国艺术家的104件代表性作品,展品涵盖了架上绘画、大型装置、雕塑、当代摄影、录像、新媒体艺术、行为艺术等。展览持续100天之久,我们有幸偶遇了这场艺术盛宴。木星美术馆的巨大体量足够承接任何大型艺术展览,相信后续会有更加精彩的出品。

蛇口和华侨城

蛇口和华侨城

◎ 重要景点
1 海上世界文化艺术中心 A4

◎ 景点
2 OCT-LOFT华侨城创意文化园............ D2
3 何香凝美术馆 D2
4 欢乐谷 D2
5 锦绣中华民俗村.................................. D2
6 深圳雅昌艺术中心 D1
7 世界之窗 C2

住宿
侨城旅友国际青年旅舍 ....（见1）

就餐
8 丹桂轩 D1
润园四季椰子鸡............................（见1）

饮品
Gee Coffee Roasters.................（见1）

娱乐
9 B10现场 D2
10 一渡堂 D2

交通
11 蛇口码头... A4
12 深圳湾口岸 C3
13 深圳西站... A2

值得一游

认清深圳的青旅

在非旅游主打城市深圳,如果你上网搜索,搜出来的青旅要比热门旅游城市还要多!你没看错,很多小区的大楼都被所谓"青旅"占据,住宿条件更多是满足到这座城市来打拼寻梦的年轻人,而不是背包客。因为低廉的价格而获得短期的住宿,住客的要求也跟旅行者不同。虽然大家可能相处得挺美好,也能一起搭伙吃饭喝酒,但很多这样的青旅的管理松散,洗手间和浴室不够用的情况突出,卫生条件也堪忧。我们曾经在离福田市中心很近的皇都广场遇到过此类青旅,一栋楼里可能就有十几家,到底好不好就看你的预算和心态(冷暖自知)了。

目前唯一在YHA登记的是**侨城旅友国际青年旅舍**(见172页地图;☎8609 5773;www.yhachina.com;香山东街7号;铺75元起,标单/双 200元起;🛜❄️🅿️),虽然条件也未必尽如人意,至少地理位置不错。

深圳有几间推出了太空舱的青旅受到了不错的评价,预订时可以优先考虑。

以找到各种藏在小区里的青旅、民宿和酒店式公寓,比正规酒店便宜很多,品质与设备也不错,但也存在管理上的弊端,是否冒险一试就看你的需求。

深圳卡罗精品酒店(春风店) 酒店 ¥¥

(见170页地图;☎2586 9296;春风路3007号桂都大厦7楼;标单/双 268元起;🛜❄️🅿️)这家经济型酒店是品牌旗下最新的一间,靠近地铁向西村站,可以方便快捷地到达罗湖火车站及口岸,去各个景点的交通也很便利,周边吃喝之地也不少。虽然房间窄小,但服务不错,为了地段忍一忍吧。

维也纳好眠国际酒店(深圳塘朗地铁站店) 酒店 ¥¥

(见169页地图;☎2777 6988;留仙大道东塘朗车辆段内综合楼主楼;标单/双 350元起;🛜❄️🅿️)虽然靠近深圳北站的位置有点偏,但在深圳,这个价位对应酒店的各种贴心设施实在性价比非常高了。作为火车站连锁酒店品牌,维也纳推出了"好眠"主题酒店。这一家2019年新开,除了提供包括乳胶枕在内的枕头可选之外,还配备了免费使用的按摩椅、泡脚桶,甚至还有助眠音乐,难怪出差达人向我们推荐它。

深圳柏悦酒店 奢华酒店 ¥¥¥

(见170页地图;☎8829 1234;www.hyatt-tianjin.com;益田路5023号;标单/双 1722元起;🛜❄️🅿️🏊)中国第八家柏悦酒店选在了平安国际金融中心南楼,真正做到了都市中心的文人官邸。由George Yabu和Glenn Pushelberg操刀设计,来自向京的雕塑作品,酒店里的大型壁画,艺术气质层层浸润,就连顶层酒吧外面的吸烟处也充满了绿意。房门口的小衣帽架和像百宝箱一样的橱柜,都会让人会心一笑。如果你有预算,就享受一下在空中看阳光透过云层照亮鹏城吧。

🍴就餐

深圳会集了来自世界各地的人,粤菜在这里甚至不算主打,各人都能找到家乡味道。**东门老街**本身就是一条食街,不远的**乐园路**是市内吃海鲜的好去处,**凤凰路**上则多大型酒楼。从华强北商业区发散出去的**振华路**、**振兴路**、**燕南路**等汇聚了各地风味,当然大名鼎鼎的**香蜜湖**是最火爆的食街。**盐田海鲜街**不仅原料够新鲜,坐在餐厅二楼的位置还能尽情欣赏海景。

润园四季椰子鸡 海南菜 ¥¥

(见172页地图;☎2912 8886;香山东街东部市场4楼;人均120元;⏰10:00~22:00)经年不衰的品牌分店很多,这家在华侨城Loft创意文化园内,让你恍若置身海南岛。椰子鸡以椰青和秘制汤底现场熬炖,服务员会帮你调理最好的味道。一锅鸡的量不小,3~4人分食刚刚好,珍珠马蹄必点,能使肥美嫩鸡、清

深圳的城中村

城中村,一种在迅速地城市化进程中产生的社会和地理意义上的"副产品",却已成为深圳这座城市最为独特的象征之一。由于深圳的发展速度是史无前例的,而城中村这种居住区的产生也属于一种新兴现象,从而人类学家和城市规划者对其进行了大量研究。

顾名思义,城中村是深圳这座城市中的一种"建筑异类"。里面没有统一规划的宽阔马路,没有微风徐徐的公园绿地,没有城市中心区的那种整齐有序,取而代之的是一座座造价低廉、颜色沉闷的住宅楼。因为楼间距非常小,两栋楼里的人似乎隔着窗户都可以握上手,所以这种楼也被当地人戏称为"握手楼"。楼下的街巷很窄,车辆无法通行,到处都挂着晾衣绳,墙上的空调外机往外滴水,社区里的商户不少,东西和服务都很便宜,因为住户大多来自深圳规模庞大的外来务工人群。

人口稠密,缺乏管理,基础设施落后,难怪有些人会把这些城中村比作"贫民窟"。但在一些学者看来,作为农民工群体最重要的廉价房源地,城中村对深圳的崛起起到了推动作用。这些地方散发着强烈而活跃的生活气息,用商铺、学校、餐馆和理发店构成了一个自给自足的社区,为漂泊在这座城市的候鸟族带来了一种归属感。

从城外到城中

城中村的涌现是一个新现象,但这些城中村的前身却是原已有之的村庄(后来的城中村也直接沿用了老村名),其中很多历史都长达数百年。在深圳经济特区成立之前,这一带属于宝安县,农田间散布着许多村庄。特区成立后,农田被政府征用进行城市化开发,但各村内部土地的使用权和经营权仍然掌握在村民手中。无田可耕的村民为了赚钱,在自家宅基地上盖起了造价低廉、房间拥挤的高层楼房,把它们出租给外省涌入的农民工,自己当起了房东。随着深圳城市化规模不断扩大,这些原本在城外的村庄也就成了孤岛一样的城中村,尽管地处市区,风貌却与统一规划、高大现代的深圳格格不入,让这座城市呈现出了一种独有的补丁式布局。

前途未卜

随着深圳土地价值飙升,城中村——确切地说是城中村下面的地皮——也受到了房地产行业的觊觎,开发商、市政府和拥有土地的村民三方只要谈妥,负责拆迁的推土机很快就会开进来,而城中村里的租户只得到城外另寻住处,换工作、给孩子重新找学校一类的麻烦常常无可避免。在过去二十年里,深圳的城中村已经消失了大半。

甜椰香更上一个层次。这里的煲仔饭也深获好评。

丹桂轩(华侨城店) 粤菜 ¥¥

(见172页地图; ☎2600 3218;华侨城香山街波托菲诺会所1楼;人均170元;⊙8:00~23:00; 🛜 🅿)深圳的知名酒家,这间分店在波托菲诺,是一片水岸别墅区,有景观位可供人临窗眺望,环境绝不会让你失望。这里的粤菜以精致著称,片皮鸭和猪手可圈可点,点心也相当受欢迎。

巴蜀风 川菜 ¥¥

(见170页地图; ☎8324 6874;振兴路桑达工业区405栋东一二楼;人均80元;⊙11:00~14:00, 17:00~22:00)哪怕周边店铺斗转星移,这家老店依然深受追捧,正宗是关键,不断推陈出新是心意。巴蜀老坛子几乎每桌必点,鱼香肉丝、宫保鸡丁、回锅肉这些老川菜都在菜单上,记得来一份毛血旺,向蜀地致敬。

师公会海鲜酒家 粤菜 ¥¥¥

(见169页地图; ☎2520 0233;盐田海鲜街8号;人均165元;⊙11:00~22:30; 🅿)在海鲜街上客人爆满排队最长的那一家便是。停车排队很心烦?不怕,这里的濑尿虾非常大只,

马雷（Tom O'Malley）；翻译：李冠廷

白石洲就是最近的一个例子。这个片区靠近深圳软件园，地段不错且房租便宜，租户一度多达15万人。然而就在2019年，白石洲开始进行拆迁，现在基本上只有一块块被腾退清理干净的空地，荒凉好似月球表面，原有的"握手楼"只剩下几栋，未来肯定也会被拆掉。村中持有土地的村民大约1800人，靠开发商给的拆迁补偿款，估计许多人都在一夜之间成了百万富翁。

不过如今深圳市正在加速推行一个新举措，与私营企业联手对城中村进行设施改造，用升级取代拆迁，将原有建筑转型成办公楼和商场。此外，深圳市政府在2018年提出了一系列土地规划新方案，旨在为农民工及其家属增加住房供应量，其中的公租房项目，房屋租金大约只有市场价格的一半，数量也越来越多——只可惜对于深圳市的第一批农民工来说，这个好消息来得太晚了。

探访城中村

南头

村庄在变成城中村之后，如何能够保留自身的历史？南头的发展就为这个问题给出了答案。数百年间，南头古城曾一直是宝安县的县衙所在，今天虽然是座城中村，不过历史的痕迹并未消失，经过修缮的东莞会馆、一口古井和两座寺祠依然可见。穿过清朝修建的沧桑城门走进来，眼前会赫然出现城中村独有的"握手楼"——两个相距遥远的时代一瞬间发生了重叠，那种矛盾复杂的感觉很是耐人寻味。

沙嘴

沙嘴、沙头、沙尾、上沙和下沙，福田区内的这五个城中村几乎连成一线。在其中的沙嘴村，你就能看到经典的"握手楼"，它们很多都超过12层，彼此相距近得吓人，住户一天里一丝阳光也看不到。村中的生活气息倒是非常浓厚，除了地道的港式茶餐厅，偶尔还能遇到时尚的咖啡馆或者精酿啤酒馆。可以从7号线沙尾站或者上沙站下车开始探索。

大芬（见171页）

城中村该如何定位和发展？大芬是一个很好的例子。这里先从村庄变身成了油画村，以工厂生产的方式大批量制作油画，近来又走起了高端路线，升级成了一片商业气息浓重的艺术区。握手楼还在，但小巷里却常常立满画架以吸引游人挥笔一试。又因为村中那些辛勤工作的画框店与物流公司，这里得以成为一个产销一体和自给自足的城中村。

海胆炒饭分量很足，厨师似乎有让所有海鲜都好吃的秘方，结局只有吃得很开心。

🍷 饮品

Gee Coffee Roasters　　　　　咖啡馆 ¥¥

（见172页地图；☎8614 8601；华侨城创意文化园北区B2栋101；人均50元；◉8:00~20:00，周末 9:00~21:00；🛜）以单品咖啡惊艳深圳的专业咖啡店，与艺品展场分享同一个空间。坐在吧台和咖啡师聊聊每一款豆子的特性，或是在半露天的檐廊欣赏绿荫美景，都是很不错的。这儿也设有咖啡师培训课与开店咨询。

24小时书吧　　　　　　　　　咖啡馆 ¥¥

（见170页地图；☎2399 2075；福中一路2014号中心书城2楼；人均48元；◉10:00~22:00；🛜）进门的一长排桌子让人感觉是到了图书馆，大家都自觉压低声音，整体气氛一直是安静舒服的，半夜睡不着觉可以过来看书。需要注意的是进门左手的书没有买单是不能拿到右边座位上看的，且坐下来就要消费。

☆ 娱乐

深圳的娱乐离不开艺术表演与美酒，蛇口的海上世界是深圳酒吧街的鼻祖，其他酒吧聚集地有华侨城的生态广场酒吧街、大梅

值得一游

大鹏半岛偷闲去

大鹏半岛的海岸线被《中国国家地理》杂志评为"中国最美的八大海岸"之一，纯净的自然风光是很多深圳人避世的选择，周末前来得对堵车或限行做好心理准备。**穿越东西涌**（也写作"冲"）是深圳热门的海滨徒步路线（大约4小时），只需要沿着海岸走就没错了，或者"沿着垃圾走也不会丢"。如果是阴天，可以从**东涌**出发，路程先难后易相对轻松；如果是大晴天，则建议从**西涌**到东涌，这样是背阳前进不会被晒晕。西涌是深圳最大的沙滩，东涌分布着茂密的红树林，别有一番风味。南澳总站乘M231路可达东涌，大鹏汽车站乘M232路可达西涌。

大鹏所城（见169页地图；大鹏镇鹏城村；免费；⊙9:00~17:30）是明朝时为防倭寇设立的"大鹏守御千户所"，现在留存下来的古城呈不规则的四边形，仍然保存着古色古香的街景与庙宇。城内现在有特色客栈，也有一些颇有情调的餐厅和咖啡厅。大鹏所城对面的**较场尾村**有自己的海岸，有百余家五颜六色的客栈沿海而建。作为大运会帆船主赛场的**桔钓沙**是三面被山拥抱的银色沙滩，附近的**杨梅坑**有非常漂亮的海景但没有海滩，最流行的活动是沿着公路骑自行车看海。

水头海鲜街和**月亮湾双拥码头**是大啖海鲜的好去处。从市内乘公交E11、833、364路，都可以到达大鹏。大鹏汽车站乘坐B753可到大鹏所城和较场尾村（约40分钟），乘坐M274可到桔钓沙（约50分钟）和杨梅坑（约1小时20分）。

沙的**愿望岛风情酒吧街**，以及在**Coco Park**周围东南亚风味十足的餐吧群——白天是餐厅，晚上变身酒吧。

B10现场
现场音乐

（见172页地图；b10live.cn；华侨城创意文化园北区C2栋北侧）这里包容了爵士乐、民谣、摇滚甚至实验音乐，每周都有重量级的乐队在此演出，密切注意网站或微信号"B10现场B10Live"，可以让你的深圳之旅不虚此行。

一渡堂
现场音乐

（见172页地图；☏8610 6046；新浪微博@一渡堂；华侨城创意文化园F3栋；人均105元；⊙10:00~22:00；✿）与其说一渡堂是个酒吧，不如说是个独立艺术空间：除了邀请过不少国外的音乐家来做演出，周云蓬、卢凯彤都在这里开过演唱会，时常也有展览和一些新颖的跨媒体试验。

🛍 购物

跨境电商的保税店是深圳特产，**福田国际保税跨境商品展示中心**（见170页地图；桃花路1号国际互联网创业中心；⊙10:00~18:00）是购买正品洋货好去处，种类丰富，价格与香港差不多，有些商品甚至比香港更便宜，主打奶粉、红酒、生活用品。微信公众号**海淘商城**也可以线上下单。

值得一逛的还有**中心书城**（见170页地图；福中一路；Ⓜ少年宫）是由日本名建筑师黑川纪章设计，为世界单店面积最大的书店，店内设有自助电脑查询系统。

ℹ 实用信息

危险和麻烦
大城市中小偷小摸并不罕见，人群聚集处都要多个心眼。去海边游泳需注意天气。在

ℹ 要不要来一杯喜茶？

芝士现泡茶的原创者、横扫全国的喜茶发源于江门的一条小巷子（现已结业），因为业务迅速扩张把总部搬到了深圳。著名的HEYTEA LAB、HEYTEA BLACK、HEYTEA PINK都起源于深圳。截止到我们写作时，深圳已经拥有85家喜茶门店！这意味着，你可以轻松打卡，把心心念念的产品都喝上一遍。

当地知识

华强北，何去何从？

在全国人民心中，"华强北"（见170页地图）代表着"山寨"和无所不能的暗黑科技；在深圳人民心中，"华强北"是电子产业的神话和城市发展的昔日荣光。

1978年，深圳福田区政府命名华强公司附近的一条路为华强路，华强北由此诞生。20世纪80年代初，这里立起了20层楼的深圳电子大厦。1988年，赛格电子配套市场成立，华强北从一个工厂区变成了国内举足轻重的电子元器件交易市场。1998年，华强电子世界开业，数家大型数码电子通信广场跟着起步，奠定了今天华强北的格局。

接下来的一连串数字见证了华强北（最起码在财富方面）的辉煌：一平米的柜台卖到30万元，一张商铺登记表卖到5万元，草根创业老板也能一日入百万元，1.45平方公里至少诞生了50个亿万富翁，日均人流量达到50万人次，日资金流量达10亿元人民币。这里不仅有"给个手机都能仿制出来"的黑科技，也孕育了腾讯、神舟电脑、同洲电子等一批知名企业。2008年，华强北被中国电子商会正式授予"中国电子第一街"的称号，成为全国乃至亚洲的手机交易中心。

"如果十多年前来华强北，几乎没法走路，都是拖着箱子进出的人群。"常年在深圳出差的路人告诉我们。现在呢？我们来到华强北，随意走进赛格广场，铺子依然满满当当，几乎都是跟手机相关的产品，自由通行没有问题。强大的物流让箱子都聚集到每个大楼背后的角落里，等着发向各地。华强北依然涌动着暗黑科技的力量，你可以找到一些未曾见过的产品，也可以发现苹果最新的AirPods很快就被破解仿制。只不过高手们不再出现在前台而隐于江湖深处罢了。

随着电商崛起和手机高度品牌化，过去繁盛一时的实体店面也面临转型。2017年，经过改造的华强北重新开放，街头确实漂亮了很多，交通也更为便利。然而，粗放的批发模式还能坚持多久？山寨逐渐被品牌替代后，科技力量的走向如何？电子产业萧条之后华强北该如何转型？很多问题摆在华强北甚至整个深圳的面前，也成为人们茶余饭后的谈资。

在我们调研期间，不仅看到了许多品牌有趣的研发中心在这里落户，也听说明通数码商城正在转变成"明通美妆市场"，只不过换汤也并没有换药。未来的华强北，电子行业依然会独树一帜，还是会有其他产品入驻来改变单一化格局？甚至以后，华强北商圈是否会变成跟电子毫无关联的另一个世界，我们很难想象。但，如果你在深圳，就坐上地铁去趟华强北，给出你的答案吧。

珠三角

深圳

主题公园里玩惊险刺激的游乐项目，也要根据自己的身体状况来，对于景点的风险提示需认真对待。

医疗信息

北京大学深圳医院（见170页地图；☎8392 3333；莲花路1120号）是深圳规模很大的公立医院。

旅游信息

旅游信息问讯处分布在人流较大的交通枢纽，比如火车站、机场和主要口岸，以及华侨城这样大型的旅游景区，可以拿到一些深圳文体旅游局制作的专题单页和深圳旅游地图。

查询深圳旅游网（www.shenzhentour.com）或关注同名微信公众号，可获得详细的旅游信息。

ⓘ 到达和离开

深圳与外界的交通非常便利。如果想过境去香港，陆路主要可以通过**罗湖口岸**（见170页地图；◷6:30～24:00）、**福田口岸**（见170页地图；◷6:30～22:30）、**皇岗口岸**（见170页地图；◷00:00～24:00）和**深圳湾口岸**（见172页地图；◷6:30～24:00）这四处通关。**深圳人民政府口岸办公室**（http://ka.sz.gov.cn/）提供详细的通关资讯，亦

主题公园，只怕你玩不过来

若你是乐园迷，绝对要腾出三四天，练足体力准备上山下水。网上订票有各种优惠套餐。

世界之窗（见172页地图；www.szwwco.com；门票日/夜 220/100元；⊙9:00~22:30；Ⓜ世界之窗站）让你一次看完世界各地130多处风景名胜。

锦绣中华民俗村（见172页地图；www.jxzhmsc.cn；门票通票/夜 220/98元；⊙10:00~21:00；Ⓜ华侨城站）微缩了整个中国的82个景点。

欢乐谷（见172页地图；sz.happyvalley.cn；门票日/夜 220/100元；⊙9:30~21:00；Ⓜ世界之窗站）"雪山飞龙""完美风暴""风火轮"最为精彩。

东部华侨城（见169页地图；www.octeast.com；门票大侠谷/茶溪谷 200/180元；⊙10:00~17:00；🚌东部华侨城）由大侠谷探险乐园、茶溪谷度假公园、云海谷体育公园和大华兴寺组成。依湖而建的茵特拉根小镇，会让人有在欧洲旅行的错觉。

明斯克航母世界（见169页地图；📞2525 1415；门票130元；⊙9:30~19:30；🚌航母路口）如果你是军事迷，这艘真的航母会让你流连忘返。

设有公众微信号。

飞机
宝安机场（📞2345 6789）是一个海陆空联运的国际空港，不但有高速公路连接珠三角城市和香港澳门，也有千吨级的客货运码头连接港澳和珠海，甚至有直升机连接港澳。航班飞往国内外100多个城市。

长途汽车
深圳一共有近20个中大型长途汽车站，最好先搞清楚哪个车站离你的目的地最近。**深圳市公路客货运输服务中心**（📞8889 5000；www.88895000.com）可查询客车班次、订票。大型长途汽车站每天都有频繁的车次往来省内城市（甚至县级市），且多为高速直达，每班次间隔在15~40分钟不等。主要有：

罗湖汽车站（见170页地图；📞8232 1670；火车站东广场罗湖商业城1-2层；Ⓜ罗湖）

福田汽车站（见170页地图；📞8358 7201；深南大道福田综合交通换乘中心；Ⓜ竹子林）

皇岗汽车站（见170页地图；📞8337 0423；皇岗口岸邮电综合大楼6楼；Ⓜ皇岗口岸）

火车
深圳有深圳东、深圳站、深圳北站、深圳西站和福田站这5个火车站：

罗湖火车站（见170页地图；南湖街道建设路；Ⓜ罗湖）即深圳站，深圳的交通心脏，每天有220多趟"和谐号"列车经东莞前往广州东站和广州站。

深圳东站（见169页地图；龙岗区布吉街道；Ⓜ布吉）原名布吉，是进入深圳的第一站，也是公交、地铁、火车的转运枢纽。

深圳北站（见169页地图；民治街道致远中路28号；Ⓜ深圳北站）是深圳的高铁站，有车开往广州南站，并有其他车次到达北京、武汉、长沙等沿线高铁站。

深圳西站（见172页地图；南山区学府路；Ⓜ鲤鱼门站）主要是跨省的长途慢车，可到达北京、天津、井冈山等多座城市。

福田站（见170页地图；福田一路和益华路交叉口）它是中国第一座深埋于城市中心地下的铁路车站，这里有列车经东莞发往广州，也有发往香港的高铁。

船
蛇口码头（见172页地图；📞2669 5600（国内线），2669 1213（国际线）；www.cmskchp.com；南山区蛇口）有快艇直达**珠海九洲港**（普通舱130元；⊙7:30~21:30，每小时1班）、**香港港澳码头**（普通舱120元；⊙7:30~19:15，周末开航时间晚）以及**香港国际机场**（普通舱280元；⊙7:15~21:00，有网络购票、中英文界面），公交22路、K105线等可到。值得注意的是从此到香港机场必须持有从该机场起飞的机票。除了蛇口，宝安机场的**福永码头**（见169页地图；普通舱295元；8:35、11:30、15:30、

ℹ 当地交通

抵离机场

从市民中心打车到宝安机场约39公里,如果路况好的话,约50分钟到达,打表约110元。更为方便的是地铁1号线(罗宝线),终点站就是机场东。宝安机场有11条机场快线,还有E16等公交车,线路可查询(📞2345 6789; www.szairport.com)。

地铁

深圳地铁(⊙6:30~23:00)是主要交通工具,目前有8条线路:1号罗宝线(绿)、2号蛇口线(黄)、3号龙岗线(蓝)、4号龙华线(红)、5号环中线(紫)、7号西丽线(深蓝)、9号梅林线(浅褐)、11号机场线(深褐),其中1号线、2号线对于旅行者更为有用。

公交车

深圳的公交车基本都是无人售票,上车2元。有些线路(蓝色、黄色、绿色)是采取分段收费的。此外还有N开头的夜间巴士、J开头的旅游巴士和H开头的假日专线。它们都(毫不意外地)支持扫码付费。

出租车

出租车(📞96511)分成红、绿、黄、蓝四色,计费方式复杂,一般口诀是:"上车10元,燃油附加费3元,蓝色电动省3元。"

自行车

各行政区都设有自行车租赁点,可至各区绿道驿站办理租赁卡,各区的计费方式不同,详情可询问**深圳市城市公共自行车租赁有限公司**(📞2840 2222; www.ldyz.com.cn)。大梅沙、华侨城创意文化园、红树林、深圳湾公园等也有私人的自行车出租点。

东莞

这座旧名宝安的城市位于珠江口东岸,自20世纪80年代起即以快速的工业与桃色产业发展而为人熟知,今日的东莞正努力摆脱负面形象。它的历史可追溯到1700年前,但留存下来的故事并不多:清末林则徐在虎门销烟揭开了近代中国炮声隆隆的序幕,偶尔也能听到有人聊起明末名将袁崇焕的种种争议——出身东莞的他俨然代表了某种东莞性格:硬干到底。

⦿ 景点

★ **可园博物馆**　　　　　　　　　　　博物馆
(见180页地图; 📞2223 3015; www.dgkeyuan.

值得一游

东莞古村漫步

你可能很难想像东莞"历史悠久",但**塘尾古村**(见180页地图)与**南社村**(见180页地图)绝对能颠覆你的成见。这两条村仅隔1.5公里,都是有八百多年历史的古村。塘尾古村保存了完好的明清时期古民居、祠堂、古井、围门和炮楼,最特别的是以红石做墙基。重视学习的风气更表现在多间典雅清简的书房建筑中,尤以耀宸书房为代表。宁静致远,是塘尾予人的沉稳印象。公交809路至塘尾村站即达。

南社村观光开发较早,古朴风韵失真得较快,但依然值得一看。村中的25间祠堂虽结构类似,但细节之处各有亮点,如晚翠公祠屋顶上的琉璃塑、谢遇奇家庙上的灰塑,都形神兼备。东门外的关帝庙值得一去,庙中的45座灰塑菩萨活灵活现,像是随时会讲起故事来。l6路公交车到茶山南社社区站下即达。

如果不想走太远,离虎门站大约5公里的**逆水流龟村堡**(见181页地图;虎门白沙村;免费)是个有趣的地方。在大明王朝几乎走到尽头的时候,太常寺少卿郑瑜辞官回到故里设计建造了这个堡垒。村堡取形于龟,四角望楼为足,北楼呈头型,南楼为尾部,以前只有一座吊桥与外界连通。高6米的护墙围住了村堡,外围是18米宽碧绿的护堡河。1条正巷、4条横巷、72间房屋,现在除了东南角有一户有些突兀外,基本保持了原来的格局。附近小学的孩子们有时候会来这里做小小讲解员。

东莞城区

东莞城区

◎ 重要景点
- 1 可园博物馆 A1

◎ 景点
- 2 南社村 C1
- 3 塘尾古村 C1

🏠 食宿
- 4 东莞康帝国际酒店 B2
- 5 东莞人家 B2
- 6 东莞湾畔酒店 A2

- 7 水乡美食城 A2

ⓘ 实用信息
- 8 东莞市人民医院 A2

ⓘ 交通
- 9 常平站 D2
- 10 东莞市东城汽车客运站 B2
- 11 东莞市汽车客运总站 A2
- 12 东莞站 C1

---

org; 可园路32号; 古建筑区门票8元; ◎9:00~17:30, 周二闭馆; 🚇可园) 建于清代的可园为广东四大名园之一, 也是岭南画派的策源地。古建筑区虽然占地仅3.3亩, 但集合了岭南园林的经典元素, 利用每一个可能的空间"造景"。不妨花点心思找找绿绮楼的3处楼梯, 楼梯入口各自引领你见识可园的不同角落。可园博物馆新馆就在可园后花园的可湖边, 从可园博物馆进入可园需要查票, 若需折返记得保留可园票根。可园后花园的荷塘边, 那栋白色房子就是岭南美术馆 (免费; ◎9:00~17:00, 周一闭馆), 是岭南画院的主体建筑。

可园以北不远处, 整个历史城区仍相当完整, 保留着纯粹的生活气息, 穿梭在青砖小巷中, 粤曲的乐音混着麻将的洗牌声, 美味的传统小吃间杂其中, 还可以买到做糕饼的木模、牢靠的竹编器皿, 这就是最道地的老东莞。

鸦片战争博物馆 博物馆

又称虎门林则徐纪念馆, 分成四个馆区。主馆 (见181页地图; ☎8551 2065; www.ypzz.cn; 虎门镇解放路113号; 免费; ◎8:30~17:00; 🚇则徐公园) 建在当年虎门销烟的旧址上, 利用实物、照片、模型、影片等, 把鸦片战争描述得清楚而不枯燥。

海战博物馆 (☎8552 7783; 免费; ◎8:30~17:00, 周二闭馆) 再现了鸦片战争海战的悲壮场景, 馆外的广场可远观虎门大桥。隔壁的**威远炮台** (免费; ◎8:30~17:30; 🚇威远炮台) 处于威远岛地势最险要处, 包括威远、靖远、镇远、蛇头湾和定洋诸炮台, 被称为"海上长城"。**沙角炮台** (虎门镇沙角; 免费; ◎8:30~16:30; 🚇沙角炮台) 位于珠江入海口的东岸, 被称作"粤海第一重门户"。不妨好好见识一下重量级的阿姆斯特朗炮和帅气的克房伯炮。

太平手袋厂陈列馆
展览馆

（见本页地图；☎8550 9901；虎门镇人民路200号；免费；⏱8:30~17:00；🚇执信公园）如果想回顾一下改革开放的历程，就来这里吧，我们调研时它恰好开张。1978年7月，东莞县第二轻工业局设在虎门境内的太平服装厂与港商合作，创办了全国第一家来料加工企业——太平手袋厂，打开了"三来一补"之路（来料加工、来样加工、来件装配和补偿贸易，是改革开放初期尝试的一种企业贸易方式）。无论是双方合作时的"一场特别的考试"，还是从老员工手里收集来的一个个锁扣，都跨越了40年时空，见证了改为人先的东莞力量。你也绝不会想到居然可以在这里看到"TOYOTA"牌缝纫机。

✤ 节日

东莞龙舟文化节
民俗

别处端午划一天龙舟，东莞却要划一个月，成为每年5月至6月的城中盛事。从五月初一开始，沿着水路的各村镇就定出自己的赛龙舟时间，参与者众多。

🍴 食宿

东莞到广州就好像天津到北京，到这里一日游即可，完全可以不用住宿。当然，传说中的"酒店之都"也随处可住。

东莞美食以厚街烧鹅濑粉、道滘裹蒸粽闻名，东城街道的十三碗美食街、南城街道的银丰路和莞城街道的花园新村食街等，各种国内菜系或异国风味也都有一席之地。由旧鞋厂改成的万科文化创意园则是时尚餐厅的大本营。

东莞康帝国际酒店
酒店 ¥¥¥

（见180页地图；☎2868 8888；www.kandehotel.com；鸿福路200号海德广场；标单/双 832元起；🅿🛜）被称为"东莞之门"，是东莞最热门的酒店。位于市中心，底下就是地铁站，附近吃喝方便且交通畅达。全智能系统很贴心，你一出电梯就会看到电子屏幕指示你的房间方向，房内也预先开好空调。离开时无须等候即可完成退房。网络加载VPN，动不动就送点水果、牛奶，服务人员热情耐心，这些都是加分项。

虎门镇

◉ 景点
1 逆水流龟村堡........................A1
2 太平手袋厂陈列馆...................A3
3 鸦片战争博物馆.....................A3

✕ 就餐
4 卢家青年面馆........................A3
5 永发烧腊饭店........................A3

ℹ️ 交通
6 高铁虎门站..........................B1
7 虎门港澳客运码头...................A3
8 虎门汽车客运总站...................B2

东莞湾畔酒店
酒店 ¥

（见180页地图；☎2688 6888；滨路28号；标单/双 268元起；🛜）邻近南城富民步行街，吃喝方便，服务态度在珠三角同价位酒店中难得的温和有礼。酒店装修简约，整体卫生状况不错，但浴室排水不良。大堂里的自助茶饮和随时可送来的足部和颈部按摩用品很贴心。

★ 永发烧腊饭店
烧腊 ¥

（见本页地图；☎8550 7342；虎门运河北路

99号；人均25元；⌚8:00至次日2:00）在虎门人跟我们推荐的这家店里，我们吃到了可以在珠三角街头排名前三的烧鹅和叉烧，色泽油亮，肥瘦适宜，难怪十一点就开始大排长队。赶紧点上一份叉鹅濑粉（叉烧+烧鹅+濑粉）吃起来吧，然而烧肠和油鸡也很棒怎么办？喝一口罗汉果茶再决定。

卢家青年面馆　　　　　　　　　面条 ¥

（见181页地图；☏8552 1457；虎门长堤路近港澳码头；人均20元；⌚5:00~20:30）从红底金字招牌完全看不出来这是一家始创于1938年的老店，但在东莞人的记忆里，它有着一席之地。粥粉面俱全，但你一定要尝一尝云吞面，里头的竹升面颜色偏深但特别爽脆，云吞跟广州的也略不同，据说是十几二十年前的口感。甜口的叉烧也很受大家喜爱。

水乡美食城　　　　　　　　　粤菜 ¥¥

（见180页地图；☏8133 3228；道滘闸口花园大街7号101；人均60元；⌚7:00~14:00，17:00~21:00）被蔡澜推荐过的这家店，常常要等位。道滘粽子、特色水乡烧鹅、肉丸粥、冬瓜干等都不错，连鱼头都可以做成卤水，鱼骨非常入味。这家生产的"佳佳美"牌粽子一年可以售出近十万只，不妨顺道买来当手信。

东莞人家　　　　　　　　　　粤菜 ¥¥

（见180页地图；☏2316 2316；东升路东城十三碗1栋；人均85元；⌚11:00~13:00，17:00~20:30）东莞本地口味，肥滋滋的**家乡豆豉鹅**是招牌，搭配油条蘸着豉油太美味了；上汤鱼包好像福建的肉燕云吞，入口鲜爽嫩滑，

感受老屋气息

下坝坊（万江区坝头社区）的标签很多，"东莞鼓浪屿""东莞798""东莞田子坊"……从中不难看出这里充满了老房子里的小资情调，但这些标签有点言过其实。如果你喜欢清静，可以下午来这里感受老屋窄巷和艺术气息，欣赏古老的建筑。更多年轻人愿意晚上来这里，酒吧彻夜音乐喧天，价格不菲，灯红酒绿的迷恋者很喜欢。

还能看着明档上师傅们做鱼包的过程。周末这里到了中午一点多还是满座，所以把握好吃饭时间很重要。

❶ 实用信息

危险和麻烦

台面上已难看到酒池肉林的景象，倒是公交车让人困扰，线路与站点随时在改而且不设车站，手机App上的信息虽然较新，但仍不够准确。

医疗服务

东莞市人民医院（见180页地图；☏2863 7333；新谷涌万道路南3号）是东莞门诊量最大的医院，可用微信挂号。

❶ 到达和离开

长途汽车

由于东莞的几大火车站都离市区不近，短途游的话乘坐汽车前往更好。可通过**东莞市公路客运联网售票系统**（www.mp0769.com）或12580查询车次、订票。

东莞市汽车客运总站（见180页地图；☏2270 1666；四环路与万江大道交叉口）主要运营发往佛山、潮州、深圳、珠海以及福建、广西、湖北等省市的长途客运汽车，有明显的指示牌指出，去到东莞周边区县的短途客车和去东莞市内的公交车。

东莞市东城汽车客运站（见180页地图；☏8326 6002；莞长路与环城路交会处）主要运营发往佛山、广州、深圳、珠海以及外省的长途客运汽车。

火车

东莞站（见180页地图；石龙镇西湖区岭南东路）又称石龙新火车站，在茶山与石龙之间，为东莞轨道交通R2线与广深城际列车的枢纽，亦为东莞省际长途运输的最大站点。

常平站（见180页地图；常平镇口岸大道）即从前的东莞站，除了有多车次到达广州站、广州东站和深圳站，还可直达怀化、成都等地。

东莞东站（见180页地图；常平镇常东路）去广州东站和深圳站十分方便，还有去往上海南、厦门、成都、哈尔滨等多个方向的列车。

高铁虎门站（见181页地图；省道S256东莞虎门白沙段东侧）高铁在东莞的唯一站点，可以很方便地往来广州南站，也可达北京、武汉、深圳等地。

船

虎门港澳客运码头（见181页地图；www.seasyoung.com；长堤路84号）每天都有5班客船来往香港机场海天码头。

❶ 当地交通
公交车
东莞客运总站（见182页）和**虎门汽车客运总站**（见181页地图；☏8510 3198；虎门镇博美路81号）是东莞公交两大枢纽，各城区和各个镇都有独立运营的巴士，还有跨镇专线和旅游专线。无人售票车2元起跳，距离较长的也有4~7元的票价。可以支持扫码付款。

地铁
连接东莞火车站和虎门火车站的2号线是目前唯一在运营的地铁线，2元起价，按程计价。

出租车
东莞市区出租车起步价为8元/2公里，之后2.4元/公里，燃油附加费1元。下午4~6点是换班时间，可能会有拒载现象，最好使用电召（☏2301 2345）。

潮汕地区

包括 ➡

潮州市	188
汕头市	202
南澳岛	214
汕尾市	216

最佳餐食

- ➡ 十八曲老尾鱼饺店（见198页）
- ➡ 老彬蚝烙（见198页）
- ➡ 创弟牛肉丸（见211页）
- ➡ 长平肥姐（见211页）
- ➡ 春梅里鹅肉店（见211页）

最佳老建筑

- ➡ 己略黄公祠（见188页）
- ➡ 从熙公祠（见196页）
- ➡ 陈慈黉故居（见208页）
- ➡ 龙湖古寨方伯第（见195页）
- ➡ 汕头开埠区老建筑（见207页步行游览）

为何去

过去自我谦称"省尾国角"的潮汕地区，如今已是飞机高铁便捷可达的旅行目的地，很值得从周边城市"快闪"前往，去度个不一样的周末。潮汕的独特美食可谓精细烹饪又保持古法，新鲜纯味的牛肉火锅、配方密不传人的老牌卤水狮头鹅、带有吉祥蕴意的各色糕粿、一口尝到海洋味道的生腌虾蟹和贝类……每顿都能吃出不重样的惊喜。

潮汕地区同时也是探索人文的宝藏目的地，无论在潮州、汕头还是汕尾，老城仍然是活着的老城。厚重的民间信仰顺着城中庙宇的香烛烟火悠然飘散，生动的市井生活则从街角骑楼下一壶工夫茶的热度里透出来，走远一些到市郊的乡镇，老村祖宅中总有一座精美的宗祠作为族人的精神聚合点。如果只想享受轻松假日，南澳岛上的海洋、沙滩和山林会把你包围在宁静的自然氛围中，让你在山海间偷得几日碧蓝色的悠闲。

何时去

1月至3月，天气转冷，但仍然比国内大多数地方暖和。农历腊月和正月里节庆不断，即使没时间去周边村镇，潮州城里也有热闹的民俗庆典"营老爷"。

4月至6月，湿度很大，天气渐渐热了起来。6月通常进入休渔期，市场上海鲜减少，不妨到凤凰山上避暑看杜鹃。

7月至8月，湿热多雨且台风频繁造访，挑个难得的晴天去海边，一般能看到绚烂的晚霞。休渔期通常在7月底8月初结束，开海时是吃红心虾蛄和薄壳的最好季节。

9月至12月，雨水减少，天气不热也不冷。如民谚所说"九月鱼菜齐"，中秋前后蔬果丰收，也是虾蟹贝类海鲜最肥美的季节。

海内潮州

从地理上来说，潮汕地区是韩江、榕江和练江三条江河入海口的冲积平原，如今这个地区包括潮州、汕头、揭阳和汕尾四个地级市。在很长一段历史中，这个地区都属于潮州府的管辖范围，这也是"潮州"既指潮州市辖区，也会被用来代称整个潮汕地区的原因。不过由于汕头在近代的经济崛起，"潮汕"逐渐取代了从前"潮州"的意义，"潮州话"也更多地被改称为"潮汕话"。揭阳人通常会对外说自己是潮汕人，但遇到胶己人时，揭阳人、潮州人或者汕头人，还是各有区别。介于潮汕、客家和广府之间的汕尾，所说的"福佬话"与潮汕话有一定区别，本地人也更多地把潮汕地区称为"他们潮汕"。

本章节内的看点主要集中在潮州、汕头和汕尾，不过在没有涉及的地区尤其是乡间，还有许多漂亮的庙宇、有趣的民俗和可口的食物值得探寻。由于区内城乡公交较为有限，自驾是最好的方式。

时节做时粿

五颜六色的粿品是潮汕地区非常有特色的食物，不同的粿用不同的食材做成，也在不同的传统节庆中轮流登场，这就是"时节做时粿"。

"营老爷"是一年中重要的游神庆典，每个村落有不同的节期，但通常都在正月里举行。不管是春节时祭拜祖先还是游神时供奉老爷，桃色喜庆的红桃粿都是主角，粿的红色在传统里要用红曲来染，还要用刻有吉祥花纹的木头模具来"磕"成型。清明节时扫墓祭祖，这时会用当季野菜鼠曲草给糯米调味染色，再包馅"磕"出灰绿色的鼠曲粿，也会用朴丁树的种子做成嫩绿色的朴籽粿，两种粿品是供品也是应季小食。端午节则用栀子芽叶来做成棕黄的栀粿，也用特殊香气的艾草做成翠绿色的艾粿，民间相信清凉的栀子和艾草都能解除端午毒。

至于甜粿、芋头粿、无米粿、荷兰薯粿（即土豆，由于明清时期潮商与荷兰商队的贸易，潮州话把土豆叫作荷兰薯），这些食材不限季节的粿品，都是日常餐桌上的常客。

快速参考

潮州
➡ 人口: 277万 区号: 0768

汕头
➡ 人口: 564万 区号: 0754

汕尾
➡ 人口: 300万 区号: 0660

如果你有

➡ **2天** 第一天白天探索**潮州古城**（见188页），晚上**去官塘吃牛肉火锅**（见199页方框），再回到古城住进夜里十分安静的老街巷。第二天乘车前往汕头，徒步**寻找开埠区老建筑**（见207页步行游览），晚上去长平路吃夜粥和肠粉。

➡ **3天** 第一天和第二天同上，第三天早起乘车跨过宏伟的跨海大桥来到**南澳岛**（见214页），依靠环岛公交即可游览岛上的精彩亮点，再去青澳湾放松玩水。

➡ **4天** 前三天同上，第四天从汕头出发乘高铁迅速去到汕尾，去**凤山祖庙**（见216页）朝拜妈祖，再到热闹的二马路大快朵颐，品尝地道鲜美的汕尾美食。

了解潮汕

《**一些风景**》 五条人乐队，来自海丰的乐队，用独特的海丰话演唱这座汕尾小县城里的乡土故事。

《**潮汕的原味时光**》 黄敬玲、邱镇城著，厨师光头阿邱亲自走访潮汕地区大街小巷里的美食店，带你品尝古法料理的滋味。

潮汕地区亮点

❶ 漫步**潮州古城**，到已略黄公祠（见188页）欣赏华丽木雕，去甲第巷（见191页）感受甲等府第的风雅，傍晚在韩江边散步，以绚烂的广济桥灯光秀（见197页）结束一天。

❷ 前往韩江边的千年老寨**龙湖古寨**（见194页），穿梭在古意盎然的深宅大厝里，再登上堤坝远眺水色。

❸ 迷失在**汕头老城区**"四永一升平，四安一镇邦"的街道

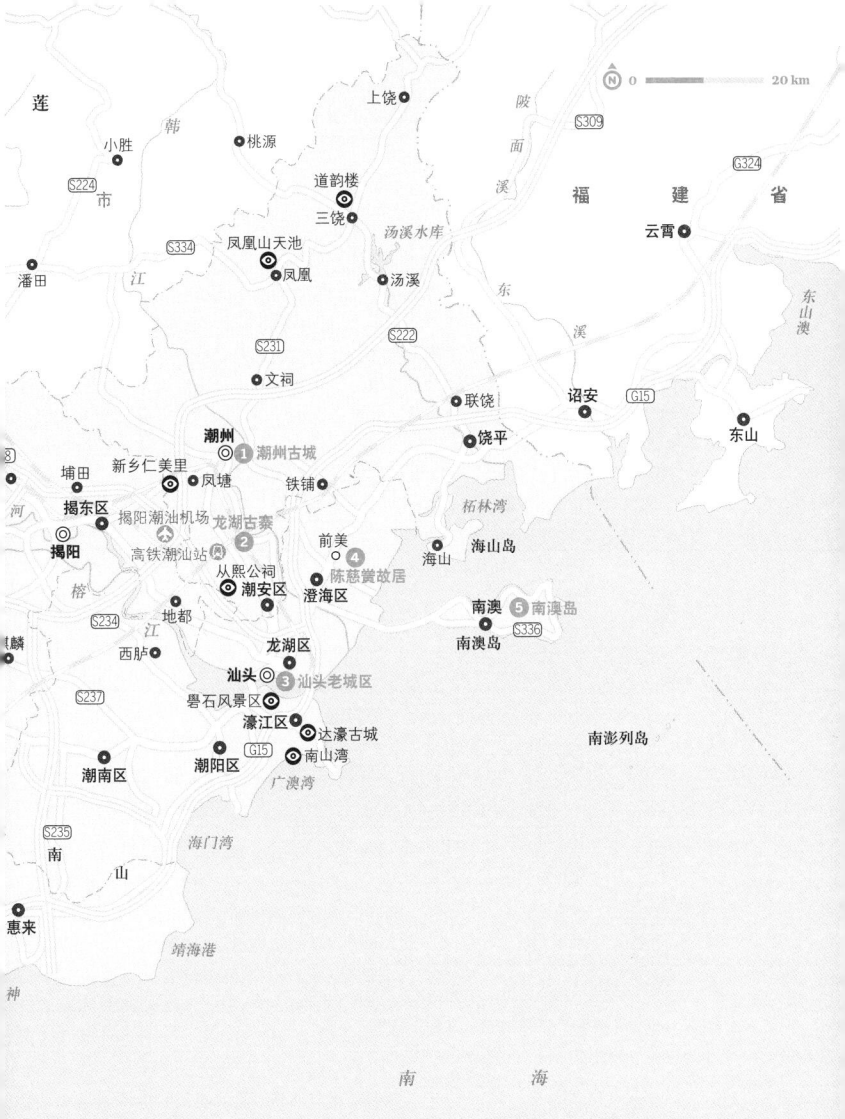

中,欣赏颓色不掩富贵的骑楼之美。

④ 去汕头近郊澄海欣赏"潮州厝,皇宫起",**陈慈黉故居**(见208页)不仅屋宅豪华,周边村庄的景致也很秀美。

⑤ **南澳岛**(见214页)环岛一日游,360度感受南海渔岛的热带风情和魅力。

⑥ 到**保利金町湾**(见216页)玩沙戏水,再去汕尾老城品尝美味。

潮州

潮州市

潮州古城就像一个小小的时间胶囊，当你进入其中，各个时代的截断面便纷纷呈现在你眼前。魏晋时风雅的木屐如今仍是民俗仪典上必备的吉物，唐宋中原雅音的碎片从街坊寒暄中蹦出，明清大厝如同闺秀一样端坐在深巷中，民国时的西洋骑楼与修复重建的中华牌坊一同列在太平路上。而只要遁入少有游人踏足的本地生活区，那种慢悠悠又热腾腾的生活节奏会让许多人回想起童年时光。

走远一些到城市外的村寨中，你还能发现更多的精彩，譬如韩江边的安静古寨，还有华侨商人们在故里修建的绚丽祠堂。或者只是单纯为了美食而来，潮州也会用精细烹调的纷繁美味，抚慰所有人的胃和心。

历史

西晋永嘉之乱期间（307~312年）的晋室南迁，使大批中原士族流落到岭南的韩江平原，给这片山林茂密之地带来了人口和劳动力。公元413年时义安郡建立，郡治设在了如今的潮州城，这里也开始取代揭阳成为整个地区的行政中心，不过直到隋朝撤郡设州，"潮州"这个名字才被用来称呼这个地区。

到唐朝时，潮州仍是生产力欠发达的贬官流放地。文豪韩愈一生中曾经三次流寓岭南，其中第三次便是因谏迎佛骨触怒了唐宪宗，被贬为潮州刺史，可以说韩夫子为当时"人心草菜"的潮州带来了文教启蒙。而到了南宋末年，一部分忠于宋室王朝的文武官员不愿为元朝服务而南迁，这些士大夫阶层再次推动了潮州的商业和文化发展，潮州成为岭南重要的盐都和瓷都，更因文教发达而享有"海滨邹鲁"的美誉。

明清时依靠韩江上活跃的水路交通往来，潮州成为空前繁荣的商贸集散地。尤其是在清朝中晚期，与暹罗的大米和蔗糖贸易为潮州商人积累了大量财富，北至芜湖、苏州和天津，漫长的航线上都能找到潮州红头船的风帆。

直至汕头开埠建港后，潮州逐渐失去了航运枢纽的作用，但仍然保留着潮汕文化中心的地位。新中国成立后潮州的管辖范围多次被重新划分，直至1991年确定了现在潮州市的范围，包括湘桥区、潮安区和饶平县。如今潮州的发展速度不徐不疾，老城区更因为保留下了古时的格局而显得格外安静悠缓。

方位

环城路大致相当于明清时的潮州城墙，把潮州古城环绕其间。整个古城略呈长方形，除了又名"牌坊街"的主干道太平路，还有上下西平路和上下东平路从北到南贯穿古城，东西向的主要道路则有水平路—开元路和汤平路—西马路。众多小巷散落在街道之间，在其中漫步常常会有惊喜发现，如果步行时无法确定一条小巷是否能走通，不妨用有没有摩托车通行来帮助判断。

◉ 景点

◉ 潮州市区

潮州古城内的所有看点均步行可达，如果时间充裕，还可至古城西面的西湖公园散步。古城外的几个看点可借助公共交通前往，如需打车，网约车是更方便的选择。

己略黄公祠　　　宗祠

（义安路铁巷2号；门票10元；⊙8:30~17:30）祠堂建于清光绪十三年（1887年），已经很难考证这里原来供奉的是哪一位黄公，不过祠堂内装饰的石雕、木雕和金漆画仍然保存完好，工艺精湛值得细看。进门处的石门楼上雕有姜太公钓鱼，两厢的斗拱木雕看起来相似，细节却各有特色。拜亭和祠堂更是精华所在，正厅门楣上的郭子仪拜寿金漆画细节活灵现现；堂内两侧的金漆木瓜梁架是明清潮汕祠堂中的典型样式，寓意多子多孙；梁檐上每处木雕主题都出自不同的传统典故，正厅中展示有各处木雕的放大图和解说，不妨按图索骥。

从太平路转到西马路，到义安路往北即到铁巷口。调研时这里只收现金。

开元寺　　　寺庙

（开元路32号；免费；⊙6:00~17:00）这里是潮州历史最悠久的寺庙，始建于唐开元二十六年（738年），有"粤东第一丛林"之称。

步行游览
在潮州古城寻找隐秘看点

起点: 开元寺
终点: 松庐
距离: 1.5公里
需时: 1小时（含参观时间）

从 ❶ **开元寺**门前开始这段寻找隐秘看点的步行游览。顺着热闹的开元路往西至 ❷ **上西平路**转向北，这条街也是一个小菜市，有着热闹的本地生活氛围，可以买到现做的糕粿。至西马路口往东过了义安路口，在这里往右边的墙上看，这里是2019年拆除邮局时发现的清朝郑氏宗祠 ❸ **麒麟照壁**，如今图案经过了简单修复，还能看见上面的嵌瓷装饰。继续往东会经过好几家喜庆的民俗用品店，路左边22号庄氏老宅的拱门上写有 ❹ **漆园旧家**，四个漂亮的大字由饶宗颐题写。走到繁华的太平路上往南至东门街，在阿彬牛肉火锅门前能看到建于宋时的 ❺ **东门大井**。继续往前到 ❻ **上东平路**，这条街上也有许多漂亮的民国骑楼。一路往南到下东平路，西洋骑楼逐渐变成传统屋厝，其中306号 ❼ **松庐**原是饶氏家宅莼园，饶宗颐年轻时曾在这里居住，之后宅院转手至泰侨商人黄景云，他在这里经营过侨批局，为海内外潮州人传递银钱和家书。

潮州城区

从东门进入新建的大悲殿院落,这里香火非常旺盛。古建筑则集中在大悲殿西侧,其中大雄宝殿门前庭院里的石经幢都是唐朝建寺时的原物。顺太平路往南走到热闹的开元路口,往西转即可来到寺院的东门前。

海阳县儒学宫
寺庙

(昌黎路与文星路交叉口;门票10元;⊙8:30~17:30)这座文庙学宫始建于宋朝,因当时这里属于海阳县治而得名。如今的学宫保留了明洪武年间重修的格局,大成殿由48根石柱支撑,屋檐跨度非常宏伟。调研时大成殿两侧厢房内是潮人家训馆,并用图文资料介绍了潮州名人和过番下南洋的概况。学宫就在义安路的北端,可以与已略黄公祠一线游览。

潮府工夫茶文化博物馆
博物馆

(宰辅巷10号;免费,微信扫码入内;⊙9:30~12:00,14:00~17:00,周一休馆)这家迷你博物馆由老建筑陈氏祠堂改建而成,以从古到今的茶具文物来展示潮州工夫茶的发展,工作人员建筑，近年来老宅经过整修后虽然少了几分人气，但这条古巷仍保留着清净古朴的氛围。

巷子中段16号的资政第门墙嵌瓷画艳丽细腻，这里如今作为湘桥区**民居文化展览馆和民间艺术陈列馆**（门票8元；9:00～17:00）开放参观，留有描金木雕的厅堂内展出了潮剧、潮语和华侨家书"侨批"，后身现代楼房第三层设有潮绣大师李淑英作品展，还可登上视野开阔的楼顶天台，寻找拍摄民居屋顶的好角度。展馆附近还有**外翰第**和**龙游衍派**等文保建筑，巷东口**饶府半园**的旧主人是饶宗颐的族亲，不过这些老宅通常大门紧锁。

甲第巷在古城中南部，顺太平路往南过了开元路口继续走300米即可看见巷口石坊。逛完如果还有时间精力，不妨再去看看相邻的义井巷和兴宁巷。

叩齿庵 寺庙

（下西平路道后巷16号；免费；⊙6:00～18:00）叩齿庵始建于唐朝，民间传说称寺内的大颠禅师将牙齿摘下以戏弄当时被贬谪潮州的韩愈。其实大颠禅师确有其人，与韩愈在寺中的交谈也成了一桩禅宗公案。古寺历经重修，不过氛围依然十分清净，不妨在逛完甲第巷后顺道过来一看。

潮州市潮商老字号文化馆 展览馆

（太平路296号，近西马路口；免费；⊙9:00～22:00）这个有趣的免费小展馆就设在原为潮州百货大楼的老建筑内，1楼和2楼是本土品牌的展销场所，3楼用图文和实物展示了民国时牌坊街商贾云集的热闹景象，4楼则是潮绣非遗传承人康慧芳大师的作品展示中心，收藏了许多精美华丽的潮绣作品。

广济桥 桥梁

（广济门外；门票20元，60岁以上凭身份证免费；周一至周五 10:00～16:30，周末和节假日 9:00～17:30，提前半小时停止售票）横跨韩江的广济桥是潮州古城的明星地标。这座中国历史上最古老的启闭式桥梁又名湘子桥，是潮州市区湘桥区名称的由来。

桥梁始建于宋乾道七年（1171年），最初是完全由大船相连组成的浮桥，之后逐步在东西河岸建起13座桥墩，在中间保留梭船连接成浮桥，浮桥解开后江上航道又可供大船

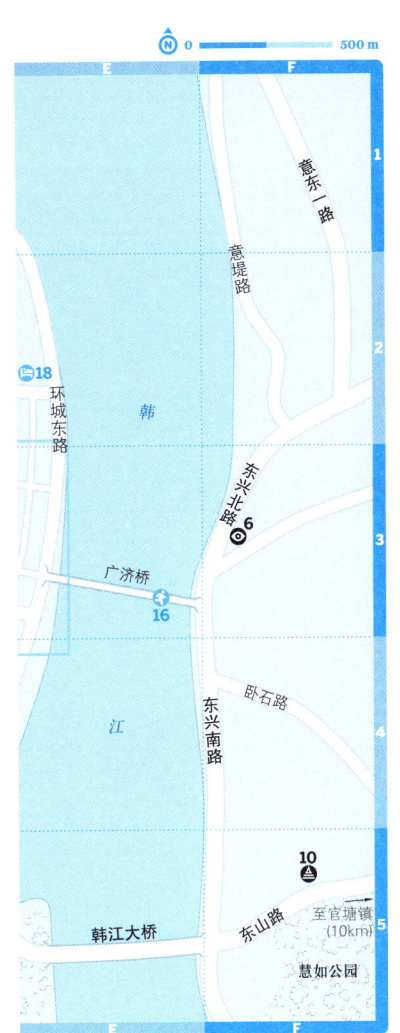

全程陪同讲解，还会邀请你品尝唐朝风味的茶粥，此外这里不定时有茶艺和古琴演出。博物馆就在己略黄公祠北面巷内，可一同游览。

甲第巷 古建筑

潮州古城内众多小巷顺太平路排开，南门内更有十大名巷，其中古民居保留完整的当属以甲第巷为中心的"义兴甲"街区。甲第巷兴于宋时，由于大多是上层阶级的商人名士在这里居住，甲第巷又有"甲等府第"的寓意。现在保存下来的宅院大多是明清时期的

潮州城区

◎ 景点
1 北阁佛灯 D1
2 潮府工夫茶文化博物馆 A3
3 潮州市潮商老字号文化馆 B4
4 广济桥 C5
5 海阳县儒学宫 D2
6 韩文公祠 F3
7 己略黄公祠 A4
8 甲第巷 D4
9 开元寺 A5
10 开元寺泰佛殿 F5
11 叩齿庵 D3
12 饶宗颐学术馆 B5
13 文园 D2
14 许驸马府 D2

⊛ 课程
15 吴氏陶坊 B5

✦ 节日和活动
16 广济桥灯光秀 E3
17 青龙古庙营老爷 D5

🏠 住宿
18 凤水驿 E2
19 合舍花畔里客栈 D4
20 木棉公馆 D2
21 上水门边国际青年旅舍 D2
22 瀛洲设计酒店 B3
23 载阳客栈 A4

🍴 就餐
24 阿斌牛肉火锅 B5
25 老彬蚝烙 B5
26 莲华素食府 A5
27 十八曲老尾鱼饺店 C3
28 伟记小食店 C3
29 一家人肠粉 B3
  瀛洲烧鹅 ....（见22）

☕ 饮品
30 初心咖啡馆 B4
31 宏兴凉茶 B4
32 花姨老电影院果汁冰 A3
33 千庭茶舍 D2
34 松发咖啡馆 B5

🎭 娱乐
35 载阳茶馆 B3

🛍 购物
36 时间轴书店 D2
  松发生活体验馆 ....（见34）

ℹ 实用信息
37 潮州市中心医院 C3
38 古城游客服务中心 B5
39 开元邮政支局 A5

🚌 交通
40 潮州汽车总站 B3
41 南桥市场公交站 D4

通行。广济桥在2007年时进行了大修,基本保持了明朝时期的样貌,部分桥墩和中部石梁仍是原件。桥墩上的桥亭形状各不相同,在过去桥亭兼作商铺,现在东侧的几座桥亭内有非遗工艺品展示,包括了陶瓷、刺绣和木雕、手拉壶及麦杆画。

观看用梭船连接或解开浮桥是游览广济桥的独特体验,景点开门迎客时工作人员开始连接梭船,闭门之前开始解开梭船,连接和解开均耗时约30分钟。浮桥两头原先各有一只铁牛,东侧铁牛被洪水冲走,如今西侧的铁牛也是复制品,铁牛旁的绞盘曾是拉梭船的工具。

游览结束后可原路返回,或出广济桥东头后继续参观韩文公祠,这样可以节约再绕路前往的时间。寻找眺望广济桥全貌的好视角请登上桥西头的**广济门城楼**(10元;8:30~17:30),这座仿古城楼内还有关于潮州历史和非物质文化遗产的陈列。

韩文公祠
纪念馆

(东兴北路18号,近广济桥东头;免费,凭身份证领票; ⊙8:30~17:30,周一休馆)为了感谢他为当地文教开化做出的贡献,潮州自唐以来都有建寺供奉韩愈的传统,这座祠堂最早在宋朝时期由潮州知州修建,现存建筑大体保持了明清时的样式。祠堂内除了供奉韩愈塑像,还有众多书法碑刻,其中一块碑石上刻着"若无韩夫子,人心尚草莱",感念如果没有韩愈,潮州依旧是荒蛮之地。

在担任潮州刺史的8个月时间里,韩愈对

潮州的经济和文教发展做出了推动。旧时韩江因鳄鱼出没而被称为"恶溪",韩愈的《祭鳄鱼文》便是为动员民众驱除鳄鱼而作。在他获赦离开潮州后,潮州人感念他的功绩,于是将恶溪改名"韩江",江东的笔架山改名"韩山",这便是韩愈在潮州"八月成神,江山改姓"的由来。

可在桥南市场乘坐110路公交前往。或者游览完广济桥后过桥抄近道到韩江东岸,左转沿江边走1分钟即到韩文公祠领票处。

北阁佛灯　　　　　　　　　　观景台

(环城东路北段;门票10元;◎8:30~17:30)北阁佛灯建在城北的金山上,面朝韩江转弯处水流湍急,因此在古代时这里的佛灯承担了指路灯塔的职责。始建于宋代的楼阁与佛灯在20世纪40年代毁塌,如今景区内的设施几乎都是新建的,但在山头仍存一段明朝时的潮州古城墙。调研时景区正在闭门重修,在你前往时或可登上最高处的浪西楼远眺韩江水色和金山大桥。从上水门外往北步行约10分钟即到,虽然水流危险,但当地人还是很喜欢在景区门口的小码头处下江游泳。

饶宗颐学术馆　　　　　　　　展览馆

(东城脚近广济门;门票8元;◎9:00~17:30,周一休馆)这座仿古宅院为潮学大师饶宗颐而建,格局和细节都依照了传统潮州厝的样式,氛围非常清雅。展厅内陈列有饶先生的书画作品,也介绍了他的学术人生。展馆在东城墙内,离广济门和下水门都不远。

许驸马府　　　　　　　　　　展览馆

(葡萄巷东府埕4号;门票20元;◎8:30~17:30)这座老厝始建于北宋时,经过历代重修后保留下来的更多是古厝格局,想找到历史久远的建筑构件,就留意脚下的石地栿和地砖吧。喜爱古建筑的旅行者可以仔细看展厅内的建筑模型和图文解说,此外西厢房有婚俗和出花园展览,从花廊绕到后厅则是许氏家族的源流展。

步行至中山路48号李氏宗祠,可顺道看看宗祠内的黄埔军校潮州分校旧址图文展览,从展厅后方穿出后,小路通往许驸马府正门。调研时这里门票只收现金。

潮州市博物馆　　　　　　　　博物馆

(潮州大道和福安路交叉口;免费;9:00~16:30,周一休馆)一座很大的博物馆,不过展

寻找潮州老工艺

在机器取代手工生产之前,潮州繁荣的商业贸易与手工制造行业互相促进,在民间积累下众多精湛的传统技艺。如今还有不少能工巧匠在潮州古城内继续制作传统手工艺品,依靠他们的传承与创新,潮州在2018年获得了由中国民间文艺家协会颁发的"中国民间工艺传承之都"的美称。

手拉朱泥壶 与潮州人的日常生活息息相关,每天喝工夫茶都离不开一把茶壶。制作朱泥壶时,需要把陶泥胚放在转盘上进行拉胚塑型,壶口、壶身和壶盖要做到尺寸比例完全契合需要耗费不少的时间和精力。吴氏陶坊(见196页)制作手拉朱泥壶的技艺已经传承三代,如今吴敬亮师傅和儿子一起在陶坊内制作壶具,工作室开放参观,也可参加体验课程。

潮州木雕 不仅在传统潮州大厝中起到画龙点睛之美,也广泛运用在工艺品摆件中。经典作品虾蟹篓由工匠将一整块木头立体透雕出玲珑剔透的不同层次,看似渔家家常,其实藏着低调的富贵用意。离许驸马府不远的文园(中山路中段77号;◎9:30~18:00)由木雕技艺非物质文化遗产传承人卢进文主理,时间凑巧的话能看到他现场雕刻,卢师傅也很愿意和人聊一聊关于木雕的话题。

用潮绣技艺非物质文化遗产传承人李淑英的话来说,潮绣的特点在于"金碧辉煌,垫高立体,构图匀称"。典型的潮绣需内衬棉花纸锭,外绣金线彩丝,针法多变,饱满突起于布面之上。在甲第巷民居文化展览馆和民间艺术陈列馆(见191页)内,能近距离欣赏到这位大师的潮绣作品。

品并不多,有闲暇时间可以去看看。四个专题展厅分别展出了潮绣、手拉壶、木雕和石雕,其中清代绿缎蟒纹神袍、清代金漆木雕神轿和明代木雕"府楼猴"值得细看,门厅内还有一座宋代龙钮大铜钟。

从老城出发,至太平路南端的桥南市场站乘110路公交至人民广场站即到,博物馆正门在潮州大道上。

开元寺泰佛殿　　　　　　　　　　　寺庙

(韩江大桥东头东山路;免费;◎6:30~17:00)潮州是华侨之乡,众多侨商都有回乡捐建寺庙的传统,市区东面隶属开元寺的泰佛殿便受到已故泰国华侨谢慧如的捐助。寺庙外观仿照了曼谷云石寺的重檐尖角,东侧山坡上供奉有梵天四面神像,谢先生的墓塔也在附近。佛寺对面的慧如公园也是受捐赠而建的,园内植被葱郁,如有闲暇可顺道游览。

在南桥市场站乘101路或108路等公交至慧如公园站下车即到。自驾也可继续顺门前的道路往东6公里转到砚峰山红山林场内的**淡浮收藏院**(门票40元;8:00~17:30),这里风景很不错,收藏院由已故泰国华侨郭丰源建立,是他在泰国芭堤雅的私人收藏馆淡浮院的分院。由于郭先生与拉玛九世国王关系密切,这座收藏院中的金佛像来自泰国皇家馈赠。

◎ 潮州市郊

面积广大的潮安区半包围着潮州市区,这里在宋时大致是"潮州三阳"中的海阳县区域,南面散落有不少精美的古寨大厝,北面则是山清水秀的丘陵茶园地带。从潮州市区出发可借助公共交通前往区内的大部分看点,自驾则更便利,可作潮州至汕头一线游览安排。

龙湖古寨　　　　　　　　　　　　古村落

(龙湖镇西南,近护堤路;免费)龙湖古寨位于潮州市区南面15公里的龙湖镇,与韩江一堤相隔。村寨始建于南宋,因地处水陆交通要道从明初开始繁荣,龙湖渡口一度成为重要的通商口岸,集市规模在很长一段时间内仅次于潮州。清末《天津条约》使得汕头成为新兴通商口岸,龙湖逐渐失去其交通枢纽的地位,古寨也随之衰落。

如今还有一部分居民生活在古寨内的老宅中,逢年过节时散居在海内外的族亲回到寨内祭祖,这时的村寨更为热闹鲜活。风水学中称为"龙脊"的直街从北向南穿过古寨,古民居和宗祠集中在直街上以及东西向的客巷和院巷里,下列宅院和祠堂只要开门都可免费进入,但其他民宅则不一定开门迎客。离北门最近的祠堂**阿婆祠**是潮汕地区为数不多的女性祠堂,由康熙年间富商黄作雨为丫鬟出身的

值得一游

凤凰山天池

凤凰山在潮州市区北面约70公里,因为是凤凰单丛茶产地而知名。这里也被认为是畲族的发源地之一:畲族原是瑶族的一支,隋唐时迁入闽粤赣交界处与当地土著僚人融合,靠山为生者称畲,靠海为生者叫疍,如今潮汕地区的畲族大多居住在凤凰山区。

凤凰山顶有一个不大的湖泊叫作天池,从景区入口往上爬楼梯20分钟左右可达。这里海拔较高,是夏季避暑的好去处,平时可眺望山间的茶田翠色,在5月时还能欣赏杜鹃花盛开。本地远足爱好者喜欢到这里登高露营看日出,景区提供帐篷租借(50元起),不过因为山顶早晚温差较大,即使夏天露营也需要做好保暖准备。景区外的**乃兴石湖休闲避暑山庄**(☎678 0089;标双430元起)则有品质更好的客房,并提供至天池景区入口的交通接驳。

非自驾前往凤凰山的交通较为周折,潮州至凤凰镇的公交车从潮州粤运中心客运站(池湖车站)发出(7:10至17:10约70分钟1班车;车程1.5小时;票价10元),到达凤凰镇后还要至乃兴旅游集散中心换乘旅游巴士(往返60元,含天池门票)上山至景区入口,自驾上山后单独购买天池门票为30元。由于部分山路盘旋陡峭,自驾者如果不太放心驾驶,也可把车辆停在旅游集散中心的停车场,再换乘巴士上山。

当地知识
潮州围楼和古寨

潮州北部的饶平山区藏着许多土楼，市区周边的村镇中还有不少古寨。微信公众号"长光里"的运营者长光伯对潮州的围楼和古寨进行了一系列探访，我们和他聊了这个虽然不算热门但很有趣的话题。

请简单介绍土楼、围楼和古寨的区别。

围楼是由多套独立房屋围成一个整体的建筑，它的墙体有土、石等多种形式。土楼是特指墙体由用沙和黏土夯筑而成的围楼，它也是围楼的一种。潮州的古寨有围楼的形式，一些围楼用土筑成，也有由多套独立的潮州传统建筑再加上寨门寨墙建成的小城池形式。

潮州地区哪些有代表性的土楼、围楼和古寨，值得旅行者自驾去看？

饶平县北部的饶北山区有着数量庞大的土楼和围楼，原有两千来座，现存较完整的也有数百座。其中三饶镇有国家一级保护文物、全国最大八角型土楼道韵楼。道韵楼年久失修，现已成了危楼，国家也已经拨款维修，近期没有对外开放。但在楼外面还是能体会到这座有着四百多年历史的土楼的宏伟壮观。如果带有无人机，更能从上帝视角看到这座八角型土楼八封太极两仪的奇妙格局。离道韵楼几分钟的路程，还有一座已经倒塌大半的新韵楼，这是一座鲜为人知的全国最大圆型土楼，近110米的直径比目前已知的最大圆型土楼大了30%以上，面积更是大了一倍。

离潮州市区较近的意溪、磷官铁（磷溪、官塘和铁铺三镇）也有一些围楼，特别是铁铺镇的围楼中很多还有原住民居住。

由寨门寨墙围起来的小城池式古寨有：凤塘镇鹤陇乡和安寨、古巷镇象埔寨和孚中寨。凤塘和古巷陶瓷行业比较发达，外来工很多租住在原住民搬离后的古寨中。所以现在这些古寨中有了一个景象，除了一些老人是本地人，年轻人和小孩都不是本地人，都讲普通话了。

对保育活化这些老围楼和古寨，有什么看法？

对于大量的围楼古寨荒废倒塌，我认为这是历史必然的趋势，无法扭转。唯有在它们倒塌之前尽量用影像和文字记录下来。其中一些成了文物保护单位的应能维持下去，一些在景点或市区附近，如果能进行活化改建成特色民宿或餐厅，或许在潮州市区扩大之后，这些保留下来的围楼古寨，会成为新城区中难得的承载传统文化的地标。

潮汕地区 潮州市

生母而建。

往前拐进客巷，四进大厝方伯第便藏在巷深处，这处院落历经刘氏数代人建成，从前往后的建筑风格经历了中西风格的演变交融，建筑上精美的贝灰雕塑和壁画部分保留了下来，从第三进院旁侧的花廊可以绕到用艳丽西洋瓷砖装饰的第四进院。客巷以南平行的院巷内藏着儒林第、探花第和文翰第等明清院落，不过通常大门紧锁，无法入内欣赏精美的木雕梁架。

继续顺直街往南，会依次路过村中几户大姓的宗祠，黄氏宗祠的木雕和嵌瓷很耐看，对面许氏宗祠内保留着雕花木屋架，高阳第对面的大厝纵深共有十进，可以进入小巷一探，是荷公祠门前的石雕和木雕非常精巧，林氏宗祠内保留有精美的木瓜梁，陈氏宗祠对面进士第门前的书法和壁画也很雅致。

沿直街往南走到底，来到榕树下的天后宫，寺庙墙壁上保留有清时的壁画，两位门神也是女性。门前古榕树的气根扎到道路另一侧搭出了一道漂亮的门，再往前走就是南寨门。往回走到客巷再一路往东穿出古寨，过马路爬上堤坝即可俯瞰古寨屋顶并远眺韩江风光。

调研时古寨内有小店售卖炖糕、酥糖等特色小吃，不过非常冷清。北门停车场北面的江东桥祖传粽球（10元/个）味道不错，顺门前的路往西走进镇里还有更多餐馆选择。

从潮州古城出发,到太平路南端的桥南市场站乘坐204路公交(5元;车程40分钟,发车间隔约35分钟1班),请司机在龙湖古寨停车,下车就是北寨门,回程时在停车场对面路边拦车即可。自驾者也可继续往南至汕头,别忘了半道转至从熙公祠看一看。

从熙公祠 古建筑

(潮安区彩塘镇金砂一村;免费;⊙9:00~12:00, 14:30~17:30)马来西亚华侨陈旭年从1870年开始在故里建造屋厝,如今开放的从熙公祠资政第只是其中的一部分,南北两侧的房屋都是当年的陈家大厝。祠堂的石雕、木雕和彩瓷装饰都是精品,尤其是正门前右侧的石雕"士农工商图"里细细的牛绳,透爆技艺让人叹为观止。堂内有简单的图文资料介绍建筑细节和陈旭年的生平,看门人陈伯可能会请你花25元购买一份祠堂的图文介绍,请他讲解则需支付10元。如果中午到达可打电话13502627531请陈伯开门,需付20元开门费。

到达从熙公祠最简单的方式是自驾,从潮州出发顺潮汕公路往南至彩塘镇,看到"金一村"标志后往东入村,过桥往北即可顺着指示牌一路找到祠堂,车程约50分钟。搭乘班车的话,潮州汽车总站出发走铁路线(即潮汕公路)至汕头的部分班车(约1.5小时一班)会经过村口,下车后步行10分钟即到,不过乘车前请向司机确认这班车会走潮汕公路外围线。参观后可回到路边拦班车返回潮州或继续南下前往汕头,但可能要等1小时以上才有班车路过。

新乡仁美里 历史建筑

(潮安区凤塘镇淇园智勇中学侧;免费)清末华侨商人郑智勇在泰国靠经营博彩和船运闯出一番天地后,于1911年在老家为族人建造了一处"新乡",如今这里已成为文保单位,村民几乎都已迁出,整个村落略显颓败但非常安静。村中心海筹公祠内供奉有郑智勇的牌位,每年正月二十三时乡民们会前来大祭,祠堂外资政第门头还保留着一些雕刻装饰,村寨围墙的栏杆上则装饰着漂亮的西式花瓶柱和浮雕花纹。绕到南门后可见智勇高等小学校残存的拱门,这里也是郑智勇当时为族人建立的免费学堂,学校门前有一个小码头,据村民介绍,当时郑智勇公司的船会开到这里来接乡亲下南洋谋生。如果到访时祠堂锁闭,可致电134 1379 2783请管钥匙的郑伯开门,他也乐于向访客介绍这里的历史。

在南桥市场乘发往玉窖方向的112路公交(6元;车程40分钟,发车间隔约为30分钟一班),告知司机在智勇中学门口下车,进入牌坊即可见到祠堂前的月塘和寨门。

🎓 课程

潮州城内载阳茶馆(见200页)提供工夫茶艺培训课程,但只接受团体预约。想练练手艺的话,不妨去跟手工匠人学做陶。

吴氏陶坊 陶艺

(☏130 7640 5318;金聚巷17号,近下东平路;⊙12:00~23:00)店主吴敬亮师傅是潮州手拉壶的非物质文化遗产传承人,店里除了展示售卖他制作的获奖茶壶,二楼工作室也提供陶艺教程(80元/小时)并免费开放参观,课程主要由吴师傅的儿子来指导制作茶杯和花瓶,提供成品烧制完成后寄回的服务,如果想学习制作茶壶的话,则需要上至少一周的课程。

🎏 节日和活动

潮州的传统民俗活动非常纷繁,在农历年尾腊月和新年正月里更是接连不断,这时也是体验潮州民俗的大好时机。

营老爷 节日游行

营老爷是潮州最隆重的游神庆典,老爷即村寨里的本土保护神。潮州方言里也把这项活动叫作"营劳热",意即热闹庆祝。在举行游神仪式时,各个村寨将自己供奉的老爷神像请上神轿,再由舞龙舞狮队和潮乐锣鼓队护送老爷在大街上出巡。

每个村寨营老爷的时间不尽相同,通常都在正月。潮州古城最盛大的活动是正月二十四至二十六的**营大老爷安济圣王**,活动从古城外韩江边南堤路上主奉安济圣王的寺庙——青龙古寺开始,入城巡城一圈后结束,场面非常热闹壮观。

龙湖舞龙 节日游行

潮州南面的潮安龙湖古寨(见194页)在

每年正月十六营老爷时都会有舞龙仪式,这里的舞龙队有着九招十二式的好身手,把龙舞得如同腾云驾雾一般。

广济桥灯光秀　　　　　　　　　　灯光秀

广济桥边每晚(周一至周四21:00和22:00各一场,周五至周日每晚20:00和21:00各一场,每场时长15分钟)都免费上演五光十色的灯光秀,打在桥身上的彩色灯光不停变换,东面的山上还有大片梦幻冷色灯光作为背景,不过这也可能会给山林中的动物带来光污染。

🛏 住宿

住在潮州古城内的好处是可以深度体验这里的悠闲生活,也有许多环境雅致的客栈民宿可选,但缺点是交通出行不方便,几乎只能靠步行和网约车相结合。老城外的连锁酒店选择更多,但前往老城游览的交通有些周折费时。也可考虑住到环城西路上,这里靠近西湖公园,步行到老城不算远,也有公交接驳前往客运站。

作为热门的周末游目的地,潮州老城内各家酒店客栈的房价在周五和周六普遍上涨100元左右,春节假期时则可能上涨200元以上,以下列出的均为淡季的平日价格。

上水门边国际青年旅舍　　　　青年旅舍 ¥¥

(📞233 6118;卫星二路北端府学旧地文创园内;标双 298元起,床位 68元;❄☏🅿)是调研时潮汕地区唯一的YHA国际青年旅舍,位于城北府学旧地文创园的尽头,环境雅致清净,离太平路的热闹地段也不算远。床位房共有12张床且男女混住,但好在床铺的封闭私密性不错,其他客房都颇为舒适有格调,部分房型配有浴缸。一楼公共区域有洗衣机和公共厨房,二楼还有健身器材,均可免费使用。此外,店主还在开元寺附近的居民区里打造了一个摩洛哥风格的上镜民宿**绿洲庭院**(📞393 0007;标双 538元起)。

合舍花畔里客栈　　　　　　　　客栈 ¥

(📞188 2350 7448;蔡厝巷14号,近下东平路;标双 258元起;❄☏)四层建筑外墙涂成了明亮的蓝黄两色,门前院内是一个颜色艳丽的小花园。一楼的公共厨房和餐桌让人愉悦,客房设计明快简洁,不过没有电梯。每间客房

当地知识

出花园和办外甥

不少潮州人都亲身经历过一种充满仪式感的庆典,这便是潮汕地区特有的成年礼"出花园"。潮汕民间信仰里相信小孩子住在无忧无虑的花园中,并受到花园保护神"公婆母"的庇佑,到15岁及笄之年时就要举行"出花园"仪式告别公婆母,走出花园来到成人世界。"办外甥"则更强调男孩的成人式,是一种家族活动,要由舅舅来操持,不过现在两种说法指的都是同一套仪式了。

出花园的日子一般选在农历的正月十五或七月初七,因为元宵节是一年中第一个喜庆的节日,七月初七则是公婆母的诞辰日。在当天清晨,孩子用十二花水沐浴后穿上红衣和红木屐。之后父母呈上"三牲",分别是代表鱼跃龙门的鲤鱼和寓意出人头地的猪头,还有分别对应男孩或女孩的公鸡或母鸡——象征健康勇敢和多子多福,这也体现了重视传宗接代的传统观念。贡品摆好后,父母从床底下请出"公婆母"的神炉放在床上,让孩子上香拜别这两位童年守护神。

早餐也很有讲究,通常由父母用猪内脏煲汤,加上糖让孩子吃下,表示换上了成年人的肠肚。母亲还会在孩子旁边默念"阿奴坐北朝南,阿奴已经成人"一类的吉祥话。出花园当天,孩子必须整天待在家里,不能到处乱跑,父母则大摆筵席宴请亲友,并让孩子坐在主人的位置上,宣告他已长大成人,将成为家里的顶梁柱。

西马路是潮州古城里的民俗庆典一条街,不少店里摆满喜气洋洋的红衣和红木屐,店门前还会有"出花园、办外甥"的招牌,意指这里售卖为孩子举办成人礼的装束,店家也能提供仪式流程和风水时辰的顾问参考。

对应不同的星座，装饰得明亮简洁，其中天蝎座为带阳台的家庭房（385元），有着可看到老厝屋顶的开阔视野。调研时通过去哪儿网预订价格更优惠。

凤水驿
客栈 ¥¥

（☎223 0068；卫星二路北端府学旧地文创园内；标双350元，大床房200元起；❄☎ ❘P❘）就在府学旧地文创园的入口处，用电机厂办公楼改建而成，空间明亮开阔，一楼的厨房可供住客免费使用。房间内简洁舒适，双床房带阳台，适合家庭入住。

木棉公馆
客栈 ¥¥

（☎223 8593；上东平路2号；标双348元；❄☎）坐落在城北小巷中一栋法式风情四层小楼里，大堂内花砖铺地，顶层的天窗使室内明亮通透。房间装饰很有复古感，价格最低的大床房（228元）内也采用了20世纪初的西洋装饰风格，并配有雨伞。周末价格上涨120元左右，而且通常房源紧张。

载阳客栈
客栈 ¥¥

（☎223 1272；太平路载阳巷15号；标双338元；❄☎）潮州老城里很有名的老宅改建客栈，所在的大夫第已有200年历史。院落环境古色古香，大厅门梁和门框上装饰有细致的木雕。客房普遍紧凑，中座大床房（338元）带一个小院子，价格最低的单人间（128元）使用公共卫生间。通往二楼的木楼梯有些狭窄难爬，不过在我们调研时，店主表示有加装电梯的计划。在宰辅巷内还有另一处老宅改建的**宰辅第客栈**（☎262 8800；标双680元）。

瀛洲设计酒店
历史酒店 ¥¥¥

（☎225 8989；太平路中段，近英聚巷口；标双980元起；❄☎ ❘P❘）酒店由民国时颇为辉煌的瀛洲酒店老建筑改建而成，门楣上的题字石刻仍是1925年时的原件。建筑外观上保留了不少当时的欧风装饰细节，大堂内充满中式山水花鸟情趣，房间则是简约的现代风格。

✘ 就餐

从前低调的潮州美食如今已是名声在外，越来越多的旅行者到潮州主要是为了吃。这里的人们爱吃也会吃，把鸡鸭鱼肉都烹饪得精细又美味，牛丸粿条、鱼面、蚝烙、牛肉火锅、卤水鹅……各种小吃大餐值得逐一品尝。老城内的餐馆正在经历一波"网红店"浪潮的冲击，在本地人生活区尤其是西马路靠近环城西路一带更容易找到性价比较高的餐馆。如果有时间精力去到新城区，新洋路和永安路交叉口附近的居民区内有不少潮菜馆、鱼生店和牛肉火锅店，想品尝卤鹅的话，在南门外的南门市场能找到家常亲民的卤肉摊档。

十八曲老尾鱼饺店
小吃 ¥

（环城西路49号；人均30元；⏱7:00-19:00）这家店在古城边，顺西马路往西过环城西路马路后即到。店家与西马路上的曲老二有亲戚关联，店面要更宽敞一些，也可以坐在路边桌上吃。鱼面、鱼丸、鱼饺、炸饺和鱼册，各种花样都用马鲛鱼肉做成。可选三拼（20元）或五拼（30元），鱼面炸饺汤（20元）里的食材也很丰富。

伟记小食店
小吃 ¥

（西马路108号，近环城西路；人均15元；⏱8:00~18:30）在这家不起眼的小店吃到地道美味的糯米猪肠（28元/斤）和咸水粿（5~10元/份），猪肠里塞满了糯米、栗子和猪肉，蒸熟切片后撒甜料、芝麻和花生碎调味，和气的店主会根据你的食量来挑选猪肠的分量。旁边没有招牌的**西马路小食店**（8:00~17:30）卖各种现场手工制作的粿，可以请店家放到锅里油炸后再给你。

老彬蚝烙
小吃 ¥

（水平路50号；人均30元；⏱周一至周五17:00至次日00:30，周末和节假日11:00至次日00:30）古城内人气很旺的蚝烙店，在路南点单后坐到路北的餐厅里等餐。招牌蚝烙（30元/份）蚝肉肥嫩饼底酥脆，店家也会根据人数来估计分量和价钱，想少吃一点告知即可。此外在7月至9月有深受潮汕人喜欢的时令薄壳烙，遇到了就抓住机会尝一尝。

一家人肠粉
小吃 ¥

（太平路近昌黎路口；人均20元；⏱7:00至次日1:00）牌坊街上很好找的肠粉店，因为价格实惠，住在附近的本地人也会来吃。这里做潮汕风味的肠粉，浇蚝油撒菜脯调味，招牌肠

去官塘吃牛肉火锅

与大多数火锅重锅底调味不同,潮州火锅为了凸显牛肉本来的鲜味,锅底通常只用苦瓜和萝卜煮成清汤,配上沙茶酱蘸料一起吃。潮州东郊官塘镇的牛肉火锅非常有名,潮汕地区的众多美食爱好者都不惜耗时驱车前来一饱口福。起初官塘牛肉名声响亮是因为店家大多自有养殖场,可以做到屠宰上桌新鲜一条龙,不过近年来因为牛肉消费量太大,本地牛已经越来越少。但无论如何,能在官塘开店的几乎都是有口碑的老字号,加上食客大多是胶己人,众多餐馆都有着美味实惠的性价比。

和友牛肉火锅(凤东路近官塘路口;人均80元;⊙11:00~21:30)是官塘近年来名声颇为响亮的火锅,店在陶瓷学院门口西侧,店内空间很大但几乎没有装修,晚上常常客满。各个部位的牛肉每盘都在30元上下,随锅底送一盘蔬菜。

和友对面的**少林牛肉鹅肠火锅**(凤东路近官塘路口;人均90元;⊙10:00~21:30)的口碑也不错,可选择鸳鸯锅一半清汤涮牛肉,一半卤水涮鹅肠和鹅掌。从旁边路口往南可至官塘镇,一路上有数不清的牛肉火锅店,自驾者不妨慢慢探寻。

不自驾的话,在市区南桥市场站乘108路至终点站陶瓷学院,从这里开始你的官塘牛肉之旅。回潮州市区的末班车在18:45以前,网约车单程40元左右。

粉(8元起)是猪肉香菇蚝油拉肠,辣椒油很香,门口有茶可以自取。

瀛洲烧鹅　　　　　　　　卤味 ¥¥

(太平路中段,近英聚巷口;人均60元;⊙11:00~14:00,17:00~20:00)开在漂亮老楼瀛洲大酒店的一楼,专卖潮汕经典卤味狮头鹅,新鲜出炉的大鹅被分为鹅肉、鹅头、鹅翅、鹅掌、鹅肝、鹅胗和鹅肠几部分,根据不同部位和价格可选择148元四拼、188元五拼、228元六拼和268元八拼几种拼盘,鹅血免费配,不过要赶早去才能买到鹅肠和鹅掌等抢手部位。食量不大的话,38元一份的鹅肉饭套餐有肉有菜刚刚好。

阿斌牛肉火锅　　　　　　火锅 ¥¥¥

(东门街34号;人均120元;⊙11:00~21:00)潮州城内名气比较响亮的牛肉火锅店,在古城内的好地段开了一家分店来照顾游人的胃口。价格比起本地人消费的小店要贵一些,但好在环境舒适,肉质也新鲜。如果不太清楚吃潮汕牛肉火锅的诀窍,桌上有卡片教你怎样涮煮吊龙、胸口和五花等不同部位。

莲华素食府　　　　　　　素食 ¥¥

(开元寺前广场照壁后;人均60元;⊙12:00~14:00,17:00~20:00)一家古色古香的佛系素食馆,餐桌在二楼和三楼。素食菜品和点心品种丰富,雀巢筑顶和竹荪汤是受欢迎的招牌菜,素鸡也做得有模有样。服务员通常会根据你的口味来推荐菜品,不过由于这里也接待旅游团餐,人多的时候可能会有些照顾不过来。

🍷 饮品

新旧交融的潮州古城里不乏咖啡馆和果汁冰小店,逛累了不妨找一家坐下来边喝边休息。潮州凉茶的主要种类有老药桔、贡菊罗汉果、沙参玉竹和老熟地等,其中部分配方会用"潮州三宝"凉果加热水冲泡来喝,与其他草药凉茶一样都有清凉败火的保健功能。除了太平路上服务游人的凉茶店,本地人喜欢光顾的凉茶档通常会藏在药房里。

松发咖啡馆　　　　　　　咖啡馆 ¥

(太平路和水平路交叉口;人均40元;⊙9:00~22:00)这家老街上的摩登咖啡店就在出售瓷器的松发生活体验馆三楼。阳光通过天窗照入室内,一侧还有热带绿植装饰的露台可以俯瞰老街,咖啡(22元起)出品漂亮,口感也很优秀。

初心咖啡馆　　　　　　　咖啡馆 ¥

(西马路13号,近太平路;人均35元;⊙10:00~22:00)开在三层老屋里的小咖啡馆,咖啡师和设备都很专业,各种咖啡饮品充满创意,也售卖自己烘焙处理的各国咖啡豆。屋

当地知识

工夫茶里功夫深

不少潮州茶人看见有人把"工夫茶"写作"功夫茶"时，总是会不辞辛劳地去纠正。原因不仅在于潮州话里"工"（音gang）和"功"（音gong）发音有别，更因为他们相信在潮州的茶道精神里，"工夫"传达出了一种享受时间打磨的微妙意境。即使只是闲暇时坐在路边喝茶，也讲究泡茶时烹水淋杯注汤分茶，饮茶时敬客尊长闻香细品，而用力较劲的"功夫"二字，并不能传达出这种悠闲的禅意。

此外，凤凰单丛茶常被写作"单枞茶"，其实这种茶叶的名字并没有那么复杂，只是因为凤凰山茶树的单株形态而得名。"枞"字看起来风雅，却是一个生造字，一些严谨的茶人可能会拒绝使用这个字。

不只在专门的茶馆里能品尝到工夫茶，其实只要多和本地人聊聊，无论街上的店家或在骑楼下乘凉休息的街坊，很多人都有可能会用工夫茶来招待你。因为在潮州传统文化里，邀请人喝茶是一种最基本的待客礼仪，不妨坐下来看他们推杯换盏冲泡茶叶，在品茶和闲谈中慢慢享受这种温和的市井生活。

后有一个热带颓废美感的小院子，二楼就像自家客厅一样舒适。

花姨老电影院果汁冰   果汁 ¥

（义安路8号；人均15元；⊙11:00~24:00）这家店之前是电影院门前的小摊，真材实料的鲜榨水果汁5元起，招牌牛油果益力多（18元）也很受欢迎，店铺不大但有座椅可歇脚。离己略黄公祠和学宫都不远，附近街市里保留有老城的本地生活节奏，不妨慢慢逛一逛。

宏兴凉茶   凉茶 ¥

（太平路306号，近东门街；⊙8:00~22:00）在石牌大药房店内一角，没有浮华的招牌，客人更多是本地街坊，各类凉茶均价3元一杯，想环保一些的话，也可以请店家用玻璃杯装。

千庭茶舍   茶馆 ¥¥

（☏225 5599；上水门街5号；茶位费40元/人，含茶艺表演，茶叶需另购；⊙10:00~23:00）茶舍设在清末建造的外江梨园公所内，这里曾经是外江戏（即广东汉剧的前身）团体在潮州的演出场所，门前装饰有雕刻和嵌瓷。除了喝茶，雅致的茶舍内也还陈列有不少精美的茶壶。由于这里也是景点，8:30至17:30入内需支付2元门票，可先致电预订茶位。

☆ 娱乐

对于传统潮州人来说，用潮州话来演唱的潮剧不只是地方戏曲，更是一种胶己人的文化认同。如今仍然有不少曲友热衷于演唱和欣赏潮剧，古城内的同心曲友团每周六全天和周日下午会在头亭巷近太平路口的太平中学内自发表演，城西的西湖公园后山的梅园茶馆在天气晴好时有露天茶座剧场演出。此外，一首有趣的潮州话童谣《牌坊街》细细讲述了牌坊背后的故事，感兴趣可以找来听。

载阳茶馆   潮剧

（☏218 5228；微信公众号：CZZYKZ；英聚巷6号，近太平路；⊙10:00~23:30）茶馆设在漂亮的二层民国老宅内，将潮剧潮乐与工夫茶艺相结合，可以一边品茶一边欣赏带字幕的潮剧（茶座168元/2人起，价格含茶水和茶点）。调研时每天14:00至17:00整点演出，20:20、21:20和22:20还各有一场，周末和节假日团队游客较多时演出也更热闹，可通过微信公众号查询预订。

🛍 购物

"牌坊街"太平路从南到北有无数店家售卖本地特产，从真空包装的牛肉丸到凤凰山茶叶都是热门伴手礼，蜜制凉果"潮州三宝"老香橼（佛手）、黄皮豉（黄皮果）和老药桔（金桔）也是易买易带的特产。此外，老字号点心店胡荣泉在太平路上有多家分店，招牌的腐乳饼既可买现吃或打包带走两相宜。

水平路和太平路交叉口的儿家纪念品商店都出售富有潮汕风情的传统民俗物件，如"春盛"竹篮和制作粿品的粿印，其中木刻粿印(约30元起)别致且体积不大,适合买作伴手礼。

松发生活体验馆　　　　　　　陶瓷制品

(太平路和水平路交叉口; ◎9:00~22:30)潮州的骨瓷很有名气,这家店是松发陶瓷在古城里的体验馆,产品主要包括品质优秀的茶具和碗碟,除了中式典雅的设计风格,也有一些欧洲元素的新派设计,价格丰俭由人,店家还提供打包邮寄的服务。

时间轴书店　　　　　　　　　纪念品

(府学旧地文创园内; 周末和节假日9:30~23:00,平日12:00~23:00)除了书籍还有一些好玩的潮州主题文创特产,如环保袋(80元)、明信片(5元/张)和包装精美的潮州三宝(30元/瓶起),店内还有一家咖啡馆(28元起)。

❶ 实用信息

医疗服务

潮州市中心医院(☎222 4092; 环城西路84号)就在古城西侧。

银行

老城区内四大银行的营业网点和ATM主要分布在太平路南北两端以及开元路上。

邮局

可以把明信片式样的广济桥门票从**开元邮政支局**(开元广场C2幢8-10号门市)寄出。

旅游信息

本土自媒体**长光里**(微信公众号:CZ-CGL)收录有很多实用又有趣的文章,按主题分为潮剧、美食、潮语和潮州土楼等,并且正在开发全景游潮州的功能,可以为你的潮州之旅带来不少惊喜。

广济门西南一侧不大的**古城游客服务中心**(◎9:00~21:00)内有工作人员提供问询服务,也有景点介绍的小册子可看,这里能租借到充电宝,也可坐下来休息。

❶ 到达和离开

飞机

揭阳潮汕国际机场(☎0663-393 3333; 机场代码: SWA; 微信公众号: jycsairport; 揭阳市揭东区登岗镇与炮台镇交界处)位于潮州西面的揭阳市,由潮州、汕头、揭阳和汕尾等临近地级市共用。这里航线众多,到国内不少省会城市以及东南亚曼谷、金边和暹粒等地都有直飞航班,并且价格常有优惠。

长途汽车

离潮州古城不远的**潮州汽车总站**(☎220 2552; 微信公众号: czyueyun; 潮枫路2号)又叫西车站,这里有旅行者所需要的大部分班次,基本无须到西郊的潮州市粤运中心客运站(池湖车站)乘车。车站售票窗口只收现金,售票机只支持支付宝付款,也可通过微信公众号购票后在售票机上凭码取票。

潮州汽车总站至汕头(7:00至18:40 约20分钟一班; 18元,高速20元; 车程1~1.5小时)的班车最为频繁。不过需要留意的是,潮州总站至汕头的班车分别到达汕头总站、西堤站和中旅站,又分为走护堤线、铁路线和汕汾高速三种,汕头中旅站离市中心最近,旅行者可以尽量选择到这个站点的班车。此外本车站还有至广州、深圳、佛山、惠州、梅州以及揭阳潮汕机场的班车,具体信息可通过微信公众号查询。

因为潮州古城内不通公交,从古城至车站最简单的方法是使用网约车。

火车

高铁潮汕站(沙溪镇)有多趟动车或高铁前往广州、深圳、梅州、汕尾、厦门、泉州、上海和杭州等地。这里离城区较远,但离飞机场很近。在潮州汽车总站门前乘坐K1路可至高铁潮汕站,票价8元,车程约40分钟。如果从古城内出发,用微信小程序**潮运出行**拼车更便利。

潮州火车站(城西枫溪新风路)距离古城约8公里,高铁潮汕站投入使用后这里的车次减少了很多,调研时每日只有4对普快列车,对旅行者的帮助不算大。

❶ 当地交通

抵离机场

机场快线售票处(☎0663-382 8788)在机场到达层4号门内左手边。**6号线潮州线**(车程1小时,票价20元,8:20至21:00 约1.5小时一班; 途经潮汕高铁站,票价10元)机场快线到达潮州市内市候机楼金信酒店后,至环城路内的潮州老城区还有2公里,公交车接驳不便,出租车不打表,更好的方式是选用网约车。

在我们调研时,**潮运汽车运输有限公司**

❶ 从揭阳机场前往其他城市

由于揭阳潮汕机场由周边至少4个地级市共用,这里机场快线的目的地很多,除了到潮州市区,其他对于旅行者有用的线路还有:**5号线汕头东线**(车程1.5小时,票价28元,7:30、8:00、8:30、9:20、9:40、15:45、16:20、17:30)和**8号线梅州线**(车程3.5小时,票价60元;12:30和16:00共两班),线路编号对应门外的候车点编号。此外调研时至汕尾线路停发,乘6号线到潮汕高铁站后有更多班次列车可转乘。

揭阳机场到达厅外对面约200米还有高铁**揭阳机场站**。这里是梅汕高铁上的停靠站,有列车直达梅州西站、惠州南站和汕尾、广州等地。不过调研时由于线路和车站刚开通,车次还比较少,在你前往时不妨使用相关网站查询是否有更多车次,以便安排行程。

(☎233 0768)提供更为灵活的定制网约车服务,可从市区拼车往返揭阳机场(30元/人,途经高铁潮汕站,20元/人),在潮州老城区内也有接送站点,可致电或通过微信小程序**潮运出行**查找最方便的站点。如需打车,出4号门往右50米是出租车候客点,出租车通常不打表,至潮州市区120元左右。

从揭阳机场到达周边其他城市的信息见本页方框。

公交车
电瓶车填补了老城区内公共交通的空缺。蓝绿色的**公交旅游线路电瓶车**共有两条线路,D1线从老城北端的北关旅游集散地出发,D2线从老城南端的滨江旅游停车场出发,均为单线循环发车,会经过西湖公园、许驸马府、海阳县儒学宫、己略黄公祠、开元广场、下水门、广济门、上水门、北阁佛灯等重要看点,票价3元招手即停,约15分钟一班。暗红色的**古城环城游观光电瓶车**更像定制路线的旅游包车,也会在以上站点停留候客,全程40分钟,可停车下车稍作游览,票价为14元/人次(4人以上价格,不满4人则为50元/车,包车120元/小时起)。调研时两种电瓶车都在9点至17点之间运营。

去往老城外的看点,请找到太平路南端与环城南路交叉口的南桥市场公交站,从这里乘110路往西至人民广场可达潮州市博物馆,往东则可至韩江东面的韩文公祠;乘108路往东可至泰佛寺门前和淡浮院路口,终站站陶瓷学院附近聚集了各家字号的官塘牛肉火锅店。此外,至新乡仁美里的112路和至龙湖古寨的204路都可在南桥市场乘坐。

潮州的公交车班次不算频繁,好在都使用GPS系统显示位置,可使用**车来了**微信小程序实时查询附近的公交线路和公交到达时间。此外公交不是每站都停,上下车都需要向司机示意。

出租车
很多本地人都会无奈地告诉你,潮州出租车不打表,并建议你使用网约车。

自驾
老城东端城墙脚下有免费车位,但需要注意,调研时上水门只入不出,竹木门和下水门只出不入,广济门禁止车辆通行。此外,自驾旅行者最好尽量避免在老城区里开车兜圈子,这里道路普遍单行,语音导航信息也不完全可靠,这会导致你一不小心就被拍照扣分。

自行车
调研时潮州城区的共享单车业务只有**叮嗒单车**,但由于租还点都在公交车站附近,对于主要在老城内活动的旅行者来说帮助不算大。此外,牌坊街南端能找到出租观光自行车(20元/小时起)的店铺,不过要提醒你,在老城的狭窄街道内两人同骑自行车其实算不上享受。

汕头

汕头市

与潮州近邻的汕头少了几分传统中式古典气息,却保留有民国时东西交融的复古时髦。老城区的漂亮骑楼大多带着南洋巴洛克式的混合元素,背后的故事有大时代西风渐来的压迫和革新,也有下南洋的酸楚和衣锦还乡的荣耀,然而其中的主角,依然是生活在这里听潮剧喝工夫茶的当地人。不止有沧桑历史感,只要往城中心的热闹街市走一走,就能嗅到地道的美味,浓郁的生活气息也会一起扑面而来,找一家不算体面但客人络绎不绝的小店,与挑剔的本地人一起大饱口福。

走远一些到历史更久远的澄海，乡间的华丽侨宅和新鲜水果组合出奇异有趣的半日郊游，如果到濠江海边玩水，别忘了吃一碗鲜美的鱼丸。或者跨过绵延近十公里的大桥，登上南澳岛去看辽远大海和金黄沙滩。

历史

在1860年以前，汕头几乎只是潮州府内一个有海防意义的小渔村。第二次鸦片战争后签订的《天津条约》迫使潮州开港通商，随即榕江出海口的汕头被辟为对英、法、美等国家的通商口岸，这个新兴港口在短时间内迅速成为粤东的经济中心，西欧诸国商行林立，甚至还开设了使领馆。

清末至民国时期，以小公园为中心的汕头老城区内洋楼四起，形成了当时最繁华的商业区和居民区，这个时期也是汕头人下南洋谋生的高峰期，侨资拥有一定经济实力后纷纷回到汕头投资实业，进一步促进了汕头的繁华。

抗日战争爆发后，汕头成为华南地区最后一个对外开放的口岸，大量海外抗日物资经由汕头港运往内地，为了切断运往内地的抗日补给，日军于1939年占领汕头，直到1945年日本宣布投降，汕头才重新获得贸易自由。

与其他沿海城市一样，汕头是一个容易遭受台风灾害的城市，1969年的"七·二八风灾"是汕头历史上危害性最大的一次台风灾害，在汕头西郊牛田洋围垦造田的500多名官兵和大学生护堤时全部牺牲。

1981年，汕头市龙湖片区被设立为经济特区，到1991年经济特区扩大到整个汕头市，汕头的工商业发展更加迅速。不过由于政策的变化，经济特区的税收政策优惠不复当年，近年来汕头的对外贸易发展逐渐放缓。但2021年的亚洲青年运动会即将在汕头举行，这也为汕头尤其是东区的地产发展带来了强劲的推动力。

方位

由西到东，由旧到新，汕头的城市发展脉络非常清晰。中山路、长平路和金砂路三条主干道横贯东西，串连起了城区与商圈。最西端的老城区因开埠通商的港口而兴起，以小公园为中心，名字暗藏"四永一升平，四安一镇邦"的系列街道呈环状与射线相套嵌，这种设计理念借鉴了十八世纪时欧洲大都市的规划布局形式，行走其间探索城市时，众多漂亮的民国建筑让人着迷。以长平路沿线为中心的城市中部是现在的市中心所在，商业繁华居民众多，能找到地道美食，也适合住宿居停。东部则是新发展起来的住宅区，火车站也在这个区域。

善堂：潮汕的民间慈善组织

善堂是一种民间慈善组织，在潮汕地区兴盛于清末和民国。有研究称这种民间互助式的社会保障体系在潮汕广泛发展的原因，在于清朝中期以来众多潮商经营致富，同时却鲜有潮州人在朝廷做官为乡亲谋福利，因此这个地区的社会保障便依靠富裕士绅阶层的财力和名望，以及牢固的宗族观念来补全。

民间信仰也为善堂增加了凝聚力，北宋高僧大峰祖师是大多数善堂的共同信仰，在传说中这位僧人生前救死扶伤，圆寂后成神为民众驱除瘟疫。善堂互助的领域非常广泛，一般涉及慈善、教育、医疗、丧葬和社会救助，因此你在大峰庙周围还可看到施粥局、捐棺处、存心学校、存心医院和存心善堂水龙局旧址。

如今不少善堂组织在潮汕地区仍然很有影响，汕头存心善堂在2003年重新开始活动。顺民族路往北步行5分钟可至新建的存心公馆(民族路16号；免费；8:00~21:30)，三楼以上是如今善堂的办公场所，也开放给公众参观，这里收藏有善堂曾用过的精美老家具和老照片，到处装潢得金碧辉煌。

随着移民下南洋的脚步，善堂也被带入了海外潮汕人社会之中。在二十世纪初，一批华侨商人将潮汕的善堂模式引入曼谷，成立了报德善堂，如今这个慈善机构仍然是泰国很有影响力的民间慈善和医疗救助组织。不止在泰国，马来西亚和新加坡的一些善堂组织也仍在活动。

汕头城区

⊙ 景点

⊙ 汕头市区

除了以小公园为核心的开埠老城区,汕头市区内还有不少有趣的展馆和公园可逛,步行加公交车即可便利出行。

天后宫和关帝庙　　　　　　　　　　　寺庙

(升平路4号和6号,近外马路；免费；⊙7:00~17:30)与关帝庙相邻的汕头天后宫俗称"老妈宫",意即古老的妈祖庙。两座雕梁画栋彩瓷嵌顶的寺庙均建于清嘉庆年间,是汕头开埠前就存在的古老建筑。从前海岸线就在天后宫门前,渔民每天出海和归来时都会到寺中祭拜,如今这里香火仍然很旺,尤其是年节时,许多人回乡也会来祈求平安。

乘1路等公交至汕头开埠文化馆下,顺外马路往北走5分钟即到。此外天后宫对面新建了一座两层的老妈宫戏台,可凭身份证免费入内看一眼戏台前面保护起来的古井,过去汕头人在远行前会从井里装一壶家乡的水。北面还有一座小小的龙尾圣庙,供奉龙尾爷。

大峰庙(存心善堂旧址)　　　　　　　寺庙

(外马路57号；免费；⊙8:00~17:30)大峰庙始建于清光绪年间,曾经是汕头存心善堂的活动场所,1949年后善堂停止运营,寺庙的大部分装饰也被毁。如今门前照壁上和寺庙屋顶的美丽嵌瓷装饰,在2008年由广东省嵌瓷工艺非物质文化遗产传人许绍雄牵头完成,寺内的木雕也值得细看。这里主奉大峰祖师,另奉三山圣王和华佗仙师,寺庙左侧还有一座观音庙。

大峰庙就在天后宫西南转角处。此外在大峰庙东侧,民国时代的水龙局被开辟成了汕头消防史馆(免费；8:00~22:00),内有旧

时消防用的器物以及快速出警的滑竿装置，也可登上顶层瞭望台参观。

汕头开埠文化陈列馆　　　　　　　　展览馆

（永平路1号，近外马路；免费，凭身份证领票；⊙9:00~11:00,15:00~17:00,周末午间无休,周一休馆）这座三层建筑最早是中西结合台湾银行汕头分行所在地，一楼展出了汕头开埠相关的图文资料，也可沿着嵌铜条的水磨石楼梯登上二楼，继续欣赏与开埠有关的老物件收藏品。

乘坐1路或2路等公交至汕头开埠文化馆站下车即到陈列馆，也可以从陈列馆门前开始你的步行探索汕头老城（见189页步行游览）之旅。

开埠邮局陈列馆　　　　　　　　　　展览馆

（外马路24号；免费；⊙9:00~17:00；周一闭馆）这座漂亮的欧式建筑在1922年建成，是汕头的第一座自建邮局，由民国政府筹款建造。如今这里仍然作为邮局运营，同时也为来访游人开设了陈列厅供其参观，厅内陈列有百年前的石花樽，以及邮局和邮差使用过的物件。

邮局就在汕头开埠文化陈列馆的北面。此外，邮局东侧的侨批文物馆收藏了大量的潮汕华侨书信"侨批"，不过我们调研时展馆仅在周三和周六的9:00~11:30免费开放，时间凑巧的话不妨一并参观。

石炮台公园　　　　　　　　　　　历史遗迹

（海滨路20号，近石炮台路；免费；⊙7:30~18:00炮台开放）公园围绕修筑于同治至光绪年间的崎碌炮台而建，这座圆形的炮台由当时的潮汕总兵方耀提议修造，作为粤东海防线上的一处军事基地。可顺着楼梯登上炮台，并进入内部的草地区域散步休息。

在西堤码头乘K1路等公交可至，也可顺海滨路骑自行车前往。

汕头市博物馆　　　　　　　　　　　博物馆

（月眉路与韩堤路交叉口；免费，凭身份证入场；⊙9:00~17:00,周一休馆）馆内的亮点是南海遗珍展厅，这里主要展出了南澳一号水下考古发现的民用瓷器，它们大多出自漳州窑和景德镇窑。对历史感兴趣的话，江河入海流展厅用水文做线索梳理了汕头从新石器时代至近代的历史。此外，粤东藏珍和佛像庄严两个展厅均展出了一些馆藏精品。

乘18路公交至公园头站后顺月眉路往西步行可至。出博物馆后沿梅溪往西走到民权路口，这里的大楼即胡文豹大楼，再往南到民族路口可见另一座胡文虎大楼，两座大楼建于20世纪20年代，原主人客家华侨胡氏兄弟也是东南亚名药虎标万金油的创始人。

中山公园　　　　　　　　　　　　　公园

（免费；⊙6:00~23:00）汕头老城区的市民公园，就在博物馆东侧的人工岛上，逛完博物馆不妨顺道一游。除了适合散步的湖泊和九曲桥，公园内还有一些隐藏的民国遗迹：东侧的假山石洞内藏有汕头商埠图浮雕，西侧粉红色西式绳芝亭为纪念侨商高绳芝先生而建立，不远处是抗战结束后修建的忠烈祠旧址，现辟为潮汕抗日战争纪念馆（免费；9:00~17:00,周一休馆）。乘18路公交至公园

汕头城区

◎ 景点
- **1** 存心公馆 B1
- **2** 大峰庙(存心善堂旧址) B1
- **3** 海关关史陈列馆(汕头海关钟楼旧址)...B2
- **4** 开埠邮局陈列馆 A2
- **5** 汕头开埠文化陈列馆 A2
- **6** 汕头市博物馆 B3
- **7** 汕头市文化馆 C1
- **8** 石炮台公园 C4
- **9** 天后宫和关帝庙 B1
- **10** 中山公园 B3

◎ 住宿
- **11** 24H color咖啡民宿 B3
- **12** 7天酒店(汕头市政府店) C2
- **13** OM喔家民宿平东店 D3
- **14** 华侨大厦 C3
- **15** 君华海逸酒店 D2
- **16** 汕头龙光喜来登酒店 E3
- **17** 汕头迎宾馆 C4
- **18** 新华酒店 C1

◎ 就餐
- **19** 八合里海记火锅 C3
- **20** 长平肥姐 D3
- **21** 创弟牛肉丸 D3
- **22** 春梅里鹅肉店 D3
- **23** 佳雄知名小食店 C3
- **24** 建业酒家 D2
- **25** 老潮兴 B1
- **26** 老妈宫粽球 B1
- **27** 老姿娘夜粥 D3
- **28** 荣记鱼丸 B3
- **29** 同平肠粉 B1
- **30** 姚氏无米粿 B1

◎ 饮品
- 24H color咖啡馆 ....(见12)
- **31** 广场老牌豆花甜汤 C1
- **32** 南海冰室 B1
- **33** 砂庄老熟地 B1
- **34** 杉排福平坊 B1
- **35** 鮀健凉水 C1

◎ 娱乐
- **36** 老妈宫戏台 B1
- **37** 汕头市香园钢琴博物馆 C1

◎ 购物
- **38** 华坞市场 C3

◎ 实用信息
- 开埠邮局邮政所 ....(见4)
- **39** 汕头大学医学院第一附属医院 D3
- **40** 中国工商银行外马支行 B1

◎ 交通
- **41** 中旅汽车客运站 C3

头站后步行即到。

汕头市文化馆
展览馆

(外马路149号;免费,需凭身份证领票;◎9:00~17:00,周一休馆)集中展示了汕头地区的非物质文化遗产项目,即使没有机会在年节时去各个乡村参加传统庆典,也可以在这里的展馆内通过模型和影片来一饱眼福。二楼的双咬鹅舞、英歌舞和鳌鱼舞等模型生动艳丽,拍出的照片很上镜,三楼则展出了潮绣、抽纱、木雕和金漆画等手工技艺,并用模型展示了糕粿、潮州菜以及出花园仪式。一楼商店内出售木雕、迷你纸灯笼等非遗手工制品,不过价钱比较昂贵。

乘1路或10路等公交在外马邮电局站下车即到,展馆大楼在立有母子雕像的院内。

海关关史陈列馆
博物馆

(外马路2号;免费,凭身份证领票;◎9:00~11:30,14:30~17:00,仅周三和周六开放)陈列馆坐落在民国时汕头海关钟楼旧址内,被高层公寓从三面包围起来而不太显眼,但这里曾经是汕头港的辉煌地标。时间凑巧可入内参观,一楼用图文资料讲述了汕头海关的发展历史,可拿一张导览词仔细阅读了解"常关"和"洋关"的角力。二楼主要陈列近年来海关查获的走私物品,其中包括鸦片、仿真枪和假名牌包,厅内一侧大钟后方还有一面好看的彩色玻璃圆窗。

顺外马路往南走到尽头左转即到,乘公交1路也可到附近。

◎ 汕头市郊

不仅是产品远销海外的玩具之都,汕头市区东北部的澄海区也是著名的侨乡,除了陈慈黉故居,在澄海乡间仍能寻找到一些古村老厝。市区南面朝向外海的濠江区则以渔业

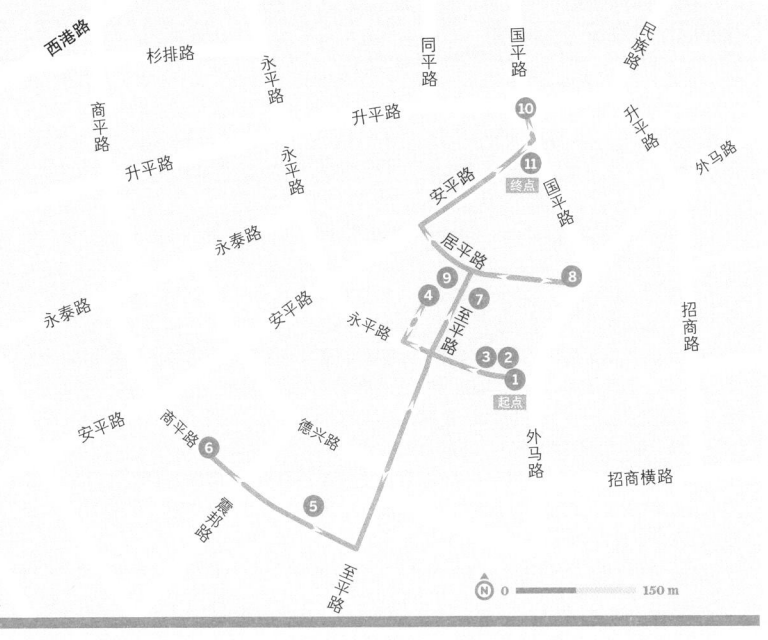

步行游览
寻找开埠区老建筑

起点: 汕头开埠文化陈列馆
终点: 南生贸易公司旧址
距离: 约3公里
需时: 1.5小时(含参观时间)

从❶汕头开埠文化陈列馆门前开始这条寻找开埠区老建筑的徒步之旅。转到永平路上,留意路边的人物铜像,他们代表了汕头开埠后出现的社会新角色。马路对面建于1922年的❷老永平酒楼如今已被修葺一新,不过只有五颗红星所在的外立面属于原建筑,旁边同样经过翻新的❸汕头大厦即建于1933年的新永平酒楼。

顺永平路往西至永平路35号,再往北进入万安街,小巷尽头的四层欧式建筑是20世纪30年代的❹陶芳酒楼旧址,如今这座"鞋岛"中的大楼外观有些颓败,但从漂亮的巴洛克门柱和七彩玻璃还能看出当年的繁华,如果获得允许爬上楼梯,就可看见每一层装饰的彩色马赛克瓷砖。

出万安街进入至平路往南,到商平路口往西来到43号❺汕头旅社旧址,旅社建于1948年,1949年后作为国营旅社主要接待归国华侨。继续到镇邦路交叉口,路口四角各有一座圆弧形的转角楼,其中西南角建筑的顶额山花上装饰有精美的彩嵌。顺商平路继续往西可看见右手边的65号❻萧广丰泰旧址,这座南洋巴洛克风格的商行曾经营长春药酒,药酒如今已成为泰国家常必备品。

原路返回至平路再往北,快到居平路时注意右手边建于1932年的❼大光明电影院,电影院最初名为至平戏院,门前两侧的铸铁花窗是当年的原件。到居平路右转走到路口,左侧的六层半建筑是建于1933年的❽中原酒楼,酒楼后来改名为鮀江旅社。调头顺居平路往西,到至平路口处注意看左手边街角处的❾平原旅社旧址,这是一座漂亮的圆弧形转角楼。

走到安平路右转向北,尽头的小广场就是尽人皆知的❿小公园,以广场中央的木亭为圆心,五条平字号的道路在此交会。安平路与国平路中间的⓫南生贸易公司旧址在民国时曾是汕头最辉煌的商场,不过内部不开放参观。

当地知识

荡到无，过暹罗

清朝中晚期到民国时期，由于人口压力以及海上贸易的推动，潮汕地区大批劳动力出海到南洋地区的东南亚诸国谋生，如今潮汕方言中，不少民谚仍与下南洋有关。"荡到无，过暹罗"意即人们在一无所有时才选择"过番"去闯荡，当时下南洋的首选目的地正是旧名暹罗的泰国。"无可奈何舂甜粿"指的是"番客"无奈下南洋之前用舂甜粿当干粮，以便在随船远航时能有容易保存的食物。

下南洋的历史最早可以追溯至唐朝，唐宋时商船从澄海程洋冈凤岭港出发，主要做瓷器外销生意。明时澄海樟林港兴起，到清朝中期更因进口暹罗大米和蔗糖而繁盛，为了区别福建商人的青头船，从这里出发的潮商木帆船都涂成红色，称"红头船"。至1860年汕头开埠后，下南洋的交通枢纽站便转移到了汕头港，蒸汽火轮也替代了红头船。

在历史上数以百万计的潮汕移民及后裔中，一部分人不仅得到了更好的生活，更成就了一番事业，其中最著名的当属泰国历史上的吞武里大帝郑信（Taksin），他的父亲从潮州澄海（今属汕头）去往当时的大城王国谋生，他则以大城武将的身份反击入侵的缅军并开辟了吞武里王朝，如今澄海华富村北有一座纪念他的郑王墓衣冠冢。在泰国文化中，郑信大多以头戴斗笠的形象出现，这种装扮也来自当时的潮汕移民。而富商陈慈黉除了在老家修建了规模宏大的厝寮，在泰国曼谷也曾留下众多产业，如今昭披耶河西岸的"廊1919"文创园便基于陈家的黉利（Wanglee）火礱廊而建。

"番畔银钱唐山福"描述了潮汕华侨对本土乡邻的回馈，老辈潮汕人把中国称为"唐山"，和番邦土地"番地"相对应，意即唐人山河。华侨在泰国和其他国家赚到钱财后，除了依靠捎信人"水客"将附有汇款的书信"侨批"带回国，还有一件重要的事情便是回乡修大厝建祠堂光宗耀祖。此外，富裕的侨商也乐于在老家修建寺庙、医馆和公学堂，让同村宗亲甚至邻居都得到福祉。这种传统一直延续到今天，几乎每个潮汕乡村里都能找到海外侨胞捐建公共设施的石碑或红榜。

潮汕地区 汕头市

和海产养殖而闻名，美味的达濠鱼丸和充满野趣的山海景色吸引着汕头人前去休闲。从汕头市区有较为便利的公交线路前往两个郊区的主要看点，自驾则更灵活便利。

陈慈黉故居　　　　　　　　　古村落

（澄海区隆都镇前美村）如果只看售票开放的院落，你可能不太容易想象这处厝寮的规模，其实周边的大片院落都是陈慈黉和同族所修建的屋厝，绕村走一圈至少要30分钟。其中郎中第、寿康里、善居室和三庐书斋4处院落为陈慈黉直系所建，从1910年开始动工，花了近30年才修建完成，被誉为"岭南第一侨宅"。这些房屋处处装饰有精美的南洋花砖，并且在门窗上还有许多精美的灰塑，从中式花鸟走兽到异国几何纹样都兼容并包。

目前只有村落东北的善居室（门票40元；⊙8:30～17:30）作为景点售票开放，这里曾是陈慈黉幼子陈立桐的住宅，保留下的装饰较为精美完整。三进院落南北相连，第一进院落现为潮汕民俗馆，可以从这里登上二楼回廊，正厅内设有陈慈黉家史馆，不妨通过图文资料来了解这个已在泰国枝繁叶茂的大家族。最北面的潮汕工夫茶馆内则几乎都是商铺。

如果有时间多逛一逛，周边还有好几处老宅值得一看。善居室南面的康寿里作为游客中心开放，西侧装饰有艳丽花砖彩瓷的书房三庐现在是村委会办公室，经过三庐后往北进入郎中第，这处为纪念陈慈黉父亲而修造的宅院如今空置，墙上残留着漂亮的花鸟灰塑。再从三庐往西，这里大片老宅仍有村民居住，到大路往北转还会路过现为幼儿园的古祖家庙以及另一处书房退一步斋。

从退一步斋往西北转入小路，继续走10分钟可以来到另一处漂亮的"奉通第"文园

小筑，这座宅院建于1910年，如今由后人陈伯居住并打理得井井有条，陈伯在家时都欢迎游人入内参观喝茶。出文园小筑再往西走1分钟，看到门前的月塘就找到了**永宁寨**，这处拥有高大寨墙的村寨建于清雍正年间，是陈慈黉家的祖宅，如今还有村民居住，可以走进寨门稍作参观。

在汕头市区乘103路（全程7元；车程1.5小时；约15分钟一班，末班车在19点以前）到前美乡口，穿过前美乡亭往北走，第一个岔路口往右转即到，步程约1公里。前美村里种植青枣和番石榴，遇到了可直接向村民购买。此外澄海狮头鹅做的卤水鹅很有名，回程时不妨在澄海客运站下车，到客运站西侧的外环西路上找鹅肉饭（15元/套左右）吃。

礐石风景区 　　　　　　　　　　　　公园

（濠江区礐石海旁路4号；免费；⊙8:30~18:00）汕头内港南面的礐石风景区离市区不远，却有着清秀宁静的山地景色。景区从2020年起免费开放，再加上连接内港两岸的礐石大桥免收过路费，周末和节假日时很多汕头市民都会到这里来登山郊游。

景区又划分为塔山景区和焰峰景区，塔山景区内有天然的垂虹洞，可从洞内慢慢向上爬至山顶俯瞰汕头全貌，也可乘坐缆车（单程25元，往返40元）上山。作家萧乾在汕头时曾在礐石山中小住，焰峰景区按照他的自传小说《梦之谷》规划了诸多看点。

在市区乘11路或37路等公交至礐石风景区站下车后，顺礐石龙珠路往南走10分钟上山路即到。留意路口左侧的欧式建筑，这里是英领馆旧址，也是汕头开埠后第一座国外领馆所在地。从塔山风景区入口对面往海关顶山坡上走，还能找到一座有百年历史的基督教礐石堂。

🎓 课程

潮膳教室 　　　　　　　　　　　　烹饪

（📞135 3123 4933；长平路香格里家园2栋1梯802，近泰山南路；每人258元/课时，至少3人开课）这家汕头有名的潮菜教室，2020年从老城区文创园搬迁到了离火车站不远的东区居民楼里。烹饪课在明亮洁净的开放式厨房内进行，每节课由专业厨师在2小时里教授并指导制作一道菜，你可以学习到不少经典家常潮菜，例如沙茶芥蓝炒牛肉和牛肉炒粿条。可致电或关注微信公众号"潮膳教室"咨询课程和预约。

✪ 节日和活动

春节期间，小公园广场附近张灯结彩喜气洋洋，这时也能看到舞龙、英歌舞、双咬鹅等平时难得一见的民俗表演巡游。农历三月二十三是**妈祖诞辰**，这时老妈宫会有一年中最为隆重的庆典。

🛏 住宿

除了传统的酒店和宾馆，汕头市区有不

另辟蹊径

顺道探索古城和古村

　　陈慈黉故居南面约5公里的**程洋冈古村**（免费）始建于唐朝，唐宋时期的凤岭古港就在程洋冈村附近。如今村落中还保留有许多漂亮的清代大厝，并仍有村民居住，对入村游览的外客通常都很欢迎。村中的丹砂古寺始建于明朝，还有一处供奉齐国大夫晏婴的晏侯庙。103路在程洋冈村东侧有站点，更便捷的方法是自驾一路玩古。

　　在濠江区达濠港口附近的热闹市镇里藏着一处袖珍的**达濠古城**（免费；⊙6:00~22:00），城墙内只有约半个足球场大。古城建于清康熙年间，之后城内建筑数次遭战火毁坏而废弃，不过四面城墙和两座城门基本保存完好，如今古城内只有一座民国陈氏宗祠和1949年后修建的影剧院，更像一座小公园。在汕头市区乘16路至中心市场站，下车后往北走5分钟即古城，自驾旅行者不妨与礐石风景区一并游览，从礐石到达濠只需20分钟车程。

　　鱼丸是达濠有名的小吃，在古城附近的海旁市场可以买到容易携带的真空包装鱼丸，市场周围也很容易找到鱼丸粿汤之类的小吃。

少短租公寓房源，大多分布在长平路沿线的居民小区内，以及苏宁广场附近的公寓楼中，老城区南面海滨路上的高层公寓则有海景房源。这些公寓基本都有时髦清新的装饰设计，性价比不错，适合家庭出行。调研时小公园周边的历史建筑正在翻新，之后很可能会有精品酒店和民宿选择开设在这些漂亮的老楼里。

由于汕头是热门的周末游目的地，部分宾馆酒店和短租公寓在周末都会上涨至少60元。

OM喔家民宿平东店　　　　　　　客栈 ¥

（☎8992 5788；长平路平东一街17号；男生位60元，公共卫浴，女生床位70元，独立卫浴；❄@🛜P）汕头比较早的民宿客栈，藏在老式居民楼的一楼，所在街区位置很好，门口有许多美味餐馆，公交也很便利。有大床房（149元起）以及男女分住的床位房可供选择，房间简洁清新，共享一个实用的小厨房。公共空间细节和卫生都一丝不苟，大门采用房卡密码锁，入内需换拖鞋。在附近的住宅区内还有几套二居室或三居室的民宿供短租，可致电咨询预订。

华侨大厦　　　　　　　　　　酒店 ¥¥

（☎8891 1222；长平路7号；标双 258元，含双早；❄🛜P）20世纪90年代的对外宾馆，如今也常接待华侨旅游团。外表看起来有些老气，不过房间都是2019年新装修过的，床品整洁舒适。酒店附近交通便利，中旅车站就在楼下，也有机场大巴。通过代理网站预订会有折扣。

24H color咖啡民宿　　　精品酒店 ¥¥¥

（☎8726 8348；外马路与博爱路交叉口西北角；标双 348元，含双早；❄🛜）老城区内的精品酒店，由汕头堤工局旧址改建而成，工业风外观明快别致，楼下是一个带庭院的漂亮咖啡馆。共有11间客房，房间紧凑但细节精致舒适，办理会员卡可享受房价会员折扣。

新华酒店　　　　　　　　　　酒店 ¥

（☎8891 6888；外马路141号；标双 188元；❄🛜P）是调研时老城区为数不多的标准酒店之一，经营多年并在2016年重新装修过。房间略微老气但足够整洁，考虑价格和位置的话，仍然是一处不错的居住选择。

汕头迎宾馆　　　　　　　　　宾馆 ¥¥

（☎8891 6666；海滨路10号；标双 268元；❄@🛜P）海滨路上的政府接待场所，客位于绿植成荫的花园庭院内，环境安全又干净。房间风格严肃而规矩，但可以保证住得舒服。

君华海逸酒店　　　　　　　　酒店 ¥¥

（☎8819 1188；金砂东路97号，近金环南路；标双 468元；❄@🛜P🏊）城中心性价比不错的五星级酒店，客房宽敞床品舒适，4楼有室内游泳池、桑拿房和健身房。离老城区稍远，不过不远处的龙北市场周边藏着许多地道美食。

汕头龙光喜来登酒店　　　　　酒店 ¥¥¥

（☎8999 8888；长平路11街区龙光世纪大厦；标双 939元起；❄@🛜P🏊）汕头市中心较新的五星级酒店，2013年开业，紧邻购物中心，门前是开阔的时代广场。客房维护得不错，房间内有精致的中式装饰，较高楼层的房间可以远眺内港海景。酒店在露台设有户外游泳池，也可欣赏市城景观。

7天酒店（汕头市政府店）　　快捷酒店 ¥

（☎8668 8777；海滨路2号；标双 160元起；❄🛜P）如果要选一家快捷酒店的话，海滨路上的这家7天酒店胜在靠近老城区的位置和不太贵的海景，186元的海景双床房有着直面内港的景观。不过这里的房间略为老旧，面朝马路一侧的房间会有噪声。

🍴 就餐

汕头正在成为当红的美食旅行目的地，不过在外来游人慕名而来之前，这里已是潮汕美食的集合地。爱吃懂吃的本地人在日常生活中用挑剔的味蕾来筛选地道滋味，无论是牛肉火锅、卤水鹅、夜粥生腌还是各式糕粿，在汕头都很容易找到有当地口碑的餐馆。小公园周边的老城区在我们调研时正在进行市政工程美化改造，新商铺里的餐饮店大多需要时间来验证，许多老店则搬迁到了离小公园稍远的街道上。福平路是老城区里的居民区，这条街上集中了不少餐馆，本地人也会来吃。往东到华坞市场，周边能找到许多有烟火气息的本土小食店，继续往东到长平路一线，这里是商业繁荣的成熟居民区，大街小巷里各种美食餐馆接连不断。

创弟牛肉丸　　　　　　　火锅 ¥¥

（龙华街近长平路口；人均80元；⊙7:00~21:30）主打牛肉丸和牛筋丸（68元/斤），但肉质鲜美的牛肉火锅也颇受好评，不管吊龙脖还是匙柄肉，每一个部位都能吃出不同的口感。师傅就在一楼割肉，可以看见新鲜肉质和好刀工。吃火锅最好的时间是12点前后和18点前后，太晚的话好肉就卖光了，早餐时间可以来一份干粿配汤（小碗25元），干粿条上堆满沙茶酱和牛肉片，配上牛肉丸汤一起吃。

老姿娘夜粥　　　　　　　夜宵 ¥¥

（长平路38号；人均70元；24小时营业）长平路上的老字号夜粥店，重新装修后环境清爽明亮，门前的桌子上摆满了各种佐粥菜肴和海鲜，看菜询价点菜，很适合初来乍到的旅行者走入夜粥界的缤纷之门。除了鱼饭和生腌海鲜，配普宁豆酱的水豆腐和卤鹅肠都值得尝试，粥类有白粥和番薯粥可选。

荣记鱼丸　　　　　　　　小吃 ¥

（中山路36号；人均20元；⊙9:30~20:00）这家连锁店出售美味的鱼丸，在市区有好几家分店，中山路上的店面不大，不过离老城区很近。鱼丸汤20元起，可配上红萝卜面或紫菜面一起吃，也可以单点鱼丸，最昂贵的墨斗丸5元1粒，但食材对得起价格。

同平肠粉　　　　　　　　小吃 ¥

（福平路近民权路口；人均15元；⊙7:00~14:00，16:00至次日02:30）本来是开在旁边同平路上的老字号肠粉店，两年前搬迁到了福平路上。店主在门前蒸制潮汕风格的"抽屉肠"，各式肠粉价廉物美，猪肉蛋肠粉7元，海鲜蛋肠粉也只要8元，包有满满的海鲜并撒上了菜脯味，调味酱汁没有过分浓郁，口感极鲜。

长平肥姐　　　　　　　　海鲜 ¥¥

（长平路28号；人均70元；⊙10:00至次日3:00）长平路上另一家老字号夜粥店，临街门面不大，往里走才是空间开阔的大排档。海鲜新鲜而且明码标价，是尝试生腌的好地方，血蚶小份30元，生蚝小份20元，分量都不小，能让胆大尝试的食客胃口大开。

春梅里鹅肉店　　　　　　卤味 ¥

（中山路71号；人均35元；⊙7:00~13:00，15:00~19:00）生意很好的老牌卤鹅档，也有桌位可以堂食。鹅肉套餐25元一份起，里面有卤鹅肉、鹅血和鹅蛋，可选肥瘦程度。店里有现斩鹅肉（48元/斤）可抽真空打包带走。

姚氏无米粿　　　　　　　小吃 ¥

（福平路63号；每份10元5个；⊙10:00~19:30）一家非常不起眼的街边小摊，店主就在店门前用小锅炸粿，但每天都有很多人来排队买几十年如一日的"无米粿"。所谓无米粿就是用番薯粉做外皮制成的韭菜馅粿品，现煎出来酥脆可口，配上辣酱一起吃。

建业酒家　　　　　　　　潮菜 ¥¥¥

（凤凰山路10号；人均200元；⊙10:00~14:00，17:00~21:00）这里是汕头有名的潮菜酒家，也是本地人年节宴请吃隆重酒席的地方，不管是鸡鸭鱼虾类大菜还是芋泥白果和普宁豆腐等家常小吃，都做得非常精致。想要尝试高规格潮菜烹饪的话，不妨来试试这里的卤水鹅肝和时令海鲜。离旅行者活动的区域稍微有一点远，可以使用网约车前往。

老妈宫粽球　　　　　　　小吃 ¥

（升平路老妈宫前新关街5号；双烹粽球15元/个；⊙8:30~20:30）老城区知名的小吃店，主打潮汕式甜咸双烹粽，门前贴满了小吃店荣获的奖项，店内的氛围很有年代感。对面的**小公园粽球**（7:00~22:00）据本地人透露是原来老妈宫粽球的师傅另辟门户开的店，经营的双烹粽球（10元）里实实在在放了南乳肉，还能尝到口感独特的鲎粿（10元/份），别担心，里面并没有鲎。

八合里海记火锅　　　　　火锅 ¥¥¥

（黄岗路坪西2座；人均120元；⊙10:00~22:00）可能是汕头名气最响亮的牛肉火锅店，如今在全国多个城市开设了分店，不过美食爱好者们还是喜欢到这个老居民区里的总店"朝圣"。牛肉价格比普通牛肉火锅店稍贵一些，但肉质很新鲜，服务也不错。14:00至16:00肉类会少一些，想多吃几个部位最好在

当地知识

比名字更好吃的潮汕美食

许多潮汕特色食物的名字听起来像是朴素的主食，其实却有着复杂烹饪带来的惊喜好味道，千万不要因为名字而拒绝尝试这些美食。

干面 虽名为"干面"，其实并不只吃一碗沙茶酱干拌面，还有猪杂汤或者牛丸汤等热汤相配，也可以把面换成粿条。这种"套餐"和客家地区的腌面配及第汤有异曲同工之处，也是受欢迎的早餐。一些干面店里还有各类海鲜等多种食材备选煮汤，可以请店家"杂杂加"，什么都来一点。

白粥 白粥听起来清淡，其实粥只是顶了头牌名字的配角，和粥一起吃的各种小炒、生腌和杂咸才是重头戏，通常在夜宵时段吃。小炒即各类荤素炒菜，讲究口味搭配的食客通常会来一个炒番薯叶。生腌则是将血蛤、生蚝、虾蟹和虾姑等海鲜微微过水再拌上调料腌制后食用，保留了最生猛的新鲜味道。杂咸为各类咸菜的统称，和白粥咸淡相宜，其中一种用小贝壳肉"红肉米"制作的杂咸非常鲜美。

鱼饭 鱼饭可能会让人误以为是小鱼干配米饭一起吃，其实鱼饭里面没有饭，满满都是鱼。过去船家在海上打渔时，会用捕获的小杂鱼来充饥，一顿鱼就是一顿饭，这就是"鱼饭"名字的由来。如今鱼饭则通常在夜宵白粥店里出现，制作鱼饭通常用最普通的巴浪鱼，装在扁平竹篓里用盐腌制，吃时也直接用篓蒸煮，保持了紧致的肉质和鲜美的口感。

潮汕地区

汕头市

饭点之前来排队。餐馆的规模不小，并分出了A区和B区，路对面还有牛肉和牛丸的外卖店，可抽真空打包带走。

佳雄知名小食店　　　　　　　　　小吃 ¥

（华坞路12号；⊙10:30～20:00）就在华坞市场对面，虽然门面很小，却因为招牌的蚝烙而知名。蚝烙每份20元起，老板娘会根据人数来算分量，大锅热火煎出来的蚝烙口感酥脆，鸭蛋黄也很香。

老潮兴　　　　　　　　　　　　　点心 ¥

（民族路38号；人均35元；⊙10:00～21:00）号称"做粿人家"的汕头老字号粿品店，鼠壳粿、红桃粿、马铃薯粿……各种粿品让人眼花缭乱。二楼餐厅提供堂食，一楼的窗口则售卖潮式饼食和真空包装的粿品，不只游人喜欢买作手信，本地人也会买来送朋友。

🍷 饮品

和潮州相似，汕头也习惯喝以"三宝"为主打的凉水和凉茶，"老熟地"和"裤头方"都是凉水店喜欢用的名号。喝完有点苦的凉水，还可以再去找一家豆花店或者冰激凌店吃点甜的，或者去喝一杯鲜榨果汁，果汁店通常和甘草水果店开在一起。精品咖啡馆则很受年轻人的欢迎，不管是老城区的旧楼还是市中心的居民小区里，都不难找到颇有独立审美的咖啡馆。

24H color咖啡馆　　　　　　　咖啡馆 ¥¥

（外马路与博爱路交叉口；人均 50元；⊙11:00～01:00）外观看起来有些工业风的四层白色小楼，内部其实是复古南洋旧楼风格，一楼有长长的吧台，二楼空间更明亮，室外有小小的庭院也可落座，总之是一处适合拍美照的地方。提供精品手冲咖啡和沙拉、松饼等西式简餐，不定时会举办文艺活动。

杉排福平坊　　　　　　　　　　　甜品 ¥

（福平路2号；小碗4元起；⊙9:00至次日00:30）福平路上有好几家杏仁茶店，这一家店面更清爽，而且口味更浓一些，香浓的杏仁茶从热腾腾的锅里现打出，也可以请老板做一份芝麻糊黑白双拼。马路对面的福平路57号**张记杏仁茶**（9:00～23:00）口味也不错，5元1份也可做双拼，这家店更有古早街头小摊的感觉，适合来怀旧。

广场老牌豆花甜汤　　　　　　　　甜品 ¥

（公园路汇涛花园1楼，近外马路；人均 10元；⊙8:30～19:00）这里就是有名的张师傅广场豆花，从前只经营甜豆花，现在甜品花样丰富得写满了一张菜单。招牌豆花6元1碗,碗不大但塞得很满,也可多点一份,尝尝加薏米、百合等配料的豆花。此外,豆浆姜薯蛋(18元)是汕头人喜欢的甜点吃法,别处不太容易找见。

鮀健凉水 凉茶 ¥

(外马路153号,近公园路,交叉口东北角;人均2元;⊙8:30~22:00)鮀健药材商场一角的凉茶铺,在滥用一次性打包制品的当下,这里仍然在使用瓷碗盛装各式凉水。可以学着来来往往的当地客人的样子,点一碗站着喝完就走。

南海冰室 冷饮

(招商路28号;人均10元;⊙14:00~23:30)1946年开业的老字号,调研时这个不大的店面只做外卖,堂食可至跃进路22号的分店。老牌奶味白冰3元1球,其他口味的冰激凌5元1球,还有各种配料可加。店铺相邻的小公园蛋挞是从国平路搬迁过来的老字号点心店,不妨来尝一尝。

砂庄老熟地 凉茶

(民族路10号;⊙13:00~20:30)汕头老城区内很有历史的凉茶铺,如今老店新装由后辈经营,除了包装精美的熟地膏手信也依旧出售老味道的凉茶,药橘水和参地水都是3元1杯,可以请店家按老习惯玻璃杯装。

☆ 娱乐

老妈宫戏台 潮剧

(微信公众号:汕头市老妈宫戏台;升平路1号;免费;每周六20:00)汕头市文化馆的惠民工程,每周六在老妈宫戏台(见204页)向民众奉上一台经典潮剧或潮乐演出,时间凑巧的话很值得前去,在古色古香的戏院里与"厝边头尾"们一起看戏。可通过微信公众号查询剧目,入场时需出示身份证。

汕头市香园钢琴博物馆 音乐会

(微信公众号:汕头市香园钢琴博物馆;外马路155号,近公园路)这处漂亮的民国别墅宅院如今由钢琴家李廷强先生辟为私人博物馆,通常不对外开放,但不定期举办钢琴演奏为主的高品质西洋音乐会。可通过微信公众号了解具体信息并预约入场,届时也是参观这处隐秘宅院的好机会。

🔒 购物

牛肉丸可能是汕头近些年来最热门的特产手信,几乎每一家牛肉火锅店都出售真空包装的牛肉丸,价格通常和牛肉含量成正比。此外,各种好看又喜庆的粿品也值得买来带走,店家通常提供打包服务。

华坞市场 市场

(华坞路7号,近黄岗路;⊙6:30~19:30)离老城区不远的华坞市场虽然不大,却能买到受本地居民认可的鱼丸和牛肉丸等特产,这里还出售上镜的新鲜海产品。此外,市场门前的华坞路是一处藏龙卧虎的美食宝地,沿路和周边小巷里的不少本地特色小吃店都已经营了超过二十年,很值得前来边逛边尝试。

ℹ️ 在汕头海滨游泳

除了南澳岛,在汕头西南面的濠江区也有沙滩和海滨浴场。

南山湾海滩(濠江区达南路与疏港大道交叉口;免费)是本地人喜欢的免费公共海滩,站在东西向的沙滩上,既可看到日出又可看到日落。海滩尚未大规模开发,只是在安全海域开辟了海滨浴场(8:00~18:00,冬季不开放)并设有防鲨网保护,有私人经营的淋浴设施。从海滨浴场顺着绿道往东走大约10分钟就是虎仔山,一路风景很好。

中信龙虎滩(濠江区中信大道龙虎滩;门票60元)在南山湾海滩的西南,海滩由中信度假村开发和管理,卫生条件和救生服务更好,除了海滨浴场和儿童游泳区(8:00~18:00开放),还设有海滩烧烤和沙滩娱乐设施。

两处沙滩附近都有海鲜大排档,也可返回达濠镇上去吃鱼丸。从汕头市区西堤客运站乘33B线至终点是南山湾海滩,从西堤码头站乘33路到终点则是中信龙虎滩,车程约20公里,乘公交需1小时,自驾要方便很多。

❶ 实用信息

医疗服务
汕头大学医学院第一附属医院（☎8825 8290；长平路57号）

银行
外马路沿线分布有四大银行的营业网点和ATM，其中大峰庙西南侧的**中国工商银行外马支行**（外马路71号9）所在的老建筑为汕头首家中国银行原址。

邮局
汕头开埠邮局陈列馆（见205页）内的**开埠邮局邮政所**（◉9:00~17:00；周一休息）又称安平邮局，这里出售纪念邮票和明信片，也可将明信片从这里直接寄出。

旅游信息
Hey食未（微信公众号：hey-shiwei）以汕头为主，在整个潮汕地区寻访地道美食，能为你的美食之旅增加亮点。

一潮一会（微信公众号：yichaoyihui）汇集了汕头周末文化活动信息，每周都有不同主题的新玩法。

❶ 到达和离开

飞机
揭阳潮汕国际机场是离汕头市区最近的机场，具体信息见201页。

长途汽车
汕头市内有好几个长途车站，不过市中心的**中旅汽车客运站**（☎8862 6646；长平路与汕樟路交叉口）能满足旅行者的大部分出行需求，更多车次和站点信息可通过公众号**南粤通**（微信公众号：gd-nyt）或各大旅行代理网站实时查询。

中旅汽车客运站除了有班车前往省内的广州、深圳、珠海等城市，还有密集班车发往潮州市区的客运总站（7:30至18:40 约15分钟一班；普速18元，车程1.5小时，高速20元，车程1小时）和高铁潮汕站（即沙溪高铁快线，7:30至19:30间 30分钟一班；票价20元；车程约40分钟），至揭阳潮汕机场的机场快线（5:30至18:30间 约1小时一班；28元；车程约1小时）也从这里发车。公交1路或12路至华侨大厦站下车即到。

火车
汕头火车站（泰山路与珠池路交叉口）在市区东面约8公里，经升级改造后已接入高铁线，至汕尾、广州和深圳等地都可便捷出行，从汕头前往厦门、上海等地则需至高铁潮汕站（见201页）乘车。

站前北侧有11路、12路、103路等公交车可至旅行者活动的范围。此外火车站配套有汕头汽车客运中心站，不过大多是省际班线，对旅行者帮助不大。

❶ 当地交通

抵离机场
除了使用网约车（120元左右，35公里，车程约40分钟）以外，前往揭阳潮汕机场最简单的方法是到中旅客运站乘坐机场大巴，从机场到汕头的交通信息见202页方框。

公交车
调研时汕头公交信息暂时无法用**车来了**小程序进行查询，但胜在班次频繁，两班车之间通常为多间隔15分钟。市区内公交普遍2元，至远郊则需3元至7元不等，上车时告诉司机你要去的站点，司机会根据距离来调整价格。对旅行者较为有帮助的公交线路有：1路连接了西堤码头、外马路、中旅客运站和长平路，11路连接了火车站、长平路、外马路和礐石风景区。

出租车
在汕头很难找到公司运营的出租车，即使运气很好遇到一辆，司机也默认不打表并拼车，因此大部分市民都习惯靠网约车出行，虽然网约车的合法性仍处于灰色地带，但已有多家网约车平台在汕头运营。

自行车
调研时在汕头市区随处能找到共享单车和电动车，主要有哈啰、摩拜（单车和电动车）、青桔（仅单车）和街兔（仅电动车）等品牌。由于街上不少摩托骑手速度非凡，骑行时请注意安全。沿着海滨路骑行路上车流量不算太大，也可一路看风景。

南澳岛

南澳是广东省唯一的海岛县。这个闽粤边界上的海岛在明朝时是闽南商船下南洋航路上的一站，也是明清海防线上的前沿重镇，因此这里的历史关键词离不开海盗、沉船宝藏和郑成功。到了当代，安静的沙滩、丰富的养殖海鲜和成熟的海景公寓配套使得南澳岛成了汕头人的休闲新宠,在周末和节假日,人们纷纷驱车跨过全长9.3千米的南澳大桥,来到这个海滨胜地享受生活。

⊙ 景点

南澳岛东西两侧各有一片山地,中间平坦的县城后宅镇是居民最集中的地方,游客中心也在这里。几个主要景点都分布在东侧山地的沿海一侧并由环岛公路串联起来,可借助公交一线游览。西侧山地几乎没有公共交通所以适合自驾前往,这里有汕头第一高峰大尖山,并作为黄花山森林公园(门票20元)开放,本地人喜欢带上帐篷去露营。

青澳湾 海滩

(免费;南澳岛东部)南澳岛东侧长约2公里的宽阔沙滩,风浪不算大,海水很清澈,沙滩旁还有适合漫步的海滩栈道,以及茶吧和冷饮店。海滩游泳区在每年5月至10月开放,国庆假期后关闭。泳区开放时沙滩上配有更衣室、寄存和冲凉的付费配套设施,游泳时有安全员巡视但仍需注意安全,并且只在划定的泳区内游泳。海湾北面建有北回归线广场,这条划出了热带的纬线便在这里穿过小岛。广场前常有观光游艇(50元/人)揽客,可以带你在海湾里兜一圈。

环岛巴士一般会把你放在北回归线广场前,也可要求在海湾南面下车慢慢逛过去。

金银岛 岛屿

(南澳岛东北角;门票6元;⊙8:00~18:00)传说中海盗吴平藏匿金银珠宝的基地,不过严格来说这里不算岛屿,而是一堆海岸边的礁石。景区修造了楼梯栈道供上下绕着礁石堆走一圈,按照"潮涨淹不着,潮退淹三尺"的谜语来找到财宝是不太可能的,不过栈道上有几个好角度可以远眺海面,并能拍摄到附近海里的养殖渔排和渔网。

环岛公交车站就在景区门前。

南澳总兵府 博物馆

(深澳镇南山路;门票13元;⊙8:00~18:00)南澳总兵府在明万历年间为遏制海盗活动而建立,如今仿古重建的府衙作为海防博物馆开放,展示了南澳作为明清时海防重镇的历史。院内的古树已有四百余年树龄,当地有郑成功在树下招募郑家军的传说。

总兵府在深澳镇的中心,周围小路很多,不过环岛公交会把你放在容易走到总兵府的大路口。有时间可以在镇上逛逛,能找见一些古宗祠、寺庙和民居,总兵府东南的深澳古城公园有一段残存的城墙,从这里可以看到武帝庙的漂亮屋顶。

宋井 公园

(云澳镇澳前村东南;门票16元;⊙8:00~18:00)这里是围绕着一口南宋古井而建的海滨公园,看点有些单一,不过园内景色还不错。传说为躲避元兵追赶,南宋礼部侍郎陆秀夫和大将张世忠保护小皇帝赵昺一路逃到南澳岛,并在近海处挖出了虎、龙、马三口井。三口井因靠近海岸而常被沙淹没,直到前些年马井出现,人们建起井栏保护以防止它再度消失。在井旁眺望大海,往东的海域就是发现南澳一号沉船的"三点金"。

环岛公交车站到景区门口有大约1公里步程,从售票处走到井栏约5分钟。

🛏 食宿

房地产业给南澳岛带来了不少海景高层楼盘,只要避开暑假和周末节假日等旺季,花150元左右即可租到条件不错的海景公寓,旺季时价格则上涨100元左右。公寓房源主要集中在青澳湾西面以及县城后宅镇的南部沿海,由于短租公寓开业停业频繁,这里不再特别推荐,可在爱彼迎等预订网站自行搜索选择。

在南澳岛上,只要是景点附近都会有海鲜大排档一类的餐馆,不过价格不算低,人均在100元左右。在县城龙滨路,尤其是南澳宾馆周边和宫前大园一带能找到比较实惠的小店,20元左右可以吃到海鲜粿条一类的小吃。云澳镇中心的商业街附近有平价的粿条和猪脚饭,深澳镇的餐馆则集中在镇口环岛路边和总兵府旁。

❶ 实用信息

后宅镇上的**南澳游客中心**(海滨路南海阁大酒店;⊙8:00~20:00)提供全岛地图和简单的旅游信息咨询服务。

🛈 到达和离开

汕头西堤公交车站有105路公交发往南澳，7:00~18:00间约20分钟一班，全程14元，车程约1.5小时，到游客中心站下车即可换乘环岛公交。如果自驾出行，南澳大桥的过桥费为往返96元起。环岛公路两旁不难找到停车位，景点附近的停车场一般收费10元/次起。

🛈 当地交通

岛上有两条环岛公交线路，601路逆时针发车，602路顺时针发车，都从旅游中心门前经过。全程7元但分段收费，上车时告诉司机你要到的站点，司机会调整价格。此外，从公交车站到景点的步行距离并没有包车司机口中说的那么远，都在1公里以内。

旅游中心附近的包车师傅会向你推荐半日游包车服务，绕岛东部山地一圈整车收费300元，不排除有推荐购物店的可能。

调研时，共享电动车**大哈骑行**（微信公众号：大哈出行）在几个景点附近提供电动车租赁服务（20元/小时，押金199元），但不提供安全头盔。请留意，环岛路有不少上下坡路段，租电动车骑行还请量力而行并注意安全。

汕尾

汕尾市

从前没有汕尾，只有海丰和陆丰，"天上雷公，地上海陆丰"的威名也描述了这个地区有点难以接近的神秘感。1988年汕尾建市，辖区包括了潮汕文化区里的海丰和陆丰，以及客家文化区里的陆河，临近海港的汕尾则成了新的行政中心。带着海洋气息的潮汕"福佬文化"以及山野间的客家文化在这里交流融合，使得汕尾成为大潮汕地区中一个独特而迷人的目的地。

不同于旅游业欣欣向荣的潮州和汕头，汕尾这座海滨小城保持着狂野而散漫的生活节奏，以及老城区街巷里众多口味独特而迷人的本土风味美食，值得旅行者花上一两天时间游逛其间。

👁 景点

👁 市区

凤山祖庙 寺庙

（海滨大道东南角；免费；⊙6:00~19:30）这座凤山脚下的寺庙始建于明末清初，是汕尾城区最古老的建筑，由当时迁入汕尾的福建移民建立，寺庙中主奉妈祖，面朝汕尾港保护渔民。祖庙精工细作，山门前壁石雕和屋顶的嵌瓷形象丰富，一二进殿里的嵌瓷壁画、木雕梁梁和供桌都值得细看。大殿外有许多蒲团供信众祭拜，在农历三月二十三妈祖诞时场面非常宏大。元宵灯会时会有妈祖赐标彩灯的仪式，信众们纷纷花万金竞标以获得妈祖的特别赐福。

寺庙东南侧的上山路通往**凤仪台**，虽然入口牌坊处提醒"上山参观请往景区大门口售票处买票"，不过在我们调研时到山顶平台是免费的，从牌坊处上楼梯后分出两条路，左边的楼梯通往平台，这里立着高达近17米的妈祖石像，在平台可俯瞰寺庙的嵌瓷屋顶，以及汕尾内港和老城全貌。右边的路则通往渔家风情陈列馆和妈祖圣迹馆（联票15元；⊙8:00~18:00）。

108路等公交会路过凤山祖庙门前的妈祖文化广场，广场两侧的中山亭和纪念碑都在辛亥革命后建成。也可顺着四马路一路往南步行，沿途路过好几个热闹的市场和有趣的寺庙，到四马路尽头后再跟随指路牌走到凤山祖庙。

保利金町湾 海滩

（城西金町村；免费；24小时）距离汕尾城中心约5公里的宁静海湾，沙滩绵长平坦，虽然被度假房地产项目所包围，不过随之而来的也有成熟的海景公寓和海滩休闲配套，很适合家庭出游。调研时这里人气不算旺，但已有摩托艇（200元起）等水上活动项目。海滨浴场从4月中旬至10月中旬根据天气情况开放，9:00至19:00有救生员巡视，浴场附近还有沙滩餐馆、烧烤和露天酒吧。

乘公交112路至保利金町湾站下车后，过马路顺步行街往南走5分钟就能来到沙滩入口。自驾前往的话，海滩入口旁有停车场，也可导航至西边不远的白鹤寺，这里有直面大海的好视野。

汕尾城区

汕尾城区

◎ 景点
- 1 凤山祖庙 C4
- 2 沙舌岛 A4

🛏 住宿
- 3 巴黎半岛酒店 B2
- 4 丽枫酒店 B3

❌ 就餐
- 5 大街菜茶 B3
- 6 高岭陆河擂茶 B2
- 7 欢众海鲜大排档 B3
- 8 南丰菜粿 B2
- 9 汕中路口薄饼 B3

ℹ 实用信息
- 10 汕尾市人民医院 B4

ℹ 交通
- 11 轮渡码头(至沙舌岛) B3
- 12 汕尾粤运汽车总站 D1

沙舌岛

海滩

（老城区西侧；免费）本来是市区西南面近海中的一片沙滩，被人工填成了将近1.5公里长的防波岛屿，就像长长的舌头一样伸入海中。下船后的白石头村有不太宽的沙滩和观海平台，平台上有更衣室和冲凉设施（5元），不过夏季时才开放。可沿着沙滩边的小路往北走一走，或者乘摩的（往返40元）到西南边3公里的银牌村，村中有更长的银龙湾沙滩。

海滨大道上的中山码头有渡船到沙舌，

另辟蹊径

红城海丰红色之旅

海丰是革命者彭湃建立中国第一个苏维埃红色政权的地方,也是汕尾成为行政中心之前的古老县治所在,革命的红与传统的红在这座小城里奇异交织。

到达海丰县城后,让司机在红宫广场附近把你放下车,顺着两侧建筑都被涂成红色的红场路走到红宫红场旧址(免费;8:30-17:30)。1927年海陆丰农民武装起义后成立了海丰苏维埃政府,将建于明朝的孔庙学宫改为红宫,为了致敬莫斯科红场,彭湃批示在一侧建造了红场和欧式拱门。如今红宫厢房有展室讲述海丰苏维埃政权的历史,后身二层西式小楼平民医院旁的平房墙壁上,还保留有海丰苏维埃政权时刷下的宣传标语。

参观后走到红宫广场东北的中山西路,这条骑楼街上新旧建筑交错,开设了不少红红火火的潮式婚俗金行、佛具和婚庆年节传统用品店,还能看到写字先生在店内题字写红色对联。顺中山路往东走到龙津河边过桥后,顺河往南即到修复重建的澎湃故居(免费;9:00~17:00)。这段步程全长1.5公里。

汕尾到海丰的公交(7:00至22:00间10分钟一班;8元;车程40分钟)从海港大厦发车,更简单的方法是在汕尾大道沿途的二马路口和市政府等公交站招手拦车。

汕尾市

6:30至22:30半小时一班船,单程6元,船程10分钟。乘108路等公交可到轮渡码头,也可从二马路口顺文明路往西步行到达。码头附近停满了插着各色旗标的渔船,也是一道独特的风景。

◎ 遮浪镇

遮浪红海湾　　　　　　　　　　海湾

遮浪镇地处汕尾城区东南约30公里的半岛海角上,这里有着南海边的绵长海滩和强风劲浪,适合进行水上运动,广东省海上项目训练基地就在镇南,周边的一些沙滩也是新兴的冲浪地。

镇南海岬遮浪角两侧的沙滩被圈入了遮浪奇观景区(门票16元;8:30~19:00售票,24小时开放),景区内主要有西岸沙滩和东岸沙滩,一侧沙滩风浪很大时,另一侧通常风平浪静,这也是"遮浪奇观"的来历,在11月时,沙滩附近的海面上会扬起帆船队训练的风帆。两处沙滩也是镇上允许下水的游泳区域,但只能在有安全员看管的区域下水,景区内配有冲凉房(10元)和储物柜(20元)。夜间泳区关闭,不过沙滩上有灯光照明,住在镇上不妨前来散步。景区南面的小山是空军雷达站军事禁区,游人无法入内,也不能去到最南端礁石上的灯塔岛。

从遮浪奇观景区门口往西沿妈祖路步行400米,可来到炮台公园(门票10元;9:00~17:00),这里在明清时曾设有海防炮台,如今在礁石上修建了栈道供游人观海,除了海面也可看到另一侧的当地渔港。不怕走路的话,还可前往东北边的南海观世音旅游区(免费;24小时),这里的亭台建在海角礁石上,有着更为开阔的视野。从镇上通南路和联谊路的十字路口往东即到,步程约1.5公里。

主路通南路南北向贯穿了遮浪镇,路中段集中了海鲜排档类的餐馆,靠宫前村渔港一侧也有新鲜的海鲜排档,人均在百元以内。水龟寮市场一带能找到当地小吃店,客运站附近也有平价本地餐馆。

如果自驾前往,通南路南端有停车场(10元/次)。此外,镇东北约10公里的施公寮半岛即摄影爱好者口中的"风车岛",这里的沙滩和风车很有野趣,不过没有公共交通,自驾旅行者不妨一线游玩。

汕尾市区至遮浪镇的公交车(6:30至22:00约10分钟一班;11元;车程50分钟)从海港大厦始发,也可在汕尾大道沿途的二马路口、市政府等公交站招手拦停往东走的车。从遮浪车站回汕尾的末班车在22:00左右。从遮浪车站到遮浪奇观景区步程约1.5公里,候客的摩托车一般要价10元。

🛏 住宿

住在城区吃饭出行都方便,汕尾大道和香洲路交叉口附近集中了标准的快捷酒店和星级酒店。自驾享受海景假期的话,城西的保利金町湾就像一个稍微与世隔绝的楼盘乐园,很容易找到高性价比的海景公寓,距离海滩步程都在10分钟以内,由于公寓式酒店开业停业频繁,这里并不特别推荐,可在爱彼迎等预订网站自行搜索选择。此外,如果考虑在遮浪镇上小住一两日,只要避开周末和节假日就不难找到200元左右的海景公寓。不过在暑期和国庆等热门旺季,许多酒店都会上涨至少100元。

城区

巴黎半岛酒店 酒店 ¥¥

(📞321 6888;汕尾大道269号,近香城路;标双 368元,大床房 238元;❄@🛜P)汕尾市区的老牌五星级酒店,装修风格老派豪华,不过客房维护得很不错,例如配有按摩床垫等舒适小细节,公共区域有游泳池、健身房和室内高尔夫等配套设施。通过代理网站预订的价格通常更低一些。

丽枫酒店 酒店 ¥¥

(📞330 7777;四马路391号,近汕尾大道;标双 386元,大床房 286元;❄@🛜P)紧邻城市中心的翠园商业步行街,2018年开业,房间设施也比较新且时髦。酒店的装饰主题是薰衣草,空气里充满香氛。通过铂涛酒店集团公众号或者代理网站预订会有较大折扣。

汕尾保利希尔顿逸林酒店 酒店 ¥¥¥

(📞391 8888;城西金町村保利金町湾;标双 850元起;❄@🛜P🏊)2019年开业的五星级度假酒店,占据了保利金町湾海岸的中心位置。虽然没有配备酒店专属的私人海滩,不过酒店花园里有一个漂亮的室外无边际恒温游泳池,室内健身房和游泳池也都有直面大海的落地窗。房间奢华有格调,不过豪华海景房(1050元)及更高等的房型才享有海景。

遮浪镇

绿之岛游艇俱乐部酒店 酒店 ¥

(📞340 2888;海边路南端;标双 160元起;❄🛜P)藏在炮台公园门前的海角一侧,拥有三面环海的无敌海景,门前的院子里有酒吧,也提供烧烤。客房比较简朴,但胜在海景近在眼前。酒店周边环境清幽,可以远眺旁边渔港和渔船。除了这家隐藏得有点深的高性价比酒店,在遮浪奇观景区门口也有海景酒店可选,此外镇上还有一些短租公寓房源,可通过爱彼迎等网站查询预订。

🍴 就餐

汕尾的饮食受到潮汕和客家两种不同烹饪风格的影响,既有新鲜海产也不乏山野味道,融汇贯通又自成一派。二马路是汕尾老城区名副其实的美食街,集中了各种各样受欢迎的当地美食。如果想自驾探索更生猛的海味,城区往西海岸线上的马宫镇和鲘门镇都是盛产海鲜的渔港所在地。

欢众海鲜大排档 海鲜 ¥¥

(二马路179号,近友谊路;人均 80元;⏰17:00至次日03:00)二马路上受欢迎的老字

汕尾海鲜之旅

汕尾海鲜在广东省内小有名气,远道而来的旅行者可能不会专门花时间去周边渔港寻觅海鲜,不过省内自驾周末游的美食爱好者们不妨来一场海鲜之旅。

海丰县鲘门镇在汕尾素有"海鲜最鲜"的好评,镇上的**鲘门镇综合市场**(鲘门镇通港路西端;⏰约7:00~19:00)离渔港很近,能买到各种新鲜上岸的海鲜。市场周边有很多海鲜饭店和排挡,也可在市场购买海鲜后请店家烹饪,付一些加工费即可。沈海高速在鲘门留有出口,自驾前往非常便利。此外从深圳过来即使不自驾也较容易解决交通问题,深圳北站每天有多班动车前往鲘门站,车程约1小时,鲘门站到镇中心则有深汕巴士1号线接驳。

汕尾西郊的马宫镇距离市中心约15公里,**马宫水产品批发市场**(马宫镇海旁街;⏰约7:00~19:00)同样临近渔港并有着源源不断的海产,市场周边也有不少海鲜餐馆。汕尾市区有12路公交至马宫镇中心,但班次不算方便,更适合自驾前往,沈海高速长沙湾出口距离马宫镇不远。

号夜宵海鲜大排档，生猛的海鲜就放在门前供人挑选。用小炒、白灼、盐焗等方式烹饪各色海产，炒蛤类和椒盐虾蟹都很美味。即使食量不大，也可以尝尝鲜美的鳗鱼粥（25元/小份）。

高岭陆河擂茶　　　　　　　　　客家菜 ¥

（奎山经贸市场东区B栋46号，近德政路；人均30元；⊙10:30～14:00，17:00～20:00，周六下午休息）不大的家常餐馆，除了客家风味的家常炒菜，店主兼大厨还制作陆河做法的茶汤泡菜饭（12元），把现擂的金不换绿茶汤浇到现炒的芥菜炒豆上，再配花生和不限量的炒米一起吃，滋味非常特别。

汕中路口薄饼　　　　　　　　　点心 ¥

（二马路368号；⊙11:00至次日01:30）这家店是汕尾有名的老字号，只卖薄饼这种特色点心，甜薄饼（12元）里包了沙琪玛、叉烧肉和现取出来的咸蛋黄，咸薄饼（13元）里则是现炒的蔬菜、香肠和鱿鱼，还细致地用竹签架起以避免汤汁破坏口感。就在汕尾中学门口，附近也集中了不少受到当地人欢迎的美食。

南丰菜粿　　　　　　　　　　　小吃 ¥

（高第街49号，近兴华路；人均20元；⊙8:30～19:30）这家老字号的汕尾特色粿品很受欢迎，如菜粿、冬节蛤和"小米"茨粉饺，都是每份12元，可以请店家两样拼一盘，再搭上牛肉饼扁食汤（15元）一起吃。相邻的几家餐馆也是类似的小食店，口味都不错。

大街菜茶　　　　　　　　　　　小吃 ¥

（二马路191号；近联兴街交叉口；⊙19:30至次日02:00）汕尾菜茶和客家擂茶最大的区别是汤里没有茶叶，而是把蔬菜、肉丁、腊肠和虾米同炒，再和炸芋头、炒米一起加入白胡椒粉调味的骨头粉丝汤里吃。这家小店白天是修理钟表的摊档，傍晚才开始营业，12元1份的菜茶分量不小，当地人很喜欢来这里吃夜宵。

❶ 实用信息

汕尾市人民医院（☏832 6319；海滨大道近凤照路口）

四大银行营业点和ATM集中在汕尾大道和二马路附近。

❶ 到达和离开

城区东北约10公里的**汕尾火车站**（241省道与站前路交叉口）是厦深高铁线上的一个站点，每天有多班高铁往西到达广州和深圳，往东到达汕头和厦门等地。不过需要留意，高铁鲘门站和陆丰站距离汕尾城区都很远，买票时别买错了。汕尾火车站配套的公交车站在站前广场的地下，往返市区的6路和112路等公交班次较频繁，也有班车直达遮浪红海湾和海丰，但班次不多。

比起高铁，**汕尾粤运汽车总站**（☏336 8712；微信公众号：gdswyy；汕尾大道与工业大道交叉口）的班线对于旅行者的用处要小一些，需要从汕尾直接前往惠州（7:00至17:20间 约2小时一班；65元；车程3小时）或梅州（7:00和7:30 共两班；140元；车程4小时）可考虑到这里乘车。市区乘112等公交可到。

❶ 当地交通

汕尾的公交车不是每站必停，一些线路没有报站，最好上车时跟司机说一声自己的下车站点。部分公交班次不频繁且末班时间在18点左右，可使用**车来了**微信小程序查询公交线路和实时车况。这些公交线路对旅行者较有帮助：6路从汕尾火车站发出，经过市中心的二马路口；108路串起了汕尾火车站、妈祖文化广场和前往沙舌岛的轮渡码头；112路从汕尾火车站发出，途经粤运汽车总站到终点站保利金町湾。

调研时汕尾街头很难见到出租车，也没有共享单车代步，不过使用网约车软件叫车非常便利。

客家地区

包括➡

梅州市	224
大埔	231
惠州市	233
惠东	237

最佳美食

- 林家早餐（见229页）
- 怡昌酒家（见229页）
- 雁洋好再来专业鱼煮粉（见229页）
- 高记惠州风味楼（见236页）
- 鑫华早餐店（见236页）

最佳围屋

- 南华又庐（见226页）
- 仁厚温公祠（见228页）
- 泰安楼（见231页）
- 罗岗围（见238页）
- 南阳世居（见239页）

快速参考

梅州
- 人口：550万
- 区号：0753

惠州
- 人口：483万
- 区号：0752

为何去

在粤东客家文化区内，梅州和惠州两处各有精彩。梅州有"世界客都"的称号，城内典雅的老宅中走出了不少文士和商人。更多的客家人从松口古镇乘船顺梅江下韩江，再出海远渡到五洲四洋的角落。往东到山清水秀的大埔县，农田和果园间点缀着许多漂亮宅院，不管是古典的围屋还是西洋风的近代建筑，背后都有着客家人的奋斗故事。惠州介于客家与广府两种文化的交界地带，又因近邻后起之秀深圳而更有都市气息，同时这里的生活节奏却是不紧不慢的，西湖装点了半城山水，老字号美味藏在小街深巷之中。再到南面的稔平半岛，绵长沙滩和优良渔港为短途度假游提供了放松好去处。

由于梅州和惠州都不是热门旅行目的地，因此旅行者更能走近本地人的日常生活。当你走入一座古老围屋时，很可能会发现屋内的居民仍然是同族后人，他们为自己的祖先而骄傲，也欢迎别处的客人前来拜访，用质朴的家常话语给你带来温暖惊喜。

何时去

1月至2月，在温暖的海滩上过一个热带春节，或者到各处老围屋见识客家人祭拜祖先的盛大场面。

3月至6月，气候开始变热，绿植繁盛，木棉杜鹃竞相开放，不过5月和6月是全年降雨最多的月份，常常有雷阵雨或大暴雨。

7月至9月，这个季节里天气湿热，需留意台风预警。惠州近海通常在8月中开海捕捞，是大啖海鲜的好时节。

10月至12月，气候温暖少雨，适合户外出行，梅州乡间的蜜柚漫山遍野。

客家地区亮点

❶ 在**中国客家博物馆**（见224页）了解客家人的千年迁徙之路，再到人境庐（见224页）阅览屋主的传奇人生。

❷ 漫步**南口镇侨乡村**（见226页），一路看山脚下的围龙屋连成串。

❸ 在**松口古镇**（见227页）的骑楼中走入客家人下南洋的历史。

④ 到**百侯古镇**（见231页）欣赏肇庆堂的精美浮雕。

⑤ 漫步**惠州西湖**（见233页），或者到城边的山林间来一场畅快的18公里**红花湖骑行**（见235页）。

⑥ **巽寮湾**（见238页）还是**双月湾**（见238页）？任选一处海滩都能让你放松戏水并大啖海鲜。

梅州

梅州市

梅州温文尔雅的城市气质,从街头偶遇的典雅古宅中随意流淌出来,这里的悠闲生活和家常美食都带着让人放松的生活气息,吸引着周边城市的人们前来短途游。而作为客家文化的一个精神标地,梅州同样凝聚着来自全国乃至全世界前来寻根的客家人。

历史上梅州地区曾反复归属于海阳县和潮州府,但这片丘陵山区却是南迁客家人安居乐业的宝地。再加上梅江的便捷水运,这里成了客家人走向海洋的关键节点,除了创立张裕葡萄酒的南洋华侨商人张弼士,梅州还曾走出过不少名商巨贾,金利来创始人曾宪梓和热心公益助学的田家炳都是梅州人。

如果顺梅江前进的方向走远一些,你还会在丘陵田野中发现许多安静的古村。不管是古朴沉稳的围龙屋,还是带着西洋美感的民国华侨楼,通常都还有居民在里面居住,这也是你能体验到的真正的客家生活。

方位

梅江呈几字形流过,把城市切分成了数个区域,初到梅州的旅行者可能会感觉难以找到城市的真正中心。简单来说梅江转弯处的北岸曾是嘉应州府所在地,南岸的几字区域则在1983年后成为行政中心,因此历史人文看点大多集中在江北,江南则是方便吃住出行的城区。

👁 景点

👁 梅州城区

城区多数看点集中在梅江北岸沿线,可安排好线路一道游玩。客天下离市区稍远,借助公交车可以到达,但自驾是最好的选择。

中国客家博物馆　　　　　　　　博物馆

(东山大道2号;免费,凭身份证领票;◎9:00~17:30,周一闭馆)梅州有"天下客都"之名,因此这里客家博物馆的布展内容并不只局限在辖区内,而从时间和空间上讲述了客家人的迁移路径。主馆二楼的客家人专题陈列中,大量图文和影片介绍了客家源流和民俗,还有一个小展室专门为勤劳能干的客家女性而设,一楼的梅州史话展览则简述了梅州通史。

主馆一侧的**达夫楼**建于1935年,西洋装饰风格与客家围屋结构相结合,目前作为廉吏馆开放,也可欣赏内部格局。靠近客家公园正门的**先勤楼**和西北侧的**纯厚楼**也都是民国时的客家民居,现分别作为大学校长馆和将军馆开放,以纪念文武领域的众多客家人才。

市区乘1路或6路公交至客家公园站,进公园就能看到博物馆。也可顺道参观公园正门外南面的**东山书院**(免费;◎9:00~11:30,14:00~17:00),走一走门口的状元桥,再登上书院后侧的魁星阁,学生会来这里拴红布祈求考试顺利。

人境庐　　　　　　　　　　　　故居

(小溪唇江边路,近客家博物馆;免费,凭身份证领票;◎9:00~17:30,周一闭馆)清末外交家和诗人黄遵宪的故乡就在梅州,人境庐是他参加戊戌变法后罢官回乡时建立的书斋。由于他曾担任清廷驻日本使馆参赞,这座玲珑庭院内也增加了不少日式元素,可登上二楼慢慢浏览这位客家名人的传奇。如果对当时客家华侨的生活场景感兴趣,黄遵宪所作长诗《番客篇》值得一读。

人境庐旁边的荣禄第和恩元第都是黄氏祖宅,**荣禄第**为黄遵宪的叔父所建,如今空置,可以入内一看客家大宅的布局。**恩元第**现作为非物质文化遗产展示馆开放,馆内立体展示了埔寨火龙等精彩的梅州地区民俗活动。

参观完客家博物馆后穿过西侧小门即到人境庐,因为人境庐也属于客家博物馆的分馆,两处共用通票,先后游览会更便利。此外,几座老宅周边的居民区因靠近溪流注入梅江处而被称为小溪唇,这里古名攀桂坊,是梅州最古老的居民区之一,如今众多老宅内仍有人居住,值得顺道逛逛。不过当你在这里的街巷中漫步时,还请小心忠于守卫的看家狗。

江北骑楼老街　　　　　　　　历史建筑

梅江北岸的中华街和辅庭路一带在明清

客家迁移之路

"客家人"是汉族的一个民系,虽然散居在中国南方多省,但其都使用客家话并且保留着相近的传统习俗。一般认为客家人的祖先来自中原,西晋时开始从黄河流域数次往南迁徙以躲避战乱,一路到江西、福建和广东三省交界处的丘陵地带,以"客籍"的身份安居。在梅州和惠州等岭南客家地区,同姓同宗的人们聚居在大型围屋建筑中生活,一座围屋也相当于一个村落,族人在互助御敌的过程中也维持了强烈的宗族观念。

清朝中期随着人口膨胀,岭南客家人开始乘船出海到国外谋生,与潮州华侨团体相比,客家华侨似乎要更低调一些。其实客家人的海上迁移道路走得很远,他们同样下南洋到泰国、马来西亚与印度尼西亚等地开垦和经商,并曾在加里曼丹岛上建立过公司自治团体"兰芳共和国"。清末还曾有大批客家人作为劳工去到印度洋西岸的毛里求斯和留尼旺,以及更远的美洲诸国。

和民国时是梅州的行政和商业中心,如今这几条街上还留存有不少民国骑楼建筑,不少本地人也仍然在老商铺里经营传统生意,熙熙攘攘非常热闹。在中华街38号小店能找到手工制作的传统灯笼(小灯笼80元/对,大灯笼300元/对),中华街和油箩街口数家店铺售卖节庆用品和手写春联,凌风西路聚集了出售锣鼓和舞狮行头的店家,油罗街上则聚集了油炸品店,出售好吃的徽子和煎丸。也可顺路到凌风西路上始建于北宋的学宫(免费;8:30~12:00,14:30~18:00)一看。

逛完客家博物馆后,走到东山公园站,乘20路公交至剑英桥下站,下车后开始慢慢逛。调研时该处正在进行骑楼美化工程,在你前往这片街区时可能会有更上镜的外观。

千佛塔寺　　　　　　　　　　寺庙

(学子大道近东风路;免费;⊙8:00~18:00)佛寺依城郊的东山而建,除了气势恢宏的寺庙建筑群,这里还有一座建造于五代南汉国时的铸铁千佛塔。沿两侧楼梯一路往上攀爬,从千佛宝殿后身进入最高处的九层宝塔内,才能看到这座千佛塔。铁塔原有七层,在每层的四面都铸有佛像,因历史久远而残损,清末时黄遵宪将铁塔残片收藏在人境庐中,民国时将铁塔残片移至山上,到20世纪90年代又由佛寺主持明慧比丘尼募资修复并建塔保护,铁塔的第五层是现存最完整的原件。

单独专程前往这里有些周折费时,逛完客家博物馆后还有时间要打发的话,不妨顺道游览,从博物馆步行到江边的东山公园站,乘坐20路公交即到千佛塔寺山门前。

玉庭楼创客空间　　　　　　　创意园区

(梅江四路近华苑路;免费;⊙9:00~23:00)这个创客空间基于1923年建造的钟氏老围屋玉庭楼修缮改造而成,虽然内部大多是本地文创产业的办公空间,但也向公众免费开放,中堂有小展厅讲述这座老楼的故事,也出售一些文创产品,如梅州老照片明信片(28元/套)。这里的工作人员都很友善热情,方便的话可请他们带你去看一看楼上的空间。市区乘3路公交到华建市场站,下车后步行可到,入口在梅江四路上但不太明显,可使用地图导航协助寻找。

客天下　　　　　　　　　　主题公园

(微信公众号:ktx2118888;城南三角镇东升村;门票100元;⊙8:00~21:00)这里是一处依托房地产建成的客家小镇主题公园,在周围的崭新建筑上能找到德国、意大利、西班牙和荷兰等多个欧洲国家的装饰元素,不过结合客家人在全球的迁徙脚步,这种混搭其实也很合理。景区依山而建,内有绿树成荫的自然步道圣人谷和展示客家围屋和文化的客家小镇,以及户外游览项目和定时的各项表演,情侣或家庭短途自驾休闲游的话,来这里放松一下也不错,通过微信公众号购票会有优惠。

景区离市中心约5公里,周边餐饮住宿配套也更方便自驾人群。非自驾旅行者在市区乘4路或15路公交到客天下站后,顺指示牌步行800米方可到公园入口。

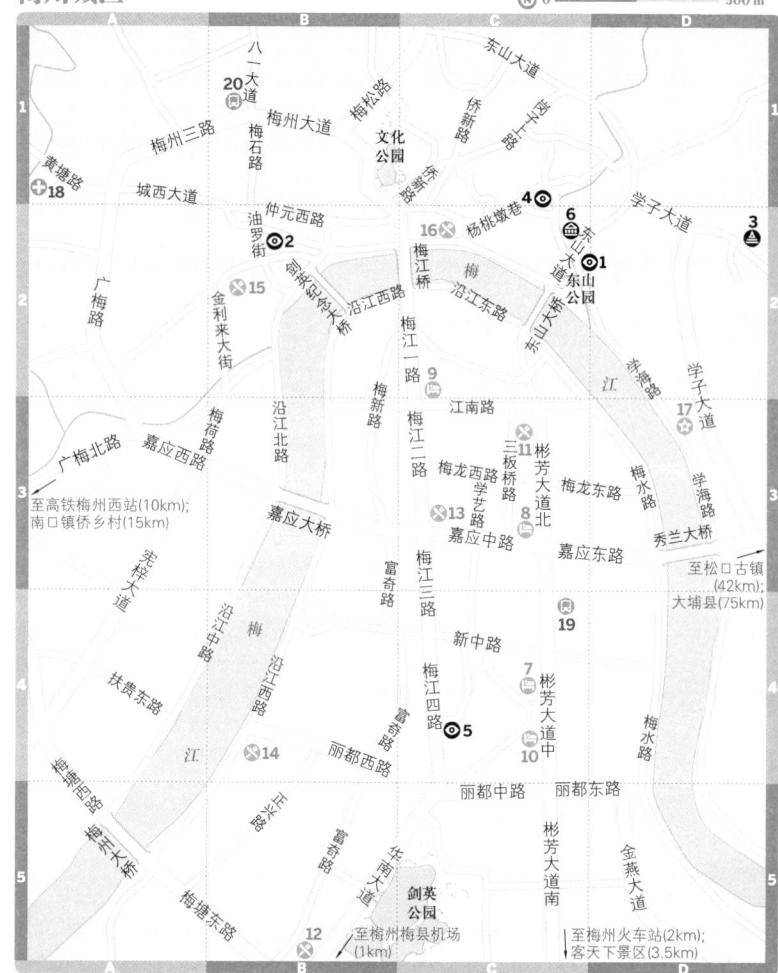

◎ 梅州市郊

梅州市郊有一些客家古镇古村可看,不过公共交通不算便利,可以住在市区再分别安排一日往返。如果自驾出游,从梅州到松口后可继续往东到大埔,无须再折返市区。

南口镇侨乡村
古村落

南口镇侨乡村在梅州市区西面约20公里,是一处典型的丘陵地区客家村落。明朝嘉靖年间中原移民迁入创村,如今村内还保留有三十余座始建于明清时的围龙屋,其背山面溪,顺鹿鸣山脚排开。到了近代这里的许多乡民纷纷下南洋务工经商,这便是村名的由来。

入村后顺村道往西走,一路上会看到数座围龙屋,依山而建的半圆形后围龙层次非常分明。道路西北农田中是目前村里唯一作为景点开放的**南华又庐**(门票10元;⊙8:30~17:50),庭院在民国时由印尼华侨潘翔初建成,前院祠堂梁架上的木雕和护板上的彩色画都很精美,两侧是精巧的鱼乐台和祖训台。可请工作人员打开后屋进入半月形的

梅州城区

◎ 景点
- 1 东山书院 ... C2
- 2 江北骑楼老街 ... B2
- 3 千佛塔寺 ... D2
- 4 人境庐 ... C1
- 5 玉庭楼创客空间 ... C4
- 6 中国客家博物馆 ... C2

🏠 住宿
- 7 花自在民宿 ... C4
- 8 信达酒店 ... C3
- 9 印象田园酒店 ... C2
- 10 又见民宿 ... C4

🍴 就餐
- 11 林家早餐 ... C3
- 12 围龙屋星园酒家 ... B5
- 13 燕龙炖品 ... C3
- 14 雁洋好再来专业鱼煮粉 ... B4
- 15 怡昌酒家 ... B2
- 16 友姐腌面 ... C2

✨ 娱乐
- 17 广东汉剧院 ... D3

ℹ 实用信息
- 18 梅州市人民医院 ... A1

ℹ 交通
- 19 梅州江南车站 ... C4
- 20 梅州汽车客运站 ... B1

花果园,这是围龙屋"化胎"的另一种形式,有开花结果子孙繁茂的风水寓意。

从南华又庐东北角的小路可以绕到旁边一座被村民称为"洋楼"的**焕云楼**,与村中围屋的风格不同,这座二层小楼带有鲜明的南洋风格,外立面装饰有精美的浮雕。建楼的主人是潘翔初的侄子,建筑灵感来自当时新加坡的一座舞厅,不过因为太平洋战争爆发,这座楼并没有完全建成。从洋楼走回村道,路边有一间老屋新装的**自在楼咖啡馆**(人均25元;◷10:00~18:00),二楼有眺望农田和宅院的好视角。如果还有时间,可以走回路口进入村中心,仔细逛逛村中更古老的围龙屋。屋内大多有村民居住,礼貌拜访一般会受到欢迎,不过要留心看家狗。

在梅州公共汽车总站乘9路公交(3元;车程40分钟),到开发区站下车后过马路往南步行1.5公里即到侨乡村的中心,9路公交回梅州的末班车时间是17:30之前。此外,侨乡村种有油菜花和火龙果,春夏季时很适合家庭自驾游,自驾前往时可把南华又庐设为导航目的地,这里临近山深线公路且有停车场。

松口古镇
古村落

宋末大批福建移民迁入松口,依靠梅江的便利航运,这里到明朝时已是繁荣的市镇,更因汕头开埠发展起了长途轮船运输,清末明初时的松口码头一跃成为梅州地区出洋的水路第一站,无数客家人从这里乘船到汕头后换船前往南洋诸国乃至印度洋的西端。

沿中山路走到梅江边的骑楼老街繁荣路,往东便是从当年诸多火船码头中保存下来的一个(码头)。正对码头的五层洋楼**松江大酒店**(门票20元;◷9:00~17:00)在民国时曾是豪华的松江旅社,由印尼侨商廖子君建造。如今酒店经过修葺后作为华侨文史博物馆开放,展出了酒店曾经用过的西餐刀具等器物,并复原了当年酒店各个等级的房间,也收藏了侨批书信和华侨带回的生活用品。可走到顶楼天台,这里有欣赏老街和梅江风光的开阔视野。

繁荣路西端是松口港务局和**中国移民纪念广场**,广场中心的纪念碑为纪念清末和民国时去往毛里求斯和留尼旺做劳工的客家人而树立。繁荣路后身的和平西路与和平东路上也保留了许多民国时期的二层小楼,顺这条安静的老街一直往东可走到梅江上的梅东桥头。如果还有时间精力,回镇口路边等车时可绕到松口中学北面,这里有一座建于清末的围龙屋**承德楼**,旧主人梁密庵先生也是印尼侨商,曾在辛亥革命时大力支持过孙中山。

移民纪念广场附近有餐馆和咖啡馆,但人气不旺,不妨走回镇里找本地人喜欢的餐馆吃饭。此外松江大酒店门前有小摊售卖味道不错的艾丸和肉丸,1元1个。

在梅州嘉应东路上的市公安局公交站乘坐46路或者56路到松口大塘街站下车(约

另辟蹊径

从梅州到松口，历史建筑自驾之旅

梅州周边的村镇中藏着很多明清至民国时期的历史建筑，不过公交班次不多，车站到看点至少还有一公里以上的步程。如果是自驾出游的建筑爱好者，不妨在梅州到松口的路上寻找这几处各有亮点的围屋和家宅。

从梅州自驾走223省道前往松口时，可以绕一点路转到白宫镇北的新联村，这里藏着一座漂亮的民国洋楼**联芳楼**，建屋的主人是当时在印尼经商致富的丘氏兄弟。洋楼外部饰有巴洛克风格的门窗，细节的灰塑和浮雕都非常精美，如今楼内还有人居住，机缘巧合受到邀请的话，还可进楼看看内部的客家风格装饰。

回到223省道继续往东来到丙村镇，过桥到梅江北面的群丰村，村内有一处名为**仁厚温公祠**的传统围龙屋。这处巨大的围屋始建于明朝中期，三重半圆形的后围龙逐步升高，显出典型的客家围屋格局。如今还有村民居住在围屋中，可能会向游人收费20元作为参观门票。周围村镇的许多温姓人家也是从这里迁出的，春节时会回到祖屋举办热闹的祭拜活动。

松口镇的看点不只有梅江边漂亮的民国骑楼街，在镇东面松源河口的铜琶村下店还有一处始建于明末的围龙屋**世德堂**。这座围屋比一般的围屋更加宽敞高大，据传明末崇祯皇帝自尽后，祖籍梅州的太子师李士淳携太子朱慈烺出逃，并在家乡松口为太子修建世德堂作为其"行宫"。每年农历三月初九时，李氏族人会在这里举办为太阳庆生的特别仪式。

客家地区

梅州市

半小时一班；10元；车程1小时），下车后往南步行1公里即可走到梅江边。公交返回梅州的末班车在16:30之前，最好在站点用力挥手拦车，示意司机停车。自驾前往的话，松口镇距离老镇还有2公里，建议用中国移民纪念广场做导航目的地。此外顺梅江途经丙村和雁洋的223省道的路况和风景都很好，秋冬季节时沿途都是成熟的柚子和柑橘。

住宿

我们调研的时候，梅州的酒店以连锁酒店为主，且客房翻新的时间普遍比较久远，因此在选择酒店时，最好在预订网上查看最近一次的装修时间。依靠公共交通出行的旅行者最好住在江南的嘉应路和彬芳大道周边，可以节省不少交通时间。此外，梅江西侧的新县城以及城南火车站附近的万达广场和客天下是新发展起来的住宅区，公交出行不算便利，自驾者则可以考虑选择这两个区域的公寓房源。

又见民宿   酒店 ¥¥

(☎213 9666；老机场路三岔路口，近彬芳大道；标双 218元起，大床房 158元起；※ 🛜 P)用居民楼的二层改造的民宿型酒店，就在主路旁的巷子里，方便也安静。装修雅致也舒适，

卫生间干湿分离，前台旁有公共空间可以喝茶。通过代理网站预订价格低一些，周末房价上浮20元左右。这家民宿在客天下附近还有一处用老围龙屋改造的分店**均质楼**（☎218 2333；泮坑大道165号；大床房 386元起，含双早），另有带厨房和客厅的套房（458元起），适合自驾游的家庭入住。

花自在民宿   酒店 ¥

(☎251 9668；三角路近彬芳大道；标双 190元，大床房 140元起；※ 🛜 P)同样是居民楼二层改造的民宿型酒店，2019年开业，配有小小的书吧，洗衣机免费使用。房间不大但干净清爽，装饰有一点古典格调，靠小区一侧的房间更安静。网上预订会有一些折扣，周末价格会略微上浮。

信达酒店   酒店

(☎229 8388；彬芳大道47号，近嘉应东路；标双 138元；※ 🛜)外表看起来很老式，不过房间都是在2018年装修的，室内足够宽敞明亮，床品也很舒适。位置很好，离江南客运站步行5分钟。

印象田园酒店   酒店 ¥¥

(☎216 3888；江南路35号，近梅江一路；标双 298元，含双早；※ @ 🛜 P)梅州的老牌三星

级酒店，在2019年经过了大幅升级的重新装修，崭新的智能客房内配备了声控灯和多功能马桶，床品和卫浴都很干净。车位充足，适合自驾出游的旅行者选择。

就餐

众多美味实惠的餐馆散落在梅江两岸的居民区里。除了各式各样的酿菜和盐焗鸡，梅州最具代表性的特色美食当属搭配及第汤的腌面，所谓"及第汤"就是猪杂汤，根据猪杂的丰富程度又分为"三及第"和"五及第"，这种小吃一般只做早餐供应，过了中午就很难找到。此外与潮汕地区的粿品相似，这里的包馅米制品统称"粄"，遇到不妨尝一尝。梅州客家娘子酿造和烤制的娘酒很有名，除了当作养生酒来加姜丝温着喝，在烹饪鸡肉和鸡蛋时也会用它来调味。

林家早餐　　　　　　　　　　小吃　¥

（三板桥路北段金碧豪庭一层商铺；人均15元；◐6:00~15:00）这家小店所在的三板桥路是梅州有名的早餐一条街，街上的小食店几乎都售卖腌面和及第汤。而林家早餐（腌面配三及第汤10元，配五及第汤13元）的特别之处在于汤里放了红糟来调色调味，口感很温和特别。这里早餐时常常客满需要拼桌，午餐营业时也做梅菜扣肉一类的客家家常菜。

雁洋好再来专业鱼煮粉　　　小吃　¥

（江南沿江西路78-15号；人均20元；◐17:00至次日1:30）鱼煮粉是梅江的特色小吃之一，用鱼肉汤煮出的雁洋镇特产的细米粉，工序繁多，做起来颇费工夫。西河堤上几家店都在晚餐和夜宵档专门经营鱼煮粉，这家"好再来"的口碑很不错，店主每天现杀草鱼，肉油炸后下锅煮汤，鱼丸也是自己手工打制的，汤粉分量很大，乳白色的汤配上酥软的鱼肉，口味非常鲜甜。店内很简朴，不过门口就是梅江，天气好时能看见落日。

燕龙炖品　　　　　　　　　　小吃　¥

（梅江二路近嘉应中路；人均30元；◐10:00至次日01:30）商业街上营业到深夜的实惠小店，就在太平百货旁边。各色炖品（10元起）很有火候，通常搭配肉类丰富的腊味饭（13元起）一起吃。店面不大，不过二楼和三

楼都有座位。

怡昌酒家　　　　　　　　　　客家菜　¥¥

（☎222 6586；金利来大街137号，近梅瑶路口；人均60元；◐16:30~19:00）江北老城区的老字号酒楼，离骑楼老街很近。店家以招牌的姜油鸡闻名，手工鱼丸和开锅肉丸也不错。由于是本地人请客和家宴的场所，这里二楼都是大桌包间，更适合多几个人一起去吃，一楼铺面也有外卖可打包带走。

友姐腌面　　　　　　　　　　小吃　¥

（江边路25号；人均20元；◐6:00~13:00）江北有名的老字号腌面店，在客家博物馆到骑楼老街的半路上。及第汤里的内脏煮得非常鲜嫩且没有腥味，腌面配三及第汤15元，把腌面换成腌粉也一样美味，记得配上店里的特制辣椒酱来一起吃。

围龙屋星园酒家　　　　　　客家菜　¥¥

（城南三角镇富奇路190号；人均90元；◐11:00~14:00, 17:00~21:00）店如其名，开在一座始建于1896年的老围屋"承德楼"内，已经营30余年。酿豆腐、盐焗鸡、梅菜扣肉等招牌客家美食都能在菜单上找到，也可以尝尝客家娘酒。酒家离市区稍远但靠近机场，不自驾的话建议打车过去。

娱乐

广东汉剧院　　　　　　　　　　　戏曲

（☎222 4872；微信公众号：gdhanju；学海路与梅香路交叉口；剧票50元；◐每周五19:30演出）广东汉剧又称外江戏，是广东地区除了粤剧和潮剧之外的第三大地方戏种，以梅州和兴宁为中心在粤闽客家地区流行，广东汉剧院便设在梅州，时间凑巧不妨前来这里的亮胜艺术中心牡丹剧场欣赏一场经典剧，可致电或通过微信公众号预览剧目信息。市区乘15路公交可到，也可从客都汇商场门前的浮桥走过梅江再步行到达。

实用信息

医疗服务

梅州市人民医院（☎220 0120；江北黄塘路63号）

旅游信息

微信小程序**梅州文化旅游**对南口侨乡村和松

口古镇的部分老建筑有较为详细的介绍，可以帮助你深度探索这两处目的地。

ℹ️ 到达和离开

长途汽车

梅州有好几个长途汽车站，均属**梅州粤运公司**（微信公众号：gdyymz）管理，通过微信公众号即可查询购票。**梅州江南车站**（☎226 9568；彬芳大道38号巷内）几乎能满足旅行者的所有出行需求，这里到大埔（6:30至18:00 约30分钟一班；25元；车程1.5小时）的班车最频繁，此外到广州、深圳、惠州和潮州都有班车，也有直达揭阳潮汕机场的机场快线（8:30和12:30；70元；车程3小时）。

江北的**梅州汽车客运站**（☎222 2137；梅石路2号）又叫五洲城站或粤运总站，直达汕头（9:00、12:50和16:00各一班，票价70元，车程3.5小时）才需到这里乘车，不过高铁梅州西站到汕头的车次其实更多。

火车

调研时市中心南面4公里的**梅州火车站**（彬芳大道南端）只有普快和特快列车通行，可前往惠州、广州、深圳、汕头、厦门等城市，不过班次不多。在建的双龙高铁预计2022年通车，铁路连接了福建龙岩、梅州和河源龙川一线，建成后在梅州站会有停靠点，从梅州到广州的车程将缩短到2小时以内。

高铁**梅州西站**（南口镇葵岗村）在市区西南约15公里，是梅汕高铁上的停站，可在这里乘车至揭阳机场站，到汕头则需在高铁潮汕站内换乘，也可至高铁潮汕站后转公交到潮州，或至惠州南站后转公交到惠州。由于梅州西站在2019年才投入使用，调研时到江南城区的公交接驳不便，可在江南车站乘41路，或在火车站乘96路前往，不过两趟公交班次不多，末班车时间均在17:30左右，打车更稳妥。

飞机

梅州梅县机场（城南三角镇；机场代码：MXZ）距

另辟蹊径

稻田间的林寨古村

如果在夏秋季节到访粤赣交界处的和平县的林寨，便能体会到令人放松愉悦的乡间生活：古朴的四角碉楼矗立在碧绿或金黄的稻田中，农人和耕牛在田间辛勤劳作，鸡犬从古老宅院里奔出，一片宁静又生机盎然。

林寨古村（门票30元；⊙8:00~18:00，9:00~17:30展馆开放）历史悠久，秦时南越王赵佗最早在此屯兵设置要塞，晚清时因水陆交通和贸易而繁盛，如今留存的建筑多修建于晚清和民国时期，村内将保存较好的3座老宅作为展馆开放：村口西侧的**司马第**是结构中正的家祠，内有精美的木雕屏风和门窗；西北角**谦光楼**院内有漂亮的西洋式三层回廊；西南角**颖川旧家**内部的木雕装饰非常华丽。村中稻田里还有几处外墙高耸并配有碉楼的四角楼，其中**永贞楼**作为客栈开放，门前有夏天颇为上镜的月塘和荷塘，**福谦楼**前能拍出开阔的稻田风光。

村口停车场旁是售票处，通常要求游人进村便需买票，进入3处展馆时需要检票。村北有农家乐餐馆，林寨汽车站旁也有几家人均20元左右的平价小餐馆，经营口味不错的早餐和中餐。

林寨所在的河源市在惠州与梅州之间，这里也属于客家文化区。如有时间可至河源市区的**河源市博物馆**（滨江大道龟峰公园内；微信公众号：HYKLBWG；免费，凭身份证领票；⊙9:00~17:30，周一休馆）一游，了解这里的客家风情。此外这里号称"恐龙之乡"，区内不断发现大量恐龙蛋化石，如果带孩子自驾游，不妨到另一侧的**河源恐龙博物馆**（门票30元；开放时间同上）看看，两座博物馆中间山丘上的**龟峰塔**则是一座有着千年历史的宋塔。

依靠公共交通前往林寨古村非常周折费时，通常需在河源汽车客运站（大桥路6号）乘前往和平汽车站的班车（6:50至18:10 约30分钟一班；35元；车程2小时），再到马路对面换乘班车（7:30至18:00 约1小时一班；10元；车程50分钟）至林寨镇，之后步行约1.5公里入村。往返要耗费近1天时间，因此不太值得非自驾旅行者专程前往，自驾尤其是从江西赣州方向进入广东的旅行者可考虑顺道游览。

离市中心只有4公里，不过航线不多，大部分班次还需要在其他机场经停。1路和3路等公交车可到机场前的华南大道上车。

🛈 当地交通

公交车

梅州公交车市内票价2元，至近郊乡镇3元至10元，部分班线用普通话和客家话双语报站。不过公交等候时间普遍较长，也并非每站都停，甚至很多地方看不到站牌，请向本地人多打听，并招手和按铃示意司机上下车。可使用微信小程序**车来了**查询车辆实时位置、发车间隔和首末班时间。对旅行者较有帮助的公交线路有：4路公交连接了客天下、火车站、江南车站和东山公园（至客家博物馆）；20路公交连接了高铁西站、剑英桥下（至骑楼老街）、东山公园和千佛塔。

出租车

梅州出租车起价7元2公里，之后2元1公里，从江南市区打车至高铁西站一口价35元。在主路上基本都可以随手拦到出租车，城区使用网约车软件也很便利。

大埔

大埔县是客家接入潮汕的地方，汀江和梅江在大埔三河镇汇入韩江后往南入海，便捷的水路也带来了沿线曾经繁华的村镇。而在靠近福建永定一侧的丘陵地带的村落，还深藏着一些客家土楼和围龙屋。借助公共交通可以到县城周边的几个古村镇，自驾则可玩得更深入。

⊙ 景点

泰安楼　　　　　　　　　　　　　古建筑

（门票50元；大兴路143号，近内环西路；⊙8:00~17:30）在高层商品房的遮蔽之下，大埔县城湖寮镇里其实藏着不少古老的围龙屋和民居，但作为景点开发可供参观的只有城南的泰安楼。不同于同心圆形的土筑围楼，这座用石材筑成的三层围楼呈方正的回字形，结合了院落和碉堡的形态，是客家土楼在平地城镇的变体。

从大埔车站顺内环西路往南步行1.5公里即到泰安楼。参观结束后，也可从泰安楼旁的西湖公园往南穿出，到**大埔县博物馆**（免费；⊙8:30~11:40,14:30~17:40,周一休馆）逛一逛。

百侯古镇　　　　　　　　　　　　　古镇

百侯是距离大埔县城最近的一座古镇，先民从南宋时期开始迁入，明清时期古镇颇为繁盛，如今还有百余座明清建筑散落在镇上的街巷和田园中。杨姓是百侯的大姓，许多老宅和祠堂都属于杨氏宗族。目前从游客中心门前进入**百侯古镇**（大埔县城东南14公里 221省道旁；门票30元）需购买门票，但收费并不严格，基本只向自驾前往的游人收费。镇上规划了各种各样的展馆，但在我们调研时几乎都没有展览，很多建筑仍是民居。

点到为止看一下的话，就在镇南的游客中心下车，作为景点可供参观的建筑都集中在附近。中西合璧的**肇庆堂**细节非常精美，尤其是后身小洋楼墙面上的浮雕图案；另一侧的**海源楼**形似城堡和碉楼的集合，调研时不开放参观，可以隔着铁门看楼身漂亮的彩绘，这座楼的原主人曾在南洋做水客，为同乡传递家书和银钱；旁边**企南轩**院内有别致的庭院，二层小楼在我们调研时刚被改建为**聚奎楼民宿**（📞552 6778；大床房580元起，含入镇门票和早餐；❄🛜），也提供西式下午茶（38元/位起）。

有时间还可顺着路口的指示牌绕进镇子，太史第、通议大夫第等民居老宅前都有简要的介绍，杨氏**南麓公祠**则作为翰林文化展览馆开放。钻入迷宫般的三十六巷，在鹅卵石甬道中绕一圈，再往北走到骑楼式样的百侯老街上，继续往西走到镇口即可等候返程的公交车。

大埔车站前往高陂方向的城乡公交都经过百侯镇（4元；约30分钟一班），公交在城里绕一圈才出城，14公里车程要开40分钟，回程末班车在16:30之前。也可借助网约车前往，但回程时不太容易约到车，最好和司机商量来接。此外，百侯镇周边有不少种植了百香果和柚子的观光果园，在秋冬季节水果成熟时很适合家庭自驾出游。

茶阳古镇　　　　　　　　　　　　　古镇

茶阳镇在大埔县城北面30公里的汀江畔，明朝时随移民的大量迁入而开始发展，民国时因汀江接入韩江的便利水运而成为繁华的临水商埠，在1961年之前都是大埔的县城所在地。如今镇北数条老街两侧的骑楼虽然有些年久失修的颓败，但仍然显出民国时的摩登风貌，镇南的村中则有一些明清时期的牌坊和老宅。不妨从大埔出发，花半天时间来寻找这座老镇不受打扰的旧日风韵。

乘公交到终点站下车往北走到中山路，往东经过一段翻修的骑楼商铺后过桥就是大华路，这条路上三层或四层的骑楼大多在二楼设有小门，这是为了在汀江发洪水时乘船逃生而设计的。往北到大华路115号，一座细节精美的四层洋楼旋庐藏在街角，建楼的主人是马来西亚侨商何阳生，如今仍是何姓后人在屋内居住。继续走高福路往北到尽头转至太平一路和太平二路，两侧不少骑楼门窗上装饰有精美的浮雕，几家编竹篓的传统店铺仍在营业，附近的新马路和万川路上也有一些骑楼建筑可看。

原路返回中山路口后，转到金山路往南，看到路口始建于明朝时期的饶氏家族诒谷堂后，从另一侧张氏家庙门前右转即可来到关岳庙旁的父子进士坊，这座牌坊建于明万历年间，先后考中进士的父子同样出自饶氏家族，后身的牌坊则是为节妇而设立的。牌坊周边的村中还有不少老宅，有时间可以逛一逛。

不自驾的话，可在大埔车站乘坐城乡公交（约30分钟一班；5元；车程1小时）前往茶阳镇，回大埔的末班车时间在17:30左右。

车龙村张弼士故居旅游区　　　　古村落

（西河镇车龙村；门票 30元；9:00~17:00) 除了是张裕葡萄酒公司的创始人，清末大埔侨商张弼士还先后担任过清廷驻马来槟城及新加坡的领事。这处他晚年回乡修建的光禄第就在连通汀江的漳溪河畔，前院祠堂内保存了一些精致的木雕，用图文讲述了张弼士的生平，也有关于大埔历史建筑和非遗技艺的展示。绕到靠河一侧可以看到坚固如碉堡的后围龙，溪边还曾有张家的私人码头。

故居西侧漂亮的小庭院里提供舒适但昂贵的客房（813 7333；大床房 680元起；※ ※ P)，院内吧台上放满了如今张裕公司出品的葡萄酒。

到车龙村的公共交通比较周折，大埔车站前往茶阳的城乡公交都会路过东塘村，在东塘大桥南面下车后，顺着河边的路往东步行，看到溪南牌坊后过桥，继续顺河边小路往东即可见到故居后方的围龙墙，这段步程共2.5公里，好在一路风景不错。如果运气好坐到了发往西河的城乡公交（7:10、9:40、13:40和15:50从大埔车站发车，车程约40分钟；5元)，可让司机把你放在离车龙村最近的路口，走1公里左右到张弼士故居。自驾是更好的方式，可与茶阳一线游览。

🛏 食宿

如果需要借助城乡公交去大埔县内的几个看点，住在县城湖寮镇客运站附近更方便出行。茶韵酒店（555 5553；内环西路168号；标双 188元；※ ※ P) 是汽车站附近较新的酒店之一，房间风格不时髦但很舒适，有明亮的落地大窗。城南的客家里民宿（553 0666；西环路西湖风情街1号；标双 158元；※ ※ P) 紧邻西湖公园和博物馆，离泰安楼也不远。房间新且价格合理，不过临路一侧有交通噪声，离车站和餐馆都有距离，比较适合自驾出行者。

汽车站周边有不少就餐选择，范记美食店（内环西路20号；8:00~20:00) 出售当地特色的笋粄和艾粄，都是2元1个，可在店内吃，也有真空包装出售。客山绿（内环西路与连心路交叉口，优家酒店1楼；7:00~14:00，17:00~20:00) 有特色猪油捞饭套餐（33元），配有沙姜鸡和枸杞炖肉汤，店内也出售本地出产的稻米和杂粮。此外，路上许多小餐馆都提供美味的腌面和腌粉，配上加了艾草或者枸杞叶的及第汤一起吃，一套的价钱只在12元左右。

ℹ 到达和离开

从**大埔粤运客运站**（552 2387；晚香路33号，近内环西路）前往梅州（6:30至18:00间 约30分钟一班，票价25元，车程1.5小时）的班次最频繁。除了前往广州和深圳的班车外，车站也有班车发往汕头（7:40和12:50；69元；车程5小时）。

大埔火车站在县城西北的三河镇，离城区还有16公里且公共交通接驳不便，调研时经停班次也很少，乘坐客运班车抵离大埔是更好的选择。

自驾寻找更多土楼

大埔紧邻福建永定,自驾旅行者一线游览非常便利。在湖寮镇看过**泰安楼**(见231页)之后,出镇走S221向南14公里即到**百侯古镇**(见231页)。离开百侯后,顺S211往南转入Y151,共行驶25公里,可来到一座藏在山中的美丽土楼**花萼楼**,这座楼始建于明朝中期,围楼外墙高度超过10米,土木同心圆的样式更接近永定土楼,但在粤东并不多见。之后折返S211往北约50公里到东塘大桥处,顺河流南面的旅游公路往东再过桥后可到**张弼士故居**(见232页),之后返回S221向北行驶10公里便是**茶阳古镇**(见231页)。茶阳距离永定土楼群约40公里,沿S221转S203进入福建省境内,先去看下洋镇的**初溪土楼**,然后再到土楼聚集的**湖坑镇**。如果还有时间,**南靖土楼**和**云水谣旅游区**也不远。

把手机地图调成卫星图层,依靠建筑轮廓和半月形水塘的指示,一路可以找到很多会带来意外惊喜的古民居。此外也可从大埔出发由北到南顺S211和G355穿过潮州饶平县,寻找黄冈河沿线的土楼和围龙屋(见228页方框)。

❶ 当地交通

调研时大埔县城内有两条公交线路,但对旅行者基本没有帮助,可使用网约车代步。前往县城周边的**城乡公交**都在大埔粤运客运站前发车,经过百侯至高陂的班车和至茶阳的班车(大致在6:30至17:00间 约30分钟一班,但在10:30至13:20这段时间内不发车)较为频繁。此外调研时城乡公交不能扫码支付,最好准备一些1元和5元的零钱备用。

惠州

惠州市

对于远道而来的旅行者来说,惠州可能没有非常吸引人的亮点,不过省内尤其是"隔壁"的深圳居民很喜欢到惠州来过周末,享受这里的湖山风光以及舒缓的生活节奏。

秦时将岭南百越纳入版图,惠州地区的治所设在博罗县,到隋朝时才在西枝江汇入东江处,即如今的惠州城区设立府治。北宋诗人苏东坡曾被贬谪到此流寓近三年,"日啖荔枝三百颗"的名句便是在惠州作成。抗日战争时期惠宝人民抗日游击总队(即后来的"东江纵队")广泛活动在惠州、东莞和宝安地区,在香港遭日军围困时将800余名各界名士营救出港,完成了"省港大营救"。

如今的惠州虽然承认客家地区的划分,却更乐意把自己归到珠三角,并受珠三角经济辐射发展起了石化产业和制造业。同时这里仍然保留着大片青山绿水的田园风光,南面还有巽寮湾和双月湾等旅游配套成熟的海滨度假区。不管是点到为止在老城区漫步,还是自驾去山海间小住放松,惠州总是藏着一些小小的闪光点等你探寻。

◉ 景点

惠州西湖 公园

(环城西路17号东门;免费;⊙7:30~22:00)苏东坡贬谪惠州时常到城西的丰湖游玩,他把这里也称作"西湖",并留下不少称赞美丽湖景的诗句,这也使惠州西湖在宋朝时期就已经声名远扬。如今的西湖景区由平湖、丰湖、菱湖、鳄湖和南湖共五湖组成,不少居民区散落在湖畔,景区外围可以开车,内部只能步行游览。对于时间有限的旅行者来说,逛平湖即可领略惠州半城山水之美。

游览平湖的线路一般是从西湖东门进入登上平湖堤,湖堤最早由苏东坡主持修筑,因此也叫作**苏堤**,这里湖景开阔,尤其是夕阳西下时站在**西新桥**上眺望市郊,可看到山水层叠的风光。继续往西来到**泗州塔**,佛塔在唐时为纪念印度来华僧人而建,现存塔身是明朝时重修的。从塔后绕到**孤山**,苏东坡侍妾王朝云的陵墓就在山腰,高处两座建筑是**苏东坡纪念馆**(免费;8:30~17:30),讲述了他在惠州的经历。之后登上九曲桥,经过夏季开满荷花的**点翠洲**和**芳华洲**,一直往北到始建于唐初的**元妙古观**(免费;7:00~17:00)。如果想乘船泛舟湖面,在东门、孤山和北门都有游

惠州城区

惠州城区

◉ 景点
1 东江民俗文物馆 C2
2 惠州西湖(东门) C1
3 水东街 C1

✈ 节日和活动
4 红花湖骑行 A2
5 西湖灯会 B1

🏠 住宿
6 7天酒店惠州西湖店 C2
7 后巷客栈 C1
8 丽枫酒店东江店 D2
9 西湖宾馆 B1

🍴 就餐
10 保发轩云吞猪脚店 C1
11 高记惠州风味楼 D2
12 鑫华早餐店 B2
13 御乡粥饭
14 周记粥档 C2

ⓘ 实用信息
15 惠州市中心人民医院 B2

ⓘ 交通
16 惠州市汽车客运站 B3

船码头（2人脚踏船60元/小时，押金200元；8:30~17:30）。

市内多趟公交均可到西湖东门平湖门站。在东门外也可找到别致的角度来欣赏湖景，丽日购物广场7楼有一条直面西湖的观景长廊免费开放并设有座椅。

东江民俗文物馆
展览馆

（环城西二路36号；免费；⏰9:00~17:00，周一休馆）建于道光年间的黄氏书室，现作为东江民俗文物馆免费开放，建筑本身保存了一些石雕，收藏了古旧家具和木雕构建，一间屋内展出了东江河道近年来出水的瓷器和金属文物。

这里离西湖东门不远，附近还有展示科举制度的清朝建筑宾兴馆（塘尾街39号；免费；开放时间相同），以及氛围宁静安逸的老街道**金带街**，可顺路一起逛。

水东街　　　　　　　　　　　　历史街区

老城北面被东江和西枝江包围起来的小岛被当地人称为"水东"，在水路运输繁盛时，这里曾是码头和货栈的聚集地。东新桥头的**合江楼**始建于北宋，如今重修的楼台在调研时暂未开放，不过可以到楼脚的平台欣赏江景。合江楼周边修建了不少摩登靓丽的新骑楼商业街，调研时人气不算旺。从水东街继续往东，这一段骑楼街保留了部分民国时期的旧商铺建筑，当地一些日用品批发商行还在这里经营。

从西湖东门对面的中山路步行街一直往东，过东新桥即到合江楼和水东街。如果要找水东美食，就往不远处的桥东路和四清路走一走。

惠州市博物馆　　　　　　　　　　博物馆

(☎286 6626；市民乐园西路3号；免费；⊙9:00~17:00，周一休馆) 位于江北新城区的惠州博物馆修建得庞大美观，时间充裕的博物馆爱好者不妨前来一逛。一楼国宝展厅内的唐朝石磨是馆藏国家一级文物，二楼收藏了精美木雕、陶瓷器和宗祠墙面壁画。三楼的东江流域文明展厅值得细看，用文物和考古现场资料梳理了惠州地区从上古至明清的历史，也有客家民俗展示。

乘18路等公交车在市民乐园站下车后，顺市民乐园西路往南步行5分钟即到。

✦ 节日和活动

红花湖骑行　　　　　　　　　　　骑行

惠州城西的**红花湖公园**（东门近大岭路西端；免费；⊙5:00~22:00）环绕山间水库建成，东门离城区最近，几乎过了马路即可踏入宁静的自然中。当地人有环湖步行和骑自行车锻炼的习惯，每年12月末，公园内还会举办万人参加的环湖长走节。公园内18公里环湖道全程禁止机动车通行，沿途路况和配套设施都能让人享受骑行，尤其是在春秋花树灿烂的季节。远道而来没必要专程前往，骑行爱好者不妨拿出3小时环湖骑一圈，游览惠州不一样的山湖景色。

另辟蹊径

在惠州爬山

惠州城西北面是绵延的丘陵山区，这里有一些植被茂密的森林公园值得短途自驾的旅行者前来探访。

罗浮山（☎666 8875；博罗县长宁镇；门票60元；⊙9:00~17:00）因苏东坡的诗句"罗浮山下四时春"而颇有名气，其实晋时方士葛洪便曾在山中修行炼丹，南朝诗人谢灵运也曾作过《罗浮山赋》。如今景区在山脚下建有道家文化主题景区**朱明洞**，半山腰则有葛洪衣冠冢。春秋季是到此登山的最佳季节，从山脚登上最高峰飞云顶单程约4个小时，也可乘坐索道（往返95元）。惠州汽车站有班车（6:00~18:20间 约半小时一班车，25元）直接到罗浮山景区门口，自驾更方便，景区外围有食宿配套，调研时在建的广汕铁路也在罗浮山设有停靠站。

南昆山国家森林公园（龙门县西部；☎769 0769；套票30元；⊙9:00~24:00）则因山势更高而成为夏日避暑的好去处。公园内有5处收费景点，单价10元，也可购买套票通游。**石河奇观**的看点是幽静的巨石和水塘，不远处就是壮观的**川龙瀑布**。登上最高峰**天堂顶**可一览起伏的山色，3月时还有杜鹃花海。我们调研时惠州没有客运班车到南昆山，景区内也没有接驳交通，仅建议自驾者考虑前往，从广州从化和增城方向开车过来非常便利，景区不远的永汉镇上有不少温泉度假村。

自然保护区内的**象头山森林公园**（☎288 1310；博罗县小金河；免费）几乎没有旅游开发，很好地保留了白垩纪的火成岩景观和丰富的动植物资源，更有野趣的同时也意味着交通更不便利而游人不多，通常是本地户外爱好者会组织来此爬山溯溪。这里不定时封山，出发前最好电询。前往象头山只能自驾，进山有两个常规入口，石坝镇比较接近路口，但泰美镇的风景更好。

乘19路等公交车至红花湖站，一下车就能看到很多租车店。路西头的**索域租车**（☎239 6652；大岭路与红花湖路交叉口；租车10~25元/天；⏰5:00~23:00）车型选择多，服务也很规范。过马路上坡后要往西骑2公里才能来到湖边，这里也是环湖道的起点。

西湖灯会
灯光秀

每年春节期间，惠州西湖会点亮缤纷的彩灯迎接游人夜游赏景，而且这时的公园仍然免费开放。

🛏 住宿

惠州城市面积大而分散，要想在交通出行上节约时间，最好把住宿限定在南坛东路以北和惠州大桥以南的中心老城区。老城中仍然是快捷酒店占据了好位置，而且价格与客房品质成正比；江北新城区的星级酒店几乎都是全新的，住在这里离火车站更近，缺点是生活氛围不浓。

西湖宾馆
酒店 ¥¥

（☎218 1111；慈云路元妙观1号；标双258元起；❄️📶🅿️）这家老牌三星级酒店就在西湖北门内的芳华洲小岛上，环境清幽同时交通也算便利。房间设施老派而舒适，价格高一些的房间享有湖景。出公园北门就是老居民区下角，这里有不少好吃的早餐店和家常菜馆。

后巷客栈
客栈 ¥

（☎147 7113 4389；金带街71号，近西湖公园东门；标双158元；❄️📶）小客栈坐落在历史街道金带街上的一栋四层民房中，2018年开业，调研时设施都很新，走道里贴了鲜艳的花砖装饰。房间有些紧凑，但胜在出门就是西湖公园，一楼还有舒适的阅读区和小咖啡馆。

丽枫酒店东江店
连锁酒店 ¥¥

（☎578 8688；滨江东路11号；标双268元；❄️📶）水东小岛上条件不错的快捷酒店，同样有着丽枫酒店的薰衣草装饰主题。客房稍显陈旧，但维护得还不错，部分房间有直面东江的江景。

7天酒店惠州西湖店
连锁酒店 ¥

（☎221 1018；南坛南路2号；标双155元；❄️📶）客房不算很新但干净清爽，工作人员乐于助人。位置很好，步行可至西湖，到客运站的公交也很便利。通过7天酒店公众号预订价格更低一些。

🍴 就餐

惠州老城区藏着很多不起眼但手艺精湛的老字号餐馆，尤其是水东小岛上，开在居民楼、学校和菜市场附近的小店，其口味都经得住街坊和时光的考验。此外西湖边的黄塘和下角也有不少好吃的早餐消夜店以及大排档。许多早餐店烹饪猪脚都有自己的秘诀，皮肉软糯干净而丝毫不腥，和牛腩卤蛋一起盖在热汤煮好的米粉上，就是受当地人喜欢的横沥汤粉。

高记惠州风味楼
客家菜 ¥¥

（滨江东路37号，人均70元；⏰9:30~14:00, 17:00~22:30）做阉鸡粥起家，又因小吃"酿春"而更为知名，这家从前的江边大排挡已装修成了有开放式大厨房的明亮餐馆，不过口味依然很不错，是你一站式多尝几种惠州客家美食的好地方。把肉酿进鸭蛋里制成的酿春（8元/个）值得一尝，此外还有糯米饺艾粄（3元/个）和油炸萝卜金饼"阿嫲叫"（2.5元/个）等特色点心，都是至少2个起点。

鑫华早餐店
小吃 ¥

（黄塘路11-1号；人均10元；⏰6:30~11:00, 21:30至次日01:00）老居民区里的老字号，只做早餐和消夜生意，店面非常不起眼，但早上经常要排队。店家每天做好猪脚、牛腩、肉丸和卤蛋来配米粉，你可以根据自己的胃口和喜好来选择，或者直接来一份丰盛的猪脚牛腩肉丸粉（15元）。小店所在的黄塘以美味小食闻名，随便一家都不会错。

保发轩云吞猪脚店
小吃 ¥

（中山东路26号；人均25元；24小时营业）老城中心商业街上的老字号小食店，已经营了六十余年，店内气氛很是老派，常有老街坊坐在门前闲聊。云吞（12元）和猪脚粉（15元）都值得尝尝，还可以吃到传统做法的猪脚姜甜醋（20元）。

御乡粥饭
甜品 ¥

（中山南路54号；人均20元；⏰10:00~

22:00)做甜品起家的小店,已经营了近三十年。豆沙、炖梨等多种传统甜品(5元起)糖度适中火候足够,分量都不大,可以多尝几样。这里还会做惠州人喜欢的传统小吃葱姜猪肝(6元),也就是猪血汤,调味丰富口感清爽。离西湖东门很近,适合逛完公园过来吃喝休息。

周记粥档 小吃 ¥

(桥东四清路,华侨中学门后;人均25元;⊙8:30~12:00)水东受欢迎的老字号早餐店,只在早上营业。猪杂粥作为早餐不算便宜,不过用料也大方,一碗里满是猪肝、猪肠和瘦肉,可以再配一份惠州特色的猪肠粉一起吃。

❶ 实用信息

医疗服务
惠州市中心人民医院(☏228 8120;鹅岭北路41号)

❶ 到达和离开

火车
城北的**惠州站**(惠州大道57号)是京九铁路和广梅汕铁路上的站点,从广州和深圳过来的班次最多,也有少量普快列车至梅州和汕头,但耗时和客运班车不相上下。这里离老城不算近,在市区乘5路、41路等公交可到,更有效率的选择是打车。

高铁**惠州南站**(惠阳区淡水镇爱民东路)是厦深高铁上的一站,从汕头和深圳两个方向过来的高铁会在这里经停,不过这个车站在惠州市区南面约40公里。从惠州南站一侧的公交停车场有K3路公交到市区的惠州汽车总站,另有111路至惠州机场。

长途汽车
城南的**惠州市汽车客运站**(☏238 3336;微信公众号:huizhouqyjt;鹅岭南路71号)即惠州汽车总站,这里几乎能满足旅行者的所有出行需求,通过微信公众号即可查询班次和购票。除了至广州、深圳、梅州、汕尾和汕头等地的班车,发往惠东的班车(6:10至18:00间 约10分钟一班;20元)也在这里乘坐。

汽车总站配套的公交站有点复杂,往南到惠东等地的车辆站台在车站同层,而从售票厅门前往下走一层才是往北到中心城区的5路公交车

的站台,出租车乘车点和城轨龙丰站入口也在这一层。

飞机
惠州平潭机场(☏571 8114;惠阳区平潭镇;机场代码:HUZ)是深圳周边支线机场中的后起之秀,调研时有每日航班直飞北京、上海以及国内部分省会城市,各线路常有优惠票价。

❶ 当地交通

抵离机场
除了打车(约90元),从惠州城区到惠州机场最简单的方式是在惠州汽车总站乘坐机场**公交快线**(7:20至21:50 30分钟1班;12元;车程70分钟)。

公交车
惠州公交市区内2元,至远郊则3元至8元左右。大部分公交班次频繁,公交站牌都会显示实时等车时间,也可使用**车来了**微信小程序进行查询。对旅行者帮助较大的公交线路有:5路连接了惠州客运总站、西湖东门(老城中心区)和火车站;西湖接驳专线从城轨西湖东站发到红花湖,沿途绕过了大半个西湖景区,车型都是双层巴士,时间宽裕的话,不妨把它当观光车来乘坐;K3路连接了惠州南火车站和惠州汽车总站,车程1.5小时,另有走高速的K3快线,车程1小时左右。

出租车
惠州出租车起价7元2公里,之后2.4元1公里。在主路上基本都可以随手拦到出租车,城区使用网约车软件也很便利。

城轨
惠州正在建设城际铁路系统,调研时已开通一条由北向南贯穿城区的城轨线,并与东莞地铁相接。城轨从小金口站(惠州火车站)延伸至常平西站,并在常平西站接入东莞地铁系统,城轨在市区以地铁形式在地下运行,经过的主要节点有云山站(惠州市博物馆)、西湖东站(西湖公园)和龙丰站(惠州客运总站)。调研时车次约1小时一班,且每班车进站前10分钟停止售票,并不算方便。在你前往时班次可能会更多一些,可通过铁路售票系统来查询车次和购票。

惠东

惠东县南端的稔平半岛三面环海,曾是

明清海防线上的防卫重地。近年来凭借碧蓝海水、绵长沙滩和众多渔港,以及房地产发展带来的旅游配套,这里的海滨成了惠州人乃至深圳人的周末游目的地。自驾旅行者可以轻松把范和村、巽寮湾以及双月湾串成线路来游玩,依靠客运班车出行的旅行者可从惠州往返一日游,由于看点相近,巽寮湾或双月湾二选一即可,时间宽松则不妨在海边小住一两天。

⊙ 景点

范和村
古村落

(稔山镇南;免费)范和村位于惠东县城南20公里,是一座典型的客家古村落,这里的先民在明朝时期迁入,清朝时期村落因渔市和盐市而繁盛。近年来这里被誉为"广东最美古村落",不过古围屋已被新屋包围了起来,要探寻它的美还需要顺着狭窄的巷道走深一些。

村内和周边现有罗岗围、吉田围、长兴围和重庆围共四处老围屋,其中罗岗围和吉田围格局保存完整且比较方便到达。两处均为方正的四方型围屋,略高的外围房屋兼有围墙的功用,中间道路井然,排列有族内宗祠和各户独自的院落。目前还有不少家庭居住在两处围屋内,礼貌说明来意即可入内感受浓郁的围屋生活风情。

村内主要路口标有去往各个看点的方向,顺着城隍庙的指示牌即可一路找到罗岗围的东门,围内是一片排列整齐的平房院落,西门附近陈氏祖祠内的牌匾有精妙的3D效果,值得细看,南门则保留了防御的瓮城。出南门后左转找到老米街的指示牌,顺横巷往南走来到吉田围,围内道路用鹅卵石铺成,院落间有一座林氏祖堂。顺原路出村后可绕到范和小学门前看一眼民国时建成的西式学校建筑,从党群服务中心后方的路还可走到谭公祠,这里有一片地势略高的小丘可俯瞰整个村落。

惠东客运站到港口和巽寮的班车都经过范和,至范和分段售票8元,车程30分钟,到广汕公路旁的村亭,下车后顺大路往西南走1公里入村。返回惠东时要到路对面拦过路车,如果先到范和再去巽寮,从巽寮直接返回惠东,即可避免穿过村口那段有些危险的马路。此外由于村中道路狭窄,自驾前往最好把车停在党群服务中心前面的停车场。

巽寮湾
海湾

(巽寮镇;免费)稔平半岛西侧的巽寮湾号称"中国的马尔代夫",是否名副其实先不说,比起前往正牌马尔代夫的舟车劳顿,至少这里自驾即可轻松前往。海湾南北向的海岸线约两公里长,北部是渔船的避风港,中央和南部则有沙质细腻、适合漫步的海滩,沙滩上虽然缺乏椰子树遮阴,却有高大的公寓楼建筑投下阴凉。中部沙滩有冲凉房(约15元/次)、储物柜(约20元/次)和沙滩车(100元/20分钟)等设施,南部沙滩则更安静一些。不过需留意,调研时海滩上没有配备水上救生员,下水游玩安全自负,请小心谨慎为妙。

镇中心凤嘴路往西走到尽头是海滩的主入口,这里的海之星码头(☏832 8118;11:00、13:00和15:00发船;68元/人)提供双层客轮游,在30分钟的船程内带你在海上绕三角洲岛一圈。附近海滩上还有渔船专用的渔港码头,渔民会揽客问你要不要出海,这种私人出海游平时可拼快艇(船费加岛费100元/人),去南边的三角洲岛及附近两个小岛玩,在7月至9月旺季时则需花400元包船,此外每人还需另附120元岛费。

惠东客运总站有班车(7:00至18:00间30分钟一班;16元;车程50分钟)发往巽寮,终点在海湾南端,可以请司机在海滩入口或者离酒店最近的地方把你放下车,回程时在金海湾大道上拦向北行驶的班车。如果自驾出行,从巽寮走X210约40分钟还可前往双月湾。

双月湾
海湾

(稔平半岛南端;免费)双月湾即稔平半岛南面两个背靠背的新月形海湾,由于海景房地产的开发而逐渐成为受欢迎的海滨游目的地。这片海滨度假区面积不小,大致包括了平海镇和港口镇,不过区内的公共交通不算便利,因此更适合自驾前往。

平海镇南靠近双月湾西湾的最北端,万科在附近兴建了一系列楼盘。这片海湾通常风

另辟蹊径

在铁门扇村寻找叶氏老围屋

惠州下辖的惠阳区乡间藏有不少古老围屋,其中秋长镇铁门扇村的南阳世居是其中颇具代表性的一座。这座围屋在清康熙年间由叶氏二世祖叶辉庭建成,由于叶辉庭曾任布政司参军,这座围屋又称"将军第"。

围屋坐北朝南形似城池,门前有巨大的月塘,前围三层高的护楼成为坚固的围墙,四角还有更高的角楼可供瞭望防卫。正门外留有日军进犯时的炮火痕迹,曾经装在门上的铁门扇正是村名的由来。围内正中央的祠堂近年来由叶氏后人翻修过,堂内木雕和牌匾都金碧辉煌,两侧有鹅卵石铺成的环形路通往地势更高的半圆形后围。调研时有几户村民还居住在内,向他们礼貌地打个招呼就能参观,但院内养了几只护院狗,要小心。从南阳世居往西100米来到桂林新居,这座围屋由叶氏三世祖建成,规模稍小但结构与南阳世居相似,调研时已无人居住。

从惠州专程搭公交去铁门扇村有些周折,在市区的花边岭广场乘K1路公交(6:00至19:00 约15分钟一班,车程约1小时;7元),请司机把你放在美丽村车站,从这里转头往北走400米到黄竹沥2桥,下桥后往西900米入村才能找到南阳世居。如果从这座桥下往东走,还会发现另外两座叶氏围屋,其中一座因门前的镇宅石狗而被唤作石苟屋,由叶氏第四代建造,另一座则是由叶氏一世祖从梅州兴宁迁来后建造的祖屋。

铁门扇的乡村风光很适合亲子自驾前往,周边还有荔枝园和可供采摘的草莓园,水果成熟的季节更有乐趣。这里到叶氏族内另一位著名将军叶挺的出生地只有8公里车程,不妨顺道驾车前去拜访叶挺将军纪念园(惠阳区周田村;免费,凭身份证入园;9:00~17:00,周一休园)和周边的古村。

平浪静,天气晴好时还可以在沙滩上搭帐篷露营(租帐篷50元起)。从海边往北到镇上能找到明清时期设置的海防卫所平海古城的遗迹,四方城墙轮廓和城门保存完整,城内仍留有一些老民居和寺庙。

半岛最南端的港口镇三面临海,镇西南沙咀尾的南шах靠近渔港很热闹,聚集了沙滩游玩项目和海鲜餐馆。也可从镇上去到东湾,这片海滩游人更少,时常风高浪急,因此不允许下海游泳。往南登上大星山顶,这里有观景台可以眺望双月形的海岸线,最南端的海龟自然保护区(门票 30元;⊙8:30~17:00)内有海龟驯养中心可供参观,区内也是一处海边的森林公园,有沿海栈道可以赏景。

不自驾的话,惠东客运总站有班车(6:00至18:30 约5分钟一班车、19:00和20:00各一班;21元;车程1.5小时)发往港口镇,这班车也会路过平海镇。

🛏 食宿

巽寮湾和双月湾都是不乏住宿的海滨度假区,或可选择住在惠州一日往返游,因此旅行者没有必要住在惠东县城,把这里当作交通中转站即可。

巽寮湾天后宫商业街附近的住宿鲜有海景,更好的选择是用爱彼迎等订房网站查找短租房源,能找到更有性价比的海景公寓。调研时海景公寓房源集中在海湾中部的海公园和海世界等楼盘,淡季时双人海景小公寓只需150元左右,周末和旺季则在200元往上。巽寮湾针对游人的餐馆集中在凤嘴路天后宫商业街附近,大多是海鲜排档,菜式和价格都大同小异,吃海鲜人均80元左右,炒粉一类的简餐也要25元甚至更贵。往北到镇政府附近有更多餐馆可选,也更有性价比一些。

双月湾的海景公寓则集中在万科楼盘内,这里离平海镇中心和港口镇中心都有约3公里,更适合自驾旅行者。东湾到港口镇中心相对方便一些,海岸线上能找到海景酒店,淡季时价格在300元左右,此外镇上也有看不见海的客栈可选,价格在一百多元左右。在平海镇和港口镇上很容易找到海鲜排档,如果想找到平价地道的本地小吃,到镇上的菜市场里去找往往会有惊喜。

❶ 到达和离开

惠州市区没有班车直达巽寮湾和双月湾，惠东县城南的**惠东客运总站**（☏881 3324；环城南路近惠东大道）是对旅行者有用的换乘交通节点，前往巽寮和港口的班车都从这里发出。惠州市区有D1路公交从惠州至惠东客运总站（8元；车程1.5小时），而从惠州客运总站到惠东客运总站的班车（20元；车程1小时）速度稍快一些。

高铁**惠东站**（稔山镇车站路）在惠东县城南20公里，也是厦深高铁上的停靠站，从汕头和深圳两个方向过来的高铁会在此经停。调研时惠东站还没有公交直达巽寮或港口，只能回惠东县城客运站换车，或者乘公交到广汕公路边再拦过路车。

粤 西

包括➡

湛江市	243
徐闻	249
雷州	251
阳江市	255
海陵岛	256

最佳人文景观

➡ 湛江老街(见243页)
➡ 南江古水道(见260页)
➡ 灯楼角(见249页)
➡ 雷祖祠(见252页)

最佳自然景观

➡ 十里银滩浴场(见257页)
➡ 菠萝的海(见250页)
➡ 硇洲岛(见245页)
➡ 乌石镇(见254页)

快速参考

湛江
➡ 人口: 736万　区号: 0759

茂名
➡ 人口: 631万　区号: 0668

阳江
➡ 人口: 301万　区号: 0662

为何去

说到粤西给人的第一印象,非绵长的海岸线莫属。狭长的雷州半岛三面环海,大大小小的岛屿似玉盘珍珠,在棕榈树、红树林和沙滩的簇拥下营造出一处处度假胜地。滘尾角灯塔点亮了徐闻中国大陆最南端的地标,两千年前,海上古丝绸之路的商船从这里扬帆起航,如今,琼州海峡的渡轮频密往复,只需一个小时,就将火车、汽车和旅行者迎送海南岛。南海大陆架上的肥沃渔场和发达的水产养殖为粤西海鲜赢得了"又平又靓"的赞誉;陆上的红土地也不等闲,连绵起伏的"菠萝的海"在春天弥漫着金色的芬芳,无边无际的热带果林四季收获,硇洲岛的火龙果,徐闻的菠萝,茂名的荔枝和龙眼都在岭南果品中占有一席之地。

粤西古时的俚俗民风造就了其鲜明的地方个性:历朝历代流放至此的名相贤臣留下了独特的谪贬文化,摩托大军却在城中轰鸣驰骋;石狗崇拜广为流传,却又有吃狗肉的习俗;雷祖陈文玉和岭南圣母洗夫人的祠庙随处可见,流传了近五百年的雷剧仍活跃在民间。各种文化相融,各种方言交织,这个矛盾又和谐的地方,就是值得你去会一会的粤西。

何时去

1月至2月,粤西进入最冷"冬季",但温度基本也在10℃上下。过年期间可以在湛江周边欣赏独特的"年例"庆典。

3月至5月,平均温度20℃左右的短暂春季是不错的出行季节。清明节前后是徐闻"菠萝的海"的最佳观赏期。

6月至8月,粤西海岛迎来旺季,食宿价格成倍增长。南海休渔,多种多样的南国佳果集中上市。但夏季雨水较多,八九月常有台风光顾,出行前需留意天气预报。

9月至12月,日暖夜凉的秋季非常舒适,水上运动在十一假期前后陆续关闭,肥美的海鲜活蹦乱跳地端上餐桌。

粤西亮点

① 春天到访**菠萝的海**（见250页），大口呼吸菠萝香。

② 去**霞山水产批发市场**（见247页）挑选海鲜，品尝最鲜美的南国之味。

③ 漫步徐闻**灯楼角**（见249页），在中国大陆最南端留下脚印。

④ 走访**南江古水道**（见260页）边的村落，欣赏传统粤西古建筑之美。

⑤ 躺倒在**海陵岛**（见256页）的十里银滩，享受无所事事的美好时光。

雷州半岛

湛江市

人口: 736万

湛江是粤西最大气、最整洁的城市,空气指数也常年排名广东第一。花园式的滨海景观带在海岸线上绵延近5公里,直至北边椰林掩映的海滨浴场。横跨海湾的宏伟大桥指向对岸的南油基地和十里军港。一边游泳一边远眺军舰的体验,大概只在这里才有。

"广州湾"的称谓和老街遗留的法式建筑记录了湛江在20世纪初的一段法国殖民历史;葱郁的硇洲岛、特呈岛展现了朴素的海岛生活。还有以种类多、性价比高而闻名的湛江海鲜,新鲜的食材加上忠于原味的烹饪手法,再挑剔的食客也无法拒绝。

不 要 错 过

卧虎藏龙的湛江老街

无论是从历史、建筑还是从文化来看,湛江老街都是了解这座城市最好的窗口。赤坎的老街区主要分布在民主路、和平路、民族路、民权路、民生路五条南北向的马路之间。这片区域在20世纪20年代由填海造地而来,商贸机构随即如雨后春笋般破土而立,现因老建筑密集被打造成民国风情街,百年楼宇都标有铭牌,讲解建筑与时代人物的故事。虽然老街大多已人去楼空,显得有些萧索,所幸大部分建筑仍保存着原始的风貌,不少地方都值得前往了解。

和平路街区中心的广州湾民俗馆集合了大量来自民间收藏家的明清文物、手动机械、报刊照片以及大大小小的生活用品,加以图片和文字展现出1898年至1945年法租界时期的府治更迭、社会风貌和民生状态。鲜为人知的还有抗战爆发后,沿海城市只有法租界的广州湾尚能自由出入海外,这里成为与空中"驼峰航线"、陆地"滇缅公路"齐名的世界反法西斯同盟海上交通与补给门户。其对面有民国时期船运巨子的许爱周旧居,里面陈设广州湾重要商业机构老照片。民主路原为海汊岸边,涨潮可顺水出海,故又称海街街,因此有多个古渡码头分布。20世纪30年代,著名银号明德钱庄就矗立在此,如今以湛江首座民间艺术馆明德艺术馆华丽转身,三层的骑楼建筑高挑出头,天井、木梯、阳台、天台样样精美。一层模拟商号营业铺面实景,展出古钱币和金融历史知识。大堂和楼上两层不定期展出来自国内外艺术家的美术、书法、摄影等艺术作品。北边楼顶带有自鸣钟和钟亭的法式风格建筑是广州湾商会旧址,它由赤坎各商号募款而建,于1925年落成,属下30多个同业分会会员人数过千,在国家危难时曾起到了积极作用。

此外,周边的九二一路、寸金路还有一些明清时期的古建筑。而北桥河两岸的北兴路、大众路、拥军路聚集了不少接地气的小吃店,动辄就是开业数十年的老字号,可以尝到老湛江的古早味。

相比之下,霞山的老街只有几幢粉刷一新的殖民时期建筑,如法国公使署(延安路2号;免费;9:00~17:00,周一闭馆)、法国警察署、维多尔天主教堂、福音堂和东方汇理银行(现为工商银行),主要分布在延安路、绿荫路和民治路。

◉ 景点

湖光岩 公园

(广东海洋大学西侧;门票 50元;4月至10月 7:00~19:00,11月至次年3月 7:30~18:30)湖光岩是距今14万至16万年前火山爆发时,地下岩浆在上升过程中遇到地下水冷却,发生蒸汽岩浆爆发而形成的玛珥湖。撇开并不明显的地质特点,这里只能算一个有山有水的大公园。环湖路长7公里,景区电瓶车(20元/人;8:30~17:00)可带你游览沿途8个站点,凭票随上随下。其中西门服务区有博物馆科普地质知识,望海楼站可登高欣赏湖光岩全景。

湖光岩距离市区有18公里,从市区坐3路或6路可到西门,9路可到东门。景区东门正对着广东海洋大学西门,海洋迷别错过从这

湛江城区

里进入约200米的广东海洋大学水生生物博物馆（免费；⊙周一至周五 8:30~11:30，14:30~16:30），三层的大楼里有贝类、虾蟹类、鱼类、水藻类等不计其数的各类水生生物标本，一层的海洋有毒动物展厅还能帮你在吃海鲜或浮潜时避开雷区。

特呈岛　　　　　　　　　　　岛屿

从市区乘船只需15分钟就能到达这座海湾中的小岛，欣赏热带海岛式的田园风光。岛的东南岸有红树林湿地公园，西岸有观景平台和特呈岛温泉度假村，码头附近的陈武汉家（坡尾村14巷4号）是胡锦涛到访过的地方。岛上零星分布着7个村落，每个村中都有一座精心修缮和维护的洗太庙（见246页方框），岛南端的里村文化大楼在周末晚上常有雷剧剧团演出。沿海的环岛公路长18公里，可以租电瓶车（10元/天），或乘坐环保车（20元）游览。但环保车只在中心广场、红树林、温泉度假村和陈武汉家四个点停靠。

特呈渔岛温泉度假村（☎220 2111；门票20元）占据了特呈岛西部一片独立区域，这里有不太出色的海滩、温泉（68元/人；

湛江城区

◎ 景点
- **1** 法国公使署 C5
- **2** 观海长廊 D4
- **3** 金沙湾海滨浴场 C2
- **4** 民国风情街 B1
- **5** 维多尔天主教堂 C5

✪ 活动
- **6** 红嘴鸥观光船码头 D5

🛏 住宿
- **7** 丽枫酒店（国贸广百店）................... C5
- **8** 民大喜来登酒店 C2
- **9** 懿文化城市公寓 C2

🍴 餐饮
- **10** 百姓美食街 B2
- **11** 北桥鸭仔饭 B1
- **12** 不夜天美食城 B2
- **13** 欢乐海洋海鲜美食城 D5
- **14** 绿林食坊 C4
- **15** 烧蠔帮 C2
- **16** 喜盈门 A2
- **17** 越百海海鲜蒸锅 D4
- 荔记泥虫粥 ....（见12）
- 霞山水品批发市场 ....（见13）

🚌 交通
- **18** 东堤客运站 D5
- **19** 海滨码头 D5
- **20** 海田汽车客运站 B1
- **21** 金纺客运站 B5
- **22** 汽车南站 C5
- **23** 湛江火车站 B5
- **24** 湛江机场 A4

⊙16:30~23:00）、餐厅和客房。从霞山区的**渔人码头**（东堤路15号）发出的专属游船（15元/人；上岛8:00~23:30，返程8:15~24:00；1小时1班；10分钟）可直达度假村码头，但如果不游泳，不住宿也不泡温泉，完全没有必要跑来这里。

海滨公园南侧海滨码头有两种船可往来特呈岛，水上巴士（5元；7:20、9:00、10:30、13:30、15:30、17:00；15分钟）和载车轮渡（3元/人，35元/车，8:30、10:00、11:30、14:30、16:00、17:30；20分钟）上岛都很方便，返程船末班时间为17:30。

硇洲岛 _{岛屿}

硇洲岛是广东最大的火山岛，沉淀的火山灰形成了肥沃的红土地，滋养着大片的农田、香蕉林和火龙果园，很适合感受淳朴的海岛生活。不过岛上几个海滩都无人管理，出于安全不建议下海游泳，也不要搭乘私人渔船出海。前往硇洲岛的交通耗时很长，来此游玩最好准备一整天的时间。

从码头上岛后就可以选择游岛交通工具了：包摩托车（50元）或三轮车（视人数80~100元）游览包括宋皇井、硇洲灯塔、那晏海滩和海龟城四个景点，需要约2.5小时。但岛上道路和景点的标识都十分清晰，租电动车（80元/天）或摩托车（110元/天，含加油费）按自己的节奏玩耍，更能深入感受小岛生活。

沿省道S288一路往东，先经过**宋皇村**。南宋时期宋端宗为躲避元兵追击，率领朝臣兵马数万退驻硇洲岛开设帝基。宋皇村中掩映在香蕉林间的宋皇井、古石道和少量古建筑的石构件，据说就是当年遗迹。之后到硇洲岛的地标**硇洲灯塔**，这座始建于清光绪二十五年（1899年）的灯塔是世界上仅有的两座水晶磨镜灯塔之一，至今仍在使用。转入环岛线，东南岸的**那晏石滩**平台往下有壮观的火山岩地貌和清晰的玄武岩柱状节理，但不建议冒险下到石滩上观看。最后前往宁静的**那晏海滩**和**海龟城**（参观5元，送喂海龟饲料），海龟城对野生海龟、鲨等海洋动物进行保护、培育和放生，还住着一只康复中的小海豚，你可以近距离地观察它们。此外，岛上还有津前天后宫、港头村老街等古迹，也可以到存亮村、橧棚村红树林看看。

美食是不少当地人来硇洲岛的主要原因。硇洲岛是南海大陆架上的肥沃渔场，捕捞业和养殖业都很发达，可以在镇上的市场买些海鲜到餐厅加工。傍晚，新华街与环岛线路口斜对面的一排海鲜大排档食客满满。不妨选一家正对海港的露天座位，边吃海鲜边欣赏当地人的广场舞，最后再去吃个水果炒冰或是烤生蚝（2元/只）当夜宵。码

广东版花木兰

花木兰的故事很多人都知道,但另一位巾帼英雄冼夫人(约522~602年)却很少有人听说。她倒不是替父从军,这位充满传奇色彩的女政治家和军事家是高凉郡(今茂名电白)的百越族首领,她在南梁、陈朝和隋朝三朝协助朝廷治理岭南地区,让这个地处边陲的番族集聚地安定繁荣达半个世纪。冼夫人在湛江、茂名一带是当地百姓的重要信仰对象,据说在茂名地区光是与她相关的庙宇就超过200座,而海南、广西等地也都有祭拜冼夫人的习俗。冼夫人祖籍高州,始建于明嘉靖十四年(1535年)的**高州冼太庙**(免费;光明路18号;⏰7:30~17:30)是国内规模最大的,也是最重要的朝圣地。

农历十一月廿四是冼夫人的诞辰,也是当地最热闹的节庆,从城区到各个村落都有冼夫人巡游,沿路民众纷纷献上祭品和红包祝寿,有的村子会上演高州特色木偶戏。在冼夫人的故里高州雷垌村,村民亲切地称呼冼夫人为"姑太",还会专门迎接"姑太"回娘家庆生。

头附近有几家条件相近的旅馆,条件最好的是**碧海国际酒店**(☎290 3666;海景标双188元;🛜❄)。

先在湛江东堤客运站搭班车(15元;6:30~18:30,15分钟1班;1.5小时)或从海田客运站发出的506路公交车到东南码头。下车后的旅游码头可乘快艇(大船/小船 16元/11元;7:00~18:00,20分钟1班;30分钟),或到旁边100米处的汽渡码头搭汽渡(8元/人,60元/车,约1小时1班)上岛。尽量在17:30前坐船返回东南码头。

🏃 活动

红嘴鸥观光船(☎316 2200;东堤路15号渔人码头;票价成人168元,半票128元;⏰9:00、10:30、14:00、15:30发船)约80分钟的船程带你纵览湛江海湾景色,选二层靠右侧的座位景观最好。除了特呈岛、南油基地、海湾大桥、市奥林匹克体育中心和金沙湾观海长廊等地标或建筑,最大的亮点是十里军港,可以看到包括南海舰队的深海军舰和巡航护卫舰等多种在役舰艇,军事迷可别忘了带上望远镜,船上导游会对每艘舰艇的功能进行解说。

由于乘客较多,船公司要求必须提前打电话预约座位。即便淡季前来,现场买到当班船票的机会也不大。

🛏 住宿

湛江的酒店集中在赤坎、霞山两个区域,两者之间约半小时车程,但几个车站和码头都集中在霞山,出行会更方便。观海长廊周边的海景酒店最适合旅行者,万达广场一带有不少新开的公寓酒店,适合家庭出行。

民大喜来登酒店　　　　　豪华酒店 ¥¥¥

(☎358 8888;海滨大道北128号;海景标双736元起;🛜❄)市区条件最好的海景酒店,外观神似迪拜帆船,充满古怪的未来感。酒店正对金沙湾,五星级的硬件无须赘述,海景房可眺望海湾大桥,位于6楼的高空无边泳池也是一个人气去处。

懿文化城市公寓　　　　　酒店 ¥¥

(☎166 0759 5533;海滨大道中128号万达广场6栋3319房;标双200元起;🛜❄)2019年开业,装修新颖,位于17层至35层的房间面积在45平米至60平米。内设房型很多,高清影院房有整面墙的背投电视,茶韵房茶具讲究,都市大床房和海景房还配有洗衣机。但所有房型都不可以做饭。自驾车可停在地下停车场,需交40元/天的停车费。

丽枫酒店(国贸广百店)　　连锁酒店

(☎253 8168;人民大道南27号;标双230元起;🛜❄🅿)位于霞山区中心,交通便利,是同等价位酒店中性价比较高的。房间有丽枫一贯的智能设施——窗帘可遥控开关,房间可放背景音乐,床品厚实舒适,卫生也有保证。8层为无烟楼层。

🍴 餐饮

湛江的鸡和生蚝在广东名气甚响,其海

鲜种类之多在国内也数一数二,你可以尝试当地盛产的对虾,挑战奇异的沙虫,还有牛杂煲、木瓜羊等着你。赤坎的百姓美食街、不夜天美食城和霞山区的绿林坊、海滨美食城等都是大排档聚集之地,即便在冬季也营业至凌晨,如果胃口够大不如选一条街大快朵颐。

若想彻底领教这座海鲜之城的厉害,一定要去霞山水产品批发市场开开眼界,这里还是国内最大的对虾交易中心。最地道的体验方式就是自己来挑,就地拿到市场内外的餐厅加工,新鲜又实惠,吃起来当然更过瘾。

欢乐海洋海鲜美食城 美食城 ¥¥

(283 0111;长堤路3号之八;10:30~14:30,16:30~20:30)占据了霞山水产品批发市场的整个2层。买了海鲜后,直接走到一楼最深处的楼梯口,在酒楼的海鲜加工窗口逐样称重、选好烹饪方式后便可上楼落座。这里的海鲜加工方式有近20种(5元/斤起),可以让服务员向你推荐。楼上的菜单有除海鲜外的其他选择,盐焗东海鸭、白切阉鸡都是招牌菜,大树菠萝包也很受欢迎。

荔记泥虫粥 海鲜 ¥¥

(312 4578;人民大道北80号;人均50元;11:30~14:00,17:30~24:00)喜欢吃砂锅粥可别错过这家位于不夜天美食城的大排档。泥虫、沙虫、蚝仔、鲍螺、黄鳝等多种食材任选3种煲粥,小煲(2~3人)60~80元,分量十足。最受欢迎的是粥水鲜甜的泥虫鲜虾蚝仔粥,还有丰富的白切鸡鸭、海鲜、肉类和蔬菜小炒可点。

北桥鸭仔饭 快餐 ¥

(310 9203;北桥一横路;人均25元;7:00~22:00)赤坎老街周边藏着有年头的小店,这便是其中一家。来这里通常都会点招牌白切鸭(15元/例)和鸭油饭,一个人需要5块钱的小菜就能吃到撑。还有猪杂、鸭杂、五花肉等卤菜供应。旁边有几家名称类似的店铺,认准醒目的蓝色招牌和手脚利落的斩鸭阿婆就对了。

烧蚝帮 烧烤 ¥¥

(227 3123;金沙湾万象广场一层;人均80元;11:00至次日2:00)这家在湛江有多家分店的烧蚝店虽然极具网红体质,价格也不算便宜,但品质和口味确实物有所值,人气也因此居高不下。生蚝新鲜饱满,按个头大小分6元、8元、12元三个等级,一份6只,共有11种口味可选,招牌是本帮蒜香烧蚝,选择困难症建议来份烧蚝联盟(96元),12只生蚝将所

当地知识

做年例,过大年

在粤西地区,过完春节并不代表隆重节庆偃旗息鼓,他们还有更盛大的传统节日要过,那就是年例。年例类似北方的庙会,全村人聚到一起舞狮舞龙、唱戏听戏、抬神轿游街,还会沿街大摆宴席,热闹非凡。很多地方的村民会倾尽财力物力,只为把年例做得体面尽兴。完整的年例一般会有起年例、正年例、年尾例几个过程,每个村落的年例时间各不相同,正月期间最为集中,一直到农历三月仍然会有。

湛江的年例尤其丰富。"百鸡宴"是廉江营仔镇一带的特色年例,到了正月十四,每家每户拿出腌鸡摆放在村子中央举行祭祀,场面壮观。在赤坎的文章湾村,每逢正月十九做年例,可以看到独特的簕古龙,整条龙都由当地的热带植物做成,比如菠萝皮做的龙鳞、簕古果做的龙牙,非常有趣。正月十五前后一定要去吴川梅菉镇,飘色、泥塑、花桥、花塔是从当地年例庆典中演化而出的民间四绝,其中的飘色更是位列《中国国家级非物质文化遗产名录》——孩子们化装扮成神话传说中的角色,在数米高的架子上摆出各种姿势亮相,犹如飘在空中,大人们则举着旌旗敲锣打鼓列队从开道,队伍长达数百米。宝满村的年例在三月廿七,时间虽晚,却是湛江地区规模最大的,几千人组成的游神队伍和花车方阵,浩浩荡荡极为威风。

和22:25分为卧铺车；约8小时），天河站和番禺站。去徐闻（65元；7:30~20:30，约1小时1班；2.5小时）和雷州（23元；7:10~17:40，约40分钟1班）的车也比较频繁。还有去往南宁、北海、海口、三亚、厦门等地的省际班车。需要注意的是，许多从其他城市开来的班车卖票就卖到"霞山站"，实际目的地有可能是汽车南站或金纺客运站。

海田汽车客运站（ 316 3789；海田路100号）是赤坎区的主要车站。几乎所有从汽车南站发出的北上班车都会经停这里上客。这里去往南边的雷州和徐闻的班次同样很多，公交车506路去往东海岛的东南码头。去广州罗冲围站可从这里上车。

高铁西站汽车客运站位于湛江西高铁站旁，班车发往湛江周边郊县、雷州半岛地区以及海南省的海口、三亚等地，但班次较少。

东堤客运站（东堤路7号）主要发往东海岛上的东南码头（去硇洲岛）、龙海天海滩，以及廉江、遂溪等湛江周边地区。

火车

湛江火车站（ 653 0532，解放西路40号）是普通列车停靠站，有直达广州、南宁、成都、武汉、上海、北京等地的列车。站前有大型公交枢纽，20路、22路等可到赤坎与霞山主要街道。

位于麻章区的**湛江火车西站**是湛江的高铁站，距离霞山区市中心约15公里。经茂名、阳江、佛山等站到广州的高铁非常频繁，运行时间和汽车相比几乎缩短三分之二。也有经深圳去往潮汕地区的高铁。66K路公交车连接火车站和火车西站。61K去往麻章车站，62K可至海田公交站。

❶ 当地交通

湛江的公共交通系统很发达也很规范，即便车上空无一人也逢站必停。上车2元，可投币也可刷手机乘车码。出租车起步价7元/2.3公里，一般在市区都会打表。老街区有少量摩的，起步价5元。

海滨码头（ 226 2078；海滨公园南侧）有开往特呈岛（5元；7:20、9:00、10:30、13:30、15:30、17:00；15分钟）、南三岛（6元；6:45~18:30，15分钟1班；15分钟）和南三岛大王宫（9:15，10元/人）的航线。

口味一网打尽。也有其他海鲜、肉类、蔬菜烧烤和炒粉等，但特色不足。

越百海海鲜蒸锅　　　　　海鲜 ¥¥¥
（ 228 8808；观海路9号；人均110元； 11:00~14:00, 17:00~22:00）与火锅类似，只是改成了蒸锅。到海鲜池现选海鲜后由后厨加工好，再由服务员在桌前帮你逐样定时蒸好并盛到碗里——由于每种海鲜的烹饪时间不同，这样能确保最佳口感。蒸锅下层是免费的粥底，上层蒸海鲜流出的汁水不断滴入粥里，便成就一锅鲜香的海鲜粥，吃完海鲜来一碗，再舒服不过了。

喜盈门　　　　　　　　　　甜品 ¥
（光复路9号；人均5元； 8:00~24:00）赤坎的老字号糖水店，越到晚上生意越旺。开在学校旁的小巷中，是很多人记忆中的"儿时味道"。芝麻糊与豆腐花系列相当不错，贪心的你可以来一份花生糊与芝麻糊双拼的鸳鸯糊。这里的甜品基本都不超过5元，确实是物美价廉的传统滋味。

❶ 到达和离开

飞机

湛江机场（ 325 5002；机场路24号）就位于市区，距离火车站仅5公里。目前已开通北京、上海、西安、杭州、昆明、广州、潮汕、海口、香港等城市的航线，以及金边、芽庄等东南亚地区的国际航班。我们调研时，位于吴川的湛江新机场已经开始建设，预计2022年投入使用。

湛江机场有**机场专线**（2元；8:20~21:00，30分钟1班；约45分钟）经人民大道、海滨大道等主干道到海田公交站总站。航班运营结束后如有旅客滞留，湛江机场可提供免费市区接驳服务（ 325 5002），终点站是海滨路的昌大昌购物广场路口。

长途汽车

湛江的汽车站很多，都可以通过微信公众号"湛汽集团"查询和购票。旅行者常用的有以下四个。

汽车南站（ 216 0222；建设路34号）是霞山区最大的汽车枢纽，就位于湛江火车站旁边，这里有班车前往省内各大城市，去往广州的班车停靠省汽车站（130元；8:30~14:00，约1小时1班；21:25

徐闻

中国大陆最南端，仅这点可能就令不少人向往。三面环海的徐闻不仅有棕榈树和沙滩，富饶的红土地上，望不到边际的热带果田一年四季都在蓬勃生长。

徐闻早在西汉（公元前111年）就已建县，是汉代海上丝绸之路的始发港。如今的徐闻拥有丰饶的农产和繁忙的港运，发达的海陆交通为这里带来不少旅行者，当地的语言和生活习惯似乎更接近海南。曾经的治安问题已好转不少，但城市面貌和环境卫生还有很大进步空间。

⊙ 景点

徐闻的景点分散在县城周边，需从县城往返。这里的景观没有太多包装开发，全都无须门票。县城北边70公里的新寮岛近年来很受网友追捧，但卫生状况让景色大打折扣。从南山客运站坐白沙专线（5元）可到达距县城15公里的白沙湾和青安湾，那里有绵长的椰林沙滩，但无人管理，不建议下海游泳。

贵生书院 古迹

（免费；贵生路237号，近西门路；⊙8:30~17:00，周日和周一闭馆）明代戏剧家汤显祖被贬徐闻时，当地民风好斗且轻生，因"倡导至爱，提倡贵生"，他在当时徐闻知县的支持下创办了这所书院。著名的"临川四梦"四部戏剧也在此地开始酝酿。现在的书院入口处保留了明代石道，古树掩映着修缮一新的四进院落。书院的中堂摆放着汤显祖像，正中匾额题写着他的名联"天地孰为贵，乾坤只此生"。东西六间学斋对汤显祖的生平进行了介绍。

贵生书院离徐闻汽车总站只有500多米，对面还有徐闻博物馆，可以顺路参观。

中国大陆南极村 地标

（角尾乡；免费）这个颇具气势的命名是中国大陆最南乡——迈陈镇角尾乡一系列景点的统称，也是徐闻最"重要"的打卡地。

位于中国大陆最南端的是**灯楼角**，高36米的滘尾角灯塔矗立于此，旁边的石楼是渡海解放海南岛时的指挥所，但两座建筑都不开放参观。沙滩上三三两两的渔民在铺晒巨大的渔网。退潮时，一条狭长的沙洲笔直伸向

值得一游

"菠萝的海"

这片土地被赋予过各种各样的赞美,而"菠萝的海"这个称谓是北大教授厉以宁的神来之笔。徐闻独特的热带季风气候和肥沃的火山熔岩土壤为菠萝提供了得天独厚的生长环境,全国40%的菠萝都产自这里。进入曲界镇的范围内,道路两旁便可见大片随地势起伏的菠萝田。菠萝的海(免费)是其中种植较密集的一片区域,与之交错的香蕉、甘蔗、火龙果等热带作物和色彩鲜亮的红土地组成了七彩田园,高耸的白色风车阵和菠萝主题的布景为之增添了一丝童话色彩,可以到制高点田洋火山口眺望农场全景。不过平时的"菠萝的海"只是一片绿色海洋,只有3月至5月菠萝成熟时,密密麻麻的金色果实才会"浮出海面"(切勿不问自取)。果农们将收获的菠萝有技巧地叠放成锥体装车运走,远望像极了一座座在移动的金字塔。

每年4月底,这里都会举办菠萝文化节,与菠萝有关的文娱活动、工艺品和食品在此同时呈现。收获季节也别忘了顺路到曲界镇上曲界菠萝交易市场开开眼界。

景区内面积很大,最好自驾游览。也可以先在徐闻客运站乘去曲界的车(12元;6:00~18:00,20分钟1班;40分钟),或乘新寮、下洋、外罗方向的车到曲界下车。从曲界到景区内的田洋火山口约5公里,包车到里面转一圈视情况50~100元。从徐闻包车往返约200~250元。

大海,东边来自南海与西边来自北部湾的海浪在此交汇形成"十"字型的合水线,层层叠叠地漫延开来。从角尾乡到灯楼角的公路两旁分布着大片的晒盐场,运气好能拍到析出盐花的盐田倒映着蓝天和风车的照片。灯楼角旁边有两三家农家乐提供食宿,但都不靠海,住在这里意义不大。

相对来说,西岸的放坡村景观更丰富些,仙人掌、三角梅和由贝壳、珊瑚垒成的墙面装饰为小村增添了文艺气息。放坡村周边海域生长着中国大陆架浅海面积最大、保存最完好的珊瑚群,可以到珊瑚礁国家级自然保护区 免费 的办公楼参观一下珊瑚知识科普馆和珊瑚标本展示馆,隔壁的小型水族馆里有着不算丰富的海洋鱼类,海龟们闻见人声便聚拢而来。村子最北的南极村艺术家部落(☎452 0121;标双淡季500元起;🛜❄🅿)格调十足,登上由珊瑚礁垒成的灯塔可眺望海湾景色。这里的客房颇有设计感,一层的房间出门就是沙滩,二层的房型均配有超大露台,落地玻璃前的圆形浴缸正直面大海。餐厅可提供简餐和饮品,也有设施齐备的公用厨房供客人买海鲜回来自己加工。酒店外的沙滩上到处都是白色的珊瑚碎片,泊着的私人渔船可带你出海看珊瑚,但近海可看到的珊瑚礁不多,且安全没有保障,不建议乘坐。

迈陈镇西北约20公里的金土村是当地闻名的长寿村,居住着近百名90岁以上的老人。你或许能从由珊瑚礁石垒成的屋舍和森林公园般的村落中窥到长寿的奥秘。

迈陈是前往这几处村落的中转站,这里的腌粉在当地颇为有名。顺滑的细米粉与蒜泥、花生、酸菜一起凉拌,配上一碗解腻的甜醋水,味道奇特。随街都有小摊售卖,5元一碗。可以配着菠萝蜜叶子包裹的椰丝芝麻馅儿糯米饼一起吃。

南山客运站每天有两班车直达灯楼角(13元;7:00、15:20;1小时),返回时间是8:10和16:30。也可以从南山客运站先坐车去迈陈(6.5元;6:30~19:30,10分钟1班;45分钟),这里有小面包车拼车去放坡村(4元),去灯楼角需要包车(30元)。往来灯楼角和放坡村只能包车(20元)。返程时需要先乘摩托到角尾乡,再经迈陈转车回徐闻。去金土村要从迈陈找去水尾的车,或先拼车到西连(5元/人),再包车去金土村(40元)。从徐闻包车去南极村玩一圈250~300元。

大汉三墩
港口

(南山镇;免费)徐闻于汉元鼎6年(公元前111年)置县,故称"大汉",海湾面临三座秀丽小岛,即"三墩"。因出土过汉代瓦当,被考证为古海上丝绸之路始发港之一,大汉三墩的文化意味顿时提升。景区的牌坊立于距北港两公里的公路旁,往里走15分钟才能到达景区。区域内是一片椰风婆娑的滩涂湿地和大片油亮亮的红树林,白鹭星星点点。仿汉的长堤沿海而筑,汉代风格的三尊拙朴石犬端坐坝之头,堤坝上立着古丝绸之路渡口的石碑,附近还有汉代的上马石、古井、原址复建的汉城墙等几处古迹,以及出土于此的汉代"万岁瓦当"(现存于广东省博物馆)的复制品。

海堤之外三个"墩",林木茂密但无人居住,二墩建起1.5公里的砂石路与南山村相连,可开车或徒步上岛。岛上立有郑和下西洋在此留有遗迹的考证碑注,一座航标灯塔入夜点亮。大墩和三墩与村落隔水相望,但无交通上岛。

乘开往北港的公交(见252页方框)在南山村下车。也可乘至终点站,参观北港火车渡轮之后顺主路步行2公里来此。

🛏 食宿

许多连锁酒店都在近几年进驻徐闻和海安,它们设施新,位置好,管理规范,帮你在这个小县城免去了不少选择的烦恼。自助出行,住在徐闻两个汽车站之间的红旗一路和红旗二路最方便。**徐景园酒店**(☏430 1999;红旗二路60号;标双 160元起;🛜❄🅿)在2018年重新装修过,房间宽敞明亮,距离南山客运站步行10分钟。2楼餐厅的广式茶点(人均50元;⏰7:00~24:00)在当地很受欢迎。如果自驾车又想住得好一点,可以选择位于市中心的**丽枫酒店**(☏488 7111;东方二路116号;标双 210元起;🛜❄🅿),周边就餐选择更丰富。

你可能认为来到海边就一定要吃海鲜,其实不然,徐闻最出名的是黑山羊。卖羊三味——羊骨汤、羊羹(羊杂)和羊粥的店铺遍布大街小巷。**食得香羊粥**(德新二路,近东平三路;人均40元;⏰7:00至次日2:00)在当地相当有名,带皮羊肉拌上花生粒和羊汤,味道一流,还可以试试羊排、羊骨、羊脚,最后以羊粥收尾。徐闻的鹅饭也很有特色,米饭中有淡淡的鹅汤香味,咸度恰到好处。东平一路

是出了名的鹅饭一条街,**兄弟鹅饭店**(东平一路122号;人均40元;⏰11:00~22:30)生意非常好,鹅肉是当地人喜欢的紧实口感,很有嚼劲,也有海鲜和热炒提供。

ℹ 到达和离开

长途汽车

徐闻汽车总站(☏480 8000,红旗一路转盘口)有发往广东各主要城市的班车,去湛江南站(40元;6:00~20:00,约50分钟1班;2.5小时)和湛江西高铁站(50元;8:25~19:10;约1小时1班;3小时)都有,去雷州(22元;6:00~20:00,30分钟1班;1小时)也很频繁。此外,去往徐闻县东部乡镇如曲界、新寮等地在此乘车。可关注微信公众号"湛汽集团"查询和购票。

南山客运站(红旗二路与健康路交叉口)主要发往徐闻乡镇,去往徐闻县西部的迈陈(5元;8:30~23:00,10分钟1班;30分钟)、白沙、角尾在此乘车。

火车

徐闻火车站(☏653 0232;徐城镇)有开往海口及广州等方向的普通列车,班次不多。火车站离县城有15分钟车程。

轮渡

有频繁的轮渡往来海口和徐闻海安之间(见252页方框)。

ℹ 当地交通

徐闻县城的公交车市内2元。最实用的是徐闻到海安的1路车,从徐闻火车站出发,连接汽车客运站、南山汽车站、海安客运站、海安新港和海安港。全程3元。

摩的起步价4元。出租车通常不打表,从县城到海安港约30元。

雷州

半岛以雷州命名,可见雷州在半岛的重要地位。它曾是汉元鼎年间至民国初期两千多年里的府治所在地,也是史上有名的流放之地,历朝仁人志士和文豪墨客在此驻留往复,造就了现今的历史文化之城。这里的民间烟火兴旺,庙堂不仅供奉佛祖,还有造福百姓的官员和妙手仁心的村妇。作为图腾崇拜的

❶ 如何去海南？

作为前往海南岛的渡海门户，连接海安、徐闻和湛江的交通已是十分便利。无论是坐火车、高铁或是汽车抵达湛江或徐闻，都有无缝连接的交通把你送到港口。徐闻有三个码头与海口通航，票价均为41.5元/人，小车（12座以下）415.5元/车（含司机），航程约1.5小时。

位于海安县海安大道最南端的 海安港 和与之相距2公里的 海安新港 是运输旅客和客货汽车的轮渡港口，24小时都有频繁的轮渡发往海口的新海港和秀英港。可在微信公众号"琼州海峡轮渡管家"查询具体时间和购票，以及获取轮渡停航或复航公告。珠三角地区大部分城市以及广西的南宁、北海等地都有班车直达 海安客运站（海安县长江中路8号），湛江汽车南站（火车站旁）和湛江西汽车站（高铁站旁）也有频繁的班车往来于此。海安客运站有摆渡大巴（2元；8:30~17:30；流水发车）分别前往两个港口。徐闻的公交1路（3元；6:00~20:00，约10分钟1班；30分钟）经徐闻汽车站、南山客运站所在的红旗一路沿线去往海安客运站、海安新港和海安港，沿途扬手即停。

徐闻北港（☏653 0999；南山镇）是琼州海峡北岸唯一的铁路轮渡港，与之对应的是海口南港。这里轮渡的主要使命是运送火车跨越海峡，同时装载少量的汽车与旅客。因此北港渡轮的到、发时间根据客货列车的到、发时间而定，班次也随季节和运量的变化增减。我们调研时，每天共有14对列车从这里过海。若不为获得与火车一起的渡海体验，并不建议从这里坐船，火车晚点、渡轮到到离港的装卸过程烦琐耗时，都可能会耽搁你的行程。但你可以来这里观看或拍摄火车上下船的过程——数辆牵引机车在陆上轨道待命，一声汽笛，便从对接的轨道开向船上撞接列车，又在汽笛声中缓慢地牵出一节节列车。整个过程约持续1小时。徐闻火车站有去往北港码头的公交车（全程6元；5:30~15:30，约2小时1班），在红旗一路沿线等车皆可，但时间难以捉摸。从市区打摩托去北港约30元。

粤西

雷州

石狗一改庄严本色，以喜乐的造型在村头巷口蹲守，而人们又有吃狗的习俗。雷州就是这样一个集旧俗和新思于一体的有趣城市。

◉ 景点

雷州市区的看点以外观并不出众的古迹为主，如果对当地的历史文化不感兴趣，可能会有些失望。城西新修的茂德公鼓城虽然沿用了"红灯笼商业街"的模式，却展示了"最雷州"的文化元素——除了雷州的习俗、方言、食品，晚上还有雷剧上演。

雷祖祠 寺庙

（雷南大道英榜山；免费；⊙7:30~18:00）唐贞观五年（公元631年），本地籍命官陈文玉任合州的首任刺史，他致力于民族和睦、造富百姓和加强边陲，有功于朝廷和百姓。贞观八年，陈文玉疏请改合州为雷州并建置郡城，雷州之名沿用至今。陈文玉辞世四年后，皇帝李世民下诏立祠褒奖，加上民心尊崇，陈文玉"雷州始祖"的地位由此奠定。后又因历朝历代均有褒奖，越来越多的民间传说也将陈文玉送上神坛，雷祖逐渐演化成民间崇拜。

雷祖祠位于市中心以西约5公里，是嘈杂乡村烟火中的一方谧境。祠堂前古树蔽日，五代时期的四尊石人跪拜在祠堂前，正殿供奉陈文玉，左右两殿供奉了传说中冥助雷州平寇的汉将军李广和飞来佑祠的英山石神，故称"一殿三神"。这里平日香火不断，每年九月初雷祖生辰时，前来祭拜者众多。

距离雷祖祠约8公里的黎郭村中，还有一处始建于明朝，重修于清朝的古朴庙宇 山里宫，祀奉的是当时为周边村民免费施药解疾的年轻姑娘冯婷，她常赴深山密林采集草药，后不幸遇难，被人们怀念至今。

在市中心昌大昌购物广场开出的4路公交车可直达雷祖祠，约半小时一班。搭摩的到雷祖祠8元。前往山里宫可继续搭4路车，司机会把你放在黎郭村口，下车后步行10分钟即到。

三元塔　　　　　　　　　　　　塔

（曲街4号；门票10元；◎9:00~17:00）这座建于明万历年间的三元塔至今已有400多年历史，塔基上镶嵌着明代的浮雕石刻。外观看上去9层外廊环绕的塔身内部实际有17层，有阶梯可以登顶眺望市区风光。三元塔周边有二公祠、仿古城门和城墙，形成颇有历史感的公园。

乘1路、2路、6路在三元塔公园站下车即到。

骑楼老街　　　　　　　　　　街区

起于南门头的曲街和接续下来的南亭街，两侧始建于明清时期的300多座骑楼绵延千米有余，它们颜色和风格各不相同，更难得的是大部分都保存着古朴的原貌。虽然多已人去楼空，但偶有小店开门营生。嵌在骑楼中的曲街114号康皇庙，197号的昌明楼，南亭街1号的真武庙，有兴趣均可驻足一看。南亭街末端的二桥街，欧式、南洋和中式骑楼混搭在一起，装饰精美繁复。进入雷州大道，近在咫尺的伏波祠内供奉着两位汉代的伏波将军。

可以从三元塔公园进入曲街，从伏波祠公交站可往返中心市区西湖等景点，反走亦可。

天宁寺　　　　　　　　　　　寺庙

（西湖大道5号；免费；◎6:30~19:00）这座雷州第一古刹已有1200多年历史，与韶关南华寺（见264页）、乳源云门寺（见273页）齐名。寺内的古树遮天蔽日，在嘈杂市区中有着难得的清净。天宁寺楹联石刻丰富，苏东坡谪居时所题"万山第一"和海瑞赶考落脚所题"天宁古刹"匾题尤其珍贵，但你只能看到山门上"万山第一"的复制品和寺门上"天宁古刹"的仿真迹。

乘2路、6路公交在天宁寺站下车即到。天宁寺、雷州西湖和雷州市博物馆两两相距不足200米，可以一起游览。

雷州西湖　　　　　　　　　　公园

（西湖大道37号；免费；◎全天）南粤之地，有些知名度的"西湖"总与苏东坡相关。当年苏东坡从惠州贬至海南，途经雷州时与胞弟苏辙相遇，二人泛舟湖上，追忆杭州西湖风光，罗湖更名西湖，而苏公亭、苏堤让西湖更像西湖了。西湖北侧的十贤祠、寇公祠等均为纪念贬谪雷州的古代贤士而建。这些流放文人带来中原的礼教文明，形成雷州特有的"流寓文化"，也令雷州在岭南文化中占据重要地位。

乘1路、6路公交在西湖公园站下车。

雷州市博物馆　　　　　　　　博物馆

（西湖大道26号；免费；◎8:00~12:30，14:30~17:30，周一闭馆）三层的博物馆可让你对雷州两千年的历史文化稍作了解。石狗文化源自雷州先民的图腾崇拜，竖立在门口、巷口的石狗是当地人的吉祥物和守护神。石狗奇观展厅摆满了从雷州各地收集过来的石狗雕像，姿态趣怪好笑。镇馆之宝——"大清镇库咸丰通宝"大钱，直径14厘米、内孔边长2.5厘米，重2.1市斤。据说为宫人盗出，现国内仅存二枚，因为不定期展示，是否能看到全靠运气。

不要错过

听一场雷剧

由雷州歌发展起来的雷剧，在2011年被列入《中国国家级非物质文化遗产名录》。雷剧主要流行于雷州半岛，表演者使用当地方言雷话来演唱。据当地人介绍，雷话与闽南话有许多相似的发音，如果你是来自闽台的旅行者，不妨试试看能听懂多少。

雷州半岛上的湛江、雷州和徐闻有许多专业雷剧团和雷剧爱好者团体，如果想看一场雷剧演出，最方便的是到茂德公鼓城的雷文化剧场（免费），每天19:30都有专业雷剧团在此演出，两场剧目约1小时。当地人吃过晚饭就散步过来，露天的舞台前没多久就坐满了人。最重要的是，舞台前的两块显示屏有同步的台词字幕，解决了语言问题。除此之外，雷州半岛许多村子建有大舞台，各地的雷剧团经常在周末下乡演出，演出时间大多在傍晚，碰到了也可一看。

食宿

雷州的住宿性价比不高，设施和卫生都很一般的酒店也要200元左右。位于市中心的**名都大酒店**（☎888 9991；西湖大道36号；标双180元；🛜❄️🅿️）房间中规中矩，胜在位置好，市中心的几个景点都在15分钟步行路程内，门口有公交车直达两个汽车站。相比之下，茂德公鼓城内2019年开业的**足荣村方言主题酒店**（☎888 8882；鼓城1号楼；标双300元起；🛜❄️🅿️）的房价物有所值，全国各地的方言元素为其增添了文化气息。房间本身十分宽敞，简约清爽的装修透着中国风，美中不足是卫生间较小，离市中心约有2公里，比较适合自驾的旅行者。

雷州的夜市美食十分兴盛，入夜后整条西湖大道热闹无比，雷泥市场一带和它旁边的西湖二横街满街都是烧烤、牛杂、羊肉煲、白切狗和糖水摊，来一根黄瓜腌制成的酸甜"瓜补"，要跟当地人一样蘸着辣酱吃才地道。上坡南地区的牛腩在雷州很有名气，牛腩加入萝卜牛肉汤当中，配上牛腩汁饭一起吃，可以试试**雷州老牌牛骨店**（西湖二横街，近新安西路路口；◐8:30～20:30）。但雷州市中心的食肆以大排档和街边小店为主，想找环境比较舒适的新派餐厅，可以去茂德公鼓城。

ℹ️ 到达和离开

长途汽车

雷州有两个汽车站，城北的**雷州汽车总站**（雷北大道1号）有往来广东各主要城市的班车，去往湛江南站（18元；7:15～17:40，约1小时1班；1.5小时）和徐闻（22元；6:00～20:00，30分钟1班；1小时）也在这里乘车。可在微信公众号"湛州出行"查询和购票。

雷城汽车客运站（新城大道与207国道路口东）以运营雷州周边乡镇的班车为主，去往乌石镇在这里乘车。也有较频繁地去往广州省站（座位100元，卧铺130元）、湛江金纺客运站（17元；6:30～18:30，30分钟1班；1.5小时）等地的班车。可关注微信公众号"雷州市雷城汽车客运站"查询和购票。

火车

雷州火车站（☎653 0422；雷城街道）离市中心较远，每天有一对上海往返海口的列车在此停靠，可去往广州、株洲、杭州等地。

ℹ️ 当地交通

市区公交车无人售票，上车2元。虽然沿途设立了站点，但上车靠招手，下车靠喊。其中1路从雷城汽车站、天宁寺到西湖公园，6路经西湖大道、茂德公鼓城到雷州客运总站。

接地气的度假村

位于雷州半岛西岸，直面北部湾的**天成台度假村**（☎863 0388；雷州市乌石镇；门票10元）有着极好的自然环境，宽阔的沙滩沙质细腻，坡度和海浪都很平缓，圈起的浴场有救生员看护，很适合泳水，还有救生衣（5元）和沙滩排球（20元/小时）出租。国内少有的面向正西的沙滩拥有欣赏日落的天然优势，很多人都为此而来。沙滩背靠茂密的棕榈树，原生态的遮阳伞、躺椅加上碧海蓝天会产生身处东南亚度假胜地的幻觉，但旺季时喇叭里传来的网红嗨曲立马把你拉回这个乡镇浴场。度假村内还有温泉、餐厅和多种类型的住宿（标双200起），但性价比不高，不如到镇上去吃住。从度假村码头坐渡轮到乌石码头（1人10元，2人以上5元/人），岸边的霞光路和新港街有不少的旅馆，普通海景房平时100元/间。更让人兴奋的是夜晚码头周边的海鲜烧烤夜市和海滨路一排海鲜大排档。由于乌石镇并不是热门的旅游目的地，这些大排档多是本地人光顾，价格和口味都比较实在。

在雷城客运站坐雷州到乌石镇的班车（7:00～19:00，15分钟1班；2小时）。乌石汽车站离天成台度假村还有3.5公里，乘摩托车单程10元。返程可致电司机来接，也可以从度假村乘渡轮到镇上，再步行半小时返回汽车站。从徐闻出发可先坐到雷州的车，在英利镇转车前往。

> **另辟蹊径**
>
> ### 小众气质的阳江海岸
>
> 　　如果你想远离海陵岛浓重的观光气息,也可以考虑东平镇的珍珠湾和阳西县的沙扒湾,它们同样有沙滩碧海,因为更受本地人欢迎,在暑期的周末和小长假同样是人挤人的场面。
>
> 　　东平镇的**珍珠湾**(免费;⊙9:00~18:00)游人较少,可以从容地享受阳光沙滩,不过下海必须穿救生衣(租金20元),附近的玉豚山海滨公园能观赏珍珠湾全景。东平镇南边的**大澳渔村**(免费)在明清时期是商贸繁盛的港口,当地有话说"先有大澳,后有东平",渔村如今依然保有古味,中西合璧的大澳商会是村里的最高建筑,还有一栋碉楼曾作为银库使用,渔家博物馆内展示着一副完整的鲲鲸骨。从阳江城南客运站坐车到东平的班车(14元;6:50~18:00, 30分钟1班;1小时),下车后再搭三轮摩托前往珍珠湾或大澳,均为15元左右。
>
> 　　阳西的**沙扒湾**(浴场门票30元;⊙7:00~19:30)有开阔的沙滩,水质一般。晚上会有很多人在海边放烟花、吃烧烤,若是住在海边的酒店需要忍受噪声。这里还有一座小型海上乐园,摩天轮突兀地立在海边。夏天可从码头乘船(90元往返)到距岸3公里的青州岛,那里的海水能见度很高,是游泳和浮潜的好地方。距离沙扒湾5公里的**月亮湾**(浴场门票30元;⊙7:00~19:00),沙滩和水质都不错,但浪较大。沙滩上有许多色彩亮丽的拍照布景,游人也相对少些。从阳江粤运汽车站坐车到阳西(16元;7:00~21:00, 30分钟1班;1小时)后,换乘到沙扒镇的公交车(15元;1小时),下车后步行10分钟就到沙扒湾。从沙扒湾前往月亮湾可拼车(10元/人)。
>
> 　　这几处海滩沿岸都有不少民宿和酒店可以选择,价格和浮动范围可参照海陵岛。海边的海鲜大排档很多,但距离海滩越远的食肆价格越实在,不执着于吹着海风吃饭不妨多走两步。对各种各样的消费陷阱依然需要保持警惕。

雷州出租车很少,摩的是运输主力,记得问好价钱再上车,市内5元起。

阳江

阳江市

人口:301万

　　大多数人都是在中转到海陵岛的空隙来到阳江市区稍作停留,但如今从阳江汽车站、阳江高铁站无缝换乘至海陵岛的便捷交通,似乎连这个理由都打消了。若想进城一游,可以到漠阳江畔的老城区走走,骑楼中除了美食还有满满的人情味。重阳节前后,别错过**鸳鸯湖公园**(东风三路;免费;⊙全天)的阳江风筝节。阳江的风筝与山东潍坊齐名,造型独特的"灵芝"风筝是当地风筝的代表作,已有1400多年历史。平日里也可以到公园的风筝博物馆一探究竟。晚上还会有音乐喷泉。

🛏 食宿

　　阳江城区不大,东风路周边是最繁华的区域。地处其中的**雨田酒店**(☎222 2139;东风一路19号雨田铜锣湾广场A座;标双 270元;☎❄️🅿️)房间特别宽敞,楼下就是购物商城,住在10楼以上能俯瞰阳江城景。2019年开业的**悦峰酒店**(☎222 2666;漠江路256号;标双200元;☎❄️🅿️)距离市中心约1公里,房间是简约清爽的风格,设施又新又好,还配有自助洗衣房和免费早餐,性价比较高。

　　阳江的美食集中在东风一路周边和西边的老城区。尤其是老城区南恩路、龙津路、太傅路、河堤路交会形成十字街,入夜之后只能用人气爆棚来形容。猪肠碌和玛仔(当地特色米粉)是阳江人最中意的小吃。**英妹玛仔**(☎332 3212;环城北路16号;人均10元;⊙20:00至次日4:30)在阳江几乎街知巷闻。这里的玛仔咸香浓稠,猪肠碌也很受认可,还有猪血芽菜等人气小吃。近漠阳桥的**成记正宗白切鸡**(南恩路、龙津路路口;人均 50元;⊙11:00至次日2:00)也是20多年的老招牌,夏夜骑楼下,师傅打着赤膊系着围裙大力斩鸡,一只接一只(85元/只)。此外,程村蚝、牛杂粥、鹅乸饭等阳江名小吃在十字街夜市也能找到。

购物

阳江的"十八子"刀剪非常有名。市区和海陵岛都有十八子的专卖店,小件一般几十元可以买到,一套最便宜的刀具一百多元,可以代为快递。银鹰也是不错的刀具品牌。另外,使用当地黑豆制成的阳江豆豉同样是一大特产,桥牌最受欢迎,各大超市都有售。

到达和离开

长途汽车
阳江粤运汽车站(316 9999;西平北路888号)有往来于广东省内各市如广州(72元;6:30~21:30,约40分钟1班;3.5小时)、湛江(80元;8:20~15:15,2小时1班;3.5小时)等,以及去往广西北海、南宁等地的班车,还有班车直达广州白云机场(130元;5:50~19:30,共10班;4小时)。去往阳西、阳春和闸坡的流水班车一直营运到21:30。可关注微信公众号"广东粤运朗日"查询和购票。
城南汽车站(223 9850;二环南路与东山路口)发往东平等乡镇。

火车
位于市区以南5公里的**阳江站**是广湛铁路上的高铁站,有频繁的列车去往湛江、广州,以及绝大部分珠三角城市和潮汕地区,也可直达京广高铁沿线站点。火车站出站口的26路可到阳江粤运汽车站(3元;8:20~22:30),31路可直达海陵岛(20元;9:00~18:30,约1.5小时1班;1.5小时)。小车拼车去海陵岛25元/人。

海陵岛

海陵岛曾连续三年被《中国国家地理》评为中国最美海岛之一。这里的大海算得上粤西最美,蔚蓝度最高,吃住玩也有海岛度假应有的水准。过了海陵大堤,岛中葱翠的山坡上,缓缓转动的风力发电风车似乎调慢了时间的脚步,假期氛围扑面而来。

海陵岛的旅游资源几乎都集中在西南部的海岸线上,闸坡镇好比其中的集散中心,大多数旅行者都选择在这里落脚。闸坡镇东边的十里银滩一带也比较成熟,海陵岛东部的敏捷黄金海岸一带则是新兴的度假区,一栋栋崭新的度假公寓拔地而起。

景点

海陵岛长约150公里的海岸线上分布着大大小小的沙滩,细腻的沙质和晶莹的海水

闸坡城区

闸坡城区

◉ 景点
- 1 冰雪王国 C2
- 2 大角湾入口 C2
- 3 海上乐园 C1
- 4 螺洲海滨公园 D1

✪ 活动
- 5 海乐旅游码头 A1

🛏 住宿
- 6 海陵岛港边客栈 A1
- 7 蓝波湾大酒店 D1

✘ 就餐
- 8 昇记大排档 B2
- 9 渔民阿海海鲜大碗粉 B1
- 10 闸坡农贸市场 A1

ℹ 交通
- 11 闸坡客运站 C1

是其最大的魅力所在。可海陵岛海底地貌和暗流复杂,有些区域并不像看上去那么温柔,2017年就发生过4名游客在非泳区溺亡的事故。为了自己的生命安全,享受大海务必在正规浴场的警戒范围内,切勿在无人看管或带有"严禁下海游泳"警示标识的沙滩游泳。

大角湾 海滩

（门票 单次49元,1天票60元,2天票88元;⊙8:00~18:00)海陵岛的招牌景区,旺季人满为患。长2.5公里的沙滩划分出好几个区域,但因人多ետ大,这里并不算理想的游泳区,海上乐园倒是有许多适合各个年龄段的设施可玩,可体验一下正对大海的水上滑梯,还可以到机动乐园坐一次海边的旋转木马。如果只想在海边散散步,可以去景区东边免费的**螺洲海滨公园**,海滩尽头的**南海放生台**可一览大角湾全景。

炎炎烈日下,大角湾正门以东50米的**冰雪王国**(门票98元,儿童票68元;⊙旺季8:00~22:30,淡季9:00~21:00)为你带来"冰火两重天",里面有"南海一号"沉船、动漫形象等冰雕作品,以及冰池彩球、冰雪滑道、冰雪小火车(10元)等娱乐项目,带孩子来玩冰或消暑皆可。这里室内温度约为-10℃,售票处可租大衣(20元)。

乘公交车在大角湾浴场正门下车即到。

十里银滩浴场 海滩

（门票 4月16日至10月10日 48元,10月11日至次年4月15日 25元;⊙5月1日至10月31日 7:00~23:00,11月1日至次年4月30日 7:00~19:00)十里银滩号称是世界最长、最宽的沙滩之一,难得的是沙质洁白细腻,沙滩上游乐器材较少,海岸环境保持较好,人也比大角湾少。如果想游泳,或者玩海上拖伞(300元/15分钟)、摩托艇(150元/10分钟)、沙滩车(100元/30分钟)等可以来此。

十里银滩与大角湾隔着一座小山坡，山坡顶上的半山观海平台就在连接两者的必经之路上，在这里眺望十里银滩，你便会明白它名字的由来。

前往观海平台，可在东方银滩站下。前往十里银滩在南海一号博物馆下车。

海上丝绸之路博物馆 博物馆

（门票 70元；⊙9:00~17:30，17:00停止售票）只要来十里银滩，就会注意到海岸上这座充满异星感的庞大建筑。1987年在阳江海域发现的南宋沉船"南海一号"曾轰动一时，考古界认为这是一艘与海上丝路有关的商船。经过多年调查、勘探，沉船于2007年打捞上岸，并进驻到博物馆中，让参观者得以目睹其完整的船体以及仍在进行中的考古发掘现场。此外，博物馆还原了古船的发现、探秘和出水过程，展出了船上"出水"的金饰、陶瓷、漆器等文物，可惜真正的珍品并不多。

乘公交车在南海一号博物馆下车即到。

敏捷黄金海岸 海滩

（门票 4月至10月 70元，11月至次年3月 25元；⊙1月至8月 7:30~20:00，9月至12月 9:00~19:00）这是2015年开放的一片区域，除了长长的沙滩和海滨浴场，最吸引眼球的就是沙滩内侧，与海岸线平行，长1公里的水晶湖淡水泳池。池中有丰富的儿童水上游乐设施和皮划艇等娱乐项目。虽然离闸坡镇中心较远，但胜在人少，设施新，也比较清净。海滩隔天的19:30会上演灯光秀，五光十色的灯光投射在绵长的沙滩上，时长约为1小时。

乘公交车在敏捷水晶湖站下车即到。

红树林国家湿地公园 公园

（门票 30元；⊙7:30~18:00）这里原有480亩红树林，现在还在不断培植中，目标面积将达到1200亩。因此除了岸边茂密的红树林，还可以看到不同品种且处于不同生长阶段的红树林幼苗，以及螃蟹、滩涂鱼等"原住民"。长1公里的栈道笔直延伸到海中的小岛老鼠山，但山上并没有值得前往的风景可看。

乘公交车在红树林站下车。

天麓山海风景区 山

免费 在闸坡镇上就能看到这座不高的小山脉。上山的公路沿山脊行进，一座座高大的白色风车夹道而行。进景区大门后约2公里有个路口，左转的观海大道通往最高处的观海平台，可尽收闸坡半岛和海港景色。直行的爱情大道继续由风车引领，尽头就是教堂外观的月光殿堂，路上还有几处以爱情为主题的人造布景。

我们调研时，景区还在开发中，并无公共交通到达。从闸坡客运站搭摩托车到山顶观海平台单程30元。自驾车只能停在景区大

值 得 一 游

乘公交车玩海陵岛

一条从马尾岛到东岛公交路线横贯海陵岛，沿线除了几处大型沙滩浴场，还有一些免费的小众景点也可造访，省钱又方便。

闸坡西边的半岛马尾岛（马尾岛站）一带是观看落日的好去处。从入口处沿海边小路步行5分钟，可以到达一片开阔的浅滩，远处有礁石、渔船点缀。夕阳西下时来这边漫步戏水，悠闲惬意。从马尾岛出来沿海湾往北有牛塘山（闸坡养殖基地站），从石阶走上山只需10分钟左右，观景台正对西方，夕阳波光下密集的渔排是不错的拍摄前景，身后排着风车的山头就是天麓山海景区（见258页）。

公交车在经过大角湾（见257页）和十里银滩浴场（见257页）等一系列景点后转入海陵岛中部，这里的山底古村（董村站）有着与大海完全无关的田园风光。一条水泥小路穿过田野直达村口，村中有一些还算原始的青砖老房，有的爬满了藤本植物，有的开发成了客栈或茶馆，可以花15分钟在这里散步。继续乘车，2站后的海陵镇（白蒲圩站）是就餐并补充体力的好地方。然后经过一段较长的距离，公交车经敏捷黄金海岸（见258页）和红树林国家湿地公园（见258页）后，到达终点站东岛。与马尾岛一样，东岛也是一处尚未开发的绵长海滩，但因为少有人造访且无人管理，沙滩卫生状况堪忧。

门外，从这里步行到观海平台还有3公里上坡路。景区正式营业后会开行观光车，也将开始收取门票。

🚶 活动

闸坡镇中心渔港的**海乐旅游码头**（☏3649488；金堤大道琪海宾馆斜对面；⏰8:00～18:00）有去往马尾岛、大角湾、南海一号等周边海域的观光船，费用68元/人起，时长约为1小时。旺季发船时间为8:00、9:00、11:00、14:00和16:00。淡季发船时间不定，通常下午有旅行团过来才会发船。人多的话也可以包船出行（300元/船起）。这里也有海钓的行程，海钓基地钓鱼（含钓具和海饵）60元/人起（鱼免费），之后可在基地租炉具（150元全套）烧烤。

旅游码头旁边有许多私人渔船都提供包船出海或钓鱼服务，但安全没有保障，可能还包括一些隐形消费项目，请三思而行。

🛏 住宿

海陵岛各个档次的酒店极多，主要沿旅游大道、海滨路分布。大角湾所在的闸坡镇餐饮、购物最为丰富，加上最大的交通枢纽坐落于此，自然是自助出行的首选。十里银滩周边的酒店环境更好、更安静，但价格略高，交通不便，较适合自驾出行的旅行者。如果想在岛上小住或者家庭出行，也可以试试度假公寓。闸坡的凯逸湾、十里银滩的保利度假村、恒大御景湾、西边的敏捷黄金海岸等楼盘都有数不胜数的度假公寓可选，价格丰俭由人，但服务参差不齐。少数度假村或小区中的公寓部分有私人海滩，选择前最好先打听涵盖的设施和收费标准。

此外，海陵岛住宿价格的季节波动很大。以普通小旅馆为例，淡季（国庆长假后到次年4月）的房价在100元左右，平季（5月、6月、9月）约需200元，暑期的工作日通常在300元上下，而暑期周末和小长假，飙升到400元一间也未必有房，尽量避开高峰出行。以下标注的均为淡季价格。

海陵岛保利皇冠假日酒店　　　　豪华酒店 ¥¥¥

（☏386 8888；十里银滩中段；海景标双750元起；📶❄🏊）岛上目前最高端的酒店之一，硬件达到皇冠假日的一贯水准，阳台宽阔，藤椅沙发度假味十足。酒店所在的区域非常清静，不过游泳的沙滩需要另外收费，想看海景尽量选择高楼层。一层的亲子池畔房院中自带泳池，适合带孩子出行。

海陵岛港边客栈　　　　　　　　　　酒店 ¥¥

（☏388 8339；闸坡镇白石根168号；海景标双180元起；📶❄🏊）位于闸坡镇闹市边缘，算是闹中取静，门前有较大的区域可停车，步行5分钟就是大排档一条街。客房为清爽的快捷酒店风，服务热情。海景房正对渔港，开窗就有海的味道，山景房会更安静和清新些。顶楼的露台可观景，也有洗衣机和烘干机可以使用。

蓝波湾大酒店　　　　　　　　　　　酒店 ¥¥

（☏365 8888；旅游大道28号；海景标双380元起；📶❄🏊）闸坡位置最好的酒店之一，几乎是直接建在海滩上，出了大堂就是碧海蓝天。步行到大角湾东门只需5分钟。客房均配阳台，想住得实惠一些可以选择侧海景房。房间设计略为过时，胜在干净。

🍴 就餐

海鲜"一夜埕"和泥焗鸡是海陵岛的两大特色。这里的"埕"特指装满海盐的容器，将海鱼放入其中腌制一夜后取出，做成风味独特的咸鱼菜肴，"一夜埕"用当地方言讲出来与"一夜情"同音，这道菜就多了一个噱头十足的外号。泥焗鸡则是从泥窑中烘烤出来，酥软香嫩，有时鸡肚还会塞入沙姜、香菜，从海堤通往闸坡的公路两边有很多做泥焗鸡的农家饭店。

在岛上吃海鲜，要善用你的江湖经验和火眼金睛。尽量选口碑好一些的大餐馆，也尽量不要去当地司机推荐的店，点菜前务必确认每样菜的价格（包括米饭），以降低被宰的风险。也可以在海滨三路的**闸坡农贸市场**（⏰6:00～18:00）自己买海鲜，再到周边的海鲜餐馆加工。加工费按重量和做法算，白灼10元/斤起。

吃早餐或小吃，可以试试**渔民阿海海鲜大碗粉**（东风一路109号；人均 20元；⏰7:00～23:00），这里的海鲜大碗粉（20元）比其他小店贵些，但里面有虾、瘦肉、鱼丸和

另辟蹊径
古水道旁看古村

　　流经云浮的南江是进出粤西北地区的重要通道，它汇入西江去往广州，是古代海上丝绸之路重要的连接通道之一。如今古水道繁华不再，但沿途28公里的兰寨、西坝和大湾等村镇留存着深厚的科举文化、侨乡文化、大量的古建筑和传统的生活方式。利用高铁加班车，你可以轻松个访古一日游——坐高铁到南江口站下车，站前广场上，南江口高铁站到罗定泷洲客运站的班车（分段收费；9:00~17:50，10分钟1班）就是包办全程游览的交通工具。班车沿352省道行驶，虽然设有公交站，但沿途可以随时上下车，非常方便。

　　第一站的兰寨村是古道上古建筑最集中、规模较大且保存较完好的村落，其公路入口处两座镶耳墙式的标牌异常显眼。从这里下车，穿过"正已校道"牌坊步行约10分钟，就是游览的起点正已学校。村中一座连一座的老屋修新如旧，均被辟为展馆，全方位展示当地文化。兰寨在历史上有着崇文重教的传统，在清朝曾出过状元1名，进士3名和翰林1名，状元进士馆中就详细展出了相关事迹，旁边的林氏宗祠前的小广场上保存着状元及第碑、三座进士碑和两座高高的楣杆。诗礼传家民办博物馆中的藏品均为原兰寨小学校长林深泉先生的私藏，无论是布展格调还是藏品的丰富程度都值得驻足，其中状元文化展厅收藏了林召棠中状元返乡后留下的官服、官印以及道光皇帝御赐的物品。每年2月至3月，村子周边盛放的油菜花田也吸引了不少摄影和绘画爱好者前来创作。

　　从正对安宁庙的小路往南，20分钟的路程穿过两个村庄，老屋、新舍和农田互为映衬，尽头右转是西坝村的光二大屋（门票10元；⊙8:00~21:00），大屋始建于嘉庆十五年（1811年），7000平方米的面积相当于一个标准足球场，中轴对称的5进院落分布了130多间房屋，内部格局如同迷宫。墙体和大门更兼备了防洪、防火、防盗的功能，被冠以"清朝古堡"的名号。它的主人并非达官贵冑，而是一位以卖油豆腐为生的农民，因此该屋的建成至今仍是一个谜团。光二大屋旁边建于1942年的三层欧式建筑显绩堂也颇为显眼。

　　从光二大屋往西回到352省道，坐公交车到海滩中心小学下车，从这里沿建设路往东约1公里处的张公庙为纪念明万历年间的广东总兵张元勋而建，是保存较为完好的明代建筑。每年春节期间这里会有热闹的文化展演活动。

　　接着继续乘车前往大湾镇，在国道与大海路交会处的狮子庙下车。狮子庙重修于清光绪年间，外观看上去较新，其建筑工艺、结构及内部的灰塑、木雕、石雕、脊饰和壁画等都有很高的艺术造诣。出来后下坡过大湾桥，经镇政府后往东约1.5公里的五星村保存着16座完好的祠堂，以及巨昌栈大屋、祺波大屋等数间老宅。五星村的古建筑群建于清代至民国期间，最突出的为其灰塑工艺——以瓜果蔬菜、山水花鸟为主题的灰塑图案在房屋的前后檐口、门额窗框、镶耳山墙和屋顶瓦脊活灵活现，建筑内部则保留着大量的"文革"时期宣传画和标语。我们调研时，五星村正在完善旅游设施，只有巨昌栈大屋及其附近的郎官第和失修的旧大屋开放参观。

　　从五星村出来后，可以在大湾镇的沿江路坐3路公交车（3元；30分钟1班；30分钟）前往罗定汽车站，也可以回到国道搭班车返回南江口高铁站（20元；1.5小时）前往你的下一个目的地。在南江口的西江大桥桥头还可坐公交车去往一江之隔的德庆县（见159页），那里也是古水道上的重要枢纽，保留了不少古迹。

青菜，料很足。用纯马鲛鱼肉制成的鱼面（48元）也值得一试，鱼面中加入白萝卜丝、瑶柱和葱花，鲜味十足。手打马鲛鱼丸汤（38元）和胡椒鲜蚝煲（38元）也不错。

　　旅行者来闸坡吃海鲜，当地人却喜欢在

昇记大排档（旅游大道中20号，强兴宾馆对面；人均70元；⊙8:00~14:00，18:00至次日2:00）吃煲，冬季的夜晚常常爆满。羊肉煲、牛腩煲都很受欢迎，炖好的一锅肉端上来，可以自己加些配菜，跟打边炉差不多。这里的海鲜加工和炒菜口碑也不错。

❶ 到达和离开

前往海陵岛的交通非常方便。阳江高铁站出站口的31路公交车（20元；9:00~18:30，约1.5小时1班；1.5小时）或小车拼车（25元/人）都可直达闸坡客运站。往返于阳江粤运汽车站和闸坡汽车站的直达班车（15元；6:30~21:00，约20分钟1班；50分钟）可满足早出晚归的需求。

闸坡客运站（☎389 0820；新城三路2号）位于闸坡镇中心，大角湾景区斜对面。有直达广州省站（110元；9:10、14:50；4小时）、广州天河客运站（8:30、11:10、19:00）和珠海机场（120元；7:40~16:40，2小时1班；5小时）的班车。旺季时会增开深圳、北海等方向的直达班车。可以通过微信公众号"粤运交通"查询和购票。暑假期间务必提前预订车票。

❶ 当地交通

海陵岛有一条往返于马尾岛到东岛的公交线路（7:00~18:30，30分钟1班），全程约30公里，分段收费3~8元，几乎涵盖了海陵岛的所有景点。（见258页方框）

搭摩的也是较为普遍的出行方式，从闸坡汽车站到马尾岛10元，到南海一号或十里银滩15~20元。旺季时，闸坡益万家超市前有共享电瓶车（60元/小时）出租。

粤 北

包括➡

韶关市	263
丹霞山	267
南雄	270
始兴	272
乳源瑶族自治县	273
英德	275
英西峰林走廊	276
连州、连南和连山	278

最佳人文景观

- ➡ 南华寺（见264页）
- ➡ 客家满堂大围（见272页）
- ➡ 珠玑古巷（见271页）
- ➡ 连南瑶寨（见279页）

最佳自然景观

- ➡ 丹霞山（见267页）
- ➡ 英西峰林（见276页）
- ➡ 欧家梯田（见280页）
- ➡ 连州地下河（见279页）
- ➡ 广东大峡谷（见274页）

快速参考

韶关
➡ 人口：330万 区号：0751

英德
➡ 人口：98.98万 区号：0763

为何去

这片森林覆盖率高达70%的葱茏山区距珠三角仅有1小时的高铁之遥，当你从都市走进这里，便会被它不动声色的魅力吸引。

"色如渥丹，灿若明霞"，六百多座红色砂砾岩展示着丹霞山的壮阔雄浑，上千座喀斯特山峰与连绵的茶园比邻而置，将奇绝的风光向西延伸。连绵山岭间萦绕着广东仅有的三个少数民族自治县带来的十足风韵，古老的瑶寨在山顶层层铺排，平素生计和节庆乐舞至今活色生香。雄关漫道延伸着南粤的历史文化脉络：千百年来，数十万南迁的中原人经珠玑巷落脚，来到珠三角地区开枝散叶；始于粤北的梅岭古道、西京古道翻越崇山峻岭通往京城；还有村落中古旧的客家围屋、机关重重的御敌堡垒，南来北往的族群在此留下了丰富的生活印记——粤北既是广府文化的发源地，也是中原与岭南文化的对接点。

清新的山水、交融的文化和与湘、赣交界的地理位置造就了独特的舌尖滋味。这里"少少辣""少少咸香"又不失本色的另类粤菜也会是你粤北之行的独家记忆。

何时去

3月至5月，春色撩人。英德春茶上市，英西峰林等地十分适合踏青。开始灌水的连山梯田也迎来最佳观赏期。

6月至8月，是漂流、探洞的最佳时机。粤北山区处处皆是避暑佳地。农历七月七可加入连山壮族嬉水的队伍中。

9月至11月，韶关南雄的银杏林从11月开始进入最佳观赏期。农历十月连南瑶族会举行盛大的盘王节。

12月至次年2月，粤北有广东最冷的冬天，山区常常会有霜冻或飘雪，却是享受温泉的最佳时机。12月，丹霞山的户外赛事一浪接一浪，1月至2月梅岭梅花自南向北次第盛开。

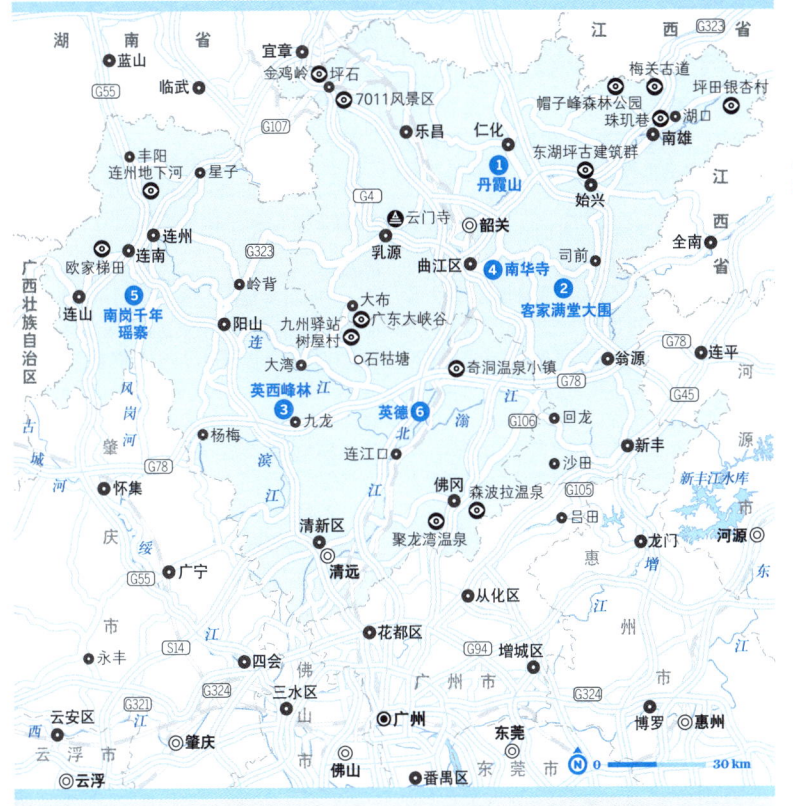

粤北亮点

① 沿"阅丹公路"走进**丹霞山**（见267页），见识中国的红石公园。

② 走进固若金汤的**客家满堂大围**（见272页），领略大户人家的传家之道。

③ 骑行在**英西峰林**（见276页）的田间小道上，与座座山峰擦肩而过。

④ 参拜韶关**南华寺**（见264页），走进六祖惠能开创的南禅祖庭。

⑤ 探访连南山中的**南岗千年瑶寨**（见280页），沿山势铺排的瑶族老屋蔚为壮观。

⑥ 徜徉**英德**（见275页）无边际的茶园，再泡个温泉放松一下。

韶关

韶关市

人口：94万

古称韶州的韶关是广东最北端的城市，它不仅占据了连接南北的交通要道，与江西、湖南接壤的地理位置也决定了它与珠三角截然不同的气质，连粤菜到了这里都要加点辣椒。浈江和北江在此交汇，两江之间的半岛就是城市最繁华的地方，夜幕降临，灯光勾勒的通天塔和风采楼是城市最显眼的地标。

韶关市区值得停留的理由并不多，如果有一天空闲，白天可以拜访南郊的南华寺和马坝人遗址，夜晚就交给步行街和百年东街吧，让小吃和消夜安抚你的胃。

景点

南华寺
寺庙

(南华村；门票20元；◎7:30~17:30) 始建于南朝梁武帝年间，南华寺是岭南最著名的佛寺之一。六祖惠能(一作慧能)在此创立禅宗，弘扬南宗禅法长达37年，有南禅祖庭之称。

古树浓荫掩映着古朴的寺院，庄严感与仪式感无处不在。寺中最珍贵的文物是供奉在祖殿正中的六祖惠能的真身像，丹田大师像和"明末四大高僧之一"的禅宗泰斗憨山大师像分立两侧。从藏经阁走出院门是南华寺的后山，很多人愿意来这里的卓锡泉(九龙泉)沾点佛气，祈求平安。每年农历二月初八的六祖诞辰日，和农历八月初三的六祖涅槃日，南华寺都会举办"六祖诞"祈福法会，成千上万的信众会集于此诵经礼拜，场面盛大。

在韶关东站的站前广场乘韶关到铁龙的班车(5元；7:30~18:00，约30分钟1班；50分钟)可直达南华寺门口，包车前往单程约60元。南华寺返回韶关东站的末班车为18:00。

马坝人遗址
遗址

(曲江区马坝镇；免费；◎7:00~18:00) 1958年，马坝当地农民在狮子岩洞劳作时的惊天一挖，将广东的古人类史上溯到距约13万年前，这也是华南地区首次发现的古人类化石。当时出土的马坝人头骨就保存在院内的曲江区博物馆(◎8:30~17:30)中，这里还展出了同期出土的动物骨骸和聚落的生产生活工具等文物，以及一个复原的墓葬。头骨的出土地——石峡遗址(免费讲解；◎8:20~17:30，每20分钟进场一次；游览约30分钟)位于狮子岩洞山下，灯光昏暗的喀斯特溶洞里模拟了马坝人的生活场景。岩洞的出口位于半山，继续往上还有一处类似的小洞穴，也可登顶赏景。

从市区坐32路公交车(3元)到江畔总站下车后，步行约15分钟即到。马坝人遗址门前有3路公交车可去往南华寺。

风采楼
古建筑

(风采路；免费；◎全天开放) 从风采桥方向走过来，远远就能看到醒目的风采楼，这座旧式门楼四面皆有拱门，与两侧繁华的商业街形成强烈对比。风采楼是韶关市区的地标建筑，明弘治十年(1497年)为纪念韶关籍的北宋名臣余靖而建，现在看到的门楼是民国二十三年(1934年)重建的。风采楼对面江滨有一个曲江园，园内有张九龄的半身铜像和一个简单的碑廊，这位被称作"岭南第一人"的政治家出身于韶州曲江。曲江园如今更像江滨小公园，当地人在此打牌垂钓，一派悠闲。穿过风采楼约百米，路北还有韶州府学宫可以顺便参观。

1路、2路、14路公车可到风采楼和曲江园。

住宿

韶关市区不大且交通便利，但住在两江之间的半岛上最方便。

风度华美达广场酒店
酒店 ¥¥¥

(☎820 8888；解放路1号；标双 530元起；☎✳Ⓟ) 韶关市区最高级的酒店，装修风格略

商业街中的古民居

从曲江园沿着浈江往北的区域被称为"东关"，曾是韶关最繁华的地带。清末民初，大小船只停靠在江边融合了骑楼和吊脚楼样式的房前装卸货物，熙熙攘攘。如今这里依然"繁忙"，只是沿江老建筑已被广场、步道和南洋风情的百年东街餐饮步行街替代，曾经的水运码头变成了市民休闲娱乐的地方。

不过，步行街后方的东堤北路还有一些零星的老骑楼残留，紧靠广州会馆的广富新街是东堤仅存的一条完整的老街了。笔直小巷两端设有门坊，两旁的民居还保留了当年气派的趟栊门。在过去，因其建筑布局具有广州西关老屋的特色，住户又多为广府富商，许多老韶关人将其称为"老板街"。你可以穿过巷弄一直走到峰前路。此外，百年东街北端，太傅庙以北的马路两边还有几片由青砖砌成，仅一两层高的民居群，弥漫着浓郁的生活气息。

韶关城区

韶关城区

◎ 景点
1 百年东街 C1
2 风采楼 C2

🛏 住宿
3 风度华美达广场酒店 C3
4 江畔丽都酒店 C4

✕ 餐饮
5 北园小吃店 C1

6 本岛酒楼 C2
7 美极鲜美味店 B2
8 沙田鸽王 C3
9 一力大排档 A4

ℹ 交通
10 韶关东站 D4
11 韶关汽车客运东站 D3
12 韶关汽车客运西站 B3
13 站前广场交通枢纽 D4

显老气,但房间非常宽敞。江景客房性价比较高,套房还配有临窗浴缸。夏天可享受酒店巨大的露天泳池。与火车东站一江之隔,步行到风采楼、百年东街都很近。

江畔丽都酒店
酒店 ¥¥
(☎820 1118;北江路3号;标双 220元起;☎❄)顾名思义,酒店临江而建,标间和江景房的性价比不错,房间空间很大,但设施有点陈旧。步行5分钟可到火车东站,楼下就有公交车站,还有免费地下停车场,出行方便。靠马路的房间会有些噪声,最好选择高一点的楼层入住。

🍴 就餐

韶关菜融合了粤菜、客家菜和湘菜的特色，在清淡、咸香和酸辣之间拿捏有度。喜欢传统味道可以直奔东堤横路，一家家门面不起眼的小店动辄就是开了几十年的老字号，粉面、牛杂、煲仔饭等快餐小吃从街头排到巷尾，等你一一尝试。

美极鲜美味店　　　　　　　　　　　粤菜 ¥

（☎876 4044；武江北路（武江桥下）；人均40元；⏰9:30~14:00，16:30~22:00）老牌小餐馆，可以吃到地道的韶关特色菜。水律菜（类似酸菜梗）炒五花肉味道浓厚、"镬气十足"。煎炆酿豆腐使用的是韶关最有名的樟市黄豆腐，口感嫩滑，不过通常午市就卖光了。店里还有各种鱼煲、鸡煲、冷水猪肚，鸭五件也很有特色——鸭翅、鸭掌、鸭头等在砂锅中慢慢煲干，非常入味，人少可以点小份。吃完出来正好还能沿江边散个步。

北园小吃店　　　　　　　　　　　　小吃

（东堤横路33号；人均10元；⏰10:00~23:30）没有哪里比这儿更能见识市井美食的魅力，河粉、银丝面、云吞都是广东小吃经典款。热气蒸腾之间，明档灶台旁两位阿姨搭配默契，动作行云流水。牛杂、牛腩、大肠等多种汤头可随意搭配，配上桌上的青辣椒、酸菜和白醋别有一番风味。旁边的几家店铺也都是小吃老字号，基本不会踩雷，别介意油亮的桌子和来不及收拾的餐具就好，最好避开上班族的午餐时段前来。

一力大排档　　　　　　　　　　　大排档 ¥

（☎899 6889；五祖路瓦片塘88号；人均30元；⏰17:00至次日3:00）深夜，店外的招牌灯箱上"老虎粥"三字霸气亮起。老虎粥其实是猪杂粥，除了放入猪肠、猪肚等，韶关地区还会加入独有的猪心顶，咬着非常脆爽。爆炒石螺、酸笋田螺、盐焗虾等都是这里的特色菜，夏夜坐在露天座喝着啤酒慢慢吃，那才叫惬意。

沙田鸽王　　　　　　　　　　　　粤菜 ¥¥

（解放路30号；人均65元；⏰11:00~14:00，17:00~21:30）这家位于风度名城斜对面的餐厅有着醒目的招牌和宽敞舒适的就餐环境。招牌红烧乳鸽皮脆肉嫩，每只13.8元但仅限堂食且每人一只，一般晚7点后便清清。之后还有盐焗、卤水等口味按每只28元原价出售。各种炒菜口味也不错，分量十足，还可以尝尝鸽肾焗饭。

本岛酒楼　　　　　　　　　　　　粤菜

（☎888 6685；风度中路50号2楼；人均40元；⏰7:00~24:00）韶关最有名的粤式茶楼，十年如一日地红火。榴梿薄饼、流沙包、马拉糕是很多人的必点。午市、晚市也有热菜供应，可以吃到客家咸鸡等当地菜。这家开在风度步行街中段，步行街南端还有一家分店本岛粥城，也是经常爆满。

❶ 实用信息

旅游信息

微信公众号"韶关旅游"内容全面，每天更新，参考价值很大。

❶ 到达和离开

长途汽车

韶关的两个客运站都有前往广东各大城市和湖南、广西的车次。可关注微信公众号"韶关粤运"查询或购买车票。去往省内目的地坐火车性价比更高。

韶关汽车客运东站（☎825 4326；火车东站北侧）去往市区以东的始兴（15元；6:10~19:00，15分钟1班；1.5小时）、南雄（高速/普通35元/25元；6:40~19:10，30分钟1班；车程约70分钟/100分钟）等方向的班次比较密集。去往丹霞山（20元；6:50~20:40，15分钟1班；1小时）、南华寺（5元；7:30~17:00，30分钟1班；50分钟）可在火车东站的站前广场交通枢纽乘车。

韶关汽车客运西站（☎875 4176；工业东路1号）前往市区西边的乳源（12元；6:15~19:00，10分钟1班；1小时）、坪石（37元；7:10、8:55、11:40、13:30；2.5小时）方向的车次相对多一些。

火车

位于市区的**韶关东站**是京广线上的一站，经停此站的普通列车几乎可通达全国各大城市。高铁站**韶关站**位于市中心西南约10公里。从广州乘高铁只需1小时即可到达韶关。22路公交车往来于两个火车站之间，单程约40分钟。

❶ 当地交通

公交车票价2元，可上车投币，也支持羊城通、微信乘车码和支付宝乘车码支付。司机经常过站不停，下车最好提前按铃。

韶关周边

韶关周边有着丰富的自然和人文风光。往东可经丹霞山、始兴客家围屋到达与江西接壤的南雄，去那儿探访广府人的发源地和梅岭古道。往西可先到乳源参拜云门寺，之后向南经广东大峡谷前往清远，顺便在树上泡个温泉。或者往北探访大桥镇的京西古道，再抵达湖南边界上的坪石，那里有另一座高耸的丹霞山峰，还有藏在山中数十年的"秘密工程"。

丹霞山

丹霞山并不只是一座山峰，而是韶关东北部一片面积近300平方公里的"丹霞地貌"的统称。作为世界自然遗产"中国丹霞"的重要一员，它几乎涵盖了丹霞发育过程中所有的地貌景观——险峻的赤壁丹崖，逼仄的一线天，百变的石墙、石峰、石柱，还有连绵起伏的丹霞峦嶂……加上森林、河流和温暖的气候，一年四季皆可游览。

在这片辽阔的丹霞区域中，仅有极小的一部分被划为景区，你可以登上其中的阳元山或长老峰，近距离欣赏丹霞之美。景区之外，一条"阅丹公路"（见59页方框）串起座座村落和山岭，带你欣赏更为天然的丹霞画卷。我们调研时，丹霞山的巴寨景区、仙人迹景区等正在开发中。

⊙ 景点

丹霞山景区（门票100元，含景区交通车；48小时内凭门票任意进出各景区）主要包括长老峰和阳元山两座山峰。很多人会选择在长老峰看日出，在阳元山看日落，但两者都有一定登山强度。给丹霞山留2天时间更为从容，还可以探索周边的古村寨。

景区内可以自驾，但我们更建议乘景区交通车（☎629 2918；4:00~23:00；18:30前15分钟1班，18:30后30分钟1班）游览，尤其在旅游旺季和小长假期间，效率比自驾车更高。景区交通车停靠景区大门、阳元山（瑶塘村）、游客

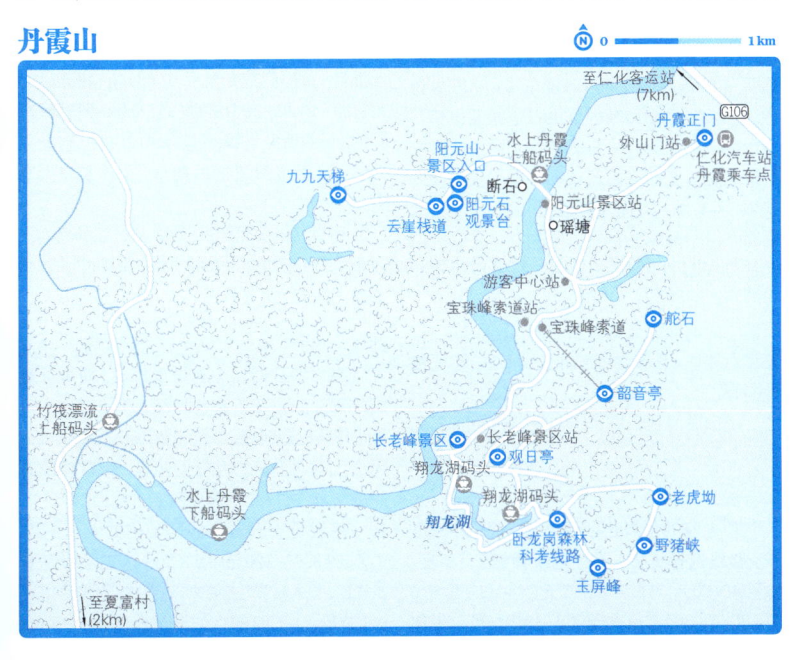

粤北

丹霞山

丹霞山

当地知识

丹霞地貌

丹霞到底是怎样一种地貌？1928年，美国哥伦比亚大学地质学硕士冯景兰在韶关仁化县首次发现了红色砂砾岩层，也第一次将其命名为丹霞层，丹霞山因此成为世界"丹霞地貌"的命名之源。这种地貌经过长期风化和流水侵蚀，形成孤立的山峰和陡峭的崖壁，最终成为奇特的塔状地形，大量的红色碳酸盐岩则形成了代表性的光鲜色彩，因山区湿气较重，有些红岩颜色十分鲜明。

全球的丹霞地貌以中国分布范围最大（其余尚有美国西部、澳大利亚及中欧等地），中国已发现的丹霞地貌多达790处。2010年，丹霞山和国内其他5处丹霞景区一并成为世界自然遗产。

中心、宝珠峰索道站、长老峰五站，可满足所有的游玩需求。景区的官方微信公众号"丹霞山"有较详细的景区介绍和景区实时新闻推送，可关注了解。

阳元山　　　　　　　　　　　　　　山

直立高耸的阳元石是丹霞山的标志，但阳元山却不只一根石柱这么简单。它的山体是一块屏风般的巨型狭长石块，表面布满了平行的褶皱纹理。实际上，阳元石与阳元山本为一体，经过30万年的风化打磨，两者之间的裂缝不断扩大，阳元石最终与山体分离，并逐渐形成了独立的石柱形态。

爬阳元山的难度、趣味与风景成正比，但腿脚不便者要谨慎前往。建议从东边上，西边下。东面云崖栈道的入口就在阳元石观景台旁边，这条长1600米的上山石道紧贴崖壁，不少路段近乎垂直——仅有一人宽度的崖壁石道上有一些较浅的凹坑和一根可供借力的铁索，需要手脚并用才能通过。登顶后不远的嘉遁亭可俯瞰东边的锦江和村落。之后折返前往细美寨和玄机台，这两处可眺望西边壮观的丹霞群峰，也是丹霞落日的极佳观景点。虽然下山的九九天梯坡度同样紧凑刁钻，但路相对宽些。日落之后下山光线不足，需要格外小心。

下山后回到公路，右转（往东）就可回到景区入口。

长老峰　　　　　　　　　　　　　　山

长老峰的景观比阳元山更丰富，游程更长，路线选择更多，还有宝珠峰索道（单程/往返 40/60元，节假日 45/70元；4月1日到10月10日4:30~19:30，其他季节5:00~18:30）可以带你上山。从索道出来5分钟就能走到韶音亭，从这里往东到达观日亭约1公里，看日出需算好时间。

步行上山难度也不大，还会收获更好的风景。走入口左手边的别传禅寺一线风景极佳，陡峭的丹梯铁索是颇具挑战的一段。登顶后往右200米就是长老峰顶。这里的丹霞极有层次，是绝佳的观景点。接着从双喜台下山，经福音峡到阴元石。看完阴元石后可以原路返回，从翔龙湖出景区。但若有余力和时间，建议你继续前往老虎坳、野猪峡、玉屏峰的环线再到翔龙湖，这条路少有游人造访，几个观景台都有不错的景致，途中还可以在卧龙冈森林生态科考线路（约4公里）的林间小道转一圈。到翔龙湖后可坐游船（20元/人；8:20~17:20，20分钟1班；15分钟）到景区出口，步行的话经过锦石岩寺可以一看。这条路线包括了长老峰景区的精华，全程走完大概5~6个小时。

如果只想看阴元石，可以从入口处往右，经翔龙湖（可坐船）直接前往，全程几乎都是平路，步行约20分钟即到。

锦江　　　　　　　　　　　　　　　江

当你攀登阳元山和长老峰时，便可见蜿蜒的锦江如同一条碧绿绸缎，在赭红色的丹霞山体间时隐时现。如想近距离感受它的美，锦江上有两个游船项目可体验，两者都带有导游讲解，可以换个角度欣赏丹霞山。

路线位于景区核心区域内的水上丹霞（629 3993；120元/人；8:30~17:30，非周末整点开船，周末和节假日每半小时1班；全程约1.5小时）游船，上下船都在阳元桥西侧桥头。可以近距离观看金龟朝圣、六指琴魔等景观，非节假日时可以在喜头村码头上岸一游。**竹筏漂流**（☎629 6988；100元/人；8:00~16:00，每小时一班；全程约1.5小时）的游览区域位于前者下游的巴寨景区范围内。我们调研时，巴寨景区还在开发中，如果没有自驾车，不妨选择这段水路看看景区之外的景色。沿途会经过姐妹峰、拇指石、茶壶峰等，竹筏终点码头旁边的小桥正好是"童子拜观音"的最佳观景点。竹筏游的售票处位于阳元山景区入口，有专门的电瓶车送至起点，游览结束后再返回阳元山景区。坐竹筏更亲近自然，但其只有一个顶棚，冬季最好多穿点衣服。

当然，你还可以沿阳元桥东岸的江边步道顺着瑶塘村一路走，对面的奇峰怪石倒映在锦江中，如同"群象出山"。步道尽头就是游客中心和**丹霞山地质博物馆**（免费；⊙8:30~17:00），可以在博物馆全方位了解丹霞的地质知识，还能看到不少出自丹霞山的动植物和化石标本。

✦ 节日和活动

丹霞山每年举办多项户外活动和赛事，规模最大的是每年11月至12月期间的环丹霞山自行车赛、徒步穿越丹霞山和丹霞山国际山地马拉松赛，三者举办日期非常邻近，路线均沿阅丹公路行进，南北纵穿丹霞山核心景区。可提前关注微信公众号"丹霞山旅游"了解和报名。

🛏 住宿

丹霞山的住宿主要集中在三个区域：景区正门外普通旅馆、快捷连锁酒店和高级酒店都有，但我们更建议住在景区内的瑶塘新村或断石村，两个村子离景区交通车站点都很近，出游方便，也更亲近自然。区别是前者以精品客栈和酒店为主，周边环境和硬件设施都比较好，淡季房价200~300元。后者则是以普通农家乐居多，淡季房价100元左右，但附近餐厅较多，就餐便利。如果自驾车，不妨躲开景区，到山水之间的牛鼻村住一晚。

跟其他大型景区相比，丹霞山房价还算平稳，即便在暑期周末浮动也不大。只有在黄金周会翻上三四倍。下面列出的是淡季价格。

丹霞山回驿青年旅舍 青年旅舍 ¥

（☎178 7628 7951；断石村；铺 45元，标双 100元起；🛜❄）紧邻锦江的三层小楼中有两间宿舍房，都带独立卫浴。不过女生间位于一层的公共区域旁，难免有些吵。其他的标间、三人间都算宽敞，设施也维护得不错，性价比很高。热情的老板还会提供详细的游玩路线，耐心解答各种问题。

丹霞印象·那些瓜儿民宿 民宿

（☎628 3991；瑶塘村11号；标双 348元起，亲子房 368元；🛜❄🅿）可以说是专门为亲子家庭准备的酒店，门口大大的西瓜拱门和可爱的西瓜餐具一下就能赢得孩子们的青睐。一楼开阔的游乐空间可供孩子奔跑，墙边做了圆角保护防止磕碰。亲子房间为孩子提供的是上铺单人小床，布置颇具童趣。这里的标双都是两张1.5米的大床，条件也不错。

碧水花寨 民宿 ¥

（☎626 7989；牛鼻村小组桥头；标双 298元起，含早餐；🛜❄🅿）竹林、鲜花、草坪、远山，你就住在锦江边这样一片山水中。民宿2020年开业，房间是简约明亮的MUJI风，床品舒适，设施精致，江景视野极佳。民宿自带的餐厅提供当地应季特色菜，早餐每天都变换着花样，坐在户外边赏景边用餐，心旷神怡。

🍴 就餐

宾馆聚集的地方就会有餐厅，断石村往阳元山景区的公路旁以粥、粉、面的大排档为主，兼营炒菜。景区大门外餐厅比较多，环境也更好一些。由于靠近湖南，这里的餐馆做菜也喜欢放点辣椒，不能吃辣得提前打招呼。

风味湘菜粤菜馆 大排档 ¥¥

（丹霞北路，丹霞山新山门外；人均 60元；⊙8:00~14:00，16:00~21:00）景区大门外开着好几家大排档，这家看名字就知道是偏重的口味。小炒以湘菜居多，分量也有湘菜的豪爽。天冷可以来份牛腩火锅，牛腩和萝卜分量足足，还送一个大份蔬菜，两个人能吃撑。

鸿运楼 粤菜 ¥

（☎158 1298 7281；断石村；人均 50元；⊙7:00~24:00）从断石村到阳元山路边的一排大排档中间有个牌坊，上面写着大大的鸿运

另辟蹊径

丹霞旁的"国保"文物

仁化县城西约20公里的石塘镇和董塘镇有几处古村和古迹,值得专程造访。

始建于清光绪乙亥年(公元1899年)的**双峰寨**(免费)位于石塘镇中心的主路上,这座雄伟堡垒据说是当地乡绅李氏为防范土匪劫掠而建,花了11年时间才得以落成。让人大开眼界的莫过于其严密的防御机制——主楼四角都设有炮楼,寨墙四面都有炮眼,墙外还有十余米宽的护城河环绕——李氏的家财可见一斑。双峰寨背后的石塘村历史更为久远,其始建于南宋,兴于明清,村中至今保存了不少明清时期建筑,又因其先人来自江西而融合了江西和岭南两地风格,最具代表性的是位于村庄正中的贻德堂。村中有详细的路线指示牌和解说牌帮助游览。石塘独特的水和米造就了有六百多年历史的石塘堆花米酒,在广东颇有名气,可以在村中的堆花酒传承基地参观。

距离石塘村9公里的董塘安岗村是新打造的"红色旅游村",村中也保留着不少青砖老房,包括几处红色革命遗址和名人故居。但比之更值得造访的是村外的两座古塔。从村中沿指示牌走3公里到云龙寺,建于唐代的**云龙寺塔**(免费)是一座四角五层的实心砖塔,每层各面都有一座壶形佛龛,是典型的唐代方形砖塔风格。云龙寺与它有着同样久远的历史,据说六祖惠能初次南下时曾在此弘法传教,寺庙一度规模鼎盛,后在"文革"期间毁灭殆尽,仅旁边的佛塔保存了下来。从云龙寺出来沿路牌再走3公里可至澌溪寺塔,这座仿木楼阁式的砖塔建于北宋熙宁八年,也有900多年的历史了。

仁化老车站门口坐仁化到董塘的班车(3元;6:00~18:00,15分钟1班;20分钟),下车后可乘公共三轮摩托车(3元/人)或摩托车(8元)到石塘双峰寨。从石塘去安岗要回到董塘中转,从董塘乘摩托车去安岗6元,到云龙寺8元。

楼三个字,穿过牌坊走到头就是。位置藏得这么深,难怪只有当地人知道并推荐一试。清蒸的鸡和鱼火候都拿捏得正好,最重要的是食材够新鲜。不要错过紫苏炒山坑螺和酿豆腐。山坑螺尖细黑亮,口感颇为特别。酿豆腐的清香味在齿间蔓延。

苟叔饮食楼　　　　　　　　　　粤菜 ¥¥

(📞629 1265;丹霞大道丹霞山1号旁;人均60元;⏰11:00~20:00)老板以前是正宗渔民,店里的河鲜自然做得出色,重口味的臭豆豉鱼是招牌。当地人基本都知道这家。

ℹ️ 到达和离开

仁化汽车站与丹霞山乘车点(金霞小区218号)位于丹霞山景区正门外100米路南,每天有频繁的班车往返韶关东站(20元;丹霞山至韶关东站5:30~19:00,韶关东站至丹霞山6:50~20:40,15分钟1班;1小时)和韶关高铁站(25元;丹霞山至韶关高铁站7:00~16:30,韶关高铁站至丹霞山9:00~18:30,30分钟1班;1.5小时)。

仁化客运站位于距离丹霞山景区以北约5公里的仁化县城,这里有班车去往广州(90元;8:00;5.5小时)和深圳(120元;9:00;7.5小时)等地,会经停丹霞山乘车点上下客。在仁化客运站可乘月岭、黄坑、周田方向的班车(2元)或1路公交车(2元)到丹霞山路口下,步行200米即到游客中心。

丹霞山站是韶赣铁路上的一站,广州往返上海南的T169/170次在此停靠。广州往返南雄的T8375/6次列车仅在周五、周六、周日开行,也经停这里。火车站就位于G323国道旁,仁化/丹霞山到韶关的班车都路过这里。

南雄

南雄的气质正如其名:千年前南迁的百姓受到珠玑巷的庇佑,近代的北伐出师为雄关平添了雄伟。如今,秋季的银杏也成了这里的名片,你可以感受到一时热闹,但与古道、古村相生相伴的,更多的是淳朴和安静。

👁 景点

梅关古道　　　　　　　　　　　　古迹

(梅岭镇;门票40元;⏰7:00~19:00)梅岭

古称大庾岭,是粤赣之间的天然屏障。早在秦汉时期,这里就已开辟驿道,设横浦关。公元716年,唐朝宰相张九龄奉命拓路,用两年时间铺就了一条宽两丈(约6.7米)的青石大道。它以最短的距离连接了长江水系(赣江章水)和珠江水系(北江浈水),直至清朝,都是岭南通往中原的最捷径。400多年前,意大利传教士利玛窦从这里往京城,他所著的《中国札记》中就记录了沿途车水马龙的繁华景象。民国时期北伐军三次从梅岭出师,红军时期赣南游击队在梅岭孤守三年艰难生存,时任指挥员陈毅写下了《梅岭三章》。

景区中的梅关古道,是一段长约2.5公里,宽约2米,以青石板和鹅卵石铺就的道路。来雁亭是广东段的起点,沿缓坡攀爬约1公里便可抵达垭口上粤赣交界处的关楼。你可以原路返回,也可以继续前行往江西大余一侧下山。但从大余梅关古驿道(门票20元)景区门口需步行2.5公里才能到达国道乘车返回南雄。若计划走全程,从大余入口进入更合适。梅关古道还是赏梅胜地,每年12月至次年2月,古道两旁的梅花自南向北次第开放。元旦前后广东段的梅花开得最旺,而北边江西段的梅花要到春节前后才会开放。

在南雄汽车站搭去大余的班车(6:30~17:30,约30分钟1班;30分钟),可在南雄梅关景区下车(8元),下车后沿右侧岔路步行10分钟可到景区门口。也可去大余景区路口下(15元)。从大余返回南雄的末班车17:30发出,约5分钟后路过大余景区路口,约30分钟后路过南雄景区路口,最好提前15分钟等候。

珠玑古巷   古迹

(珠玑镇;门票40元;⊙8:30~17:00)"贵姓?"这必定是你到珠玑古巷听到最多的一句话。因战乱或自然灾害等原因,中原人口曾多次南迁。从梅关古驿道进入岭南,珠玑巷自然而然地成为迁徙人口的第一个落脚点,一度多达183个姓氏族群在此居住。之后他们又从珠玑巷出发,到珠三角地区开枝散叶。珠玑

粤北

南雄

南雄银杏,看不看?

越来越多的旅行者在11月中下旬冲着银杏来到南雄,但这里的银杏可不是想象中"目之所及皆是金黄"的景象,不少人看完后会有些失望。

坪田镇和帽子峰是南雄银杏最热门的两处观赏点,但风格各异。坪田镇的景点分散在周边各村,以高大古老的单棵银杏和相伴的村落风景闻名。规模相对较大的在冯屋村,老屋、祠堂平添了诗意。坳背村的看点是一棵高25米,有1200年树龄的古树,当地村民经常前来祭拜。位于南面山顶的军营寨以日出和日落的山景出名,几棵银杏树只是陪衬。而坪湖村的"千年银杏"更是孤零零地立于山野之间。每个村子都有农家乐住宿,平时村间价格约在80~120元,周末涨价20~50元不等,但坳背村的食宿选择最为丰富,交通也最方便。从南雄汽车站乘到坪田的班车(15元;6:50~16:50,约1小时1班;1.5小时),终点站位于坪田镇新墟村委会对面,步行到坳背村只需10分钟。新墟广场的牌坊下有观光车前往冯屋和军营寨(通票30元;⊙7:30~18:00),人少时观光车间隔较长,坐村民的摩托前往每个点往返30元。坪田返回南雄的末班车是17:15。

离南雄市区约35公里的**帽子峰森林公园**(☏380 0927;门票50元,观光车20元)曾是帽子峰林场。购票后可乘观光车直达山顶,这里有两排20世纪七八十年代的楼房,一条千米长的银杏路从中穿过,秋天来临,充满怀旧气息的"黄金大道"便自然形成。但观光车经过的其他景点几乎都只是一片片稀疏的银杏林。只有在银杏季,南雄汽车站才有班车发往景区(15元;7:00、9:00、11:30、13:30;1小时),返程时间为11:30、13:30、16:00和18:00。

我们再给你一条小贴士:出行前不妨留意一下南雄近两个月的天气预报,若是久旱无雨便大可放弃——缺乏水分的银杏叶无法彻底变黄,你看到的很可能是叶子半黄半绿,毫无生机的银杏林。

巷因此被视为广府文化的发源地,古今数十个姓氏的祖宅和祠堂至今仍聚集在这里,供人们寻根问祖。

一千多米长的古巷两旁,每间老屋代表一个姓氏的祖居。巷子前中后各有一座始建于清乾隆年间门楼,中门楼上题写着"珠玑古巷,吾家故乡",门楼内供奉着传说是驱瘟之神的梁朝昭明太子萧统。每逢端午,当地人会举行独特的太子菩萨大巡游。如今古巷的外沿建起了规模宏大的新祠堂群,每个姓氏在自属祠堂中展示族谱、渊源典故和家风家训等,如同一座座姓氏博物馆。珠玑巷除了春节和清明有不少后人来此祭祀,平时人迹寥寥,但每座祠堂都会敞开大门,不分姓氏地欢迎任何一位来客到访。

在南雄汽车站乘去湖口、大余的班车(4元),或在站外乘赤石、里东的专线车(4元)都可到达珠玑镇,从下车的主路走到景区大约还要15分钟。也可以从汽车站外或火车站坐7路公交车(3元)直接到景区门口。但无论哪种交通方式,都务必在17:30前搭车返回。

三影塔 塔

(三影塔广场;凭身份证在南雄博物馆取票入内;⏲周三至周日 9:00~11:00,14:30~16:30)南雄市的地标,也是广东仅有的一座年份可考的北宋早期砖塔,为六角阁式。登上九层的塔顶可览浈江两岸景色。三影塔广场北侧是**南雄博物馆**(免费;三影塔广场59号;⏲8:30~11:00,14:30~17:00),可了解南雄的近代历史、民俗和书画艺术。由于南雄盆地有发育较为完整的晚白垩纪─古近纪红层,南雄打出了"中国恐龙之乡"的宣传语,二层的古生物展厅里就有恐龙骨骼、脚印和恐龙蛋化石。乘3路、4路、7路公交在三影塔广场下车即到。

🛏 食宿

南雄的住宿平时并不抢手,但每年11月到12月银杏节的周末不但处处爆满,房价往往还会翻上一两倍,必须预订。

紧邻浈江北岸,以岭南文化为主题的**广府人客栈**(📞383 8393;青云东路广州会馆;标双138元;🅢🅦🅟)青砖建筑充满复古味。客房面积很大,还有巨大的院落可供停车。一墙之隔的广州会馆是明清时期广州人在粤北

的重要聚集地,只对酒店客人开放。自助游住在汽车站附近更方便,距汽车站150米的**Q加·花园宾馆**(📞382 8668;雄东路263号;标单99元起;🅢🅦🅟)条件普通但设施齐全,卫生可以放心。

受江西菜的影响,南雄菜以辣闻名,最有代表性的酸笋焖鸭和梅岭鹅王都是无辣不欢的重口味。河南桥头有美食一条街,城郊还有一家规模极大的农家菜馆**雄州人家**(📞383 0998;323国道旁,近莲塘路;人均 50元;⏲9:30~14:00,16:00~20:30),环境和口味都不错。如果有机会在南雄吃早饭,记得试试街边卖的饺叽糍(或称饺俚糍),糯米皮加入黄栀子水,再包成金色的饺子,很有特色。

ℹ 到达和当地交通

南雄汽车站(📞382 2038;站前路97号)有班车去往韶关汽车东站(高速/普通 35元/25元;6:20~18:30,30分钟1班;车程约70分钟/100分钟)、韶关高铁站(45元;6:20~17:00,30分钟1班;约1.5小时)和广州及部分珠三角城市,可以关注微信公众号"韶关粤运"查询和购票。

位于市中心以北4公里的**南雄站**是韶赣铁路上的站点。每天有火车去往广州、韶关、赣州、上海等地。每年银杏节期间的周五至周日会加开一对广州往返南雄的银杏专列(软座71.5元;约4小时)。7路公交从火车站始发,经汽车站前往珠玑古巷。8路公交车可至三影塔广场和汽车站。票价3元。

始兴

与南雄相邻的始兴是个客家大县,保存了200多座客家围屋。如果你喜欢建筑,千万别错过这儿。它就位于韶关、丹霞山和南雄之间,很适合顺路游览。

👁 景点

客家满堂大围 古民居

(隘子镇;门票 10元;⏲9:00~17:00)号称"岭南第一围"的满堂围由当地官氏宗族始建于道光年间,里外三层的回字结构堪称固若金汤,整座建筑无论是在建造工艺还是在房屋构造上都十分考究。围屋共有17个厅,

265个房间,其中最重要的建筑是位于核心部分的**太子楼**和**功名院**——分别奖励学业上乘和考取功名的子孙入住。太子楼的四层是官氏的祠堂,留意屋顶中间最粗的子孙梁,中间的乾坤囊中装有寓意金银财宝的物件,两旁刻有"万代兴隆"四个字,表达了房屋建造者的愿景。大围的东西两侧还有上新围和下新围,相传用于奖励宗族中取得功名或致富的弟子居住,如今依然有居民在此生活。此外,满堂围南边的满堂村中仍保留着规模较大的围屋、围楼,可以一起去看看。

在始兴客运站乘到隘子镇的班车(15元;6:10~17:30,1~1.5小时1班;1.5小时),到隘子镇后沿路前行(往南)约300米后过桥,再走约2.5公里即到。在桥头坐摩托车前往约需10元。隘子镇去韶关的班车13:30发车,返回始兴的末班车是17:30。

东湖坪古建筑群 古民居

(太平镇;门票13.5元;⊙8:30~17:30)东湖坪始建于清乾隆年间,可以从曾氏祠堂和永城围楼的灰塑、木雕、石刻和隔扇看出曾氏显赫的家世,旁边的九栋十八厅原始得有些破败,据说这里有暗藏玄机的曾氏银库和至今未能破解的宝藏图。沈所镇石下村、顿岗镇周所上街的客家建筑也保存完好,未经开发,能看到原始风貌。

东湖坪距离县城3公里,就位于323国道旁边,在永安大道上任何一个车站都可以乘始兴到总圃的公交车(2元;约30分钟1班)到东湖坪下。从汽车站乘摩托车过去10元。

🛏 食宿

没有必要在始兴住宿,若滞留在此,距离南韶高速出口1公里且正对汽车站的**超前假日酒店**(☎332 2888;迎宾大道18号;标间210元起;🛜❄🅿)房间宽敞明亮,房型选择很多,无论是自驾还是自助游都很方便。始兴的当地风味都聚集在老城的墨江农贸市场周边,可以试试**强记煲仔饭**(墨江南路7号;人均30元;⊙11:00~20:00),近30种煲仔饭17元起,还有各式客家小炒和煲类,好吃又实惠。

ℹ 到达和离开

始兴汽车站位于323国道上,是往返韶关和南雄之间普通班车(约30分钟1班)的必经之路,从韶关东站或南雄汽车站上车,票买到始兴就好。

停靠始兴火车站的客运列车很少,仅在周末时有一对广州往返南雄的列车在此停靠。

乳源瑶族自治县

乳源有地位尊崇的云门寺、渊源深厚的"过山瑶"、千年历史的西京古道和壮观的广东大峡谷。但除了云门寺和必背瑶寨在同一条路线,其他都散布在县城各处,想全部游览至少需要两天。

👁 景点

云门寺 寺庙

(武江河畔;门票5元;⊙6:00~19:00)文偃禅师是云门宗的始祖,云门寺便是他在923年所建,被视为佛教禅宗五大支派之一——云门宗的发祥地。偃祖曾在寺里主持26年,天王殿院内现存的南汉碑记载了当年的风光。南宋之后,寺院逐渐破败。如今庄严大气的寺院是近代屡次重修而成,香火鼎盛,本地人喜欢来这里祈求平安。

进入寺门,可沿着大路直抵最深处的天王殿等几个院落,大雄宝殿中两尊惟妙惟肖的汉白玉佛像是缅甸佛教徒所赠,十分珍贵。从面对天王殿右侧的小门可绕上殿后的小山,经过佛老舍利塔和虚老舍利塔到达高耸的释迦佛塔,游憩之后再返回山门。每年12月,银杏树会为朴素的寺院平添一抹金黄。

在乳源汽车站坐到桂头的班车(6:30~19:00,15分钟1班),票买到云门寺(3元),15分钟就到。打车去云门寺单程15元,返程出租车10元。

乳源世界过山瑶博物馆 博物馆

(南环西路;免费;⊙周二至周日 9:00~12:00,14:30~17:00)乳源有"世界过山瑶之乡"之称,博物馆用丰富的场景和图文介绍了乳源瑶族的历史起源、生产生活、民风民俗和文化艺术等内容。最珍贵的藏品当属位于二层的百米瑶绣,它由38名乳源的刺绣能手用瑶族的反面刺绣技艺历时1年完成,生动地展现了乳源过山瑶的迁徙历程和山川风光。每年农历十月十六的瑶族盘王节都有大型庆典在博物馆外的广场举行。

在乳源县城并不能感受到多少民族风情,如果有兴趣,可以到县城以北约50公里的必背村看看。穿过收费景区,从必背镇中心小学旁的山路往里走到尽头便是原始的瑶寨村,层层的瑶寨依山势而建,但半小时就能走完。乳源有客车直达必背(12元;7:10,13:20;1.5小时),也可以先到桂头(7元;6:30~19:00,15分钟一班;45分钟),再坐摩托车上去,单程约50元。

广东大峡谷 峡谷

(大布镇;门票65元;⊙8:00~17:00)从空中俯瞰,长15公里的峡谷犹如大地的巨大裂痕,两侧壁立千仞,谷底水流潺潺,可惜身在其中的你无法将这壮观的景象收入眼底,只能将其当作一个享受青山秀水和活动筋骨的大公园。

虽然景区面积很大,但游览的路线很简单。走过谷间约1公里的观景步道后,从一线天下到300多米深的谷底,沿河行进一段到达一座废弃的水电站。这里是唯一需要作出选择的地方——电站停用的缆车道造就了最具挑战的一段"通天梯",1300多级坡度适中的台阶直通谷面,相当于一口气爬上86层高楼;或者选择旁边路途更长,阶梯更陡的步道上山,这条路会路过两处小瀑布和水潭,还有三处风景平平的观景台。前者走完全程约需3小时,后者则需4小时。腿脚不便者建议只走峡谷两侧谷面上的观景步道。大峡谷门票中还包含了高空杂技表演,但淡季表演时间不定,就在谷口广场观看。

景区距离大布镇约3公里,在乳源汽车站坐去大布的班车(18元;8:00、10:30、13:30、16:20;2小时),司机会把你送到景区门口。大布返回乳源的班车时间为8:00、10:20、13:20和16:20,通常只有下午的两班车会进景区等客。如果需要乘早班车离开,可以让景区酒店的前台联系司机来接。

🛏 食宿

位于京港澳高速出口外1公里的**瑶尚居酒店**(☎818 0888;北环中路9号;标间210元;❄✽P)很适合自驾者。房间又大又新,楼下就是餐馆集聚区,选择丰富。自助旅行可以选择客运站旁边的**佰润酒店**(☎536 5555;鲜明南路1号;标间118元起;❄✽P)客房性价比很高,只是隔音稍差。乳源的饮食带有很浓的客家特色,不要错过当地特有的石韭菜,石韭炒腊肉是非常经典的一道乳源菜。

❶ 到达和当地交通

乳源汽车站(鲜明南路与南环西路口)每天有频繁的班车往返韶关西站(12元;6:30~19:00,

隐于山间的千年古道

东汉建武十五年(公元39年),桂阳郡太守卫飒在南岭的崇山峻岭间开凿了一条全长250多公里的道路,它起于今英德浛洸,纵贯乳源到达湖南宜章,与骑田岭古道相接后通往中原,直至西京(西安),被称为"西京道"。《后汉书·循吏列传》中"飒乃凿山通道五百余里,列亭传、置邮驿。"记载的正是这条路,它又被称为岭南地区的"高速公路",据说"一骑红尘妃子笑"的荔枝正是从这里去往长安。

如今的**西京古道**仅有小部分路段和古建筑保存了下来,以乳源县城北38公里处的大桥镇最为集中。石板路面保存最完好的要数镇中心以南7公里石角塘村的**梯云岭**段(3公里)和往北8公里红云村的**猴子岭**段(2.5公里)。前者沿途有建于乾隆年间的梯云岭亭,以及石桥、茶亭和邮亭等遗迹,如今依然是村民步行去往县城的道路;后者则有心韩亭、仰止亭和石桥两座。位于镇中心的大桥村和旁边的新书房村都是传统的客家村落——保存着青砖、泥砖混合结构的古民居群。也别错过新书房村的**观澜书院**,它有着四进的院落布局,形制独特,内部精美的石雕也经得起琢磨。节假日不少周边居民会来这一带休闲、徒步。

在乳源汽车站坐去大桥的班车(11元;7:00~18:00,20分钟1班;45分钟),下车后沿指示牌游览即可,也可乘摩托前往古道遗址。

另辟蹊径
大山里的"神秘工程"

如果你是军事控或探险迷,坪石县城外5公里处的**7011风景区**(武江河畔;门票30元;⊙8:30~17:30)一定符合你的胃口。这处位于群山之中的"工程"是林彪当年秘密修建的一处指挥基地。"7011"代号源于工程的建造时间——1970年1月1日,工期历时1年9个月后却草草停工,至今留下许多谜团。基地隐于山体之中,里面光线昏暗,暗道交错,关卡重重,却有着完备的能源供给设施、生产生活区域和后勤保障系统。买票时可以请工作人员免费讲解,你会发现基地中很多地方设计奇巧,建造工艺至今仍属先进。从坪石镇搭摩的过去单程15元,景区规定整个游览过程不得超过30分钟,你可以让摩的司机稍等载你回去,往返30元。

坪石更为出名的是位列广东八大名山之一的**金鸡岭**(门票40元;⊙7:00~19:00),巨幅屏障般的丹霞山体突兀地坐落于城区中心,山顶一块巨石形如雄鸡。这里海拔仅300余米,可以轻松登顶。但身处其中远不如从京港澳高速路过时瞬间眺望来得壮观。

坪石山高水远,若从韶关前往,无论是时间还是价格,火车(硬座14.5元;每天6班;1小时)都比汽车(37元;7:10、8:55、11:40、13:30;2.5小时)更胜一筹。与坪石县城相距7公里的老坪石是去往连州、珠三角和湖南郴州的枢纽,去往韶关之外的目的地需要来这里等过路车。有频繁的班车往来坪石火车站和老坪石之间。

15分钟1班;1小时)、韶关火车东站(14元;6:50~15:30,1~1.5小时1班;1小时),以及去往周边乡镇的班车。

清远周边

从清远一路往北,东线有英德、佛冈的温泉可泡,西线有山区里的"三连一阳"(连州、连南、连山、阳山)少数民族风情。因为南北跨度大,西北边的"三连"地区反而离韶关更近一些。

英德

英德的风光以喀斯特地貌为主,多种多样的温泉也十分吸引人,但都和城区有点距离。这里的红茶也颇为出名,自驾车可以考虑半天的茶园休闲游。小小的城区主要担负着交通中转功能,如果有半天停留时间,可以上**南山**(稚川路北江沿岸;门票20元;⊙8:00~19:00)看看唐代的摩崖石刻,苏轼和米芾曾在此留下题词。或者去**宝晶宫**(英德南郊燕子岩;溶洞门票76元,游乐套票148元起;⊙8:30~17:15)游山玩水,那里有不太惊艳的溶洞,配以玻璃桥、天梯、飞索、蹦极等娱乐项目。二三月早春时,景区内外的油菜花田沿湖开放,很多人会来此拍照。宝晶宫以北2公里还有一处300多年历史的古村落**老地湾**,可以看到朝选林公祠、黄氏家祠、赵氏家祠这三座清代祠堂。从城南市场发出的15路公交车(5元;7:30~16:00,约40分钟1班;30分钟),先后经过南山、老地湾和宝晶宫,宝晶宫返程末班车为17:40。

🛏 食宿

如果只是短暂停留,住在市区主干道浈阳路周边最方便。2019年开业的**7天优品**(📞316 5888;茶园中路;标双138元起;🛜❄)房间大,设施新,楼下的"茶园路口"公交站可去往城市各处,步行到汽车西站只需10分钟。自驾车也可选择离主干道较远的**英德花园酒店**(📞316 6007;和平北路148号;标双238元起;🛜❄🅿),房间有星级酒店水准,是英德条件拔尖且性价比很高的酒店。

位于北江之滨,英德的粤菜自然以河鲜为主,距离城西客运站约500米的**云香河鲜酒楼**(📞227 1038;茶园中路;人均60元;⊙11:00~20:30)主打英德长湖鱼、水库大鱼和北江河鲜,近40种河鲜(20元~118元/斤)有八九种做法可选。若想融入当地生活,可以去城南市场周边走走,华昌超市对面巷内的**标记小食店**(新街50号;人均10元;⊙10:00~19:00)只卖煲仔饭，点个小份的，肉丁、香肠、花生堆得满满当当，能挖出不少喷香的锅巴，是典型的街坊店。

❶ 到达和当地交通

英德有两个汽车站，**英德粤运汽车站**（☎2222730；微信公众号：清远粤运；浈阳中路1号；⏱5:00~18:00）的班车主要发往省内各大城市和城区以及如青塘、鱼湾（去奇洞温泉）等乡镇，**城西汽车客运站**（☎227 1588；微信公众号：英德城西汽车客运有限公司；仙水中路）的班线以九龙（去英西峰林）等周边乡镇为主。两者均可通过微信公众号查询班次和购票。

位于城东、停靠普通列车的**英德火车站**和位于城西的高铁站**英德西站**都离市区不远，班次不多的列车可通达全国许多主要城市。前往省内的韶关、清远、广州、深圳等地性价比较高。

英德公交车票价2元起，但不是逢站必停，最好将目的地提前告知司机。最为实用的公交16路经过两个火车站和两个汽车站。摩的起步价5元。

英西峰林走廊

西距英德六十余公里的九龙、黄花和明迳一带，密集分布着上千座喀斯特石灰岩，绿色田野遇上雨后云遮雾罩，峰林隐现，颇似甲天下的桂林山水。X366县道和X408沿途都有不错的风景，其中黄花镇、峰林胜境和公正村三者之间的小环线是峰林景色最精华的一段。

◉ 景点和活动

英西峰林处处是免费的风景，不过这里收费景区也多得让人眼花缭乱，门票价格不低，大多种植了花草吸引周边居民前去拍照，如果是单纯地看山，反而会有种"只缘身在此山中"的遗憾。

九龙镇周边的**洞天仙境**（门票76元；⏱8:30~18:00）和**峰林小镇**（门票68元；⏱8:30~18:00）名气最大。前者以天坑为主要景观，1公里的游道串连一系列天坑内的奇花"景点"后乘船返回，走完一圈1小时就够。

不要错过

让你一次泡个够

清远的温泉度假蔚然成风，英德、佛冈等地有各种档次和类型的泡汤去处。最为独特的**九州驿站树屋村**（☎400 808 4499；石牯塘尧山；温泉120元，树屋550元起；⏱10:00~23:00；🅿🍴）有标新立异的树上温泉，十几个露天泡池有的悬于树木之上，有的围绕树干而建，树冠犹如头顶撑开的巨伞，不时有水雾从树干喷出。部分组合式树屋附有私属温泉池。驿站旁边的**天门浴景区**（门票58元；⏱8:00~17:00）被葱茏的森林覆盖，可来此爬山、玩水，享受清新的自然风光。驿站外也有便宜的农家乐可住。在英德城西客运站乘坐石牯塘的班车（13元；7:10~18:20，约30分钟1班；1小时），下车后再打摩的到九州驿站15元左右。如果自驾，泡汤之后可以继续前往北边30多公里处的韶关的乳源的**广东大峡谷**（见274页）。

除了上树，还能进洞。**奇洞温泉小镇**（☎258 1888；望埠镇李屋村；温泉158元，住宿标双398元起，含双早和温泉；🅿🍴）能让你靠在钙化的温泉池里赏溶洞。不过人少时排风系统不开，洞内如同蒸笼。沿山体还分布着十多个温度各异的室外泉池和两处鱼疗池，暑假至国庆期间，露天的水上乐园也会开放。英德汽车客运站开往青塘、横石水或鱼湾的班车（9元；7:30~19:00，约15分钟1班；30分钟）都经停度假村门口站，返程19:00前回到门口等过路车即可。

此外，旁边的佛冈也有不少温泉度假村。**聚龙湾天然温泉度假村**（☎020-83480900；汤塘镇；温泉158元，标双420元起；🅿🍴）拥有清远最好的泉质。**森波拉温泉度假村**（☎400 688 6687；京珠高速佛冈出口旁；温泉158元，标双700元起；🅿🍴）由森林公园、游乐园、温泉区、酒店区组成，如同一座大型温泉游乐场，适合带孩子前往。

英德有好茶

广东除了潮汕地区的凤凰单丛，粤北的纯净山区也有难得的好茶，英德红茶就是与滇红、祁红齐名的"中国三大红茶"之一。英德自唐代就已开始产茶，在陆羽的《茶经·八之出》中，岭南茶产区就包括了当时属于韶州的英德，但英德茶叶真正为人所知还是在近代。1956年，云南的大叶种茶在英德试种，3年后，第一批上市的英德红茶被做成红茶碎茶出口海外。因其香气浓厚，汤色红亮，既适合清饮，也适合调配奶茶，英德红茶在中国港澳地区和东南亚地区很受欢迎，还上过英国伊丽莎白女王的餐桌。改革开放后，英德红茶从出口转为内销，并进行了一次更大规模的选育和研发。最终，能够做出金毫茶的"九号"茶种脱颖而出。英红九号茶叶以"一芽两叶"为主，更高等级的有英红九号银毫（一芽一叶）和英红九号金毫（单芽）。八百秀才、积庆里等都是比较有名的英德红茶品牌，在英德城区的茶园中路就有不少茶园的销售点。汽车站斜对面也有一家英红茶叶，购买方便。

到了春季，英德市的黄花、英红、横石塘、石牯塘等镇子的茶园便开始了忙碌的采茶工作。其中城区以北约20公里的三圣红茶叶基地（☎266 5986；英红镇星光村）和积庆里红茶谷（☎266 2300；横石塘镇热水湖，微信公众号：积庆里）都开展茶园旅游项目，除了了解英德茶文化和欣赏茶园风光，还可以参观茶厂，体验采茶、制茶的过程。最好自驾前往。

后者群峰环绕，中间的平坦地带是色彩各异的花田。孩子们可能会喜欢在湖面和花丛中行驶的小火车（20元/人，10分钟）。

黄花镇上，北边的**峰林胜境**（门票68元；9:00~17:00）比群峰更有特色的是"网红"粉黛草田。南边建于明末清初的**彭家祠**（门票20元；8:30~17:00）原是彭氏家族的祖居，大大小小的厅房沿山势高低错落，鳞次栉比。不过在山下仰望的效果要好得多。彭家祠旁边还有**黄花溪漂流**（80元/人；9:00~17:00），可乘竹筏沿溪漂流约300米，再步行返回。西边的**峰林九重天**（门票88元；9:00~17:00）主打粉黛草和溶洞景观，穿过溶洞的**老虎谷漂流**（150元/人；9:00~16:00）还算颇具特色，这里水流急，弯道多，落差大，是附近几个漂流中最为惊险刺激的，在炎夏可享受清凉畅爽，但要做好1小时后全身湿透的准备。

由于各景区位置分散且没有公共交通，自驾最方便。想要骑行的话，九龙镇大转盘边的**祥和商务宾馆**（☎275 1189）有自行车出租，单人车8元/小时，30元/天，住店客人有优惠。但自行车数量不多，需要3辆以上最好提前联系。如果你住在农家乐，不妨先问问老板有没有自行车出租。黄花镇的**峰林骑行服务站**（☎150 1931 2322；明迳居委会大久岩组12号）就在黄花镇往明迳方向出城的X366县道旁边，租自行车20元/天，可问老板要一份峰林骑行地图。你还可以搭摩托车游峰林。九龙镇的摩托车集在宜家天润生活超市前，以及往东50米的市场路口。去洞天仙境和九龙小镇单程都是10元/人，15元/2人。去黄花镇或更远的环线（见278页方框）需要议价。

食宿

九龙镇是峰林地区交通最便利的小镇，镇上农家乐和小型宾馆很多，平时价格在100元上下。**龙逸湾酒店**（☎275 2828；九龙镇苏坑桥桥头；标双120元起；❄✳Ⓟ）是其中性价比较高的。这里床品舒适，环境清爽，落地窗外的小阳台可以观景。但地处小镇边缘，去镇中心和班车停靠点需要步行约1公里。**龙峰商务宾馆**（☎275 1680；348省道龙诚加油站往北30米；标双160元起；❄✳Ⓟ）距离班车停靠点步行只需5分钟，门前停车位充足，房间大而新，物有所值。

黄花镇上的小宾馆价格与九龙镇相当，也可以试试位于峰林核心区域的**柠檬青旅**（☎137 2716 6611；366县道旁，公正村；铺60元，标双130元起；❄✳Ⓟ）宿舍宽敞带独立卫浴，离黄花镇骑行路线上各点都很近，从黄花镇打摩的过来10元。

另辟蹊径

骑车玩峰林

英西峰林间村庄星罗棋布，阡陌纵横，真正想要走到峰林深处，还需骑车游览。两条经典骑行路线分别位于九龙镇和黄花镇。你也可以运用手机导航的卫星图层，选择峰林密集的区域自己规划路线。

九龙镇的骑行线位于S348省道以南，全长约8公里，起点在桥头酒店。沿桥头酒店斜对面的小路往南直行，快到汕昆高速时右转进入**鹤薮村**，在野花和香蕉林夹道的小道上一路前行，经沙岗村后往北，过寨背村不远就是**千军峰林**，这里是群峰最为密集的区域。接着从牛一村一路往东，定位找到虎迹岗村，从这里过河后右转，沿河边骑行。便可到达颇具代表性的**断桥景观**。断桥一带是峰林日落的最佳摄影点，只有这里才能拍到夕阳下群峰倒映水中的照片。从断桥继续沿河往前就是峰林小镇景区，往回走可以返回省道S348，右转就是镇中心。

黄花镇景观丰富，但以崎岖不平的土路居多且路线较长，对体力有一定要求。它的起点位于**黄花公园**，从黄花公园往里不远就是**永丰古桥**。这座没有桥墩的石拱桥又被称作小赵州桥，是峰林的著名"打卡地"。把单车搬过桥后前行到达白屋村。左转的水泥路是一条捷径，但我们建议你走右侧的小路。先到第二个路口左转的**涯际露营基地**（微信公众号：涯际cliffhaus）歇歇脚，这里可提供露营营地、炊具和餐饮，也组织多种峰林周边的户外运动、养生项目和志愿者活动。然后返回第一个路口右转，这条崎岖不平的砂石小路从起伏的茶园中间穿行而过，在峰林中独一无二。到了丁字路口左转，200米后回到水泥路，经茶山亭、金贝山、棚塘村，到达**林婆祖庙**，小庙背靠的山石是攀岩爱好者的训练场。然后继续向西，经过一段峰林密集的道路到达和顺岩，穿过这座布满石笋、石幔的钟乳石岩洞，往前不远就是三山村委会所在的408县道上。从村委会往东约1公里，T三有机茶园层层**叠叠**的茶树沿山势蔓延，沿步道可登上山顶万峰岭观景台。从村委会往西可回366县道。如果你在骑行了近17公里后仍有体力，366县道继续西行3公里到就到峰林九重天和老虎谷漂流两个景点，但我们建议你到了1公里处的溪村就打住，从这里过桥，沿着河岸边的土路骑行约9公里到达彭家祠（见277页），稍作停留后返回黄花镇或九龙镇。这条从黄花镇起始的路线全程约27公里。如果从九龙镇往返则有约40公里，必须在上午10点前出发才能在日落之前赶回。

❶ 到达和离开

从**清远客运北站**去往英德西站、白湾、黄花、明迳的班车都经过九龙镇（27元；6:40~18:30，约30分钟1班；1小时），去白湾的班车也经过黄花（30元）和明迳（30元）。从英德**城西汽车客运站**前往九龙（21元；7:40~17:20，约1小时1班；1.5小时）也很方便。广州罗冲围客运站也有直达九龙和黄花的班车。

九龙镇没有客运站，所有班车都停靠在九龙镇主路（348省道）上的龙城石油加油站东侧（肥仔美食对面）的简易车站。除了去往英德和清远的班车（约30分钟1班，末班车18:30前），每天还有3班去往广州的过路车（50元；7:40、9:30、13:50；3小时）和1班去往南海、佛山（13:30）的班车。

连州、连南和连山

位于广东北部的"三连"（连州、连南、连山）山清水秀，森林覆盖率极高，唐代诗人刘禹锡贬任连州刺史时所写下的"剡溪若问连州事，唯有青山画不如"便是对"三连"最直接的表白。连南瑶族自治县和连山壮族瑶族自治县有着广东最炫的民族风，街头巷尾尽是身着民族服饰的人们，山头上层层叠叠的瑶寨和欢闹的少数民族节庆是这儿的亮点。由于三地相距很近且有频繁的公交车来往，可以资源最丰富、交通更便利的连州为中心游览。

◉ 景点

刘禹锡纪念馆　　　　　　　纪念馆

（番禺路连州中学内；免费；⊙9:00~11:30，14:30~17:30，周一闭馆）被贬连州的刘禹锡开创了当地崇文兴教的传统，博物馆有非常丰富的相关史料。同样被贬连州的韩愈，曾在现纪念馆旁的燕喜亭挥毫写下《燕喜亭记》，燕喜园因此得名。城区另一处值得一看的史迹是有1500多年历史的**慧光塔**（免费；慧光路南段；⊙8:30~12:00，14:30~17:30，周一关闭），千年风雨使其塔基发生变化，如今塔尖向西偏离中轴线1米有余，如果你胆量够大，可以登上塔顶欣赏连州城景。

刘禹锡纪念馆和慧光塔都位于城区中心，可步行前往。公交5路经停连州中学站，1路和2路可至慧光塔站。

连州地下河　　　　　　　　溶洞

（东陂镇大洞村；门票120元；⊙8:30~17:00）是距离连州以北约25公里的一处大型喀斯特地貌溶洞，流经此处的河水在洞中形成长约1.5公里的暗河。洞中的石钟乳、石笋、石柱、石幔琳琅满目，还有层叠而下的钙化池和一处还算壮观的瀑布。虽然并无特别之处，但规模和精美程度还算对得起门票。进洞后有工作人员带领和解说，先步行2公里游览三层的洞穴，再乘船从水路返回起点，全程约需2.5小时。

出景区回到国道后，还可以去对面东陂村的**石板古街**（东陂镇东风街、跃进街、胜利街等；免费）看看，纵横交错的古街巷由石板铺就，其中藏着会馆、祠堂等建筑，韵味十足。

在连州汽车站门外坐到丰阳的公交车，在东陂加油站下车（5元；7:00~19:00，约15分钟1班；40分钟），此处距离景区门口还有2.5公里，步行约需40分钟，乘摩托车单程10元。返程回到国道旁等车即可。

湟川三峡　　　　　　　　　河流

（龙潭镇；门票50元；⊙8:30~17:00）连江在市区以南约20公里处有仙女峡、楞伽峡和羊跳峡三处狭窄之处，两岸崖壁直如刀削。你可以乘游船行于其间，欣赏嶙峋石壁、葱郁的竹林、瀑布夹道的湖光山色，船程约为1小时。

坐连州到龙潭的公交车（4元；7:00~18:00，约30分钟1班；30分钟）在龙潭医院下车即到。

连南瑶寨　　　　　　　　　村庄

连南有"百里瑶山"之称，依山而建的瑶寨排排相叠，因而得名"排瑶"。其中有三处瑶寨比较易到达，它们各具特色，你可以选择一处游览。去往三个瑶寨的班车都在靠近连南市场的三江桥桥头乘坐。

山区小城的艺术分身

每到11月，连州就会突然"变身"，县城的某些角落仿佛让你置身于身处一线城市的艺术区。从2005年至今，**连州国际摄影年展**已举办了十余年，在国内各大摄影节中拥有公认的高专业水准。很多人惊讶于如此国际化的艺术展出现在偏居山区的连州，其实这源于著名策展人段煜婷的一次出差，她发现连州富有历史沉淀的古老建筑可以承载一个饱含艺术品质的摄影展，其山清水秀的自然风光和纯净朴素的古村老巷亦具有让人更安静地做艺术和欣赏艺术的氛围。这次机缘巧合造就了如今的奇妙场景：世界各国的摄影大师在充满老旧气息的街头出没，前卫的摄影图片与抽象的艺术作品与这个偏远小山城的原生建筑和生活场景相互融合。

摄影展每年有不同的主题，三个主展区都在市区步行范围内，其中**粮仓展区**（湟川北路158号，米兰时尚酒店对面）规模最大，主题展、特别展、群展以及年展的特邀知名摄影家作品通常在此呈现，**二鞋厂展区**（东岳路91号）以个人展为主，**连州摄影博物馆展区**（中山南路120号）则分夏季展和冬季展长期开放。除了欣赏国内外一流的摄影作品，还举办摄影相关的主题论坛、创意市集、讲座、音乐会等活动，详细信息可通过微信公众号"连州国际摄影年展"了解。

有"首领排"之称的南岗千年瑶寨(南岗村;门票80元;◎9:00~17:30)始建于南宋,无论是规模还是丰富程度都是三个寨子中最大的。连绵的山峦包围着海拔800多米的老寨,青石垒成的台阶一路向上延伸,直抵最高处的盘古神庙。两侧青墙黑瓦的瑶族老屋沿山势铺排,其中有近400座为明清古建。村寨中还有瑶王石墓和洪秀全居住过的传道屋。这里是旅行团频繁出没之地,碰到他们你或许能蹭着看一场瑶族歌舞表演。若是避开节假日前来,瑶寨依然算得上宁静。南岗瑶寨距南25公里,最好自驾前往。连南到南岗的班车(7元;约1.5小时1班;40分钟)班次较少且发车时间不定,到达南岗村后还需步行3公里才能到达瑶寨。从连南坐摩托车前往单程约需80元,返程需提前打听好末班班车时间,提前到车站等候。

油岭老寨(油岭村;免费;◎24小时)除了瑶寨本身,还具有观赏连绵群山和山间田园的极佳视野,更受摄影和绘画爱好者的青睐。油岭村已经建起了游客中心和大舞台,也开始有旅游团光顾。油岭老寨距连南20公里,连南到油岭的班车(6元;8:00~17:40,约1小时1班;30分钟),除8:00和15:30的班次可直达瑶寨,其他车辆只到3公里外的油岭村游客中心,之后需要找摩托(10元)或步行前往。返回的班车8:30和17:00从瑶寨发车,其他班次从游客中心发车,末班车为17:40。非节假日时,自驾车可以直达瑶寨山顶。

三排瑶寨(三排村;免费;◎24小时)规模较小,大部分的居民都已经搬迁到山下的新寨,仅剩不到10户居民在此休养生息。人去楼空的寨子显得有些萧索,却很有原始的宁静,也是自助旅行者最易到达的一处瑶寨。三排瑶寨距连南13公里,可乘连南到寨岗(5元;7:00~18:00,20分钟1班;20分钟)或连州到寨岗(12元;7:00~17:00,30分钟1班;50分钟)的班车在三排瑶寨路口下车,之后沿山路上行约1公里即到。

★★ 节日和活动

瑶族盘王节 民俗

(农历十月十六)这是瑶族祭祀祖先——盘王的日子,连山和连南的瑶族会分别举办以瑶族传统民族歌舞表演为主的开放式的大型庆典,是观看国家非物质文化遗产瑶族长

大山深处的宝藏

在清远最西边的角落里,连山比连南更加不为人知,却拥有得天独厚的自然环境——不仅是北江上游的水源涵养地,也是广东森林覆盖率最高的县城,工业率为零。地处山区却物阜民丰,全因连山的山体表面富含适合种植的土壤,独特的气候和地理环境造就了因米粒饱满、色泽通透而著称的连山大米,它煮出来的饭柔而不黏、冷却不硬,是"国家地理标志保护产品"。当地人开玩笑地跟我们说"在连山,只要勤快一点,在山上开一块田种地,就一辈子不愁没饭吃",这大概也是连山梯田多的原因之一。在大雾山脚绵延近3公里的欧家梯田(连山太保县欧家村;免费;微信公众号:欧家梯田;◎24小时)分为上磅岭和犁头坪两片观赏区,一千多亩梯田流淌两千多级,从欧家村分别步行15分钟就能抵达。后者在10月前后稻田成熟之际是摄影者的天堂。这里也根据季节举办播种、插秧、收割、捉禾花鱼等主题活动,可关注公众号了解。我们调研时,景区的游客中心和梯田间的游览设施正在修建之中,预计完工后将开始收门票。从连州汽车站坐去连山的班车(6:30~17:20,20分钟1班),在太保镇下车(12元),这里距离梯田还有约6公里,可以搭摩托或三轮摩托前往,单程20元。

在广东同样无人不知的还有连州菜心,它也是国家农业部农产品地理标志产品。连州山区在秋冬季节较大的昼夜温差使连州菜心口感清甜爽脆,细嫩多汁,富含营养。经霜打过的菜心为了抵御寒冷,会将淀粉转化为糖类物质,口味更是无可比拟。自2011年起,连州每年都举办菜心节,评选出的"至尊菜心"皆拍卖出数十万一棵的天价。如果你在冬季前后来到连州,千万别错过它们。

鼓舞的好机会。同时还有瑶族服装秀、瑶族刺绣、银饰等手工艺品展示，更少不了瑶族长桌宴的美食环节。周边乳源、阳春、广西河池、桂林等地的瑶族人都会参与进来。

七月香戏水节　　　　　　　　　　民俗

（农历七月初七）连山壮族认为在这一天，与天上的银河汇流的吉水河变得尤为神圣，因此当天男女老少都会穿上民族服饰，在吉水河你来我往地泼水狂欢。近年来，越来越多的周边居民和旅行者参与进来，小镇的部分区域也会被设定为戏水区，还有民族艺术巡游、特色食品展销和壮族文艺表演等活动同时上演。

食宿

连州汽车站和市中心文化广场相距约1公里，这一带聚集着大量酒店，7天、城市便捷等连锁品牌都是可以保底的选择。位于市中心的连州大酒店（☎666 3888；慧光路181号；标双268元；☎❄）位置和条件都很好，旁边就是文化广场和步行街。

湟川南路是连州的夜宵一条街，马路两侧和河边步道都是接地气的大排档，以蛇碌、砂锅煲、粤菜、打边炉为主，也有少量的湘菜和川菜馆，通常到半夜三四点才打烊。但由于与湖南接壤，即便是粤菜也多少会放点辣椒。老字号的湟川楼（湟川南路中段沿江；人均60元；⊙16:00至次日4:00）是沿江一排的饭店中性价比最高的，菜品的口味也无可挑剔。

❶ 到达和离开

连州汽车站（☎662 3610；北湖路136号）是清远北部最大的交通枢纽，除了可到达大部分的珠三角城市，还有班车去往广西贺州和湖南衡阳、郴州等地。可通过微信公众号"清远粤运"查询和购买车票。

从连州到连南（5元；6:15~17:55，10分钟1班；30分钟）和连山（15元；6:30~17:20，20分钟1班；1小时）都非常便捷，晚上班车停运后也能找到小车拼车。连州打车到连南30元，返程出租车5元/人。

记事本

了解广东

今日广东 284
首个迈入"10万亿GDP俱乐部"的省份,城市之间跨行政区域的合作为旅行者出行带来了直接好处。

历史 287
曾被汪洋大海锁住的边疆,却远非化外之地。

广东人 299
他们不太关心国家大事,却热爱并捍卫着自己的传统文化;他们争分夺秒地为了生计而忙碌,再抓住一切机会去享受生活——广东人就是这样低调且务实。

广东的语言 304
事实上在汉语包含的七大方言中,90%以上广东人使用的方言分别占了粤语、客家语和闽南语这三种,此外雷州半岛也有部分人群讲雷州方言"黎话",粤东北的一些畲族村落仍有少量人群使用畲族语。广东人使用的方言,并非只有被固有概念定义为"广东话"的粤语。

文化和艺术 308
广东人对地方文化有足够的自豪感和保护意识,在其他地方皆不同程度呈现出文化趋同、传统渐失的当代,你仍可以在广东人的生活中真真实实地接触到特色鲜明的本土文化艺术。

饮食 315
亚热带季风滋润下的广东和善于打破传统的广东人,为我们带来了饮食的无尽可能。广东人善于分辨味觉的舌尖和什么都敢吃的勇气,把广东打造成全中国最敢吃、最会吃的地方。

环境 324
绵长的海岸线旁不仅有肥沃的天然渔场,成群结队的越冬候鸟每年也会准时来访。海天一色和原始森林不是这里的特色,婀娜的丹霞和峻峭的岩溶也并非此处独有,广东则大包大揽将这些尽数收入囊中。

今日广东

作为首个迈入"10万亿GDP俱乐部"的省份,广东省的地区生产总值一直稳坐国内的头把交椅。"实业兴省"是广东经济发展的一贯打法,大量劳动力为制造业做出贡献,但劳工福利的阴影角落也不容忽视。城市之间跨行政区域的合作为这个经济强省更添活力,而对于旅行者来说,便捷出行是跨区合作带来的直接好处之一。

最佳读物

《**广东新语**》屈大均著,明末清初的广东番禺学者屈大均在这本笔记里记载了广东的地理风物与人文习俗,可以为你的旅行提供一些背景知识和探索灵感。

《**寻找光明记忆**》《**我们深圳**》丛书,在遍地起高楼的深圳,古村和乡俗似乎很难寻觅。这本书记录下了在光明新区寻找老宅和老人的城市记忆。

《**走进古村落**》何镜堂主编,4本丛书分别从粤东、粤西、粤北和珠三角四个区域出发,寻找隐没在深处的古村落。

最佳音乐

《**步步高**》从民国初期一直流行至今的粤曲曲谱,听到这支曲子就知道春节快来了。

《**得神者昌**》广州Hip-Hop厂牌精气神的爵士嘻哈专辑,用本土粤语和犀利歌词唱出这座城市迷人的地下文化氛围。

《**夜游神**》粤北山区连平县的几位青年组成了九连真人乐队,用客家话唱出小城青年的勇与困。

三十年磨一剑:10万亿GDP俱乐部

在2019年中国各省市自治区生产总值数据排行榜中,广东省经济总量再次位列全国第一,这也意味着这个东南沿海制造业大省已连续30年蝉联国内各省GDP榜首。而且在这历史性的一年中,广东省更凭借107671.07亿元的生产总值成为迈入"10万亿GDP俱乐部"的首位成员,作为中国首个实行经济改革的省份,广东赢下这座"三十年特别荣誉"奖杯可谓众望所归。

不过,这个首富大省内部的经济发展水平并不平均,在21个地级市的生产总值排行中,末位的云浮市只与榜首的深圳市的光明区份额大约持平。财富似乎顺着珠江聚集到珠三角地区,深圳市、广州市、佛山市、东莞市和惠州市的地区生产总值位列全省前五。而即使在"龙头"珠三角地区,各地市经济发展也并非齐头向好,不平均的状况总是存在。

经济转型:从劳动密集到技术密集

自从改革开放解除了对个体经济和私营经济的限制后,深圳便开始凭借经济特区对外开放投资及出口的优惠政策,以发展劳动密集型制造业的模式开始领跑广东省的经济发展,如今广东各地的制造产业区已是遍地开花欣欣向荣。由于产业集群空间上的聚集性和产业间的关联性,广东各地出现了许多"一镇一品"的产业化村镇区,如"服装之都"中山沙溪镇、"小家电之都"顺德容桂镇和"玩具之都"汕头澄海区等。这些产业区的兴起都与对外贸易出口产品密切相关,同时也需要投入大量劳动力,因此订单量和招工量成了产业木桶上两块随时节升降的短板。

随着国际贸易不确定性的增加,广东省内制造业所占比重较大且较为依赖海外市场的局面也亟待通过经济转型升级来改善,这时深圳再次成为转型的领跑者。依靠国外订单和"山寨"模仿起家的电子产业早已今非昔比,如今深圳的电子产业自主研发已走在世界前列,其中大疆创新可谓是全球无人机技术的孵化地,不止OPPO这类"大厂"把手机市场由中国扩展到东南亚和南亚,还有更多类似于一加(OnePlus)这样的手机厂商在立足国内的同时,也在海外创下了不错的市场份额。

在深圳,设计和创意产业也推动了传统行业的升级。日常消费品产业加上一套整体设计,跨界生产出故事与特色兼具的品牌就更加好看和好卖,服饰品牌Roaring Wild和奶茶品牌喜茶、奈雪之茶都是时髦的例子。

跨区域经济合作与发展

2017年,《深化粤港澳合作 推进大湾区建设框架协议》在香港签署。粤港澳大湾区由广东省广州、深圳、珠海、佛山、惠州、东莞、中山、江门、肇庆9个珠三角城市及香港、澳门两个特别行政区共同组成。在广东省内,类似的合作区还有深汕经济特别合作区和深莞惠实验区,这些跨行政区域的经济合作区都以深圳为驱动马达,带动周边地区的经济发展,并实现资源调配与互补。

从日常生活和旅行的角度来看,跨区域合作给这些城市之间带来了更频密的交通往来,依靠高铁、自驾、城际铁路甚至公交实现便捷出行。借助广州辐射到周边的城铁网络,旅行者可以一路便捷抵达东莞、深圳和香港九龙。而高铁线路日渐完善,从深圳出发到惠东、汕尾和汕头等地较从前大幅提速,这些地区的周末游热度日渐提升,旅游配套设施也迅速发展,许多精致舒适的新派公寓酒店应运而生。

繁华之外:都市阴影下的"三和大神"

1991年的现象级电视剧《外来妹》只描述了一个开端,在改革开放40年中,广东省蓬勃发展的制造业一直吸引着大量外来劳动力的涌入。劳动力为这里的众多工厂带来了生产红利,不少外来劳工也通过劳动付出而获得了更好的经济收入,但在大都市繁华高楼的阴影之下,一些劳工福利和社会保障的短板也显露出来。

从2010年至2018年,全国范围内的富士康企业共发生了13起劳工跳楼事件,其中有6起发生在深圳市内的两个厂区。此外,还有因劳动力的高度流动性而产生的"三和大神现象":一些打工者聚集在深圳龙华区三

285

快速参考

人口(2019年末):**11,521万**

面积:**17.97万平方公里**

大陆海岸线:**长4114.3千米**

国民生产总值GDP(2019年):
107671.07亿元

GDP增长率:**6.2%**

每100个广东人中

40人讲粤语　30人讲客家话
25人讲潮汕话
5人讲雷州话、粤北土语或少数民族语言

2018年北上广深人均消费性支出(元)

- 北京:37,425
- 上海:39,792
- 广州:40,637
- 深圳:38,320

2019年北上广深PM2.5平均浓度(微克/立方米)

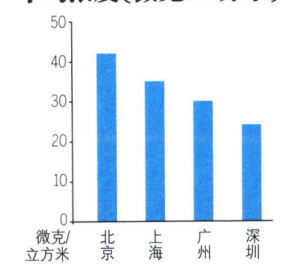

微克/立方米	北京	上海	广州	深圳
	42	35	30	25

最佳影视

《寻味顺德》（2016年，导演刘硕/费牖明）这部纪录片给小城顺德加上了美食之城的王冠，香浓美味背后还有浓厚的传统文化做支撑。

《风味原产地·潮汕》（2019年，导演胡志堂）又是一部能帮助你打开味蕾地图的美食纪录片，用各种美食勾勒出一幅潮汕地区的山海风味画卷。

《外来媳妇本地郎》（2000年至今）广州本土超长寿方言剧集，以老城西关一户人家为背景，演绎广州的普通百姓生活和这座城市的变迁。

《风中有朵雨做的云》（2019年，导演娄烨）改编自广州城中村拆迁改造进程中的一个真实事件，从另一个角度来看大都市繁华背后的纷杂生活。

和人力市场附近，通过劳务外包提供的日结零工来赚取生活费用。除了"赚一天玩三天"这种听起来轻松惬意的生活方式，工作并没有给他们带来改善生活的机会，更不用谈生产技能的提高和未来的职业发展，相反许多人丧失生活目标，坠入了非法网贷的深渊。

环境：来自陆海空的挑战

虽然是工业大省，但得益于背山面海大气流动强烈的自然条件，以及造成废气排放的重型工业占比不大，再加上近年来环保部门对于空气质量的严格监管，在全中国尤其是东部地区饱受雾霾困扰的当下，广东省的空气质量却没有让人过于担忧。2019年，广东省PM2.5全省平均值降至27微克/立方米，21个地市的PM2.5首次实现了全部达标。

工农业对于自然环境的污染也表现在土壤、河流和海洋污染中。广东省内不乏河网密集的乡村，也有绵长壮阔的海岸线，但在田园美景和船家渔歌的背后，环境问题同样不容忽视。在广州、佛山和周边经济较为发达的地区，土壤中检测到镉、汞、砷、氟等重金属元素异常，这与工厂排污和不当使用化肥都有关系。海岸线带来了优良的渔港和发达的近海人工养殖条件，但为发展渔业而进行的人为砍伐使得沿海红树林面积缩小，过度捕捞则威胁到濒危海洋生物的种群数量，大量建造人工鱼礁也会破坏海底的珊瑚礁生长。对于沿海渔民来说，海洋就是他们耕作的陆地，但靠海吃饭的同时，保护海洋也是广东需要面对的环境议题之一。

历 史

在海运成为与世界沟通的高速通路之前,偏安岭南的广东是一处被汪洋大海锁住的边疆,很长一段时间里,这遥远的海角天涯也一直远离中国的政治和文化中心。不过这里远非化外之地,在秦汉时期已经形成了独特的文化区域,并出现了与中原权力若即若离的南越王国。隋唐时,广州港与阿拉伯世界商业交流频繁,到明朝时,广东海岸线上更多从事跨洋商业活动的海商愈加活跃,他们的航海事业不只为这个沿海省份积累了财富,也为地理大发现时代西学东渐的科技与文化交流打开了通路。到清末,广东已成为中国面向世界的窗口,并为即将到来的社会变革提供了众多风云人物和绮丽恢宏的舞台。

从南越到南汉

"广东"的"广"字最早出自广信县(今名封开,位于粤桂交界处)。汉武帝在公元前111年统一了岭南各地之后,以"初开粤地宜广布恩信"之意设置了广信县,其县治既是苍梧郡治所,也是统辖岭南的交趾刺史部所在地。不过在汉武帝统一岭南之前,这里很早就有人类活动并已形成有自己特色的文化,1958年在韶关曲江马坝镇西南的狮子岩山洞中发现了一个中年男性头骨化石,这是迄今发现的最早在广东活动的人类,他生活在距今13万年前的旧石器中期,被考古学界称为"马坝人"。

秦朝在岭南设立桂林郡、象郡与南海郡,这是岭南历史上的首次行政区域划分,秦始皇派任嚣为首任南海郡尉。今日的广东大部分当时都属于南海郡,郡治所在地为番禺(即今天的广州市),今天的海南省及广东南部则属于象郡。秦末中原动荡,岭南的龙川县令赵佗接替去世的任嚣为南海郡尉,派兵封锁了与湖南接壤的五岭关口,在公元前204年自立为王称"南越武王",定都番禺城。南越国的"越"后来转化为"粤",也成为广东的简称。

大事年表

公元前13万年前	公元前221年	公元前204年
旧石器时期,韶关曲江马坝地区开始有人类活动,并使用打制石器。	秦始皇开凿灵渠,沟通岭南与湖南、广西的交通。	赵佗建立南越国,定都番禺城,即如今的广州市。

历史 从南越到南汉

公元前221年秦军攻灭楚国,并占领原来属于楚国的岭南部分地区,在此开凿了沟通湘江和漓江的灵渠,保证军事船只可以从北方进入岭南。从秦汉到隋唐,这条人工运河一直都是中原进入岭南的重要通道。

赵佗是一位杰出的军事家,他既擅长用兵打仗,又懂得与岭南原有的居民——越人和谐相处。在南越官吏中,有"中县人"(即中原人),也有越人。赵佗懂得中原文化和产品对于南越的生存必不可少,所以自愿臣服汉朝,甚至在今天的广州筑起"朝汉台"以示不忘汉朝恩典。至公元前113年,第四代南越王赵兴向汉武帝要求"内属",即取消王号并归入汉朝统治,但其遭到南越大臣反对并被杀害。汉武帝调派大量军队南下攻陷番禺城,南越历史结束。

东汉末年,因为交通阻隔和黄巾起义,朝廷逐渐失去对岭南的控制。赤壁之战后三国鼎立,孙权要扫平岭南成为吴国的后方,派他的亲信步骘为交州刺史,令其南下。步骘组建了一支拥有两万多人的水兵沿江东下,击溃地方军队抵达番禺。他考察了番禺城后,认为此地可以建成一座都市,于是将交州州府从广信迁到番禺。吴景帝永安七年(264年),东吴又把南海、苍梧、郁林、高凉四个郡从交州划分出来,称为广州,治所仍在番禺城。

西晋末年司马氏八王之乱,大量中原人为了逃避战火南迁到达岭南,历史上称为"流人"。从广州和韶关等地出土的大量晋代砖铭都有"永嘉世,九州荒,余广州,平且康"的记录,这些南下的中原人也给岭南地区带来了生产工具和中原文化。南北朝时期,岭南的原居民越人被称为"俚人",高凉郡的俚人首领冼夫人(约522~602年)善于团结各部落,同高凉郡太守冯宝联姻,促成了越人各族群融合到中原汉人群体之中,不过少数的瑶、僚、黎等族群仍然部分保留自身传统。"冼"仍是广东的特色姓氏之一,今日广东的高州、雷州等地还保留许多的"冼太庙"以供奉冼夫人。

隋朝初年,设广州、循州(今惠州)两个总管府统领各地。唐朝初年对岭南地区影响最大的一项工程,是由韶关曲江人张九龄主持在粤北五岭开辟梅关通道。梅关通道加快了北方文化和物资进入五岭以南,南北交往更加密切。如今梅关古道仍立于梅岭顶上并保有唐宋旧貌,古道以砖砌路面,关楼南北两面门楣嵌有石刻匾额,北门额书"南粤雄关",南门额则是"岭南第一关"。

隋唐时期,珠江入海口开始有了活跃的海上交通和对外贸易。唐朝时,在宝安(今东莞)设屯门镇(即今香港屯门)以保护往返广州的船舶。当时的广州是世界著名的海港城市,大量波斯人和阿拉伯人聚居于城中,除了品目繁多的中东各国商品,他们也带来了伊斯兰世界的科技与文化。唐朝末年,穆罕默德的近臣阿布宛葛素从海路到达广州,建立了至今仍屹立

广东十大海上丝绸之路文化地理坐标

广州十三行

广州黄埔古港

深圳南头·赤湾丝路历史文化古迹

汕头樟林古港

梅州松口古镇

湛江徐闻古港

茂名滨海新区"海上丝绸之路"遗迹

清远浈阳峡

潮州宋代笔架山窑

揭阳惠来沿海"海上丝绸之路"遗迹

公元前111年
汉朝军队攻陷番禺,平定岭南。

264年
东吴首先设置广州郡。

589年
隋朝军队南下,冼夫人协助安抚各部,归顺隋朝。

594年
隋文帝下诏兴建广州东郊珠江畔的南海神庙,这是中国唯一保存完好的海神官庙,此后各朝代均派官员祭祀。"海岳诸神,唯南海神最贵"。

大隐隐于市：广州城内的南越国遗址与南汉国遗址

南越国遗址如今多在广州闹市区。在越秀山下发现了第二代南越国王赵眜的陵墓，并出土了"文帝行玺"金印等大量珍贵文物。在广州市中心的中山路一带，又发现了南越国王宫的建筑群基础与御花园遗址的一部分，现在已经开放参观。

南汉国遗址也大部分位于广州城内。南汉的御花园在北京路附近的南方戏院旁，又被称为"药洲"，池畔石上"药洲"二字由北宋大书法家米芾所写。池中玲珑剔透的白石据说是南汉国王派人从北方运来的，后人称为"九曜石"，现存七块。早在北宋时期，这里就是城里最有名的旅游景点之一，石头上刻满了宋代以来的名家题诗。在城中的古寺光孝寺中，还保留着太监龚澄枢捐资铸造的两座铁塔，具有很高的艺术与史料价值。

在广州城中心的唐朝建筑怀圣寺与"光塔"，怀圣寺成为伊斯兰教刚刚传入中国时最早的清真寺之一，"光塔"原来的用途除了呼唤教徒礼拜，还可以在晚上悬挂明灯，指引海船进入广州城，是广州城最早的建筑地标。宛葛素后来葬在广州城外，其墓地今天叫"清真先贤古墓"，仍完整保存在越秀山下。

唐朝末年，黄巢起义军攻占广州，破坏了当时的国际贸易环境，还大量杀害来华贸易的"番商"，使广东以及整个唐朝海外贸易遭到严重损害。平定黄巢起义后，新的地方军事势力崛起，并带来了藩镇格局的局面，封州（即汉时广信，也大约等同于如今的封开一带）刘氏逐渐成为岭南地区的实力派，刘隐继承了父亲的镇将职务，并将驻所从封州转到广州。之后刘隐投靠五代梁朝的开国皇帝朱全忠，被封为南海王。911年刘隐病故，他的异母弟刘䶮继承官爵，并派使节与相邻的吴越、荆南等国交好。917年，刘䶮在广州称帝，国号大越，后改为汉，史称南汉。在南越国之后的一千年，岭南地区又出现了第二个王国形式的地方政权：南汉国。

对于南汉的历史记述里，有不少笔墨是关于皇帝对宦官的过分偏爱和重用。大宝十四年，即宋开宝四年（971年），宋朝派大将潘美攻打南汉，南汉军队毫无抵抗之力，大宝皇帝还想用船载金银财宝出海，结果未出发即被宦官盗走船只，只好投降，南汉至此覆亡。

人口流动和"先富起来"

宋代初年，频繁的战争带来了中原人南下到岭南谋生的第二波迁移浪潮。人口流动带来了经济发展，也加强了朝廷对两广地区的关注，"广南东

广东的佛教珍宝

广州光孝寺铁塔

广州华林寺五百罗汉

韶关南华寺六祖慧能真身

621年 — 唐朝派李靖南下，岭南和平统一。

676年 — 慧能在广州剃度，建立佛教禅宗南派。

878年 — 黄巢攻陷广州，自任"义军都统"，对广东经济造成破坏。

917年 — 刘䶮在广州称帝，国号大越，后改为汉，史称南汉。

崖山之后

南宋景炎皇帝赵昰(1269~1278年)庙号端宗,在1276年元军攻破临安时,赵昰被杨国舅、陆秀夫、张世杰等大臣护送南逃至福建。端宗做皇帝做得颇为狼狈,在福州继位时还不到8岁,由太后杨妃摄政。其后君臣又坐船逃亡到闽粤海界处的南澳岛,岛上的"宋井"在当地传说中便是为皇帝饮水而建。而后流亡小朝廷又先后迁到惠州、香港的九龙半岛和荃湾等地区。

1278年,赵昰在广东硇洲岛(今湛江硇洲岛)上驾崩,群臣又拥戴他的弟弟赵昺为皇帝,并将行宫迁到新会海边的崖山。当南宋皇室继承人在海上流浪时,军民也在广东积极抵抗元兵:文天祥在福建与江西抵抗元军失利后退至广东,在海丰五坡岭被擒后被押至崖山并留下名句《过零丁洋》;如今保存在潮州的马发古墓,墓主曾接替知州责任死守潮州城长达九个月。

1279年元军基本控制两广,蒙古汉军都元帅张弘范率领的部队攻破宋军所坚守的新会崖山,丞相陆秀夫抱着8岁的帝昺在崖门跳海殉国,至此南宋灭亡。如今崖门仍保存有慈元殿,相传就是杨太后的行宫所在,崖门炮台也是电影《让子弹飞》的取景地点。

路"与"广南西路"两个行政区划便在宋太宗时设立,其中"广南东路"被认为是"广东"之名的由来。

宋代官方也开始兴修大型水利、道路,甚至拓展城市。在宋代对广州城的增修达二十多次,这时广州城的面积超过唐朝时期的四倍,其中的"大市""小市""朝天""诗书"等街名,一直沿用至今。西城的"番坊"供外国人和中国人杂处居住,里面有高达十丈的豪宅,十分豪华。徽宗时还在广州专门开设培养外国人子弟的"番学",并不禁止外国人与汉人通婚。除广州城外,其他县城也大多在宋代得到修建。重要桥梁通道的修筑也多数集中在这一时期,最著名的有潮州的广济桥(湘子桥),始建于孝宗乾道年间,跨越韩江,是闽粤交通的要道。它是中国现存最古老的启闭式浮桥之一,近年得到修缮,已经恢复旧貌。

宋代广东地区的工商业也恢复繁荣,中原移民带入了先进的制陶工艺,广州、佛山和潮州的制陶业在当时已经很有名气。徽宗少年时期住在肇庆端州,他将端州所产著名的砚石列为贡品,以至当地成为全国两个最大产砚区之一。广东的矿产中,铜、铁、银几种重要金属在宋朝时期已经大量开采。宋代政府还将食盐作为广东重要的生产部门,集中设官立盐场管理。

941年	971年	1276年	1279年
刘玢继位,次年3月被弟弟刘晟所杀,刘晟拓展南汉疆域,超过了南越国时期。	宋太祖派兵南下,南汉末代皇帝出降,宋朝统一岭南。	南宋帝赵昰从福建进入潮州,开始流亡生涯。	蒙古汉军元帅张弘范在新会攻破宋军营寨,南宋末代皇帝赵昺与丞相陆秀夫跳水殉国,南宋灭亡。

元时中央政府积极开发海南岛，在当地实施半军事性质的屯田垦耕。明代初年，大量福建、浙江、广州等地人口流入海南。元世祖又出动两万多兵力，深入五指山区，平定当地族人，置定安、会同县，逐渐将封建制度引入当地黎族社会中。

明太祖即位后遣军队南下平广东，广东的元朝官吏奉表归顺，其他各地也多采取不抵抗，很快广东各地归属明朝统治。明朝将全国列为13个行省，从此"广东省"成为一个正式的行政上的概念，其疆域（除海南外）一直到今天变化都不大。

明朝广东的经济，不论农业还是手工业均具有活力。广东传统的农产品，如荔枝、龙眼、柑橘、甘蔗等，都在全国占垄断或者领先地位。明朝新从国外引进的作物，如玉米、番薯，更是普遍栽种在广东各地。珠三角的著名农产品则是香料和花卉，明朝冒襄的名作《影梅庵忆语》里就曾绘声绘色地描述了莞香的奇妙。东莞所产的土沉香除了供全国的文人雅士书房清供，还远销到南洋各地。珠江口海岸边上的一座小岛，因为经常有运香船停靠而被称为"香港村"，这就是后来香港岛得名的由来。广东特色的素馨、茉莉、指甲花、梅花等，在明初已经开始商品化种植。顺德和番禺附近，从事花卉种植的村镇都有五六百年以上的历史。明朝的广州城内外，卖花者竟多至万家，今日广州城江边还保留有"花渡头"的地名，就是当年卖花者分载素馨花到城里卖的渡头遗址。

明朝广东城镇建设速度也是空前的，有趣的是县城以外的一些小镇，它们在明朝末年由于地理的便利往往发展得比县城还兴旺，如新会的江门、增城的新塘、东莞的石龙——这些地方至今也比县城发达。

没有城墙的古城

佛山在宋代开始逐渐由附近圩镇发展起来，到明朝景泰年间，已经有万余人口，可是政府并未在该地设立专官，也不设城墙。佛山在明清两代几乎都依靠地方乡绅治理，乡民有纠纷或者大事，就到祖庙里面开会解决，这种城市自治模式在广东历史上独树一帜。

佛山的手工制造业早在明朝已经驰名，它拥有广东最大的铸铁产业，明清两代几乎所有南方省份的大型铁铸产品均为佛山制造。另外，佛山石湾镇的制陶业也是明清时期的拳头产品。今天佛山已经不再生产铸铁，然而制陶业，尤其是建筑生活用陶瓷仍然拥有全国第一大生产与批发市场，市区内还保存有始建于明朝正德年间的烧陶龙窑"南风古灶"，至今依然能使用。

元顺帝时，摩洛哥旅行家拔都他（Ibn Batuteh）来到中国，在他的《游记》里写道："秦克兰（广州）者，世界大城市之一也。市场优美，为世界各大城市所不及。"据他记载，广州能造大船，最大的船可以装载1000人之多。

海南岛在1984年之前都属于广东管辖。汉武帝设珠崖郡，此后珠崖郡时而设，时而合并。梁武帝时期，冼夫人请于朝廷，设崖州，《北史》中第一次出现"海南"的称谓。

历史 人口流动和"先富起来"

> **1368年**
>
> 朱元璋派遣军队南下，元朝守将弃城逃亡，广东归属明朝。

> **1384年**
>
> 朱元璋以广东经常受到来自海上的海盗与倭寇骚扰为由，增设沿海的广东卫所，军事上重要处设卫，次要处设所。

> **1448年**
>
> 南海人黄萧养在广州起义反明，于1450年宣告失败。

> **1452年**
>
> 景泰三年（1452年），明政府以广东广西两省宜合并管理，正式设立"两广总督"，此官职一直维持到辛亥革命才宣告裁撤。

被动开放的对外口岸

从明朝后期开始,欧洲人频繁地在广东沿海现身。与当时因违反海禁犯险走私而不时被冠上"海盗"之名的闽粤海商类似,他们的身份往往是多重的,大部分欧洲人与带领的船队在南洋诸岛间进行物资贸易,其中一些也为殖民利益而成为试图进犯明朝疆土的海盗。还有一些欧洲人则为传播天主教而来,葡萄牙人罗明坚、意大利人利玛窦到达肇庆时,曾建立了第一座天主堂"仙花寺"。

澳门成为广东沿海最先向西方打开门户的明朝属地。这个小半岛原属广东香山县(范围大致等同于如今的珠海和中山)所管辖,葡萄牙人早在正德年间就已经进入东莞屯门岛(即今日香港屯门)并准备长期占据坚守,其后广东官军联合乡民发起屯门之役,将葡萄牙船烧毁。葡萄牙人又计划占据香山县的浪白澳(今属珠海),因为那里淡水供应不足,最后选定香山县的三面临海的蚝镜澳。在1577年前后,葡萄牙人通过贿赂地方官吏,让其代向朝廷申请,用缴纳租地银"借地晾晒"的方式租借澳门为贸易地,随后在该地设置行政机构并任命官吏,事实上控制了澳门。之后荷兰东印度公司也派船队到达澳门,试图与葡萄牙人争夺这块土地的权益,但被葡萄牙人击败。

康熙初年,由于台湾还在郑成功家族手中,清廷下令实施"海禁"以防与台湾交通,禁止民间船只私自下海,甚至下令"迁界",将沿海居民强行迁移到海岸线住内陆数十里以内居住,这个举措引起众多靠海打渔与贸易为生的广东居民强烈反抗。直至施琅攻打台湾取得胜利,郑克爽归顺清朝,康熙二十三年(1684年),清廷宣布开放海禁,第二年即下令"开海贸易",指定广州、漳州、松江、宁波四处口岸通商,并分别设立粤、闽、江、浙四海关负责管理。清政府对于外国商船和商人实行严格的管束,例如不许入城,不许私自接触中国人等,引起外国商人的反感,他们软硬兼施企图破规矩,直接进入江南一带丝茶产区进行贸易。鉴于各海关之中只有广州海防坚固且远离中原,乾隆皇帝于1757年下令封闭其他所有海关,只保留粤海关对外通商,此后近一百年中广州便成为全国对外通商的唯一口岸。

这一措施对于广东历史影响非常深远。首先它使广东尤其是广州成为外国人最熟悉的中国土地,近代史上重要的对外战役和事件大多发生在这里;其次它使广东的经济实力在全国各省份之中迅速上升。乾隆中期粤海关税收平均为50万两,到道光初年已经增至152万两,成为清政府重要的收入来源。此外,十三行的"行商"和他们的衍生产业则带来了不少民间

潮州人把番薯(地瓜)叶称为"护国菜",并附会出南宋小皇帝曾食用番薯叶充饥的传说。番薯叶在现代依然是受潮汕人喜爱的特色美食。

1646年
南明桂王朱由榔在肇庆宣布即位,年号永历。苏观生等又拥立唐王弟弟监国于广州,年号绍武。随后清军乘机攻入广州,绍武政权倾覆。

1683年
康熙平定台湾,宣布废止"迁界令",允许渔民恢复出海捕鱼。

1757年
乾隆宣布全国只允许粤海关一地与外国通商,此后一百多年间广州成为唯一口岸。

1795年
全国对外贸易均划归十三行管理,十三行获得垄断地位。

财富。

与外国商船的贸易,使广东尤其是珠三角一带很快积累了巨额的财富,与之相关的行业如运输业、服务业、手工业均发展迅速。道光初年,广东各地市镇已经有了大量人口,各种圩市数目比雍正年间增长了1倍多。广州海关的税收在全世界也是偏低的,因此在欧洲贸易上一直处于出超地位,英国人便用出口鸦片的恶行来改变逆差的处境。鸦片最早作为药品进口,广东人早在明末已经从澳门进口鸦片并少量食用,英国在印度殖民地大量种植鸦片,并且从海路走私进入广州。英国输入中国的鸦片数目,从乾隆初期的200箱发展到道光中期的3.5万箱,这直接导致了中国白银大量外流。之后林则徐受朝廷之命来广东查禁鸦片,并在东莞虎门亲自监督销毁了收缴的鸦片。英国则借口保护鸦片贸易,挑起第一次鸦片战争,战争最后以英国攻陷虎门炮台,道光皇帝割地求和结束。

早在明崇祯年间,英国就曾试图派船炮击虎门炮台并武力强迫与中国通商,这一事件最后以双方让步解决。觊觎多年之后,英国最终迫使清廷割让香港岛。

1856年,英国借"亚罗号"事件发动第二次鸦片战争,并与法国组成英

历史 被动开放的对外口岸

行商制度与十三行

清政府对外贸实行严格管理,除了征税,也防止外商与中国人过度接触。在广州口岸,清政府指定一些商人专门同外商进行贸易和交涉,称为行商。行商所开设的店号称为洋货行,俗称"十三行",并不专指十三家。现在见到的早期记载,如清初屈大均诗里就提到"银钱堆满十三行",可见明朝末年已经有十三行这个名词概念。行商除了出口中国的茶叶丝绸,还负责承销洋商运来的外国货物,外商的其他要求以及和政府部门的沟通,也由行商负责。

行商是引人羡慕的垄断行业,要取得执照和交换执照都要由两广总督批准。除了获得巨额利润,行商还充当总督甚至朝廷的小钱柜,利润必须以"报效"或者"捐输"的形式转入政府和官僚之手。道光初年,怡和行商伍家积累财富达到2600万银元,根据外商当时的统计,同文行潘家的财富曾达到1亿法郎,是当时世界上最富裕的商人之一。

行商制度最后因鸦片战争英国的胜利而终结。第二次鸦片战争中,广州市民趁乱烧毁了位于城市西部的十三行商馆区,如今当地只留下"十三行路"与"同文街"等路名,但是与十三行毗邻的沙面商馆区和英法租界建筑则保留完好。十三行的遗址还有广州海珠区的伍家和潘家故居,可以让人凭吊一代富商的奢华生活痕迹。

1807年	1838年	1841年	1844年
英国基督教传教士马礼逊来到广州,开始秘密传教,并把《圣经》翻译成中文。	道光皇帝派遣林则徐到广东查禁鸦片。	清政府战败投降后签订《南京条约》,割让香港岛给英国。	花县人洪秀全开始撰写《原道救世歌》等文献,创立拜上帝会。1851年金田起义爆发,太平天国运动开始。

法联军攻打广州。两广总督叶名琛使用"不战、不和、不守"的拖延策略，使得英法联军在1857年底即已完全攻陷广州，其后叶名琛被送往印度囚禁，不久后病死在加尔各答。1858年英法联军成立占领委员会控制广州，广东巡抚衙门在事实上成为地方傀儡政权，巡抚柏贵和劳崇光先后担任英法联军的代理人。直至1860年签订《北京条约》后，1861年10月英法从广州撤军，清政府才收回对广州的主权。

中国最早的思想维新

广东近代的官办和民办企业，在中国近代历史上也颇有影响，如中国第一家民族资本主义工业就是南海人陈启沅创办的继昌隆缫丝厂。官办企业之中，张之洞创办的广州机器局（即兵工厂）一直经营到抗战结束才结业。由张之洞创办的广东钱局也是近代机器造币的先驱之一，1889年开始投入生产，铸造有"光绪通宝""龙银"等货币，今天在广州省委党校还保留着当时的银库等建筑。

外来传教士带来的宗教体系，也给清末社会变革提供了一个模糊的框架。几乎与鸦片战争同时，广东花县人洪秀全则创立了"拜上帝教"，以他所看过的一些基督教传教书籍为依托，宣称自己受天父委派下凡救世。他曾经在花县和顺德南海一带传道，后深入广西等地发展了数千名信众，于

康有为与他的学生

戊戌变法的两位主要人物康有为和梁启超都是广东人，他们之间还有着师生关系。

康有为是南海丹灶人，青年时期到过香港和上海，目睹西方的制度和科学，逐渐产生维新的思想。1891年以后，康有为在广州长兴里创办"万木草堂"，在这所新式学校中收徒讲学，培养维新人才，梁启超、徐勤、麦孟华、欧榘甲等人先后成为他的弟子。康有为在广东写了《新学伪经考》《孔子改制考》等著作，一度被清政府查禁。1895年康有为又借甲午战败的时机和梁启超等千余名两广举人一起发起著名的"公车上书"，劝光绪帝变法。经过南海同乡部侍郎张荫桓的推荐，康有为见到光绪皇帝并受到了重视，光绪对于变法图强表现出浓厚兴趣。

康有为和他的弟子们先后在广州和港澳创办了《知新报》等媒体来提倡变法。不过在变法失败后，康有为又组织弟子编辑了《戊戌政变记》等书籍来强调自己在变法中的作用，而淡化了为变法而牺牲的六君子和张荫桓等幕后英雄。戊戌变法失败后，康有为避居海外，以保皇党首领自居，在华侨中声名狼藉，最后以遗老身份病故青岛。

1856年	1858年	1872年	1895年
英国与法国发动第二次鸦片战争，英法联军攻占广州直至1861年撤军。	《天津条约》签订。按照其中的条款增开潮州通商口岸，港口位置最终选在当时潮州府下辖的汕头。1860年汕头港正式开埠。	南海华侨陈启源在家乡开设继昌隆缫丝厂，是近代中国最早的民族工业。	孙中山在广州筹备起义，这是革命党第一次准备武装推翻清政府。

1851年在广西桂平金田村宣布起义,拉开了太平天国的序幕。

太平天国被镇压后,中国各地均有维新思想家开始思考中国未来的道路。广东民众最早接触到外国新思想,这里也孕育出最多的早期向西方学习的倡导者。香山人郑观应创作的《盛世危言》反映了早期资产阶级的维新思想,并得到李鸿章的赏识。中国最早的留美学生容闳也是香山南屏(今属珠海)人,1854年毕业于耶鲁大学,著有《西学东渐记》,其故居今日尚存。而在清末的革新尝试中,戊戌变法的倡导者康有为及其弟子们成为影响巨大的广东籍维新思想家。

辛亥革命前后的孙中山

对近代史影响最大的广东人当推香山人孙中山(1866~1925年),他生于香山县(今中山市)翠亨村一个农民家庭,幼年曾经听老村民讲述太平天国抗清的故事。1878年他前往美国檀香山投靠兄长孙眉,并接受了美式教育。1883年回国后,孙中山到香港中央书院就读,之后先后在广州和香港学医,1892年毕业后在澳门和广州行医。他曾经受到同乡郑观应和老师何启的影响,提倡变法维新,还积极上书李鸿章,在遭到挫折后,决定走向革命。

辛亥(1911年)武昌起义爆发,同年11月,两广总督张鸣岐被迫宣布同意广东独立,广东各界推举胡汉民为都督,随后各州县相继独立,广东全省和平光复。

1917年,张勋复辟失败后段祺瑞上台,孙中山号召维护《临时约法》,并于7月到达广州开展护法运动,海军总长程璧光也脱离北京政府宣布南下护法。当年8月,南下的部分议员决定召开非常国会,成立军政府。非常国会选举孙中山为军政府大元帅,拥有行政全权,对外代表中华民国。1918年5月,因被盘踞于广州的桂系军阀的破坏与干扰,护法运动失败,孙中山被架空职权,他辞去海陆军大元帅一职后离开了广州。

1920年,在粤系军阀陈炯明击败盘踞在广州的桂系与滇系军阀后,孙中山重回广州,他取消了军政府,并于1923年3月在广州建立陆海军大元帅大本营。大本营建立后不久,孙中山先后带领平定沈鸿英叛乱和东江叛乱,并改组中国国民党。

1923年开始,孙中山在广东着手学习苏联模式改组国民党。1924年初,国民党第一次全国代表大会在广州国立广东高等师范学校礼堂举行,会议代表197人,其中有李大钊、毛泽东等共产党员。会议通过了《中国国

广东戊戌变法遗址

南海丹灶康有为故居

新会茶坑梁启超故居

广州中山路万木草堂遗址

今日广州仍完整保存有庚戌新军起义烈士墓、史坚如墓和杨衢云墓,其中史坚如因暗杀两广总督而被俘就义,杨衢云在策划惠州起义后遇刺身亡。黄花岗七十二烈士陵园则是国家级文物保护单位。

1911年	1923年	1938年	1941年
黄兴等人领导的黄花岗起义爆发,后被清政府镇压。7个月后,武昌起义成功地推翻了清朝统治。	孙中山在广州建立海陆军大元帅大本营,并改组国民党。第二年在广州召开国民党一大。	日军占领广州,广东省政府迁往粤北。	12月日军占领香港。随后惠宝人民抗日游击总队(即后来的东江纵队)将800余位各界名士营救出港,史称"省港大营救"。

黄花岗七十二烈士

虽然辛亥革命的枪声在武昌打响,然而其领导和参与者多数是广东人。

在辛亥革命之前,孙中山和他的同志们已在广东各地先后多次发动武装起义,试图用武力推翻清政府。1894年孙中山在檀香山成立兴中会,发动乙未广州起义。起义因叛徒告密失败,孙中山躲入博济医院逃过追捕,并到达日本。日本媒体称孙中山为"支那革命党首领",于是孙中山改称兴中会为革命党,"革命"一词第一次在近代出现。

广州起义后,孙中山又先后发动惠州起义、潮州黄冈起义、防城起义、庚戌新军起义(即1910年广州起义)等。其中规模最大、知名度最高的则是宣统三年(1911年)三月二十九日的黄花岗起义,由黄兴等带领的义军攻打两广总督署,总督张鸣岐跳墙逃亡,喻培伦等近百名烈士殉难。民国成立后将殉难烈士合葬于广州黄花岗,史称"七十二烈士",不过殉难者实际总数不止七十二人。这次起义由于规模大,死难者众多,引起国内强烈震动。数月之后,武昌起义成功推翻清政府的统治,结束了中国几千年的帝制。

民党代表大会宣言》,第一次国共合作开始,会议的会址后来改为广东大学礼堂,即今日广州文明路上的中山图书馆内。大会决定在广州郊外的长洲岛建立陆军军官学校,即俗称的黄埔军校。黄埔军校创办于1924年,蒋介石任校长,廖仲恺为党代表,直属国民党中央执委,校址现作为纪念馆开放参观。

民国时期的广东

1925年3月12日,孙中山逝世。1925年7月,汪精卫、廖仲恺、谭延闿和林森等人改组的国民政府于广州正式成立,并于1926年12月迁至武汉。1927年9月"宁汉合流"后,南京国民政府宣告中华民国进入了一个新的阶段,而此时革命大本营广东也完成了其历史使命。

孙中山和他的跟随者们,如汪精卫、胡汉民、廖仲恺、邹鲁、古应芬等都是广东人,他们的革命生涯也多数与广东有关系,他们在广东各地活动的足迹也有丰富留存。在孙中山逝世后,近代历史的重点也随之从南方转向北方。

1938年日军占领上海南京后,9月开始南下攻占广州,10月占领广州市区,广东省政府与国民党省党部撤退到粤北,韶关成为广东战时的省会,汪精卫伪南京政府曾任命广东籍的陈公博兼任伪广东省长。1941年太平洋

1945 年	1949 年	1979 年	1984 年
抗战胜利,宋子文接任广东省主席。	4月23日解放军占领南京后,李宗仁率国民政府南迁广州。同年10月,广州被解放军攻破。	中央政府宣布成立深圳市,并将其建立为中国第一个经济特区。随后珠海、汕头特区相继成立,广东成为经济大省。	海南省政府成立,这意味着广东省不再管辖海南岛。

战争爆发,日军占领香港,周恩来曾指示共产党领导的惠宝人民抗日游击总队(即后来的"东江纵队")协助滞留香港的文化界名人离开,经过周密安排,何香凝、柳亚子等五百多人逃出香港到达广东。

1945年抗战胜利,蒋介石派宋子文接任广东省主席并授意清剿共产党武装,结果遭到挫败,宋子文随后逃到香港避难。1949年4月,南京被解放军占领,同月25日,国民党政府南迁广州,然而当时的代总统李宗仁手上既无兵权又无经济实力,根本守不住广州城,同年10月14日,解放军攻入广州,国民政府撤退前夕还炸毁了联通珠江两岸唯一的桥梁海珠桥,造成多名市民死亡。1950年4月,解放军在海南岛的地下武装"琼崖纵队"的协助下,成功解放海南全岛。

改革开放和经济特区效应

朝鲜战争爆发后,英美等国家对中国实施长期制裁与禁运。广东因为拥有香港和澳门两个窗口,亲族间的民间联系为基础的物资输送使省内民众得以维持基本生活,即使在20世纪50年代末期的全国性大饥荒时期,亦未有大规模饿死和迁移的纪录。

1976年"文化大革命"结束,中国政府决定将广东作为试点地区实验对外开放。1979年3月,中央政府下令将毗邻香港的宝安县改为深圳市,并宣布该地为经济特区,在与香港的分界以外再设立二线海关。1980年,宣布与澳门相邻的珠海也成为经济特区,1981年又增加汕头龙湖为经济特区,至此中国4个经济特区中3个在广东,奠定了今日广东经济发达的前提。1990年深圳证券交易所成立,以试营业时间论,是1949年以后中国大陆第一家证券交易所。

从20世纪60年代开始,香港由于工业起步缺乏劳动力,为增加劳动力而实施抵港居留政策,任何内地民众只要到达香港即可申请居留。这条政策使大量广东居民冒险通过越境偷渡的形式到达香港,尤其在1970年至1980年间,至少有十万计的内地人由东莞、深圳甚至远至惠州和汕尾等地用游泳、扒车、划船等形式偷渡到香港,很多人在途中丧命或被捕。1980年港府结束抵港政策,才遏止了这种偷渡风气。

从1980年开始,广东倚靠港澳台的资本,成为中国最大的劳动力聚集地区,数以千万计的民众从北方省份南下广东谋生,为这里的经济、文化等带来方方面面的影响。每年春节的民工"北上南下潮"均为年度重要新闻。2008年曾经因为湖南与广东交界地区突降大雪,引致多达百万人次滞

到20世纪90年代初期,广州已经拥有超过30万辆在册登记的摩托车。1997年,广州停止新摩托车的登记,并且宣布广州不再允许摩托车在市内行走,结束了广州的摩托车历史。

1986 年	1987 年	2003 年	2008 年
台湾中华航空公司B198号货机机长王锡爵驾机在广州白云机场降落。这次"华航事件"促成了中国大陆和台湾37年来首次通过直接谈判解决问题。	第六届全国运动会在广东举行,广东省代表队作为东道主赢得金牌数第一。这次运动会吉祥物小羊"阳阳"也是中国体育史上的首个吉祥物。	广东河源于春季开始暴发非典型肺炎,随后疫情经香港引发全球性感染,导致中国内地300多人死亡。	粤北湖南一带遭遇大雪,两百余万民工无法返乡过年,滞留广州。

当代重大流行病

2003年1月初,广东省卫生厅接到河源市的报告,说当地发生原因不明的呼吸道感染疾病,已经致两人死亡。由于未足够意识到这种传染疾病的威胁,当时又接近农历新年,广东当局便将疫情低调处理,结果导致传染病于农历新年后在广州暴发,并由广州传入香港。3月12日世界卫生组织发出了全球疫情警报,并将该疾病命名为"严重急性呼吸道综合征"(SARS),全球感染病例达到8000人以上,中国内地公布死亡人数为349人,香港特区死亡人数为300人。

2014年1月中国再次出现H7N9型禽流感病例,广东省是疫区之一,其中第二例患者于1月6日在东莞抢救无效身亡,成为全省年内首个死亡病例。随后全国多地出现疫情。

留广州,成为当时世界瞩目的大事件。

2003年3月,在广州刚找到工作的湖北大学生孙志刚,因晚间夜出未携带广州暂住证,被警方带到收容站,并在翌日凌晨在站内被殴打致死。4月,广州《南方都市报》作了《被收容者孙志刚之死》的详细报道。多名学者上书全国人大,要求废止1982年开始实施的收容办法。同年8月,全国人大宣布废止《城市流动人员收容办法》。

2010年
广州于11月举办了第十六届亚运会,成为中国第二个举办亚运会的城市。

2011年
陆丰市乌坎村民为阻止村干部卖地,爆发乌坎民主选举事件。3个月后该村开始实施民选试验。

2018年
10月24日,港珠澳大桥正式通车。

广东人

他们身材瘦小,皮肤有点黑,衣着很随意,普通话却不普通——或许这是很多人对广东人的刻板印象。但当你多了解一些,便会发现他们敢于尝鲜,没有什么不敢吃的;他们很会做生意,却对生活精打细算;他们不太关心国家大事,却热爱并捍卫着自己的传统文化;他们争分夺秒地为了生计而忙碌,再抓住一切机会去享受生活——广东人就是这样低调且务实。但你也许想不到,从三元里打响抵抗列强侵略第一枪到康有为的戊戌变法,从洪秀全发起太平天国运动,到孙中山辛亥革命建立中华民国,坚韧又敢为人先的广东人占据着中国近代史舞台上的重要位置。

"出了广东就是北方"

广东人习惯将所有外省人都称为"北方人",这与中国地理上的南北方关系不大,而是因为语言——一听到别人说普通话,或者是除广州话、客家话、潮汕话之外的语言,就会觉得他是从广东之外的地方来的。而广东处在中国大陆的最南端,其他地方自然而然就成了广东以北的"北方",甚至连同纬度的广西、云南等地也享受同等待遇,或许唯有比广东更南的海南是个例外。

地处东南沿海的广东一直远离政治中心,历史上所受战乱也不多,传统文化、习俗和语言得到了相对完整的保护和传承,也形成浓郁的地域文化。广东人很少看CCTV、春晚,以方言播音的当地电视台收视率往往更高,内地制作的电视剧或者外文电影到了广东常被配上粤语才播出。他们对粤语的热爱从2010年的"撑起粤语运动"中可见一斑。又因"天高皇帝远",广东人对政治没有太大的热情,他们更关心现实生活中的柴米油盐,挂在嘴边的话题除了"揾钱"就是"食"。为生计拼搏之余,在24小时无休止的茶市中享受人生。

凡事都求好意头

广东人勤奋工作,但也有些迷信。只要稍稍留意,就会发现大部分私人商铺里都供奉着财神或土地公;旧式的人家里供奉着观音、关公或民间神灵;而置业、搬屋必然会先找风水先生看一看,有时连城市规划都会参考风水理论。

春节期间的讲究最多,以最具地方特色的"行花街"来说,花市买花不仅是为了装饰,也是为了求得好彩头。几乎每家每户,还有沿街的商铺、单位都会摆上几盆年橘,为的就是"大吉大利",而且橘子长得越茂密越好,否则会变成"空(凶)多桔(吉)少"。年夜饭也不能马虎,必不可少的生菜是"生财",蚝豉(即生蚝)是"好事",猪手也是必备项,因为要钱财和好事来到,还要"就手"(顺利),炸得金黄的大煎堆更是有"煎堆辘辘(滚一滚),金银满屋"的意思,连"干杯"也要叫 "饮胜"。为什么广东人过年发的利是数量多但金额少？因为这样可以多听几次"恭喜发财"（在广东，未婚人士通常先说恭喜发财，就能拿到红包）——只求祝福多。

老一辈的广东人平时做事也很讲"意头"，办事前先查黄历看吉凶，平时讲话也很注意避讳，比如把送书说成"送赢"，伯母（音同"百无"）说成"百有"。

什么都跟"吃"有关

广东人喜欢吃是众所周知的，但连务实肯干的工作精神都能跟"吃"联系在一起。

在正统观念中，一个人的职业代表着他的社会身份，但喜欢说大实话的广东人却没什么所谓，他们觉得工作不过就是一种谋生手段，因此问工作时不问"您在哪儿高就"，而是"你喺边度揾食（你在哪里找吃的）"，工作就是为了解决温饱，或者理解为：吃好喝好就是工作的回报。20世纪末，经济至上的广东人在一天的工作结束后还会通过业余时间挣钱，谓之"炒更"——"更"是夜晚的意思，而既然是业余工作，就不能用掉过多精力，而是跟"炒菜"一样需要控制好节奏和火候。此外，去找工作说成"拣工"（或"揾工"），给人一种在市场挑菜的画面感。

广东的人文版图

广东近2000年的历史，堪比一部先来后到的移民史。秦始皇征服岭南后，发生了数次大规模移民。其中一部经珠玑巷来到珠江三角洲，形成广府人。向沿海迁徙的人们，在福建形成了所谓的八姓开闽，但地少人稠迫使他们继续向南到达韩江平原，成了潮汕人的先祖。更晚一点的宋朝移民到来时，江海之畔已是人口密集，客家人便入山建筑，围屋而居，也有了"逢山必有客，无客不住山"的俗语。

广府人

"珠玑古巷，吾家故乡"，从秦汉时期到20世纪初粤汉铁路开通之前的1000多年里，大量中原移民翻过大庾岭，在山脚下的珠玑巷聚族而居，

遍布世界的广东华侨

当今国外凡有华侨聚居的大城市，亚洲如南洋一带，美洲如美国东西岸主要城市，通行的华人语言，多数是广东方言，这说明最早移居这些地方的华侨绝大部分是广东人。据《广州方言研究》指出，世界各地使用粤语的人数约有7000万，比许多欧洲国家的人口还要多。每逢春节，许多外国人见到中国人不说"新年快乐"，而是"Gung Hay Far Choi"（粤语恭喜发财）。

最早到达美洲的华侨多数来自广东中南部的江门五邑地区。旧金山是华侨在美国最古老的聚居地，当地唐人街至今通行台山方言。他们的后裔已经在那里繁衍至第四代、第五代，并且融入了当地社会，曾出任美国驻华大使的骆家辉就是台山华侨的后代。中国最早的外交官中广东人占了大半，清代的张荫桓、陈兰彬，民国初年的伍廷芳、王宠惠等，都是杰出的代表。清末派往美国留学的"留美幼童"，也全部是广东籍。孙中山先生发动的多次反清革命，都有华侨捐资捐物甚至亲自参与，这些人绝大多数是广东人，因此孙中山称誉华侨是"革命之母"。

繁衍生息数代后,又继续沿着纵横的水道向珠三角及周边地区迁移。珠玑巷的后裔遍布在珠江三角洲,并以广州为中心,逐渐形成了以粤式饮食、习俗、语言为代表的广府文化。被视为广府人发源地的珠玑古巷(见271页),如今集中了数十个姓氏的祖宅和祠堂,在春节或清明期间,很多广府人和华侨都会来此寻根祭祖。

珠三角不仅横据海上丝绸之路的始发港,还是改革开放的前沿地,既有东西方文化交融,又合并了内陆和海洋文化,这些都造就了广府人更开放包容,且善于吸收和学习外来的新鲜事物的特质。改革开放让珠三角迎来了新一轮的移民潮,据统计,截至2018年,珠三角地区外来人口占区域总人口的45%。但在这里,你不仅能呼吸到自由和包容之风,当地人也从未放弃对本土文化的守护与坚持,上茶楼、喝凉茶、吃夜宵、逛花市。古往今来,他们的生活相对稳定,懂得享受生活,更讲求实用主义——一日三餐的民生问题绝对比城市建设的"面子工程"来得更重要。

广府人一次次被历史境遇推到风口浪尖,但他们随遇而安,顺应其变,不激进但有话直说,对社会公平正义格外注重,因此这里诞生了中国最敢发声的媒体。

潮汕人

潮州人的来源,依然与中国历史上反反复复的"南迁"有关,只是大多数的早期潮州移民并非直接来自中原,而是先在福建安顿了相当长的时间,后来又往南迁移进入广东东北部,因此他们有着与闽南地区更为相似的语言、风俗和饮食习惯。当地人用"省尾国角"来称呼整个潮汕地区,包括今天的潮州、汕头、揭阳和汕尾4座城市。而"潮州人"指的就是居住于此同根同族的潮州民系。如今汕头也逐步发展成地域的龙头城市,"潮州人"的称谓多被"潮汕人"替代。

潮汕人善经商,海内外的企业家也越来越多,其中影响力最大的无疑是李嘉诚。明清时期,潮汕一带海上贸易越发活跃,潮州商人倚重地缘,加上刻苦耐劳、冒险进取的个性,不仅替代晋商和徽商成为中国当时最具影响力的商帮,还走出国门,把生意做到了世界各地。如今,东南亚、西欧、北美、澳洲多地都有潮州会馆和同乡会,潮州也成了中国最大的侨乡之一。

潮汕人还给人"喜欢拉帮结派"的印象。据说韩愈在潮州当刺史时,曾想"以正音为乡人诲",教当地人讲中原官话,结果发现徒劳无功,可见唐朝时期潮汕话已经与中原话大不相同。潮汕人在陌生环境中只要找到同一口音的人,那便是"胶己郎"(自己人),其他人很难融入群体。时至今日,普通话在潮汕地区,尤其是小城市或县城仍不算普及,很多中老年人都不会说普通话,语言交流障碍难免给初来乍到的旅行者以"拒人千里之外"的冷漠感。

此外,潮汕的宗族观念经常被贴上"重男轻女"和"大男子主义"的标签。潮汕人有喝工夫茶的习俗,又擅长烹饪,潮菜口味接近粤菜又独树一帜,讲究食材的原味和鲜味,汤水配搭讲究,善烹海鲜,所以今日世界各地凡经营潮州菜的馆子多数是高消费场所。

客家人

客家的先祖是来自黄河流域的汉人,他们从两晋开始数次往南方迁徙躲避战乱,一路迁居到江西、福建和广东三省交界处的丘陵地带,以"客籍"身份定居。唐末宋初,客家人的足迹已经到达广东的韶州(今广东韶关)、循州(今河源市龙川县)、梅州、惠州等地,并在南宋以后继续向南部和西部扩展。

无论是乡村还是城市,客家人的日子都是踩着慢拍在过。人们固执地守护着祖辈传下来的林林总总,古老的中原文明与独特的客家风俗交织共存,就连最平常的小吃都有不一样的名字。客家人的传统居所围楼是了解他们生活的最好途径。一座围楼相当于一个小型社会群体,同姓同宗的人们聚居在里面一起生活。由于聚居区大多为山地,围楼建造得如同一座座堡垒,以抵御外敌和野兽侵扰。这一生活模式也使得强烈的宗族观念和崇文轻商等固有的传统思想一直流传了下来。惠阳的南阳世居(见239页)、始兴的客家满堂大围(见272页)、大埔的花萼楼(见233页)和饶平的道韵楼(见195页)都是其中的代表作。

与此同时,清朝中期随着人口膨胀,岭南的客家人开始到国外谋生,与潮州华侨团体相比,客家华侨似乎要更低调一些。其实客家人的海上迁移道路走得很远,他们同样下南洋到泰国、马来西亚与印度尼西亚等地开垦和经商,并曾在加里曼丹岛上建立过公司自治团体"兰芳共和国"。清末时,还曾有大批客家人作为劳工去往印度洋西岸的毛里求斯和留尼旺,以及太平洋对岸的美洲诸国。

少数民族

虽然集齐了全国55个少数民族,但世居广东的少数民族只有瑶、壮、回、满、畲5个,其他多因经商、务工而来。截至2018年底,全省有少数民族人口373万人,约占全省总人口的1.5%。其中90万的户籍人口主要分布在广东的3个民族自治县(连南瑶族自治县、连山壮族瑶族自治县和乳源瑶族自治县)、7个民族乡,以及389个少数民族聚居村中。其中壮族、瑶族主要分布在粤西北的连山、怀集、连南等地;畲族主要分布在韶关的东北部和潮州周边一带;回族主要分布在广州、深圳和珠海;满族则主要居住在广州市。因人才流动、婚姻、务工经商等迁移而暂住广东的少数民族流动人口逾280万,主要集中在珠江三角洲地区各城市。

想体验一下广东的少数民族风情,粤北的"三连"——连州、连南、连

神仙也移民

广东不仅吸引了大量外来人口,甚至连神仙也"移民"。2010年广州重修城隍庙,立了三尊城隍爷像,分别是南汉高祖刘䶮、明代清官海瑞和谏臣杨椒山。南汉高祖自当纪念。海瑞原籍琼山,原属广东,也算老乡。杨椒山是河北人,一辈子忙着弹劾严嵩,跟广东没啥关系,但广州人敬他义胆忠肠,亦奉为城隍爷。

广东的神仙不仅有外省的,还有外国的。广州南海神庙供奉的波罗国使者达奚司空,就是唐朝时期印度朝贡使者。据说他在神庙拜谒南海神时因故误了归期,从此每天到海边眺望,希望看到本国船只来接他返回故乡。他终老于广州后,当地百姓按照他每日左手举在额前眺望的姿势塑了一尊像,并为他穿上了中国的服饰,放进庙中供奉,至今香火不断。广州华林寺的五百罗汉里,有一尊罗汉就取形于意大利旅行家马可·波罗。各路神仙在这里都享有香火,相安无事。

山最为集中。那里不仅有数座交通较为方便的古老瑶寨,每年七月初七的壮族戏水节和十月十六的瑶族盘王节更是盛大精彩。即便是平时前往,穿着民族服饰的人也随处可见。广州城西部的回族、满族聚居区有清真寺、满族文化研究会等活动场所,但大部分回族人和满族人已经很难与汉族区分开来了。

宗教

广东是佛教、道教、伊斯兰教、天主教和基督教五大宗教共存的省份。全省约有482万信教群众,宗教活动场所有3097处。还有广东佛学院、广东基督教协和神学院,以及广东道教学院三所宗教院校。全省信教群众、宗教活动场所和教职人员主要集中在珠江三角洲的发达地区和粤东、粤西的农村。

与大多数省份一样,广东人信奉的宗教也以佛教和道教为主。这两者在广东的历史最为悠久,均已有近1800年的历史。唐朝年间,六祖惠能在广东开创了禅宗,广东佛教发展达到鼎盛时期。时至今日,广州光孝寺、韶关南华寺都是著名的佛教圣地,每逢农历二月初八的六祖诞辰日和农历八月初三的六祖涅槃日,南华寺的"六祖诞"祈福法会都会吸引海内外数万的信众于此诵经礼拜。道教宫观则主要分布在广州、惠州和潮汕地区,其中惠州罗浮山被道教尊为天下第七大洞天、三十四福地。伊斯兰教于盛唐时期传入广东,如今的穆斯林主要集中在以广州为中心的珠江三角洲,肇庆是穆斯林的第二个聚居地。天主教和基督教分别于16世纪和19世纪由西方传入广东,建成于1888年的广州市圣心大教堂是广州教区的主教座堂,也是中国现存最大的花岗石构筑的哥特式天主堂。

除此之外,广东的民间信仰也非常多元。妈祖是沿海地区重要的信仰对象,珠三角沿海城市及潮汕地区都有天后宫,信妈祖的潮汕人农历每月初一、十五要给妈祖上香烧元宝,妈祖诞辰那天更是隆重。巾帼英雄冼夫人在湛江、茂名一带是百姓重要的信仰对象,光是在茂名地区,与她相关的庙宇就超过200座。每年农历十一月廿四冼夫人诞辰是当地最热闹的节庆。还有很多广东人推崇关羽,称他为"关二哥""关帝",信众认他为武财神,又是五文昌之一。关公也是忠义的象征,电影《古惑仔》中,古惑仔们每逢重大行动前必拜关公。而粤西的雷州和徐闻有崇拜雷祖、信仰石狗的文化。

广东的语言

广东人说什么话？对于广府文化圈内使用粤语的人群来说，粤语是他们日常使用的语言。然而对于粤北客家地区以及粤东潮汕地区的人群来说，他们常用的语言分别是客家话以及潮汕话。事实上在汉语包含的七大方言中，90%以上广东人使用的方言分别占了粤语、客家语和闽南语这三种，此外雷州半岛也有部分人讲雷州方言"黎话"，粤东北的一些畲族村落仍有少量人群使用畲族语。因此，广东人使用的方言并非只有被固有概念定义为"广东话"的粤语，不过粤语作为一种强势的方言，在广东省内乃至全国都有着很大的影响力。

粤语：精妙优美的古韵

粤语发源于古代的中原雅言，在秦汉时期就已有雏形，至今已有2000多年的历史。这种语言具有完整的九声六调，较完美地保留古汉语特征。到唐宋时，粤语基本定型，北宋初年出版了中国历史上第一本官方的权威发音韵律书《大宋重修广韵》，里面标注的文字发音与现代的粤语高度吻合。

因为古汉语通常很简短，"九声六调"为的就是保证文字之间的读音差距，这样就不会有太多"同音字"。在粤语的九声中，各自代表字有：诗（si1）史（si2）试（si3）时（si4）市（si5）事（si6）色（sik1）锡（sik3）食（sik）。六个调值的代表字为：周（zau1）口（hau2）店（dim3）河（ho）姆（mou5）渡（dou6）。

清朝中后期是粤语发展的重要阶段。由于清朝实行闭关锁国的政策，仅仅留下广州作为对外的贸易口岸，这时的广州是一处连接中国与世界的主要门户。因此无论是官员、传教士还是商人，凡是外国人需要和中国人打交道，学会粤语对他们来说都是一块高效的敲门砖。同时，广州繁盛的商业活动也积极北上影响到了广大的中原地区，这使得很多中原人士开始接触粤语，这是粤语第一次逆向传播并影响到更大范围的中国。也是在清朝中晚期以及民国时期，大量广东人陆续迁至东南亚、美洲、欧洲和澳洲等地，粤语也随着华裔族群的迁徙脚步开始传播到全世界。

到了现代，广州话通常被粤语地区的人们认作标准发音，而要继续追根溯源，寻找这种标准发音的源头就要找到广州老城区的"西关话"中去。对于使用粤语的人群来说，"广府话"和"白话"一般都指广州话发音的粤语，对于非粤语地区的大部分人来说，"粤语"即"广东话"，但这种广东话包含了广州话、香港话和广西粤语等更多地区的不同发音。

由于经济和文化的影响力，香港话也成为粤语中的另一个标准发音参照，广东省内非粤语区的人们会在日常生活中接触到以广州话为代表的粤语，也会在收看香港电视节目时学习到港式粤语。不过，广州话和香港话的差异其实只在于个别字的发音，更多差别则在物品的称谓上，比如广州话

"胶擦"与香港话"擦胶"、广州话"阳台"与香港话"露台"、广州话"吸管"与香港话"饮筒"。

粤语歌曲：一条温柔的文化纽带

粤语因为"粤"字的字形和婉转灵动的发音，也曾遇到一些政治不太正确的调侃，但不能否认在全国范围内，大部分人对于粤语的熟悉和接受程度要远远高于其他方言。

用粤语演唱的流行歌曲正是在当代把粤语推向全国的有效媒介。20世纪90年代前后，改革开放带来的经济和文化发展使中国各地的人们能听到更多的流行音乐，而这时正好也是香港音乐行业的辉煌年代。像其他制造业一样，音乐产业的热度也很快转移到了广东，此时香港涌现出大量脍炙人口的粤语歌曲，其中不少都离不开广东音乐人参与创作。

在粤语歌曲大流行的时代，不只在粤语文化圈，很多其他地区的中国人都开始从流行歌曲里接触到粤语，特别是对于那些成长在20世纪八九十年代的人群，在他们的记忆里，会有很多从录音机和CD机里收听"香港年度劲歌金曲"的时刻，而在听歌学唱的过程中，也自然而然地学习了到一些粤语的基础发音和常用词汇。

因此如今哪怕是在远离广东的北方官话地区，粤语也不是一种完全陌生的方言，相反不少人因为喜欢粤语歌曲而开始学习粤语，更有人尝试用粤语来演唱北派文化的代表歌曲。例如黑龙江歌手罗凯南用粤语模仿刘德华唱法演唱《咱们屯里的人》，这首好玩的歌曲从东北地区流行到全国，随后香港歌手刘德华和李克勤也先后翻唱了这首歌，收获了搞笑又大气的好口碑。这样看来，粤语歌曲成为一条温柔的纽带，促使南北两种语言背景下的流行文化进行了沟通与交流。

这十首在KTV里点歌率超高的粤语金曲，相信你也会唱：
《红日》
《风继续吹》
《开心的马骝》
《千千阙歌》
《皇后大道东》
《真的爱你》
《海阔天空》
《光辉岁月》
《下一站天后》
《浮夸》

"栋笃笑"与"是但嗡"

这两个看起来有些玄妙难懂的名词，其实都是粤语词汇，同指使用粤语来进行的语言喜剧表演。这种表演的形式在很大程度上借鉴了英式单人笑话表演stand-up comedy，与观众的互动性很强。

香港艺人黄子华通常被认为是"栋笃笑（duk dung siu）"的开山始祖，这个名词来自他对stand-up comedy的意译，"栋笃"在粤语里意为站立，"笑"则对应喜剧之意。

"是但嗡（si daan ngap）"则由另一位香港艺人林海峰（他与葛明辉的搞笑组合"软硬天师"在20世纪90年代的粤语文化圈内非常有名）提出，这是一个巧妙的音译加意译：粤语里"是但"意为随便，"嗡"则有口头讲述的意思，而用粤语说这个词时又正好贴合了stand-up的发音。

因为省港一脉相承的语言基础和文化背景，"栋笃笑"很快从香港传到了广东。与香港电影与音乐走向国际的定位不同，"栋笃笑"的内容风格更为接地气，富含本土笑料的笑话风味别致，例如黄子华调侃日本料理的"凤爪寿司"就是一个经典桥段。

然而如果简单把这种表演归类为"单口相声"，可能会受到一些粤语爱好者的反对。因为"相声"这个名词在中文里一般专指使用北方官话来表演的语言喜剧，而不管是在媒体演出频率还是受众接受程度上，用粤语来表演的"栋笃笑"都输北派相声一大截。因此在这种有些可爱的南北文化较劲的过程里，粤语爱好者们更愿意使用"栋笃笑"与"是但嗡"这两个有地方特质的专有名词，以表达对粤语文化的喜爱以及使用粤语的自豪感。

潮汕话和客家话: 粤语之外的广东乡音

随着珠三角的经济腾飞,越来越多的客家人和潮汕人西迁去学习、工作和生活,并且入乡随俗使用粤语,因此粤语也承担起了"珠三角普通话"的功能,并且在约定俗成的概念上被定义成"广东话"。但如果你问潮汕人或客家人是否说广东话,他们可能会在回答中纠正你:我说潮汕话/客家话,我也说粤语。

潮汕话是潮汕地区方言的通称,有时也被称为"潮语",研究表示这种语言属于闽南语的次方言。在历史上,"潮州"的概念不止包含如今的潮州市,也是海阳、潮阳和揭阳三县所组成的潮州府的总称,因此"潮州话"便是这一地区所使用的方言的通用名。不过由于汕头在近代的经济崛起,"潮汕"逐渐取代了从前"潮州"的意义,"潮州话"也更多地被改称为"潮汕话"。

对于大潮汕地区不同地方的人来说,潮州人的"韩江音"语调更软,用词也更文绉绉,而潮南人和惠来人所说的"练江音"的语调更重,用词也较为乡俗,汕头人所说的"汕头音"则有更多易懂的通用词汇。这可能是因为潮州是文教发达的古城,潮南和惠来则是依靠山海为生的乡村,而汕头作为开埠后的新城,各方来客的口音在此融汇出了一种新口音——几方水土养出的几方口音传达出了不同性格面貌。

在潮汕话里,汕尾话是一个特殊的存在。与中原人口迁徙到"潮州三阳"的路线类似,大多数汕尾人的祖先迁移到汕尾之前的一站也在闽南地区,但他们的大规模迁移年代是明朝时期,比唐朝与南宋两次"福佬入粤"的高峰期要晚一些,因此汕尾话的语调与潮州、揭阳和汕头的口音差别较大,却更接近闽南音。

除了广东省,在江西南部、福建西部以及四川都有客家人的聚集地。不过粤北地区的客家聚落更为集中,客家话在这里的使用程度也更高,可以认为粤北是客家文化圈的中心地区。由于客家人的迁移之路跨越的时间和空间既远且长,不同地区客家话之间的识别性和通用度远不如潮汕话那样高,不止广东客家话与赣州客家话、汀州客家话或四川客家话有很大区别,就算是在广东省内,清远客家话、韶关客家话和梅州客家话互相之间也都有不小的差异。

试着学习和使用这些简单有用的粤语句子:

你好(nei hou)。这个招呼用语也常被调侃为"雷猴"。

点解(dim gai)?本意是"怎样解释",即即"为什么"。

唔该(m goi)。本意是"不应该",在大多数非正式语境中意为"多谢",也在麻烦别人时表示"劳驾"之意。

唔好意思,我唔识讲粤语(m hou ji si, ngo m sik gong jyut jyu)。用粤语说"不好意思,我不会说粤语",让说粤语的朋友会心一笑。

学讲潮汕话

潮汕话是潮汕地区方言的通称,有时也被称为"潮语",研究表示这种语言属于闽南语的次方言。由于潮汕话有8个不同的声调,而且保留了很多古汉语词汇,因此对于非本地人来说十分难学难懂。与当地人交流时尝试说点潮汕话,他们很可能会对你刮目相看:

潮州(teo chew),**汕头**(sua tow),**揭阳**(gig yion),**汕尾**(sua bui)。

胶己人(ga gi nang)即"自己人",说潮汕话是界定自己人的标准之一。在异地他乡时,胶己人总是会受到胶己人的帮助和优待。

姿娘(zi nio)即"女人",美女则是"雅姿娘"(nia zi nio),很有古典美。

食饭(jia buon)即"吃饭",类似的还有"食茶"(jia de),对于许多潮汕人来说,请客人食茶是日常礼仪。"食夜糜"(jia me mue)便是"吃夜粥",与"何不食肉糜"相同,"糜"保留了古意。

行(gia)即"走",保留了古汉语词汇,"慢走"是"款行"(kua gia),"你跟我走"是"你缀我行"(le dui wa gia),"缀"也是古汉语词汇。

美食、广东方言与外语借词

在海上冒险的过程中,无论是广府人、潮汕人还是客家人,他们都把各自方言中的一些词汇带到了海外,也从其他语言中借用了不少词汇。而在这些"进出口词汇"里,很大一部分互借的词汇都是食物类的名词。

清时广州开埠,在品尝广州美食的同时,英国人也把很多食物名字的粤语发音直接搬到了英语里。这些词汇包括"dim sum(点心)""chop-suey(杂碎)""won ton(馄饨)"和"chow mein(炒面)"。

广东与泰国之间的交流也很频繁。粤语、潮汕话和部分地区的客家话里都把鸡称为"gai",这个发音也被移民带到泰国并被泰语借用。潮汕有名的"巴浪鱼"其实是一个潮泰结合词:在泰语里"鱼"的发音为ba,lang则是潮汕话里"鳞"的发音。潮汕移民把美味的猪脚饭带到了泰国,"猪脚饭"在泰语里的发音为khao(饭)ka(腿)mo(猪),在潮汕话里则是de(猪)ka(脚)buon(饭)。此外,泰国有一种由客家移民开创的小吃叫作"yen ta fo",发音来自客家话里的"酿豆腐",不过这种食物已和正宗客家酿豆腐完全没了关系,"yen ta fo"也变成了制作这道汤粉时调味用的红糟的泰文名字。

或许是由于梅州客家人的迁徙影响范围更广,语言学者一般把梅州客家话作为客家话的典型语音代表。但这只是学术意义上的"标准",在日常生活交流中,不同地区的客家族群并不会把梅州客家话语音作为标准客家话来学习和使用。而在各方言区的交界地带,客家话与潮汕话和粤语之间的互动也更多,譬如一些汕尾人说汕尾话同时也能听懂客家话,不少大埔客家人都会说潮州饶平话,而清远佛冈"蛇话"则介于粤语和客家话之间。

Teochow和Hakka:跟随移民走向世界

从清朝中期直至民国,一直有大量的潮汕人和客家人漂洋过海到国外闯荡讨生活,他们也把潮州话和客家话带到了广东以外的更大的世界。在英语中,指代潮州话的单词为Teochow,指代客家话的单词为Hakka,分别来自潮州话中"潮州"的发音,以及客家话中"客家"的发音。

20世纪初期,曼谷进入了水路航运带来的商业繁荣时代,大量来自潮州的华裔商人也成为贸易交流的中坚力量,因此这时潮州话在曼谷乃至泰国都是使用频率很高的商业语言之一。不只是来自潮州的华人在社区内用潮州话交流,来自广东客家地区的商人也会使用潮州话来与潮州商人做生意。此外,也有一些与华人联系紧密的泰国人能听会讲"唐话"——潮州人把故乡称为"唐山",意即唐人山河,"唐话"便是他们的方言潮州话。

有趣的是,在以老城"三聘—耀华力"街区为中心的曼谷华人社区里,这里通行的潮州话并非潮州府城的口音,也不以任何其他潮州地区的口音为标准,而是大潮汕地区各地口音的混合。这种曼谷潮州话成为曼谷华人群体共同使用的"潮州普通话",虽然语音和词汇都经历了一定程度的演变,加之潮州话在新生代泰国华裔中的流传度已经很低,不过如今在曼谷老城,你仍然有机会用潮汕话去和那些上了年纪的泰国华裔进行交流。

一些百科词条中会自豪地把客家话定义为"苏里南的法定语言之一",其实这种说法不算准确。不过,客家话确实是占苏里南人口约7%的华裔族群至今仍在事实上使用的语言之一。由于这个南美国家的大部分华人移民来自惠州与东莞一带,因此这里使用的客家话更大程度上是在惠州客家话的基础上发展演变的。

他们是广东的乐队,他们也用粤语之外的方言演唱歌曲:

九连真人 语调冷硬的客家话搭配上生猛的摇滚曲调,非常贴合客家山区的生活图景。

玩具船长 用汕头南澳岛方言来唱岛上的风土人情,有着浓浓的海洋味道。

五条人 乐队用海丰"福佬话"来唱歌,唱出了生动的县城趣味。

文化和艺术

一方土地文化艺术的繁荣与否,向来与其历史上政治经济发展的蓬勃程度密切相关,广东在历史上大多数时候都偏离中央集权,所以今日你回顾其文化艺术可能会觉得略显单薄。岭南文化确切地说是在明末至民国从雏形走向成熟的,口岸经济也给它带来了对外来文化的吸收与兼容,被誉为岭南三大艺术瑰宝的岭南画派、粤剧、广东音乐就是这一时期的产物。成型发展晚,加上广东人对地方文化的自豪感和保护意识,在其他地方皆不同程度呈现出文化趋同、传统渐失的当代,你仍可以在广东人的生活中真真实实地接触到特色鲜明的本土文化艺术。

文化

诗词与文学

广东古代最著名的诗人是唐代曲江(今韶关)人张九龄,他在唐玄宗时官至宰相,不但督造了通衢南北的梅关古道,他的诗作在开元诗坛中也有重要地位。传世有《曲江集》诗歌两百多首,《全唐诗》收录三卷,《感遇十二首》是其五言古诗代表作,耳熟能详的有《望月怀远》的"海上生明月,天涯共此时"等,至今长诵不衰。

岭南本土的古典文学称不上突出,古代这里是官员被贬谪的化外、瘴疠之地,也因此,这片土地曾迎来过韩愈、苏东坡这两位文学大家。819年,51岁的韩愈因劝谏唐宪宗不要多度礼佛引起宪宗对其不满,而被贬为潮州刺史。韩愈在潮州上任仅7个月,却做了大量实事,尤其在振兴当地文化教育方面功勋卓著,他所建立的书院至今保存在韩山上。潮州人对韩愈膜拜有加,将流经市区的河流称为韩江,市区背后的笔架山改称韩山,并建立韩文公祠,历代祭祀。

> 苏轼曾有诗云"九死南荒吾不悔,兹游奇绝冠平生",他将被贬广东的两年多看作平生难得的经历。现存广州古刹六榕寺还存有其所题匾额。

另一位官途坎坷的文人是苏东坡,他早年因为反对王安石新法被贬官,哲宗亲政后,"元祐党人"再遭贬斥,绍圣元年,苏东坡被扣以"毁谤先帝"的罪名,在他57岁时被贬岭南惠州。惠州半城山色半城湖的景观让他忆起了杭州,他甚至将惠州的丰湖称为西湖。苏东坡在谪居惠州的940天里,寄情山水,创作激情不减,共留下587篇佳作,所写诗文编为《寓意集》。作为可能是中国古代文人界最懂美食的一位,苏东坡曾在被贬杭州时为江南留下了一道名菜——东坡肉,此次在岭南,他又为荔枝写下了流传至今的文案:"罗浮山下四时春,卢橘杨梅次第新。日啖荔枝三百颗,不辞长作岭南人。"苏东坡在62岁时,再度遭贬到儋州(今海南儋州市,当时属于广东)。

明末清初,大量北方文化人跟随南明永历政权南下,广东迎来了一次文化发展高峰。以"岭南三大家"为首的清初诗歌群体光芒四射,这三家是南海梁佩兰(1629~1705年)、番禺屈大均(1630~1696年)、顺德陈恭尹(1632~1700年)。他们或是抗清英雄的后代,或亲自参加过反清战争,

六祖慧能

禅宗是佛教传入中国后的本土化流派,尊达摩为初祖。传至五祖弘忍时,某日他命众弟子各呈一偈,慧能以一句"菩提本无树,明镜亦非台。本来无一物,何处惹尘埃"得五祖赏识,并得五祖衣钵。后慧能在岭南隐遁15年,于唐高宗仪凤元年(676年)来到广州光孝寺,正逢印宗法师在此讲经。当时,一阵风吹来,殿内旌幡飘动,印宗法师问:"是风动?还是幡动?"慧能答:"不是风动,不是幡动,仁者心动。"印宗法师见其悟性不凡,邀其入室,慧能拿出五祖传给他的衣钵,后得印宗法师为其剃度,成为禅宗六祖,六祖的头发一直保留在光孝寺瘗发塔底。六祖圆寂时,遗言不再传衣钵。禅宗讲究顿悟,强调人人能成佛,不一定需要上师的指引,体现更多平等的意识,方便修行,后来又演化成不同流派。

在广东可寻踪六祖的地方不少:位于六祖家乡新兴县的国恩寺,是他最后圆寂的地方;肇庆市区保留着广东唯一的北宋大殿建筑,即六祖曾经居住过的"梅庵";在慧能的主要道场韶关南华寺,供奉着他的肉体真身。

对明代的覆亡深表痛切,所以作品也流露出强烈的国仇家恨情绪。屈大均所著的《广东新语》,是一部关于广东的天文、地理、经济、草木、动物、文化、民族、习俗等的地情书,有极高的史料价值和学术价值,被当代学者誉为"广东大百科"。同时期颇有成就的诗人,还有为逃避清兵遁入空门的天然和尚及其弟子们组成的海云诗僧团体。

思想学术

理学开创者周敦颐虽只在广东任职不到一年,但对岭南的教育事业影响很大。南宋时期,广东各地都有以"濂溪"(周敦颐世称濂溪先生)命名的书院,传授理学,广东也因为周的传人众多而成为理学重镇。

明代中期开始,广东在政坛和思想史上都涌现了不少名人。琼山人丘浚(1420~1495年)在成化弘治年间官至礼部尚书兼文渊阁大学士,他所著的《大学衍义补》被明代政府列为治国平天下必读的参考书籍,在明代多次重印。最著名的思想家是陈献章(1428~1500年),因居住在江门的白沙乡,又被称为白沙先生,是明代阳明心学的集大成者,也是唯一在孔庙有供奉牌位的广东人。陈献章创立了江门学派,提出著名的"为学当求诸心"的思想体系。他打破了程朱理学的理论格局,提出了"天地我立,万化我出,宇宙在我"的心学理论和"涵养心性,静养端倪"的方法论,是中国儒学发展史上的一个重要转折点。他的著作被汇编成《白沙子全集》。

清朝,岭南地区尚读书,书院、家塾不计其数,如今广州最热闹的北京路一带在那时就是"风声雨声读书声声声入耳"的学院街。而一些合族祠书院,除了供奉祖先牌位,也成了赶考应试的同族子弟的落脚处。合族祠对房舍的分配以科举为先,著名的庐江书院就规定:"科举应试期间,各房照门额房名居住、读书","除考试读书公事外,俱不得入门居住",而在科考之外,可将讲堂之外的房舍出租,所得收入用于合族祠的日常运作、修缮等。

书画与篆刻

明代画家林良是广东画坛第一位名家,他擅长写意花鸟画。晚清时的苏六朋、苏仁山并称"岭南画坛二苏",擅长人物画。但广东真正对中国画

1949年,著名学者陈寅恪来到广州,先后任教于岭南大学、中山大学,他在此度过了人生的最后20年,并写成了80余万字的巨著《柳如是别传》,对于研究明清文学非常宝贵。

近代思想家、教育家、文学家梁启超出生于广东新会茶坑村,他师从同为广东籍的康有为,两人在1895年甲午战争后,联合各省举人发动"公车上书",3年后,两人再度联手发动戊戌变法,救国失败后两人一起流亡日本。

端砚

端砚位居中国四大名砚之首（另三大名砚是歙砚、洮砚、澄泥砚）。端砚产于古端州（今肇庆）北岭山一带，尤以老坑、麻子坑、坑仔岩三地的砚石品质最佳。端砚具有石质坚实、滑润、细腻和易发墨等特点，其石料自带的花纹也比其他砚石丰富。宋朝诗人张九成曾为其赋诗："端溪古砚天下奇，紫花夜半吐虹霓。"

肇庆的白石村有着1300多年的制砚历史，20世纪上半叶，这里诞生了一大批名砚和名师，有"端砚第一村"之称。村里有罗、郭、蔡、程四大世代传承的制砚家族，超过一半的村民从事端砚制造，有一定规模的端砚作坊、厂家超过50家，每年产砚约8万件。一块端砚的制成少则七八天，多则半年，要经过开凿、选料、整璞、设计、雕刻、打磨、洗涤等多道工序。

就如所有砚台一样，作为文房四宝之一，端砚的基础功能是用来磨墨的，从20世纪80年代末开始，收藏热推动了端砚从实用走向赏玩，从而成了集雕刻、绘画于一身的工艺品，端砚的身价也水涨船高。

坛产生影响力始于20世纪，被称为"二高一陈"的高剑父、高奇峰、陈树人是"岭南画派"的创始人，他们皆从日本学成归国，受西方艺术思潮的影响，将水彩、素描的画法融入中国水墨画中。岭南画派反对"师以临摹教其徒，父以临摹教其子"，主张创新，提倡师法自然，崇尚写实，提出了"折中东西方"的观点，艺术手法主张兼工带写、彩墨并重。之后，广州的李雄才、关山月，香港的赵少昂、杨善深，被称为第二代岭南画派的四大家，他们都延续着前辈的创新精神。

同样从日本留学归来的丁衍庸和关良，直接取法于法国野兽派，成为中国现代艺术的倡导者。他们的精妙之处在于将现代艺术的精神与中国笔墨神韵融合无迹，创造出一种深具东方古典精神又自出机杼的国画，成为近百年来最具个人创造力的广东画家。

书法方面的成就不得不提及陈白沙，他用茅龙笔实行工具革命，飞白横逸，墨气磊落，枯润相照，写出了迥异于明中晚期江南的矫健风貌。

岭南篆刻分两大支派：一是清末安徽籍艺术家黄士陵在广东开创的流派，精整峻洁，与吴昌硕迥异，影响广东印坛百余年，继承者包括李尹桑、邓尔雅、黄文宽；另一派则是受法国现代主义影响的篆刻家，他们融现代艺术精神于篆刻之中，一反常态，标榜个性，为中国篆刻走出摹秦规汉的格局作出了贡献，代表人物是易孺和吴子复。

建筑
开平碉楼

开平碉楼在2007年被列入世界文化遗产，也是广东的一张旅游名片。开平碉楼是时代孕育的产物，清末民初，开平乡间匪祸不断，除了人祸还常有天灾——洪水的威胁，而此时，"两手空拳打天下，一条皮带走南洋"的华侨们纷纷带着财富衣锦还乡，于是，建造家宅的要求自然要考虑到兼顾居住的舒适性与防御安全性两种功能。

开平碉楼大多是当时的华侨们在海外请人设计后，回到国内再找工匠按图纸施工。"碉"字充分体现了这一建筑的特色，这是一种堡垒式的塔楼，墙体厚实坚固。碉楼分居楼、众人楼和更楼三种，居楼是家庭居住的楼；众人楼为村民集资建造、供多户人家使用的避难性建筑；更楼用以站岗放哨。开平现存居楼1149座，众人楼473座，更楼221座。碉楼的大小、高低不一，较矮的通常称为庐，造型相对简单。有些碉楼的主体为封闭式，设计简单，窗户开得比普通的民居要小，上半部分的四角有突出悬挑的全封闭或半封闭的角堡，俗称"燕子窝"，碉楼的各层和角堡内皆设有射击孔，用以击退外敌。碉楼内部空间开敞，多为对称结构，与岭南传统民居类似，大一点的碉楼内为三开间，最小的为半开间。最体现建筑美学的是碉楼的屋顶部分，开平碉楼中有一百多种屋顶造型，既有中式的，也有西方别墅式和城堡式，以及中西混搭式，中国传统的镂空女儿墙、古希腊廊柱、古罗马式山花顶、伊斯兰风格的拱券等都能在这里找到。

电影《让子弹飞》中有很多镜头在开平塘口镇自力村取景，电影里黄四郎的住宅就是村里的铭石楼。2007年，自力村和百合镇的马降龙村被列入世界文化遗产。

骑楼和西关大屋

这是广州传统建筑的两大标签。骑楼在福建、广西、海南和东南亚都可以见到，岭南也不只广州有，中山、汕头等地都有较成规模的骑楼。骑楼是典型的外廊式建筑，一楼留空为人行道，二楼以上跨人行道而建，首层通常为商铺，楼上用作住宅。遮阳挡雨是骑楼的一大特色，对于炎热多雨的岭南地区非常实用。

西关大屋在清朝十三行兴盛时应运而生，这一岭南商人的豪宅，有两大显著特点：趟栊门、满洲窗。趟栊门即以13根圆木横梁组成的镂空门，在岭南地区既通风又保护隐私。趟栊门横梁数量有讲究，因"双"发音类似"丧"，所以横梁不能是双数，一般为13根。满洲窗是清朝由被派遣南下的八旗兵带来，是东北传统风格与西方进口玻璃材料融合而成的蚀花玻璃花窗。大屋之内，常见南洋进口硬木为梁柱，欧洲进口玻璃为窗户。

其他建筑

客家围屋是客家人聚居区的典型民居，围屋有多种布局形式。方形和半圆形的围龙式围屋通常背山而建，分布在梅州、惠州、河源、深圳，梅州坝美村的璎公祠是这类代表，也是广东最大的围龙屋。韶关始兴县的客家满堂大围号称"岭南第一围"，为里外三层的回字结构。四角形方形围屋主要分布在惠州，四角有起防御作用的碉楼或炮楼，惠州的崇林世居是此类代表，也是广东第二大围屋。

潮汕厝充分体现了潮州人的宗族意识。它部分吸收了北方建筑的风

灰塑与陶塑

灰塑与陶塑是岭南传统建筑中常见的屋脊装饰，尤以灰塑为岭南独有。灰塑又称"灰批"，常用于屋顶、山墙、屋檐上，题材多为花鸟鱼虫、神话传说。灰塑的主要原料是石灰，混合发酵后的稻草、纸筋等纤维质，逐层堆塑晾干，这种材质耐热防潮，也不易变形，很适合岭南的潮湿气候。灰塑的制作直接在建筑上进行，包括构图、固位、做坯、塑型、定型、上色灰、上彩等。灰塑作品色彩丰富、色泽鲜艳，视觉上有很强的立体感。

陶塑主要装饰于庙宇、祠堂、会馆等公共建筑的屋脊上，在广东、台湾、东南亚一带都很流行。陶塑源自惠州的石湾地区，俗称"石湾瓦脊"。陶塑的原料是陶泥，塑型后施以明亮釉色，然后通过高温煅烧而成。陶塑具有很好的固色耐久效果，同样适合岭南的多雨天气。

格,将四合院改造为下山虎式、四点金式、驷马拖车式等。四点金式是以四角四间正房、前后两座大厅,包围一个天井的建筑形式;下山虎最普遍,它比四点金式少两个前房;驷马拖车式则非常复杂,有着"三落二巷一后包"的格局,看起来像四匹马拉着一辆马车。

岭南园林既不同于北方园林的宏大,也不似江南园林的精巧,一般面积不大,非常注重装饰,大量运用了木雕、砖雕、陶塑、灰塑等。借景艺术方面与江南园林有异曲同工之效,布局和建筑细节又多少受到了西方建筑的影响。顺德清晖园、佛山梁园、番禺余荫山房、东莞可园是岭南四大名园。

岭南沿海和乡村地区常见蚝壳墙,这首先得益于靠海蚝壳易得,将蚝壳拌上泥浆、石灰和红糖、蒸熟的糯米后,堆砌成墙,有着通风透气、防火防蛀虫的效果。

表演艺术
广东音乐

广东音乐起源于明万历年间,清朝光绪后逐渐成型,民国得以长足发展,2006年被列入国家非物质文化遗产。

清末,广州和珠三角一带流行不少"过场""小调谱",这种乐队演奏的乐曲又叫"八音""行街音乐""座堂乐",广东音乐便是在这些民间音乐的基础上发展起来的。早期,广东音乐用到的乐器不多,主要有二弦、提琴、三弦、月琴、笛或箫,俗称"五架头",又称"硬弓"。

将坐标定位在番禺沙湾的何氏家族,便是广东音乐的"摇篮",何氏先后出了几位杰出的音乐家,对广东音乐的发展贡献非常大。何博众最精于弹奏琵琶,他所弹的《十面埋伏》被形容为"来如千军万马,去过行云流水"。何博众和其他民间音乐爱好者,将北方乐曲与广府地区流行的粤讴、南音和戏剧牌子曲、杂曲等博采众长,创作出了首批广东音乐作品,这些早期的作品简单、质朴,奠定了广东音乐的雏形。民国初年,广东音乐在何博众孙辈们的努力下真正走向成熟,并自成一体。何柳堂、何与年、何少霞被称为"何氏三杰",他们广泛收集当时的音乐作品,在前辈技艺的基础上,结合西方乐器,将先人简单粗糙的作品加以整理提升。"三杰"中以何柳堂成就最大,他创作了《雨打芭蕉》《赛龙夺锦》《七星伴月》等数十首名曲,并出版了一本石印的《琵琶曲集》。何氏在音乐中沿袭了中国古典诗词的韵律与意境,被后人称为典雅派,也是广东音乐较有影响力的一个流派。

20世纪30年代,广东音乐借由唱片公司、电台等媒介传播迅速。广东音乐琴谱、曲集得以大量出版,中国早期的无声电影基本都是以广东音乐作配乐,这些也都推动着广东音乐的发展。50年代,广东民间音乐团体多次赴欧演出,也曾唱响维也纳金色大厅。

广东当代最著名的音乐家当属《黄河大合唱》的创作者冼星海,冼星海祖籍番禺,出生于澳门。广州有多处纪念冼星海的地方,包括星海音乐厅、星海音乐学院、番禺冼星海纪念馆等。

改革开放后,广州成为内地原创音乐的发祥地,以港澳娱乐公司的模式成立唱片公司,打造了第一批内地歌手和音乐创作人。"太平洋影音公司"曾经推红了大批当代歌坛上影响深远的优秀歌手,例如朱逢博、于谷

番禺沙湾镇的三稔厅是何氏家族的小宗祠,20世纪二三十年代,"何氏三杰"和其他一些音乐家在这里一起创作了很多风靡岭南乃至全国的音乐。何柳堂创作了《雨打芭蕉》《七星伴月》《赛龙夺锦》等,何与年创作了《华胄英雄》《齐破阵》《骇浪》等,何少霞创作了《陌头柳色》《将军试马》《夜深沉》等。

广州是中国的现代舞之都,中国的第一个现代舞蹈团就诞生在广州,广东现代舞周自2004年开始持续举办至今,吸引了世界各地的现代舞艺术家前来参加,是城内的一大艺术盛事。

潮流的广东，改革开放的试验田

1979年以后，广东成为中国对外开放的试点地区，以港澳生活方式为蓝本的各种当代文化从广东开始辐射全国各地。广东人率先在全国开创自由穿着的风气，内地很多城市的时尚意识还局限于涤卡、的确良、灯芯绒等料子做成、缺少剪裁美感的衣服时，广州街头的年轻人已经穿上喇叭裤、牛仔裤，戴着大墨镜，烫起了爆炸头等。20世纪八九十年代，广东一直是中国的时尚发布前沿。

1986年，广东人民广播电台开设了"珠江经济广播电台"，这是中国第一家以"经济"为主旨的电台，它以报道经济新闻为主，黄金时段会播放流行歌曲，一改之前30多年电台只作为宣传阵地的面貌，当时广东各地都以收听"珠江台"为时尚。电视方面，1980年，广东电视台出现了新中国成立以来首则电视广告，内容是荔湾铁工厂的手推车，这是中国电视史上的重要里程碑；1983年，香港电视剧《霍元甲》在广东电视台首播，这是中国内地第一次引进播放的港台电视连续剧。

一、蒋大为、苏小明、程志、成方圆、费翔等。20世纪90年代，"太平洋"先后与甘萍、山鹰组合、李进、伊扬、火凤、张萌萌、廖百威等大批歌手签约，推出了发行量巨大的专辑，为中国原创音乐的发展作出了重要贡献。

粤剧

粤剧是中国四大剧种之一，最早称为广东大戏、本地班，看粤剧为"睇大戏"。粤剧形成于广州，后流行于广东、广西、香港和澳门一带。2009年，粤剧被联合国教科文组织列入人类口述和非物质文化遗产代表作名录。

明成化年间，外省戏班常在广州的南海神诞、北帝诞、观音诞等庙会演出，吸引了本地人开始学戏。清朝开始有了唱"广腔"的本地戏班，早期的粤剧受"外江班"（即外省戏班）影响很大，同时也在借鉴、吸收中逐步成形。几乎与十三行盛行的同期，粤剧也迅速发展着。清末，粤剧在声腔、表演、剧目上都已日臻成熟。光绪年间，广州有36个戏班子，如今被称为广州最美骑楼的恩宁路，便是当年粤剧艺术的发展基地，八和会馆、銮舆堂都设在此，薛觉先、马师曾、红线女、李海泉等粤剧名伶也居住在此。

早期粤剧的唱念受外江班影响，为桂林官话，后才改为广州话。早期的声腔以梆子、弋阳腔、昆腔为主，后又融入了西皮、二黄，并发展出梆黄合流，还出现了专戏专腔，近代又吸收了广东音乐（民国时沙湾何氏家族的音乐家也参与了粤剧的改革）、外省小曲等，最后形成以板腔体结构为主、曲牌体结构为辅的声腔系统。粤剧分十大行当（角色）：武生、小武、花旦、正旦、正生、总生、小生、公脚、花面、丑生。粤剧界的戏班子被称为行会组织，佛山的琼花会馆是最早的戏行会馆。光绪年间建立的八和会馆将粤剧艺人按行当和职务分为8个堂口，比如武打銮舆堂，薛觉先、马师曾都曾做过八和会馆的负责人。八和会馆直到20世纪50年代才停止活动。而在当代，香港艺人汪明荃、罗家英等也都是粤剧票友，他们对粤剧的发展有很大推动作用。

咸丰四年（1854年），以李文茂为代表的粤剧艺人纷纷响应太平天国运动，清政府下令禁演粤剧，佛山和广州的"琼花会馆"也被焚毁，直到光绪十五年（1889年）才解禁。在此期间，沙湾镇的百姓想出一个办法，他们把自家的孩子打扮成戏中人物，教他们摆姿势，并做了架子抬着他们走乡串镇，看起来就像一台戏，后来慢慢形成了一支颇有规模的队伍，因为没有音乐伴奏，算不上唱戏，官府拿他们也没办法，这便是延续至今的沙湾飘色。

民间工艺
西关五宝

广彩、木雕、广绣、牙雕、玉雕被称为"西关五宝"，是广州民间工艺潮州木雕与东阳木雕（浙江）并誉中国两大木雕体系，主要流行于潮州、潮安、饶平、普宁、汕头、澄海、潮阳、揭阳、揭西、惠来等地。潮州木雕的镂通雕技艺非常精致，多有着金碧辉煌、浓烈夸张的装饰风格。主题既有家禽家畜、蔬菜瓜果、农具渔具等反映乡村生活的，也有反映敬神祀祖、忠孝节义、富贵功名的吉祥纹饰。

的代表。清朝实行一口通商制度，广州成为中国唯一的对外窗口，广州保留至今的很多传统工艺，都是那时应对外贸易之需求而生，且广彩瓷、广式木家具、牙雕等又不同程度受到了欧洲风格的影响。

广彩指的是广州织金彩瓷，它诞生于明代，清朝随十三行贸易而鼎盛，成为专供外销而设计、生产的瓷器。当时，广州的工匠们将从景德镇运来的素瓷胎，用青花、五彩、粉彩等色釉，以及进口颜料，在素身瓷器上仿照西洋画法，彩绘各种图案，然后进行烘烧。广彩瓷吸收了传统的五彩和粉彩技艺，又为出口之需迎合西方人的审美习惯，模仿了部分西方的艺术形式，例如洛可可风格，色彩浓烈、构图繁复是广彩瓷最大的特点。

木雕主要用于广作家具上，兴起于唐代，明代成行业，清代达到鼎盛。清朝时，宫廷家具大多采用广作，光绪帝结婚时的龙床便出自广州名匠之手。广作常以同一种木料一气呵成做成一件家具，紫檀、花梨、酸枝是最常见的木料。广作家具极注重雕刻，纹样繁复，雕工雄浑、粗犷、流畅，集浅浮雕、浮雕、高雕、通雕、圆雕、镂雕等多种雕刻手法。广州木雕的题材多以人物、山水、花鸟为主。大面积饰以金漆是广州木雕最显而易见的特色，看起来极为富丽堂皇。

广绣是与苏绣、湘绣、蜀绣并列的中国"四大名绣"。广绣泛指广州和珠三角的民间刺绣工艺，在清乾隆年间形成行业。广绣和广彩、广州木雕一样，同样具有色彩艳丽、构图饱满的特色。陈列于全国人大常委会全体会议厅的《夏日海风》是广绣的代表作。

广州牙雕又称南派牙雕，以镂空、透深的技艺闻名，最初是以象牙为载体进行雕刻，最常见的便是象牙球、象牙船。不过，自从2018年中国全面禁止商业性加工销售象牙及制品，这门手工艺不可避免地走向了衰落。

广珐琅

广东的国家级非物质文化遗产包括：灰塑、石湾陶塑、肇庆端砚、潮州木雕、广州榄雕、广州玉雕、粤绣、广州象牙雕、沙湾狮舞、广东音乐、潮州音乐、莨纱绸、佛山木版年画、粤剧、雷剧、汉剧、英歌……

清朝，广州作为对外经济窗口，珐琅工艺随欧洲商人和传教士传入，本地工匠便了解到了一些欧洲的制作工艺，而康熙、雍正、乾隆三位皇帝对珐琅的追捧推动了广珐琅的发展与繁荣。尤其是乾隆时期，清政府令粤海关全权负责承做珐琅，从而令广州成为清廷珐琅的最大生产基地，大批量为清廷制作珐琅器物。此后，广珐琅走下了朝廷贡品的神坛，在民间落地生根，并转销往海外。

广珐琅工艺的品种很多，且喜欢在同一器物上运用多种工艺制成复合珐琅工艺品。除了掐丝珐琅技艺师承北京，其他如錾胎珐琅、画珐琅、透明珐琅均是舶自西方。广州的錾胎珐琅，錾刻精良、釉色淡雅，以大型龛塔、瓶、炉类居多，其品质和产量在清代都居首位，昔日圆明园里就有大量广州錾胎珐琅装饰。画珐琅釉色明亮，构图繁密，笔法奔放。而透明珐琅在当时的中国仅有广州能烧造。

饮 食

在亚热带季风滋润下的广东和善于打破传统的广东人,为我们带来了饮食的无尽可能。广东人善于分辨味觉的舌尖和什么都敢吃的勇气,把广东打造成全中国最敢吃、最会吃的地方。

岭南背山面海、水网发达,令这里成为多种生物栖息繁衍之地,也利于农作物生长,早在西汉就有"越人得蟒蛇以为上肴"的记述,长久以来广东人也养成了爱食生猛的饮食习惯。中原之地不断南迁,让"食不厌精"的概念逐渐融入当地饮食风格之中。不过,长期默默无闻的"南蛮之地"在两三百年内突然崛起了一个粤菜,这和广东作为当时中国的开放门户是分不开的。多元文化在此交汇,在饮食方面使广州人的视野开阔,也丰富了广州人的生活品味。一向有"尽得天下食材"和博采中原饮食之善的粤菜,在不同程度上也兼容了海外的食材与制作方法。这些为"食在广州"打下了厚实的物质基础和文化影响,也反映了广东的文化特点:贯通古今,汇融中外。这也是为什么粤菜能够跟随着远渡重洋的广东人打拼出一片天地,成为海外中国菜的代名词。

粤菜作为中国四大菜系中最年轻的一支,并不是一个静态概念,越是开放的年代,粤菜的变化就越是让人瞠目结舌,广东人"敢为天下先"的性格在饮食上也体现得十分鲜明。如果你到广州,切记吃饭"两手抓",一是到老西关吃吃旧馆子,二是去新城区一带试试名目繁多的"新派""港式""原创""私房""无国界"……看看到底哪一个能抓住你的胃。

近几年,粤菜阵地也受到不少冲击。以禄鼎记、大龙燚等为代表的网红川菜、麻辣火锅和从华东流行起来的小龙虾大军也在影响着广东人的固有口味。老人家"不爱装潢爱食材"的传统观念在年轻人眼里似乎也打了折扣,很多餐厅也开始考虑与西餐接近的时尚用餐环境。米其林连续两年的餐厅指南虽并未让广大老饕买账,但它毕竟是世界餐饮风向标,未来或多或少也会令粤地美食悄然发生变化。随着快时尚粤菜品牌的崛起,粤菜消费越来越退出高端市场转而回归民间大众,对美食爱好者来说真是好消息。

海鲜最生猛

"生猛海鲜"是许多人对高档粤菜馆的第一印象,品尝广东,不可缺失的就是海鲜。

粤菜餐桌上的海鲜种类繁多,随着捕捞业和贸易的发展,许多深海产品不断被推上餐桌。据说,就连最专业的学者也有近70%的品种辨认不出来,其中的价格差异更是令人叹为观止。海鲜和股市一样也有很强的波动性,政府为了保证可持续发展制定了一个"漫长"的休渔期。在此期间,不

"食在广州"出自什么典故?广府菜大约是在唐代开始形成特色,并已经享有"南烹""南食"的美誉,人们称岭南人"物无不堪啖,唯在火候,善均五味"。到了清末,"食在广州"正式开始流传。

吃海鲜，不能错过那些著名的海鲜市场，不吃也能长见识。广州南沙十九涌和十四涌的海鲜市场是广州人的心头好，湛江霞山水产品批发市场（见247页）是全国最大的对虾交易中心，记得去瞧一瞧。

仅买不到什么好的货色，而且价格直接就翻了倍。8月休渔期结束，政府隆重地发布"开渔令"，接着就是万船齐发出海捕鱼。无论对谁而言这都是一件普天同庆的喜事，不仅平民百姓菜市场买海鲜的经济压力小了，就连酒楼里标明"时价"的海鲜也变得经济实惠了，所以来广东品尝海鲜，选对时间很关键。

清蒸是粤菜对水产品最上佳的表现手法。从餐馆到家中，食客们难以摆脱姜葱丝和蒸鱼豉油的包围，原汁原味，火候得当，凸显海鲜之灵魂。以清汤边炉形式出现的海鲜火锅也最大限度保留了食材的鲜味，由此而出现的"升级版"便是近年流行的蒸汽海鲜。蒸锅分为两层，中间以蒸板隔开，上蒸海鲜下煮粥，趁热品完海鲜，鲜甜的汁水完全融入软糯的米粥，喝上一碗特别养胃。另外，诸如龙虾、象拔蚌之类的高档海鲜比较流行刺身的吃法，但是需要注意挑选餐厅的卫生环境。

无鸡不成宴

广东人爱吃鸡，白切鸡、豉油鸡、沙姜鸡、盐焗鸡、柱侯鸡、猪肚鸡、椰子鸡……鸡到了广东人手里可能有1000种做法，其余各省难以望其项背。连广东地图也被网友幻化成一只鸡腿，简直太形象。

广东人对白切鸡情有独钟，追求的就是"原鸡原味"。袁枚《随园食单》羽族单之首便是白片鸡，也就是今天的白切鸡。袁枚说白切鸡味道似太羹玄酒，不仅贴合白切鸡无味又有味，也贴近广东人的性格——外表温和超脱、实际却胆大进取。

广东的白切鸡流派众多，光是鸡种的选择就有不同门庭，"势力"较大的是湛江鸡和清远鸡，湛江鸡经营得"时髦"，而清远鸡更接近传统口味的标准。如果一家酒楼对自己的生意有长远预期，而且希望能收获良好的口碑，作为点击率最高的白切鸡，其选料也是重中之重。广东人并不在意食肆的装潢，但若店家胆敢用冰鲜鸡来做白切鸡，势必被他们"拉黑"。

白切鸡的做法看似简单，但要真正达到皮黄、肉嫩、油光好的标准着实不易，各大酒楼和各大粤菜名厨都有自我风格的烹饪标准。上下九的清平鸡、长寿路的同记鸡、文明路的太爷鸡、广卫路的路边鸡、麓湖的市师鸡等都是白切鸡的老字号，而最经常代表广州参加各类比赛的则是广州酒家的文昌鸡。

清远鸡还是清平鸡？

站在广州街头，也许你会同我们一样，对"清平鸡"这个词感到迷惑，声名在外的不是"清远鸡"吗？广东人酷爱吃白切鸡，相比鸡肉的嫩滑，更在乎的是有没有"鸡味"，所以必须用吃虫子长大的放养土鸡，那些做炸鸡的大白鸡不可能入围。清远鸡，产于清远市清新县，是著名的走地鸡品种。除此之外，广州人还比较喜欢文昌鸡、龙门鸡等品种。

广州曾有一家清平饭店，在1980年扩建后研制出了一款特别的白切鸡。用药材、香料秘制一款白卤水，代替清汤浸鸡，令鸡肉更鲜香；再用陈年鸡汤代替冷水来"过冷河"，让鸡不断吸收原鸡汤，终于让白切鸡达到了"皮爽肉滑，骨里有味"的境界，于是"清平鸡"便一度成为白切鸡的代名词。清平饭店已经结业，但师傅们纷纷另找出路，文记壹心鸡（见102页）和友联菜馆（☎8187 6751；杉木栏路163号）的清平鸡口碑都很好。

清远鸡说的是品种，清平鸡说的是做法，你猜对了吗？

神秘的烧鹅左腿

广东人无论过年过节或是日常正餐，都喜欢"帮衬"烧腊店。在烧腊中，每店必备并且一直为全国人民所称道的就是烧鹅。选用岭南特产的黑棕鹅为原料，其肉细而厚，烧制后类似北京烤鸭的风味，但没有那厚厚的脂肪层，食用时香而不腻。

广东人吃烧鹅的诀窍只有两个字：趁热。烧鹅刚出炉时皮胀色泽金红，放凉了皮会韧，膏变白色，卖相不好又腻。上等的烧鹅皮咬下去口感会像威化饼一样松脆，而皮下的油脂透明甘香，连嫩红色渗着鲜汁的鹅肉一起送入嘴里，能感觉到肉质纤维的细嫩紧致。

说起鹅腿，广东人非左腿不吃。为什么？有人说因为鹅睡觉的时候，是单脚站立的，用的就是左脚。香港美食家唯灵则讲了另一个版本，他说早年香港警察消夜时都打大排档的主意，大排档老板一看到警察就知道他们要吃霸王餐。有一次一位警察到大排档叫一碗烧鹅髀濑粉时，那个老板就故意说："这位大人这么懂吃，不知道你是要左髀（左腿）还是右髀（右腿）？"警察一听愣住了，"左髀和右髀有分别吗？""有。当然有啦！左髀正比右髀好多。"粤语中"右髀"与"又俾"同音，意指"又给"，借此讽刺警察索要钱财，"又给（右腿）"不如给他左腿，于是就传出了烧鹅左腿比右腿好吃了。虽然时过境迁，但是左腿的神秘感依然左右着烧腊店，不管他们卖的是鸭还是鹅，左边那只脚一定是先卖出的。

不可食无汤

"我煲佐汤喔，你今晚记得早D收工翻嚟食饭啦！"——TVB的经典台词一语道破广东人和汤的关系，据说还要搭配一往情深、含情脉脉的眼神。饭前先喝汤，这种越来越被养生专家称道的方式，在广东人这里只是由来已久的日常。对于熬炖至少2小时的老火靓汤，广东人欲罢不能，坊间玩笑里说，煲汤这件事已经成为广州中学生的必修课。虽然也有高嘌呤引发痛风和肾病的疑问，但靓汤早已融入老广风骨，不可或缺。

电视里，广东妈妈动不动就从橱柜里拿出药材，振振有词地叮嘱孩子感冒了该喝什么，累了该喝什么，虚了该喝什么——千真万确，广东妈妈是老火靓汤世界里不可或缺的存在。除湿祛火要喝汤，换季进补要喝汤，养颜美容要喝汤，养生保健更要喝汤……据说她们不是在厨房煲汤，就是在菜场巡游之路上想着今夜的汤谱。

汤料选择非常讲究，大补的食材和温的食材搭配，凉性食材和温热的搭配，尽量不添加调味而利用食材原味来平衡汤头滋味。于是，这里既有青红萝卜炖小排、莲藕花生骨头汤这样很家常的味道，也有椰子煲丝竹鸡（乌骨鸡）、山药茯苓乳鸽汤这样美美的出品，当然还有惊悚级别的党参蝎子汤、鳄鱼杏仁汤等等。花鸟鱼虫、飞禽走兽皆可煲汤，"以形补形"也是铁律，到底如何，赶紧去个炖品店，看看汤牌也许就让你大吃一惊了。

青菜也疯狂

蔬菜原本是极普通的中餐搭配，但是广东人把吃菜也变成了一门讲究的学问，来到广东，不妨感受一下这里的"吃菜风骨"。

餐桌上一碟青菜在广东人看来绝不是聊胜于无的某种补充，相反，这是精神与物质的双重考验。"加个青菜咯，差唔多了。"这是典型的广式点菜最后一招。青菜就是青菜，要有绿叶，不是黄瓜、茄子、西红柿——肉可以剩，青菜一定要吃，这是广东人从小树立的饮食观。

在诸多蔬菜中，最能代表广东特色的就是炒菜心了，据说他们要吃掉广府人餐桌上最爱吃的烧腊三宝,是烧鹅、白切鸡和叉烧,每家都有秘制配方,南番顺地区还有依然保持用荔枝木烧烤制作烧腊的传统。

全国一半的菜心。菜心不是青菜的心,而是独立的菜种。11月到次年2月,菜心是时令,质量最好,爽甜兼有。菜心的品种也很考究,价格不菲的广州增城迟菜心堪称菜心中的极品,当地每年都会举办增城菜心节。据说"八仙"之一的何仙姑也曾是增城人,为解世间大旱,将仙草结成草马,下界化身为凉粉草。草马下凡时沾上一颗种子,它和凉粉草生长在一起,遂后就成了一棵清甜多汁的野菜——增城迟菜心。迟菜心生长期长,冬季收割,一年只能种两次,被誉为冬季"菜心之王"。

除了菜心,爽脆清甜的芥蓝和茎叶幼嫩的西洋菜也是老广心爱,当然你还能吃到番薯叶、辣椒叶甚至桑叶,白灼、上汤总相宜,蒜蓉和猪油也会让蔬菜突破青涩寡淡的结界,比肉还好吃——这在广东很正常。

粤菜流派多

认真深究起来,粤菜其实是一个很笼统的概念,单就粤菜的字面来讲,就包含了广府菜、潮州菜和东江菜(即客家菜)。

客家菜和潮州菜的发展境遇不同,作为北方人眼中"似是而非"的粤菜,客家菜依然执著于质朴的表现,而潮州菜则狂飙突起,这些年在全国都引发了"潮菜时尚",不仅北京、上海的高端食肆都以潮菜为主,许多全国性主流媒体也纷纷采访报道。

潮州菜给人的感觉是精致和细腻,想感受体现"食不厌精"和"宁静淡泊"这两种古典风骨的饮食也首推潮州菜,小巧藏拙似乎就是一种潮州风格。高档的食材无非所谓"山珍海味",临海重商的潮汕地区自然不缺鲍参翅肚的食材供应,潮汕人的本事在于能够再创新包装,发掘出一个个让人心悦诚服的昂贵玩意,比如说近年价格飙升厉害的狮头鹅老鹅头。除了高端的鲍参翅肚和老鹅头之外,潮州菜也有一些经济实惠的选择,比如砂锅粥和卤水等。

和广府菜、潮州菜的精细奢华比起来,客家菜就有了几分低ทุน土做的气质。客家人用潮州菜花在鲍参翅肚上的心思来琢磨肥厚的猪腩肉,所以有了经久不衰的客家梅菜扣肉。客家菜偏重"肥、咸、熟",这与客家人以往的生活水平和习惯有关。由于居住环境的限制,客家菜里没有海鲜,仅有一些河鲜,显得更加"接地气"。

在粤菜的体系之内还有像湛江菜这样自成一脉的美味。湛江旧称"广州湾",这当然是拜法国殖民者所赐,殖民历史为湛江留下了许多异域痕迹。湛江的海鲜平易近人很多,许许多多的"杂鱼"价廉物美,湛江菜更是强调本味而非突出作料。湛江的生蚝和沙虫等水产在广东较有口碑,而且湛江鸡是广东人餐桌上唯一能和清远鸡分庭抗礼的鸡种。

除此之外,离广州比较近的中山、顺德等地都是著名的美食之乡,中山的乳鸽闻名遐迩,而以烹饪工艺出名的顺德更是被称为广府粤菜的发源地。

由于特殊的地理历史原因,香港和澳门对于广东的饮食文化影响巨大,在广东的主要城市里几乎都能看到"港式粤菜"的招牌。

香港由于被英国占领百年的历史,形成了独特的饮食文化,改革开放初期,不少港厨到穗任职,带来了港式的饮食之风。港式粤菜扎根广州就开枝散叶,不仅把吃燕翅鲍和生猛海鲜的习气带来广州,还带来了先进的管理经验。在广州深圳等地,港式酒楼意味着有更加时尚的食材创意,以

你所不知道的粤菜传奇

民国初期，出现了许多美食家，有的出自商贾之家，有的在文坛得意，粤菜也在此时达到了前所未有的鼎盛时期。那时在广州城中，有两个家族最负盛名，由此诞生了太史菜和谭家菜。

江太史，名江孔殷，生于茶商之家，是清末最后一科进士。他天赋秉异，对食物的鉴赏能力一流。家中不仅请了四名分执中菜、点心、斋菜和西厨的厨子，还在郊外买了一个巨大的私家农场，供应四季鲜蔬瓜果。在江太史的推动下，江家大厨不断推陈出新，当时广州城的酒家都以江家马首是瞻，一旦有了新菜，各大酒家闻风而动，哪怕山寨也要冠上"太史"的名号。当时的社会名流都以能受邀参加太史第（江家府邸）的宴席为荣。

赫赫有名的太史蛇宴，横扫秋冬，令名士们向往。宴会上有龙、虎、凤，即是蛇、果子狸和鸡，但主角只有一位——太史蛇羹。蛇汤用陈皮和竹蔗一起煲，上汤以老母鸡、猪瘦肉和火腿为主，两种汤分别煲好后，去除汤渣，然后才合二为一，加入其他配料同煮。即便是配料也极其讲究，鸡、吉品鲍鱼、鳖肚、木耳、冬笋、冬菇、陈皮等等，全部都切得极细且均匀，最后加入未经熬汤的蛇丝，勾上薄芡，撒上金黄的薄脆、白中带紫的菊花、新鲜翠绿的柠檬叶丝，色、香、味俱全，单是想象一下就美不胜收，若是放到今天，不知要引多少"拍照党"竞折腰。广州吃蛇成风，也自那时起。太史菜也并非全是山珍海味，而是用料精细，搭配、烹制的手法十分讲究。可惜随着主人凄苦而亡，如今流传下来的也不过是太史蛇羹、太史田鸡、太史豆腐、虾仔焖柚皮等等不到十款的样子。

谭家菜，至今依然是官府菜的代表，由出身广东南海、北迁京师的谭宗浚、谭篆青父子开创。虽是官宦人家，但父子俩却都愿意把金钱和精力花费在寻找各地美食、研制家庭菜谱上，在粤菜基础上融入了其他菜系之长。家里的每一位厨子都是重金请来的高手。但谭家菜横空出世，却是因为家道中落不得已而为之，谁料一炮而红风靡京城。最传奇的是，"谭家菜是谭家太太菜"，谭篆青的三位夫人都是顶级高手，以厨治家；"谭家菜不会炒菜"，用料都是顶级食材，做的都是烧、烩、焖、蒸、扒等手法烹制的功夫菜。随着谭家人的离世，谭家菜由各位大厨带入民间，又因为国宴的契机登上了舞台，如今的北京饭店依然保留了谭家菜，至于民间的各类官府菜，也都是仿谭家菜而来。

及更加体贴的餐厅服务。

说起逐渐流行起来的澳门味道，"澳门菜"味道也分三种。首先是当年远道而来的葡萄牙居民和贵族官员们带来的保留了其正宗"血统"的葡萄牙菜肴，比如大名鼎鼎的马介休味，这些菜肴到了今天的葡萄牙也能寻根；其次是葡萄牙的殖民历史造就的外邦葡国菜，像"非洲鸡"这类的菜肴堪称典型，今天的葡萄牙也没几个人会做；最后便是澳门特有的本土葡国菜——华人和葡萄牙人的联姻后代，以及深受中国文化影响的土生葡人，是创作澳门特有的中葡杂交菜肴的一代代推手，许多层出不穷的"新派葡国菜"正是他们的杰作。

在广东境内旅游，不必办出境等麻烦手续，就有机会品尝到有品质保证的港澳风味菜肴，这些"另类"的粤菜值得试试。

饮茶和消夜

广东的茶文化氛围浓厚，潮汕人的工夫茶名扬天下，但是广东人常常说的喝早茶却不是茶道一类的饮茶，而是佐以喝茶，意在品尝在中国独领风骚的广式点心。

顺德菜深得粤菜精髓，四大家鱼和家禽是主要食材，做法与味道都很家常。顺德人可能是世界上最擅长烹鱼的一群，鱼生和大盆菜都值得一尝。2015年，顺德继成都之后，获得"世界美食之都"之称。

蛋奶制造好甜品

广式甜品的花样太多，如果你是外来客，也许会看着上百个品种的价目单感到不知所措。不过吃了几次之后，你一定也会跟本地人一样，根本无须看菜单，直接喊出你想要放在甜品里的东西，绿豆沙、西米露还是芝麻糊，红豆、雪糕还是窝蛋，随意组合就已经能吃一个礼拜。这里有几样驰名甜品，主料只是鸡蛋和牛奶而已，但口味却截然不同。

➡ **双皮奶** 这道顺德名点，顾名思义，就是有双层奶皮的奶。将清晨新挤出的水牛奶（含脂量高）煮热但又不煮开，倒入碗中，鲜奶表面就结成了奶皮。待冷却之后，在皮上划个小口将牛奶倒出，留皮在碗底。将倒出的牛奶加入蛋清和糖搅匀，然后倒回留有奶皮的碗中，蒸熟之后，就是一碗甘香爽滑的双皮奶。冷热吃都可以，通常还会加上红豆、莲子等一起食用。

➡ **姜撞奶** 一样必须用水牛奶做，姜撞奶更为简单，只用牛奶煮开加糖搅匀后，倒在装了姜汁的碗中，不一会儿就能凝结起来。甜中带辣，特别是适合在冬天趁热来上一碗。

➡ **凤凰奶糊** 把蛋液倒入牛奶中煮成，听起来好像婴儿食品，做起来却最考验火候。火候不足则奶水稀薄，火候过头即成蛋花牛奶。必须在牛奶未开前加入蛋液并且不停搅拌直至变稠，立刻关火倒出，蛋与奶才能融合得十分完美。传统甜品店依然用小小的铝锅来制作奶糊，看起来十分怀旧。为什么叫凤凰？因为传说凤凰由鸡演变而来，甜品店里的"凤凰"就是指鸡蛋。

广式茶点出名到什么程度？英语专门为它创了一个词，叫作"dim sum"。英国人最早接触点心就是从广式的虾饺、烧卖、粉粿、芋角、萝卜糕开始的。所以不用担心不认得英文，用粤语读就好，因为这本来就是广东白话"点心"的音译。

广东人早茶的标配"一盅两件"指的就是一壶茶，两样点心。广式茶点以制作精细、咸甜兼备、品种繁多著称，并且强调即点即蒸。在茶楼的点心单上，茶客可以在"点点心意""步步高升""蒸蒸日上"等栏目下找到几十种点心，底部以小点、中点、大点、特点、美点、超点等名称来暗喻价格。既符合意头菜传统，也让顾客可以随心搭配，丰俭由人。

老茶客可以"一盅两件"，从早"叹"到晏（晚）；小生意者也可以先到茶楼饮完茶再开工或开档。茶楼里有三五好友相约，也有一大家子人欢乐相聚。广式茶点每一份分量不多，但很精致，有的还会摆出各样造型，这样方便食客们点多些式样，一样样地慢慢尝。要是碰上节假日或是八九点的高峰期，晚来的人根本找不到座位。一顿早茶下来，时间也大概到了十一二点。许多人陆续走了，还有些人留了下来，继续吃午饭，然后饮下午茶，饮夜茶。

早茶是留给中老年人的享受，而消夜则是年轻人的乐子。

广州地处岭南，夏天漫长，昼长夜短，"三茶两饭"是广州人的饮食习惯，除了午餐晚餐，早茶、下午茶、夜茶也同样重要。清代美食宝典《清稗类钞·饮食类》写道"广州酒楼之肴，有所谓消夜者，宜于小酌，一碗二碟。碗为汤，碟为一冷荤，一热荤。冷者为香肠、叉烧、白鸡、烧鸭之类，热者为虾仁炒蛋、炒蚬鱼、炒牛肉、煎曹白鱼之类。"可见彼时的消夜菜品已经非常丰富，量并不多且以蛋白质为主，难怪人们常常提问，为何热衷消夜的广东人居然不胖。

20世纪40年代开始,夜茶就是广州人夜晚的消遣方式。90年代夜茶渐渐式微,大排档开始兴起,夜市由此形成,一些消夜档规模扩展后成为大餐厅。消夜和正餐的差别也许只是形式更接地气,在食材范围和烹饪手法方面,消夜毫不逊色——可以用龙虾等高档海鲜来"滚粥",也能就着一碟田螺喝啤酒。许多年轻人偏好夜里以吃夜宵的形式聚会,而在广东各个城市里几乎都会有营业到凌晨的消夜小吃街。大家的目的不是胡吃海喝,更多是聊天社交,佐以美食,聊到凌晨不在话下。

广州的消夜以吃艇仔粥最具有传统代表性,顺德菜系的粥底火锅在消夜市场里也很受欢迎。由于靠近海边,汕头消夜里用各类海鱼制作的鱼饭"打冷"很受欢迎,潮汕牛肉火锅和砂锅粥等消夜重头戏在广东省内也很有号召力。

21世纪以来,广东人的消夜餐桌也在发生改变,江苏的小龙虾、四川的香辣锅、日本居酒屋……年轻人们越来越接受来自外埠的新品。随着人们对健康的注重,以及外卖行业迅速发展,也有很多人开始在家消夜。虽然形式常变,有句话却不变:如果你想叫醒一个装睡的广东人,只要喊他吃消夜。

糖水和凉茶

由于气候炎热和盛产蔬果的独特地域,糖水甜品在岭南之乡进化得更为极致。别处倒上麻辣酱油的凉粉和豆腐花,在广东,竟然可以摇身一变,淋上黏稠的蜂蜜糖浆,甚至添上不同时令水果或桂花做配,以温柔娇嫩的姿态出现,伴以花果的清香,给你甜蜜而软绵的舌尖回味。

糖水在广东地区,是一种博大精深的美食文化,每款糖水都有滋补养生功效,根据不同的主料来配搭不同辅料,相辅相成。食糖水是人们消暑解渴的最好休憩方式,从当年走进冰室摇着大葵扇,到现在躲进开着劲风空调的糖水店,每个大汗淋漓走进糖水店的人,总能在吃过之后带着一身清爽与甜丝丝的笑容离开这个奇妙的心情中转站。

一份完美的糖水甜品必须是糅合了选材功效、色泽和口感。比如地道的马蹄爽,必须选取广州泮塘盛产的泮塘五秀中的时令马蹄,色泽金黄透

广东粥著名代表有广式生滚粥和潮汕砂锅粥。生滚粥是熬好的粥现场下生料滚制,保证鲜味和滚烫的口感,粥里看不到米粒。砂锅粥是在粥中加入各类河海鲜一同熬制,鲜美异常,大米却是粒粒分明。

日啖荔枝三百颗

"日啖荔枝三百颗,不辞长作岭南人。"苏轼这脍炙人口的诗句,正是岭南果王荔枝之美味的写照。荔枝是著名的岭南佳果,其果皮鲜红或紫红,呈鳞斑状突起,新鲜果肉为半透明凝脂状,味鲜甜美,但不耐储藏。盛唐杨贵妃因喜食荔枝闻名,使诗人杜牧写下"一骑红尘妃子笑,无人知是荔枝来"的名句。

笔村糯米糍、罗岗桂味、增城挂绿是最负盛名的荔枝品种,堪称"三杰"。糯米糍以肉厚、核小、浓甜、肉嫩滑见称;桂味以肉爽、质脆、清甜、味香闻名;挂绿则以果肉洁白晶莹、清甜爽口、挂齿留香著称。增城挂绿甚是珍贵,是历代朝廷贡品,其外壳红中带绿,四分微绿六分红,每个荔枝都有一圈绿线,因此留名。现存活在增城荔城镇挂绿园的"老祖宗"挂绿树,有400多年树龄,高5米多,挂绿的子孙树种,都出自于此。

每年5月至8月是荔枝的成熟期,此时农贸市场每个水果摊上,必定铺满刚从树上摘下,还连着绿色枝叶的荔枝。其中70%~80%为淮枝,作为平民化的荔枝品种,淮枝的果核相对较大,果味酸甜,价格低廉,却也不失这位"岭南果王"的美味。

> 凉茶在很多广东人眼中是可以治疗小疾小病的良药,感冒咳嗽、喉咙上火似乎都靠一杯凉茶即可。但同时,长期饮用凉茶也被视作是广东肾病高发的一个原因。

明,入口爽滑清甜,还能吃到嫩口的蛋花和干爽的马蹄肉。

当然,广东糖水也不可避免地受到同样在南方的各种"甜品"的影响。来自隔壁港式甜品,以新鲜水果为主打,融汇中西,杨枝甘露、芒果班戟都是特色。崇尚丝滑的港式奶茶、爱加珍珠的台式奶茶和以"喜茶"为领军的各种新式奶盖茶饮也各占天下。传统糖水会因此变化吗?根据时令吃糖水的广东人表示,他们依然会喝绿豆沙,只不过未来可能用吸管和塑料杯罢了。

广东人感受和应对气候的另一种方式是喝凉茶。凉茶又不凉又不是茶,更像是一味药汤。夏日解暑,冬天解燥。最为全国人民所知的凉茶故事,恐怕是"王老吉"和"加多宝"的红罐大战,但广东凉茶可不只是王老吉。在湿热的岭南,癍痧、廿四味等苦味凉茶被认为像中药一样有疗效,罗汉果五花茶、竹蔗茅根水这类甜味凉茶也有清热解毒的功能。广州街头的凉茶铺的密集程度超过了任何食肆,有连锁经营派,也有保留了古早味的小店。喝上一杯,也算入乡随俗。

水果停不了

广东素有"水果之乡"的称号,广东人的每日生活都可谓无果不欢。这里是亚热带季风气候,温暖湿润,而酸性的红壤正好适合水果的生长。香蕉、荔枝、龙眼、菠萝为岭南四大名果。从6月到年底,几乎每个月都有水果成熟。喜欢新鲜爽口清甜的亚热带、热带水果的人,行至广东正是饱口福的好机会。

除了大家耳熟能详的水果,广东还有很多可能你没听过的名字,比如黄皮、凤眼果、番石榴、番荔枝……如果你了解广东人吃水果的方式,也会更为惊叹:潮汕基础版是将切好的水果加上甘草酱料(梅子粉、陈皮粉、南姜粉和甘草汁),进阶版则是一碟酱油搞定杨梅、芒果、西瓜、菠萝等;到了粤西,辣椒盐配水果尤其是酸涩口味(未熟透)的水果是当地人最习惯的味道。

由于城市发展,不少已经树立起口碑的水果原产地已经不再种水果。但广东其余各地仍然分布着很多生态果园,可以体验在树上摘杨桃、采荔枝以及直接尝鲜的快乐。如果在广东想吃当季水果,直奔农贸市场,肯定不会错!

"发财就手"讲意头

广东人素有在清明时节金猪祭祖的习俗,被视为是对祖先的孝敬,以及祈求先人保佑其新的一年鸿图大展,红皮赤壮(本来是形容烧乳猪很优质,也借指生活红红火火),故早年常常有"太公分猪肉"的习俗。敬祖的中国人有好东西当然要先给祖先享用,岭南地区的烧乳猪就渐渐成为人们祭拜祖先的必备之物。无论贫富,清明都要抬上一头油光光的乳猪上山祭祖,一来显示重视祖先,二来也给祖先看看我们有猪吃,日子还过得去,往生之人也可泉下瞑目。这道大菜也成为餐厅粤菜大厨的重头戏,特别能见店家功夫。

广州人的年夜饭桌上通常会有"发财就手"(发菜煮猪蹄)、"发财好市"(发菜煮蚝豉)这样的意头菜,不过是件讨口彩的事情,但大家还是认真虔诚地做了。

田基美食

被外省人称为"天上飞的只有飞机不吃,地上四条腿的只有板凳不吃"(近年还增加了福建人的"梗"),广东人对食材的选择范围之广,可见一斑。岭南物产之盛,令广东人对于野味天生偏爱,到了近代,"野味"更逐渐成为富贵人家显示地位的方式。2003年的SARS和2020年的新冠病毒疫情,促使广东省严厉打击野生动物养殖和交易,也许会从此改变广东人由来已久的饮食习惯。如果你来到广东,也请谨慎选择食材。

野生动物就算了吧,也许你可以试试广东的"田基美食"。"面容狰狞"的食虫文化可谓是广府饮食宝库中的一枝奇葩。岭南丘陵众多,物产丰富,在养殖业尚不发达的古代,野外的蛇虫鼠都成为人们在肉类之外的蛋白质补充。从前广州街市上"和味龙虱桂花蝉"的吆喝声不绝于耳,有一些餐馆在深秋的时候会推出昆虫大餐,猎奇的心态倒是其次,当地人更多考虑的是口味和菜式,大厨们为了把虫也做得美味费尽心思——这也是为什么全国各地都有食虫的个案,但唯有广东最为出名。

禾虫是岭南"诸虫"的佼佼者,相貌虽丑,但味极甘香鲜美。广东人认为禾虫"庖制味甘真上品,调来火候贵中和",甚至"秋风鲈鲙寻常美,暑月鲥鱼亦逊色",已经到了海鲜都相形见绌的地步。烹制禾虫的方法很多,可蒸可炖可煎可炸可汤可羹。只要胆量够大,就不会错过美味。

地里也不只有虫,还有花。中山小榄镇是著名的菊花产地,如果你在秋天来到中山,就有机会吃到菊花刺身。加了清甜的菊花糠、炒香的花生碎、芝麻一起拌出来的大黄菊,不仅很美,也是一道很不错的甜食。至于将菊花瓣撒在汤羹之上,更是色味俱全的手法。除此之外,鸡蛋花、南瓜花、夜香花,都会出现在当地菜肴当中,木棉花和霸王花也是煲汤好料。

普通的日常餐桌没那么精巧的文字游戏,但还是会力求趋吉避凶,刚到广东的外地人往往被猪舌改叫"猪脷"、猪肝改叫"猪润"、猪血改叫"猪红"的文字游戏搞得一头雾水。广东人还特别注重婚丧嫁娶的宴席安排,让这种心理需求有了延伸,大家自然对宴席菜单中如何讨彩更加注重。

环境

有人形象地将广东称为鸡腿省,不仅因为它的版图形状,也因它正好落在中国大陆的最南方。守时的季风、充沛的日照、温暖的气候和丰富的水资源让这里的稻米果蔬四季收获;绵长的海岸线旁不仅有肥沃的天然渔场,成群结队的越冬候鸟每年也会准时来访。海天一色和原始森林不是这里的特色,婀娜的丹霞和峻峭的岩溶也并非此处独有,广东则大包大揽将其尽数括入囊中。

地理

整体地形

南岭,是以五座相连的山岭为主脉的山系统称。它分割了长江水系和珠江水系,形成不同的地理、气候和文化。南岭之南,是为岭南。广东便是其中的代表地区之一。尽管珠江三角洲给人以土地肥沃、鱼米之乡的印象,但广东却由山地、丘陵、台地、平原交错而成,全境地势从北到南一路走低。北部的山地和丘陵占全省总面积58.6%,与湖南交界处海拔1902米的石坑崆是广东最高峰。南部的平原和台地面积占全省总面积的35.9%,剩下的5.5%为河流和湖泊——岭南的地形风貌不乏变化。

广东中南部是由东江、西江、北江入海时冲积形成的省内最大的珠江三角洲平原,它西起西江高要,北到北江清远,东到东江惠州,域内河网密布,地势平坦。分布在粤东的潮汕平原为省内第二大三角洲平原。此外,大大小小的河谷冲积平原,在各河流沿岸均有断续分布,较大如北江的英德平原、东江的惠阳平原等。海拔在200米以下的台地则零星分布在粤西湛江、粤东海丰、粤中高州地区。其中,位于广东最南端的雷州半岛玄武岩台地占半岛面积的3/4,为广东省特有地貌。

丹霞地貌

广东韶关丹霞山的红色砂砾岩层自第三纪晚期的喜马拉雅造山运动就开始发育,千万年的水侵风蚀山崩地裂,形成了千姿百态的"赤壁丹崖"——顶平、身陡、麓缓,方山、石墙、石峰、石柱参差矗立。大量的红色砂砾岩浸润在茂密森林的潮湿空气中,颜色越发光亮鲜明。1928年,美国哥伦比亚大学地质学硕士冯景兰在韶关仁化县首次发现红色砂砾岩层,首将其命名为丹霞层,丹霞山因此成了世界"丹霞地貌"的命名之源。

丹霞地貌的地质年龄与发育状态,在这里得到了如地质教科书般的全面呈现:青年期峡谷急流,峰丛密集;壮年期规模宏大,各种侵蚀地貌俱全;晚年期则谷宽林疏,多是残丘、残峰——在韶关的丹霞山近300平方公里的区域内,你几乎都能找到。2004年,经联合国教科文组织批准,丹霞山世界地质公园被评为中国首批世界地质公园之一。2010年,韶关的丹

毛泽东《七律·长征》里"五岭逶迤腾细浪,乌蒙磅礴走泥丸"的五岭,指的是在江西、湖南、广东、广西四省边境五座东北一西南走向的山脉,从西至东依次为越城岭、都庞岭、萌渚岭、骑田岭和大庾岭,五岭以南的区域称为岭南。其中大庾岭的一段是广东和江西之间的天然分界线,你可以从南雄的梅关古道登上位于两省交界处的关楼,欣赏大庾岭风光。

粤北的西部地区有大片的岩溶地貌(喀斯特地貌)分布,如英德的英西峰林走廊和连州地下河等;而粤北的东部有奇特的红色岩系地貌,韶关的丹霞山、金鸡岭都是典型范本。

广东省国家地质公园

丹霞山国家地质公园(韶关):以丹霞地貌景观为主的地质遗迹,也是国家级自然保护区、世界地质公园和世界自然遗产。(见267页)

湖光岩国家地质公园(湛江):以玛珥湖和火山地质地貌为主的地质遗迹,同属世界地质公园。(见243页)

西樵山国家地质公园(佛山):以粗面质火山机构和锥状火山地貌为主的地质遗迹。(见133页)

大鹏半岛国家地质公园(深圳):以岬湾式海岸地貌为特征的地质遗迹。

凌霄岩国家地质公园(阳江):喀斯特溶洞地质遗迹。

封开国家地质公园(肇庆):涵括了圆丘形地貌、岩溶地貌和张家界型砂岩柱状峰林的地质遗迹。

恩平地热国家地质公园(江门):以温泉、七彩石河谷为主的地热地质遗迹。

阳山国家地质公园(清远):以花岗岩和可溶性碳酸盐岩为主的地质遗迹。

霞山和国内其他5处丹霞景区一起以"中国丹霞地貌"被列入世界自然遗产名录。

河流水文

狭义的珠江指的是珠江支流在广州西北部汇合后,经广州到入海口的近100公里长的一段水道,它被看作广州的母亲河。而广义的珠江水系则是由西江、北江、东江以及珠江三角洲上各条河流汇集而成的复合水系。它水量丰沛,汛期很长,年径流量居全国第二位,仅次于长江。珠江下游珠江三角洲河网密布,百余条主要河道在此纵横交错贯通,最后经蕉门、虎门、洪奇门、横门、磨刀门、鸡啼门、虎跳门、崖门等8个口门如扇状注入南海。广东其他的主要河流还包括韩江和鉴江。位于广东省东部的韩江是广东第二大河,由汀江和梅江在大埔三河坝汇合而成,它在潮州形成韩江三角洲河网,分为三条河道从汕头注入南海。鉴江是广东西部最大的河流,发源于信宜山猪坳。

> 丰沛的水资源、温和的气候和较长的日照,是珠三角地区农牧渔业得天独厚的发展优势。如今的珠江三角洲拥有近千万亩耕地与100多万亩鱼塘,同时还是岭南的水果、蔬菜和花卉的主产区。

海洋和岛屿

4114.3公里,广东拥有中国大陆最长的海岸线。这里有大小海湾510多片,滩涂广布,滨海景观众多。1963座海岛散落周边,其中面积500平方米以上的有759座,数量仅次于浙江、福建两省,居全国第三位。

除了丰富的旅游资源,海岸线也带来了丰富的海洋生物和矿产。在雷州半岛的西南部,徐闻珊瑚礁国家级自然保护区保护着面积约143平方公里的珊瑚礁。这里的珊瑚品种占世界珊瑚种类的13%左右,是分布在中国大陆架上连片面积最大、种类最密集的珊瑚礁。

中国四大天然渔场之一的南部沿海渔场也分布在广东海岸一带,大量的金枪鱼、青鳞鱼、马鲛鱼、带鱼、石斑鱼、鲳鱼等海洋鱼类在这里繁衍,但近年来由于过度的近海渔业养殖和海水污染,造成了渔场功能有所减退。

地热和火山

为什么广东中部和东部沿海的温泉度假村如此密集?你可能想不到,

> 广东的水资源时空分配不均,夏秋易洪涝,冬春常干旱。尤其在雷州半岛一带,不利于蓄水的沿海台地和低丘陵地形让这里缺水现象突出。此外,城市排污造成的污染也导致了部分河流中下游河段的水质性缺水。

广东是仅次于西藏和云南的地热资源第三大省。全省目前已发现温度高于30℃的天然温泉点319处,约占全国总数的10%,而且还有近七成的地热资源仍属未开发的处女地。

雷州半岛集中了广东全部的76座火山。据《广东省志》记载,它们曾在第三纪至第四纪全新世早期发生过多次大规模喷发。时至今日,这些火山全已处于休眠状态,却留下了许多奇特的地质景观。其中距今14万至16万年前由蒸汽岩浆爆发形成的玛珥湖湖光岩,以及中国第一大火山岛硇洲岛都可以轻松拜访。硇洲岛是由玄武岩构成的遁形台地,其东岸绵延数公里的海石滩上可见大片的火山玄武石柱。

火山灰丰富的矿物质造就了雷州半岛肥沃的红土地,菠萝、火龙果、香蕉、木瓜等热带水果在此大面积种植。

气候

广东大部分地区属亚热带季风气候,全省年平均气温约为22℃。夏季(以每年第一次出现连续5日平均气温在22℃以上为标准)通常从每年3月底一直持续到11月,最热的6月至8月日均气温均在30℃上下,雨热同期造就了实打实的"桑拿天",还有热带气旋或由其加强的台风不时到访。广东的冬季短暂得可以忽略不计,再强的冷空气在抵达时都已是强弩之末,为这里带来"冷不过三天"的降温。月平均气温最冷的1月为13.3℃,粤北山区会出现霜冻和偶尔下雪的现象,历史上录得的广东最低气温为-7.3℃,出现在梅州。从广东中部横穿而过的北回归线是一道隐形的气候分水岭,加上绵长的海岸线,让广东南部的粤西地区拥有更典型的热带海洋气候——全年暖热,雨量充沛,干湿季节明显。又因处于低纬度地带,这里的太阳能资源也相当丰富。

广东降水充沛,年均1700毫米以上的降水量,是新疆的十余倍。其中降水最丰富的恩平、海丰和清远年均降水量大于2200毫米。降水的季节很不均匀,4月至9月的汛期降水占全年降水量的80%以上;降水年际变化也较大,多雨年降水量为少雨年的将近2倍,因而,洪涝和干旱灾害不时发生。

身体舒适指数最高的出游时节是在梅雨季节之前的2月至3月,或暑气刚尽的10月至12月。夏季出行要做好防暑、防晒和防雨措施。这里的春夏两季非常潮湿,衣服很难自然晾干,习惯了干爽的北方人可能出现皮肤瘙痒——别懊恼,当地人有同样的困扰,只不过发生在干燥的秋冬。

植物和动物
植物

四季常青、满目葳蕤的绿意,对广东人来说并不陌生。截至2019年,广东的森林覆盖率达58.59%,其中韶关、梅州和河源的森林覆盖率均在70%以上,远超22.96%的中国平均水平。这里的森林以热带、亚热带植被为主,亚热带常绿阔叶林主要分布在粤北地区,亚热带季雨林主要分布在粤中地区,热带雨林主要分布在雷州半岛。此外,在丘陵、台地上还分布有灌木草坡和稀树草原。广东的森林公园遍布全省,茂盛的植被遮天蔽日,瀑布、溪流穿梭其间,其中广州流溪河国家森林公园(见117页)、肇庆鼎湖山国家级自然保护区(见155页)、惠州南昆山国家森林公园(见235页)等

"广东物种宝库"在哪里?位于韶关西北部约90公里的南岭国家森林公园保存着广东省最完整、面积最大的原始森林。在此生长的2000多种植物和200多种野生动物中,属于国家一、二级保护动植物多达82种。与此同时,森林公园还是华南虎最后的栖息地。

地都拥有广东典型的天然亚热带森林植被,离市区不远且便于抵达。

分布在沿海地区的186.41平方公里的红树林也是广东植被的特色之一。红树林是生长在热带、亚热带海岸滩涂上红树科植物的统称,根系发达,是唯一能生长在海水中的绿色树种。它不但具有防风消浪、固岸护堤、净化海水和空气等功能,还是鸟类、贝类、昆虫等多种动物的栖息和繁殖的场所。广东的雷州半岛拥有中国大陆沿海红树林面积最大的保护区——湛江红树林国家级自然保护区,保护着约占全国红树林总面积33%的天然红树林资源,还是近200种鸟类以及百余种贝类和鱼类的家。此外,在珠海淇澳岛、深圳东涌、湛江市区的滨海长廊、徐闻大汉三墩景区,海陵岛红树林湿地公园等地都可以看到茂密的红树林,后者还能看到不同品种且处于不同生长阶段的红树林幼苗,以及多种螃蟹、滩涂鱼等"原住民"。

更为亲民的"物种宝库"是位于广州市区的中国科学院华南植物园(见95页),它是世界上最大的南亚热带植物园,拥有植物14,000余种。许多你只在书中见过的,甚至从来没听说过的植物都可能在这里出现,让你脑洞和眼界统统大开。

野生动物

广东列入国家一、二级的陆生重点保护的野生动物有117种,其中一级保护动物有华南虎、云豹、熊猴和中华白海豚等22种。国家二级保护的有穿山甲、猕猴等95种,省鸟白鹇也属珍稀保护动物之列。但广东并没有什么能在户外观察野生动物的好地方。

但观鸟的地方却不少,因位于东亚——澳大利亚的候鸟迁徙路线上,每年有大量候鸟在迁徙季节途经或留在广东越冬。据监测,每年飞临广东的候鸟总数在20万只以上,种类超过300种,数量在1月中旬至2月初达到峰值。这些远道而来的候鸟中,有十多万只在珠江口周边停留,汕头和湛江的沿海湿地也各有3万多只。其中不乏黑脸琵鹭、中华秋沙鸭、青头潜鸭、勺嘴鹬等珍稀濒危鸟类。2019年底,湛江和江门分别录得国家一级重点保护野生动物黑鹳和白鹤,刷新了广东历史记录。

广州的南沙湿地公园(见116页)和珠海的淇澳岛(见167页)都是省内有名的观鸟地。

自然保护区

截至2019年,广东省有自然保护区369个,包括国家级自然保护区15

野生动物的转机?

"秋风起,食野味",广东是中国野生动物最大的消费市场。食用蛇的历史在这里相当悠久,像眼镜王蛇、五步蛇、金环蛇、银环蛇等著名蛇类,身价一直居高不下。穿山甲、猫头鹰,以及被广州人称为"五爪金龙"的巨蜥,是在广州最为流行的三种珍稀野味。果子狸因被怀疑与"非典"有关一度被查禁,后来又慢慢回到人们的视野中。早些年,野生动物不仅用来满足人们的口腹之欲,也被开发成中药、艺术品原材料、皮毛、宠物等商品。

2020年初的新冠肺炎疫情让矛头再次指向野生动物,野味消费大省广东自然难以保持沉默。2月4日,广东省的十二部门联合打击"违规野生动物交易",发布了条款明确、无可周旋的"七个一律禁绝交易"。随后,又于3月31日出台了史上最严的全面禁食野生动物制度——新修订的《广东省野生动物保护管理条例》,明确禁止食用国家重点保护野生动物和其他陆生野生动物,包括人工繁育、饲养的陆生野生动物等。与此同时,深圳新出台的《深圳经济特区全面禁止食用野生动物条例》明确规定禁止食用猫狗,成为中国内地第一个立法禁食猫狗的城市。这两项《条例》都于2020年5月1日起正式实施。

个，省级63个。其陆域自然保护区面积为134.3万公顷，约占全省陆地面积的7.4%。由于自然保护区的主要职能是保护濒危动植物和进行科学研究，因此大部分都不对外开放，也不具备接待大量旅行者的条件。如果想走近大自然，也可以去森林公园或地质公园。结合了独特的地貌与自然、人文景观的地质公园很值得游览。目前广东有国家级森林公园27家，国家级地质公园8座。

环境的挑战

珠江的持续治理

珠江三角洲快速的城市化、工业化进程，在为广东省带来繁荣的经济和改善人们生活质量的同时，也对环境和生态形成了巨大挑战。据2017年4月的《南华早报》报道，广州每天有大约47万吨的生活污水直接排入流溪河或其支流，还有107万吨的生活污水从深圳、东莞及其他城市排入珠江水域。同时，来自珠三角工厂的工业污水是珠江污染的另一大主体。

深圳与东莞之间的界河茅洲河，是珠三角污染最严重、治理难度最大的河流。之所以沦落至此，是因为20世纪90年代深圳经济起飞之际，企业和人口以前所未有的速度开始在这座城市里聚集。又因规划没有做好，工业污水和生活污水的防治也没有及时跟上。而过去十多年间，茅洲河流域的人口和企业的数量仍在增加，治污工作却进展不大。据统计，茅洲河流域共有417万人口，仅深圳一侧的工业企业就达3.2万家，流域日均总污水量高达103万吨。

2016年，深圳政府计划5年投资1000亿以提升水环境质量。而根据2018年4月的数据，茅洲河水一些断面的氨、氮、总磷浓度较去年同期下降了20%~80%，百姓在接受采访时也表示，这两年茅洲河已经有所变化，虽然河水略浓于普通河水，水面还漂浮着一层油膜和一些垃圾，但"过去得捂着毛巾才敢站在河边，现在味道已经小多了"。深圳计划在茅洲河的治理上投入225.8亿元，计划让茅洲河在2020年达到地表水V类水标准。

海洋生态

2016年1至5月，广东沿海共发生了14起赤潮，累计分布面积约有948平方公里。尤其是2016年2月至5月，发生在广东惠州、汕尾沿岸海域的赤潮，其面积之大，持续时间之长在近年来均属罕见。赤潮是目前全世界海洋的主要生态灾害之一。1998年，广东海域发生的有害赤潮就造成了广东和香港两地渔业约4.5亿元的损失。虽然并非所有的赤潮都有害，但无害的赤潮同样是海洋环境变差的一种警示。

广东海域产生赤潮，主要是因为河流排入的工业废水和生活污水，以及水产养殖业排入的大量残饵和粪便污水使营养物质在水体中富集，加上这里高温、闷热的气候，非常利于赤潮生物（主要是藻类）生长繁衍。而水产的过度养殖和捕捞，近ława区污水的排放加上全球气候变暖，也导致了南海海洋生态系统的退化。据统计，与20世纪70年代相比，中国南海的珊瑚礁面积累计丧失了80%，红树林面积累计减少了73%。南海典型的红树林、珊瑚礁和海草床生态系统已经连续多年处于亚健康状态。

近年来，广东加大了近海污染防治的力度。2018年初发布的《广东省近岸海域污染防治实施方案》对提高涉海项目环境准入门槛、规范设置入海排污口、严控环境激素类化学品污染等方面都做出了严格的规定。根据2019年发布的《2018年广东海洋环境状况公报》显示,2018年全年,广东省海洋灾害造成直接经济损失约23.78亿元,虽居全国首位,但已低于近5年的平均值。赤潮的次数也显著减少。污染防治措施已经逐渐开始显现成效。2019年,省财政厅安排15亿专项资金,用于未来3年的海岸带整治修复和近岸海域污染监测防治。

记事本

生存指南

出行指南 332
住宿 332
证件 333
保险 333
银行 334
购物 334
邮政 334
电话 334
上网 334
地图 334
旅游信息 334
团队游 335
残障旅行者 335
气候 335
危险和麻烦 336
独自旅行者 336
女性旅行者 336
同性恋旅行者 337
志愿者服务 337
活动 337

交通指南 338
到达和离开 338
飞机 338
火车 338
长途汽车 339
轮船 339
省内交通 339
飞机 340
火车 340
长途汽车 340
搭便车 340
自驾游 340
当地交通 340
公交车 340
地铁 341
出租车 341
自行车 341
船 341
摩托车 341

健康指南 342
幕后 346
索引 348
地图图例 357
我们的作者 358

出行指南

住宿

无论市、县,甚至乡村景区,广东省内各地的住宿在数量和质量上都相对令人满意,住宿种类的选择也多。广州和珠三角一带的城市以商务酒店、快捷连锁酒店、星级酒店居多,粤北、粤西有不少客栈、民宿,同类型住宿的横向比较中,广州、深圳的价格最高,甚至比其他地方贵一倍。暑期是粤西沿海城市的旺季,其他各个小长假也都处于入住峰值,春秋两季广交会期间广州的各大酒店都相当抢手。另外,自驾游旅行者需要注意的是,免费停车位并非五星级以下酒店的标配。

食宿价格范围

本书所列的住宿是按照作者推荐程度而不是价格高低排列的,推荐度高的会排在前面。我们标注的价格,一般是标间价,即包含一张大床或两张小床,以及独立卫生间。青年旅舍会加标床位价格。除非特别注明,否则房价不含早餐。所有的价格都是作者调研时前台报出的实际价格,订房网站上会便宜约10~50元。

分类	住宿价格范围	就餐价格范围
经济¥	250元以下	人均50元以下
中档¥¥	250~500元	人均50~100元
高档¥¥¥	500元以上	人均100元以上

青年旅舍

尽管YHA国际青年旅舍(YHA China; www.yhachina.com)组织的中国总部就位于广州,不过广东省内加盟YHA的青年旅舍仅6家,它们分布在广州、深圳、珠海、东莞、潮州、韶关,但你在湛江、海陵岛等地也能找到青年旅舍或按青旅风格经营的住宿地。广东省内的很多青年旅舍都由居民楼内的住宅改造而成,有开放的公共空间,也能提供青年旅舍该有的旅游咨询、订票、拼车、包车、自助洗衣、厨房、自行车租赁等服务,但普遍的问题是,住客中有相当一部分是在当地打工的长租客。

你可以在携程(www.ctrip.com)、大众点评(www.dianping.com)、飞猪旅行(www.alitrip.com)、青芒果旅行网(www.qmango.com)等订房网站上搜索到各地的青年旅舍。青年旅舍的床位价格大多在40~80元,标间价格与快捷酒店相当。如果入住加盟YHA的青年旅舍,持有YHA会员卡(年费50元)可以享受会员价,通常是每个床位优惠5元,或标间优惠10元,不过,即便没有会员卡,通过订房网站预订通常也能获得同样的折扣价。

客栈/民宿/精品酒店

广州、佛山、顺德、中山、开平、肇庆、梅州、潮汕、粤北丹霞山、粤西南极村都有民宿或精品酒店。这类住宿在设计上比较有特色,复古风、北欧风、日式风是比较盛行的几大"样板"。各地此类住宿性价比差异很大,主要取决于硬件条件,在本书中,软硬件设施相对简单的归为客栈,更讲究设计感的归为民宿,而装修更精致、细节和服务更用心的,归为精品酒店。

若是老房改建的住宿,一般来说,其原有的建筑格局决定了房间的设计和设施,可能存在的问题包括:同楼层共用洗手间或洗手间非常小,以及隔音、地漏问题。

连锁快捷酒店

7天、如家、汉庭、城市便捷、速8、海友、OYO等标准化的快捷酒店分布在全省各市,价格在150~250元(广州的价格在200~300元)。快捷酒店的地段通常位于地铁沿线、公交枢纽或长途汽车站、火车站旁,软硬件品质也有一定保障,是在城市旅行的便宜之选。只不过由于其装修成本不高,入住前最好留意下酒店开业多久了,太久未重新装修的酒店可能存在设施陈旧的问题。

全季、丽枫、宜尚、和颐至尊、如家精选等是此类连锁酒店里的中高端品牌,房间在设计风格、床铺舒适度、卫浴品牌、隔音等方面都要更胜一筹,价格也要比普通快捷酒店翻番。

星级酒店

各地级市、县级市都有大把星级酒店。如今,大城市里的三星级酒店已经逐渐被快捷酒店和商务酒店取代。县级市的三星级酒店往往是当地最贵的住宿,不过经验表明,如果久未重新装修,或许还不如快捷酒店住得舒适,因此,选择酒店前了解一下新旧程度很有必要。另外,一家常年有旅游团入住的酒店,旅行者无论是通过订房网站还是直接致电前台,拿到的价格都要比旅行社的协议价高。星级酒店的房费通常含早餐,网上预订的话价格会略便宜,有时省掉的就是早餐费。

豪华酒店

豪华酒店主要集中在广州和深圳两大一线城市。目前已有四季、W酒店、瑰丽、柏悦、丽思卡尔顿、万豪等国际奢侈品牌,而老牌本土五星级酒店如白天鹅宾馆、花园酒店,也依然魅力不减。

公寓式酒店

公寓式酒店在广州、深圳、珠海、佛山、潮汕都能找到,这类酒店的地理位置很好,通常在闹市区或核心枢纽。酒店房间的面积相对较大,适合家庭或行李较多者入住。这类住宿一般房间里会包含洗衣机,并不是所有的公寓式酒店都有厨房设备提供,但微波炉通常会有。

度假村

广东的度假村包括从化、清远的温泉度假村,长隆旅游度假区的生态主题度假村,以及各海岸线上的海景度假村。度假村的价格一般在1000元以上,除了房间达五星级标准,酒店内部也会配备各种供娱乐消遣的服务设施。不过,就如"度假"的字面意思,这类住宿一般远离市区,适合更悠闲的自驾者,尤其是全家出行的方式。

证件

学生、军人、记者和老年人等可以凭证件享受景区折扣门票,一定要记得带上自己的证件。不过研究生证通常被大多数景点排除在优惠范围之外。身份证得随时带着,除了宾馆酒店入住需要出示登记,参观博物馆也要凭它换取免费的入场票。乘坐火车、长途汽车都是实名制购票,大多数汽车站购票后还需要刷身份证入闸乘车,广东省各个火车站也已推行电子客票。

如果你打算从广东前往香港或澳门,需带上港澳通行证,并在证件颁发地提前办理好签注。

保险

购买保险是旅行计划的重要组成部分。不少保险公司都推出了旅游意外险的险种,能对旅行者在旅途中因行程延误、人身意外、财物遗失、医疗急救等造成的损失,进行一定比例的赔偿,尽可能降低旅行风险。自助旅行者可以通过旅行社或保险公司直接购买保险,也可以光顾**磨房**(www.doyouhike.net)和**绿野户外网**(www.lvye.info)这样的旅行网站,保险公司通常会在那里推出综合套餐广告。如果你是参团游览,需要留心的是旅行社代为缴纳的保险,一般只承保因旅行社的过错给旅行者带来的损失,并不包括因意外或旅行者自身过错造成的损失。

如果你有意在广东进行一些户外运动,可选择承保多种热门户外运动项目的险种,比如**美亚**(www.aiginsurance.com.cn)推出的"畅游神州"险种,能承保如骑马、自行车、潜水(滑翔翼和跳伞活动除外)等户外运动项目。华泰的"安途"系列不仅承保团队成员各项户外运动的意外风险,而且针对领队责任设计特别风险保障,很适合组团进行户外活动的驴友。

在长途汽车站售票窗口购买车票时，售票员一般会默认搭售保险，根据保险自愿的原则，你有权拒绝（最好购票时提前声明）。即使没有另购保险，票面也已经包含了承运者的保险责任，如果发生意外，依然有权索赔，所以一路上各种票据务必妥善保管，以备不时之需。另外，旅游意外险通常包括航空意外，有时候比购买航空意外险更加优惠，且保额更高。

自驾游的旅行者，建议你为汽车购买全车盗抢险或车辆损失险。

银行

在广东各县级以上地区很容易找到银行或24小时ATM，通常分布在城区主干道和商业中心。乡镇地区一般会有农业银行，如果没有，也一定会找到农村信用合作社或邮政储蓄银行。你最好带张可跨行取钱且不收手续费的银行卡。通常而言，在你需要过夜的落脚点，提取现金不会是问题，但能提供住宿的景区是例外。广东省内各地手机客户端支付非常普及，90%以上的景点、饭馆、商铺、车站、地铁、公交车都可以扫码支付，你不必一次性取太多现金，随身常备几百元现金便可。

购物

身为百年前中国对外贸易的窗口城市，如今的广州依然是购物的好地方。这里有中国最大的服装批发市场、华南最大的玩具批发市场、中国最早的药材市场等，几乎你日常生活中需要的每样东西都能在这里找到批发市场。而古玩和珠宝交易类市场，则要谨慎对待，不排除确有真宝，但首先你得有鉴宝的能力。广东的制造业令这里成为翻版的天堂，尤其是深圳、珠海这两个临近港澳的城市，那些手拿名牌货向你兜售"超A货"的人，最好不要搭理。深圳和南沙的免税店是购买正品洋货的好去处。

美食大省自然特产颇丰。广州的皇上皇腊肠和陶陶居、莲香楼的饼类都是百年老字号，最适合送礼。汕头的手打牛肉丸在各个同类小吃店和菜场都能买到，也都能提供快递服务。广东人爱喝工夫茶，除了潮洲的凤凰单丛，英德红茶是与滇红、祁红齐名的"中国三大红茶"之一。其他各地的特产还包括阳江豆豉、新会陈皮、"潮州三宝"和粤北各地随处可见的腊鸭。几乎所有海边都有干贝、虾米等干海产出售。

手工艺品方面，肇庆的端砚、顺德的香云纱、潮州的手拉朱泥壶、佛山的陶器、阳江的"十八子"刀剪很出名。

邮政

县城一级就有邮局，**国家邮政局**（www.chinapost.gov.cn）的网站上可以查到供参考的邮政资费。如果要寄快递，EMS收费较高，且速度也无优势，各个民营快递公司在广东各地都有网点，一个电话就能上门收件。

电话

移动、联通、电信在广东的大部分区域信号覆盖都不错，除了一些山沟沟里，4G很普遍。县城一级的地方基本都有三大运营商的营业厅。相对而言，电信的覆盖率最广，只要是有人居住的地方就有信号。

上网

大多数住宿点都能提供免费上网服务，不过，一些硬件设施不过关的小旅馆、客栈可能会在旺季发生因入住客人太多而连网不顺的状况。一些设施较新的酒店里有USB充电口插座。公共区域的免费Wi-Fi热点也越来越普及，很多博物馆、景点、车站已能实现一键上网。

地图

常规路线和景点可利用高德地图、百度地图App。一些离城较远的地区不能完全依赖导航，例如粤北的阅丹公路、粤西新寮岛的后海和客家地区的松口古镇、南口镇侨乡村等，潮州古城内导航无法兼顾单行道。户外徒步的话，六只脚——旅行户外出行轨迹规划大师App很实用。

旅游信息

各地级市、县的旅游局是最权威的旅游信息来源，你可以通过电询或上网查询了解当地的活动、民俗节日等。主要景点、机场、长途汽车站、火车站大厅内会设有旅游咨询处，可以获取免费的旅游信息资料和景区地图等。青年旅舍也是你获取第一手实用资讯的好地方。

如今，更实用的旅游信息来源是各地的旅游类公众号，一些著名景区也都有各自的公众号。"微广州""吃喝玩乐IN广州""韶关旅游""开平碉楼与村落""川山群岛旅游网"等都是不错的微信公众号，内容实用、更新及时，不过餐馆推荐方面对于专注于寻找本地特色的游客来说针对性不强。

团队游

如果打算参团游，省会的旅行社最多，春秋、国旅等都有。**广之旅**（☎400 863 8888；www.gzl.com.cn）是口碑很好的本土旅行社，在省内17个地级市都设有门店，经营的省内路线也更专业和齐全，近则珠三角，远则粤北，有常规路线，也有赏花、美食、泡温泉等季节性或主题路线，除了跟团，也有很多含往返交通和门票的自由行。你可以提前在网站上查阅具体线路，并直接预订。如果打算参加徒步等，本地驴友常在**磨坊论坛**（www.doyouhike.net）集结，"深圳百公里"是比较有名的版块。

残障旅行者

省会广州的无障碍设施非常完善，公共场合几乎都已为残障人士考虑周全。其他地方则一般，不过一般在机场、四星级以上酒店、博物馆、4A级以上景区和地铁站，都有一些无障碍设施。残障人士前往小城镇和偏远地区会有很多不方便，最好有家人陪同照顾，并且尽量选择搭飞机，入住设施完备的高档酒店。

气候

广东省属于亚热带季风气候，南部更接近热带海洋性气候。全年阳光充沛，冬日短暂无严寒，雨水充沛，4~6月有持续性降雨，端午前后尤为集中。

不同地区的最佳旅行季节见行前参考（见18页）。**中国天气网**（www.weather.com.cn）能查询未来3~7天广东各市县的天气情况，"墨迹天气"App也很实用，可预告未来10天的天气变化。

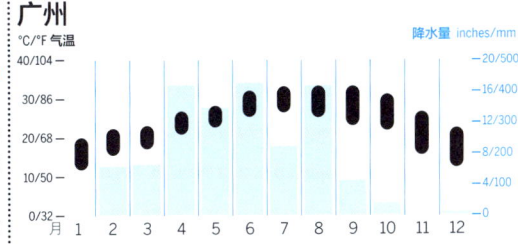

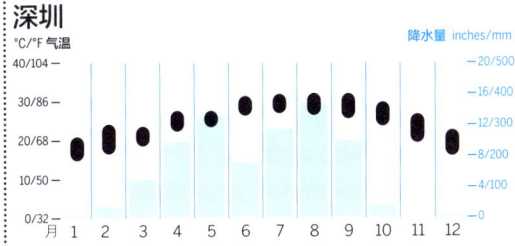

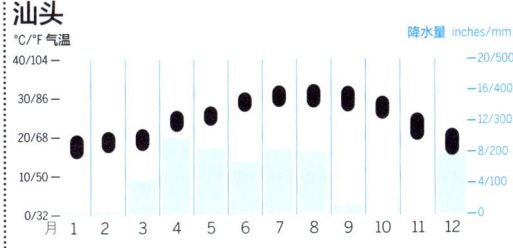

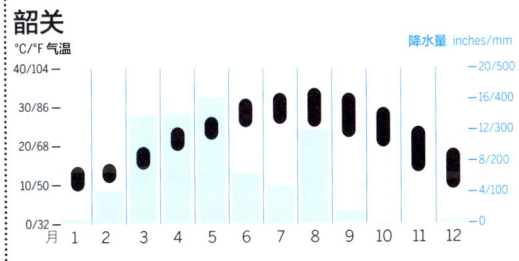

广州

深圳

汕头

韶关

阳江

°C/°F 气温　　　　　　　　　　降水量 inches/mm

湛江

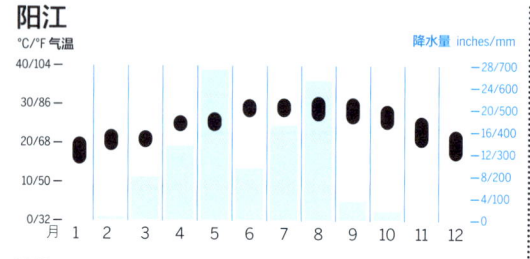

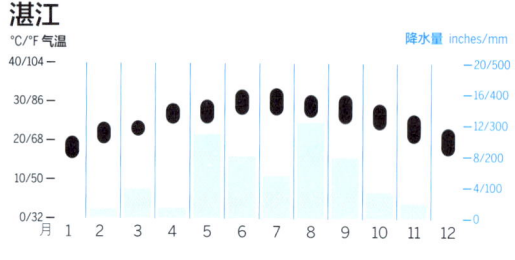

°C/°F 气温　　　　　　　　　　降水量 inches/mm

危险和麻烦

总的来说，广东是一个对旅行者友好的省份，治安方面不需要太担心。但你可能在粤西（尤其是雷州半岛）遭遇语言障碍，那边普通话普及率非常低。除了广州、深圳和旅游热门地区，其他偏远、少有外人问津的地方，本地人还是习惯讲方言，尤其老人的普通话很不标准。

交通安全

广东的道路交通硬件设施水平毋庸置疑，高速公路、国道和省道路况非常好，十分适宜自驾游，不过在雨季和台风季节要小心驾驶，台风天和大雾天也要避免出海游。城市的上下班高峰期交通非常拥堵。除了广州、深圳、珠海等大城市以外，小城市、县城、乡村地带都未禁摩，有相当数量的摩托车手无视交通规则，湛江和雷州半岛尤其严重，一定要眼观六路。

捎客

火车站、客运站、海岛的码头等游客集散地"拉客"现象比较严重。遇到捎客骚扰，果断拒绝即可。在海滩游玩时，会有一些私人经营的水上娱乐项目，如出海、游艇环岛游等，最好事先问清楚收费标准并谈好价格。在海鲜市场购买海鲜时，要记得查看分量，小心商家缺斤少两，通常市场里会有一个公平秤。

偷窃和欺诈

广东城乡人群复杂，城镇闹市区、车站都是扒窃的高发地点，与港澳地区的各个口岸都是鱼龙混杂之地，一定要注意看管好自己的财物，对前来搭讪的陌生人多个心眼。

在人流量密集的地方，不要将包半挂在肩上，最好将双肩包背在胸前，不要佩戴贵重招摇的饰物。入住旅店后，一定要锁好门窗，不要把贵重物品留在房间，如果有保险箱可以锁进保险箱内。入住青年旅舍多人间时，前去洗浴时不要将背包、钱包、手机等留在床铺，如果房间里没有柜子，那最好在背包上加一把锁。

独自旅行者

独自旅行可以和当地有更多的互动，也有更多思考和感受的时间，不过需要独自解决路上所遇到的问题，对旅行经验的要求稍高。广东的旅游硬件设施完全适合独自旅行者，但依然有一些需要包车前往的景点，你可以在青年旅舍和客栈结伴拼车。在淡季，孤身入山或出海要特别注意安全。广东省内旅行社的短线游路线很丰富，也可以团游。最重要的一点是，在路上记得定时打个电话向家人报平安。

女性旅行者

只要具备一些自我保护意识，女性旅行者在广东不会感到任何不自在。客家、潮汕地区的社会风气仍然很传统，男尊女卑的思想未亡，女性无论言行还是穿着都最好低调保守一些。有些风俗需要注意，比如女性不可以踏足龙舟船；一些宗祠如果正在进行拜祭仪式，或许不欢迎女性进入。广东省的外来人口占比不小，一些城乡接合部的治安问题一直是隐忧，是强奸和抢劫案的高发地区，近几年已经安全多了，但仍要小心。

另外，女性应尽量避免夜晚单独出门和前往酒吧，尽量选择搭乘公共交通工具。有些青年旅舍提供按性别分宿的房间，不妨选择这样的住所。

同性恋旅行者

在广州、深圳、珠海等发达城市，人们对同性恋的态度相对比较开放、宽容，一些针对同志的文化娱乐事业也渐渐发展起来。而其他地区则要保守得多，尤其在客家、潮汕地区，不建议在公开场合举止亲密，一定要保持低调。

志愿者服务

志愿时（125cn.net）政府背景的志愿组织。

广东狮子会（www.gdlions.org.cn）广东省内发展最好的民间慈善组织之一。

活动
徒步

广东虽没有高山，但有一大批热爱户外的驴友，因此开发了不少难度级别不高的徒步路线，大多数人都可以一试。省内最高峰在韶关，丹霞山（见267页）每年有一次徒步穿越和国际山地马拉松赛，广州周边的山中、乡村有多条徒步路线（见112页方框），深圳有轻松的海滨徒步路线。乳源的广东大峡谷（见274页）和增城的白水寨（见117页）虽为景区，不过全程走下来，也很锻炼小腿肌肉。

广东省内常组织风景较好的城市穿越路线，例如深圳百公里、惠州60公里、汕尾40公里、梅州40公里等，通常是一年一度的徒步活动，你可以在磨坊论坛上找到各相关版块。

骑行

粤北很适合骑行爱好者来探索：这里有一年一度的环丹霞山自行车赛；英西峰林走廊有多条骑行路线，是欣赏喀斯特峰林景观最自由的方式，车程从8~40公里不等，柏油路、土路皆有，当地租车非常方便，通常还可以通过骑行地图来规划。比较轻松的路线包括惠州城郊的红花湖骑行。

观鸟

南沙湿地公园（见116页）是候鸟东亚泛太平洋迁徙路上的重要一站，一年四季都有机会看到白鹭、小鸊鷉、黑翅长脚鹬，冬季是观鸟的最佳季节，有机会看到苍鹭、黑脸琵鹭、赤麻鸭、黄鹡鸰等。每年冬天，珠海唐家湾的淇澳岛（见167页）也会迎来10万多只候鸟飞来越冬。

水上运动

你可以在海陵岛、深圳大鹏半岛、川岛等海滩、海岛玩摩托艇和拖曳伞等水上运动，如果喜欢钓鱼，可以参加当地组织的海钓、出海打渔等旅游项目。

温泉

广东的地热资源充足，几乎每一个地级市都有温泉酒店，而且品质都不错。清远、从化的温泉最出名，两地都有很多很好的度假村，清远还有独特的树上温泉和钙化池溶洞温泉。

交通指南

到达和离开

广东有四通八达的交通网络连接着全国各地,以及东南亚各国的主要城市。飞机依然是目前进出广东的首选,两座一线城市广州与深圳都是重要的航空枢纽。高铁在广东省的推进速度相当惊人,节假日机票居高不下时,是另一种选择。高速公路建设得非常好,很适合邻省城市自驾而来。粤港澳大湾区的发展策略大大便利了珠三角9座城市与香港、澳门的交通衔接。

飞机
机场

广东目前有8座机场,广州和深圳分别是南方航空和深圳航空的基地,这两个机场的航线也最多,梅州梅县机场的直飞航班很少。不妨多留意下揭阳潮汕机场的航班,机票价格常有意外惊喜。

广州白云国际机场(CAN;☏020 3606 6999)是华南地区的航空枢纽,年旅客吞吐量达8000万人次,航线连接国内100多个城市和90个国际目的地,也是飞往东南亚各大城市的主要航空港。

深圳宝安国际机场(SZX;☏0755 2345 6789)的国内航线仅次于广州白云机场,从机场可直接坐船前往香港。

珠海金湾国际机场(ZUH;☏0756 777 1111)有飞往北京、上海、杭州、南京、成都等大多数省会城市的航班。

揭阳潮汕国际机场(SWA;☏0663 393 3333)很适合从华东、西南方向前来的旅行者,机票常常比飞广州更便宜。

湛江机场(ZHA;☏0759 325 5002)有飞往北京、上海、西安、杭州、昆明、海口、香港和省内的广州、潮汕等城市的航班,以及金边、芽庄等东南亚航线。

惠州平潭机场(HUZ;☏0752 571 8114)有飞往北京、上海和国内部分省会城市的航班。

佛山沙堤机场(FUO;☏0757 8180 6521)有飞往北京、上海、杭州、宁波、齐齐哈尔等城市的航班。

航空公司

经营广东航线的主要航空公司有:

南方航空(☏95539;www.csair.com)

深圳航空(☏95080;www.shenzhenair.com)

中国国航(☏95583;www.airchina.com)

东方航空(☏95530;www.ceair.com)

海南航空(☏95339;www.hnair.com)

四川航空(☏95378;www.sichuanair.com)

厦门航空(☏95557;www.xiamenair.com.cn)

机票

只要不是节假日,国内各大中城市往返广州、深圳、潮汕常有打折机票,也不妨比较一下飞香港的机票价格,由香港入深圳也很方便。你可以通过飞猪旅行(www.fliggy.com)、携程(www.ctrip.com)、去哪儿(www.qunar.com)等淘票网站或相应App查询、预订机票,订票后一定要在出发前确认机票已经出票。当然也可以直接登录各个航空公司官网预订机票。

火车

从外省进入广东的铁路干线主要有京广铁路、京九

从广东去港澳

深圳与香港毗邻,珠海与澳门毗邻,如果时间充裕,不妨带上港澳通行证,顺道一游。注意,中国各地已全面启用电子往来港澳通行证(与身份证大小类似的卡片),原来的本式、纸签不再有效。

深圳与香港之间共有14个口岸,最常用的陆路过境点是罗湖口岸和福田口岸,前者紧靠着深圳火车站,过关后即是港铁罗湖站;后者连接深圳地铁福田口岸站和港铁落马洲站。2018年10月通车的港珠澳大桥是新的通关方式——从珠海出关,坐穿梭巴士前往香港。珠海与澳门之间有3个口岸:拱北口岸、横琴口岸和湾仔口岸。拱北口岸就在珠海高铁站对面,离拱北客运站也很近,湾仔口岸需坐船前往澳门。

如果不是直接从深圳、珠海两地出发,也可以在广东省内各地乘坐直通巴士、火车或轮船前往。直通巴士可以通过"粤港巴士"微信公众号查询车次和乘车、下车地点,并购买车票。高铁车票可以通过"12306"查询、购买。不过,从广州开往香港红磡站的京九铁路线使用的是广州东站,这趟列车不能在"12306"上购票,必须亲自前往火车站购票。坐船的话,南沙客运港、番禺莲花山港、深圳机场福永码头、深圳蛇口码头、珠海九州港、东莞虎门港澳客运码头等港口有客轮发往香港和香港国际机场。

铁路、湛茂铁路、杭深铁路、厦深铁路、韶赣铁路等,其中,京九线连接北京和香港九龙。连接广东省的高铁线包括京广高铁、武广高铁、贵广高铁、南广高铁、兰广高铁、杭广高铁、厦深高铁等,广州、深圳、顺德、肇庆、佛山、清远、韶关、潮汕、惠州、普宁等地均有高铁站。从福建、广西、湖南、江西相邻省份前往广东,高铁非常方便。从厦门出发,3.5小时到深圳;从南宁出发,3.5小时到广州;从长沙出发,2.5小时到广州;从南昌出发,5小时到广州。

需要注意的是,如果同一个城市中高铁和普通列车不共享同一个车站,通常高铁站距市区较远,需预留足时间。www.12306.cn可查询全国列车站点、车次、时刻、票价等信息,并在线预订车票。

长途汽车

广东有十多条国道与其他省份相连,高速包括京港澳高速G4、汕昆高速G78、广昆高速G80、沈海高速G15、杭深高速G25、二广高速G55、长深高速G25、大广高速G45、济广高速G35、兰海高速G75等。2018年通车的港珠澳大桥是珠海与香港的新高速公路,它将香港、珠海、澳门三地的往来时间缩短到了30分钟。

省长途汽车站和各市的长途汽车站都有发往全国除西部外的大多数省份的长途汽车,不过,都比高铁、动车慢得多,且票价也没有优势。更适合选择长途汽车为出行工具的是前往邻省相邻城市,例如从湛江前往广西的北海、徐闻前往海南的海口、韶关前往湖南的衡阳、连州前往湖南的郴州、潮州前往福建的漳州等。

轮船

可以通过船运进入广东的地区包括海南省、香港、澳门。广东与海南相隔琼州海峡,海口有渡轮发往徐闻海安的两个港口。香港港澳码头和香港国际机场等港口有客轮来往于南沙客运港、番禺莲花山港、深圳机场、深圳蛇口、珠海九州港等。澳门外港客运码头(新港澳)和氹仔临时客运码头有船来往于深圳蛇口港。

省内交通

广东省内的交通非常发达,公路可通往的目的地最广泛,且车次频繁,不过更适合相对较短程城乡间的切换;普通列车总难免有晚点现象;高铁是城市之间最理想的交通工具。以广州到韶关为例,从广州南站坐高铁前往仅51分钟,票价104.5元,每天26趟列车;从广州站或广州东站乘坐普通列车前往的话,车程约2小时16分钟,票价37.5元,每天27趟列车;坐长途汽车的话车程4小时,票价120元,同样是二十多趟班次。

飞机

省内8座机场间,广州—潮汕、广州—湛江、潮汕—揭阳、深圳—湛江彼此通航,不过机票价格并无优势。加上从市区前往机场需时更久,前往机场的公共交通本身也不太方便,省内游若非节假日买不到火车票或长途汽车票,否则不推荐坐飞机。

火车

动车、高铁、城际列车的开通为省内交通提速了不少,不但速度比长途汽车快,票价也没有比长途汽车贵,且主要城市之间的发车频次相当高。目前,广东省内已建成广湛高铁、湛茂高铁、厦深高铁、广珠城际、广佛肇城际、广深铁、广深港高铁、穗深城际、梅汕高铁、粤西沿海高速铁路等。若以广州为起点,与珠三角内已形成"1小时生活圈";车程最久的高铁是到汕头,3小时23分,票价191.5元(长途汽车5小时、190元)。

注意,很多高铁车站都离城中心较远,出站就会遇到很多拉客的出租车司机,且通常不肯打表,其实每个车站都有开往市区的公交,若不想打车就不必理会。

长途汽车

按"九纵五横两环"布局的广东高速公路已贯通全省67个县,2019年省内高速公路通车里程达9495公里,居全国第一。国道、省道也都很平整,坑洼路很少见。除了降水集中的夏季可能会对出行有影响,其余时间路况都不错,只是长途汽车如今在速度上没有优势,票价也不便宜,更适合作为城市出发前往周围县城或景区时的选择。

目前,广东省内很多长途汽车站正在逐渐减少人工窗口,每个车站的购票大厅内都设有多部自动售票机,可使用支付宝、微信付款,大多数长途汽车站也都有自己的购票公众号,具体见各章节的"到达和离开"。

搭便车

出于个人安全考虑,我们不推荐搭便车,就经验而言,在广东省内搭车成功的概率也非常低。若舍不得银子,在公共交通不便的地区不妨尝试拼车,青年旅舍是你寻找分摊费用的旅伴的好地方。

如果实在需要搭车,或因错过了唯一的班车又急于离开,一定要注意安全,尤其是女性独行者。且不要抱着占人便宜的心态,支付一定的费用是搭车者的基本修养。景区停车场、加油站等都是搭车成功率较高的地方,如果在公路边搭车,要避开上下坡、弯道和其他不方便停车的地方。上车前谨慎地判断下司机和车上人员是否真心帮忙,主动询问搭车费用,既表示感谢的同时,也避免司机坐地起价。还要注意的是,搭车最好选在白天,最好结伴,上车后及时告知亲友自己的行程方向以及搭乘车辆的情况,记下车牌号也是自我保护的措施之一。

自驾游

粤北依然有一些公共交通辐射不到的景点,包括丹霞山世界遗产区内55公里的"阅丹公路"和英西峰林走廊,粤西的菠萝的海由于面积很大,也更适合自驾游览。你可以到了广东后再租车,**神州租车**(📞400 616 6666;www.zuche.com)在广东20座城市共设344家门店,可上网查询门店地址,你可以在线选车,租车后可异地还车。

广东的路况很好,除了在夏季台风和洪水高发期出行时一定要注意天气预报和路况信息以外,不过,有些地方不能过分依赖导航,粤北的阅丹公路、粤西新寮岛的后海和客家地区的松口古镇、南口镇侨乡村等地的导航定位是错误的。

当地交通

基本上每个城市都可以依托公共交通,网约车也很普及。除了广州、深圳,其他城市黑车不在少数,有些地方出租车也不见得都肯打表。广州和珠三角的城市已经禁摩,但在粤西、粤北、潮汕地区,摩的依然是城市交通工具之一,也是行人需要留意的交通隐患。

公交车

几乎所有地方的公交车(除了少数城乡公交)都可以用支付宝或微信扫"乘车码"支付,你不再需要提前准备零钱。市区内运营的公交通常票价固定,开往城乡地区的公交则多为按距离收费。在粤北、梅州、潮汕地区坐公交,下车前最好按铃提醒,司机常常不会主动靠站停。

如果在广州待的时间较

久,可以办张适用于公交、地铁的羊城通,每个自然月刷卡满15次,便可享受6折优惠。羊城通不只在广州市区通用,周边的从化、增城、番禺、沙湾、南沙同样适用,粤北、粤西也可以一卡通刷。

地铁

广东省内开通地铁的城市有广州、深圳、佛山、东莞,惠州地铁也在规划中,目前建成的城轨线与东莞地铁相连。广州地铁现有13条线路,并已通达番禺、从化、南沙、增城、佛山等周边区域。深圳目前也有8条地铁线路,覆盖了机场、火车站、口岸、市区重要商圈等对旅行者有用的地方。

出租车

市、县一级都有出租车,广州出租车的起步价最贵(12元),其余城市8~10元不等。大多数城市上下班高峰时段打车都不容易,除了几个主要的大城市,还有很多地方出租车司机不愿打表,不妨多多利用网约车。

自行车

广州、深圳、汕头、韶关、阳江等城市有哈罗、美团等共享单车或电动车,深圳、珠海、湛江、佛山、肇庆有城市公共自行车网点。开平、川岛、英西峰林所在的黄花镇和九龙镇有自行车出租。另外,青年旅舍通常也有少量自行车可出租。城市骑行遵守常规的交通法规即可,若是打算长线骑行,骑行服和头盔是必要的。

船

广州有14条水上巴士路线往返于珠江两岸。从湛江前往附近海域的各个海岛需要坐渡轮、快艇、水上巴士等。

摩托车

摩的是粤西、粤北大部分地方的交通主力,在粤东、珠三角等一些没有禁摩的小县城,摩的也依然盛行,摩的起步价通常为5元。

健康指南

就日常健康卫生维护而言，在广东省内旅行是相对令人放心的，各级市县的医疗条件也较为完善。不过，由于此地气候湿热，是热带传染病的易发区，雨季和炎夏尤其要小心。总的来说，只要你具备较强的个人卫生意识和疾病预防常识，大可放心前来旅行。

出发前

保险

即使你体格健壮、几乎很少生病，旅行前也仍然需要一份相关保险。具体内容可参见"出行指南"章节中保险部分（见333页）。

常备药品

推荐放入个人药品箱中的医疗物品：

➡ 对乙酰氨基酚（泰诺林）或阿司匹林——用于治疗感冒、发烧、止痛

➡ 感冒和流感药

➡ 百多邦、达克宁——治疗各种细菌、真菌性皮肤感染

➡ 抗过敏药——应对饮食等导致的轻微过敏症状

➡ 氯雷他定——用于花粉热和过敏反应

➡ 黄连素片——治疗腹泻

➡ 类固醇或可的松——用于治疗误食有毒植物或其他过敏性皮疹

➡ 含避蚊胺（DEET）成分的外用驱蚊剂和风油精

➡ 用以喷涂于衣物、帐篷和床单的含氨菊酯成分的杀虫剂

➡ 藿香正气水和十滴水、仁丹——防中暑

➡ 绷带、纱布、创可贴和其他创伤敷料、云南白药气雾剂——用于包扎小创伤

➡ 剪刀、温度计（电子温度计，非水银温度计）、镊子——急救用品

➡ 晕海宁——防止晕车

➡ 防晒霜、保湿唇膏——防止晒伤、干燥

➡ 避孕药具

旅途中

医疗服务及费用

在绝大多数市县和地区，如需要紧急医疗救助，请拨打医疗急救电话（🕿120）。如需要非处方药物，可在各地药店直接购买。

传染性疾病
流感

流感的症状包括高烧、肌肉疼痛无力、流鼻涕、咳嗽和咽喉肿痛。近年来由于气候常出现过山车般的变化，流感活跃度呈上升趋势。广东的季节性流感高发期多为3月至7月和9月至11月。低龄学生群体是流感主要的"攻击"对象，65岁以上老人及心脏病、糖尿病者患流感后情况尤为严重，接种疫苗依然是目前最有效的预防手段。目前没有针对流感的有效治疗方法，只能静养，或服用感冒药减轻痛苦。

真菌感染

在偏远的乡村山地旅行徒步，不洁的卫生环境较容易导致真菌感染，发病部位通常是头皮、脚趾（脚气）、手指之间、腹股沟。癣是一种真菌感染，会通过感染真菌的人或动物传染。广东潮湿的气候容易助长真菌感染。

为了防止真菌感染,应穿着宽松、透气、舒适的衣服和鞋子,而非人造纤维制品的贴身衣物。要经常洗澡,并擦干身体。如果受到感染,至少每天使用消毒剂或药皂擦洗感染部位,然后用清水冲洗干净并擦干,并使用抗真菌药膏或药粉,如达克宁。尽量将患处暴露于空气或日光之中。用热水洗涤所有的毛巾和内衣裤,经常更换并在太阳下晒干。

登革热

登革热是由蚊虫引起的传染病,流行于热带和亚热带地区,传播速度很快。登革热的症状包括高烧、剧烈头痛和全身疼痛,有时会发生皮疹和腹泻,重症病例会出现严重出血、休克甚至死亡。治疗的方法是休息和服用扑热息痛(paracetamol),而阿司匹林和布洛芬有增加出血的可能性,不可服用。

广东省在2014年登革热确诊破万例,近几年情况稍好,但仍不能小觑。广东的登革热主要通过白纹伊蚊(花斑蚊,俗称花蚊子)叮咬传播,高发季在夏天和秋天,珠三角是高风险地区。目前还没有针对登革热的免疫疫苗,预防被蚊虫叮咬是唯一的措施,风油精、驱蚊水不可不带,尽量选择干净卫生的住处。

防止蚊虫叮咬的主要措施有:

➡ 穿浅色的长裤和长袖衬衫。
➡ 不要使用香水和须后水。
➡ 使用蚊香。
➡ 在衣服上、暴露的皮肤上涂抹DEET等驱蚊剂(长时间过度使用DEET可能会对人体产生危害,尤其是对儿童,若非登革热高发期,不必使用)。

➡ 使用喷洒了驱蚊剂的蚊帐——最好使用你自己的蚊帐。

禽流感

时不时就会出来"作妖"一下的禽流感不是广东专有,但既然"没有一只鸡能活着离开广东",便不该轻视。禽流感的症状与流感类似,也是发烧、咳嗽、喉咙痛、肌肉痛,严重者心、肾等多种脏器衰竭导致死亡。禽流感病毒一般只在禽类之间感染,人与人之间的传播概率比较低,人类只要不吃病、死的禽畜肉就没什么问题。近几年广东省对禽流感的防控做得很好,疫病群体免疫密度达到95%以上,旅行者大可在此放心"吃鸡",出发前留意下当地是否有禽流感疫情皆可,若是不幸被感染一定要及时就医。

手足口病

手足口病是一种由肠道病毒引起的传染病,主要患者为6岁以下的儿童。手足口病的症状常常表现为:口腔内颊部、舌、软腭、硬腭、口唇内侧、手足心、肘、膝、臀部和前阴等部位,出现小米粒或绿豆大小、周围发红的灰白色小疱疹或红色丘疹。目前还没有针对手足口病的特效药物,不过绝大多数手足口病的症状比较轻微,一般10天左右会自行恢复,在此期间应多休息、做好隔离,接种EV71疫苗是预防手足口病的有效手段。

狂犬病

广东农村地区有很多土狗,行走在乡野切忌主动去挑衅狗,万一不小心被狗咬,先用水和肥皂清洗伤口,再涂抹碘基抗化脓药物,并尽快就医。旅行前注射疫苗可大大简化被咬后的治疗,如果事先没有接受免疫注射,被咬后需要尽快注射狂犬疫苗。

人体免疫缺陷病毒/艾滋病(HIV/AIDs)

感染人体免疫缺陷病毒(Human Immunodeficiency virus,简称HIV)可能导致致命的获得性免疫缺陷综合征(Acquired Immune Deficiency Syndrome,简称AIDS),即艾滋病。血液、血产品或体液都能传播这种疾病。

艾滋病一般通过性接触和受污染的针头传播,因此接种疫苗、针刺疗法、文身、在身体上打孔以及静脉注射毒品都有感染艾滋病的潜在危险。HIV/AIDS也可能通过输血传播。

如果你确实需要注射,应要求护士当面打开密封的注射器,或者自备针头和注射器。如患严重的疾病,不应该因害怕感染艾滋病而拒绝治疗。

环境引发的疾病和不适

旅途腹泻

水土不服、饮食不洁和气候变化都能导致腹泻,如果只是腹泻而没有其他症状的话,并不会有太大的问题,服用普通的止泻药即可。腹泻的主要危险是脱水,儿童和老人尤其应注意，脱水会在很短的时间内发生。无论何种情况，补充液体至关重要。你需要补充的水分至少应该与你在排便和呕吐中流失的液体达到均衡。淡淡的红茶加少许糖、苏打水或软饮料都能补充水分。要学会观察你的尿液——如果只有少量浓缩尿液的话，就应该多喝水。在恢复期间，坚持吃清淡的食物。

如果腹泻严重，要及时补充身体损失的矿物质和盐，口服补盐液非常有效，可以将它加入开水或瓶装水中。如果情况紧急，也可以将6茶匙糖和半匙盐加入1升的开水或瓶装水中。

食物

广东省餐饮业在卫生方面基本是合格的，哪怕是大排档也可以放心大快朵颐。吃坏肚子的情况鲜少发生，但由于此地美食太多，而且有一日吃五顿的习俗，倒是要小心吃撑，一定要注意饮食的荤素搭配，并多做消食运动。

在这个"天上飞的、地上走的"无所不吃的省份，你的肠胃如果不是非常强大，最好不要太放纵口腹之欲。顺德、潮汕、梅州等地区有吃鱼生的习俗，但鱼非海鱼，而是淡水鱼所做的生鱼片，鉴于河流污染早已不是新鲜话题，且广东地区也确实多次发生过食客吃生鱼片感染寄生虫的案例，下口前还请仔细思量。同样，潮汕地区流行的生腌血蚶、虾蛄螃蟹等，虽为海中之物，不过也没有证据认为其百分百安全，而且视觉血淋淋，也是考量胆量和肠胃承受力的食物。另外，我们强烈不主张你食用野生动物，2020年中国暴发的新型冠状病毒便是警钟，而广东也是排在疫情最严重的前三个省份之一，2020年2月3日，广东省市场监督管理局明令禁止野生动物交易活动，但至于是"小别"野生动物，还是"永别"，并未给出答案。

蚊虫叮咬

防止蚊虫叮咬的措施见"登革热"部分。

广东偏僻地区，特别是山区乡村，可能有臭虫、跳蚤、扁虱等小虫子存在，尤其是在肮脏的床垫和被褥中。如果床单或墙上有血迹，就很可能有臭虫存在。臭虫叮咬过的部位会长出一片非常痒的疙瘩。它们通常会藏在人的体毛里、衣服上。与被跳蚤寄居的人直接接触，共用梳子、衣服和其他类似物品都会染上跳蚤。药粉和洗发水能够杀灭跳蚤，染上跳蚤的衣服应该用热肥皂水洗涤，并且在阳光下晒干。

如果你刚穿过一个扁虱滋生的区域，应检查一下全身，因为扁虱会导致皮肤感染和其他严重的疾病。如有扁虱吸附在你的皮肤上，应该用镊子夹住它的头，然后轻轻向上拉，随后以酒精、碘酒清洗伤口。不要拽扁虱的后部，因为这样会压迫它的肠道，使排泄物通过吸附的嘴部进入皮肤，增加感染的风险。涂抹药物对扁虱不起作用。

水蛭（俗称蚂蟥）在广东一般出现在耕地里或是潮湿的河道泥泞之中，它们通常吸附在皮肤上吸血。如果进行户外徒步，经过这些地方，水蛭有可能吸附在腿上或钻进靴子里。盐或点燃的烟蒂能让它离开你的皮肤，最好的方法是用刀贴着皮肤小心剥离。不要试图用手将其强行拉扯掉——虽然蚂蟥身体易被扯离，但吸盘还会紧附在皮肤上，会使伤口更容易感染。伤口一般会持续流血，应进行清洗后及时止血，云南白药是较好的止血药。

晒伤

盛夏时在户外行走，尤其到海边玩水，要特别注意防晒。尽量避免正午时暴露在太阳底下。墨镜和帽子不可缺少，裸露的肌肤需要涂抹防晒霜，夏天使用SPF50以上的防晒霜比较可靠，并要做到及时补涂。如果你的皮肤已经被晒伤了，应该避免太阳照射患处，进行冷敷，或涂抹芦荟类护肤品（直接涂抹芦荟同样有效）可减少晒伤部位的不适。

中暑

夏天行走在广东闷热、紫外线强烈的地区，人体很容易出现中暑现象，注意遮阳、保持有节奏地补水或喝清热凉茶，都能减低中暑发生的概率。

中暑是一种严重的急症，症状来得很突然，伴有虚弱、恶心、体热且燥、体温超过41℃、晕眩、迷糊、失去协调性、抽搐，甚至昏迷失去知觉等症状。感觉到有中暑症状时，要立即转移到通风、凉爽的地方休息，脱衣服，扇风，用凉的湿毛巾敷在身上，特别是腹股沟和腋窝下，并服用藿香正气水、藿香正气丸、仁丹、十滴水等药物,在太阳穴、人中处涂抹风油精。

蛇

为了将被蛇咬的风险降至最低,在穿越蛇经常出没的丛林时,一定要穿靴子、袜子和长裤。不要把手伸进洞穴和裂缝中。一般来说,你不去招惹蛇,蛇也不会主动攻击你。被蛇咬之后并不会立即死亡,而且抗蛇毒血清通常也能买到。发生意外后务必保持冷静,应立即将被咬的肢体紧紧包扎起来,然后用夹板将其固定,像处理脚踝扭伤一样。受伤的人应保持静止,同时寻求医疗帮助。如果可能的话,可以拿死蛇去做鉴定;不要试图捉蛇,这样做很可能会被蛇咬。使用止血带和吸出蛇毒等方法并不可靠。

幕后

说出你的想法

我们很重视旅行者的反馈——你的评价将鼓励我们前行,把书做得更好。我们同样热爱旅行的团队会认真阅读你的来信,无论表扬还是批评都非常欢迎。虽然很难一一回复,但我们保证将你的反馈信息及时交到相关作者手中,使下一版更完美。我们也会在下一版特别鸣谢来信读者。

请把你的想法发送到**china@lonelyplanet.com.au**,谢谢!

请注意:我们可能会将你的意见编辑、复制并整合到Lonely Planet的系列产品中,例如旅行指南、网站和数字产品。如果不希望书中出现自己的意见或不希望提及你的名字,请提前告知。请访问lonelyplanet.com/privacy了解我们的隐私政策。

作者致谢

何苗苗

感谢李芃、洪莹莹、彭鹏、姚毅鸣等一众同学不厌其烦地帮我寻找当地资源,让我结识了热情好客的新朋友。感谢韶关的李成忠老师,虽然结识于偶然,却不遗余力地为我提供信息和素材,也为我的调研提供了许多便捷。感谢父母的大力支持,尤其表扬我妈在陪我调研期间陪吃陪玩照顾起居还出钱,期待下次继续合作。还要感谢我的一众队友,与你们合作《广东》非常愉快!

何望若

感谢邓维,陪我暴走东山口,带我重新认识新广州;感谢林江泉,为我深入解读本地文化艺术;感谢吴敏碧,介绍广州的户外和周边路线;感谢许洁涛、余冬平、方洁、Ivan、陈迪荻等众老友众地陪,并帮忙收集资料;感谢何苗苗、钱晓艳,介绍线人和资源。

钱晓艳

感谢前两版作者和给我很多新思路的Vega,以及共同协作的三个小伙伴。有幸在珠三角密集的城市中遇见很多助我一臂之力的朋友,带我见识当地美景与美食,特别感谢张小明、冯亦慧和浓姨三位当地人接受我的采访,感谢郑凯锋、吕湘楠、黄建、黄采薇、吴汉宁、刘少振、洲哥、维子秋和徐嘉莉给我的贴心帮助,感谢粤地美食群的各位老饕给我建议。陪我走在路上的赵真、贾琳、胡子歌和偶遇的所有热心人,谢谢你们。也感谢上海的朋友戴踏踏、杨一叶、殷莺、陈轶坚为我牵线搭桥。感谢珠三角的美食,总是让我充满力量瞬间满血复活,也感谢家人对我的支持,以及不寻常的2020年带给我们的试炼。

张世秋

感谢Vega、苗苗、饼干姐和望若,和你们合作总是很愉快。感谢所有为这本书付出努力的工作人员们。感谢长光伯提供的潮州趣事和精彩全景俯瞰图,感谢浩斌带我吃美味的潮阳塔脚干面,感谢凤珠阿姨的温暖娘酒,感谢凯涛和晓君的大力帮助,感谢小马带我发现汕尾的美食。感谢阿灰教我潮汕话和牛肉部位的名字,感谢大文作为我的粤语和客家话顾问,感谢爱看栋笃笑的小白。感谢其他所有为我的潮汕和客家之行提供灵感的朋友们,也感谢在路上所有帮助过我的陌生人。

声明

封面图片:赛龙舟,广州;@视觉中国。

本书地图由中国地图出版社提供,审图号GS(2020)4549号。

关于本书

这是Lonely Planet《广东》的第三版。本书的作者为何苗苗、何望若、钱晓艳和张世秋。上一版作者为古玉杰、钱晓艳、杨蔚和张蕴之。

本书由以下人员制作完成:

项目负责 关媛媛

项目执行 丁立松
内容策划 刘维佳
视觉设计 陈 斌
协调调度 沈竹颖

总　　编 朱 萌
执行出版 马 珊
责任编辑 李偲涵
编　　辑 戴 舒

特约编辑 郭 璇
地图编辑 刘红艳
制　　图 张晓棠
流　　程 孙经纬
终　　审 杨 帆
排　　版 北京梧桐影电脑
　　　　　 科技有限公司

感谢苗卉、洪良为本书提供的帮助。

索 引

OCT-LOFT华侨城创意文化园 169

B
百侯古镇 231
宝墨园 114~115
北阁佛灯 193
碧江金楼 129

C
茶阳古镇 231~232
禅城 121~128, **124~125**
潮府工夫茶文化博物馆 190~191
潮州 12, 188~202, **190~191**, 12
潮州市博物馆 193~194
潮州市潮商老字号文化馆 191
陈慈黉故居 208~209
陈家祠 79~81
崇禧塔 155~156
川岛 151~153
从化 117
从熙公祠 196

D
大芬油画村 171
大峰庙（存心善堂旧址）204~205
大汉三墩 250~251
大角湾 257
大梅沙和小梅沙 171

000 地图页码
000 图片页码

大埔 231~233
丹霞山 10, 267~270, **267**, 11
德庆 159~160
德庆学宫 159
鼎湖山 155
东莞 179~183, **180**
东湖坪古建筑群 273
东江民俗文物馆 234

E
二沙岛 88~89

F
范和村 238
风采楼 264
逢简水乡 129
凤山祖庙 216
佛山 12, 121~134, **13**
佛山市祖庙博物馆 121, 124

G
观澜版画村 170~171
光孝寺 79
广东大峡谷 274
广东省博物馆 91
广济桥 191~192
广州 66~118, **68**, **70~71**
广州塔 91
圭峰山国家森林公园 141
贵生书院 249

H
海关关史陈列馆 206

海陵岛 256~261, **256**
海上世界文化艺术中心 169
海上丝绸之路博物馆 258
海心沙 93
海阳县儒学宫 190
韩文公祠 192~193
何香凝美术馆 171
鹤湖新居 171
红树林国家湿地公园 258
湖光岩 243~244
华林寺 84~85
华南植物园 95
黄埔古港 94~95
黄埔军校旧址 94
湟川三峡 279
会同村 167
惠东 237~240
惠州 233~237, **234**
惠州市博物馆 235
惠州西湖 233

J
己略黄公祠 188
甲第巷 191
江门 139~144, **140**
金银岛 215
锦江 268
锦江里 147

K
开埠邮局陈列馆 205
开平碉楼 10, 144~151, **145**, **10**
开元寺 188, 190
开元寺泰佛殿 194

可园博物馆 179~180
客家满堂大围 272~273
叩齿庵 191
逵园 88

L

雷州 251~255
雷州西湖 253
雷祖祠 252
黎槎村 156
立园 146
荔湾博物馆 81~82
连南瑶寨 279~280
连州地下河 279
梁启超故居纪念馆 141
梁园 125~126
岭南天地 124~125
刘禹锡纪念馆 279
龙湖古寨 194~196
龙母祖庙 159

M

马坝人遗址 264
马降龙古村落 146~147
梅庵 156
梅关古道 270~271
梅溪牌坊旅游区 161
梅州 224~231, **226**
敏捷黄金海岸 258

N

南澳岛 214~216
南澳总兵府 215
南风古灶 125
南国丝都丝绸博物馆 130
南华寺 264
南口镇侨乡村 226
南沙 116~117
南雄 270~272
南越王宫博物馆 76~78
硇洲岛 245~246

P

盘龙峡 159

番禺 113~116

Q

七星岩 153, 155
岐江公园 135
淇澳岛 167
骑楼老街 253
千佛塔寺 225
青澳湾 215
清晖园 129

R

人境庐 224
乳源世界过山瑶博物馆 273~274

S

三门里迎龙楼 148~149
三影塔 272
三元塔 253
沙面 86
沙舌岛 217~218
沙湾古镇 114
汕头 202~216, **204~205**
汕头开埠文化陈列馆 205
汕头市博物馆 205
汕头市文化馆 206
汕尾 216~220, **217**
上下九步行街 84
韶关 263~270, **265**
深圳 9, 168~179, **169**, **9**
深圳当代艺术与城市规划馆 169
深圳市博物馆新馆 171
深圳雅昌艺术中心 169~170
十里银滩浴场 257~258
石龙台公园 205
石室圣心大教堂 85~86
始兴 272~273
双月湾 238~239
顺德 128~133, **130**
顺德博物馆 129
松口古镇 227~228
宋井 215

孙中山大元帅府纪念馆 87~88
孙中山故居纪念馆 135

T

太平手袋厂陈列馆 181
泰安楼 231
唐家湾 167~168
唐家湾古镇 167
特呈岛 244~245
天后宫和关帝庙 204
天麓山海风景区 258~259
天宁寺 253

W

五仙观 79
五邑华侨华人博物馆 139~140

X

西汉南越王博物馆 73
西樵山 133~134
新乡仁美里 196
徐闻 249~251, **249**
许驸马府 193
巽寮湾 238

Y

鸦片战争博物馆 180
崖门古炮台 142
阳江 255~261
阳元山 268
英德 275~276
英西峰林走廊 276~278
永庆坊 82~84
余荫山房 114
玉庭楼创客空间 225
圆明新园 161
阅江楼 155
越秀公园 73
粤海关 86~87
云门寺 273

Z

增城 117~118

詹园 135
湛江市 243~249, **244**
长堤风貌街 141
长老峰 268
长隆旅游度假区 133
肇庆 153~160, **154**

遮浪红海湾 218
中国大陆南极村 249~250
中国客家博物馆 224
中山 134~139, **136**
中山大学 88
中山纪念堂 73, 76

珠海 160~168, **162~163**
珠海国际会展中心 161~162
珠海市博物馆 161
珠玑古巷 271~272
珠江新城 91~93
自力村碉楼群 147

记事本

记事本

记事本

记事本

记事本

记事本

地图图例

景点
- 佛寺
- 城堡
- 教堂
- 清真寺
- 纪念碑
- 孔庙
- 道观
- 世界遗产
- 博物馆
- 遗址
- 酒窖
- 动物园
- 温泉
- 剧院
- 一般景点

活动、课程和团队游
- 潜水/浮潜
- 划艇
- 滑雪
- 冲浪
- 游泳/游泳池
- 蹦极
- 徒步
- 帆板
- 其他活动、课程、团队游

住宿
- 酒店
- 露营

就餐
- 就餐

饮品
- 酒吧
- 咖啡

娱乐
- 娱乐

购物
- 购物

实用信息
- 银行
- 使馆
- 医院/药店
- 网吧
- 公安局
- 邮局/邮筒
- 公共电话
- 卫生间
- 旅游信息
- 无障碍通道
- 其他信息

地理
- 海滩
- 灯塔
- 瞭望台
- 山峰
- 栖身所、棚屋
- 森林公园

行政区划
- 首都
- 省级行政中心
- 地级市行政中心
- 自治州行政中心
- 县级行政中心
- 乡、镇、街道
- 村

交通
- 机场
- 过境处
- 公共汽车
- 渡船
- 地铁
- 停车场
- 加油站
- 自行车租赁
- 出租车
- 火车站
- 有轨电车
- 索道缆车
- 其他交通工具

道路
- 高速公路
- G213 国道
- S203 省道
- X013 县、乡道
- 铁路
- 地铁
- 收费公路
- 高速公路
- 一级公路
- 二级公路
- 三级公路
- 小路
- 未封闭道路
- 购物中心/商业街
- 台阶
- 隧道
- 步行天桥
- 步行游览路
- 小路

境界
- 国界
- 未定国界
- 地区界
- 军事分界线/停火线
- 省界
- 未定省界
- 特别行政区界
- 地级界
- 县级界
- 海洋公园界
- 城墙
- 悬崖

水系
- 河流、小溪
- 间歇性河流
- 沼泽
- 礁石
- 运河
- 湖泊
- 干/盐/间歇性湖
- 冰川

地区特征
- 海滩/沙漠
- 基督教墓地
- 其他墓地
- 公园/森林
- 运动场所
- 重要景点(建筑)
- 一般景点(建筑)

注:并非所有图例都在此显示。

我们的故事

一辆破旧的老汽车，一点点钱，一份冒险的感觉——1972年，当托尼（Tony Wheeler）和莫琳（Maureen Wheeler）夫妇踏上那趟决定他们人生的旅程时，这就是全部的行头。他们穿越欧亚大陆，历时数月到达澳大利亚。旅途结束时，风尘仆仆的两人灵机一闪，在厨房的餐桌上制作完成了他们的第一本旅行指南——《便宜走亚洲》(Across Asia on the Cheap)。仅仅一周时间，销量就达到了1500本。Lonely Planet从此诞生。

现在，Lonely Planet在都柏林、富兰克林、伦敦、墨尔本、奥克兰、北京和德里都设有公司，有超过600名员工和作者。在中国，Lonely Planet被称为"孤独星球"。我们恪守托尼的信条："一本好的旅行指南应该做好三件事：有用、有意义和有趣。"

我们的作者

刘维佳

内容策划 对刘维佳而言，在广州成长的十余年，对他最大的影响可能是令☐腩汤粉（注意，牛腩汤粉里面是可以没有牛腩的）变成了他的comfort food，以及掌握了粤语。刘维佳曾参与《广东》《广州》《中国美食之旅》等超过60本Lonely Planet旅行指南和读物的制作。

何苗苗

粤北；粤西 广州三代移民，在广州出生长大，却从未底气十足地说过自己是广州人，就因不具广东人的相貌和语言特征，无论是谁都要摆出问号脸再确认几次。接到粤西和粤北的调研任务时她松了口气，因为既在家乡，又不是家乡，让她在字里行间的情感流露自然了许多，也对广东这片既熟悉又陌生的土地有了更深刻的了解。何苗苗还为本书撰写了自驾游、广东人、环境等章节。

何望若

广州 广州是她工作了4年的城市，一别12年后故地重游，曾经住过的那栋☐还在，楼下的那片老街区已成了这座城市最具文艺腔调的地方，广州有了更多适合年轻人的新潮场所，而当年最爱的那家餐馆、那道菜，还是老味道，这趟调研就像是一场温故而知新的过程。她还参与了Lonely Planet《广西》《新疆》《湖南》《江西》《内蒙古》等十多本旅行指南的调研写作。何望若还为本书撰写了行前参考、文化和艺术、生存指南等章节。

钱晓艳

珠三角 之前写过《广州》，这次接下珠三角，是因为对这片水网密布的美食之地和粤文化的发源地充满好奇。暴走和打卡的行程中，深深发现了一些小城的美好，也将这些美好积极推荐给大家。曾参与超过30本 *Lonely Planet* 中文指南和读物的写作，10年间为之贡献了超过100万字。现在的状态是，有时写字，有时旅行，依然对这个世界充满好奇心，依然对美食没有抵抗力，依然想把目的地最好的体验分享给每个热爱走在路上的人。钱晓艳还为本书撰写了欢迎来广东、当地人吃喝、饮食等章节。

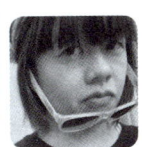

张世秋

潮汕地区；客家地区 旅行自由撰稿人，从2012年开始参与了近20本孤独星球旅行书籍的创作。对于潮汕地区的向往其实从潮人海外故乡泰国开始，在和那些友善的潮裔泰国人的交流中，她感受到了潮汕文化大海般的力量。真正在潮汕地区旅行时，张世秋不仅发现了许多泰国街头美味的根源所在，更从潮汕的语言、建筑和习俗中找到中泰两国间的文化关联，这些隐秘而美丽的联系，一丝一缕都靠南洋上的红头船牵起。而客家地区的清丽山水、漂亮围屋洋楼和热诚好客的客家人，还有客家人辗转万里到五洲四洋的迁移史，共同给张世秋的旅行增添了一笔绵长的回忆颜色。张世秋还为本书撰写了寻找岭南、今日广东等章节。

广东

中文第三版

© Lonely Planet 2020
本中文版由中国地图出版社出版

© 书中图片版权归图片持有者所有，2020

版权所有。未经出版方许可，不得擅自以任何方式，如电子、机械、录制等手段复制，在检索系统中储存或传播本书中的任何章节，除非出于评论目的的简短摘录，也不得擅自将本书用于商业目的。

图书在版编目 (CIP) 数据

广东 / 澳大利亚 Lonely Planet 公司编；何苗苗等著. -- 3 版. -- 北京：中国地图出版社, 2020.12（2021.11 重印）
（中国旅行指南系列）
ISBN 978-7-5204-2010-5

Ⅰ.①广… Ⅱ.①澳… ②何… Ⅲ.①旅游指南 – 广东省 Ⅳ.① K928.965

中国版本图书馆 CIP 数据核字 (2020) 第 227866 号

出版发行	中国地图出版社
社　　址	北京市白纸坊西街 3 号
邮政编码	100054
网　　址	www.sinomaps.com
印　　刷	北京华联印刷有限公司
经　　销	新华书店
成品规格	197mm×128mm
印　　张	11.25
字　　数	612 千字
版　　次	2020 年 12 月第 3 版
印　　次	2021 年 11 月北京第 2 次印刷
定　　价	79.00 元
书　　号	ISBN 978-7-5204-2010-5
审 图 号	GS（2020）4549 号
图　　字	01-2014-0687

如有印装质量问题，请与我社发行部（010-83543956）联系

虽然本书作者、信息提供者以及出版者在写作和出版过程中全力保证本书质量，但是作者、信息提供者以及出版者不能完全对本书内容之准确性、完整性做任何明示或暗示之声明或保证，并只在法律规定范围内承担责任。

Lonely Planet 与其标志系 Lonely Planet 之商标，已在美国专利商标局和其他国家进行登记。不允许如零售商、餐厅或酒店等商业机构使用 Lonely Planet 之名称或商标。如有发现，急请告知：lonelyplanet.com/ip。